KB069228

한국목간학회총서 20

木簡과 文字 연구

20

| 한국목간학회 엮음 |

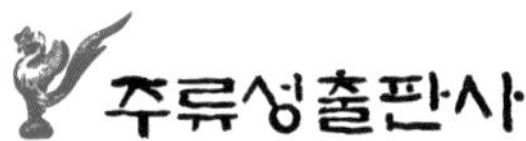

〈1면〉 〈2면〉 〈3면〉 〈4면〉

〈주광〉

부여 쌍북리 56번지 사비한옥마을 조성부지 유적 출토 논어(목간1) 목간

〈1면〉 〈2면〉 〈3면〉 〈4면〉

〈흑백〉

부여 쌍북리 56번지 사비한옥마을 조성부지 유적 출토 논어(목간1) 목간

〈앞면〉 〈뒷면〉

부여 쌍북리 56번지 사비한옥마을 조성부지 유적 출토 "田舍大石上烏利□□(목간2)

부여 쌍북리 56번지 사비한옥마을 조성부지 유적 출토 간지명 목간(목간3)

〈앞면〉 〈뒷면〉 〈앞면〉 〈뒷면〉

부여 쌍북리 56번지 사비한옥마을 조성부지 유적 출토 목간

아차산성 집수시설 내 출토 목간 및 기와

고려 치소성 건설 관련 명문 기와

木簡과 文字

第21號

| 차 례 |

특/집

논/문

특/집

특 집

함안 성산산성 축조기법의 특징*

정인태**

〈국문초록〉

함안 성산산성은 총 3기에 걸쳐 축조·활용되었는데, 1기는 부엽층, 1호 맹암거 등 산성의 기반시설과 함께 성벽, 내·외벽 보축, 문지, 1호 집수지 등 주요 시설을 축조하는 단계이다. 또 산성을 활용하면서 1호 수혈유구, 2호 맹암거 등을 조성하였다. 성벽과 보축, 문지의 구조와 축조기법을 통해 신라의 축성술이 확인되며, 계곡부에 성벽을 쌓기 위해 부엽층을 먼저 조성하고 성벽 활용 단계에 배수와 성벽 보호를 위해 부엽층, 맹암거 등 기반시설을 마련하였음이 확인되었다.

2기는 집수지가 대대적으로 개축되며 이와 함께 성벽과 문지, 보축도 다시 쌓아 산성을 활용하는 시기이다. 2호 집수지에서 출토된 진단구를 통해 8세기대로 볼 수 있다. 3기는 동성벽의 2차 개축 단계로 기저부에서 출토되는 기와를 통해 9세기대에 활용된 것으로 추정된다. 이후 성산서원터가 성 내 건립되는 등 15세기를 전후로 산성으로서의 기능을 상실한 것으로 보인다.

성산산성의 초축 시기는 산성 기반시설인 부엽층에서 출토된 토기류와 기년명 목간, 방사성 탄소연대 측정결과 등을 통해 6세기 후반으로 설정할 수 있다. 그 배경에는 신라가 함안지역을 복속한 이후 왜의

* 본 발표문의 Ⅱ장과 Ⅲ장은 국립가야문화재연구소가 2017년 발간한 『함안 성산산성 발굴조사보고서Ⅵ』의 유구 기술과 고찰을 토대로 작성하였다.

** 국립가야문화재연구소

침입을 대비함과 동시에 백제를 견제하기 위한 것으로 이해할 수 있으며, 이와 함께 신라의 함안지역 통치를 위한 행정적인 기능도 수행하였을 것으로 추정된다.

▶ **핵심어: 신라, 산성, 축조기법, 함안, 부엽층**

I. 머리말

함안 성산산성은 가야 소국 중 하나인 아라가야의 지배집단 묘역인 말이산고분군에서 남쪽으로 4㎞ 떨어져 있다. 아라가야의 성곽으로 알려져 있었으나 1991년부터 2016년까지 실시된 발굴조사를 통해 신라 축성법에 의해 조성되었고 내부에서 신라의 지명, 인명 등이 기록된 목간이 다량으로 출토되어, 이 산성은 아라가야가 신라에 의해 복속된 이후에 축조된 것으로 확인되었다.

비록 가야가 축성한 것은 아니지만 가야 멸망 직후 상황과 신라의 지방지배체재를 알 수 있는 좋은 자료로 한국 고대사 연구의 중요한 위치를 차지한다는 점은 의심할 여지가 없다.

이와 함께 17차례, 총 1,853일의 장기 발굴조사를 통해 성벽과 문지, 집수지 등 통상 산성 조사에서 확인되는 유구뿐만 아니라 부엽층, 맹암거, 암거형배수로 등 산성 축조를 위한 기반시설이 함께 조사되어 고대 토목기술을 밝히는데 중요한 자료가 확보되었다. 또 목간 뿐 아니라 각종 목제품, 동·식물유체가 다량으로 수습되어 당시의 생활상을 복원할 수 있는 자료도 확인되었다.

본 발표는 성산산성에서 확인된 다양한 유구의 특징과 유구 간 축조관계 검토를 통해 성산산성 축조·활용 및 폐기과정을 살펴보고 이를 통해 성산산성 축조기법의 특징과 의미에 대해 살펴보고자 한다.

II. 조사개요

1차에서 17차까지 조사를 통해 성벽, 문지, 집수지, 배수로, 부엽층 등 다양한 유구가 여러 시기에 걸쳐 확인되었다(도면 1).

성벽은 동성벽 110m 구간, 북성벽 5m 구간, 남성벽 41m 구간, 서성벽 57m 구간이 조사되었다. 조사한 모든 구간에서는 외벽 보축[1]이 확인되었다. 문지는 북문지를 제외하고 동문지, 서문지, 남문지가 확인되었다. 부엽층은 동성벽 주변으로 장축 49m, 단축 12.6m로 크게 3차례에 걸쳐 조성되었다.

1) 일반적으로 삼국시대 석축 산성에서 보이는 '외벽 기단보축'은 체성 외벽의 기단 또는 기저부의 성벽을 보강하는 구조물을 의미하는데, 함안 성산산성의 경우 외벽의 보강 구조물이 기단부와 체성부 하단 내지는 중단 높이까지 축조한 양상을 보이고 있고, 동성벽에 한정하여 내벽에 보강된 구조물인 '내벽 보축'과의 용어 통일성을 위해 '외벽 보축'으로 명명하였다.

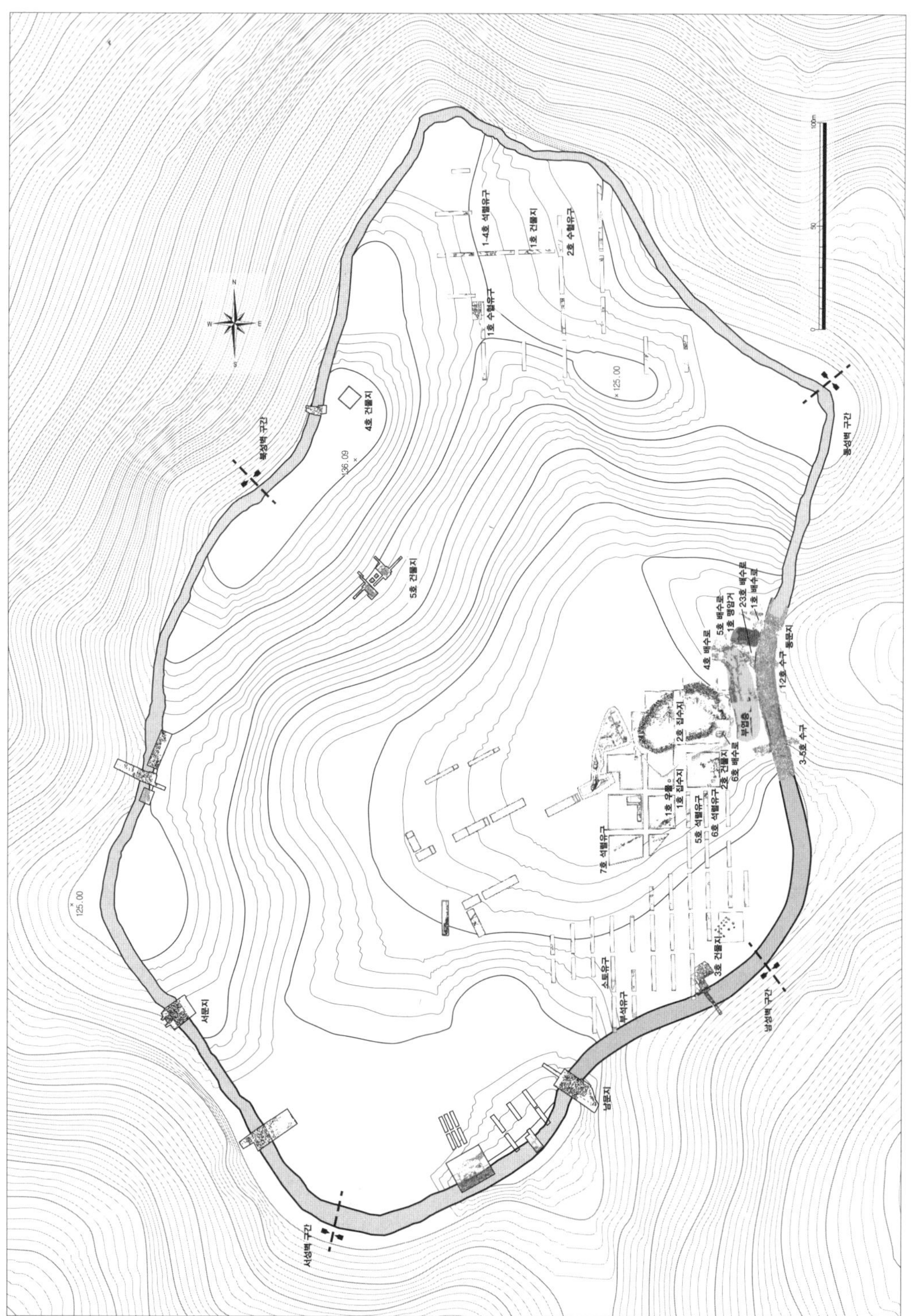

도면 1. 성산산성 유구 현황도(국립가야문화재연구소 2017)

집수지[2]는 계곡부에 시기를 달리하며 크게 2차례에 걸쳐 조성되었는데 1호 집수지는 성산산성 초축시 만들어졌고, 산성 활용 시점에서 2차례 가량 개축이 일어났다. 2호 집수지는 통일신라시대에 1호 집수지보다 규모를 작게 해서 축조되었다. 계곡부의 동성벽 축조 및 산성 활용단계에서 배수시스템과 관련 있는 맹암거 시설은 2차에 걸쳐 조성되었다.

1~5호 배수로는 동성벽 북쪽에서 조성되었으며 이를 통해 이곳에 배수시스템을 가장 활발히 구축했음을 알 수 있다. 6호 배수로는 1호 집수지 폐기 이후, 2호 집수지 축조 이전에 만들어진 것으로 추정되는데 상부 개석이 있는 형태의 암거형 구조로 판단되나 퇴적과정에서 다수 유실되어 명확하지 않다. 1호 집수지의 남쪽과 동쪽 일부에서만 확인되며 배수로의 양끝은 다른 시설에 연결되지 않는다. 이 배수로는 1호 집수지 폐기 이후 산성 활용시기의 배수시설로 볼 수 있으나, 현재로서는 정확한 기능은 알기 어렵다.

수구는 동성벽 북편과 남편에서 각 3개씩 확인되며, 성벽 기저부를 관통하는 구조이다. 6호 수구는 서성벽에서 동성벽과 동일한 구조로 만들어졌다. 한편 17차 조사에서는 부엽층의 북쪽에서 평면 장방형에 가까운 수혈유구 1기가 확인되었다. 1-3호 집수지 축조를 위해 주위의 물을 임시로 가두는 일종의 '보'시설로 추정된다.

한편 8~10차 조사에서 집수지 남쪽 지역과 산성 내 북동쪽 및 남동쪽 평탄면에 대한 시굴조사를 실시하여 수혈유구 2기, 추정 건물지를 포함한 건물지 3동, 건물지와 관련된 석렬유구 7기가 조사되었다. 이외에도 토기와 소의 머리를 매납한 유구와 우물 1기, 소토유구, 부석유구 등이 확인되었다.

III. 성산산성 축조·활용 및 폐기과정

1990년부터 2017년까지 진행된 발굴조사 내용을 통해 성산산성의 축조와 활용, 폐기과정을 복원하면 '성벽 축조구간 지반 정지 → 성벽(문지) 축조 및 구지표면 조성 → 집수지, 배수로, 건물지 등 성내 시설 조성 → 산성 활용 → 성벽, 집수지 등 주요 시설 증축 및 개축 → 성곽 기능 상실 ·폐기 → 폐기 후 퇴적 → 입지의 기능 변화'으로 설정할 수 있다(그림 1). 본 장에서는 성벽축조와 구지표 조성의 특징, 동성벽을 중심으로 보이는 산성의 기반시설과 수리기술의 특징, 성벽의 폐기 이후 상황 등에 대한 축조기법의 특징을 중심으로 살펴보고자 한다.

1. 성벽 축조와 구지표 조성

성벽이 축조되는 구간은 위치에 따라 약간씩 차이를 보이는데, 남성벽의 경우 일부는 자연암반층을 기저부로 이용하였고, 암반을 'L'자상으로 굴착하여 내부는 할석을 채우고 외벽은 점판암계 석재를 면을 맞

2) 성산산성의 이전 조사자료 및 보고서에서는 저수지, 호안석축 등으로 기술되었는데, 현재까지 조사내용을 볼 때 곡부의 물을 가두어 성벽 붕괴를 방지하는 것이 주 기능으로 판단되어 집수지로 명명하였다.

활용 과정
유 구
산성 축조 이전
성벽 축조구간 지반 정지
성벽 축조
성벽 보축, 1차 구지표면 조성
2차 구지표면 조성
3차 구지표면 조성
성곽기능 상실
입지의 기능 변화(1차)
입지의 기능 변화(2차)
입지의 기능 변화(3차)
자연퇴적층
부엽층
1호 맹암거
동성벽 동문지
1~5호 수구
남 · 서 · 북성벽 남 · 서문지
내 · 외벽보축
1-1호 집수지
1호 매납유구 1 · 2 · 4 · 5호 배수로
내 · 외벽 보축
1 · 2호 수혈유구 부석유구
1-2호 집수지
3호 수혈유구
1-3호 집수지 2호 맹암거
4호 배수로 폐기 3호 배수로
1호 집수지 폐기
6호 배수로
폐기 후 퇴적
1호 우물
외벽 보축 1차 개축
2호 집수지
2호 매납유구
4호 건물지
1호 건물지 1~4호 석렬유구
동성벽 1차 개축 동문지 개축
2호 집수지 폐기
외벽 보축 2차 개축
동성벽 2차 개축
성벽 폐기
3 · 5호 건물지
폐기 후 퇴적
5 · 6호 석렬유구
2호 건물지
7호 석렬유구
경작 · 민가조성
폐기 후 퇴적
발굴조사

그림 1. 성산산성 활용과정에 대한 모식도(국립가야문화재연구소 2017)

추어 정연하게 마감하였다. 서성벽도 내벽부 암반을 역시 'L'자상으로 굴착하였고 할석을 채워 쌓았는데, 암반 굴광면 안쪽으로 70㎝ 간격의 주혈이 확인된다. 북성벽은 내벽에서 외벽 쪽으로 경사진 지반 일부를 굴착하여 기저부를 조성하였다. 기저부 조성 시 내벽 기저부와 경사면 사이를 외사향으로 함께 쌓아 조성하였다. 가장 많은 조사가 이루어진 동성벽은 계곡부에 위치하는데, 이곳에 성벽을 조성하기 위해 곡부는 부엽층으로 매우고, 계곡부 북쪽 가장자리의 경사면은 1호 맹암거를 시설하여 물을 차단한 후, 계곡부의 자연퇴적층을 비스듬히 굴착하여 성벽 기저부를 조성하였다.

본격적인 성벽 축조와 함께 성벽 내·외로 산성 활용을 위한 구지표면을 조성한다. 성벽 축조와 함께 동·서·남문지, 1~5호 수구도 함께 축조된다. 성산산성의 성벽은 발굴조사 이전에는 토석혼축으로 추정되었으나, 조사결과 내외벽을 모두 돌로 쌓은 협축식 석성으로 확인되었다. 구지표면 상부로 드러나는 성벽 내·외면은 점판암을 이용하여 종평적하고 내부는 할석을 채웠다. 성벽 내·외벽에는 각각 보축이 조성된다. 성벽은 모든 조사 구간에서 외벽보축이 확인되며 비슷한 시기에 축성된 신라산성의 외벽보축에 비해 높은데, 동성벽의 경우 잔존 체성부의 약 1/2 지점까지 축조되었다. 외벽보축은 단면 삼각형을 띠며 최하단석은 할석 또는 대형 점판암을 이용하였고 상부는 점판암을 이용하여 면을 맞추어 쌓았다. 내부는 할석으로 채웠다. 동성벽 구간은 부분적으로 단면 삼각형 보축이 2중으로 조성되어 주목된다.

또 동성벽 구간에는 단면 삼각형의 보축을 덮고 단면 장방형의 외벽보축과 동문지 북쪽으로 평면 호상으로 쌓은 외벽보축도 확인되는데 축조수법 및 출토유물을 볼 때 통일신라시대에 개축한 것으로 판단된다.

체성부 안쪽으로는 기저부 상단 축조와 함께 구지표면을 조성한다. 동성벽 구간에는 내벽을 'ㄱ'자 로 꺾여 쌓은 구간이 있고 이 구간에 단면 세장방형의 내벽보축이 내벽에 덧붙여 축조되었다. 내벽보축 기저부 조성과 함께 흙을 성토하여 구지표면을 조성하였다. 반면, 이와 유사한 양상이 서성벽 내벽에서도 나타나는데, 이 구간의 2중 성벽은 하단부가 체성과 함께 축조되고, 축조수법 및 퇴적양상을 볼 때 개축된 성벽으로 추정된다.

2. 산성 내 시설 설치

1) 수리시설

구지표면을 기반으로 집수지, 배수로 등 수리시설이 축조된다. 1호 집수지는 동성벽 구간에 위치하며 장축 59m로 매우 넓게 조성된다. 호안석축 서쪽은 수직으로 5단 가량 축조하는 반면 동쪽에는 집수지 가장자리의 경사면을 따라 부석하듯이 조성하였다. 집수지 조성과 함께 동성벽 구간에 지속적으로 유입되는 유수를 차단하기 위한 배수시설이 설치된다. 동성벽 구간 북쪽에서 유입되는 물을 1호 맹암거로 흘려보내는 1호 배수로, 주계곡부를 따라 가장 많은 유수를 처리하는 4호 배수로와 2호 배수로는 산성 북쪽에서 시작되어 집수지 주변을 지나 동성벽 쪽으로 오는 물을 1·2호 수구를 통해 성 밖으로 배출한다. 또 4호 배수로와 직교되게 설치된 5호 배수로는 북쪽으로 흐르는 물을 4호 배수로 쪽으로 흘려 보내는 역할을 하는데 주변에 흩어져 있는 석재와 계단상 지형의 북쪽으로 건물지가 위치할 만한 평탄지가 존재하고 있어 건물지 등과 관련된 배수시설일 가능성도 있다.

한편 동성벽 구간의 남쪽 3~5호 입수구 주변으로 소 한 개체가 매납된 1호 매납유구가 조성되었다. 물과 관련된 의례행위의 흔적으로 볼 수 있다.

2) 부석·수혈유구

동성벽 구간 이외에 성벽 축조 및 구지표 조성 단계에 형성된 유구는 남성벽 주변의 평탄면의 부석유구와 산성 북동쪽에 있는 평탄면의 1·2호 수혈유구가 있다. 남성벽 주변의 부석유구는 동성벽과 서성벽에서도 성벽 주변 구지표면 높이에서 다수 확인된다. 성벽과 접해 지표수의 배수와 관련된 암거시설로 추정된다. 1호 수혈유구는 당초 어떤 목적으로 사용하다가 어느 시점에 다량의 토기편, 철기류, 철광석, 슬래그 등을 폐기한 양상이 확인되어 기능이 변화했음을 알 수 있다. 철광석, 슬래그 등 철 생산과 관련한 유물이 주목되나 주변에 제철 관련 유구는 확인되지 않고 있다.

3. 동성벽 구간 축조공정과 축조기법

성산산성에서 가장 중점적으로 조사가 이루어진 동성벽 구간은 그동안 잘 확인되지 않은 산성의 기반시설, 특히 산성 축조 및 활용과정에서 물을 차단하고 관리하는 수리(水理)시설이 조사되어 고대인의 토목기술을 밝힐 수 있는 중요한 자료가 확보되었다.

동성벽 구간의 축조공정과 그 특징을 살펴보면 다음과 같다.

1단계는 부엽층 조성을 위해 산성 축조 이전의 퇴적층 및 기반층을 일부 정지하는 단계이다. 동성벽의 구조, 축조분기점 등을 볼 때 전체 성벽 중 동성벽 구간을 제외한 성벽은 1단계 이전에 조성되었을 것으로 추정된다.

성벽 축조는 1.4㎞에 해당하는 구간을 나누어 순차적으로 축조했을 가능성이 높다. 이는 축조분기점을 통해 알 수 있는데 서문지 주변에 1개, 동성벽 구간에 2개의 분기점이 확인되었다. 이 중 동성벽의 축조분기점은 동문지 북측벽에서 107m, 북쪽과 동성벽 최남단에서 북쪽으로 83m 지점에서 각각 확인되었다. 두 개의 축조분기점을 기준으로 안쪽의 약 61.5m의 동성벽 구간은 산성 축조 단계에서 가장 마지막에 이루어진 것으로 추정된다.[3)]

동성벽 구간은 다른 성벽과 달리 계곡부에 성벽을 축조하기위해 계곡부 내부에 부엽층을 조성한다. 부엽층의 중앙부는 계곡부의 가장 깊은 곳으로 부엽층 축조 이전, 유수에 의한 퇴적층이 형성되어 있다. 부엽층은 이 퇴적층에 별다른 정지작업 없이 조성되었다. 자연퇴적층(깊이 1.5m)은 중단 정도에 자색풍화암반편이 퇴적되어 있는 간층이 확인되며, 이 층을 경계로 퇴적양상이 확연히 구분되는데 간층의 퇴적 시

---

3) 이러한 양상은 거창 거열산성에서도 확인된다.
권순강 등, 2011, 「석축 산성의 계곡부 체성과 못(池)에 관한 연구」, 『건축역사연구』 제20권 3호.

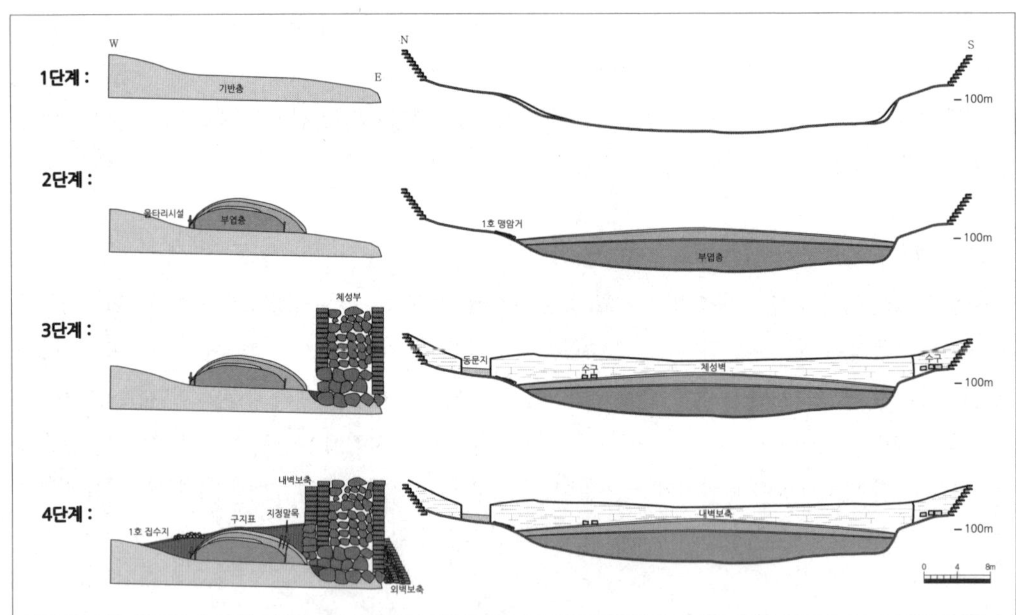

도면 2. 동성벽 구간 축조공정 모식도(국립가야문화재연구소 2017)

점에 이 일대의 지형적 변화를 가져오는 이벤트가 있었을 것으로 추정된다. 동성벽의 축조분기점 양상, 가장 낮은 지대에 조성된 입지적 특정 등을 근거로 동성벽 구간의 성벽이 산성 전체 중 가장 마지막에 축조되었을 가능성이 높은데, 이 간층은 최초 성산산성 축조가 개시된 시기와 관련있는 것으로 판단된다.

한편 부엽층의 양쪽 가장자리(경사면)는 풍화암반층 상부에 쌓여 있다. 지속적인 퇴적작용이 이루어지는 계곡부라는 점을 감안할 때, 풍화암반층 상부의 자연퇴적층이 부엽층 조성 이전에 존재했을 것으로 보이며 따라서 계곡부 경사면은 자연퇴적층을 걷어내는 등 지면 정지 후 조성했다고 볼 수 있다. 다만 정지 구간은 전체 부엽층의 범위에서 볼 때 그리 넓지 않았을 것으로 생각된다.

2단계는 부엽층과 1호 맹암거를 조성하는 단계이다. 산성 내에서 물이 가장 많이 유입되는 계곡부에 성벽을 쌓기 위해 물을 차단할 수 있는 기반시설인 부엽층과 1호 맹암거가 조성된다.

부엽층은 계곡부 내부에 나뭇잎, 나뭇가지와 같은 다양한 유기물을 쌓아 조성하였다. 가운데가 볼록하고 가장자리로 갈수록 얇아지는 형태로 3차례에 걸쳐 범위를 확장하는 방식으로 조성되었다. 2차 부엽층(구 1차 부엽층)은 양쪽으로는 2중의 목조 울타리시설을, 북쪽에는 석축렬을 가장자리에 둘렀다. 부엽층은 물이 지속적으로 유입되는 계곡부에 성벽을 축조하기 위한 목적으로 조성되었으며, 산성 활용시점에도 지하로 유입되는 물을 머금어 성벽 밖으로 배출하는 기능을 한다.

축조기법의 차이는 있지만 서울 풍납토성, 부여 나성 등 성곽과 울산 약사동 유적, 밀양 구위양지 유적, 함안 가야리 유적과 중국의 양저고성, 일본 사야마이케 유적 등에서도 확인되어, 고대 한반도와 동아시아에 널리 이용된 토목기술로 인식되고 있다. 국내의 경우 체성, 제방의 기저부 등에 시공되는 경우가 많은 반면, 함안 가야리유적과 성산산성 부엽공법 구간은 각각 제방 외측과 성벽 내측에 시설된 점이 특징이다.

부엽층 북쪽 가장자리에서는 기존 조사된 부엽층 하단에서 풍화암반편이 다량 포함된 점토층과 이 층을 기반으로 하는 석렬이 조성되어 있고, 이 점토층 하단에 깊이 10~15m의 얕은 부엽층이 17차 조사에서 새롭게 확인되었다. 점토층과 최하단 부엽층은 반대쪽인 남쪽 가장자리에서는 확인되지 않았다. 이 시설은 본격적인 부엽층 조성을 위한 기반시설로 추정된다.

한편 부엽층 조성 이후 계곡부 북쪽 경사면에는 1호 맹암거가 조성되었다. 이 유구는 산성 활용 단계의 배수를 위해 마련된 기반시설이다. 동성벽 구간 북쪽에서 유입되는 물을 1호 배수로를 거쳐 1호 맹암거로 유입되면 물을 성벽 조성 이전 자연퇴적층 및 부엽층으로 스며들게 하여 자연스럽게 성벽 밖으로 배출하는 기능을 한다.

3단계는 동성벽의 체생부 및 동문지를 축조하는 단계이다. 체성부 북쪽의 1·2호 수구 및 남쪽의 3~5호 수구도 이 단계에 조성된다. 체성부 축조 시 부엽층 구간에는 별도의 정지작업을 하지 않았다. 동성벽 구간 중앙부를 기준으로 2차 부엽층의 동쪽 울타리 시설에서 약 5m 지점 동쪽으로 자연 퇴적층을 비스듬히 굴착하였다. 기저부와 체성부의 축조수법의 차이가 있고, 기저부의 높이도 내·외벽이 다르다. 기저부는 할석으로 외면을 맞추고 내부는 채워 넣어 쌓았는데 하단으로 갈수록 면이 고르지 않고 조잡하다. 체성부는 점판암으로 면을 맞추어 정연하게 조성하였다. 기저부의 높이는내벽이 2.4m, 외벽이 1.45m이다.

4단계는 체성 안팎으로 보축을 하는 단계로 내벽 보축과 함께 부엽층 상부를 성토하여 산성 활용 시점의 구지표가 형성된다. 또 구지표를 기반으로 1호 집수지, 1·2·4·5호 배수로가 축조된다. 부엽층 상부 성토를 위해 지반을 강화하는 지정말목 및 석군 등이 확인된다. 동성벽 북쪽에는 암거형 배수로, 개방형 배수로를 통해 모여진 물이 성벽 통과식으로 만들어진 수구를 통해 밖으로 배출되는 배수시스템을 구축한다. 부엽층 구간의 동쪽으로는 부엽층 상부를 덮는 밀봉층이 확인된다. 대체로 점토와 사질점토를 반복하여 쌓았다. 북쪽 부엽층 가장자리 주변에서는 이 층을 쌓은 후 지정 말목과 돌을 깔아 성벽 주변의 연약한 지반을 보강한 양상이 확인되었다. 또 부엽층 동쪽 전반적으로 지정말목을 부엽층 상부를 덮는 성토층과 직교하여 박았는데, 상부 성토층의 하중으로 인해 성벽 방향으로 넘어져 있다.

부엽층의 동쪽과 서쪽 가장자리는 성토과정에서 각각 다른 축조양상을 보이는데 부엽층 동쪽, 즉 성벽과 접하는 부분은 점토괴를 채워 넣어 부엽층을 통해 유입되는 물이 성벽쪽으로 가지 못하게 막고 있는 반면, 부엽층 서쪽은 부엽층 조성 시 설치한 서쪽 울타리시설 주변으로 유수의 차단을 위한 점토 등이 확인되지 않으며, 유수에 의한 퇴적층이 울타리시설 안팎으로 형성되어 있다. 또 부엽층을 관찰하면 파도상의 굴곡과 함께 모래띠가 반복적으로 형성되어 있어 구지표면 성토 후에도 1호 집수지로 모아진 물이 지하에 매립된 부엽층으로 계속 유입되었음을 알 수 있다. 이는 부엽층이 산성 활용 단계에서도 배수기능을 수행하는 것으로, 성벽 축조를 위한 목적과 함께 산성의 배수체계에 계획적으로 활용됨을 말해준다. 또 부엽층 내부에서 출토되는 유물이 반드시 부엽층 축조 시점의 유물이 아니라는 점도 알 수 있다. 내벽 보축은 동성벽 체성부 북쪽 축조분기점에서부터 남쪽 3~5호 수구 이전까지 약 57.4m의 길이로 축조하였다. 폭 0.8~1.2m로 단면 세장방형으로 체성부에 접하여 축조하였다.

동성벽 구간은 이후 1호 집수지를 2차례 개축하는 과정에서 2차 구지표면 조성, 4호 배수로 폐기, 3호 배수로 축조, 2호 맹암거 축조 등 배수와 관련된 시설을 지속적으로 보완하여 산성을 활용하게 된다.

4. 산성 활용 단계의 시설

1) 배수시설의 변화

성벽 활용 시점에서는 1호 집수지가 2번에 걸쳐 개축되고 이로 인해 약 20~30㎝ 상부에 2차 구지표면이 조성된다. 1호 집수지 활용 단계와 1~2·3호 집수지 축조 단계 사이에 3호 수혈유구가 4호 배수로 남쪽 주변으로 확인된다. 이 유구는 집수지 개축을 위해 임시로 물을 가두는 시설로 추정된다. 1~3호 집수지 축조 때 4호 배수로가 호안석축에 의해 매몰되어 폐기된다. 이 단계는 동성벽 구간에 추가 배수시설의 필요에 의해 3호 배수로가 2호 배수로 상단에 축조되며, 최초 구지표면에 소형 할석을 깔아 2호 맹암거가 조성된다.

또 1~3호 집수지 축조 및 2차 구지표면 조성을 위해 1~3호 집수지 축조와 비슷한 시기에 집수지 남쪽 호안석축 외곽으로 우물 1기가 조성되었다. 집수지가 계곡부의 물을 관리하는 기능을 가진 반면, 동시기에 만들어진 우물은 음용수를 확보하기 위한 시설로 판단된다. 1차 집수지의 남쪽 호안석축 내부에는

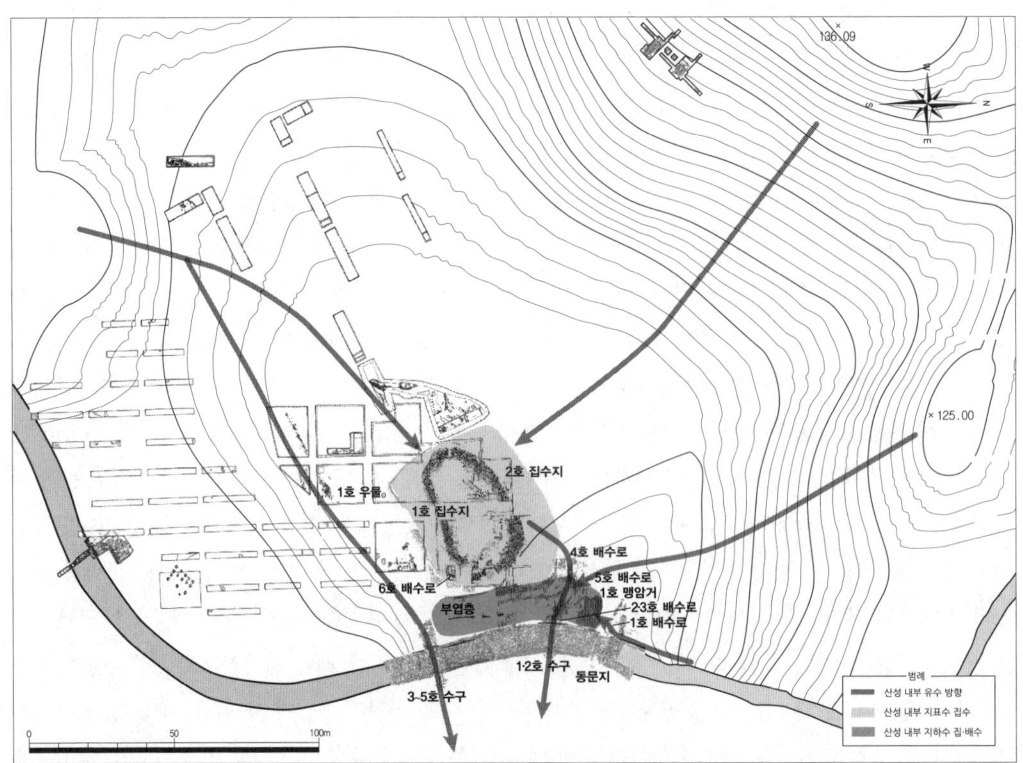

도면 3. 동성벽 구간 수리(水利)체계 모식도(국립가야문화재연구소 2017)

집수지가 폐기된 후 내부에 형성된 자연퇴적층을 기반으로 6호 배수로가 축조되었다. 이 배수로의 서쪽은 2호 집수지 조성으로 교란되었고, 동쪽으로는 1호 집수지의 동쪽 호안석축의 1/3 지점까지 축조되었음이 확인되었다. 부정형 할석으로 측벽과 천정을 단면 'U'상으로 만들고 주변으로 돌을 쌓은 형태이다. 2호 집수지에 의한 교란 및 주변으로 관련된 시설이 확인되지 않아 입·출수로와 배수로의 기능이 명확하지 않다. 이후 6호 배수로가 폐기되면서 배수로와 1호 집수지 상부로 두텁게 퇴적층이 형성된다.

다음은 이 퇴적층을 기반으로 2호 집수지가 새롭게 조성되었다. 2호 집수지는 평면 타원형으로 동서가 긴 형태이다. 집수지의 가장자리는 경사면을 따라 소형 할석을 폭 3~5m로 깔아서 조성하였다. 또 이 호안석축 안쪽으로 2m 지점에는 2중의 목조 울타리시설이 가장자리를 따라 설치되었다. 주변 유수와 함께 집수지로 유입되는 퇴적입자를 호안석축에서 1차로, 울타리시설에서 2차로 차단하는 기능을 하였다. 이 울타리시설은 바닥면에 판재로 말목을 고정하는 기능을 제외하고 말목렬을 2중으로 돌리는 점, 나뭇가지를 횡으로 엮은 점 등은 부엽층에 설치된 울타라시설과 같아 시기 차이가 있음에도 불구하고 축조기술의 전통이 이어져 오는 것을 알 수 있다. 2호 집수지 남쪽 호안석축의 기저부에 평저호를 도치하여 매납한 2호 매납유구가 확인된다. 진단구로 판단되며 8세기 전반 이후로 편년되어 2호 집수지의 축조 연대를 알 수 있다.

2) 성벽 개축 등 시설 설치

2호 집수지 조성 시점에 성벽의 개축 양상이 확인되는데, 동성벽 북쪽 외벽과 동성벽 절개구간에서 보이는 평면 호형 및 단면 장방형 외벽보축 등이 기존보축에 덧대어 축조되었다. 또 산성 북편의 가장 높은 평탄면에 위치한 4호 건물지도 2호 집수지 활용 단계에 조성된 것으로 추정된다. 4호 건물지는 유실이 심해 명확한 양상은 알 수 없는데 건물지 기단으로 보이는 석축렬이 남아 있고 이 석축렬 사이로 진단구로 추정되는 평저호가 있는데 2호 집수지 진단구와 형태와 제작기법이 유사하여, 비슷한 시기에 조성된 건물지로 판단된다. 퇴적양상이 연결되지 않는 산성 북동편 평탄지의 I~4호 석렬유구와 1호 건물지는 2호 집수지 사용 또는 폐기 시점과 관련된 유구로 판단된다.

2호 집수지 폐기 이후에는 집수지 남쪽 평탄면으로 2호 건물지와 5~7호 석렬유구가 조성되었다. 관련 유물이 수습되지 않아 정확한 조성 시기는 알 수 없다.

동성벽 북쪽 외벽에는 0.5m 안으로 들여 축조하는 데 이때 동문지 측벽도 0.4m 남쪽으로 좁혀서 개축된다. 초축 성벽과 외벽보축, 통일신라시대 수축된 외벽보축을 덮고 성벽이 개축되고 있으며, 개축 성벽의 기반이 되는 퇴적토에서 장판 타날문 기와가 출토되어 9세기 이후에 축조된 것으로 추정된다. 이후 동성벽 북쪽 구간의 외벽은 2차 개축이 확인되는데, 대형 할석을 이용하여 초축 성벽보다 1m 가량 동쪽으로 내어 쌓았다. 축조수법과 주변 축토유물로 볼 때 고려시대 이후로 추정된다.

5. 성벽 폐기 후 성산산성

성산산성 내 시기가 가장 늦은 유구로는 산성 북쪽의 5호 건물지이다. 1569년 건립된 성산서원터로 추정된다. 이 시기와 관련된 유구나 성벽 개축은 확인되지 않고 있어 서원 건립 이전에 성곽으로서의 기능을 상실한 것으로 보인다. 성산서원터 건립으로 인해 성곽에서 서원으로 입지 기능의 1차 변화를 가져온다. 남성벽 내부 평탄면에 위치한 3호 건물지의 축조연대를 알 수 있는 유물은 출토되지 않았지만, 초석, 기단석렬 등 축조수법을 볼 때 5호 건물지와 비슷한 시기에 조성되었을 것으로 추정된다.

이후 2호 집수지 조성 구간은 집수지 폐기 후 상부로 10m 가량 두텁게 퇴적이 이루어진 후, 이 퇴적층을 기반으로 현재의 경작층이 확인된다. 또 성산산성의 중앙부에는 민가가 조성되어 사람이 거주하기 시작한다. 이곳 입지가 경작 및 취락의 기능으로 2차 변화가 나타난다. 마지막으로 1991년부터 실시된 발굴조사를 통해 입지의 기능이 3차로 변화하여 현재에 이르고 있다.

Ⅳ. 성산산성 축조기법의 특징과 의미

1. 축조기법의 특징

1) 성벽과 보축

성벽은 주변에서 쉽게 구할 수 있는 점판암을 이용하여 수평줄눈을 맞추어 쌓아 올렸다. 구지표면 아래에 있는 기저부는 다듬지 않은 할석으로 쌓아 점판암 축조구간과 확연한 차이를 보여준다. 고모산성, 삼년산성, 명활산성 등 고대 신라의 대표적인 성곽은 면을 다듬은 (세)장방형의 할석을 정자형 또는 품자형 쌓기하여 체성부를 축조하였다.[4] 석재의 차이는 있으나 축조수법은 이들 고신라 산성과 유사하다.

다음은 성벽 보축이다. 성산산성의 보축은 체성부의 외벽과 내벽에 모두 확인된다. 소위 외벽기단보축, 기단보강구조물로 정의되는 이 시설은 신라 산성의 주요 특징으로 인식[5]되고 있으며, 명활산성, 삼년산성, 고모산성, 목마산성 등 주요 신라 산성에서 외벽에 단면 삼각형의 보축이 확인되고 있다.

성산산성에서는 이들 산성에서 확인되는 단면 삼각형의 외벽 보축과 함께 내벽 보축도 계곡부에 위치한 동성벽 구간에서 확인되고 있어 주목된다. 외벽 보축은 17차 조사에서 절개조사를 통해 동성벽 구간의 중앙과 동문지 남측에서 단면 삼각형 보축이 2중으로 쌓여 있는 것이 확인되었다. 외벽보축은 최하단석은 체성부와 같이 다듬지 않은 할석으로 채우고 그 위를 점판암으로 외면을 맞추어 단면 삼각형으로 정연하게 쌓아 올렸는데, 점판암 축조구간이 체성부의 점판암 축조 구간보다 하단에 위치하고 있다.

부분적으로 축조된 2중의 외벽 보축은 아직 비슷한 사례가 적어 그 용도를 파악하기가 쉽지 않다. 다

---

4) 최근 발굴조사된 고령 주산성도 사질이 높은 세장방형의 할석을 이용하여 성벽을 축조하였는데 축조수법과 외벽 보축의 형태가 성산산성과 유사하다.
大東文化財研究院, 2014, 『高靈 主山城Ⅰ』.

5) 박종익, 2005, 「성곽유적을 통해 본 신라의 한강유역 진출」, 『기전고고』 제5호, p.239.
안성현, 2007, 「경남지역 고대 석축산성 축조기법에 관한 연구」, 『한국성곽학보』 제11집, 한국성곽학회, p.151.

만 안쪽과 바깥쪽 보축 사이에 간층이 없고, 축조수법과 경사도가 거의 같아 시기 차이를 두고 축조된 것은 아니며 공정 상 구분으로 보인다. 신라 산성의 외벽 보축의 용도는 체성 기저부의 불안정성을 보완하고 할석으로 채워진 체성의 기초부를 가리기 위한 것으로 보는 견해[6], 성벽 기저부를 흐르는 유수 차단에 있다는 견해[7] 등이 있다.

초축의 단면 삼각형 보축 상부를 단면 장방형의 1차 보축이 덮고 있고, 동문지 북쪽 측벽에 접하여 평면 호상의 2차 보축이 확인되는데, 축조수법 및 2호 집수지와의 토층 관계, 기저부에서 출토되는 장판 타날문 기와 등을 볼 때 8세기 대에 개축한 것으로 볼 수 있다. 서문지에서는 초축된 삼각형 외벽 보축 이후 성벽 개축과 함께 1차 외벽 보축의 상단부 높이를 기저부로 하는 2차 외벽 보축이 조성되는데 역시 단면 삼각형으로 축조수법도 유사하여 동문지의 2차 보축보다는 이른 시기에 축조되었을 것으로 판단된다.

다음은 내벽 보축이다. 계곡부에 축조된 동성벽 구간 체성부는 양 단부가 평면 'ㄱ'자로 꺾여 있는 구조이며, 이 구간 내에 별도로 쌓아 원래 체성부 폭을 맞추어 조성한 특이한 석축 구조물이 존재한다. 이는 체성부 축조 이후 성벽 바깥쪽과 안쪽을 함께 보강하여 만들었다는 의미로 각각 외벽 보축, 내벽 보축으로 구분할 수 있다. 역시 그 사례가 많지 않아 축조 목적은 명확하지 않다. 그러나 계곡부 구간에만 조성된 점, 내벽 보축의 기초부, 즉 할석으로 쌓은 구간과 점판암으로 축조한 구간 사이에 유수와 관련있는 것으로 보이는 사립 띠가 있는 사질층이 있는 점, 산성 내벽에 직접 작용하는 물을 지하로 흘려 보내는 일종의 배수시설인 부석층이 구지표면 조성 시 기저부에 접하여 확인되는 점 등을 볼 때, 성 내 유수로부터 성벽을 보호하기 위한 시설일 가능성이 있다. 다만 유사한 사례가 보이는 장성 진원성은 계곡부에 위치하지 않아 추후 새로운 자료의 축적이 필요하다.

장성 진원성의 북벽은 성산산성과 마찬가지로 내벽이 2중으로 되어 있고, 외벽은 기단보축이 있다. 보고자는 1·2차 내벽은 큰 시기차를 보이지 않고, 2차 내벽과 기단보축이 동시기에 이루어졌을 가능성이 있다고 하였다. 진원성의 초축시기는 7세기 말에서 8세기 초로 보고 있다.[8]

한편 계곡부에 위치한 체성부가 곡부쪽으로 볼록한 렌즈형으로 축조되는 형태가 거열산성에서도 확인되는데 곡부에서 유입되는 유수에 닿는 성벽을 최소화하여 성벽 붕괴를 보호하는 목적으로 설계된 것으로 보이며, 이처럼 성산산성은 산성 내 유수의 대부분이 모이는 산성 동쪽 계곡부에 성벽을 축조하고 관리하기 위해 다양한 조치를 취했음을 짐작할 수 있다.

2) 문지

문지는 동·서·남문지 등 3곳에서 확인되었다. 이 중 동문지는 계곡부의 가장 낮은 곳에서 북쪽의 경사면에 위치하고 있는데 이를 신라 산성의 특징으로 보기도 한다.[9] 후대 수·개축이 여러 번 있어 초축

6) 박종익, 2012, 「신라 석축산성의 입지와 기단보축 검토」, 『嶺南考古學 63號』, 嶺南考古學會.
7) 안성현, 2007, 앞의 책.
8) 전남문화재연구원, 2018, 『장성 진원성』.

당시의 구조와 축조수법은 파악하기 어렵다. 다만 여러 차례 조사가 이루어진 동문지를 보면 초축 성벽 및 내벽 보축과 폭을 같게 하여 구지표면보다 높게 조성된 석축단이 있고 문지의 양 측벽 일부가 확인되었다. 역시 서문지와 남문지에서도 초축의 문지 측벽으로 보이는 양상이 확인되고 있어 현문식의 구조로 파악된다. 또 동문지와 서문지의 한쪽 측벽에서 외벽으로 꺾이는 모서리가 말각되게 쌓여 있는데, 이는 김해 양동산성[10]에서도 확인된다.

8세기대 개축한 성벽과 보축의 축조 시점에 동문지 외벽에 접하여 석축렬이 일부 확인되는데 계단과 같은 출입시설의 흔적으로 보인다. 이처럼 후대에 출입시설을 조성한 양상은 이성산성에서도 확인된다.

현문식 구조는 고모산성, 이성산성, 삼년산성, 양동산성 등 역시 고신라 산성에서 주로 확인되고 있다.[11]

한편 남문지 내부와 동문지 주변에서 확석과 확쇠가 출토되었으나, 초축 시 사용되었는지 여부는 명확하지 않다.

3) 집수지

성산산성 집수지는 크게 2차례 걸쳐 성내 계곡부 중앙에 조성되었다. 1호 집수지는 성벽 초축 시기에 구지표면과 함께 축조되었으며 평면형태는 다각형을 띠며 호안석축은 일부 구간은 수직에 가깝게 쌓아 올렸으나 대체로 경사면을 따라 부석하듯이 조성한 점이 특징이다. 이후 2차례에 걸쳐 외곽을 조금씩 넓혀 가며 개축하였다. 호안석축 북편이 조사되지 않았으나 현재까지 집수지의 입·출수구는 확인되지 않았다. 2호 집수지는 1호 집수지의 가장자리 상면에서 약 2m 높이 차이(집수지 중앙둑 기준)를 보이며 축조되었다. 1호 집수지보다 범위를 좁혀서 조성되었으며, 호안석축은 1호 집수지보다 더욱 완만한 경사면에 부석하듯이 조성하였고 그 안쪽으로 나무 울타리시설을 호안과 나란하게 설치하였다. 입·출수구는 별도로 확인되지 않았다.

계족산성 1차 저수지, 이성산성 2차 저수지, 고모산성 집수지와 함께 성산산성 1·2호 집수지는 380~1330㎥의 최대 집수용량을 가지는데, 이는 비곡부에 입지한 집수지가 300㎥ 이하의 최대 집수용량을 가지는 것과 대비된다. 이는 비곡부와 곡부에 조성되는 집수지의 목적이 달랐음을 알 수 있다. 곡부에 입지하는 집수지의 기능은 성벽 보호 및 성 내부의 수위 조절로 판단되며, 주변 수리시설과의 유기적으로 연결되고, 호안의 축조기법도 지형에 따라 다양하게 나타나는 것을 그 근거로 들 수 있다. 반면 비곡부의 경우 음용수를 비롯한 생활용수를 확보하기 위해 축조했을 가능성이 높다.[12]

성산산성 집수지의 경우, 동성벽 내 기반시설인 부엽층과 연결되어 집수된 물과 퇴적물이 부엽층으로

---

9) 박종익, 2012, 위의 책.

10) 동아세아문화재연구원, 2013,『김해 양동산성 동문지·양평 도곡리 유적』.

11) 차용걸은 현문식의 성문 구조를 신라 축조법으로 이해하고 있다.
차용걸, 2016,「신라 산성의 현문식 성문구조」,『한국축성사연구 -고대산성의 성립과 발전』.

12) 정인태, 2008,「삼국~통일신라시대 산성 집수지에 관한 연구」, 동아대학교 석사학위논문.

스며들도록 조성되었으며, 집수지로 유입되지 않는 물은 역시 동성벽 내 기반시설로 조성된 맹암거와 이와 연결된 배수로, 수구를 통해 성벽 밖으로 배출되게 설계되는 등 유기적인 배수시스템을 구축·운용하고 있다.

또 수직으로 쌓은 석축, 경사면을 따라 부석하듯이 조성한 호안, 호안의 안쪽으로 나무 울타리를 설치하는 등 다양한 축조기법도 확인되고 있다.

한편 계곡부에 조성된 1·2호 집수지와 달리, 집수지 주변으로 우물이 확인되어 성내 음용수를 확보하는 별도의 시설이 있음을 알 수 있다.

4) 부엽층과 관련 수리시설

부엽층은 계곡부에 동성벽을 축조하기 전에 조성된 일종의 기반시설이다. 부엽층 조성의 가장 큰 기능은 계곡부에 지속적으로 유입되는 물을 차단하여 성벽을 축조하기 위함이며, 또 다른 기능으로는 산성 활용 시, 주변의 집·배수시설과 함께 성 내 물을 관리하여 성벽을 보호하기 위함에 있다.

1차적 기능의 증거는 성벽과 부엽층의 축조관계이다. 구지표 내지는 기반층을 굴착하고 조성된 체성부가 부엽층을 굴착하지 않는 양상, 반대로 체성부 또는 축조 관련 토층을 부엽층이 굴착하지 않는 양상은 부엽층과 체성부가 선후 관계를 가지지 않는 다는 점에서 이들 시설의 관계가 유기적임을 알 수 있다. 또 부엽층의 단면 형태가 반볼록렌즈형을 하고 있다는 점에서 일부 정지된 구지표면에 별도의 굴착 없이 쌓아 올렸음을 알 수 있고, 이와 반대로 체성부는 구지표면 또는 기반층을 굴착하여 조성되고 있어 부엽층이 먼저 조성되었을을 알 수 있다.

또 부엽층이 3차례에 걸쳐 조성되었는데 각 공정마다 상단부과 가장자리를 중심으로 회색 점질토를 밀봉하고 있는데, 이는 계곡부에 부엽층을 조성하기 위해 단계적으로 물을 차단시키는 역할과 동시에 산성 활용 시점에서도 지표수 내지는 지하에 유입되는 물을 분산할 목적으로 의도된 축조기법으로 볼 수 있다.

2차적 기능의 증거는 앞에서도 언급하였듯이 동서 가장자리의 축조기법을 보면 서쪽에 물이 유입되는 곳에는 별도의 차단시설을 두지 않는 반면 동쪽 체성부와 접하는 곳에는 점토를 발라 차단하고 있으며, 체성부와 함께 축조된 내벽 보축이 있어, 부엽층이 계곡부로 유입되는 물로부터 성벽을 보호하고 있음을 알 수 있다.[13)]

---

13) 부엽층 내에서 출토되는 각종 유기물과 목제품, 토기 등을 단기간에 의도적으로 매립하였고, 이를 위해 다른 장소에서 이동해왔을 가능성을 제시하였다.
이주헌, 2015, 앞의 책.
그러나 씨앗류를 제외하면 다른 유기물이나 목제품, 토기 등이 특정한 곳에 모여서 출토되지 않고 산발적으로 분포하고 있다. 특히 다수 출토되고 있는 것이 목제품과 동물유체인데 목제품은 대부분 미완성품이 많고 용도를 알 수 있는 것 중에는 방망이와 같은 공구가 가장 많이 출토되었다. 이들 목제품은 산성 축조에 사용하기 위해 만들거나 만들기 위한 재료로서 부엽층에 폐기된 것으로 보는 것이 타당하다. 동물유체 역시 일부 골각기, 복골류를 제외하면 대부분 식용 후 폐기한 것으로 부엽층+집수지의 역할과 더불어, 동성벽 북쪽 경사면에 시설된 1호 맹암거와 1호 배수로는 성 내 북쪽 및 성벽을 타고 북에서 남으로 흐르는 물을 부엽층 또는 자연퇴적층을 거쳐 성 밖으로 배출하는 기능을, 2~4호 배수로는 집수지 주변과 성 내 북쪽에서 유입되는 물을 모아 1·2호 수구를 통해 성 밖으로 배출하는 기능을 하고 있다(도면 2).

2. 성산산성 축조 및 활용시기와 축조배경

1) 축조 및 활용시기

이상 성산산성의 발굴조사를 통해 확인된 유구를 통해 산성 축조와 활용 및 폐기과정을 살펴보고 축조기법의 특징을 살펴보았다. 성벽과 보축, 문지 형태, 계곡부에 조성된 대형 집수지의 존재 등 신라 성곽의 축조기법이 확인되고 있어 이 산성의 축조는 신라에 의해 이루어졌을 가능성이 높다. 다음은 산성 축조와 활용 시기에 대해 살펴보도록 하겠다.

유구 간 축조관계를 통해 산성 축조와 활용 단계를 3시기로 구분할 수 있는데, 1기는 산성의 기반시설을 만들고 성벽과 주요 시설을 축조·활용한 시기로 이에 해당되는 유구는 성벽(초축), 문지(초축), 내벽보축, 외벽 보축(초축), 1·2호 맹암거, 1호 집수지, 부엽층, 1·2·4·5호 배수로, 1~3호 수혈유구 등이 있다.

2기는 집수지가 대대적으로 개축되며, 성벽과 보축, 문지도 개축하는 시기이다. 이에 해당되는 유구는 동·서성벽(1차 개축), 문지(1차 개축), 외벽 보축(1차 개축), 2호 집수지, 1·4호 건물지가 있다.

3기는 동성벽과 외벽 보축이 다시 개축되는 시기로 이전과 축조기법에서도 많은 차이를 보인다. 동성벽(2차 개축), 외벽보축(2차개축), 3·5호 건물지가 이 시기에 해당된다.

각 시기의 조성 연대는 출토유물 중 토기[14]와 목간 및 목재의 방사선 탄소연대 분석을 통해 추정할 수 있다.

1기에 해당되는 토기는 서성벽 기저부의 진단구, 부엽층 출토 토기, 1호 수혈유구 출토 토기, 2호 맹암거 출토 토기 등이 있다. 이 중 서성벽과 부엽층 출토품은 산성의 기반시설과 축조시기를, 부엽층[15]과 1

볼 수 있다. 유기물, 목제품보다 출토비중이 낮은 토기류와 철기류 등은 부엽층 조성 시 의도하지 않게 함께 묻혔거나 부엽층 조성 이후 1호 집수지 등을 통해 유입되었을 것으로 판단된다.

한편 부엽층을 이루는 것이 대부분 나뭇잎과 점토, 모래인데 당시 식생 연구을 통해 성산산성 주변으로 온대수가 주로 분포하고 난대수도 일부 자생했을 것으로 보고 있어 부엽층에 사용된 나뭇잎은 주변에서 쉽게 구할 수 있었을 것으로 판단된다.

정아름, 2012, 「함안 성산산성의 수목환경 연구」, 『함안 성산산성 고대환경복원연구 결과보고서』, 국립가야문화재연구소.

14) 성산산성의 토기 분석은 이춘선의 글을 참고하였다.

이춘선, 2017, 「Ⅳ. 고찰 -2. 함안 성산산성 출토 토기에 대한 고찰」, 『함안 성산산성 발굴조사보고서Ⅵ』, 국립가야문화재연구소.

15) 앞서 언급했듯이 부엽층은 산성의 기반시설과 동시에 산성의 1차 활용 단계의 집·배수시설과 유기적으로 연결되어 있어 1기(1-1기, 1-2기)를 대표하는 유구이다.

표 1. 함안 성산산성 출토 토기 편년표(이춘선 2017)

유구	고배	개	배	장경호(병)	단경호	옹	시루	병행유구
부엽층	Bb3	Ab2	E2	Fb1	Kb1	Jb1	J1	암각화고분 (6세기 1/4)
부엽층	Bc1	Ad1	E1	Fc3	Ka2	Ic1	J2	고령 지산동 112호 (6세기 3/4)
부엽층		Ae3	Db1	Ga1	Kb4	Id1	J3	창녕 계성고분 I-20호 (6세기 4/4)
1호 수혈유구, 배수로	Bc4	Ae2						640년 (7세기 2/4)
2호 집수지		Ae4	Db2	Gb2	Kd3		J4	보령 진죽리유적 8세기

호 수혈유구와 2호 맹암거 출토품은 산성의 최초 사용 시기를 알 수 있는 자료라 할 수 있다. 각각 1-1기와 1-2기로 구분하여 살펴보면, 1-1기는 재지계 토기와 신라 후기양식 토기가 혼재하고 있는데 서성벽 진단구인 장경호는 유사한 기종을 확인되지 않으나 제작기법을 볼 때 산청 하촌리유적 출토 토기와 부여 가탑리유적 출토 연통형토기와 유사하다. 부엽층 출토 토기는 함안 암각화고분 출토 개와 고배, 창녕 계성고분군 Ⅰ-20호분 출토 고배, 대부장경호와 유사한 기형을 가진다. 유적 간 비교검토를 통해 상한은 6세기 전반, 하한은 6세기 후반으로 볼 수 있다.[16)]

16) 이주헌은 부엽층과 맹암거, 1호 수혈유구에서 출토된 토기 중 인화문개와 소형완을 근거로 부엽층 및 산성 초축 시기를 7세기 전반으로 보았다.

이주헌, 2015,「함안 성산산성 부엽층과 출토유물의 검토」,『木簡과 文子 14호』, 木簡學會.

그러나 17차 발굴조사를 통해 맹암거는 1·2차 맹암거가 시기차를 가지고 축조된 점이 확인되어 지적한 인화문 개(16차 발굴조사 출토품)는 산성 사용 시점의 유물일 가능성이 있다. 다음 부엽층과 1호 수혈유구에서 출토되는 소형완은 대표적인 생활용기로 형식 변화가 민감하지 않아 공반유물의 양상을 함께 살펴보아야 한다. 성산산성 1기 토기에는 앞의 개를 제외하면 인화문이 시문된 토기가 출토되지 않고, 공반되는 재지토기와 신라토기 중 재지토기는 6세기 전·중엽으로, 신라토기는 왕경유적 토기 편년안을 참고할 때 6세기 중·후엽으로 볼 수 있어, 산성의 초축 시기를 7세기 전반으로 보는 것은 타당하지 않다.

國立慶州文化財硏究所, 2002,『新羅王京-發掘調査報告書 I (本文)』.

한편 17차 발굴조사 시 부엽층에서 출토된 목간 중 '임자년(壬子年)'이 기재된 기년명 목간이 처음으로 출토되었다. 성벽 축조기법, 출토유물 등을 볼 때 532년 또는 592년으로 추정되고 있다.

또 17차 발굴조사에서 부엽층 하층인 계곡부의 자연 퇴적층과 부엽층 내부, 부엽층 상층의 구지표 성토층 등에서 출토된 목재 시료 15점의 방사선 탄소연대 측정을 통해 자연퇴적층은 440AD, 부엽층은 522AD, 부엽층 상부 구지표 성토층은 557AD라는 역년변환연대 하한의 평균값이 확인되었다.[17]

1-2기는 1호 수혈유구, 2호 맹암거, 3·4호 배수로 내 출토품은 들 수 있으며 단각고배와 인화문 직전 단계의 문양이 나타나는 개 등이 출토된다. 합천 삼가 3호분, 창녕 계성고분군 Ⅰ-26호분, 신라 왕경유적 등이 있으며 6세기 후반에서 7세기로 비정된다.[18]

2기는 2호 집수지의 진단구는 울산 상북유적과 신라 왕경의 진단구와 유사하며, 2호 집수지 내부에서 출토된 주름병과 보주형 개는 보령 진죽리유적, 완도 청해진유적 출토품과 비교해 볼 때 8세기대로 추정된다.

3기에 해당하는 토기류는 확인되지 않으나 동성벽의 2차 개축 성벽 기저부에서 출토되는 장판 타날문 기와를 볼 때 9세기대에 조성한 것으로 추정된다.

이후 조성된 2호 건물지는 함주지에 기록된 1569년 건립된 성산서원터로 추정되고 있어, 15세기에 이르러 산성으로서의 기능을 상실한 것으로 보인다.

2) 성산산성 축조 배경

앞서 보았듯이 성산산성 초축 시기를 유추할 수 있는 자료로 유구 간 축조 관계를 성산산성 축조와 첫 활용 시기인 1기에 조성된 유구의 성격, 이들 유구에서 출토된 토기류와 기년명 목간, 방사성 탄소연대 측정치 등을 통해 상한은 6세기 전반, 하한은 6세기 후반으로 설정할 수 있다.

한편 가야지역 고분 중 피장자의 지위, 집단의 세력 정도를 가늠할 수 있는 대형 봉토분의 축조 중단 이후에 인접 또는 주변 지역에 위치한 산성이 축조되기 시작하며 이는 고분군 축조집단과 산성 축조집단이 같지 않음을 시사한다. 6세기 중엽을 기점으로 창녕 교동·송현동고분군의 축조 중단과 배후의 목마산성이 축조되고, 6세기 말~7세기 초를 기점으로 고령 지산동고분군, 합천 옥전고분군의 축조 중단과 이보다 더 서쪽에 위치한 의령 벽화산성은 거창 거열산성, 함양 사근산성이 축조된다. 또 대형 봉토분은 조성되지 않았지만 금관가야 지배집단의 묘역으로 추정되는 김해 대성동고분군, 양동리고분군의 축조 중단 이후에 고신라 시기의 분산성과 양동산성, 통일기의 김해 고읍성과 고려시대 이후의 김해읍성, 현재의 김해시청이 반경 2㎞ 내에 지속적으로 조성되고 있는 점은 가야 멸망과 함께 지배집단의 산물인 고분

17) 국립가야문화재연구소, 2017, 앞의 책, p. 322.

18) 이춘선은 1호 수혈유구의 단각고배와 개를 7세기 전반으로 보고 있으나, 신라 왕경유적 출토품과 비교할 때 전형적인 인화문 토기 출현 이전인 6세기 중·후엽 단계에 해당하는 것으로 판단된다.
이춘선, 2017, 위의 책.
國立慶州文化財研究所, 2002, 위의 책.

군 조영이 중단되고, 이후 신라, 고려, 조선 등 시대가 지나면서 계속 중심지로 활용되는 통시적인 흐름이 확인되고 있다.[19]

이러한 관점에서 볼 때 함안 성산산성의 북쪽에 인접한 함안 말이산 고분군과 그 북쪽의 남문 외 고분군의 축조시점이 6세기 2/4분기까지 조성되는데[20] 이들 봉토분은 석곽에서 석실로 변화지만, 매장주체부 축조기법이나 봉토 축조기법의 전통을 유지하고 있어 재지세력이 축조한 고분으로 보는 것이 타당하다.[21] 따라서 신라에 의해 축조된 함안 성산산성의 축조시기는 아라가야 지배집단의 고분군의 축조가 중단되는 6세기 중반 이후로 보는 것이 타당하다.

이는 일본서기 흠명기 21년조에 나오는 561년 신라가 왜의 침입에 대비하여 아라파사산을 축성하였다는 기사를 근거로 이 무렵 함안지역이 신라에 복속[22]되었을 것으로 보이며, 그 후에 성산산성을 축성하였다고 볼 수 있다.

성산산성 축조 배경은 아라파사산의 기록을 통해 왜의 침입을 대비함과 동시에, 동쪽으로 세력을 넓히는 백제[23]를 견제하기 위한 것으로 이해할 수 있다. 또 성산산성의 상대고도[24]가 70m로 높지 않아 성으로의 접근이 용이한 점, 산성 둘레가 1.4㎞로 대형인 점을 볼 때 신라의 지방지배를 위한 행정적인 기능도 수행했을 것으로 추정된다.[25] 다만 현재까지 이를 뒷받침할 만한 건물지 등 관련 시설이 확인되지 않고 있는데 아직 관련 유구가 남아 있을 만한 미조사지역이 있어 가능성을 열어둘 필요가 있다.

---

19) 정인태, 2011, 「가야지역 고분과 고대 산성의 관계 검토」, 『古文化 第78輯』, (사)한국대학박물관협회.

20) 남문외고분군 11호분이 6세기 1/4분기, 함안 말이산고분군의 도항리 4호분(문화재연구소)이 6세기 2/4분기로 설정되고 있다.

경남발전연구원 역사문화센터, 2017, 『함안 남문외고분군 11호분』, p.115.

21) 남문외 11호분은 점토를 이용한 성토기법, 연접성토와 석렬을 이용한 구획성토 및 매장주체부의 벽면과 바닥 축조기법 등이 말이산 100·35호분 등 6세기 전엽에 조성된 말이산고분군의 봉토분과 유사하다.

정인태, 2017, 「가야고분 축조기법 검토」, 『가야고분군 세계유산 등재신청서 작성을 위한 제3회 전문가포럼』, 가야고분군 세계유산등재추진단.

22) 백승옥, 2004, 「'安羅高堂會議'의 성격과 安羅國의 위상」, 『제4회 아라가야사 학술토론회 安羅國史의 새로운 理解』, 함안군·함안문화원.

23) 일본서기 계체기를 근거로 6세기 전반 백제가 기문, 대사를 병합하는 등 가야지역으로 진출하고 있음을 짐작할 수 있다.

백승충, 2000, 「6세기 전반의 백제의 가야진출과정」, 『백제연구 제31집』, 충남대학교 백제연구소.

24) 산성 주변의 마을이 있는 실제 지표면에서 산성 정상부까지의 고도로, 해발고도보다 고고학적으로 더욱 유의미한 속성이라 할 수 있다.

25) 정인태, 2011, 앞의 책, p.167.

V. 맺음말

이상으로 성산산성에서 확인된 유구의 검토를 통해 성산산성의 축조·활용 및 폐기의 과정과 유구별 축조기법의 특징을 살펴보았다.

성산산성은 총 3기에 걸쳐 축조·활용되었는데, 1기는 산성의 기반시설을 만들고 성벽과 주요 시설을 축조하고 최초 활용한 시기로 6세기 후반에서 7세기에 해당한다. 이에 해당하는 유구는 성벽, 내·외벽 보축, 문지, 1호 집수지, 1·2호 맹암거, 부엽층, 1호 수혈유구 등이 해당한다.

성벽과 보축, 문지의 구조와 축조기법을 통해 신라의 축성술에 의해 성을 쌓았음을 알 수 있다. 또 계곡부에 성벽을 쌓기 위해 부엽층을 먼저 조성하고 성벽 활용 단계에 배수와 성벽 보호를 위해 부엽층, 맹암거 등 기반시설을 마련하였음이 확인되었다.

2기는 집수지가 대대적으로 개축되며 이와 함께 성벽과 문지, 보축도 다시 쌓아 산성을 활용하는 시기이다. 2호 집수지에서 출토된 진단구를 통해 8세기대로 볼 수 있다.

3기는 동성벽의 2차 개축 단계로 기저부에서 출토되는 기와를 통해 9세기대에 활용된 것으로 추정된다.

이후 성산서원터가 성 내 건립되는 등 15세기를 전후로 산성으로서의 기능을 상실한 것으로 보인다.

성산산성의 초축 시기는 산성 기반시설인 부엽층에서 출토된 토기류와 기년명 목간, 방사성 탄소연대 측정결과 등을 통해 6세기 후반으로 설정할 수 있다. 그 배경에는 신라가 함안지역을 복속한 이후 왜의 침입을 대비함과 동시에 백제를 견제하기 위한 것으로 이해할 수 있으며, 이와 함께 신라의 함안지역 통치를 위한 행정적인 기능도 수행하였을 것으로 추정된다.

투고일: 2018. 10. 18.　　심사개시일: 2018. 10. 25.　　심사완료일: 2018. 11. 20.

참/고/문/헌

국립가야문화재연구소, 2017, 『함안 성산산성 발굴조사보고서Ⅵ』.

경남발전연구원 역사문화센터, 2017, 『함안 남문외고분군 11호분』.

國立慶州文化財研究所, 2002, 『新羅王京-發掘調査報告書 I (本文)』.

권순강 등, 2011, 「석축 산성의 계곡부 체성과 못(池)에 관한 연구」, 『건축역사연구 제20권 3호』.

동아세아문화재연구원, 2013, 『김해 양동산성 동문지·양평 도곡리 유적』.

大東文化財研究院, 2014, 『高靈 主山城 I 』.

박종익, 2005, 「성곽유적을 통해 본 신라의 한강유역 진출」, 『기전고고』 제5호.

박종익, 2012, 「신라 석축산성의 입지와 기단보축 검토」, 『嶺南考古學 63號』, 嶺南考古學會.

백승옥, 2004, 「'安羅高堂會議'의 성격과 安羅國의 위상」, 『제4회 아라가야사 학술토론회 安羅國史의 새로운 理解』, 함안군·함안문화원.

백승충, 2000, 「6세기 전반의 백제의 가야진출과정」, 『백제연구 제31집』, 충남대학교 백제연구소.

안성현, 2007, 「경남지역 고대 석축산성 축조기법에 관한 연구」, 『한국성곽학보』 제11집, 한국성곽학회.

이주헌, 2015, 「함안 성산산성 부엽층과 출토유물의 검토」, 『木簡과 文子 14호』, 木簡學會.

이춘선, 2017, 「Ⅳ. 고찰 - 2. 함안 성산산성 출토 토기에 대한 고찰」, 『함안 성산산성 발굴조사보고서Ⅵ』, 국립가야문화재연구소.

전남문화재연구원, 2018, 『장성 진원성』.

정아름, 2012, 「함안 성산산성의 수목환경 연구」, 『함안 성산산성 고대환경복원연구 결과보고서』, 국립가야문화재연구소.

정인태, 2008, 「삼국~통일신라시대 산성 집수지에 관한 연구」, 동아대학교 석사학위논문.

정인태, 2011, 「가야지역 고분과 고대 산성의 관계 검토」, 『古文化 第78輯』, (사)한국대학박물관협회.

정인태, 2017, 「가야고분 축조기법 검토」, 『가야고분군 세계유산 등재신청서 작성을 위한 제3회 전문가포럼』, 가야고분군 세계유산등재추진단.

차용걸, 2016, 「신라 산성의 현문식 성문구조」, 『한국축성사연구 -고대산성의 성립과 발건』.

〈Abstracts〉

A Study on the techniques and methods for the construction of Sungsan mountain fortress in Haman

Jung, In-tae

Haman Sungsan mountain fortress was built over three periods.

Period 1 is the stage of building mountain fortress infrastructure and major facilities, which is the organic horizon and the underdrain, the wall, the strengthened structures, the gate, the receiving reservoir.

The organic horizon is a purpose of build a fortress wall in valley.

Also It is a facility that a drainage of fortress and protecting fortress wall.

period 2 rebuilds up the receiving reservoir, the wall, the gate, the strengthened structures. period 3 rebuilds up the the wall.

In the 15th century, Sungsan Seowon was built, losting the function of mountain fortress.

Sung-san mountain fortress was built in the late 6th century by Silla.

The main reason is that Silla controls Baekje and Wae, after occupied Haman area.

▶ Key words: Silla, mountain fortres, The techniques and methods for the construction, Haman, organic horizon

함안 성산산성 목간의 개요

박현정*

〈국문초록〉

2016년 1월, 20년 동안 진행되었던 함안 성산산성 발굴조사가 완료되었다. 다량의 목제품과 함께 245점의 목간이 출토되었고, 함안 성산산성은 국내 고대목간의 최대 출토유적지가 되었다. 기록자료가 부족한 한국고대사 연구에 있어 금석문과 더불어 목간은 당대의 정치적, 사회적 상황을 이해할 수 있는 중요한 기록자료라고 할 수 있다.

본고는 그동안 연구되었던 목간의 연구성과를 정리하여, 명문과 형태로 구분하여 살펴보았다. 명문에서 확인되는 주요 지명은 『삼국사기』, 『남산신성비』 등에 적혀 있는 옛지명과 비교하여 현재 위치를 추정하였다. 그리고 금석문에서 확인되는 신라 인명표기의 특징을 알아보고, 인명 뒤에 붙는 외위명을 통해 신라 관등제의 정립 시기를 추정하였다. 한편 목간은 발굴조사를 통해 출토된 고고자료이기 때문에 형태에 따른 양식 연구는 당대 생활상복원 연구의 기초자료이다. 하찰목간은 짐에 부착되는 방법에 따라 형태가 달라지며, 절입부와 구멍의 유무, 위치로 분류가 가능하다. 부착방법 이외에도 다양한 형태를 보이고 있는 목간의 단부는 지역차를 보이는 것은 아니지만, 목간 제작자의 기호나 제작방법의 편의성에 따른 차이라고 생각해볼 가능성이 있다. 이러한 연구내용은 신라, 백제 지역 및 일본에서 출토되는 목간과

* 국립가야문화재연구소

의 비교연구를 위한 기초자료가 될 것을 기대한다.

▶ **핵심어: 함안 성산산성, 하찰, 목간, 명문, 형태**

I. 머리말

목간은 문자를 기록할 수 있도록 다듬어진 목제품을 말한다. 나무라는 재료의 특성상, 취득이 용이하고 간단한 작업으로도 만들 수 있다는 장점이 있어, 종이가 보급된 뒤에도 오랜 기간 서사재료로서 종이와 함께 사용되었다. 종이보다 실용적이었던 목간은 간단한 메모용이나 물품꾸러미에 매달아 발송인의 정보를 제공하는 꼬리표로 주로 이용되었다.

함안 성산산성에서 출토되고 있는 목간도 대부분 꼬리표 목간으로 보고 있다. 성산산성에서 출토된 목간은 지금까지 245점이 있으며, 그 수량은 한국 고대목간의 40% 이상을 차지하고 있다. 한국의 고대목간은 1975년 경주 동궁과 월지(안압지)유적에서 처음 출토된 이후, 현재까지 600여 점 가량이 확인되고 있으며, 주로 고대 왕경과 산성유적에서 출토된다.[1] 최근 쌍북리 일대 유적의 발굴조사로 백제목간의 출토수가 증가하고 있지만, 대부분은 신라목간에 해당된다. 신라목간 중에서도 절반 이상이 성산산성 목간이므로, 단일유적으로는 가장 많은 수량이 보이고 있다. 또한 성산산성 목간에서 확인되는 명문은 금석문과 더불어 당대의 정치적, 사회적 상황을 이해할 수 있는 자료로서, 신라 중고기의 고대사를 이해하는데 있어 역사서에 못지않은 매우 중요한 자료임에 틀림없다.

함안 성산산성을 발굴 조사한 국립가야문화재연구소(旧 국립창원문화재연구소)는 지난 2016년, 20년 동안 진행하였던 발굴조사를 마무리하고 지금까지 보고되었던 목간을 재검토하는 자리를 가졌다. 이를 바탕으로 정리된 성산산성 목간을 발굴연차별로 출토현황을 알아보고, 목간 판독회의[2]를 거쳐 확인된 명문(銘文)에 대해 지명(地名), 인명(人名)과 관등명(官等名)으로 나누어 살펴보고자 한다. 그리고 기존에 묶기홈의 유무를 기준으로 분류되었던 목간의 형태를 묶기홈(구멍)의 유무와 위치에 따라 1차적으로 분류하고, 여러 가지 모양을 보이는 목간의 상단과 하단을 세부적으로 나누어 형식 분류를 시도하고자 한다.

---

1) 국립가야문화재연구소, 2015, 『함안 성산산성 木簡, 발굴에서 보존까지』, p.11.

2) 목간의 판독은 2016년 1월부터 2017년 7월까지 12차례에 걸쳐 진행하였으며, 김재홍(국민대학교 교수), 주보돈(경북대학교 교수), 윤선태(동국대학교 교수), 이수훈(부산대학교 교수), 이용현(국립경주박물관 학예연구사)이 판독위원으로 참여하였다.

II. 함안 성산산성 목간의 출토 현황

사적 제67호로 지정되어 있는 함안 성산산성 유적은 1991년부터 2016년까지 국립가야문화재연구소가 연차발굴조사를 진행하였다. 1992년 2차 발굴조사 중, 동성벽 부근의 뻘층에서 출토된 목간은 다량의 목제품과 토기편, 씨앗류 등이 혼재된 상태로 출토되었다. 목간이 출토된 뻘층은 조남산 깊은 골짜기에 위치하는 성산산성 동성벽의 축조와 관련이 있는 시설이며, 골짜기를 따라 산성내부로 유입되는 물의 흐름으로부터 지반이 약해지는 것을 보호하기 위해 조성된 부엽층임을 확인하였다. 목간은 부엽층을 조성하기 위해 필요한 재료를 모으는 과정에 유입된 것으로 보고 있으며, 사용이 끝나고 보관 또는 폐기되어 있던 목간이 다른 목제품들과 함께 묻힌 것으로 추정된다.

함안 성산산성 출토목간은 하찰목간이 주종을 이루고, 일부 문서목간(文書木簡)과 부찰목간(附札木簡)로 구성되어 있다. 부찰목간은 꼬리표목간의 한 종류이며, 창고 등에 보관되어 있는 물품의 내용을 기록한 '물품 관리용 목간'으로, 세금꾸러미 등과 같은 물품 발송에 관련된 내용을 기록한 '하찰목간(荷札木簡)'과는 구분이 쉽지 않다. 묵서내용의 분석을 통해 용도를 구분하더라도 새로운 문자 판독의 여지가 남아있고, 수취지역에서 하찰목간의 역할이 물품 관리용 부찰로 전용되는 경우도 있으며, 물품에 매달 수 있도록 만들어진 형태의 유사함이 보이기 때문이다. 따라서 함안 성산산성 출토목간은 대부분이 꼬리표로 사용되었다는 점에서 하찰목간으로 구분 없이 불리고 있다.

성산산성에서 목간이 출토된 이래, 국립가야문화재연구소는 현장설명회자료집, 발굴조사 보고서, 도록 발간 등을 통해 목간을 공개하고, 학술대회를 개최하여 목간연구를 활성화 시켰다. 특히, 1999년에 한국고대사학회와 함께 '함안 성산산성 출토 목간의 내용과 성격'이라는 학술대회를 개최하였고, 이는 목간을 주제로 한 국내 첫 국제학술대회였다. 이후 2004년에는 『한국의 고대목간』을 발간하여 전국에서 발굴 출토된 목간을 유적에 따라 분류하였는데, 이 자료는 국내 목간연구자들의 필독서로 인식되고 있다. 2007년에는 일본 와세다대학 조선문화연구소와 공동연구를 진행하여 목간의 다양한 연구방향을 제시하였고 그 결과, 『함안 성산산성 출토목간』을 발간하였다.

한편, 2011년에는 『한국목간자전』을 발간하여 목간에서 확인되는 문자를 낱자로 분류하고 서체 비교가 가능하도록 하였다. 하지만 이러한 보고서와 도록 등은 발간될 때마다 새로운 목간 번호가 부여되었고, 이것은 지금의 목간연구자들에게 혼란을 주는 결과를 낳았다. 그러므로 『한국의 고대목간Ⅱ』를 발간하면서 그동안 목간에 부여되었던 번호를 한 번에 찾을 수 있도록 색인표를 작성하고, 그것은 목간의 관리번호인 국가귀속번호를 기준으로 나열하였다. 목간의 순서를 국가귀속 번호를 기준으로 삼은 것은 목간의 관리번호와 연구번호를 동일하게 부여함으로서 차후 목간연구에 있어 번호에 따른 혼란을 줄이기 위해 채택된 것이다.[3] 이렇게 국가귀속번호에 따른 색인표는 마지막에 첨부하겠으며, 지금까지 보고된 목간의

3) 목간 관리번호인 국가귀속번호를 기준으로 현재까지 출토된 목간을 다시 정리한 것은 『한국의 고대목간2』를 발간하기 위한 판독회의에서 여러 선생님들의 의견을 반영하여 결정한 것이다.

출토 수량은 〈표 1〉과 같다.

표 1. 연차별 함안 성산산성 출토목간 현황

발굴연도·차수		묵서목간			목간형 목기	묵흔 無	계
		단면	양면	문서			
1991년	1차						
1992년	2차	4				2	6
1993년	3차						
1994년	4차	16	4		1		21
2000년	5차					2	2
2001년	6차						
2002년	7차	48	15		4	18	85
2003년	8차					1	1
2004년	9차						
2005년	10차						
2006년	11차	15	13		2	9	39
2007년	12차	47	26			3	76
2008년	13차	1	1		1	1	4
2009년	14차	12	8	2	2	12	36
2010년	15차						
2011~12년	16차	6	6		2		14
2014~16년	17차	12	8	1	2	2	25
합계		161	81	3	14	50	309
		245					

목간은 1992년 2차 발굴조사에서 6점 출토된 것을 시작으로, 마지막 17차 발굴조사 때까지 꾸준히 출토되었다. 지금까지 함안 성산산성 출토목간의 수량은 『함안 성산산성 목간 발굴에서 보존까지』(2015)에서 밝힌바 있듯이, 총 309점이다. 하지만, 이 수량은 발굴조사 보고서와 목간 출토 당시의 현장설명회자료집을 기준으로 작성되었기 때문에, 묵서가 확인되지 않아도 목간의 형태를 띠는 목제품을 포함한 것이다. 이렇게 묵서가 없는 목제품은 성산산성의 발굴조사가 완료된 이후, 디지털 적외선 촬영으로 구현된 선명한 화상을 통해 여러 차례의 판독과정을 거치면서, 목간의 총 수량에서 제외되었다. 이는 목간의 기본적인 요건 중에 하나인 "문자가 있는 나무판"이라는 점에 집중한 것으로, 그동안 연차발굴로 인해 부분적으로 공개되었던 목간을 총망라하고 묵서가 확인되는 것만을 모아 발간한 것이 『韓國의 古代木簡Ⅱ』(2017)이며, 총 245점의 목간이 수록되었다.

III. 성산산성 목간의 명문(銘文) 검토

함안 성산산성에서 출토된 목간은 일부 문서목간을 제외하면 하찰목간이 주종을 이룬다. 하찰목간에 적혀있는 대부분의 내용은 "어디에서 누가 무엇을 얼마 보낸다."이며, 6세기 대 신라문화권에 해당되는 지역에서 함안의 산성 축조에 필요한 물자를 공급하거나 세금을 납부하는 발송인의 정보를 기록하여 보낸 것으로 추정하고 있다. 목간에서 이러한 내용을 확인할 수 있는 명문은 지명, 인명, 관등명 등으로, 다음과 같이 정리된다.

1. 목간에 보이는 주요 지명

목간에서 확인되는 지명은 대체로 경상북도에 위치하는 신라의 상주(上州) 지역인 것으로 파악되고 있다. 6세기 중반의 신라 지방구조는 행정촌과 자연촌으로 나누어지는데, 중앙에서 파견한 지방관이 있는 행정촌과 그 예하의 작은 촌락들은 자연촌으로 묶여 정비되어 가는 모습을 보이고 있다. 성산산성 목간에서 다양하게 확인되는 지명도 행정촌과 자연촌으로 분류할 수 있다. 행정촌으로 추정하고 있는 것은 구리벌(仇利伐), 감문(甘文), 고타(古阤), 이진지(伊津支), 추문(鄒文), 구벌(仇伐), 파진혜성(巴珎兮城), 소남혜성(小南兮城), 적벌(赤伐), 가개(呵蓋), 철산(鐵山) 등이 있으며, 이들 행정촌명 목간에는 1개 이상의 자연촌명이 확인되고 있다. 그 외 행정촌으로 추정되는 지명은 비사벌(比思伐), 물사벌(勿思伐), 수벌(須伐), 이벌지(伊伐支), 급벌성(及伐城), 매곡촌(買谷村), 적성(赤城) 등이 있다.[4)]

현재 그 위치를 비정할 수 있는 지명은 13개가 있으며, 그 가운데 성산산성 목간에서 많이 확인되고 있는 행정촌은 '구리벌', '고타', '급벌성', '구벌', '감문' 목간이다. 그 외에 현재 위치를 비정할 수 있는 목간들은 다음 〈표 3〉과 같다.

지명목간 중 가장 많은 출토수량을 보이는 것은 단연 '구리벌'명 목간이다. 모두 17점이 확인되고 있는데, 지명부분이 결실되었지만 목간의 크기 및 묵서의 기재양식으로 보아 구리벌로 추정되는 것을 포함하면 24점이 된다.[5)] 자연촌이 따로 쓰이지 않는 것도 있지만, '상삼자촌(上彡者村)'이라는 촌명이 비교적 다수 확인된다. '구리벌'은 남산신성비 제2비에 나오는 仇利城 또는 久利城과 관련시켜 경북 의성군일대로 비정하는 의견과 『三國史記』에서 확인되는 곡성군(曲城群)조의 굴화군(屈火郡)을 구리벌로 추정하여 경북 안동시 임하면으로 비정하기도 한다.[6)]

---

4) 전덕재, 2009, 「함안 성산산성 출토 신라 하찰목간의 형태와 제작지의 검토」, 『목간과 문자』 3, 한국목간학회, pp.53-91.
이경섭, 2011, 「성산산성 출토 신라 짐꼬리표(하찰) 목간의 지명 문제와 제작 단위」, 『신라사학보』 23, 신라사학회, pp.535-578.

5) '구리벌'목간은 평균길이 27.6㎝, 평균너비 3.6㎝, 평균두께 0.8로 하찰목간 중에서 비교적 크기 큰 편에 속하고, 목간에 묵서를 기재할 때 지명 아래에 좌우 두 줄로 묵서하는 기재양식을 보이고 있으므로, 지명부분이 결실되었거나 지워졌더라도 '구리벌'목간으로 추정이 가능하다. 이러한 특징에 의거하여, '丘利伐'도 동일한 지역으로 비정되며, '仇利伐'의 음차인 것으로 생각된다.

구리벌 다음으로 많은 수가 확인되는 '고타'명 목간에는 자연촌으로 추정되는 '일고리촌(一古利村)', '이골리촌(伊骨利村)', '신촌(新村)' 등이 적혀있으며, 16점이 확인되고 있다. 『三國史記』에 따르면 "고타군은 지금의 경북 안동 일대이며, 조분 이사금대에 고타군에서 벼이삭을 바쳤다"는 기록이 있으므로,[7] '고타' 지역을 경북 안동시 일대로 비정하는 데는 무리가 없어 보인다.

'급벌성'명 목간은 자연촌명이 따로 기재되어 있지 않지만, 군(郡)이나 현(縣)으로 편제되는 성(城)이었을 것으로 추정되며, 9점이 확인된다. 남산신성비 제9비에 "…今誓事之**伋伐郡**中伊同城徒受六步…"라는 기록을 확인할 수 있고, 『三國史記』에 "원래는 고구려의 급벌산군(及伐山郡)이었는데, 경덕왕대에 급산군 岌山郡으로 이름을 고쳤다"[8]는 기록이 있는 것으로 보아, 현재 경북 영주시 순흥면으로 비정된다.

'감문'명 목간은 자연촌명으로 추정되는 '왕촌(王村)', '대촌(大村)' 등이 확인되는 지명으로, 8점이 있다. 『三國史記』에 "개령군은 옛날 감문소국이다. 진흥왕 18년, 영정 원년에 군주를 두고 청주로 삼았다. 진평왕 때 주를 폐하였다. 문무왕 원년에 감문군을 두었다."[9]라는 기록을 바탕으로 지금의 경북 김천시 개령면으로 비정하고 있다. 그리고 『三國史記』에 "군주를 두었다"라는 기록과 『昌寧新羅眞興王拓境碑』에 "사방군주(四方軍主) 중에 감문군주(甘文軍主)"[10]가 확인되는 것으로 보아, 경북 일대를 관장하는 상주의 주치(州治)로 생각된다. 반면, 『창녕 신라진흥왕척경비』에서 확인되는 비자벌군주(比子伐軍主)는 지금의 경상남도 창녕지역에 위치했던 하주(下州)의 주치로 파견된 지방 관리를 말한다.[11] 창녕지역은 비자화(比自火) 또는 비사벌(比斯伐)로 표기되기도 했으며, 1점이 출토된 '比思伐'명 목간은 '비사벌(比斯伐)'의 음차인 것으로 생각된다.

'구벌'명 목간에는 '간호진초(干好津村)'으로 판독되는 자연촌이 확인되며, 7점이 있다.[12] 『三國史記』에 "소지마립간 7년(485) 봄 2월에 구벌성(九伐城)을 쌓았다"라는 기록이 있으며, 고창군(古昌郡)조에 보이는 구화현(仇火縣)과 같은 지명으로 추정되므로, 지금의 경북 의성군 단촌면으로 비정할 수 있다.[13]

---

6) 윤선태, 1999, 「함안 성산산성 출토 신라목간의 용도」, 『진단학보』 88, 진단학회, p.15.
이경섭, 2011, 위의 글, pp.23-24.
『三國史記』 券35, 地理, 志4, "曲城郡 本高句麗**屈火郡** 景德王改名 今臨河郡領縣一..."

7) 『三國史記』 卷34, 雜志 第3, "古昌郡, 本校勘 **古陁耶郡**, 景德王改名. 今安東府. 領縣三."
『三國史記』 卷2. 新羅本紀 第2, 助賁 尼師今 "十三年, 秋, 大有年. **古陁郡**進嘉禾.."

8) 『三國史記』 卷35, 雜志4 地理2, "岋山郡校勘, 本高句麗及伐山郡, 景德王改名.."

9) 『三國史記』 卷34, 雜志3 地理1, "開寧郡, **古甘**文小國也. 眞興王十八年, 梁永定元年, 置軍主爲青州. 眞平王時州廢. 文武 王元年, **置甘文郡**. 景德王名. 今因之. 領縣四."

10) 역주 한국고대금석문-신라-석문-창녕 진흥왕척경비", "한국사데이터베이스", 2018년 9월 30일 접속, http://db.history.go.kr/item/level.do?itemId=gskr

11) "역주 한국고대금석문-신라-석문-창녕 진흥왕척경비", 위의 사이트.

12) '仇利伐'목간의 경우처럼 '仇伐'과 '丘伐'은 같은 지명으로 쓰이고 있는 것으로 생각되며, 목간에 보이는 '伐'과 '那'자 등은 서체상의 유사함도 확인된다(정현숙, 2017, 「함안 성산산성 목간의 서체」, 『韓國의 古代木簡Ⅱ』, 국립가야문화재연구소, pp.470-481).

13) 『三國史記』 新羅本紀 第3, 炤知 麻立干, "七年, 春二月, 築**仇伐城**."
『三國史記』 卷34, 雜志 第3, 古昌郡, "高丘縣, 本校勘 **仇火縣** 或云高近. 景德王改名. 今合屬義城府."

이 외에도 행정촌으로 추정되는 여러 지명이 확인되고 있지만, 구체적인 위치를 비정할 수 있는 자료는 많지 않다. 하지만 현재 비정되고 있는 지명이 대부분 경상북도 북부 지역에 위치하고 있으므로 아직 밝혀지지 못한 지명의 위치도 이와 가까운 지역에 분포하였을 것으로 생각된다. 또한 경상북도 내에서도 낙동강 수계를 끼고 있는 지명들이 다수 확인되므로, 함안 성산산성으로 보내는 물자들은 낙동강을 운송수단으로 이용할 수 있는 근거리에 위치하는 행정촌에서 일괄로 취합하여 발송했을 것이라고 추정된다.

표 2. 함안 성산산성 출토목간에 보이는 지명 비정

지명(합계)		수량	목간번호(가야 생략)	추정지역
행정촌	자연촌			
仇利伐 (24)	–	17	35, 37, 1596, 1613, 1989, 1999, 2001, 2008, 2012, 2036, 2619, 2620, 2627, 5592, 5593, 김해1287, 진주1288,	경북 의성군/ 경북안동시 임하면
	上彡者村	4	33, 5589, 진주1263, 김해1275	
	習肜村	1	2034	
	肜谷村	1	32	
	末甘村	1	1616	
古阤 (16)	–	2	2038, 4688	경북 안동시
	一古利村	8	30, 1992, 1995, 1998, 2006, 2014, 2636, 4685	
	伊骨利村	2	27, 진주1283	
	新村	2	28, 1991	
	伊骨村	1	1623	
	□利村	1	2019	
及伐城 (9)	–	9	41, 70, 75, 2004, 2005, 2023, 2630, 2633, 진주1273	경북 영주시 순흥면
甘文城 (8)	–	4	62, 2057, 4687, 5595	경북 김천시 개령면
	(喙)大村	2	1590, 2026	
	王村, 文利村	1	진주1279	
	居村, 旦利村	1	진주1268	
仇伐 (7)	–	6	50, 1987, 1988, 2018, 2029, 5587	경북 의성군 단촌면
	干好津村	1	김해1272	
比思伐	–	1	2639	경남 창녕군
夷津支城 (5)	–	1	2058	경북 북부지역
	巴珎兮村	1	2025	
	夷津(支)	3	29, 44, 1593	

지명(합계)		수량	목간번호(가야 생략)	추정지역
행정촌	자연촌			
夷津支士 (2)	−	1	김해1284	경북 북부지역
	斯石村	1	2011	
鄒文 (4)	−	1	1607	경북 의성군 금성면
	比尸河村	1	38	
	牟只村	1	2033	
	□□□村	1	52	
伊伐支 (6)	−	4	74, 1614, 2024, 김해1269	경북 영주시 부석면
	小伊伐支	2	61, 2027	
須伐	−	1	72	경북 상주시
買谷村 (2)	−	2	1598, 2051	경북 안동시 도산면 및 예안면
勿思伐	−	1	1996	경북 예천군
赤城	−	1	2000	충북 단양군

함안 성산산성에서 출토되는 목간에는 앞서 언급하였듯이 여러 지역에서 稗, 麥, 米와 같은 물품을 보낸 것이 기록되어 있다. 245점의 목간 중에서 물품명이 확인되는 목간은 총 114점이며, 이 가운데 피(稗)가 쓰여 있는 목간은 96점으로 물품 목간의 약 84%를 차지하고 있다. 이 피는 신라의 각 지방에서 납부한 세금으로 보고 있으며, 신라 중고기의 조세 수취제도를 추적하려는 연구가 시도되고 있다.[14] 이러한 수취제도에 대한 연구는 행정촌, 자연촌과 같은 지명 연구와 더불어 세금을 납부하는 인물의 지위와 납세자의 성격 등에 대한 연구도 함께 이루어져야 할 것으로 생각된다. 성산산성 목간에서는 다수의 인명이 확인되고 있으므로, 이들의 지위와 성격을 나타내는 명문들을 살펴보고자 한다.

2. 목간에 보이는 주요 인명과 관등명

인명은 지명과 함께 함안 성산산성에서 다수 확인되는 명문이다. 성산산성 출토목간에 보이는 묵서의 기재양식은 대체로 [지명+인명+물품명]의 순서를 따르고 있으므로, 지명과 물품명 사이에 들어가는 문자를 인명으로 보고 있다. 또한 일부 목간에서는 '官等명'과 '奴(人)명'이 확인되고 있는데, 이들 명칭과 인명의 관계는 [인명+관등명], [인명+奴(人)+인명]으로 확인되며, '奴(人)명'의 경우, 노인의 인명이 어디에

14) 윤선태, 2012, 「함안 성산산성 출토 신라 하찰의 재검토」, 『사림』 41, 수선사학회.
김창석, 2016, 「함안 성산산성 목간을 통해 본 신라의 지방사회 구조와 수취」, 『백제문화』 54, 공주대학교 백제문화연구소.
윤선태, 2017, 「함안 성산산성 출토 신라목간의 연구 성과와 전망」, 『韓國의 古代木簡 Ⅱ』, 국립가야문화재연구소.

위치하는지가 연구의 쟁점이 되고 있다. 우선, 이와 같은 기재양식을 바탕으로 문자가 판독되는 인명의 수는 대략 130명이며, 인명의 글자 수는 2자~5자까지 확인되고 있다.

6세기 신라금석문의 연구 성과를 바탕으로 고대 신라인명표기의 특징을 살펴보면, 인명의 마지막 음절은 [-智, -知, -利, -次, -之, -支, -兮, -只] 등이 있다. 그중 [-智, -知]는 신라 6부 출신에 경위의 관등을 가진 인물들에게 붙었던 존칭접미사로 보고 있으며, [-次, -之, -支, -兮, -只]는 지방출신에 외위 관등을 가진 인물에게 붙었던 존칭접미사로 추정한다.[15] 이와 같은 존칭접미사는 출신이나 존칭의 여부에 대해서는 이견이 있지만, 『日本書紀』에서 신라인 이외에 고구려, 백제, 가야인의 인명에도 사용되고 있는 것으로 보아 고대에 인명표기에 널리 사용되었던 인명접사로 생각될 가능성이 있다.[16]

다음은 함안 성산산성 목간에서 많이 확인되고 있는 인명접사 [-智, -知, -支, -只]를 정리한 것이다(표 3~6).

표 3. '-智' 목간 14점

목간번호		일면	이면
1	가야27	「古阤伊骨利村阿那(衆)**智**卜利古支◎」	「稗發◎」
2	가야28	「古阤新村智利知一尺那□」	「**豆兮利智**稗石」
4	가야30	「古阤一古利村末那∨」	「**毛羅次尸智**稗石∨」
9	가야35	「仇利伐 **只卽智**奴 於□支負∨」	
18	가야44	「夷津阿那**休智**稗∨」	
44	가야70	「及伐城**只智**稗石∨」	
46	가야72	「須伐本波**居須智**∨×	
80	가야1613	「仇(利)伐 **比夕智** 奴 先能支 負◎」	
102	가야1994	「眞介密奴**那智**石∨」	
116	가야2008	「仇(利)伐 **郝豆智**奴人 □支負 ∨」	
146	가야2038	「古阤本波**豆物烈智**□∨」	「(勿)大兮∨」
207	가야5587	「丘伐未那**早尸智**居伐尺奴」	「**能利智**稗石」
212	가야5592	「丘利伐 **卜今智**上干支 奴 □□巴支 負∨」	
242	김해1286	「大村**伊息智**一伐∨」	

15) 김성찬, 1992, 『韓國人名尊稱語 '智'字 考察』, 단국대학교 대학원 사학과.
이장희, 2003, 「6세기 신라 금석문의 인명접사연구」, 『언어과학연구』 25집, 언어학회, pp.227-252.

16) 류민화, 2015, 「『日本書紀』의 韓國 古代人名 尊稱接尾語 考察」, 『일본어문학』 제68집, pp.81-104.

표 4. '-知' 목간 6점

목간번호		일면	이면
2	가야28	「古阤新村**智利知**一尺那□」	「豆兮利智稗石」
8	가야34	「**內恩知** 奴人 居助支 負∨」	
120	가야2012	「仇利伐 **仇阤知**一伐奴人 毛利支負∨」	
213	가야5593	「仇利伐 **夫(及)知**一伐 奴人 宍礼負∨」	
240	김해1284	「夷津支士**莿尒利知**×	
244	진주1288	「仇利伐 **□德知**一伐奴人乚…×	

표 5. '-支' 목간 33점

목간번호		일면	이면
1	가야27	「古阤伊骨利村阿那(衆)智**卜利古支**◎」	「稗發◎」
3	가야29	「夷津支阿那古刀羅**只豆支**∨」	「稗∨」
6	가야32	「仇利伐 彤谷村 **仇礼支** 負∨」	
8	가야34	「內恩知 奴人 **居助支** 負∨」	
9	가야35	「仇利伐 只卽智奴 **於□支**負∨」	
10	가야36	×…內只次奴 **須礼支**負∨」	
11	가야37	×…比□須奴 **尒先利支**負∨×	
14	가야40	「陳城 **巴兮支**稗∨」	
17	가야43	「上莫村**居利支**稗∨」	
30	가야56	「石蜜日智私×	「勿利**乃(亢)花支**稗×
80	가야1613	「仇利伐 比夕智 奴 **先能支** 負◎」	
83	가야1616	×…末甘村 **借刀利(支)** 負◎」	
89	가야1623	「古阤伊骨村阿那∨」	「**仇利稿支**稗發∨」
90	가야1624	「[ ]∨」	「**一古西支**負∨」
92	가야1982	×…□□**烋弥支**稗石∨」	
97	가야1989	×[ ]一伐奴人**毛利支**負∨」	
105	가야1997	「呵盖**尒(欲)弥支**稗∨」	
106	가야1998	「古阤一古利村□…×	「**乃兮支**稗石×
116	가야2008	「仇利伐 郝豆智奴人 **□支**負 ∨」	

목간번호		일면	이면
120	가야2012	「仇利伐 仇阤知<u>一伐</u>奴人 **毛利支**負∨」	
129	가야2021	「巿夫支城**□郎支**稗一∨」	
140	가야2032	「**(前)□谷支**∨」	
143	가야2035	「赤伐支呵村**助吏支**稗∨」	
163	가야2058	「夷津支城下**麦烏列**支負∨」	「□□□石∨」
169	가야2619	「仇利伐 **記本礼支** 負∨」	
173	가야2627	「仇利伐∨」	「□伐彡□村 **伊面於支**負∨」
181	가야2636	×古阤一古利村本波∨」	×**阤〃支**稗發∨」
185	가야2641	「帶支村**烏多支**米一石∨×	
211	가야5591	「巿夫支城 **仇智支**稗…×	
228	김해1271	「上莫村**居利支**稗∨」	
233	김해1276	「竹尸弥**牟于支**稗一∨」	
238	김해1282	「陳城**巴兮支**稗∨」	
239	진주1283	「古阤伊骨利村□」	「**仇仍支**稗發」

표 6. '-只' 목간 14점

목간번호		일면	이면
3	가야29	「夷津支阿那**古刀羅只**豆支∨」	「稗∨」
16	가야42	「陽村**文尸只**∨」	
24	가야50	「仇伐阿那**舌只**稗石×	
32	가야58	×…□節□家(城)**夫鄒只**□」	×…城稗石」
64	가야1590	「甘文城下麦本波大村**毛利只**∨」	「一石∨」
70	가야1597	「陽村**文尸只**稗∨」	
104	가야1996	「勿思伐 **豆只**稗一石∨」	
110	가야2002	×…□**豆留只**<u>(一伐)</u>∨」	
117	가야2009	「巿夫支城**夫酒只**∨×	「稗一石∨×
189	가야4685	「古阤一古利村本彼∨」	「**阤〃只**稗發∨」
215	가야5595	「甘文城下麦十五石甘文本波∨×	「**伊次只**去之∨×
219	가야5599	「壬子年□(改)大村**□刀只**∨」	「米一石∨」
234	김해1277	×…前谷村 **阿足只負**×	
237	김해1280	「**言貯只**一石」	

성산산성 출토목간에서 확인되는 인명의 말음절은 '-支' 또는 '-只'로 끝나는 것이 대부분이다. 이 말음절로 끝나는 인명은 47개가 확인되고 있는데, '고타(古阤)'지역에서 확인되는 인명 가운데 '阤〃只', '阤〃支'로 확인되는 인물은 동일인으로 생각되며, 이 지역에서는 '-只'와 '-支'를 혼용하여 썼을 가능성이 있다고 생각된다. 목간의 묵서가 지워져 인명인지 확신할 수 없는 것을 포함하면 더 많은 수가 확인될 것으로 보이며, 이외에 '-利', '-伊', '-次', '-兮' 등의 말음절을 가진 인명도 확인된다.

또한 말음절이 '-智' 또는 '-知'로 끝나는 인명은 약 20개가 있다. 이들 인명 뒤에는 '大舍', '上干(支)', '一伐', '一尺', '居伐尺'과 같은 관등이 붙는 경우가 있는데, 신라의 12등 경위에 해당하는 '大舍'를 제외하고는 모두 외위로 추정된다. 신라의 외위는 왕경(경주)인을 대상으로 한 경위와는 달리 지방인에게 부여되었던 관등이다. 신라가 중앙의 관제를 정비하면서 기존의 6부 지배자들은 17관등 체제에 편입시키고 세력이 보다 약한 지방 재지세력은 중앙귀족에 편입시키기 않고, 중앙과는 다른 체제 속에 귀속시켜 관리하였는데, 이것이 외위이다.[17]

표 7. 금석문에서 확인되는 신라의 외위와 함안 성산산성 출토목간의 외위

		영일 냉수리 신라비 (503)	울진 봉평 신라비 (524)	단양 신라 적성비 (~551)	창녕신라 진흥왕 척경비 (561)	함안 성산산성 출토목간	목간 번호
미완성 관등	일금지 (一今智)	■	■				
	급벌척 (急伐尺, 及伐尺)					■	가야2005, 가야2639, 가야5598
	거벌척 (居伐尺)		■			■	가야5587
완성기 관등	악간 (嶽干)						
	술간 (述干)				■		
	귀간 (貴干)						
	찬간 (撰干)			■			
	고간 (高干)						

17) 노중국, 1997, 「신라 17관등제의 성립과정」, 『계명사학』 8, 계명사학회, p.45.

		영일 냉수리 신라비 (503)	울진 봉평 신라비 (524)	단양 신라 적성비 (~551)	창녕신라 진흥왕 척경비 (561)	함안 성산산성 출토목간	목간 번호
완성기관등	상간 (上干)					■	가야4688, 가야5592, 김해1265
	간 (干, 下干)		■	■			
	일벌 (一伐)		■			■	가야68, 가야73, 가야83, 가야1989, 가야2002, 가야2012, 가야2645, 가야5593, 김해1286, 김해1287, 김해1288
	일척 (一尺)		■			■	가야28
	피일 (彼日, 彼旦)		■				
	아척 (阿尺)		■	■		■	가야2639

신라 외위제의 성립 시기에 대해, 현재 학계에서는 법흥왕 7년(520) 율령반포 시점에 더 무게를 두고 있다.[18] 법흥왕대에 관등제가 비교적 완성에 가깝게 정비된 것이라고 추측할 수 있는 근거는 〈표 7〉과 같은 금석문 자료에서 찾을 수 있다. 501년으로 비정되는 『포항중성리신라비(浦項中城里新羅碑)』의 비문에는 6부명이나 왕경 촌락의 일부 유력자 뒤에 '간지(干支)', '일대(壹代)', '일금지(壹金知)'가 보인다. 이를 통해 6세기 초기까지는 정비된 경위와 함께 다른 종류의 관등제가 존재하고 있었던 것을 추측할 수 있다. 법흥왕대에 관등제가 비교적 완성형에 가깝게 정비되고, 524년으로 비정되는 『울진봉평신라비(蔚珍鳳坪新羅碑)』에서는 완성형에 가까운 17관등제의 경위가 확인되며, 외위는 '하간지'에서 '피일'까지 보인다.[19]

함안 성산산성 목간에서 확인되는 관등은 6부의 명칭인 '사탁부(沙喙部)'와 경위인 '대사(大舍)'를 제외하면 대부분 하위관등인 외위에 해당된다. 이는 앞서 인명에서 살펴본 존칭접미사 [-智, -知]가 중앙 6부 출신의 경위에게 부여된 것이라는 점과는 대응하지 않고 있다. 경위뿐 만아니라 지방인에게 부여되었던 관등인 외위를 가진 인물의 이름에서도 [-智, -知]가 확인되며, 존칭의 여부를 확인할 수 없었던 [-伊, -尒]도 외위자의 이름으로 기록되고 있다.

---

18) 『三國史記』 券33 雜志2 色服條.

김희만, 1991, 「蔚珍 鳳坪碑와 新羅의 官等制」, 『경주사학』 10, 동국대학교사학회.

노중국, 1997, 앞의 논문.

하일식, 2009, 「포항중성리신라비와 신라 관등제」, 『한국고대사연구』 56, 한국고대사연구회.

19) 이용현, 2015, 「律令 제정 전후의 新羅 官等-중고 초기 문자자료를 통해」, 『목간과 문자』 15, 한국목간학회.

또한 함안 성산산성 목간에서 논란이 되고 있는 '奴(人)'의 이름에도 신라인명의 존칭접미사인 '-智'가 사용되고 있다. 이 노인은 『울진봉평신라비』에서 확인되는 '노인'의 성격을 기반으로, 개인의 소유인 '노비(奴婢)'의 개념보다 신라가 영토를 확장하면서 새로이 편입된 변방지역의 복속민이나, 집단적 예속민 혹은 촌 단위의 지방민으로 이해되고 있다.[20] 반면 '봉평비 노인'과 달리, 성산산성 목간에서 확인되는 '노(인)'을 '사노비' 로 보고, 노비에게도 부과된 세금이 있는 수취의 대상으로 보는 견해도 있다.[21]

한편, 성산산성 목간에서 확인되는 '노(인)'은 반드시 2명의 인명과 함께 기록되며, [인명+관등명+奴(人)+인명]과 같은 기재양식을 보이기도 한다. 이러한 기재양식은 '노(인)'이 전자의 인물에게 속해있거나 관리를 받는 것으로 인식될 수도 있고, '노(인)'을 가리키는 인물이 어디에 위치하느냐에 따라 '노(인)'의 성격이 바뀔 수도 있기 때문에 신중한 해석이 필요하다.

Ⅳ. 성산산성 목간의 형태 분류 검토

앞 장에서 살펴본 바와 같이, 함안 성산산성 출토목간에서 확인되는 지명, 인명, 관등명 등은 신라 중고기의 지방행정체제를 이해하는데 중요한 단서가 될 수 있는 것들이다. 그러나 목간은 문자자료이기 이전에 고대유적의 발굴조사를 통해 출토된 고고자료이므로 외형적 특징에 따른 형태 분류는 고고유물연구를 위한 기초조사에 해당된다. 그러므로 그동안 진행된 용도 연구를 바탕으로 함안 성산산성에서 출토된 목간 중 주종을 이루고 있는 하찰목간을 형태분류 하고자 한다.[22] 먼저, 목간이 물품에 부착되는 방식에 따라 묶기홈의 위치를 기준으로 1차적으로 분류하고, 여러 가지 모양을 보이는 목간의 단부형태를 가공방법에 따라 세분하여 살펴보겠다.

---

20) 주보돈, 1989, 「울진 봉평비와 법흥왕대 율령」, 『한국고대사연구』 2, 한국고대사연구회.
김재홍, 1991, 「신라 중고기의 촌제와 지방사회 구조」, 『한국사연구』 72, 한국사연구회.
박종기, 2006, 「한국고대의 노인과 부곡」, 『한국고대사연구』 43, 한국고대사연구회.
김창석, 2009, 「新羅 中古期의 奴人과 奴婢」, 『한국고대사연구』 54, 한국고대사연구회. pp.43-83.
경섭, 2012, 「新羅의 奴人-城山山城 木簡과 「蔚珍鳳坪碑」를 중심으로-」, 『한국고대사연구』 68호, 한국고대사연구회.

21) 이수훈, 2004, 「함안 성산산성 출토 목간의 패석과 부」, 『지역과 역사』 15, 부경역사연구소.
전덕재, 2007, 「함안 성산산성 목간의 내용과 중고기 신라의 수취체계」, 『역사와 현실』 65, 한국역사연구회.
이경섭, 2012, 앞의 글.
윤선태, 2017, 앞의 글.

22) 문서목간도 하찰목간의 형태를 띠는 것이 있으므로, 하찰목간의 분류 기준으로 기술할 수 있다. 성산산성에서 출토되는 문서목간은 3점이 확인되고 있는데 그중, 2점의 목간은 단책형인 Ⅰ형에 해당되고, 나머지 1점은 묶기홈이 아래에 있는 Ⅲ형이다. 보고서나 장부의 성격을 갖는 문서목간은 방대한 내용을 한 목간 안에 묵서할 수 있도록 제작되기 때문에, 목간의 크기는 비교적 크고 3면 이상의 기재면이 있다.

1. 묶기홈(구멍)의 유무와 위치

하찰목간은 일명 꼬리표목간이라 하며, 물품에 매달기 위해 목간 단부에 홈을 파거나(묶기홈) 구멍을 뚫는 형태가 대부분이다. 함안 성산산성에서 출토되는 하찰목간의 형태도 '〉〈'자형 묶기홈이 있는 것이 대부분이며, 그 외에 구멍을 뚫은 것도 있다. 반면, 묶기홈(구멍)이 없는 목간도 확인되는데, 일본에서는 이를 단책형(短冊型), 첨형(尖形), 검선형(劍先型)으로 세분하고 있다.[23]

단책형은 주로 문서목간에 쓰이는 장방형의 목간을 말하고, 첨형은 단책형목간에 한쪽 끝을 뾰족하게 만든 것이다. 검선형은 장방형 목간의 한쪽 끝을 나무채(羽子板)의 손잡이형태로 만든 것인데, 아직까지 한국에서는 출토 사례가 확인되지 않는다.

국립가야문화재연구소는 2017년에 『한국의 고대목간 Ⅱ』를 발간하면서, 6형의 분류안을 제시하였다.[24]

Ⅰ형 장방형의 목재에 하부에 구멍이 있는 것
　Ⅰ-1형 하부에 구멍이 없는 것
Ⅱ형 하부를 삼각형으로 깎고 구멍이 있는 것
　Ⅱ-1형 하부에 구멍이 없는 것
Ⅲ형 하부에 묶기홈이 있는 것
Ⅳ형 상부를 삼각형으로 깎은 것
Ⅴ형 상부에 묶기홈이 있는 것
Ⅵ형 상부를 삼각형으로 깎고, 하부에 묶기홈이 있는 것

그러나 본고에서는 기존의 분류안을 간소화하여, 묶기홈(구멍)의 유무와 그 위치에 따라 하찰목간이 물품에 부착되는 방법을 1차 분류로 진행하고자 한다. 그런 다음, 목간의 단부를 가공형태에 따라 세분하여 1차 분류에서 고려되지 못한 상, 하단부의 형태를 추가적으로 살펴보려한다. 먼저, 하찰목간은 묶기홈(구멍)의 유무와 위치에 따라 4가지로 구분된다. 성산산성에서 출토되는 하찰목간의 수량은 모두 242점인데, 그중 상단과 하단이 결손되지 않고 완형인 것은 133점 있으나, 결손된 목간 중에서 묶기홈(구멍)의 유무를 확인할 수 있는 것을 포함하면 총 180점이 있다(표 8).

Ⅰ형 구멍이나 묶기홈이 없는 것
Ⅱ형 구멍이 있는 것
Ⅲ형 묶기홈이 하부에 있는 것
Ⅳ형 묶기홈이 상부에 있는 것

23) 三上喜孝, 2009, 「形態와 記載様式으로 본 日本古代木簡의 特質」, 『목간과 문자』 3, 한국목간학회.
24) 국립가야문화재연구소, 2017, 『한국의 고대목간 Ⅱ』, 2017, p.13.

표 8 묶기홈(구멍)의 유무와 위치에 따른 분류

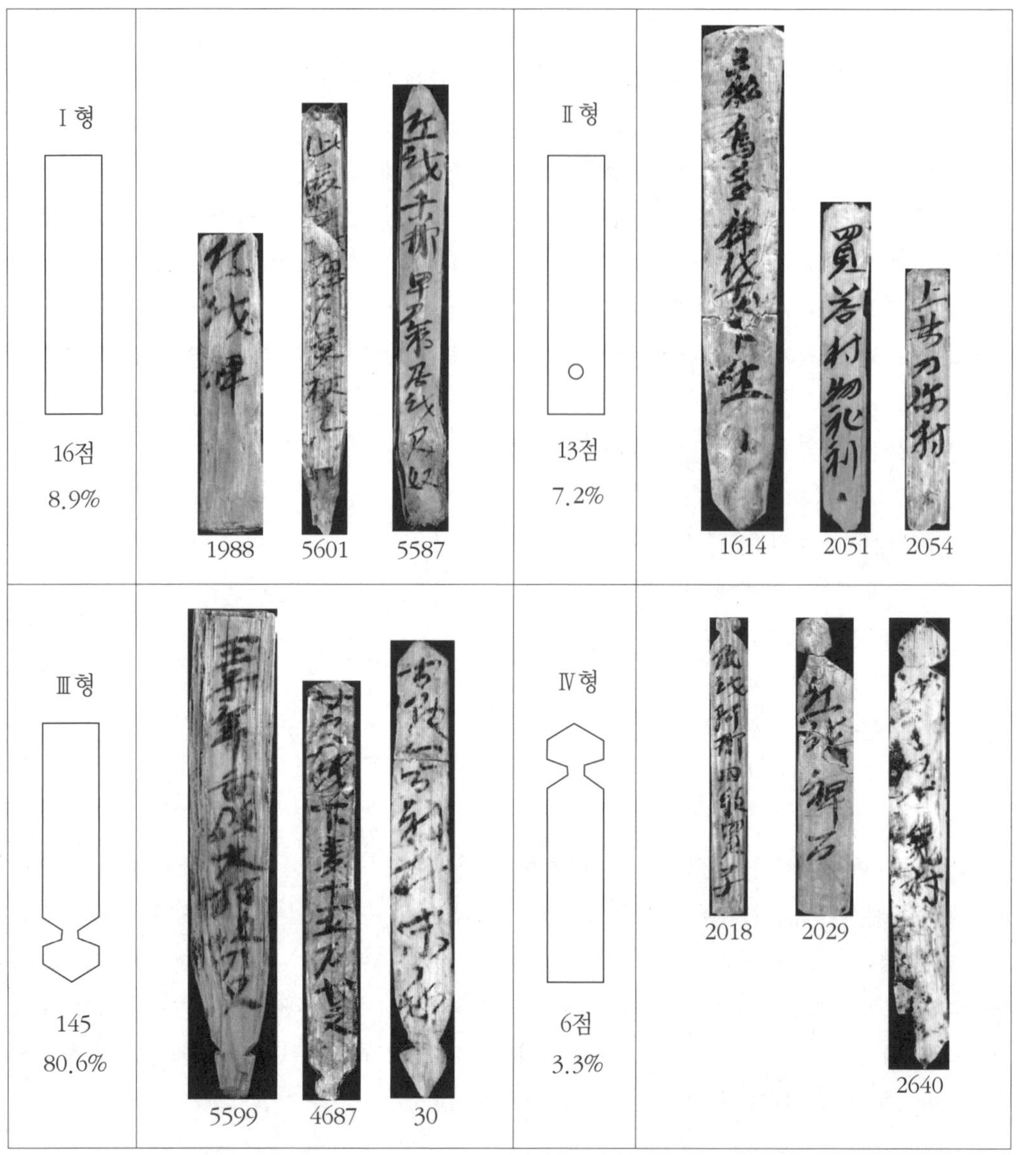

묶기홈(구멍)의 유무에 따른 형태 분류는 기존의 목간연구에서도 많이 이용되는 가장 단순한 분류방법이며, 목간의 상, 하부는 묵서가 시작되는 위치를 말한다. 먼저 Ⅰ형은 단책형 또는 첨형의 형태를 띠고 있으며 구멍이나 묶기홈이 없는 것으로, 성산산성 목간에서는 16점이 확인된다. 그중에 11점의 목간은 단부를 뾰족하게 깎아 첨형의 형태를 띠는데, 이는 쌀과 같은 물품을 담은 가마니 안에 찔러 넣거나 물품을 동여맨 줄 사이에 끼워 넣을 목적으로 제작된 것이라고 추정하기도 한다.[25] 그러나 첨형의 뾰족한 각이 예리하지 않아, 짐에 찔러 넣거나 끈에 고정시키기에 적절치 못한 형태라고 보는 견해[26]도 있기 때문

에, Ⅰ형에서 보이는 뾰족한 형태가 목간을 짐에 부착시킬 때 어떠한 역할을 하였는가에 대한 논의는 계속 진행 중이다.

Ⅱ형은 단책형이나 첨형의 목간 하부에 구멍이 있는 것으로, 13점이 확인된다. 기존의 연구는 묶기홈의 유무에 집중하는 경향이 있었으므로, 구멍의 존재는 크게 부각되지 않았다. 그러나 백제지역에서는 구멍 뚫린 목간이 일부 확인되고 있으며, 구멍은 중세 목간의 중요한 형태적 특징 중에 하나이므로 형태분류의 기준으로 적합하다고 생각된다. 또한 구멍이 있는 목간은 문서목간의 성격이 반영된 것으로 추정해 볼 수 있으며, 초기에 편철을 위해 뚫었던 구멍이 하찰목간에 반영되어 목간을 물품에 매다는 역할로 사용되었을 가능성이 있다.

Ⅲ형은 묶기홈이 하부에 있는 목간으로, 총 145점이 확인된다. 성산산성 출토목간 중에서 가장 많이 확인되는 형태이며, 경주 월성해자 출토 목간 중에서도 묶기홈이 하부에 있는 목간이 확인되고 있다. 묶기홈의 역할도 구멍처럼 끈으로 묶어 물품에 매달기 위한 것으로, 실제 함안 성산산성 출토 하찰목간 중에 두께 약 0.4㎝의 초본류가 묶기홈에 남아있는 것이 2점 확인된다(표 9).

표 9. 묶기홈에 남아있는 끈

가야4689	가야5594

반대로 묶기홈이 상부에 있는 Ⅳ형은 6점이 확인되고 있다. 성산산성 출토목간 중에서는 가장 적은 수가 확인되고 있지만, 일본이나 백제지역의 출토 목간에서 다수 확인되는 형태이며 경주 동궁과 월지유적에서도 출토되고 있다. 그러므로 Ⅳ형은 소량이 출토되고 있지만, Ⅲ형에 비해 늦은 시기에 출토된 다른 유적(경주 동궁과 월지)의 사례를 고려할 때, 묶기홈이 하부에 위치하는 목간보다 제작시기가 늦을 가능성이 있다. 또한 목간의 제작과 폐기시점은 목간이 출토된 부엽층의 조성 및 성산산성 성벽의 축조시기와 밀접한 관련이 있을 것으로 추정된다. 목간에서 확인되는 지명과 물품명으로 보아, 신라의 상주지역에서 함안의 성산산성 축조에 필요한 물자들을 공급했고 이들 물품에 매달려 있던 목간이 산성을 축조할 때 재활용되었다면, 신라가 영토를 확장하는 과정에 낙동강 수계의 거점지역인 아라가야가 멸망하고 그 지역에 변방의 경계를 담당하는 역할로 신라의 산성을 쌓은 것이라고 추정될 가능성이 있다.

2. 상단과 하단의 형태

기존의 국내 목간 형태에 대한 분류는 묶기홈의 유무를 기준으로 분류하는 경향이 있었고, 이는 꼬리

---

25) 三上喜孝, 2009, 앞의 글.

26) 한정훈, 2016, 「고대 목간의 형태 재분류와 고려 목간과의 비교-성산산성 목간을 중심으로」, 『목간과 문자』 16, 한국목간학회, pp.161-184.

표목간임을 나타내는 목간의 중요한 형태적 특징이므로 용도분류의 관점에서는 주목할 만하다.[27] 하지만 함안 성산산성의 경우, 목간의 단부 형태가 여러 가지 모양으로 확인되고 있기 때문에 묶기홈 및 구멍의 유무와 더불어 상단과 하단의 가공형태를 세부적으로 분류하여 하찰목간을 형식 분류하는 하위 속성으로 삼고자 한다.

국립가야문화재연구소는 함안 성산산성 출토목간의 단부를 상단과 하단으로 구분하고, 목간을 단부의 형태에 따라 각각 4가지로 분류하였다.[28] 이러한 형태는 목간을 제작할 때 단부를 가공하는 방법에 따라 분류한 것으로, 상단을 대문자, 하단을 소문자로 표기하였다.

A·a형(일자형)
단부로 정한 부분에 칼집을 넣고 한 번에 끊어낸 것 또는 여러 번 깎아 편평하게 만든 것
B·b형(삼각형)
두 번 이상의 도구질로 1개의 꼭짓점을 두고 뾰족하게 다듬은 것
C·c형(곡선형)
두 번 이상의 도구질로 단부의 각을 없애면서 둥글게 다듬은 것
D·d형(비정형)
가지에서 부러뜨린 그대로 다른 가공은 하지 않은 것

앞 장에서, 242점의 하찰목간 중에서 상, 하단을 모두 확인할 수 있는 목간의 수량은 133점이라고 밝힌바 있다. 그 외 상단만 확인되는 목간은 42점, 하단만 확인되는 목간은 41점이고, 상, 하단이 모두 결실되어 그 형태를 알 수 없는 목간은 26점이 있다. 양단에 결손부위가 있어 형태를 알 수 없는 것을 제외하

표 10. 목간 상단 형태 및 수량

	일자형(A)	삼각형(B)	곡선형(C)	비정형(D)
상단				
175점	35	61	63	16
점유율	20.0%	34.9%	36.0%	9.1%

표 11. 목간 하단 형태 및 수량

	일자형(a)	삼각형(b)	곡선형(c)	비정형(d)
하단				
174점	18	63	67	26
점유율	10.3%	36.2%	38.5%	14.9%

27) 이용현, 2002, 「함안 성산산성 출토 목간과 6세기 신라의 지방 경영」, 『동원학술논문집』 5.
이경섭, 2005, 「城山山城 출토 荷札木簡의 制作地와 機能」, 『한국고대사연구』 37, 한국고대사학회.
윤선태, 2007, 「한국고대목간의 형태와 종류」, 『역사와 현실』 65, 한국역사연구회, pp.157-85.
한정훈, 2016, 앞의 글.

28) 국립가야문화재연구소, 2017, 앞의 글.

고 상, 하단의 형태는 다음과 같은 수량으로 파악된다(표 10, 표 11).

이와 같이 목간의 형태를 상단과 하단으로 나누어보았을 때, 양단에서 삼각형(B, b)과 곡선형(C, c)으로 제작한 것이 다수 확인되고, 이 형태들의 점유율은 상단에서 70.9%, 하단에서 74.7%를 차지하고 있다. 반면, 목간의 상단이 일자형(A)인 것은 35점이 확인되고 있지만 삼각형과 곡선형에 비해 적은 수가 확인되고 있고, 하단이 일자형(a)인 것은 목간의 하단형태 중에서 18점이 있으며, 가장 적은 수가 확인되고 있다.

이러한 통계치를 목간의 제작 경향에 기인하여 생각해보면, 단부를 가공할 때 끝을 뾰족하게 깎는 것과 모서리를 없애면서 둥글게 깎는 것은 일자형으로 편평하게 가공하는 것보다 제작이 쉬웠을 가능성이 있다. 목간의 단부에 1개의 꼭짓점을 만드는 것은 2번의 칼질만으로도 뾰족한 형상을 만들 수 있으며 둥글게 다듬는 것 역시, 단부에 튀어나온 각을 없애는 것으로도 곡선형으로 만들 수 있기 때문이다. 그러나 일자형은 종방향의 나뭇결과 직각으로 들어가는 칼질로 한 번에 끊어 내거나, 일자형으로 만들려는 의도를 가지고 여러 번의 칼질을 하여야 편평하게 다듬을 수 있으므로 작업이 까다로웠을 것이다. 따라서 원래 편평하게 다듬으려 했지만, 제작자의 기술부족이나 나뭇결의 저항 등으로 결락되는 부분이 생기게 되어, 곡선형이나 삼각형으로 변형시켜 다듬은 것도 있을 것으로 보인다. 그러므로 단부형태가 삼각형이나 곡선형인 것이 일자형에 비해 다수 확인되는 것이라고 생각해 볼 수 있다.

이러한 상단과 하단의 형태를 묶기홈(구멍)의 형태 및 위치에 따른 1차 분류와 조합하면 다음 표와 같다. 단, 결손부위가 있어 1차 분류에 적합하지 않은 목간은 단부 형태를 확인할 수 있어도 1차 분류와의 조합에서는 제외하였으므로, 분류가 가능한 수량은 총 133점이다(표 12).

표 12. 묶기홈(구멍)의 위치와 단부의 가공형태 조합 수량

	Aa	Ab	Ac	Ad	Ba	Bb	Bc	Bd	Ca	Cb	Cc	Cd	Da	Db	Dc	Dd
Ⅰ	2	2			1			2		3	3	1		2		
Ⅱ	2	2	1				2				1			1		
Ⅲ	3	7	6	2	1	23	13	2	2	12	19	4	3		1	7
Ⅳ	1					1					1					

1차 분류와 단부의 세부형태를 조합했을 때, 가장 눈에 띄는 것은 양단을 동일한 형태로 제작했다는 것이다. 이들은 전체 수량에서 44.4%를 차지하고 있으며, Ⅲ형에서 보이는 것과 같이 Aa형이 3점, Bb형이 23점, Cc형이 17점, Dd형이 5점으로, 목간 제작자가 양 단부를 동일한 형태로 제작하는 것을 보다 선호하였다고 추측해볼 수 있다.

한편 묶기홈이 하부에 있는 Ⅲ형의 경우, 하단이 일자형(a)인 목간은 9점으로 소량 확인된다. 묶기홈은 목간을 물품에 매달 때 끈으로 묶었던 부분이기 때문에 단부를 편평하게 다듬으려 노력하지 않았던 것으로 생각해볼 수 있다. 목간의 단부를 편평하게 가공하는 것은 비교적 많은 노력이 필요하므로 묶서

가 시작되는 지점인 상부를 먼저 편평하게 다듬고, 묶기홈이 있는 하단부는 삼각형이나 곡선형으로, 제작자의 기호에 맞게 다듬은 것으로 보인다.

또한, 묶기홈이 상부에 있는 Ⅳ형은 총 6점이 있는데, 그중 3점만 상, 하단의 형태를 알 수 있다. 단부가 확인되는 3점의 목간이 모두 양단을 동일한 형태로 제작한 것으로 보아, 단언하기는 어렵지만, 한쪽 단부가 결손된 나머지 Ⅳ형 목간 역시 양단이 같은 형태였을 것으로 생각해 볼 수 있다. 그러므로 비교적 늦은 시기의 형태로 추정되고 있는 Ⅳ형은 목간의 묶기홈이 하부에서 상부로 옮겨지고, 양단부가 동일한 형태로 제작되어 가는 목간 정형화의 한 단면일 가능성이 있다.

Ⅴ. 맺음말

함안 성산산성 유적은 20년의 걸친 발굴조사가 일단락되었다. 성산산성 발굴조사의 최대성과는 국내 목간연구의 활성화라고 할 수 있으며, 그 중심에 국립가야문화재연구소가 있었음은 과언이 아니다. 국립가야문화재연구소는 국제학술대회를 개최하고, 발굴조사 보고서 및 목간 연구 도록을 발간함으로서 목간이라는 유물의 중요성을 인지시켰을 뿐만 아니라 연구자들이 목간자료를 쉽게 접할 수 있도록 여러 자료를 제공하였다. 처음 목간을 접하고 시행착오도 겪었지만, 출토목간을 정리하고 목간자료의 신뢰성을 높이고자 노력하였으며, 목간 연구 활동을 끊임없이 진행하였다.

본고는 『한국의 고대목간Ⅱ』를 발간하면서 정리한 내용을 명문과 형태로 나누어 살펴보았다. 먼저, 목간은 "문자가 있는 나무판"이라는 기본 정의를 되새기며, 묵서가 있는 것만을 가려내었고 그 수량은 모두 245점으로 확인된다. 이 수량은 국내 목간 출토 수량의 40%를 차지하고, 단일유적으로는 최대의 출토 수량을 보이고 있다. 이들 목간에서 확인되는 명문은 함안 성산산성 발굴조사 완료 후 수차례 진행된 판독회의의 결과를 바탕으로 정리하였으며, 이를 통해 밝혀진 지명, 인명, 관등명 등은 6세기 신라의 촌락구조와 지방행정체제 및 법률제도 등에 대한 의문을 해결할 실마리를 제공해 줄 것으로 기대된다.

또한 목간의 명문으로 확인되는 지명 및 묵서 기재양식, 서체 등은 목간의 형식 분류와 교차연구를 통해 목간 제작지 또는 제작단위 등을 구명할 수 있을 것이다. 이를 위해 다양한 형태를 보이는 성산산성 목간을 묶기홈(구멍)의 유무와 위치 및 단부의 형태에 따라 형식 분류를 시도하였으며, 목간 제작의 경향과 제작난이도를 단부의 가공형태를 관찰하여 유추해 보았다. 이러한 형식 분류는 고고유물자료의 기초적인 연구 방법으로서 이를 통한 다른 유적에서 출토되는 하찰목간과의 비교 분석 자료가 향후 유적의 시기와 지역성을 밝힐 수 있는 단서로 활용 될 수 있기를 희망하는 바이다.

투고일: 2018. 10. 18.　　심사개시일: 2018. 10. 25.　　심사완료일: 2018. 11. 16.

참/고/문/헌

『三國史記』

『南山新城碑』

국립가야문화재연구소, 2015, 『함안 성산산성 木簡, 발굴에서 보존까지』.

국립가야문화재연구소, 2017, 『한국의 고대목간Ⅱ』.

김성찬, 1992, 『韓國人名尊稱語 '智'字 考察』, 단국대학교 대학원 사학과.

김재홍, 1991, 「신라 중고기의 촌제와 지방사회 구조」, 『한국사연구』 72, 한국사연구회.

김창석, 2009, 「新羅 中古期의 奴人과 奴婢」, 『한국고대사연구』 54, 한국고대사연구회.

김창석, 2016, 「함안 성산산성 목간을 통해 본 신라의 지방사회 구조와 수취」, 『백제문화』 54, 공주대학교 백제문화연구소.

김희만, 1991, 「蔚珍 鳳坪碑와 新羅의 官等制」, 『경주사학』 10, 동국대학교사학회.

노중국, 1997, 「신라 17관등제의 성립과정」, 『계명사학』 8, 계명사학회.

류민화, 2015, 「『日本書紀』의 韓國 古代人名 尊稱接尾語 考察」, 『일본어문학』 제68집.

박종기, 2006, 「한국고대의 노인과 부곡」, 『한국고대사연구』 43, 한국고대사연구회.

윤선태, 1999, 「함안 성산산성 출토 신라목간의 용도」, 『진단학보』 88, 진단학회.

윤선태, 2007, 「한국고대목간의 형태와 종류」, 『역사와 현실』 65, 한국역사연구회.

윤선태, 2012, 「함안 성산산성 출토 신라 하찰의 재검토」, 『사림』 41, 수선사학회.

윤선태, 2017, 「함안 성산산성 출토 신라목간의 연구 성과와 전망」, 『韓國의 古代木簡Ⅱ』, 국립가야문화재연구소.

이경섭, 2005, 「城山山城 출토 荷札木簡의 制作地와 機能」, 『한국고대사연구』 37, 한국고대사학회.

이경섭, 2011, 「성산산성 출토 신라 짐꼬리표(하찰) 목간의 지명 문제와 제작 단위」, 『신라사학보』 23, 신라사학회.

이경섭, 2012, 「新羅의 奴人-城山山城 木簡과 「蔚珍鳳坪碑」를 중심으로-」, 『한국고대사연구』 68호, 한국고대사연구회.

이수훈, 2004, 「함안 성산산성 출토 목간의 패석과 부」, 『지역과 역사』 15, 부경역사연구소.

이용현, 2002, 「함안 성산산성 출토 목간과 6세기 신라의 지방 경영」, 『동원학술논문집』 5.

이용현, 2015, 「律令 제정 전후의 新羅 官等-중고 초기 문자자료를 통해」, 『목간과 문자』 15, 한국목간학회.

이장희, 2003, 「6세기 신라 금석문의 인명접사연구」, 『언어과학연구』 25집, 언어학회.

전덕재, 2007, 「함안 성산산성 목간의 내용과 중고기 신라의 수취체계」, 『역사와 현실』 65, 한국역사연구회.

전덕재, 2009, 「함안 성산산성 출토 신라 하찰목간의 형태와 제작지의 검토」, 『목간과 문자』 3, 한국목간학회.

정현숙, 2017, 「함안 성산산성 목간의 서체」, 『韓國의 古代木簡Ⅱ』, 국립가야문화재연구소.
주보돈, 1989, 「울진 봉평비와 법흥왕대 율령」, 『한국고대사연구』 2, 한국고대사연구회.
하일식, 2009, 「포항중성리신라비와 신라 관등제」, 『한국고대사연구』 56, 한국고대사연구회.
한정훈, 2016 「고대 목간의 형태 재분류와 고려 목간과의 비교-성산산성 목간을 중심으로」, 『목간과 문자』 16, 한국목간학회.
三上喜孝, 2009, 「形態와 記載様式으로 본 日本古代木簡의 特質」, 『목간과 문자』 3, 한국목간학회.

〈참고 사이트〉
"역주 한국고대금석문-신라-석문-창녕 진흥왕척경비", "한국사데이터베이스",
http://db.history.go.kr/item/level.do?itemId=gskr

표 13. 국가귀속번호와 함안 성산산성 출토 목간 도록 및 발굴조사보고서 사진번호 대비표(사진 생략)

연번	국가 귀속 번호	한국의 고대 목간	한국의 고대 목간 (개정판)	함안 성산 산성의 출토 목간	한국 목간 자전	함안 성산 산성 I	함안 성산 산성 II	함안 성산 산성 III	함안 성산 산성 12차 현장설명회	함안 성산 산성 IV	함안 성산 산성 V	함안 성산산성 17차 발굴조사 목간공개	함안 성산 산성 VI
		2004	2006	2007	2011	1998	2004	2006	2007	2011	2014	2017	2017
1	가야 27	28	28	28	[城]28		57						
2	가야 28	29	29	29	[城]29		58						
3	가야 29	30	30	30	[城]30		59						
4	가야 30	31	31	31	[城]31		60						
5	가야 31	32	32	32	[城]32		61						
6	가야 32	33	33	33	[城]33		62						
7	가야 33	34	34	34	[城]34		63						
8	가야 34	35	35	35	[城]35		64						
9	가야 35	36	36	36	[城]36		65						
10	가야 36	37	37	37	[城]37		66						
11	가야 37	38	38	38	[城]38		67						
12	가야 38	39	39	39	[城]39		68						
13	가야 39	40	40	40	[城]40		69						
14	가야 40	41	41	41	[城]41		70						
15	가야 41	42	42	42	[城]42		71						
16	가야 42	43	43	43	[城]43		72						

연번	국가 귀속 번호	한국의 고대 목간	한국의 고대 목간 (개정판)	함안 성산 산성의 출토 목간	한국 목간 자전	함안 성산 산성 Ⅰ	함안 성산 산성 Ⅱ	함안 성산 산성 Ⅲ	함안 성산 산성 12차 현장설명회	함안 성산 산성 Ⅳ	함안 성산 산성 Ⅴ	함안 성산산성 17차 발굴조사 목간공개	함안 성산 산성 Ⅵ
		2004	2006	2007	2011	1998	2004	2006	2007	2011	2014	2017	2017
17	가야 43	44	44	44	[城]44		73						
18	가야 44	45	45	45+95	[城]45		74+104−2						
19	가야 45	46	46	46	[城]46		75						
20	가야 46	47	47	47	[城]47		76						
21	가야 47	48	48	48	[城]48		77						
22	가야 48	49	49	49	[城]49		78						
23	가야 49	50	50	50	[城]50		79						
24	가야 50	52	52	52	[城]51		80						
25	가야 51	53	53	53	[城]52		81						
26	가야 52	54	54	54	[城]53		82						
27	가야 53	55	55	55	[城]54		83						
28	가야 54	56	56	56	[城]55		84						
29	가야 55	57	57	57	[城]56		85						
30	가야 56	59	59	59	[城]57		86						
31	가야 57	60	60	60	[城]58		87−1						
32	가야 58	61+75+90	61+75+90	61+75+90	[城]59		87−2+94−2+102−1						

연번	국가귀속번호	한국의 고대 목간	한국의 고대 목간(개정판)	함안 성산산성의 출토 목간	한국 목간 자전	함안 성산산성 I	함안 성산산성 II	함안 성산산성 III	함안 성산산성 12차 현장설명회	함안 성산산성 IV	함안 성산산성 V	함안 성산산성 17차 발굴조사 목간공개	함안 성산산성 VI
		2004	2006	2007	2011	1998	2004	2006	2007	2011	2014	2017	2017
33	가야 59	62+66	62+66	62+66	[城]60		88-1+90-1						
34	가야 60	63	63	63	[城]61		88-2						
35	가야 61	64	64	64	[城]62		89-1						
36	가야 62	65	65	65	[城]63		89-2						
37	가야 63	67	67	67	[城]64		90-2						
38	가야 64	68	68	68	[城]65		91-1						
39	가야 65	69	69	69	[城]66		91-2						
40	가야 66	70	70	70	[城]67		92-1						
41	가야 67	71	71	71	[城]68		92-2						
42	가야 68	72	72	72	[城]69		93-1						
43	가야 69	73	73	73	[城]70		93-2						
44	가야 70	74	74	74	[城]71		94-1						
45	가야 71	76	76	E+76	[城]72		95-1						
46	가야 72	77	77	77	[城]73		95-2						
47	가야 73	78	78	78	[城]74		96-1						
48	가야 74	79	79	79	[城]75		96-2						

연번	국가귀속번호	한국의 고대목간	한국의 고대목간(개정판)	함안성산산성의 출토목간	한국목간자전	함안성산산성 Ⅰ	함안성산산성 Ⅱ	함안성산산성 Ⅲ	함안성산산성 12차 현장설명회	함안성산산성 Ⅳ	함안성산산성 Ⅴ	함안성산산성 17차 발굴조사 목간공개	함안성산산성 Ⅵ
		2004	2006	2007	2011	1998	2004	2006	2007	2011	2014	2017	2017
49	가야 75	80	80	80	[城]76		97-1						
50	가야 76	81	81	81	[城]77		97-2						
51	가야 77	82	82	82	[城]78		98-1						
52	가야 78	83	83	83	[城]79		98-2						
53	가야 79	84	84	84	[城]80		99-1						
54	가야 80	85	85	85	[城]81		99-2						
55	가야 81	86	86	86	[城]82		100-1						
56	가야 82	87		87	[城]83		100-2						
57	가야 83	88	88	88	[城]84		101-1						
58	가야 84	89	89	89	[城]85		101-2						
59	가야 85	91		91	[城]86		102-2						
60	가야 86	92	92	92	[城]87		103-1						
61	가야 88	94		94	[城]89		104-1						
62	가야 89	96		96	[城]90		104-3						
63	가야 90	97		97	[城]91		104-4						
64	가야 1590				[城]100				2006-w1	104-479			

연번	국가 귀속 번호	한국의 고대 목간	한국의 고대 목간 (개정판)	함안 성산 산성의 출토 목간	한국 목간 자전	함안 성산 산성 Ⅰ	함안 성산 산성 Ⅱ	함안 성산 산성 Ⅲ	함안 성산 산성 12차 현장설명회	함안 성산 산성 Ⅳ	함안 성산 산성 Ⅴ	함안 성산산성 17차 발굴조사 목간공개	함안 성산 산성 Ⅵ
		2004	2006	2007	2011	1998	2004	2006	2007	2011	2014	2017	2017
65	가야 1592				[城]115				2006-w3	111-494			
66	가야 1593				[城]101				2006-w4	104-480			
67	가야 1594				[城]104				2006-w10	106-483			
68	가야 1595				[城]119				2006-w11	113-498			
69	가야 1596				[城]116				2006-w5	112-495			
70	가야 1597				[城]102				2006-w6	105-481			
71	가야 1598				[城]117				2006-w7	112-496			
72	가야 1599				[城]103				2006-w8	105-482			
73	가야 1600				[城]118				2006-w9	113-497			
74	가야 1601				[城]105				2006-w12	106-484			
75	가야 1602				[城]127				2006-w40	118-507			
76	가야 1605				[城]110				2006-w15	109-489			
77	가야 1606				[城]106				2006-w16	107-485			
78	가야 1607				[城]120				2006-w17	114-499			
79	가야 1609				[城]107				2006-w19	107-486			
80	가야 1613				[城]121				2006-w24	114-500			

연번	국가귀속번호	한국의 고대목간	한국의 고대목간(개정판)	함안 성산산성의 출토목간	한국목간자전	함안성산산성 I	함안성산산성 II	함안성산산성 III	함안성산산성 12차현장설명회	함안성산산성 IV	함안성산산성 V	함안성산산성 17차발굴조사목간공개	함안성산산성 VI
		2004	2006	2007	2011	1998	2004	2006	2007	2011	2014	2017	2017
81	가야 1614				[城]108				2006-w25	108-487			
82	가야 1615				[城]122				2006-w26	115-501			
83	가야 1616				[城]109				2006-w27	108-488			
84	가야 1617				[城]112				2006-w28	110-491			
85	가야 1618				[城]125				2006-w35	116-504			
86	가야 1619				[城]113				2006-w36	110-492			
87	가야 1620				[城]126				2006-w37	117-505			
88	가야 1622				[城]114				2006-w29	111-493			
89	가야 1623				[城]123				2006-w30	115-502			
90	가야 1624				[城]111				2006-w31	109-490			
91	가야 1625				[城]124				2006-w32	116-503			
92	가야 1982				[城]128				2007-w1	117-506			
93	가야 1985				[城]129				2007-w4	119-508			
94	가야 1986				[城]130				2007-w5	119-509			
95	가야 1987				[城]131				2007-w6	120-510			
96	가야 1988				[城]132				2007-w7	120-511			

연번	국가 귀속 번호	한국의 고대 목간	한국의 고대목간 (개정판)	함안 성산 산성의 출토 목간	한국 목간 자전	함안 성산 산성 I	함안 성산 산성 II	함안 성산 산성 III	함안 성산 산성 12차 현장설명회	함안 성산 산성 IV	함안 성산 산성 V	함안 성산산성 17차 발굴조사 목간공개	함안 성산 산성 VI
		2004	2006	2007	2011	1998	2004	2006	2007	2011	2014	2017	2017
97	가야 1989				[城]133				2007-w8	121-512			
98	가야 1990				[城]134				2007-w9	121-513			
99	가야 1991				[城]135				2007-w10	122-514			
100	가야 1992				[城]136				2007-w11	122-515			
101	가야 1993				[城]137				2007-w12	123-516			
102	가야 1994				[城]138				2007-w13	123-517			
103	가야 1995				[城]139				2007-w14	124-518			
104	가야 1996				[城]140				2007-w15	124-519			
105	가야 1997				[城]141				2007-w16	125-520			
106	가야 1998				[城]142				2007-w17	125-521			
107	가야 1999				[城]143				2007-w18	126-522			
108	가야 2000				[城]144				2007-w19	126-523			
109	가야 2001				[城]145				2007-w20	127-524			
110	가야 2002				[城]146				2007-w21	127-525			
111	가야 2003				[城]147				2007-w22	128-526			
112	가야 2004				[城]148				2007-w23	128-527			

연번	국가귀속번호	한국의 고대목간	한국의 고대목간(개정판)	함안 성산산성의 출토목간	한국목간자전	함안 성산산성 Ⅰ	함안 성산산성 Ⅱ	함안 성산산성 Ⅲ	함안 성산산성 12차 현장설명회	함안 성산산성 Ⅳ	함안 성산산성 Ⅴ	함안 성산산성 17차 발굴조사 목간공개	함안 성산산성 Ⅵ
		2004	2006	2007	2011	1998	2004	2006	2007	2011	2014	2017	2017
113	가야2005				[城]149				2007-w24	129-528			
114	가야2006				[城]150				2007-w25	129-529			
115	가야2007				[城]151				2007-w26	130-530			
116	가야2008				[城]152				2007-w27	130-531			
117	가야2009				[城]153				2007-w28	131-532			
118	가야2010				[城]154				2007-w29	131-533			
119	가야2011				[城]155				2007-w30	132-534			
120	가야2012				[城]156				2007-w31	132-535			
121	가야2013				[城]157				2007-w32	133-536			
122	가야2014				[城]158				2007-w33	133-537			
123	가야2015				[城]159				2007-w34	134-538			
124	가야2016				[城]160				2007-w35	134-539			
125	가야2017				[城]161				2007-w36	135-540			
126	가야2018				[城]162				2007-w37	135-541			
127	가야2019				[城]163				2007-w38	136-542			
128	가야2020				[城]164				2007-w39	136-543			

연번	국가귀속번호	한국의 고대목간	한국의 고대목간(개정판)	함안 성산산성의 출토목간	한국목간자전	함안 성산산성 I	함안 성산산성 II	함안 성산산성 III	함안 성산산성 12차 현장설명회	함안 성산산성 IV	함안 성산산성 V	함안 성산산성 17차 발굴조사 목간공개	함안 성산산성 VI
		2004	2006	2007	2011	1998	2004	2006	2007	2011	2014	2017	2017
129	가야 2021				[城]165				2007-w40	137-544			
130	가야 2022				[城]166				2007-w41	137-545			
131	가야 2023				[城]167				2007-w42	138-546			
132	가야 2024				[城]168				2007-w43	138-547			
133	가야 2025				[城]169				2007-w44	139-548			
134	가야 2026				[城]170				2007-w45	139-549			
135	가야 2027				[城]171				2007-w46	140-550			
136	가야 2028				[城]172				2007-w47	140-551			
137	가야 2029				[城]173				2007-w48	141-552			
138	가야 2030				[城]174				2007-w49	141-553			
139	가야 2031				[城]175				2007-w50	142-554			
140	가야 2032				[城]176				2007-w51	142-555			
141	가야 2033				[城]177				2007-w52	143-556			
142	가야 2034				[城]178				2007-w53	143-557			
143	가야 2035				[城]179				2007-w54	144-558			
144	가야 2036				[城]180				2007-w55	144-559			

연번	국가 귀속 번호	한국의 고대 목간	한국의 고대목간 (개정판)	함안 성산 산성의 출토 목간	한국 목간 자전	함안 성산 산성 I	함안 성산 산성 II	함안 성산 산성 III	함안 성산 산성 12차 현장설명회	함안 성산 산성 IV	함안 성산 산성 V	함안 성산산성 17차 발굴조사 목간공개	함안 성산 산성 VI
		2004	2006	2007	2011	1998	2004	2006	2007	2011	2014	2017	2017
145	가야 2037				[城]181				2007-w56	145-560			
146	가야 2038				[城]182				2007-w57	145-561			
147	가야 2039				[城]183				2007-w58	146-562			
148	가야 2042				[城]186				2007-A	147-565			
149	가야 2043				[城]187				2007-B	148-566			
150	가야 2044								2007-C	174-616			
151	가야 2045				[城]188				2007-D	148-567			
152	가야 2046				[城]189				2007-E	149-568			
153	가야 2047				[城]190				2007-F	149-569			
154	가야 2048				[城]191				2007-G	150-570			
155	가야 2049				[城]192				2007-H	150-571			
156	가야 2050				[城]193				2007-I	151-572			
157	가야 2051				[城]184				2007-w61	146-563			
158	가야 2052								2007-w62	174-617			
159	가야 2054				[城]185				2007-w64	147-564			
160	가야 2055				[城]196					152-575			

연번	국가 귀속 번호	한국의 고대 목간	한국의 고대 목간 (개정판)	함안 성산 산성의 출토 목간	한국 목간 자전	함안 성산 산성 I	함안 성산 산성 II	함안 성산 산성 III	함안 성산 산성 12차 현장설명회	함안 성산 산성 IV	함안 성산 산성 V	함안 성산산성 17차 발굴조사 목간공개	함안 성산 산성 VI
		2004	2006	2007	2011	1998	2004	2006	2007	2011	2014	2017	2017
161	가야 2056				[城]194					151-573			
162	가야 2057				[城]195					152-574			
163	가야 2058				[城]197				T304	153-576			
164	가야 2060				[城]198				T370	153-577			
165	가야 2390				[城]199					154-578			
166	가야 2391				[城]200					154-579			
167	가야 2614				[城]201					155-580			
168	가야 2618				[城]202					155-581			
169	가야 2619				[城]203					156-582			
170	가야 2620				[城]204					156-583			
171	가야 2624				[城]207					158-586			
172	가야 2625				[城]224					166-602			
173	가야 2627				[城]208					158-587			
174	가야 2628				[城]209					159-588			
175	가야 2629				[城]210					159-589			
176	가야 2630				[城]211					160-590			

연번	국가 귀속 번호	한국의 고대 목간	한국의 고대 목간 (개정판)	함안 성산 산성의 출토 목간	한국 목간 자전	함안 성산 산성 Ⅰ	함안 성산 산성 Ⅱ	함안 성산 산성 Ⅲ	함안 성산 산성 12차 현장설명회	함안 성산 산성 Ⅳ	함안 성산 산성 Ⅴ	함안 성산산성 17차 발굴조사 목간공개	함안 성산 산성 Ⅵ
		2004	2006	2007	2011	1998	2004	2006	2007	2011	2014	2017	2017
177	가야 2631				[城]212					160-591			
178	가야 2632				[城]213					161-592			
179	가야 2633				[城]214					161-593			
180	가야 2635				[城]215					162-594			
181	가야 2636				[城]216					162-595			
182	가야 2637				[城]217					163-596			
183	가야 2639				[城]218					163-597			
184	가야 2640				[城]219					164-598			
185	가야 2641				[城]220					164-599			
186	가야 2645				[城]221					165-600			
187	가야 2954				[城]222					166-601			
188	가야 2956				[城]223					167-603			
189	가야 4685										88-163		
190	가야 4686										88-164		
191	가야 4687										88-165		
192	가야 4688										88-166		

연번	국가귀속번호	한국의 고대목간	한국의 고대목간(개정판)	함안 성산산성의 출토목간	한국목간자전	함안 성산산성 I	함안 성산산성 II	함안 성산산성 III	함안 성산산성 12차 현장설명회	함안 성산산성 IV	함안 성산산성 V	함안 성산산성 17차 발굴조사 목간공개	함안 성산산성 VI
		2004	2006	2007	2011	1998	2004	2006	2007	2011	2014	2017	2017
193	가야 4689										88-167		
194	가야 4691										89-169		
195	가야 4692										89-170		
196	가야 4693										89-171		
197	가야 4694										89-172		
198	가야 4695										89-173		
199	가야 4696										89-174		
200	가야 4697										90-175		
201	가야 5581											2 (W28)	218
202	가야 5582											3 (W30)	219
203	가야 5583											5 (W34)	220
204	가야 5584											7 (W40)	221
205	가야 5585											6 (W35)	222
206	가야 5586											8 (W44)	223
207	가야 5587											11 (W66)	224
208	가야 5588											12 (W67)	225

연번	국가귀속번호	한국의 고대목간	한국의 고대목간(개정판)	함안성산산성의 출토목간	한국목간자전	함안성산산성 Ⅰ	함안성산산성 Ⅱ	함안성산산성 Ⅲ	함안성산산성 12차 현장설명회	함안성산산성 Ⅳ	함안성산산성 Ⅴ	함안성산산성 17차 발굴조사 목간공개	함안성산산성 Ⅵ
		2004	2006	2007	2011	1998	2004	2006	2007	2011	2014	2017	2017
209	가야 5589											10 (W62)	226
210	가야 5590											13 (W72)	227
211	가야 5591											14 (W73)	228
212	가야 5592											15 (W89)	229
213	가야 5593											16 (W92)	230
214	가야 5594											18 (W104)	231
215	가야 5595											17 (W94)	232
216	가야 5596											19 (W116)	233
217	가야 5597											20 (W133)	234
218	가야 5598											1 (W150)	235
219	가야 5599											21 (W155)	236
220	가야 5600											22 (W164)	237
221	가야 5601											23 (W167)	238
222	진주 1263	3	3	3	[城]1	39-1	(이관1)						
223	김해 1264	24	24	24	[城]2	39-2	(이관2)						
224	김해 1265	23	23	23	[城]3	39-3	(이관3)						

연번	국가 귀속 번호	한국의 고대 목간	한국의 고대목간 (개정판)	함안 성산산성의 출토목간	한국목간자전	함안 성산산성 Ⅰ	함안 성산산성 Ⅱ	함안 성산산성 Ⅲ	함안 성산산성 12차 현장설명회	함안 성산산성 Ⅳ	함안 성산산성 Ⅴ	함안 성산산성 17차 발굴조사 목간공개	함안 성산산성 Ⅵ
		2004	2006	2007	2011	1998	2004	2006	2007	2011	2014	2017	2017
225	진주 1268	10	10	10	[城]6	39-5	(이관6)						
226	김해 1269	6	6	6	[城]7	39-6	(이관7)						
227	김해 1270	11	11	11	[城]8	39-7	(이관8)						
228	김해 1271	12	12	12	[城]9	39-8	(이관9)						
229	김해 1272	7	7	7	[城]10	40-1	(이관10)						
230	진주 1273	8	8	8	[城]11	40-2	(이관11)						
231	김해 1274	18	18	18	[城]12	40-3	(이관12)						
232	김해 1275	1	1	1	[城]13	40-4	(이관13)						
233	김해 1276	9	9	9	[城]14	40-5	(이관14)						
234	김해 1277	17	17	17	[城]15	40-6	(이관15)						
235	김해 1278	19	19	19	[城]16	41-1	(이관16)						
236	진주 1279	2	2	2	[城]17	40-7	(이관17)						
237	김해 1280	16	16	16	[城]18	41-2	(이관18)						
238	김해 1282	13	13	13	[城]20	41-3	(이관20)						
239	진주 1283	20	20	20	[城]21	41-4	(이관21)						
240	김해 1284	22	22	22	[城]22	41-5	(이관22)						

연번	국가귀속번호	한국의 고대목간	한국의 고대목간(개정판)	함안 성산산성의 출토목간	한국목간자전	함안 성산산성 I	함안 성산산성 II	함안 성산산성 III	함안 성산산성 12차 현장설명회	함안 성산산성 IV	함안 성산산성 V	함안 성산산성 17차 발굴조사 목간공개	함안 성산산성 VI
		2004	2006	2007	2011	1998	2004	2006	2007	2011	2014	2017	2017
241	김해 1285	15	15	15	[城]23	41-6	(이관23)						
242	김해 1286	14	14	14	[城]24	41-7	(이관24)						
243	김해 1287	4	4	4	[城]25	42-1	(이관25)						
244	진주 1288	5	5	5	[城]26	42-2	(이관26)						
245	김해 1289	21	21	21	[城]27	42-3	(이관27)						

〈Abstracts〉

Overview on the Wooden Tablets of Seongsan Sanseong Fortress in Haman

Park, Hyun-Jung

In January 2016, a 20 year-long excavation project of Seongsan Sanseong Fortress in Haman was completed. 245 wooden tablets were excavated near the eastern wall of the fortress, along with a large quantity of wood products, and the fortress became the largest site of excavation among ancient wooden tablets in Korea. In ancient Korean History Study which insufficient documentation, along with the Epigraph, wooden tablets are important records to understand the political and social situations of the time.

This research paper summarizes the results of the wooden tablets that have been studies so far, and was reviewed by dividing them an inscription and their forms. The wooden tablets are inscribed with the names of the ancient regions, people, and government rank. Major geographical names estimate the current location through the ancient documents of Silla and estimate when the names of the ancient people and government classes were made based on what was written in the inscription. On the other hand, since wooden tablets are archaeological data excavated through excavation research, the classification study by type is the basis of ancient day life restoration research. The wood tablets varies in shape depending on how it is suspended on the luggage, and can be classified as an incision, hole or location. Apart from the method of attachment, the wooden ends of various shapes do not show any regional differences, but they can be considered due to the maker's taste or ease of production methods. This research is expected to be the basis for comparative research with wooden poles unearthed in Silla, Baekje and Japan.

▶ Key words: Seongsan Sanseong Fortress, wooden tablets, inscription, form

특 집

함안 성산산성 목간의 물품 기재방식과 성하목간의 서식

홍승우*

〈국문초록〉

함안 성산산성 출토 신라목간 245점 중 대부분은 물품을 담은 짐에 부착하였던 부찰(하찰)목간들이다. 그리고 그간 이 성산산성 목간들이 매달려 있었던 짐은 수취한 稅物로 이해되었고, 여러 지역에서 수취한 물품들이 함안의 성산산성으로 옮겨진 것을 보여주며, 이 세물을 납부한 사람들에 대한 정보가 기재된 것으로 파악되어 왔다. 하지만 새로운 자료들이 출토되면서 성산산성 목간들의 용도와 부착된 짐의 성격에 대해 다른 시각을 가진 견해들이 제기되고 있다. 성산산성 유적에 대한 발굴조사가 완전히 끝난 지금, 성산산성 목간 전체를 종합 정리하고 재검토하여 그 성격과 용도를 밝히는 작업이 이루어져야 한다.

이 논문은 성산산성 목간의 대부분을 차지하는 부찰목간의 성격과 용도를 밝히기 위한 기초 작업으로서, 그 물품명 기재방식의 특징과 그와 관련한 서식을 검토하였다. 특히 다른 목간들과 달리 특수한 서식을 가졌다고 알려져 온, 소위 '城下木簡'의 서식을 분석하였다. 그 결과 성산산성 목간이 부착되었던 짐의 물품은 대부분 '稗'와 같은 곡물이었고, 그 양도 거의 一石으로 일정하였으며, 그렇기 때문에 물품명과 양 등의 정보는 생략되는 경우가 많았다는 것을 알 수 있었다. 아울러 '성하목간' 역시 다른 성산산성 목간들에서 생략된 정보들이 더 기재되어 있기는 하지만, 사실상 거의 동일한 서식이라는 것도 확인할 수 있었다. 성산산성 목간들에서 물품에 대한 정보가 생략 가능하다는 것은, 이들이 부착된 짐들의 물품 종류와

* 명지대학교 객원교수

양이 매우 일정하여, 그 정보들이 없어도 짐의 출납 과정에서 큰 문제가 되지 않았기 때문으로 생각된다.

▶ **핵심어: 성산산성, 목간, 부찰(하찰), 서식, 성하목간**

Ⅰ. 머리말

1991년에서 2016년까지 17차에 걸친 함안 성산산성(사적 제67호) 유적에 대한 발굴조사 과정에서 모두 245점의 묵서가 있는 목간과 묵서의 흔적은 없지만 목간으로 사용하기 위해 만들어진 목간형 목기 14점이 출토되었다.[1] 함안 성산산성 출토 신라목간(이하 성산산성 목간으로 칭함)은 한국 목간 연구에 이정표를 세웠다고 평가할 수 있을 정도로 중요한 자료로 주목받아 왔다.[2] 출토 숫자가 많은 것은 물론, 형식이나 용도 및 내용이 유사한 일련의 목간군이어서, 당시 목간 자체와 그것이 사용된 행정의 다양한 측면에 접근할 수 있는 결정적 단서를 제공하고 있기 때문이다.

성산산성 목간이 처음 알려지기 시작했을 때에는 그 기재 내용을 지명+인명(+관등)으로 파악하고 이를 축성과 관련한 지방인들의 名籍으로 보는 견해들이 주로 제기되었으나,[3] 물품명이 기재되어 있는 점을 고려하고 주변국의 사례와 비교해 볼 때, 물품을 담고 있는 짐에 달았던 荷札(附札)이었다는[4] 주장이 나왔고,[5] 이후 일부 문서목간을 제외한 대부분의 성산산성 목간을 하찰목간으로 보게 되었다. 나아가 하

---

1) 국립가야문화재연구소, 2017, 『韓國의 古代木簡Ⅱ』, pp.496-510. 본 논문의 목간번호는 이 책의 것을 따른다. 이하 본고에서 이 책은 간단히 『고대목간Ⅱ』로 쓴다.

2) 성산산성 목간에 대한 기존 연구들은 이미 여러 차례 정리된 바 있다. 李京燮, 2003, 「咸安 城山山城 木簡의 硏究現況과 課題」, 『新羅文化』 23; 전덕재, 2008, 「함안 성산산성 목간의 연구현황과 쟁점」, 『新羅文化』 31; 주보돈, 2008, 「한국 목간 연구의 현황과 전망」, 『木簡과 文字』 創刊號; 이경섭, 2013a, 「함안 성산산성 출토 신라목간 연구의 흐름과 전망」, 『木簡과 文字』 10; 윤선태, 2016, 「한국의 고대 목간의 연구현황과 과제」, 『선사와 고대 목기·목간의 최신 연구 형황과 과제』, 국립가야문화재연구소·복천박물관; 윤선태, 2017, 「함안 성산산성 출토 신라목간의 연구 성과와 전망」, 『韓國의 古代木簡Ⅱ』, 국립가야문화재연구소.

3) 김창호, 1998, 「咸安 城山山城 出土 木簡에 대하여」, 『咸安 城山山城Ⅰ』, 국립창원문화재연구소 ; 朴鍾益, 2000, 「咸安 城山山城 發掘調査와 木簡」, 『韓國古代史研究』 19; 주보돈, 2000, 「咸安 城山山城 出土 木簡의 基礎的 檢討」, 『韓國古代史研究』 19.

4) 그간 일반적으로 성산산성 목간 중 대부분을 차지하는 짐에 매어두었던 목간들을 하찰목간으로 불러왔다. 그런데 하찰목간이라는 용어는 일본학계의 목간 분류에서 물품에 부착하는 목간[광의 부찰목간]을, 이동을 전제로 하는 세금 등에 사용된 하찰과 창고 등에서 정리·보관을 위해 사용된 부찰[협의의 부찰목간]으로 구분하는 것을 염두에 두고 붙여진 것이다(馬場基, 2008, 「古代日本의 荷札」, 『木簡과 文字』 2, p.148). 즉 하찰목간이라는 용어는 이 목간들이 수취한 稅物에 부착된 것이라는 전제가 있다. 따라서 성산산성 목간들이 부착되었던 짐의 성격이 분명해지기 이전에 하찰목간이라는 용어를 사용하는 것은 문제가 있다고 보인다. 이에 본고에서는 하찰이라는 용어를 사용하지 않고, 짐에 부착되었던 목간이라는 일반적인 의미를 가진 부찰목간으로 부르겠다.

5) 윤선태, 1999, 「咸安 城山山城 出土 新羅木簡의 用途」, 『震檀學報』 88; 李成市, 2000, 「韓國木簡연구의 현황과 咸安城山山城 출토의 木簡」, 『韓國古代史研究』 19; 平川南, 2000, 「日本古代木簡연구의 現狀과 新時點」, 『韓國古代史研究』 19(2003, 『古代地方木簡の研究』, 吉川弘文館).

찰목간의 일반적 서식이 '지명+인명+물품명+양'이었다고 파악하였다. 그리고 지속적인 발굴을 통해 추가적으로 목간들이 출토되면서, 이 주장은 통설로 자리 잡아 가게 된다.

이들 목간은 성산산성에서 폐기되었지만, 기재된 지명은 모두 다른 곳이다. 그리고 같은 지명의 것은 동일한 사람이 썼으나, 지역별로는 서로 다른 사람이 썼던 것을 볼 때,[6] 성산산성에서 목간을 만들지는 않았음을 알 수 있다.[7] 그렇다면 하찰목간은 기재된 지명에 해당하는 지역에서 작성했다고 볼 수 있으며, 각 지명은 이 물품들이 발송된 곳이라 보는 것이 합리적이다. 그리고 발송 당시에 인명이 함께 기재된 것을 통해, 목간에 기재된 인명들은 이 물품을 납부한 사람, 혹은 그것을 운반하는 사람으로 이해해 왔다.

결국 성산산성 목간은 주로 당시 上州 지역의 여러 행정거점(행정촌 혹은 郡)에서 수취된 세물들을 성산산성으로 운반하는 과정에서 사용된 하찰목간으로 이해하는 것이 가장 많은 지지를 받고 있다고 하겠다. 이는 하찰에 적힌 인명과 지명이 이 물품들을 낸 사람들과 수취처이자 발송처로 이해하는 입장이라고 할 수 있다.

그런데 최근에 이 하찰들이 부착된 짐이 세물이 아니라, 성산산성 축조에 동원된 사람들이 스스로 마련한 식량을 이들의 출신지에서 수합하여 성산산성에게 보낸 것으로 본 견해와[8] 산성 축조는 물론이고 그곳에서 군역을 지는 사람들의 식량 등으로 사용될 물품을 입역한 사람들의 출신지에서 보낸 것 혹은 그 지역에서 성산산성으로 운반된 개인적인 화물들에 부착된 것이라는 주장이 새로이 제기되었다.[9] 이는 기존 통설과 달리, 하찰목간에 기재된 인물들이 이 물품의 수신자이자 사용자라는 입장이다.

이러한 새로운 주장은 계속된 발굴을 통해 새로운 자료가 추가되면서, 성산산성 목간을 새로운 관점에서 바라볼 수 있게 된 결과라 할 수 있겠는데, 발굴이 완전히 끝난 지금 성산산성 목간 전체를 대상으로 정밀한 재검토와 정리가 필요하다는 것을 잘 보여주고 있다.

본고는 성산산성 목간들의 전면적인 정리 및 재검토 작업의 일환으로 성산산성 목간 중 소위 하찰목간으로 분류되어 왔던 부찰(하찰)목간들의 서식을 살펴보려 한다.[10] 그간 많은 연구들이 성산산성 목간의 서식을 분석하고 몇 가지 유형으로 분류한 바 있지만, 새로운 자료들이 추가되면서 수정이 필요한 부분이 있기 때문이다. 다만 성산산성 목간 전체의 서식을 모두 검토하는 것은 분량이 너무 많아지므로, 이 논문에서는 그중에서도 물품명의 기재방식을 중심으로 검토할 것이며, 특히 물품에 대한 정보를 중심으

---

6) 정현숙, 2017, 「함안 성산산성 목간의 서체」, 『韓國의 古代木簡Ⅱ』, 국립가야문화재연구소, p.480.

7) 전덕재, 2009, 「함안 성산산성 출토 신라 하찰목간의 형태와 제작지의 검토」, 『木簡과 文字』 3, pp.77-83; 이경섭, 2011, 「성산산성 출토 신라 짐꼬리표[荷札] 목간의 地名 문제와 제작 단위」, 『新羅史學報』 23, pp.138-142; 橋本繁, 2014, 『韓国古代木簡の研究』, 吉川弘文館, pp.61-75.

8) 박남수, 2017, 「신라 법흥왕대 '及伐尺'과 성산산성 출토 목간의 '役法'」, 『新羅史學報』 40.

9) 이재환, 2018, 「함안 성산산성 출토 신라 荷札의 성격에 대한 새로운 접근」, 『韓國史研究』 182.

10) 본고에 사용된 판독문은 기본적으로 『고대목간Ⅱ』의 것을 따르며, 사용된 부호도 대부분 『고대목간Ⅱ』, p.16의 것을 그대로 사용하는 것을 원칙으로 한다. 다만 가독성 등을 위해 일부 기호를 다음과 같이 바꾸었다. 판독불능자=▨, ...=묵흔은 있지만 글자 수를 알 수 없는 경우, [ ]=注雙行 형식, / =注雙行에서 행 바뀜 기호. 아울러 필자가 판독을 수정한 경우 별도로 적시하였다.

로 다른 성산산성 목간들과 다르게 특수한 서식을 가진 것으로 파악되어 왔던 소위 '城下(麥)木簡'(이하 성하목간)의 서식을 분석할 것이다. 이 작업은 성산산성 목간 자체와 그것이 부착된 짐의 성격을 이해하기 위한 기초 작업으로서, 성산산성 목간에 대한 종합적이고 체계적인 정리 및 연구에 적지 않은 도움이 될 것이라 기대한다.

II. 물품명과 기재방식

성산산성 목간은 모두 245점으로 최종 집계되었으며, 그중 가야1602, 가야2629, 가야2645, 가야2956, 가야5598 등 문서목간으로 분류될 수 있는 5점 정도를 제외하면, 대부분 물품에 매달아 부착하는 용도의 목간으로 파악되어 왔다.[11] 그 외에도 파손 등으로 인해 외형이나 내용을 알 수 없어 그 용도를 잘 파악할 수 없는 16점(김해1278, 가야53, 가야78, 가야79, 가야82, 가야84, 가야89, 가야1609, 가야1615, 가야1617, 가야1619, 가야2031, 가야2037, 가야2049, 가야2632, 가야5597)을 제외하면, 모두 224점의 성산산성 목간이 짐에 부착되었던 것으로 파악된다.

성산산성 목간들이 물품을 담은 짐에 부착되었던 부찰목간이라는 점을 고려할 때, 가장 중요한 기재 내용은 물품에 대한 것일 것이다. 성산산성 출토 부찰목간들을 기재된 물품정보를 기준으로 분류하면 다음 〈표 1〉과 같다.

표 1. 성산산성 부찰목간 물품 종류 일람

물품명유무	물품표기	목간숫자	구분
있음(114)	稗	96	곡물(112) 가야4687 稗와 麦 모두 기재
	米	4	
	麦	13	
	酒	1	기타(2)
	鐵	1	
없음(110)	負	28	곡물추정(49)
	發	1	
	없음+곡물단위(石)	11	
	없음	32	
	결실·판독불능	38	

초기에 성산산성 목간을 명적으로 이해했던 것은, '지명+인명'의 서식을 가진 사례가 많기도 했지만, 물품명을 잘 확인할 수 없었기 때문이다. 전체 부찰목간 중 절반 정도에 구체적인 물품명과 그 수량이 적시되

11) 문서목간으로 분류되는 가야1602와 가야2645도 외형으로는 짐에 부착하였던 것으로 추정되지만, 내용상 문서목간으로 분류할 수 있다.

어 있지 않다.[12] 이 때문에 초기에는 성산산성 목간이 물품명이 있는 하찰목간과 없는 명적 두 종류로 구성되어 있다고 파악하기도 하였다.[13]

하찰목간에 기재된 물품 중 가장 많이 등장하는 것은 稗로 모두 96점의 목간에 기재되어 있다.『고대목간Ⅱ』 판독문 기준으로는 추정 판독을 포함하여 97점이지만,[14] 이는 가야4692(× ▨(稗)十五斗∨」)의 추정판독을 포함한 것이다. 그러나 다음 〈사진 1〉에서 제시한 가야4692의 적외선 사진에서 볼 때, 상단 파손부에 걸쳐 있는 글자는 '下'자가 분명하다. 그리고 두 번째 글자는 많은 부분이 지워져 있어 자형이 명확하지 않지만 '麦'의 필획이 보인다. 또 아래가 '十五斗'임이 거의 확실하므로, 뒤에 살펴볼 성하목간과 같은 서식으로 보는 것이 합리적이다. 따라서 가야4692의 두 번째 글자는 '麦'일 가능성이 높으므로, 稗는 96점의 목간에서 확인되는 것으로 정리할 수 있다.

사진 1. 가야4692(『고대목간Ⅱ』, p.378)

사진 2①. 가야 2017(『고대목간Ⅱ』, p.248)

사진 2②. 가야2017(국립가야문화재연구소, 2007, 『함안 성산산성 제12차 발굴조사 현장설명회 자료집』, p.22)

사실 성산산성 하찰목간에 대한 이해의 진전에 결정적 역할을 한 것은 稗라고 해도 과언이 아니다. 稗一을 彼日(波旦)의 이표기, 곧 외위로 파악하여 인명부에 해당하는 목간이 아닐까 추정하다가, 이를 곡물인 피로 보게 되면서, 부찰의 성격을 가진 목간임이 밝혀졌기 때문이다. 아울러 가야42(「陽村文尸只∨」)와 가야1597(「陽村文尸只稗∨」)의 사례에서 볼 수 있듯이, 물품명이 없는 것도, 물품명 稗가 생략되었던 것으로 이해할 수 있게 되면서, 거의 대부분의 성산산성 목간이 부찰목간임이 분명해 진 것이다.

稗 외의 곡물 물품명으로는 米와 麦(麥)이 있다.[15] 이 중 米를 먼저 보면『고대목간Ⅱ』의 판독문 기준으로는 5점이 있다고 되어 있다. 이것은 가야2017의 「栗(米)稗石」의 두 번째 글자 '米'의 추정 판독을 포함한 것이다. 그런데『韓國木簡字典』을 비롯하여 기존 연구들에는 이 목간의 글자를 '栗村稗石'으로 판독하여 와서,[16] 이를 '米'가 기재된 목간으로 분류할 수 있을지 의문이다. 현재『고대목간Ⅱ』(p.248)의 적외선 사진상(〈사진 2〉①)으로는 두 번째 글자를 '村'으로 판독하기는 힘들다. 그러

12) 전체 224점 중 110점에 구체적인 물품명이 없다.

13) 윤선태는 1999, 앞의 논문에서 물품명이 있는 것은 하찰, 없는 것은 명적으로 파악하였지만, 이후 명적은 없고 대부분 하찰이라고 견해를 수정하였다.

14)『고대목간Ⅱ』, p.27에서는 96점이라 하였는데, 판독문을 근거로 합산하면 97점이다.

15)『고대목간Ⅱ』, p.27 표17 참조.

16) 國立加耶文化財研究所, 2011,『韓國木簡字典』, p.254.

가야2017
가야2026
가야2641
가야4697
가야5599

사진 3. '米'자 일람

나 〈사진 2②〉와 같이 발굴 초기에 공개된 적외선 사진에서는 '村'자로 보인다. 아울러 〈사진 3〉에서 볼 수 있듯이 다른 목간들의 '米'와 비교할 때, 매우 이질적이어서, 현재로서는 이를 '米'자로 보기는 힘들 것 같다.[17] 따라서 현재로서는 '米'자가 기재된 목간은 4점으로 보는 것이 타당하다고 판단된다.[18]

한편 麦은 13점의 목간에 기재되어 있다. 『고대목간Ⅱ』의 판독을 기준으로 하면 12점이지만, 앞서 살펴본 가야4692가 '下麦十五斗'임이 거의 분명하므로, 13점으로 수정해야 한다. 그런데 다음 장에서 자세히 살펴보겠지만, '성하목간'으로 분류되는 가야4687에는 麦과 稗가 동시에 기재되어 있어, 곡물명이 기재된 목간의 총수는 112점이 된다.

곡물 이외 물품으로는 鐵이 거의 유일한 사례이다[가야47(× (殂)鐵十之∨」)]. 酒가 기재된 것도 있지만[가야2639(「正月中比思伐古尸(次)阿尺夷喙∨」「羅兮(落)及伐尺并作前(瓷)酒四斗瓮∨」), 이는 해당 물품에 대한 설명에 해당하여 다른 목간들과 서식과 내용이 다르다. 이처럼 물품명이 있는 목간 114점 중 곡물류가 기재된 목간이 112점으로 절대 다수를 차지한다. 그리고 〈표 1〉에서 확인할 수 있듯이, 물품명이 없는 경우도 대부분 곡물임을 유추할 수 있다. 그리고 앞서 가야42의 사례를 가지고 지적한 바와 같이 '지명+인명'만 기재된 것도 사실상 '稗'가 생략된 것일 가능성이 높다고 볼 수 있다. 따라서 물품명이 기재되지 않은 부찰목간들 역시 당연히 곡물, 특히 稗 임이 너무 당연했기에, 물품명은 생략 가능했다고 짐작되는 것이다.[19]

다음으로 물품명 아래 수량에 대한 기재를 보자. 稗 뒤에 나오는 一은, 추가적으로 一石, 石, 二石 등이 나오는 사례들이 확인되면서, 물품의 양에 해당하는 정보로 이해할 수 있었다. 나아가 극히 일부의 二石 사례를 제외하면, 양이 기재된 경우 一石, 石, 一 모두 1石을 의미하므로, 대부분의 목간들에 기재된 물품 양은 1석으로 동일하다는 결론을 낼 수 있다. 그리고 물품의 양이 기재되지 않은 목간의 경우도 가

---

17) 이 글자의 판독에 대해서는 이수훈 교수의 지적이 있었는데, 일단 이를 받아들여 논고를 수정하였다.

18) 다만 현재 남아있는 적외선 사진의 필획과 초기 적외선 사진의 필획이 완전히 달라, 판독문을 완전히 '栗村稗石'으로 확정하기도 주저된다. 초기 적외선 사진의 필획이 묵흔이 아니라 다른 오염에 의한 것일 가능성도 있다고 보인다. 이에 대해서는 해당 목간에 대한 정밀조사를 바탕으로 확정해야 하는 부분이다. 만약 두 번째 글자가 '村'이 아니라 '米'가 된다면 첫 번째 글자는 '栗'이 아니라 '粟(粟)'일 가능성이 높다.

19) 물품명이 없는 하찰목간의 물품들이 곡물일 가능성이 높은 것은, 김해1280, 가야52, 가야76, 가야81, 가야1986, 가야1994, 가야2000, 가야2057 등에 물품명은 없지만, 곡물의 양 단위인 石이 물품명 위치에 나오는 것에서 알 수 있다.

야1988(「丘伐稗」)과 가야2029(「∨丘伐稗石」)의 사례를 통해, 대체로 1석이었음을 짐작할 수 있다.

즉 성산산성 목간에서 물품에 대한 정보는 기본적으로 '물품명+양[1石]'으로 구성되어 있으며, 어느 것이나 생략하는 것이 가능했다고 볼 수 있는 것이다. 그리고 생략이 가능한 것은, 굳이 그 정보를 적지 않아도 큰 문제가 없었기 때문일 것이다. 예컨대 이 목간들이 부착된 짐은 통상 당연히 一石의 양이었기에, 하찰에서 양 정보가 생략되어도, 관계자들은 당연히 알고 있어서 관련 업무 처리에 지장이 없었던 것이라 여겨지는 것이다.[20)]

표 2. 곡물 양 표기 정리

곡물(숫자)	양표기	목간숫자	비고
稗(96)	稗	28	負稗 2건, 稗發 5건 포함
	稗一	2	
	稗石	56	
	稗一石	3	
	稗[결손·판독불능]	7	가야1985, 가야5585는 稗만 기재되어 있으나 뒷면에 추가적인 내용이 있을 가능성이 있음.
米(4)	米	1	
	米一石	2	
	▨米十一斗石	1	
麦(13)	麦	2	성하목간 1건(가야2011) 포함
	下麦	1	성하목간
	麦石	2	
	下麦~一石	1	성하목간
	下麦~二石	2	성하목간
	下麦十五斗	2	가야4692 포함, 성하목간
	下麦十五斗石	1	성하목간
	下麦十五石	2	성하목간

한편 물품명이 없는 하찰목간들 중에 負라는 용어가 적혀 있는 것이 여러 점 나왔다. 초기에는 負를 수량 단위 내지 짐 자체를 가리키는 용어로 보는 견해와[21)] 앞의 인명과 연결하여 이 짐을 나르는 행위로 이

20) '石'을 곡물의 양단위가 아니라, 곡물(稗)을 담은 용기로 이해하고, '一' 역시 수량과 무관하게 첫 번째 짐임을 나타내는 것이라 파악한 견해도 있다(이수훈, 2004, 「咸安 城山山城 出土 木簡의 稗石과 負」, 『지역과 역사』 15, pp.24-30). 하지만 이는 '稗一石'의 표기가 분명히 확인되지 않았던 초창기에 나왔던 것이다. 지금은 稗一石의 사례(가야1996, 가야2009, 가야4687)가 분명히 확인되고 있으므로, 稗와 稗一은 稗一石의 생략형이고, 石은 곡물의 양단위임이 분명하다.

21) 이용현, 2006, 『韓國木簡基礎硏究』, 신서원, p.324; 이수훈, 2004, 「咸安 城山山城 出土 木簡의 稗石과 負」, 『지역과 역사』

해하는 견해로 나뉘어졌다.[22] 후자의 견해에 따르면 하찰목간 중 일부는 물품의 내용이 아니라 운반에 동원된 사람을 기재한 것이 되어, 성산산성 목간의 용도가 물품의 내용을 적은 것과 운반자를 기재한 두 종류가 있었다고 볼 수도 있다.

그러나 동일한 의미로 사용된 發 사례가 있고,[23] 짐의 현재 상황을 설명하는 내용이 있는 가야2640(「∨▨邑(冠)村」「∨此負刀寧負盜人有」) 목간이 발견되면서, '부'가 목간이 매여 있었던 하물 자체를 의미하는 용어임이 분명해졌다.[24] 또 '인명+負+稗'의 형식을 가진 것으로 보이는 가야2046(×…▨支負稗×)과 가야4693(「盖山鄒勿負稗∨」)을 통해, '인명+負' 형식 목간의 물품도 稗와 같은 곡물명이 생략된 것으로 이해할 수 있다.[25]

표 3. 負와 發 표기 유형 정리

구분	표기유형	목간숫자	비고
負(32)	負(단독)	28	가야2640 포함
	負稗	2	가야2046, 가야4693
	下麦~負	1	성하목간
	下麦~負~二石	1	성하목간
發(6)	稗發	5	古阤 지명 목간
	發~(石)	1	가야5601

그런데 負를 단순히 짐의 의미로 본다면 그 내용물에 대한 정보, 곧 구체적 물품명과 그 양에 대한 내용을 생략해도 큰 문제가 없다는 의미가 된다. 앞에서 검토한 바와 같이 물품명의 절대 다수를 차지하는 물품 稗, 그리고 양은 1석인 정형화된 화물에 부착하는 것을 전제로 제작되었기 때문에 이러한 기재방식이 가능했던 것으로 이해할 수 있다.

15, p.32. 이용현은 結負束 중 負일 가능성을 짤막하게 언급하기도 하였다.

22) 전덕재, 2007, 「함안 성산산성 목간의 내용과 중고기 신라의 수취체계」, 『역사와 현실』 65, pp.241-245; 金昌錫, 2009, 「新羅 中古期의 奴人과 奴婢-城山山城 木簡과 「鳳坪碑」의 분석을 중심으로-」, 『韓國古代史硏究』 54, p.55.

23) 진주1283, 가야27, 가야1623, 가야2636, 가야4685, 가야5601에 發이 있다. 發은 古阤 지명 목간에만 등장했고 '稗發'의 형식을 가졌다. 이에 發을 '발송하다'는 동사로 이해하기도 하였다(이수훈, 2004, 앞의 논문, p.31). 그러나 가야5601(「此發▨德(石)莫杖之」)이 새로이 발견되면서, 發이 負와 유사한 의미를 가진 용어임이 분명해졌다. 다만 '發'은 古阤 지역에서만 사용되었던 특수한 용례라는 점은 여전히 유효하며, 負는 항상 곡물(稗) 앞에 나오는데 비해 發은 곡물(稗) 뒤에 나오는 차이가 있다.

24) 윤선태, 2012, 「咸安 城山山城 出土 新羅 荷札의 再檢討」, 『史林』 41, p.165. 負가 仇利伐 지명이 있는 목간에서만 나온다는 점에 주목하여 이를 육로 운송을 반영한 표기로 이해하는 견해도 여전히 있다(金昌鎬, 2018, 「咸安 城山山城 木簡의 新考察」, 『文化史學』 60, pp.50-51). 그러나 구리벌 이외의 다른 지명 목간에서도 負가 사용된 사례가 있다[가야1607(「鄒文村內旦利負∨」), 가야2640(「∨▨邑(冠)村」「∨此負刀寧負盜人有」)가야4693(「盖山鄒勿負稗∨」), 가야5594(「沙喙部負∨」)].

25) 가야46의 판독을 '可物智▨須麦石'에서 '可物智▨負麦石'로 수정하고(『韓國木簡字典』, p.195), 負의 내용물에 麦 등 다른 곡물도 있을 가능성을 개진한 견해도 있다(이재환, 2018, 앞의 논문, p.46). 자형상 해당 글자가 負일 개연성은 있지만, 서식을 고려할 때 그 가능성이 많은 것 같지는 않다. 可物智가 인명인 것이 거의 확실한데, 다른 하찰목간들의 내용을 고려할 때, 인명과 負 사이에 한 글자가 들어가 있는 서식은 생각하기 힘들기 때문이다. 따라서 현재로서는 負는 대체로 稗가 아니었을까 조심스럽게 추정해 본다. 負와 유사한 의미로 사용되는 發도 모두 稗와 함께 사용되는 것도 방증자료가 될 수 있을 것이다.

결국 부찰목간에 기재된 물품은 곡물 1석이었다고 할 수 있는데, 이를 성산산성 축조 혹은 운영과 관련하여 필요했던 식량이었다고 보는 것이 일반적이다. 그러면 이 물품 정보 앞에 나오는 지명과 인명은 물품과 관련하여 어떠한 관련성이 있는 것일까. 현재 통설적 견해는 인명은 그것을 납부한 사람에 대한 정보로 이해하는 것이다.[26] 부찰목간의 짐은 세금의 일종으로 각 지역에서 수취된 것이 그대로 성산산성으로 운반되어 사용되었다고, 곧 貢進되는 稅物에 부착되었던 것이 성산산성 목간이라 이해되고 있는 것이다.[27]

하지만 최근에 이러한 통설적 입장과 달리 이 물품의 수취자 내지 주인으로 보는 견해들이 제기되고 있다. 이는 성산산성 목간들의 서식이 일본의 세물에 부착된 하찰목간들에서 확인되는 것들과 차이가 있다거나,[28] 모든 사람에게 곡물의 종류와 무관하게 동일하게 1석을 수취했다는 것은 주변국의 사례와 맞지 않는 점 등을 볼 때,[29] 과연 이 목간이 세물을 수납할 때의 것이었겠는가라는 의문에서 야기된 것이다.

성산산성 목간의 인명은 물품과 어떠한 관련성이 있으며, 목간이 부착된 짐은 어떠한 성격이었던 걸까. 그리고 앞서 살펴본 물품 기재방식의 특징은 성산산성 목간에 일반적으로 적용될 수 있는 것일까. 이러한 문제들의 답에 대한 단서를 찾기 위해 이제 장을 바꾸어 성산산성 목간의 물품명 기재방식 중 특수한 형식을 가진 것으로 알려진 '성하목간'의 서식을 검토해 보자.

III. 성하목간의 서식과 물품 기재방식

일련의 부찰목간군으로 출토된 성산산성 목간은, 유사하지만 조금씩 다른 형식으로 되어 있어서, 일찍부터 그 서식, 곧 기재양식을 몇 가지 유형으로 나누어 분석해 왔다. 2006년의 『(개정판)韓國의 古代木簡』

26) 당이나 일본 율령의 조문에 의하면, 租를 납입할 때 '패찰[牓]'을 제출하여 장부와 대조하고 측량하는 절차를 거치도록 되어 있다(「天聖令 復元 唐倉庫令2(天一閣博物館·中國社會科學院歷史研究所天聖令整理課題組, 2006, 『天一閣藏明鈔本天聖令校證 下册』, 中華書局, p.493)」, "諸受租 皆令乾浄 以次第收牓 同時者 先遠後近 對倉官 租綱 吏人執籌數函"; 「養老令 倉庫令2(井上光貞 等校注, 1976, 『律令』, 岩波書店, p.407)」, "凡受地租 皆令乾浄 以次収牓 同時者先遠 京國官司 共輸人 執籌対受[在京倉者 共主稅按撿 國郡則長官監撿]"). 이때 제출하는 패찰에 해당하는 것을 성산산성 목간으로 본 것이다.

27) 전덕재, 2007, 앞의 논문; 이수훈, 2012, 「城山山城 木簡의 '城下麥'과 輸送體系」, 『지역과 역사』 30; 윤선태, 2012, 앞의 논문; 김창석, 2016, 「함안 성산산성 木簡을 통해 본 新羅의 지방사회 구조와 수취」, 『百濟文化』 54; 전덕재, 2018, 「7세기 백제·신라 지배체제와 수취제도의 변동」, 『新羅史學報』 42.

28) 고대 일본 하찰목간의 서식은 일반적으로 '國郡鄕里(지명)+호주명(인명)+稅目+물품명+양+연월일'으로, 다음 사례를 들 수 있다. 安房国 朝夷郡 健田郷 仲村里 戸 私部真鳥 調 鰒六斤三列長四尺五寸束一束 養老六年十月(http://mokkanko.nabunken.go.jp/ja/6AACVS150110). 이는 율령의 조문에 바탕을 둔 서식이다[「養老令 賦役令2(井上光貞 等校注, 1976, 앞의 책, p.251)」, "凡調 皆随近合成 絹布両頭 及糸綿嚢 具注国郡里戸主姓名年月日 各以国印印之"]. 중국의 경우도 율령에 동일한 조문이 있으므로 비슷했을 것이다[「天聖令 復元 唐賦役令2(天一閣博物館·中國社會科學院歷史研究所天聖令整理課題組, 2006, 앞의 책, p.474)」, "並於絹絁布兩頭 各令戶人 具注州縣鄕里 戶主姓名及年月日 受訖 以本司印印記之"].

29) 박남수, 2017, 앞의 논문, p.53; 전덕재, 2018, 앞의 논문, p.71.

에서 ①지명+인명 ②지명+인명+관등 ③지명+인명+稗石류 ④인명 + 奴(人), 인명 + 乃人(負) 4유형으로 나누었고,[30] 이후 새로운 서식이 추가되어 갔으며, 최근 최종 정리가 되면서 다음과 같이 5유형 분류가 제시되었다.[31]

① 年月荷札 : 가야4686(三月中/②서식포함), 가야2639(正月中) 가야5599(壬子年/③서식포함)

② 城下荷札 : 대단위지명(城)+下(+곡물+양)+소단위지명+인명+곡물+양

③ 地名人名荷札 : [지명(城)+]지명(村)+인명[+負·發 or (곡물)+(양)] – 가장 많은 유형

④ 人名荷札 : 인명[+負·發 or (곡물)+(양)]

⑤ 地名荷札 : 지명[+負 or (곡물)+(양)]

초기에는 기재된 개별 요소들을[32] 분리하여 그것이 적혀있는지에 따라 모두 분류하고자 하였지만, 사례가 축적되면서 부찰(하찰)목간임이 확실해지자, 물품(곡물+양, 부·발)은 기본적인 요소로서 생략될 수는 있어도 모든 부찰(하찰)의 필수적인 요소로 파악하여, 분류의 기준으로 삼지는 않고 있는 양상이다.[33] 오히려 지명·인명의 기재 양상을 기준으로 분류하고, 특수 유형이라고 할 수 있는 '성하목간'을 따로 분리한 것이 위의 분류라고 할 수 있다.

이와 같이 일반적인 성산산성 목간들과 다른 형식의 목간으로 일찍부터 주목받아 온 것이 성하목간이다. 성하목간으로 분류할 수 있는 것은 다음과 같다.

표 4. 성하목간 일람

목간 번호	판독문	서식
진주1279	(1면)「甘文城下麦甘文本波王(村)∨」	지명+하맥+지명+지명+인명+負
	(2면)「(文)利村(知)利(兮)負∨」	

30) 국립창원문화재연구소, 2006, 『(개정판)韓國의 古代木簡』, p.33. 이용현, 2006, 앞의 책에서는 ①(지명+)인명, ②(지명+)인명+一伐, ③(지명+)인명+稗石(稗石, 稗, 稗一, 稗發), ④(지명+)인명+麦石, ⑤(지명+)인명+負, ⑥(지명+)인명+一伐+稗로 분류하였다.

31) 윤선태, 2017, 앞의 논문, pp.485-486. 한편 여러 연구자들은 다른 지역 출토 목간들과 함께 성산산성 목간의 외형을 유형별로 분류하여 나누는 작업을 하였는데, 이는 『고대목간Ⅱ』, pp.10-14에 잘 정리되어 있으니 참고하기 바란다. 부찰목간은 물품에 부착한 것이어서 그 용도와 관련하여 홈이나 구멍 등 외형상 특징이 있다. 그렇기 때문에 외형에 따른 분류 역시 반드시 필요하다. 하지만 본고는 기재 내용에 중점을 두어 분석하므로, 따로 외형에 대한 분석은 하지 않는다.

32) 대단위지명(城), 소단위지명(村), 인명, 관등, 곡물명, 양, 負·發, 奴(人) 등의 요소들이 주목되었다.

33) 이 분류는 성산산성 목간이 세물에 부착된 하찰이라는 전제를 가지고 모두 하찰목간으로 명명하였다. 본고에서는 아직 이들 목간이 세물에 부착된 것이라 확정하고 있지 않으므로, 이후 서술에서 하찰목간으로 적지 않는다.

목간 번호	판독문	서식
가야1590	(1면)「甘文城下麦本波大村毛利只∨」 (2면)「一石∨」	지명+하맥+지명+인명+양(1석)
가야4687	(1면)「甘文城下麦十五石甘文∨」 (2면)「本波加本斯稗一石之∨」	지명+하맥+양(15석)+지명+인명+패+양(1석)+之
가야5595	(1면)「甘文城下麦十五石甘文本波× (2면)「伊次只去之 ×	지명+하맥+양(15석)+지명+인명+去之
가야2026	「甘文城下▨米十一斗石(喙)大村卜只次持(去)(之)∨」	지명+하▨미+양(11두석)+지명+인명+持(去之)
가야62	(1면)「甘文城下 × (2면)「(阿)(波) ×	지명+하(이하 결손)
가야2025	(1면)「夷津支城下麦王▨巳珎兮村∨」 (2면)「弥次二石∨」	지명+하맥+지명+인명+양(2석)
가야2058	(1면)「夷(津)支(城)下麦烏列支負∨」 (2면)「▨▨(二)石∨」	지명+하맥+인명+부+미상+양(석)
가야2011	(1면)「夷津支士斯石村末▨▨烋∨」 (2면)「麦∨」	지명+지명+인명+麦
가야5596	「小南兮城麦十五斗石大(村)×	지명+맥+양(15두석)+지명(이하 결손)
가야57	(1면)「巳珎兮城下▨× (2면)「巳珎兮村×	지명+하맥+(결손)+지명(이하 결손)
가야4686	(1면)「三月中鐵山下麦十五斗∨」 (2면)「左旅▨河礼村波利足∨」	월+지명+하맥+양(15두)+지명+인명

이 목간은 '대단위지명 城(군 혹은 행정촌)+下麦(+양)+소단위지명 村(현급 혹은 자연촌)+인명+負 혹은 수량 혹은 행위(持之, 去之)'의 서식을 가지고 있다. 다른 부찰목간들과 비교하면 다음과 같은 다른 점을 확인할 수 있다.

①물품명에서 앞에 '下'자가 붙어 있으며 대단위지명 아래에 위치하여, 뒷부분에 기재되는 여타 부찰과 다르다. ②다른 부찰의 물품이 대부분 稗인 것에 비하여 麦이 주류이며, '▨米'와 같이 다른 곡물도 확인된다. ③다른 부찰은 물품양이 1석인데 비해, 보통 15석으로 그 양이 훨씬 많다. ④구체적인 행위를 나타내는 표현(持, 去)이 나오는 것이 있다. 즉 물품인 곡물의 종류와 양이 다르며, 이 목간이 부착된 물품이 어떻게 되는지가 내용에 들어가 있어, 다른 성산산성 목간들과 다른 독특한 서식을 가진 특수한 목간으로 이해되어 온 것이다.

이에 대해 최상위 행정단위명과 물품명을 강조하기 위해 이들을 가장 앞에 배치하는 도치형 목간으로 보는 견해가 먼저 제기되었는데,[34] 城下가 단순히 '城 아래' 혹은 '城의' 라는 의미일 뿐이라고 생각한 것으로, 기본적인 내용은 다른 하찰과 유사하다고 보았다.[35] 그러나 특수한 서식과 표현인 점에 주목하여, '下'를 '下送' 내지는 '내린' 혹은 '下行'이라는 구체적 행위를 기술한 것으로 보고, 뒤에 나오는 지명+인명이 이 짐의 수송을 담당한 사람으로 보거나,[36] 이 짐을 받는 수령자로 파악하는 견해가 연이어 제기되었다.[37]

성하목간의 내용 파악은 이 목간이 부착된 짐에 들어간 곡물의 양이 어떠했는가를 통해 접근할 수 있다. 이 목간이 여타 부찰과 다른 특수한 것으로 주목받았던 것은 그 물품양이 많다는 점이 크게 작용하였다. 그러나 진주1279에는 양이 나오지 않으며, 가야1590에는 1석이 나오고 있어, 성하목간이 반드시 많은 양의 하물에 부착되었던 것이 아니었을 가능성을 지적할 수 있다.

이 점과 관련하여 가야2026과 가야5596에 매우 특이한 양 표기가 있는 것을 주목할 필요가 있다. '▨米十一斗石', '麦十五斗石'이 그것인데, 이 중 '▨米十一斗石'을 '11두의 용기(석)'으로 본 견해가 있다.[38] 석을 용기라 할 수는 없지만, 곡물마다 서로 다른 기준에 따라 양을 재었다면, 즉 곡물의 가치나 낱알의 크기에 따라 서로 다른 기준으로 계량했다고 한다면, 이와 같이 표기가 가능했다고 생각된다. 곧 '11두를 1석으로 하는 ▨米 1석'으로 이해할 수 있다. 마찬가지로 '麦十五斗石'은 '15두를 1석으로 하는 보리 1석'으로 파악할 수 있다.[39]

신라에서 이와 같은 제도가 있었는지는 분명하지 않지만, 중국의 율령에서 그러한 규정을 확인할 수 있으므로,[40] 그 가능성은 충분한다.

> 「睡虎地秦墓竹簡 秦律 倉律」
>
> 粟 1石 6⅔斗는 도정하면 糲米가 되는데 여미 1석은 (더 도정하면) 糳米 9두이며, (착미) 9두는 (더 도정하면) 毇米 8두이다. 米를 사여받거나 관청에서 수령해야 하는 경우 경우 9월이 다되도록 그 사람이 가져가지 않으면 지급하지 않는다.[41]
>
> 벼 1석은 속 20두가 되고, 속 20두를 도정하면 米 10두가 되며, 粲(米) 10두는 (더 도정하

---

34) 이용현, 2007, 「함안성산산성 출토 목간의 負, 本波, 奴人 시론」, 『신라사학회 제67차 학술발표회 발표문』.

35) 윤선태, 2012, 앞의 논문, p.173.

36) 이수훈, 2012, 앞의 논문, p.163. 한편 전덕재, 2018, 앞의 논문, p.69에서는 下를 단순히 '~의' 의미로 보지만 뒤에 나오는 '소단위지명+인명'을 이 짐을 운반한 사람으로 보는 것은 동일하다.

37) 박남수, 2017, 앞의 논문; 이재환, 2018, 앞의 논문.

38) 이수훈, 2012, 앞의 논문.

39) 윤선태, 2017, 앞의 논문, p.487.

40) 이러한 환산비율은 한대에 편찬된 것으로 보이는 수학서 『九章算術』 제2장의 내용일 정도로 일반화되어 있었다(粟米 粟米之法 粟率五十 糲米三十 粺米二十七 糳米二十四 御米二十一 小䵂三半 大䵂五十四 糲飯七十五 粺飯五十四 糳飯四十八 御飯四十二 菽荅麻 麥各四十五 稻六十 豉六十三 飧九十 熟菽一百三半 糵一百七十五).

41) "粟一石六斗大半斗 舂之爲糲米 糲米一石爲糳米九斗 九斗爲毁米八斗 有米委賜 稟禾稼公 盡九月 其人弗取之 勿鼠."(睡虎地秦墓竹簡整理小組編, 윤재석 옮김, 2010, 『수호지진묘죽간 역주』, 소명출판, p.109)

면) 毇米 6⅔두가 된다. 麥 10두에서 麴 3두가 나오며, 菽(콩)·荅(팥)·麻는 15두가 1석이고, 毀粺를 지급받을 때는 10斗가 1石이다.[42]

「天聖令 復元 唐倉庫令8」

무릇 창고에서 내어 지급하는 여러 종류의 곡물은 粟을 기준으로 한다. 稻穀과 糯穀(찹쌀)은 1두 5승을, 大麥(보리)는 1두 2승을, 喬麥(메밀)은 1두 4승을, 小豆(팥)은 9승을, 胡麻(참깨)는 8승이 각각 속 1두에 해당한다. 黍穀·穈穀(메기장)·秫穀(찰기장)·麥飯·小麥(밀)·青稞麥(쌀보리)·大豆(콩)·麻子(삼씨)는 1두가 속 1두에 해당한다.[43]

조심스럽지만 성산산성 목간 중에 당시 신라에서 곡물마다 계량의 기준이 달랐고, 다른 곡물을 납부하거나 지급받을 때, 정해진 비율로 환산된 양으로 이루어졌을 가능성을 보여주는 사례로 가야1595(× 器▨一石」)를 주목할 수 있다. 파손으로 인해 그 전체 내용을 알 수는 없지만 '器▨一石' 문구가 남아있다. 일반적인 부찰목간의 서식으로 이해한다면 '인명+양(1석)' 혹은 '인명+물품명(▨)+양'으로 이해할 수도 있지만, 器라는 글자가 量器의 일부가 아닐까 생각해 본다. 성산산성으로 운반된 물품들을 창고에 넣기 전에 양을 측정하여 확인하고 장부에 기입하는 과정을 거쳐야 하기에, 양기의 존재는 필수적이므로 그 양기에 매달아 두었던 목간이 아닐까 한다.

결국 '麦十五石' 역시 '麦十五斗石'의 오기 혹은 생략형 표기로 볼 수 있고, 가야4686의 '麦十五斗' 역시 동일하게 이해할 수 있으며, 이는 실제의 양이 아니라 계량 기준을 적시한 것이라 하겠다. 이와 관련하여 가야4687이 주목된다. 가야4687은 다른 성하목간과 거의 동일한 내용이지만 뒤에 '稗一石之'라는 다른 곡물명과 양이 기재되어 있어 차이가 있다. 앞의 '麦十五石'이 실재 양이 아니라고 한다면, 이 목간이 부착된 짐의 실제 물품과 양은 뒤에 나오는 '稗一石'이 될 것이다.

이상과 같은 추론이 타당하다면 성하목간에 기재된 양은 다른 하찰목간 보다 훨씬 많은 특별한 것이라 볼 수 없다.[44] 그렇다면 아마 감문성 등에서 성산산성으로 운반되는 짐이라는 관점에서 볼 때, 1~2석 정도의 짐 각각을 개별적으로 다른 인물들이 운반했다고 하기 힘들지 않을까 한다.[45] 그렇기에 뒤의 인명을 수송을 담당했던 사람으로 파악하기는 어려울 것 같다.

이제 이 성하목간들의 성격을 보다 분명히 하기 위해, 그 전체 서식을 분석해 보자. 먼저 가장 앞에 대

42) "(稻禾一石) 爲粟廿斗 舂爲米十斗 十斗粲 毀米六斗大半斗 麥十斗 爲麴三斗 叔荅麻十五斗 爲一石 稟毀粺者 以十斗爲石."(睡虎地秦墓竹簡整理小組編, 윤재석 옮김, 2010, 『수호지진묘죽간 역주』, 소명출판, p.111)

43) "諸倉出給 雜種準粟者 稻穀 糯穀一斗五升 大麥一斗二升 喬麥一斗四升 小豆九升 胡麻八升 各當粟一斗 黍穀 穈穀 秫穀 麥飯 小麥 青稞麥 大豆 麻子一斗 各當粟一斗"(天一閣博物館·中國社會科學院歷史研究所天聖令整理課題組, 2006, 앞의 책, p.494).

44) 가야2025에 二石이라 기재되어 있으며, 가야2058 역시 판독불능으로 처리되어 있지만 二石으로 보인다. 따라서 모든 성하목간이 1석의 양은 아니다. 하지만 15석과 같이 다른 하찰들보다 월등히 많은 양은 없다고 하겠다.

45) 기재된 인명이 운반자라면, 동일한 이름이 여러 목간에 기재되어 있었을 것이다.

단위지명인 城이 나오고 있다. 그런데 가야4686이 나오면서 약간 수정을 할 수 있게 되었다. 일단 城이라는 단위명이 나오지 않는 것을 지적할 수 있는데, 성하목간인 가야2025·가야2058의 伊津支城이 김해1284·가야2011에 伊津支로만 기록된 사례와 같이,[46] 단순히 城이 생략되었을 가능성이 높다. 그렇다면 대단위지명이 앞에 나오는 것은 동일하므로 큰 차이라 하기는 힘들다.

그리고 대단위지명 앞에 '三月中' 이라는 시간이 기재되었던 사례도 주목할 수 있다. 일본 하찰목간에서는 날짜가 필수 요소 중에 하나인데 주로 연월이 적시되어 있다. 성산산성 목간에서 年이 나온 것은 가야5599(「壬子年▨(改)大村▨刀只∨」「米一石∨」)가 있고, 월은 가야2639(「正月中比思伐古尸(次)阿尺夷喙∨」/「羅兮(落)及伐尺并作前(瓷)酒四斗瓮∨」)이 있다. 이 중 가야2639는 운반을 위해 물건에 부착한 것이라기보다, 물품 보관과 관련한 목간으로 보여 성격이 다르기는 하지만, 세 사례 모두 시간이 가장 앞에 나온다. 이는 시간이 뒤에 나오는 중국이나[47] 일본의 사례와 다른 점으로, 신라의 서식으로 생각해 볼 수 있다. 즉 '연월[간지+월]中+대단위지명'이 부찰의 첫머리에 나온다고 여겨진다. 다만 연월은 보통 생략되었다고 할 수 있다.

다음은 下인데, 이 下자가 뒤에 나오는 麦과 연결되어, 다른 목간들과 차별화된 서식으로 인식되게 만든 결정적인 요소이다. 그런데 대단위지명(小南兮城) 아래 下자가 없이 바로 麦이 기재된 가야5596이 새로 발견되면서, 이 下자가 생략될 수 있음이 확인되었다. 그리고 下의 생략 가능이 확인됨으로써, 가야2025·2028과 동일한 대단위지명 伊津支가 기재되어 있고 물품명이 麦인 가야2011도 성하목간으로 볼 수 있게 되었다.

지금으로서는 '下'의 의미를 명확히 알기는 힘드나, 下가 생략 가능하다는 것에 주목하면, 일찍이 지적된 바와 같이 단순히 '~의'라는 처격조사일 가능성이 크다.[48] 다만 중국이나 일본의 사례에서 물품의 이동과 관련하여 送, 納, 進, 上 등의 용어가 사용되었다는 점을 고려할 때,[49] 물품의 이동과 관련한 용어일 가능성도 여전히 남아있다. 이 경우 送, 納, 進, 上이 주로 지방으로부터 상위 거점 관아 혹은 중앙으로의 이동에서 사용했던 표현이라는 점을 염두에 두면, 下는 아마 중앙의 지시로 지방에서 다른 지방으로 운송되는 양상과 관련된 용어로 이해할 수 있을 것이다. 이때 이 물품을 보내는 주체는 가장 앞에 나오는 대단위지명이 되겠다.

下 다음이 '물품명+양'인 것은 앞서 보았다. 그런데 이 下 뒤의 '물품명(麦)+양' 역시 그 생략 가능성이

46) 동일한 이름을 가진 城과 村이 다른 행정구역으로 존재할 가능성도 있다. 본고에서는 부찰목간의 내용 분석에 초점을 맞추어 자세한 지명 분석은 하지 않는다.

47) 당 개원10년(722) 호탄에서 당으로 보낸 수취물에 부착되었던 하찰목간에서 중국의 사례를 확인할 수 있다. 하나만 들면 다음과 같다. "(1면)拔伽不邋俱 送小麥參碩貳斗 開元十年八月四日 典 (2면)何仙 官張並 相惠."(榮新江·文欣, 김창석 역, 2015, 「새로 발견된 漢字-호탄 문자의 이중언어 목간」, 『江原史學』 27, p.153)

48) 이용현, 2007, 앞의 논문; 윤선태, 2012, 앞의 논문; 권인한, 2013, 「한문 어법의 선택적 수용과 변용」, 『학문장과 동아시아』, 성균관대학교출판부, pp.148-149. 〈고구려 평양성 석각 제4석〉의 명문이 "丙戌十二月中 漢城下 後卩小兄文達 節自此 西北行涉之"인데, 이 중 '漢城下'의 '下'를 처격조사로 볼 수도 있는데, 성산산성 목간과 유사한 용례일 수 있다.

49) 榮新江·文欣, 김창석 역, 2015, 앞의 논문, pp.153-167; 馬場基, 2008, 앞의 논문, p.162.

새로이 성하목간으로 분류할 수 있게 된 가야2011을 통해 제기된다. 가야2011은 '下+물품명(麦)+양'이 없고, 가장 뒤에 물품명 麦이 기재되어 있어, 일반적인 성하목간과 다른 유형으로 여겨져 왔다. 하지만 '下'가 생략 가능하고 下 뒤의 물품명과 양이 계량 기준이라고 볼 수 있게 되면서, 이 목간도 성하목간으로 분류하여야 될 것으로 여겨진다. 그런데 그렇게 볼 수 있다면, 성하목간의 특징적인 구성 요소였던 '下+물품명+양' 부분의 생략도 가능하며, '물품명(+양)'만이 가장 뒤에 기재되는 성하목간도 있다고 할 수 있는 것이다.

'下+물품명+(계량기준)양' 아래로 '소단위지명+인명'이 나온다. 진주1279는 '甘文本波王(村)-(文)利村(知)利(兮)'으로 기재되어 있어 다른 사례들과 다른 점이 있다. 즉 '소단위지명+소단위지명+인명' 형식으로 1명의 인물 앞에 두 개의 소단위지명이 기재된 것처럼 보이는 것이다. 그러나 현재 여러 글자들을 제대로 판독하기 힘들어, 이 서식을 그대로 받아들이기는 힘들다. 아마 '甘文本波+▨▨▨村+인명' 정도가 되어서 1명의 인물과 負로 구성되어 있었던 것으로 보는 것이 합리적일 것이다. 한편 가야2058는 소단위지명이 없이 바로 인명만이 나온다. 이는 대단위 거점에 속한 인물이어서 별도로 소단위지명을 표시할 필요가 없었기 때문일 것으로 추정된다. 이들 사례를 제외하면 결손으로 알 수 없는 경우를 제외한 나머지는 모두 '소단위지명+인명'의 공통된 구성을 가지고 있다.

마지막으로 가장 아래 부분은 다음과 같은 다양한 기재방식이 있다.

㉠ 負(진주1279)
㉡ 곡물+양[稗一石之](가야4687)
㉢ 양[一石·二石](가야1590·가야2025)
㉣ 負+곡물(추정)+양[負▨▨(二)[50]石](가야2058)
㉤ 행위[持(去)(之)[51]·去之](가야2026·가야5595)

일별하기에 일정한 서식이 없는 것처럼 보이지만, 앞서 일반적인 성산산성 목간들의 물품 기재 방식 검토에서 본 양상들과 거의 같다고 해도 무방하다. ㉣의 판독불능자들을 위와 같이 추정한다면, 이는 ㉠㉡㉢의 요소들을 모두 포함한 것이라 할 수 있다.[52] 나아가 ㉡의 마지막 글자가 之가 맞다면,[53] 종결어미

50) 『고대목간Ⅱ』에서는 판독불능으로 하였으나, 적외선 사진상으로는 二자로 보인다.

51) 파손으로 판독할 수 없는 것을 추독한 것인데, 다른 사례들을 볼 때 '之'일 가능성이 있다고 생각한다.

52) 古阤 지명이 있는 목간들 중 가야2636(×(古)阤一古利(村)本波∨」×阤々支稗發∨」), 가야4685(「古阤一古利村本彼∨」「阤々只稗發∨」), 진주1283(「古阤伊骨利村▨」「仇仍支稗發」), 가야1623(「古阤伊骨村阿那∨」「仇利稿支稗發∨」)에서 稗發의 용례들이 확인되는데, 發은 負와 동일한 용어로 여겨지므로, 負와 稗의 위치는 서로 바뀔 수도 있었을 것 같다. 다만 ㉣형식과 가야2046, 4693 모두 '負+물품명'이고, 패발은 고타목간에서만 나타나고 있어, 현재로서는 패발의 순서를 고타목간의 지역적 특징으로 판단할 수 있다.

53) 『고대목간Ⅱ』의 적외선 사진상으로는 글자가 명확하지 않다. 그러나 가야47(×( )鐵十之∨ 」)에서 '물품명+수량+之'의 용례가 있고, 가야5601(「此發▨德(石)莫杖之」)의 사례를 볼 때도, 之로 보는 것이 타당하다고 판단된다. 문서목간인 가야2645(…

로 내용이 끝났다는 의미일 것이다. 이 종결어미 '之'는 성하목간의 특수한 사례라기보다는 허사적인 성격을 가진 것으로 목간 기재내용의 마지막에 들어가게 되는데, 대부분의 목간들에서 생략된 것으로 보는 것이 합리적일 것이다. 결국 성하목간의 마지막 부분 원래 서식은 '負+(필요시)물품명+양+~之' 추정할 수 있다.

그런데 '물품명+양+之'로 끝나는 것 이외에 어떠한 행위를 나타내는 '동사+之'로 끝나는 것이 있어, 성하목간이 다른 목간들과 차별적인 형식으로 주목받아 왔다. 우선 확실한 것은 가장 최근에 발견된 가야5595의 '去之'이다. 이는 '가지고 가다', '없애다', '갔다' 등으로 해석할 수 있지만, 이것만으로는 그 의미가 분명하지 않다. 그런데 가야2026을 통해 보완할 수 있다. 가야2026에서는 '持'자가 확인되고 그 다음에 1글자가 더 있으며 그 자를 '(去)'로 추정하여 왔다. 그런데 다음 〈사진 4〉에서 확인할 수 있듯이, 持 아래 2글자가 더 있었던 것으로 추정된다.

사진 4①. 가야2026 하단부(『고대목간Ⅱ』, p.266)

사진 4②. 가야2026 하단부(국립가야문화재연구소, 2007, 『함안 성산산성 제12차 발굴조사 현장설명회 자료집』, p.23)

〈사진 4②〉는 초기에 공개된 적외선 사진인데, 이를 보면 '去'가 보다 확실히 보인다. 그러나 '去'로 추정되는 글자는 그 아래에 비스듬히 패인 부분의 상부에서 끝나고 그 아래에는 묵흔이 보이지 않는다. 하지만 『고대목간Ⅱ』에 실린 적외선 사진 〈사진 4①〉을 보면 패인 부분의 하단에 묵흔이 확인된다. '去' 아래 한 글자가 더 쓰여 있다고 보는 것이 합리적일 것이고, 마지막 글자는 가야5595의 사례를 볼 때 '(之)'로 추독할 수 있겠다.

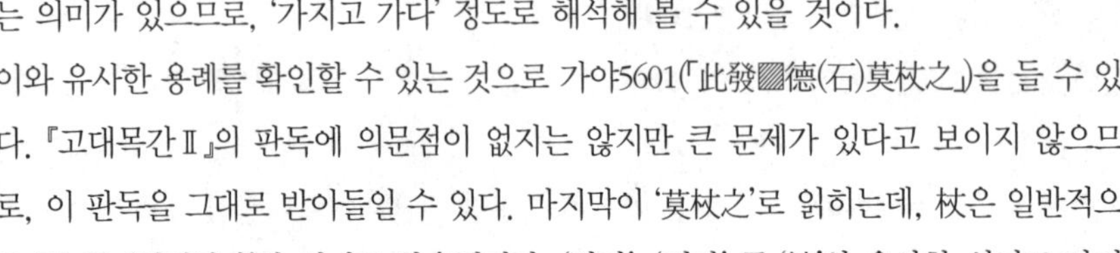

그리고 이렇게 추독할 수 있다면, '持去之'와 '去之'는 거의 동일한 의미로 쓰인 것이 볼 수 있지 않을까 생각된다. '持'는 '가지다', '쥐다'는 의미가 있으므로, '가지고 가다' 정도로 해석해 볼 수 있을 것이다. 이와 유사한 용례를 확인할 수 있는 것으로 가야5601(「此發▨德(石)莫杖之」)을 들 수 있다. 『고대목간Ⅱ』의 판독에 의문점이 없지는 않지만 큰 문제가 있다고 보이지 않으므로, 이 판독을 그대로 받아들일 수 있다. 마지막이 '莫杖之'로 읽히는데, 杖은 일반적으로 '짚다', '의지하다'의 의미로 사용되지만, '잡다', '쥐다' 곧 '持'와 유사한 의미도 가지고 있다. 다만 앞에 '莫'자가 있으므로 '(持)去之'의 부정형이라 할 수 있겠다.

성하목간 중 단 2점에만 이러한 행위를 뜻하는 특수한 사례가 있었다고 보기는 힘들지 않을까 생각된다. 원래는 '수량+之'이지만 일반적으로 '之'가 생략되었을 가능성이 큰 것을 고려한다면, 持去나 杖 역시 수량과 之 사이에 있는 것이 원래 서식이지만, 고정적인 내용이므로 흔히 생략되었던 것이 아닐까 생각된다.

이상의 검토를 종합해 보면, 성하목간의 생략된 요소들을 모두 포함한 서식은 다음과 같이 정리할 수 있다.

敬白之鳥▨▨成行之…不行遣之白), 가야5598(…前去白之…食去白之) 등도 참고가 된다.

연월(일)中+대단위지명[~城]+下+물품명+계량기준+소단위지명+인명+負+물품명+양+(행위)+之

다만 많은 경우 '연월(일)中'은 생략되고, 또 '負+물품명+양+~之'도 여러 요소가 생략될 수 있다고 하겠다. 이 중 負 다음 오는 물품, 즉 곡물명의 생략에 대해 생각해 보자. 앞서 일반적인 부찰목간들에서는 물품명이 생략되는 이유를 생략해도 당연히 알 수 있는 것이기 때문이라 추정하였다. 그런데 이 성하목간의 서식에서 좀 더 구체적인 모습을 상정해 볼 수 있다. 여기에서는 앞에 물품명이 나오고 뒤에 다시 물품명이 나온다. 대부분의 경우 뒤의 물품명을 생략하지만 가야4687의 경우 뒤에 稗라는 물품(곡물)명이 나와, 두 개의 물품명이 같이 기재되어 있다. 만약 앞의 물품명이 원래 납입해야 될, 혹은 발송해야 될 물품이고, 뒤에 나오는 것이 실제 납입된, 혹은 발송한 물품이라고 한다면, 이 두 개가 서로 다르다면 둘 다 기재해야 하고, 만약 같다면 둘 중 하나는 생략해도 좋은 것이 아닐까 한다.

가야4687은 麦 대신 稗를 납입·발송하여 그것을 목간에 기재한 것이고, 나머지는 모두 麦 혹은 ▨米를 그대로 납입·발송하였으므로, 뒤의 물품명을 생략한 것이라 생각해 볼 수 있는 것이다. 그리고 반대로 두 물품명이 동일하다면, 가야2011처럼 앞의 물품명을 생략할 수도 있지 않을까 한다.

이상의 분석을 종합하면 성하목간이 일반적인 부찰들과 다른 특수한 서식을 가졌다고 보기 힘들다고 여겨진다. 성하목간끼리의 비교에서 거의 대부분의 요소가 생략 가능하다는 점을 확인할 수 있었고, 이를 염두에 두면 성하목간도 다른 부찰목간들과 대동소이한 서식이라 판단할 수 있다. 성하목간이 보다 많은 요소를 기재하고 있는 것은 사실이지만, 다른 성산산성 목간들 역시 원래는 그 요소들이 기재되는 것이 원칙이나 생략된 것일 뿐이라 할 수 있는 것이다.

Ⅳ. 맺음말

이상에서 성산산성 출토 부찰목간들의 물품명 기재방식의 특징과 일반적인 목간들과는 다른 서식을 가진 것으로 알려져 온 성하목간의 서식과 특징을 검토해 보았다. 이제 결론으로 분석 내용을 바탕으로 성산산성 목간 서식의 특징을 정리하면 다음과 같다.

물품 정보에 대한 전체 서식은 '負+물품명(稗·麦·米)+양(一石)+(행위)+종결사(之)'로 구성되어 있으며,[54] 이 중 어느 것이나 생략될 수 있다. 성하목간은 그간 여타 성산산성 목간들과 다른 특수한 형식으로 알려져 왔는데, 이는 다른 것들과 달리 대단위지명 다음에 '下+물품명+양'이라는 물품 정보가 들어가 있고, 그 양이 15석으로 현저히 많다고 파악되어 왔기 때문이다. 그러나 새로운 자료들이 출토되면서 '下

54) 負와 동일한 의미로 사용된 것으로 보이는 發의 경우 현재까지의 사례로는 그 위치가 물품명(稗) 뒤에만 나오고 있다. 다만 發은 古阤 지명 목간에만 나오고 있어 지역적인 특수한 사례로 여겨지며, 일반적인 서식은 '負+물품 정보'로 볼 수 있다.

+물품명+양'은 이 중 일부 혹은 전체가 생략 가능하다는 것이 밝혀졌고, 그 양도 실제 짐에 실려 있는 물품의 정보라기보다 계량 기준으로 여겨지며, 실제 물품의 양은 대부분 1석으로 통상의 목간들과 동일하고 볼 수 있다. 나아가 성하목간에서도 다른 목간들처럼 가장 뒤에 물품 정보가 기재된 사례도 있는 것을 확인할 수 있는데, 사실상 성하목간 역시 일반적인 성산산성 목간들과 거의 동일한 서식을 가지고 있다고 할 수 있다.

결국 성산산성 출토 부찰목간의 물품에 대한 기재방식과 전반적인 서식의 특징은, 물품에 대한 정보는 거의 대부분, 나아가 아예 완전히 생략될 수 있었다는 것이다. 성산산성 목간들이 물품의 운반과 창고에서의 출납 과정에서 사용되었을 것이라 생각해 볼 수 있는데, 이 일련의 과정에서 물품에 대한 정보가 없어도 큰 문제가 없어야지만 이러한 서식의 생략이 가능할 것이다. 곧 지명이나 인명에 대한 정보는 이들 목간에 필수적이지만, 물품 정보는 굳이 기재하지 않아도 관계자들이 당연히 알 수 있다는 전제가 있어야 있을 수 있는 특징이라 하겠다. 물품명이 확인되는 것은 대부분을 稗를 중심으로 하는 곡물이면서 그 양도 1석으로 일정하다는 점을 아울러 염두에 둔다면, 이 목간들이 부착된 짐의 내용물은 곡물 1석으로 거의 고정된 것이라는 결론 내릴 수 있을 것이다. 그렇다면 성산산성 출토 부찰목간들은 그 내용물이 거의 고정적인 한정된 물품에 사용된 것이라 추정해 볼 수 있다.

이상에서 물품 정보 기재방식과 성하목간을 중심으로 성산산성 목간의 서식과 그 특징을 살펴보았고, 그 검토를 바탕으로 성하목간을 비롯한 대부분의 성산산성 목간은 거의 동일한 서식을 가지고 있다고 추정하였다. 이러한 결론이 보다 타당성을 가지기 위해서는, 또 다른 특수 유형이라 알려진 '仇利伐 지명 奴人 목간'을 비롯하여 물품 이외의 요소, 곧 지명과 인명과 관련한 기재방식과 그 특징을 아울러 검토해야 할 필요가 있다. 하지만 본고에서는 분량의 문제로 다루지 못했다. 또 물품 정보에 대한 서식과 그 특징을 통해 성산산성 목간의 성격과 용도에 대해 접근하는 작업도 미처 하지 못했다. 이러한 부족한 부분들은 추후 별도의 원고를 통해 보완할 예정이다.

투고일: 2018. 10. 9. 심사개시일: 2018. 10. 25. 심사완료일: 2018. 11. 28.

참/고/문/헌

국립가야문화재연구소, 2017, 『韓國의 古代木簡 Ⅱ』.

國立加耶文化財研究所, 2011, 『韓國木簡字典』.

睡虎地秦墓竹簡整理小組編, 1978, 『睡虎地秦墓竹簡』, 文物出版社(윤재석 옮김, 2010, 『수호지진묘죽간 역주』, 소명출판).

天一閣博物館·中國社會科學院歷史研究所天聖令整理課題組, 2006, 『天一閣藏明鈔本天聖令校證 下册』, 中華書局(김택민·하원수 주편, 2013, 『천성령 역주』, 혜안).

『養老令』(井上光貞 等校注, 1976, 『律令』 岩波書店).

국립가야문화재연구소·국립부여박물관, 2009, 『고대의 목간 그리고 산성』.

국립가야문화재연구소, 2015, 『함안 성산산성 木簡 발굴에서 보존까지』.

국립가야문화재연구소·복천박물관, 2016, 『선사와 고대 목기·목간의 최신 연구 현황과 과제』.

이경섭, 2013, 『신라 목간의 세계』, 경인문화사.

이용현, 2006, 『韓國木簡基礎研究』, 신서원.

橋本繁, 2014, 『韓国古代木簡の研究』, 吉川弘文館.

이치 히로키(市大樹), 이병호 옮김, 2014, 『아스카의 목간』, 주류성.

平川南, 2003, 『古代地方木簡の研究』, 吉川弘文館.

고광의, 2008, 「6~7세기 新羅 木簡의 書體와 書藝史的 의의」, 『木簡과 文字』 創刊號.

권인한, 2008a, 「咸安 城山山城 木簡 속의 고유명사 표기에 대하여」, 『史林』 31.

권인한, 2008b, 「고대 지명 형태소 '本波/本彼'에 대하여」, 『木簡과 文字』 2.

김재홍, 2005, 「함안 성산산성 목간과 촌락사회의 변화」, 『國史館論叢』 106.

金昌錫, 2009, 「新羅 中古期의 奴人과 奴婢-城山山城 木簡과 「鳳坪碑」의 분석을 중심으로-」, 『韓國古代史研究』 54.

김창석, 2016, 「함안 성산산성 木簡을 통해 본 新羅의 지방사회 구조와 수취」, 『百濟文化』 54.

金昌錫, 2017, 「咸安 城山山城 17차 발굴조사 출토 四面木簡(23번)에 관한 試考」, 『韓國史研究』 177.

김창호, 1998, 「咸安 城山山城 出土 木簡에 대하여」, 『咸安 城山山城 Ⅰ』, 국립창원문화재연구소.

金昌鎬, 2018, 「咸安 城山山城 木簡의 新考察」, 『文化史學』 60.

박남수, 2017, 「신라 법흥왕대 '及伐尺'과 성산산성 출토 목간의 '役法'」, 『新羅史學報』 40.

朴鍾益, 2000, 「咸安 城山山城 發掘調査와 木簡」, 『韓國古代史研究』 19.

朴鍾益, 2002, 「咸安 城山山城 出土木簡의 性格 檢討」, 『韓國考古學報』 48.

손환일, 2017, 「함안 성산산성 출토 목간의 의미와 서체-17차 발굴조사 성과 발표문을 중심으로-」, 『韓國史學史學報』 35.
윤상덕, 2015, 「咸安 城山山城 築造年代에 대하여」, 『木簡과 文字』 14.
윤선태, 1999, 「咸安 城山山城 出土 新羅木簡의 用途」, 『震檀學報』 88.
尹善泰, 2002, 「新羅 中古期의 村과 徒-읍락의 해체와 관련하여-」, 『韓國古代史研究』 25(2004 『한국고대 중세 지방제도의 제문제』, 집문당).
윤선태, 2004, 「한국고대목간의 출토현황과 전망」, 『韓國의 古代木簡』, 國立昌原文化財研究所.
윤선태, 2007, 「한국의 고대목간의 형태와 종류」, 『역사와 현실』 65.
윤선태, 2012, 「咸安 城山山城 出土 新羅 荷札의 再檢討」, 『史林』 41.
윤선태, 2016, 「한국의 고대 목간의 연구현황과 과제」, 『선사와 고대 목기·목간의 최신 연구 형황과 과제』, 국립가야문화재연구소·복천박물관.
윤선태, 2017, 「함안 성산산성 출토 신라목간의 연구 성과와 전망」, 『韓國의 古代木簡Ⅱ』, 국립가야문화재연구소.
李京燮, 2003, 「咸安 城山山城 木簡의 研究現況과 課題」, 『新羅文化』 23.
李京燮, 2005, 「城山山城 출토 荷札木簡의 製作地와 機能」, 『韓國古代史研究』 37.
이경섭, 2011, 「성산산성 출토 신라 짐꼬리표[荷札] 목간의 地名 문제와 제작 단위」, 『新羅史學報』 23.
이경섭, 2012, 「新羅의 奴人-城山山城 木簡과 〈蔚珍鳳坪碑〉를 중심으로-」, 『韓國古代史研究』 68.
이경섭, 2013a, 「함안 성산산성 출토 신라목간 연구의 흐름과 전망」, 『木簡과 文字』 10.
이경섭, 2013b, 「新羅木簡의 출토현황과 분류체계 확립을 위한 試論」, 『新羅文化』 42.
李成市, 2000, 「韓國木簡연구의 현황과 咸安城山山城 출토의 木簡」, 『韓國古代史研究』 19.
이수훈, 2004, 「咸安 城山山城 出土 木簡의 稗石과 負」, 『지역과 역사』 15.
李銖勳, 2007, 「新羅 中古期 행정촌·자연촌 문제의 검토-城山山城 木簡과「冷水里碑」를 중심으로-」, 『韓國古代史研究』 48.
이수훈, 2012, 「城山山城 木簡의 '城下麥'과 輸送體系」, 『지역과 역사』 30.
이수훈, 2014, 「6세기 新羅 奴人의 성격-〈蔚珍鳳坪新羅碑〉와 〈城山山城木簡〉을 중심으로-」, 『한국민족문화』 52.
이용현, 2007, 「함안성산산성 출토 목간의 負, 本波, 奴人 시론」, 『신라사학회 제67차 학술발표회 발표문』.
이재환, 2016, 「목간 분류와 정리방법 비교연구」, 『선사와 고대 목기·목간의 최신 연구 현황과 과제』. 국립가야문화재연구소·복천박물관.
이재환, 2018, 「함안 성산산성 출토 신라 荷札의 성격에 대한 새로운 접근」, 『韓國史研究』 182.
전덕재, 2007, 「함안 성산산성 목간의 내용과 중고기 신라의 수취체계」, 『역사와 현실』 65.
전덕재, 2008, 「함안 성산산성 목간의 연구현황과 쟁점」, 『新羅文化』 31.
전덕재, 2009, 「함안 성산산성 출토 신라 하찰목간의 형태와 제작지의 검토」, 『木簡과 文字』 3.

전덕재, 2018, 「7세기 백제·신라 지배체제와 수취제도의 변동」, 『新羅史學報』 42.
정현숙, 2017, 「함안 성산산성 목간의 서체」, 『韓國의 古代木簡Ⅱ』, 국립가야문화재연구소.
주보돈, 2000, 「咸安 城山山城 出土 木簡의 基礎的 檢討」, 『韓國古代史硏究』 19.
주보돈, 2008, 「한국 목간 연구의 현황과 전망」, 『木簡과 文字』 創刊號.
최상기, 2013, 「함안 성산산성 출토 목간의 정리현황 검토」,『목간과 문자』 11.
최장미, 2017, 「함안 성산산성 제17차 발굴조사 출토 목간 자료 검토」, 『木簡과 文字』 18.
榮新江·文欣, 김창석 역, 2015, 「새로 발견된 漢字-호탄 문자의 이중언어 목간」, 『江原史學』 27.
馬場基, 2008, 「古代日本의 荷札」, 『木簡과 文字』 2.
馬場基, 2008, 「荷札と荷物のかたるもの」, 『木簡硏究』 30.
平川南, 2007, 「함안 성산산성 출토 목간」, 『함안 성산산성 출토 목간(국립가야문화재연구소·일본 와세다 대학 조선문화연구소 공동연구 자료집)』.

〈Abstract〉

A Study on the form of text written on the wooden tablets excavated from the Seongsan Mountain Fortress in Haman

Hong, Sueng-woo

This paper is a basic work to clarify the nature and the purpose of wooden tablets excavated from the Seongsan Mountain Fortress ruins in Haman. Most of these wooden tablets are the tag attached to the luggage. Therefore the analysis is focused on the way of describing the information of the goods contained in the luggage. Especially go deep into the form of the text written on the Seongha wooden tablets which is known to have a different form of text from the others.

As a result, it is found that most of the goods written on the wooden tablets were grains such as Pi(稗), and the amount of these are almost one Seok(石). So that information such as the name and quantity of the goods are often omitted.

In addition, the Seongha wooden tablets have more informations compares to the others. But most of these additional informations are also could be omitted, and also the same type and quantity of goods are written on them. Considering these facts, we can conclude that Seongha wooden tablets have almost the same form of text, unlike what was known in previous studies.

The reason why the information about the goods contained in the luggage can be omitted is because the type and quantity of the goods were constant and therefore there was no problem when the luggage was delivered and received.

▶ Key words: Seongsan Mountain Fortress, the wooden tablets, the tag attached to the luggage, form of text, Seongha wooden tablets.

특 집

신출토 함안 목간에 대한 언어문화사적 연구*

權仁瀚**

〈국문초록〉

본고는 2017년에 공개된 함안 성산산성 17차 발굴조사분에 대한 판독과 해석을 포함하여 함안 목간에 대한 언어문화사적 연구의 일환으로 작성된 것이다. 이를 위하여 신출토 목간 21점에 대한 판독 및 해석안을 도출한 후(Ⅱ장), 이들을 포함하여 함안 목간에 대한 국어사적 의의에 초점을 맞추어 논의하고자 하였다(Ⅲ장).

2장에서는 신출토 함안 목간 21점에 대한 정밀 판독 및 해석안을 도출하고자 하였다. 논의 결과 ① 5583호의 제7자를 '斯'자로 판독한 점, ②5589호의 1행 제7자를 '奴'자로 볼 가능성을 제시한 점, ③5595호에서의 '甘文城下麥' 부분을 "甘文城 (근처)에서 난 보리"로 해석한 점, ④5598호에서의 2면 제6자를 '等'자로 판독함과 동시에 전체 해석안을 문맥에 어울리게 수정한 점 등에서 판독 및 해석상의 새로운 안을 제출할 수 있었다.

3장의 논의에서는 함안 목간 전체를 대상으로 국어사적 의의에 대한 고찰을 행하였다. 첫째, 음운사적 측면에서는 '仇利伐'↔'丘利伐', '發'↔'負', '-支'↔'-只', '本波'↔'本彼' 등의 이표기들을 중심으로 신라한자음의 양상을 살핀 바, 함안 목간 제작 당시의 신라한자음이 舊音과 新音이 공존하는 重層的 체계를 이루었을 것으로 추정하였다. 둘째, 문법사적 측면에서는 '-之', '-中', '-下'의 사례들을 중심으로 당시의 이

---

* 이 논문은 성균관대학교의 2017학년도 성균학술연구비에 의하여 연구되었음.
** 성균관대학교 국어국문학과 교수

두 발달의 정도가 초기 상태였던 것으로 결론지었다. 셋째, 어휘사적 측면에서는 말음첨기의 표기례들을 중심으로 ①단위명사 '石'[셤], '斗'[말], '發'[*발], ②보통명사 '負'[짐], '文尸'[글], '糸利'[*시리>실], '稗'[?피], '麥'[보리], '米'[*ᄇᆞᄉᆞᆯ>쌀], ③동사류 '持去'[가져(?) 가다>가지고 가다], '去之'[가다], '作'[짓다>빚다], '有'[잇다/이시다>있다], '白'[ᄉᆞᆲ다>사뢰다/아뢰다] 등의 어휘들이 실재하였음을 볼 수 있었다.

▶ **핵심어: 신출토 함안 목간, 국어사적 의의, 신라한자음, 이두의 발달, 단위명사**

I. 머리말

본고는 2017년 1월 4일 최초 공개된 咸安 城山山城 17차 발굴조사분 목간 21점에 대한 새로운 판독 및 해석안 도출을 포함하여 함안 목간 전반에 대한 언어문화사적 연구를 목표로 한 것이다.

잘 알려진 바와 같이 1975년 8월 경주 안압지(현 月池)에서 통일신라시대 목간이 처음 발굴된 이래 2017년 말까지 남한 내 20여 개의 유적지에서 592점 이상[1]의 목간이 출토된 바 있고, 2018년에도 부여 한옥마을부지에서 백제 논어 목간등 17점, 김해 양동산성 집수지에서 신라 목간 3점이 발굴·보고되는 등 앞으로도 좀더 많은 목간의 출토 가능성이 점쳐지고 있다.

금석문과 함께 목간은 1차 사료로서 고대한국어 연구 자료의 결핍을 극복할 수 있는 자료로 주목을 받아왔다. 이승재(2017)에서는 고대한국의 목간들을 기초로 표기법, 한자음, 수사, 단위명사, 보통명사, 한국자, 문서, 시가 등 과거에는 꿈꾸지 못하였던 제분야에 대한 연구 성과를 보이고 있거니와, 필자도 拙稿(2008a·b, 2010, 2013a·b·c, 2015a·b) 등을 통해 고유명사 표기자 분석, 이두 발달사 추적, 習書·合字·유교경전 등의 한자문화 탐색 등 필자의 능력 범위 안에서 고대한국의 언어문화사적 연구를 행해온 바 있다.

이러한 연구의 연장 선상에서 본고에서는 신출토 함안목간에 대한 정확한 판독과 문맥에 충실한 해석안의 도출을 꾀한 후(2장), 함안 목간 전체를 대상으로 음운, 문법, 어휘사적 측면으로 나누어 6세기 중·후반대 신라사회에 대한 국어사적 의의에 초점을 맞추어 고찰하고자 한다(3장).

1) 윤선태(2016: 392)에서는 2016년까지의 전체 목간 출토점수를 647점으로 집계한 바 있다. 그런데 동 집계에서는 함안 성산산성 목간수를 310점으로 제시하였으나, 가야연(2017b)에서 최종 목간수를 245점으로 집계하였으므로 592점으로 제시한 것이다. 여기서 592점 이상이라 함은 2017년에 발굴·보고된 경주 월성해자에서의 7점, 부산 배산산성에서의 2점이 계산되지 않았음을 염두에 둔 표현임을 밝혀둔다.

II. 신출토 목간의 판독과 해석

1991년에 시작된 함안 성산산성에 대한 발굴은 2016년 1월에 끝난 17차 조사로써 그 대단원의 막을 내린 바 있다. 함안군의 의뢰를 받아 2014년 9월 4일부터 2016년 1월 15일까지 진행된 17차 조사에서는 성산산성의 정비·복원을 위한 기초 자료 확보를 위해 東門池 주변 성곽과 敷葉層 전체 범위 확인, 배수 시설 조사 등을 실시하여 목간을 포함하여 총 242점의 유물을 수습한 바 있다(가야연 2017b: 43). 이 장에서 판독 및 해석 대상으로 삼은 목간은 바로 17차 조사에서 새로 발굴된 21점이다. 이 목간들에 대한 각종 정보는 국립가야문화재연구소(2017a·b·c)를 통하여 공개된 바 있는데, 여기에서는 가야연(2017b)에 실린 사진 및 목간 번호에 의거하여 정리하고자 한다.

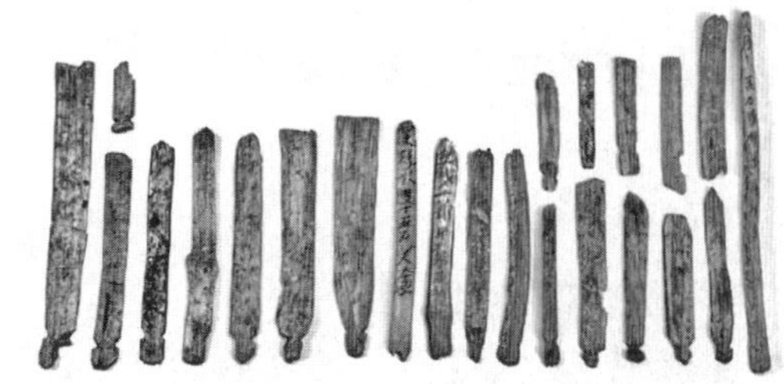

함안 성산산성 17차 발굴조사 출토 목간(©문화재청)

1. 가야5581호 양면 묵서목간

【판독안】

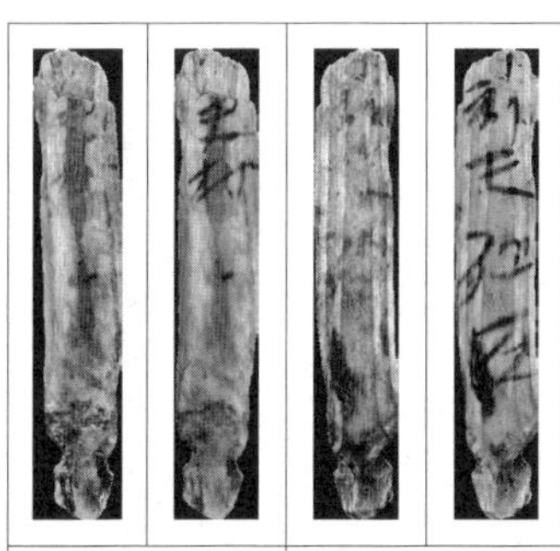

가야 5581호 1면 | 가야 5581호 2면

◦ 최장미: 「…史村□/ …□利夫稗石」
◦ 손환일: 「…史村」(1면)/「…利夫稗石」(2면)
◦ 가야연: ×…史村」(Ⅰ)
×□利夫(稗)(石)」(Ⅱ)
• 권인한: ×… 史村 ∨」(Ⅰ)
×…□利夫𥡜石 ∨」(Ⅱ)[2)]

※1면 제1자는 唐 孫過庭 書譜字( )의 필치와 흡사하므로「史」자로 판독한 것이다.

2) 판독상의 제 부호는 가야연(2017b: 16)에 제시된 안을 따른 것이다.

기호	내 용	기호	내용
Ⅰ, Ⅱ, Ⅲ, Ⅳ	목간에서 묵서가 시작되는 면부터 순차적으로 표시	/	묵서를 가로로 서술할 때 앞·뒷면을 구분하는 표시
∨	목간 상·하단에 묵기홈이 있음을 표시	×	단부가 파손된 것을 표시
( )	불확실하여 추독한 것	「 」	목간 상·하단이 원형 그대로 남아 있음을 표시 (端은 나뭇결 방향의 상·하단을 말함)
□	판독할 수 없는 글자	「 」	이필異筆, 추필追筆, 각서刻書
⋮	파손되어 몇 글자가 있는지 알 수 없는 것	:	먹선이 있음을 표시
字(네모 안)	일부 남은 획을 통해 전체 글자를 추독하거나 앞뒤 문맥에 근거하여 추독한 것	√	앞뒤의 글자가 잘못되었을 경우, 자리바꿈으로 표시
○	천공穿孔이 있음을 표시	々	앞의 글자와 같은 글자는 생략하고 표시
⌐ ⌙	묵흔은 존재하나 글자 수를 알 수 없는 것	여백	글자와 글자 사이 간격
ǁ	목간에서 원래 1행이었던 것을 두 행 이상으로 나누어야 할 경우, 마지막행 머리에 붙여 이어짐을 표시		

【해석안】

"…史村(지명)에서 …/ …□利夫(인명)가 피[稗] 한 섬[石]을 보냄"

2. 가야5582호 단면 묵서목간

【판독안】

가야 5582호 1면

- 최장미: 「…□西毛礼」
- 손환일: 「…□西毛礼」(1면)/「」(2면)
- 가야연: ×…□西毛礼∨」(Ⅰ)
- 권인한: ×…□西毛[礼] ∨」(Ⅰ)

※제1자는 가로획 아래로 '뚫을 곤'(丨) 획이 이어지는 자형으로 보이나, 어떤 글자인지는 알기 어렵다. 제3자( )는 좌변이 불완전하기는 하나, 전체적인 이미지가 기존에 보고된 가야63호의 자형( )과 닮은 것으로 보아「礼」자로 추독한 것이다.

【해석안】

"…□西毛禮(인명?) ……"(문맥 파악 불가)

3. 가야5583호 단면 묵서삼면목간

【판독안】

- 최장미: 「今(所)巴(卿)尔斯利支稗」
- 손환일: 「今□(巳/邑)□尒斯利支稗」(1면)/「」(2면)
- 가야연: 「今(卒)巳漱(宿)尒財利支稗∨」(Ⅰ)
- 권인한: 「今(卒)巳漱(宿)尒斯利支稗∨」(Ⅰ)

※판독상의 異見이 상당한 목간이다. 이는 원색 사진에서 확인할 수 있듯이 눌리거나 긁힌 자국이 있을 뿐만 아니라 수직선의 나뭇결이 적외선 사진에 묵흔처럼 나타난 데서 비롯된 것으로 판단된다.

제2자는 가야연(2017a)에서 공개한 적외선 사진( )상으로는 어떤 글자인지 알아보기 어려울 정도였으나, 재촬영된 적외선 사진상으로는 일단「卒」자에 가까운 형상을 보이고 있다. 그렇다고 해서 이 글자를「卒」자로 확정하기도 어려운데, 그것은 이 글자가 있는 자리가 무언가에 눌렸거나 또는 파인 상처가 있는 곳이어서 적외선 사진으로 보는 글자의 이미지가 반드시 실획을 있는 그대로 보여준다는 보장은 없기 때문이다. 따라서 이 글자를 판독 불능자로 볼 것인지 아니면 가야연의 판독안대로 불확실한「卒」자로 추독할 것인지 고민이 되지 않을 수 없다. 여기에서는 가야연의 판독안을 따르되, 다른 글자일 가능성도 배제하지는 않는다.

제5자의 경우는 右上部에 약간의 흠을 제외하면 적외선 사진으로 보는 묵흔은 실획이 분명한 것으로 판단된다. 상단의 갓머리(宀), 하단 좌측 인변(亻)은 확실치 않으나, 하단 우측의 '百'의 형상이 뚜렷한 점 등을 살려 가야연의 판독안을 따른 것이다.

제7자는 逆斜向의 빗금형(╲) 상처가 있어서 판독이 쉽지 않으나, 좌변은 두 수직 획이 상단 가로획 위로 올라가 있어서 '貝'라기보다는 '其'의 자형으로 판단될 뿐만 아니라, 우변에서 역사향의 빗금형 상처를 제외한 나머지 획도 '才'보다는 '斤'에 가깝다고 보아「斯」자로 판독한 것이다.

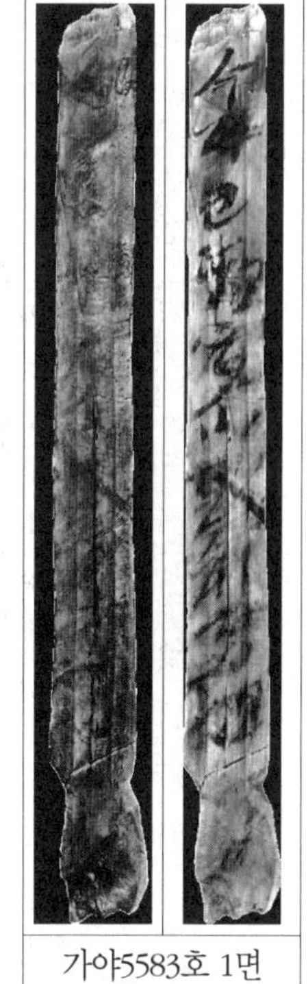

가야5583호 1면

【해석안】

"今卒?巳(인명), 漱宿?尒斯利支(인명)가 피[稗]를 보냄."

※제1~9자 부분을 두 명의 인명 표기로 분석한 것은 기존에 발굴·보고된 함안 목간 및 초기 금석문들에서 '-巳, -支'가 인명 후부요소 표기자로 자주 쓰이고 있음에 근거한 것임을 밝혀둔다(권인한(2008), 橋本 繁(2014), 권덕영(2002), 김창호(2007·2009·2018) 종합).[3]

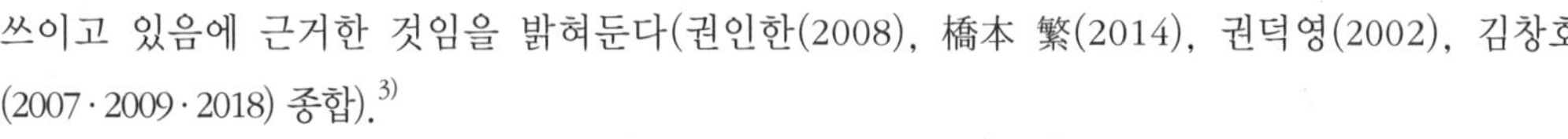

한편, 손환일의 판독문에서 제3자를 '巳/邑'로 표시한 것이 주목되는데, 이는 아마도 李丞宰(2011: 21-23)에서 논의된 바 있는 "巳의 字源이 邑이라는 가설"에 기대어「邑」자와의 통용자로 봄으로써 제1~3자를 지명 표기로 본 것이 아닐까 한다. 이를 받아들인다면, "今卒?邑(지명)에서 漱宿?尒斯利支(인명)가 피[稗]를 보냄."이라는 해석안도 가능할 것이다. 그러나 신라시대 목간 및 금석문들에 지명 후부요소 '~邑'의 표기가 보이지 않는다는 점에서[4] 이러한 해석안의 가능성은 그리 높지 않은 것으로 판단된다.

---

3) '-巳'가 인명 후부요소 표기자로 쓰인 예는 진주1273호 목간에서의 '秀?刀巳', 울진 봉평비에서의 '異知巳', 단양 적성비에서의 '(道豆只)又悅利巳'를 들 수 있다. 한편, '-尒'도 일부 목간들에서 인명 후부요소 표기자로 나타나기도 한다. 김해1287호에서의 '仇阤尒(伐)', 가야1985호에서의 '次尒利□尒'가 그것이다. 이러한 용례들을 살린다면, 이 목간에서의 '漱宿?尒斯利支' 부분을 '漱宿?尒'(인명)+'斯利支'(인명)으로 세분할 수도 있을 것이다. 그러나 '-尒'는 '-巳'와는 달리 동시대 금석문에서의 쓰임이 찾아지지 않으므로 이러한 해석안을 유보한 것임을 밝혀둔다.

4) 다만, 울진 봉평비 4행 제36자( )에 대하여 손환일·심현용(2010: 15)에서「巳」자로 판독하고 이를「邑」의 통용자로 보아 해당 문맥을 '失火邑城'으로 수정한 견해가 있으나, 과연 이 글자에 대한 정확한 판독안인가 의심이 들 뿐만 아니라, 해당 안을 받아들인다 하더라도 이는 지명 후부요소는 아닌 일반명사 표기에 해당되므로 이러한 진술에 큰 문제는 없다.

4. 가야5584 양면 묵서목간

【판독안】

가야5584호 1면 | 가야5584호 2면

◦ 최장미: 「…□□只□□□/ …□稗石」

◦ 손환일: 「…□□只□□□」(1면)/「…□稗石」(2면)

◦ 가야연: ×ㄷㄱ 」(Ⅰ)

×…稗石」(Ⅱ)

• 권인한: ×…(方) (一) (兄)ㄷㄱ」(Ⅰ)

×…稗石 」(Ⅱ)

※1면의 판독은 생각보다 쉽지 않다. 적외선 사진에서 묵흔처럼 보이는 것들이 원색 사진과 비교할 때, 나무 표면의 흠들과 구별이 쉽지 않기 때문이다. 그럼에도 불구하고 필자의 관찰로는 첫 세 글자가 「方」(또는 「万」), 「一」, 「兄」의 형상으로 보여진다는 점에서 불확실한 추독자들이 간격을 두고서 쓰여진 것으로 보았다. 제3자는 「只」자로 판독되기도 했으나, 하부가 어진사람인발(儿)의 필치이므로 「兄」자에 더 가까운 것으로 판단하였음을 밝혀둔다. 그 아래에는 묵흔은 존재하되, 몇 글자인지 분명하지 않은 것으로 본 것이다.

【해석안】

"…方?一?兄?(인명?) …/ …피[稗] 한 섬을 보냄."

5. 가야5585 양면 묵서목간

【판독안】

◦ 최장미: 「盖村仇之(毛, 乇)城稗/ 묵흔」

◦ 손환일: 「盖村仇之毛城稗」(1면)/「먹 자국」(2면)

◦ 가야연: 「盖村仇之毛羅稗∨」(Ⅰ)/「□∨」(Ⅱ)

• 권인한: 「盖村仇之毛羅稗 ∨」(Ⅰ)

「 □ ∨」(Ⅱ)

※1면 제4자는 특이한 형상의 글자로 보이나, 먹흔의 농도 차이로써 우측의 垂直 左로 꼬부린 획('亅') 부분은 실획이 아닌 것으로 보면, '乙' 위에 '一'이 놓인 자가 되므로 「之」자로의 판독안을 따른 것이다.

문제는 제6자( )의 판독이다. 「城」자로의 판독안은 좌변 흙토(土)가 보이지 않는다는 점에서 그리고 이 자리에 「城」자가 놓이게 되면, 하부 지명인 '~村'이 상부 지명인 '~城'에 앞섬으로써 지명 배열 순서상 자연스럽지 못한 결과를 초래한다는 점에서 인정되기 어렵다. 혹 「尻」(꽁무니 고)자일 가능성도 있을 듯하나 우측에 逆斜向(╲)의 먹흔들이 보인다는 점에서 「尻」자로 확정하기는 어려운 듯하다. 최종적으로는 이 글자의 형상이 가야2390호 제3자( )와 유사한 점이 다분하다고 보아 가야연의 「羅」자 판독안을 따르기로 한 것이다. 2면 하단 절단부 위치에 'ㅑ' 형상의 묵흔이 보이기는 하나, 무슨 글자인지 알기 어렵다.

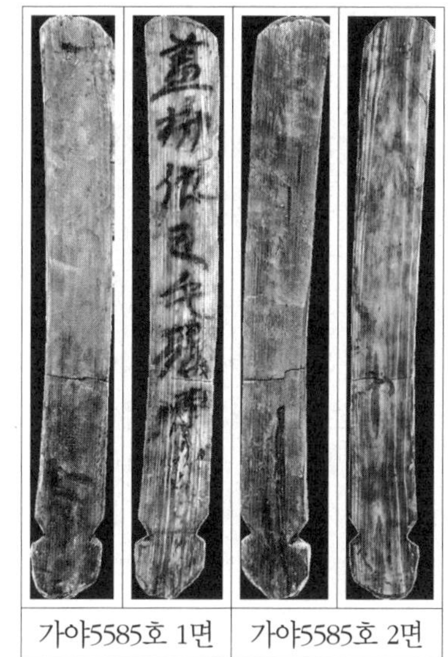

가야5585호 1면	가야5585호 2면

【해석안】

"盖(=蓋)村(지명)에서 仇之毛尻?(인명)가 피[稗]를…/ (해석 불가)"

6. 가야5586호 양면 묵서목간

【판독안】(사진 생략)

◦ 최장미: 「□陀一□□□」/「□□□」

◦ 손환일: 「□陀一□□□」(1면)/「□□□」(2면)

◦ 가야연: 「⊏⊐∨」(Ⅰ)/「⊏⊐∨」(Ⅱ)

• 권인한: 「⊏⊐∨」(Ⅰ)/「⊏⊐∨」(Ⅱ)

※1, 2면 모두 묵흔은 있으되 글자 수를 알 수 없는 것으로 본 가야연의 안을 따른 것이다. 1면 제2, 3자를 '陀一'로 판독하는 의견이 있으나, 현재의 묵흔( )으로는 그렇게 보기 어렵다. 특히 아래쪽 「一」자로 보이는 수평선은 원색 사진과 비교할 때, 나무 표면의 흠임이 분명하기 때문이다.

7. 가야5587호 양면 묵서목간

【판독안】

◦ 최장미: 「丘伐未那早尸智居伐尺奴/ (旅)利知稗石」

◦ 손환일: 「丘伐未那 早尸智居伐尺奴」(1면)

「能(旅)利知稗石」(2면)

◦ 가야연: 「丘伐未那早尸智居伐尺奴」(Ⅰ)

「能利知稗石」(Ⅱ)

• 권인한: 「丘伐未那 早尸智居伐尺奴」(Ⅰ)

「 能利知稗石 」(Ⅱ)

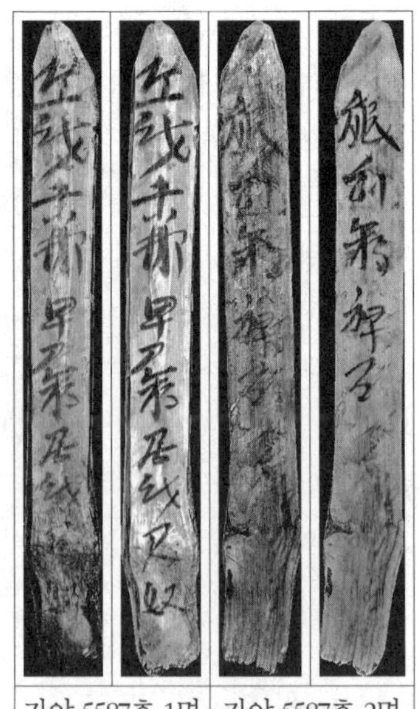

가야 5587호 1면 | 가야 5587호 2면

※육안으로 묵흔을 관찰할 수 있을 정도로 상태가 매우 양호한 목간이어선지 판독상의 異見은 거의 없다. 2면 제1자에 대해서만 약간의 견해차가 있으나, 좌변 의 자형상 「旅」( )자보다는 「能」( )자에 가까운 것으로 판단된다.

【해석안】

"丘伐末那(지명)에서 早尸智(인명) 居伐尺(관직명)의 奴인/ 能利知(인명)가 피[稗] 한 섬을 보냄."

※1면 제3자는 자형상으로는 「未」자가 분명하나, 기존 발굴된 목간들에서는 '末那'가 일반적일 뿐만 아니라(8회 쓰임, 하시모토(2014) 참조) 「未」와 「末」은 통용하여 쓰일 수 있는 글자들이므로[5] 해석안 단계에서 '未那'를 하위 지명 단위로서의 '末那'로 수정한 것이다.

8. 가야5588호 단면 묵서목간

【판독안】

가야5588호

◦ 최장미: 「□身礼豆智」

◦ 손환일: 「大身礼豆智」

◦ 가야연: ×…□身礼(豆)智∨」(Ⅰ)

• 권인한: ×…大身礼豆智∨」(Ⅰ)

※제1자는 손환일의 판독안을 따르되, 상부 결실이 있으므로 「大」자로 추독한 것이다( ). 제2자는 「身」자로 보아 큰 문제는 없다. 「身」자의 제7획(丿)을 우측 점(丶)으로 찍은 이체자로 볼 수 있기 때문이다( ). 제4자는 하부 절단 위치에 약하나마 가로획의 존재가 분명하므로 '豆'자로 본 것이다.

5) 岩崎本『日本書紀』卷22(皇極紀)에 신라 관직명 '奈末'이 '奈未'로도 표기된 것을 그 한 사례로 들 수 있다.

【해석안】

"…大身礼豆智(인명?) …"(문맥 파악 불가)

9. 가야5589호 단면 묵서목간

【판독안】

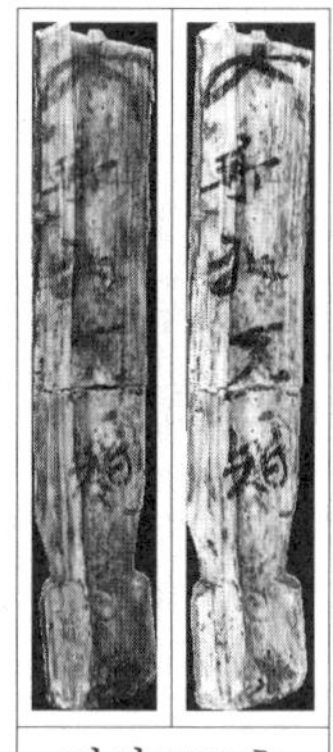
가야5589호

◦ 최장미: 「仇利伐 上三者村 □□□□」

◦ 손환일: 「仇利伐 上彡者村」(1면)/「□□」(2면)

◦ 가야연: 「 上彡者村 □□□□
仇利伐 ∨」(Ⅰ)

• 권인한: 「 上彡者村□□(奴)□
仇利伐 ∨」(Ⅰ)

※가야연의 판독안을 따름을 원칙으로 하되, 일부 묵흔 실획이 분명치 않은 글자들은 추독자로 본 것이다. 다만, 1행 小字 제7자( )에 대해서는 필치로 보아 불확실한「奴」자로 추독하는 안을 새로이 제출하고자 한다.

【해석안】

"仇利伐(지명) 上彡者村(지명)에서 □□奴?□(인명?) …"

10. 가야5590호 단면 묵서목간

【판독안】(사진 생략)

◦ 최장미: "적외선 촬영으로도 묵서는 불분명하며 묵흔만 확인하였다."

◦ 손환일: 「먹 자국」(1면)/「」(2면)

◦ 가야연: 「⊏⊐ ∨」(Ⅰ)

• 권인한: 「⊏⊐ ∨」(Ⅰ) ※해석 불가.

11. 가야5591호 단면 묵서목간

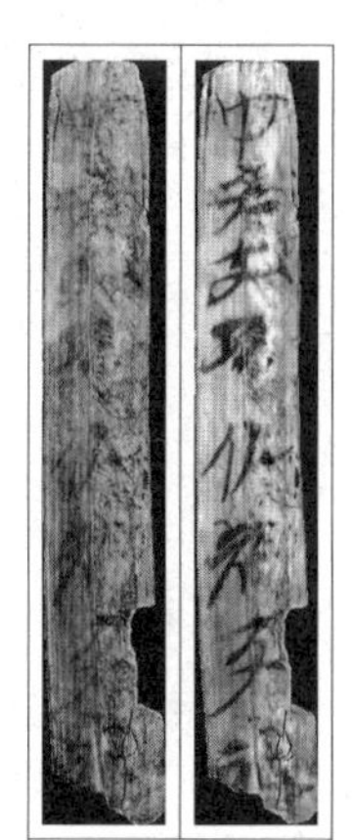
가야5591호

【판독안】

◦ 최장미: 「(巾, 中)夫支城仇智支稗…/ 묵흔」

◦ 손환일: 「巾夫支城仇智支稗」(1면)/「먹 자국」(2면)

◦ 가야연: 「巾夫支城 仇智支稗… ×」(Ⅰ)
• 권인한: 「巾夫支 仇智支稗… ×」(Ⅰ)
「⊏⊐ ×」(Ⅱ)

※1면 제4자는 좌변은 '工'이나 '土'에 가까우나, 우변의 일부분이 남아 있지 않아 「城」자인지 의심스럽기는 하나, 문맥상 '城'이 올 자리이므로 추독자로 제시한 것이다. 2면에서 묵흔은 확인되나, 몇 글자인지는 확정하기 어렵다.

【해석안】
"巾夫支城에서 仇智支가 피[稗] ……"

12. 가야5592호 단면 묵서목간

【판독안】

가야5592호

◦ 최장미: 「丘利伐(卜,上)今智上干支奴負/ (徐)利巴支」
◦ 손환일: 「丘利伐 卜今智上干支 奴
徐利(巳/邑)支 負」
◦ 가야연: 「丘利伐 卜今智上干支 奴 / □□巳支 負 ∨」(Ⅰ)
• 권인한: 「丘利伐 卜今智上干支 奴 / 徐利巳支 ∨」(Ⅰ)

※1면에서 판독상 문제가 되는 것은 중단부 좌측행 小字 제1, 2자인데, 남아 있는 묵흔으로 보아 최장미, 손환일의 판독안을 참조하여 「徐」, 「利」자로 추독한 것이다. 각각 우변의 묵흔이 분명하지는 않으나, 이렇게 볼 만한 특징들을 갖춘 것으로 판단된다. 특히 제1자 우변 '余'의 중앙 상단에 작은 둥근점 모양의 흠이 있음을 고려한 것이다. 「負」자의 위치 및 크기도 최장미와는 달리 중단부 좌측행의 마지막 小字로 보되, 자형의 일부가 불분명한 점을 고려하여 추독자로 제시한 것이다.

【해석안】
"丘利伐에 사는 卜今智 上干支의 奴인 徐利巴支의 짐[負][6]"

6) 「負」자를 "짐"으로 해석한 것은 윤선태(2012: 164-172)의 논의를 따른 것이다. 「負」자에 대하여 일부 논의자들과 같이 "부담

13. 가야5593호 단면 묵서목간

【판독안】

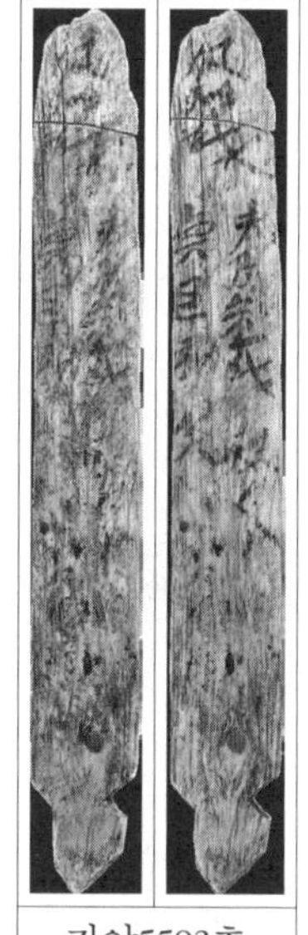

가야5593호

- 최장미: 「仇利伐 夫□知 一伐負」宍巴利□
- 손환일: 「仇利伐 夫□知 一伐」(1면)/ (宍/肉)(巳/邑)利□ 負」(2면)
- 가야연: 「仇利伐 夫(及)知 一伐 奴人 / 宍巳礼 負 ∨」(Ⅰ)
- 권인한: 「仇利伐 夫及知 一伐 奴[人] / 宍巳礼 負 ∨」(Ⅰ)

※1면에서 판독상 특별히 문제가 되는 글자는 없다. 원칙적으로 가야연의 판독안을 따르되, 중단부 우측행의 제2자는 남아 있는 묵흔으로도 「及」자로 확정해도 좋은 것으로 본 반면, 마지막 자는 좌측 묵흔이 불분명하여 「人」자로 추독한 점이 다를 뿐이다.

【해석안】

"仇利伐에 사는 夫及知 一伐의 奴人인 肉巴禮의 짐[負]"

14. 가야5594호 단면 묵서목간

【판독안】

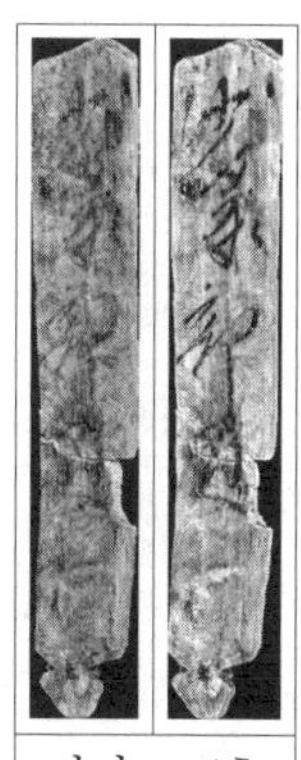

가야5594호

- 최장미: 「沙喙部負」
- 손환일: 「沙喙部負」(1면)/「」(2면)
- 가야연: 「沙喙部負∨」(Ⅰ)
- 권인한: 「沙喙部負∨」(Ⅰ)

※판독상의 이견이 전혀 없는 목간이다. 제2자 「喙」자는 성산산성 목간에서 두 번째로(월성해자 3회) 나타난 사례로 우상단의 획 처리가 특이한데, 대체로 가야2639호 목간의 글자( )와 비슷한 느낌이다.

하다"로 해석하지 않은 이유는 "바리(=짐)"으로 해석할 수 있는 「發」자와 동일한 위치에 놓여 있는 목간이 발견되었기 때문이다(후술).

【해석안】

"沙喙部의 짐[負]"

15. 가야5595호 양면 묵서목간

【판독안】

◦ 최장미: 「甘文城下麥沙十五石甘文本波/ (伊)負只去之」

◦ 손환일: 「甘文城下麥沙十五石甘文本波」(1면)

「(伊須)只去之」(2면)

◦ 가야연: 「甘文城下麥十五石甘文本波×（Ⅰ）

「伊次只去之×（Ⅱ）

• 권인한: 「甘文城下麥十五石甘文本波×（Ⅰ）

「伊次只去之 ×（Ⅱ）

※2면 제2자를 제외하고는 판독상의 이견이 없는 목간이다. 2면 제1자는 두인변(亻)이지만 「伊」자로 보는 데는 문제가 없다. 제2자에 대해서는 「負」, 「須」, 「次」자로 의견이 갈리고 있을 정도로 자형이 특이하다. 다만, 조맹부의 서체(次)와 비교할 때, 「次」자로 보아 큰 문제는 없을 것으로 판단되어 가야연의 판독안을 따른 것이다.

【해석안】

"甘文城 (근처)에서 난 보리 15섬을 甘文本波의/ 伊次只가 가지고 감."

※"甘文城下麥"에 대한 분석 및 의미 파악이 쉽지 않다.

먼저 구절구조 분석은 ①"甘文城+下麥", ②"甘文城+下+麥", ③"甘文城下+麥"의 세 가지 방안이 가능한 것으로 판단된다. ①은 "N+N"의 구조로서 "甘文城의 下麥"으로 해석할 수 있겠는데, 이때 "下麥"의 의미가 무엇인가가 문제가 될 수 있다. 제1감으로 떠오르는 "下品의 보리"는 "上麥", "中麥"이 나타나지 않을 뿐만 아니라, 下品을 타 지역에 貢物로 보낸다는 것도 성립되기 어려우므로 받아들이기 어렵다. ②는 "N+V+NP"의 구조로서 「下」자를 타동사로 해석하는 방안인데, 이수훈(2012: 157-163)에서는 "~城에서 下(送)한 麥"으로, 윤선태(2012: 172-174)에서는 "~城에 下[예속]한 麥"[7]으로 해석한 바 있다. 둘 다 가능한 해석안으로서 우열을 가리기 어려울 듯하다. ③은 「下」자가 명사 뒤에서 處所, 範圍, 時間 등을 표시하는 용법[8]이 있음을 반영한 안으로 "甘文城 (근처)에서 난 麥"으로 해석할 수 있을 것이다.

---

7) 윤선태 교수와의 私談에서 이 해석의 궁극적 의도는 "~城에서 세금으로 거둔 麥"임을 확인한 바 있다.

가야5595호 1면 | 가야5595호 2면

결국 "甘文城下麥"은 "감문성에서 내려보낸 보리", "감문성에 예속된(=세금으로 거둔) 보리", "감문성 (근처)에서 난 보리" 등으로 해석할 수 있을 것이다. 어느 방안을 채택할지가 쉽지는 않지만, 다음에서 살필 가야5596호 목간에서는 '~下'가 생략된 "小南兮城麥"으로만 나온다는 점에서 「下」자에 고대 한어와 동일하게 처격조사적 기능이 있다고 판단되어 잠정적으로 제3안인 "감문성 (근처)에서 난 보리"로 해석한 것임을 밝혀둔다.

2면 말미의 "去之"를 단순하게 "갔다"로 해석해서는 문맥이 통하지 않는다. 문맥적으로 "가지고 가다" 정도로 해석함이 최선일 것인 바, 기존에 보고된 가야 2026호 목간 "甘文城下□[9] 米十一斗石隊大村卜只次持去"(가야연 판독안)에 "持去"가 있음이 이러한 해석의 가능성을 더 높여준다고 할 수 있다. 이때 文末의 '-之'를 어떻게 볼 것인가가 문제일 것인 바, 두 목간 모두 "(持)去"의 목적어를 포함하고 있어서 代詞 '之'가 필요하지 않음에도 문말의 '-之'가 있기도 하고, 생략되기도 한다는 점에서 종결조사로 보고자 한다.

16. 가야5596호 단면 묵서목간

가야5596호

【판독안】

◦ 최장미: 「小□□城麥十五斗石大村…」

◦ 손환일: 「小南□城麥十五斗石大村」(1면)/「」(2면)

◦ 가야연: 「小南兮城麥十五斗石大村…×（Ⅰ）

• 권인한: 「小南兮城麥十五斗石大村…×（Ⅰ）

※1면 제2자는 「羍」(놀랠 녑/다행 행)자 처럼도 보이지만, '大'의 3획 처리가 부자연스럽다. 손환일·가야연의 판독안에 유념하여 唐 孫過庭 書譜字( )와 비교할 때 유사한 점이 있다고 판단되어 「南」자로 추독한 것이다.

---

8) 下 ⑫用在名詞后, 表示一定的處所·范圍·時間等.(『漢語大詞典』)

9) 이 글자를 이수훈(2012)에서는 「稅」자로 판독하였는데, 설명회 당시 적외선 사진상으로는 그렇게 판독될 특성이 있는 듯 보였으나, 가야연(2017b)에서의 적외선 사진은 그렇지 못함을 덧붙여둔다.

【해석안】

“小南兮城 (근처)에서 난 보리[麥] 15말[斗]을 石大村(에 사는) ……”

17. 가야5597호 단면 묵서목간

【판독안】(사진 생략)

- 최장미: 「□□□□」
- 손환일: 「□□□□」(1번)/「」(2면)
- 가야연: 「ㄷㄱ」(Ⅰ)
- 권인한: 「□□□□」(Ⅰ)

18. 가야5598호 사면 묵서목간

2017년 1월 4일의 발굴 보고 이후 많은 연구자들의 관심을 집중시킨 목간이어선지, 다른 목간에 비하여 논의가 많이 이루어진 편이다. 따라서 이 목간에 대해서는 김창석, 박남수, 전덕재, 이수훈, 미카미 교수의 판독안을 추가하여 제시할 것이며, 해석에서도 최장미, 손환일, 김창석, 박남수, 전덕재, 이수훈, 김창호 교수의 안을 함께 제시할 것이다.

【판독안】

- 최장미: 「三月中眞乃滅村主憹怖白/ □城在弥卽尒智大舍下智前去白之/ 卽白先節卒日代法稚然/ 伊他罹及伐尺寀言□法卅代告今卅日食去白之」
- 손환일: 「三月中 眞乃滅村主 憹怖白」(1면)
  「此城在弥卽尒智大舍下智前去白之」(2면)
  「卽白 先 節 卒日 代法 稚然」(3면)
  「伊他罹及伐尺寀言廻法卅代告今卅日食去白之」(4면)
- 가야연: 「三月中 眞乃滅村主 憹怖白」(Ⅰ)
  「□城在弥卽尒智大舍下智前去白之」(Ⅱ)
  「卽白先節卒日代法 稚然」(Ⅲ)
  「伊毛罹及伐尺(寀)言□法卅代告今卅日食去白之」(Ⅳ)
- 김창석: 「三月中　眞乃滅村主憹怖白」(1면)
  「□城在弥卽等智大舍下智前去白之」(2면)
  「卽白　先節六十日代法稚然」(3면)
  「伊汑罹及伐尺寀言廻法卅代告今卅日食去白之」(4면)
- 박남수: 「三月中眞乃滅村主憹怖白」(1면)

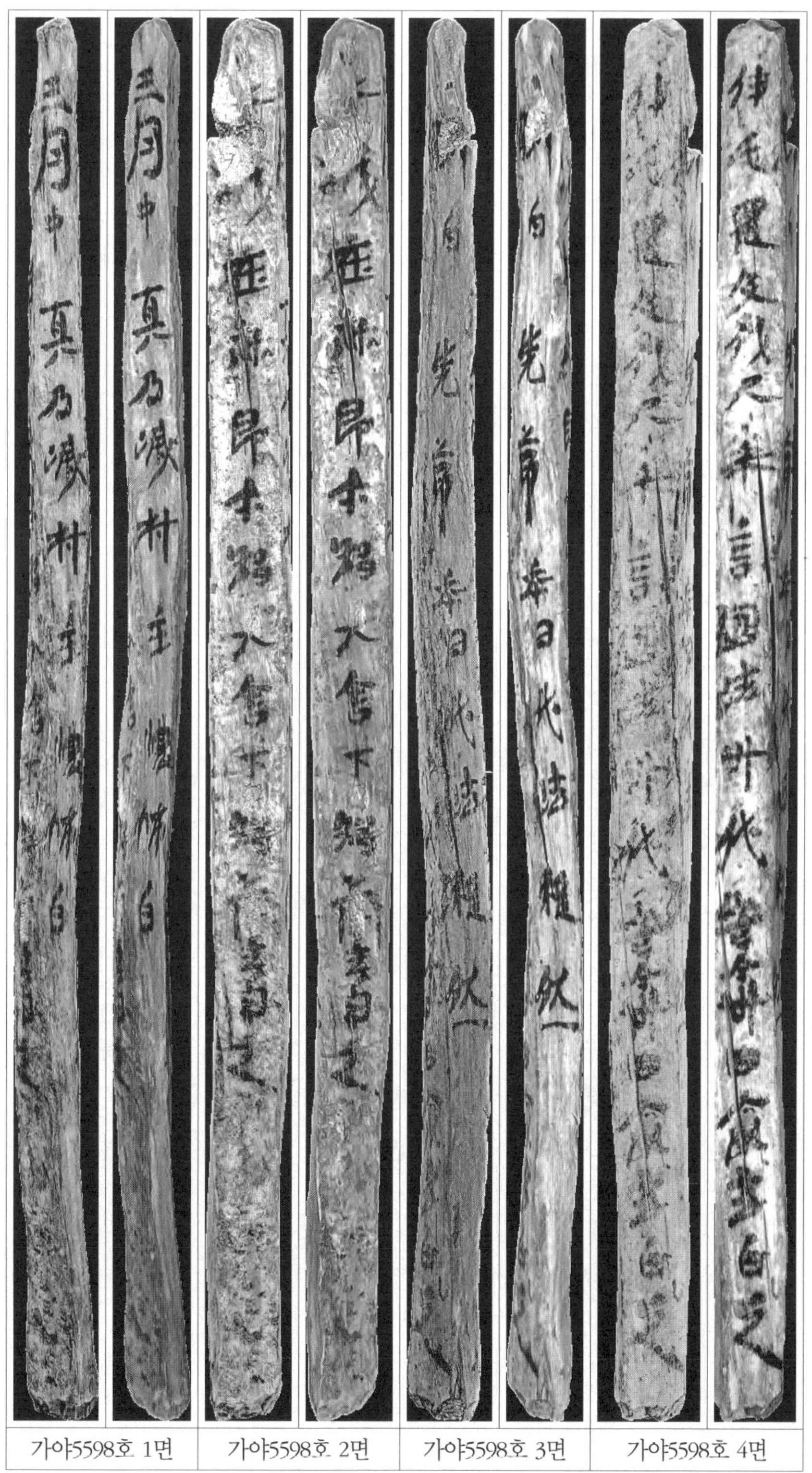

가야5598호 1면	가야5598호 2면	가야5598호 3면	가야5598호 4면

「□城在弥卽木智大舍下智處(前?)去白之」(2면)

「□白先節本日代法稚然」(3면)

「伊他罹及伐尺寀言迿[10]法卅代告今卅日食去白之」(4면)

◦ 전덕재: 「三月中 眞乃滅村主憹怖白」(1면)

「□城在弥卽ホ智大舍下智前去白之」(2면)

「卽白 先節本日代法稚然」(3면)

「伊汑罹及伐尺寀言廻(迴)法卅代告今卅日食去白之」(4면)

◦ 이수훈: 「三月中眞乃滅村主憹怖白」(1년)

「□城在弥卽ホ智大舍下智前去白之」(2면)

「卽白先節夲日代法稚然」(3면)

「伊乇罹及伐尺寀言回法卅代告今卅日食去白之」(4면)

◦ 미카미: 「三月中 眞乃滅村主憹怖白」(1면)

「□城在彌卽爾智大舍下智前去白之」(2면)

「卽白先節本日代法□然」(3면)

「伊毛罹及伐尺采言惣法卅代告今卅日食去白之」(4면)

• 권인한: 「三月中　眞乃滅村主　憹怖白　　　　　」(Ⅰ)

「□城 在弥即ホ智 大舍下智前去白之　　　」(Ⅱ)

「卽　　先節　夲日 代法 稚 然　　　　」(Ⅲ)

「伊毛罹及伐尺寀言□法卅代告今卅日食去白之.」(Ⅳ)

※판독상 이견이 많은 글자로는 2면 제6자인데, 기존에 「尒」, 「等」, 「木」으로 의견이 갈리고 있다. 필자도 초기에는 「尒」자로 의 판독안에 동의한 바 있으나, 최근 배포된 『한국의 고대목간Ⅱ』의 적외선 사진으로 볼 때, 제4자 「弥」의 우변 '尓/尔'의 자형()과의 확실한 차이[11]가 보이므로 「尒」자로 판독하지 않는 대신, 「等」자로 판독하는 의견에 동의하고자 한다. 이 글자와 비슷한 「等」의 초서 자형례가 『화엄문의요결』에 몇 차례 보이기 때문이다( 02:05-04,  01:12-18(협주),  05:02-08 등). 이 밖에 약간의 이견이 제기된 3면의 제5, 9자와 4면의 제2, 7, 9자에 대해서는 가야연의 판독안을 존중한 것이다.

【해석안】

◦ 최장미: 3월에 진내멸촌주(眞乃滅村主)가 두려워하며 삼가 아룁니다.

---

10) "~ '驅'의 이체자 '迿'와 '力'의 조합자가 아닐까 추정해 둔다"(박남수 2017: 47).

11) 제4자인 「弥」字 우변에서는 제1획 삐침(丿)이 찾아지나, 제6자의 경우는 이러한 삐침의 흔적이 보이지 않는 대신 가로획 우측 끝에서 逆斜向으로 수직획의 상단으로 삐쳐올라간 運筆이 느껴지는 차이가 있다.

□성에 계신 미즉이지대사(弥卽尒智大舍)와 하지(下智) 앞에 나아가 아룁니다.

앞선 때에 60일을 대법(代法)으로 하였었는데, 저의 어리석음을 아룁니다.

이타리(伊他罹) 급벌척(及伐尺)이 □법에 따라 30대라고 고하여 지금 30일을 먹고 가버렸다고 아룁니다.

◦ 손환일: 3월에 眞乃滅村의 촌주인 (제가) 괴롭고 두려워 아뢰고,

이 성(성산산성)에 계신 미즉이지대사하지 앞에 가서 (잘못 집행된 사실)아룁니다.

즉 (규정 사실을) 아뢰자면 '선례를 보면 60일이 대법(代法)이었는데 (제가) 어리석었습니다.

'이타이급벌척이 채지(宷地, 녹봉으로 지급되는 토지)를 언급하며, 회법(廻法)은 30대라고 알려주면서, (대법인 60일을 머물러여 함에도 불구하고) 지금까지 30일을 머무르다 갔음'을 아룁니다.

◦ 김창석: 3월에 眞乃滅村의 村主가 괴롭고 두려워하며 아룁니다.

"□城에 있는 彌卽等智 大舍가 下智 앞에 나아가 (사건의 자초지종을) 아뢰었습니다.

이에 (下智가) 말하기를, '앞서 60日代法은 엉성했습니다.

(그래서) 伊乇罹 及伐尺이 살펴 말하면서 법을 우회하여[廻法] 30代로써 고했으니, 이제 30일의 식료는 없애야 합니다.'(라고 下智가 말했습니다.)"라고 보고합니다.

◦ 박남수: 3월에 眞乃滅村主가 괴롭고 두려워 [하며] 사룁니다.

□城에 있으면서 卽木智 大舍下智께 가서 사룁니다.

□ 사뢰기는, 먼저번 본일[그날]에 대신하였던 법(代法)이 어리석었습니다.

伊他罹 及伐尺이 살펴서 말하여 迴法이 30[일]이라고 [卽木智 大舍下智께] 대신 고하였으니, 이제 30일 식량으로 가서 사룁니다.

◦ 전덕재: 3월에 진내멸촌주가 괴로워하고 두려워하며 아뢰었다.

□城에 계신 미즉등지 대사와 하지 앞에 나아가 아룁니다.

①곧 아뢰기를, '앞선 때에(전에) 본일(本日: 지금) (시행되고 있는) 대법(代法)은 엉성한(유치한) 모습입니다.'라고 하였습니다.

②곧 아뢰기를, '앞선 때에(전에) 본일(本日: 지금) (시행되고 있는) 대법(代法)은 (양이) 적은 모습입니다.'라고 하였습니다.

이탁리급벌척(伊乇罹及伐尺)의 채(宷)로 말하면, 법에 의거하여 돌아보아 30대(卅代)였다고 고(告)하였으나, 지금 30일 만에 다 먹어버렸다고 아룁니다.

◦ 이수훈: 3월에 眞乃滅村主가 괴로워하고 두려워하며 아룁니다.

□城에 계신 弥卽等智 大舍와 下智 앞에 (眞乃滅村主가) 나아가 아룁니다.

(眞乃滅村主가) 곧 아뢰기를, 지난 번의 60日代는 法에 (제대로 따르지 않은) 유치한(미숙한) 판단이었습니다.

伊乇罹及伐尺이 (상황을 제대로 파악하지 못한 眞乃滅村主에게) 분명하게 말하여, 回法에

는 30代임을 告하므로, 지금 30日 분량의 식량을 책정하였음을 (眞乃滅村主가) 나아가 아룁니다.

◦김창호: 3월에 眞乃滅村主인 農怖白이 △城(此城으로 城山山城?)에 있는 弥卽尒智 大舍下智의 앞에 가서 아룁니다. 즉 앞선 때의 六十日代法이 덜 되었다고 (아룁니다.) 伊他罹 及伐尺에게 녹봉에 말하기를 △法卅日代를 告해서 이제 卅日食을 먹고 갔다고 아뢰었습니다. ※김창호(2018: 217)에 제시된 해석안, 판독은 최장미의 안을 수용한 것임.

• 권인한: 3월(중)에 眞乃滅 村主가 괴롭고 두려워하며 사뢰니다.
□城에 계신 弥卽等智 大舍下智께 가서 사뢰니다.
사뢸 말씀인즉 앞선 때에 60일 代法은 어리석었습니다.
伊毛罹 及伐尺이 녹봉(宊)에 대하여 □法으로 말하기를 30(日)代라고 告하고는 이제 30일의 (糧)食[12]을 (失)去[13]하고(=축내고/손실을 끼치고) 말았음을 사뢰니다.

※해석상의 쟁점은 2면에서의 "彌卽等智大舍下智" 부분과 4면에서의 "宊言□法三十代告今三十日食去白之" 부분에 집중되어 있다고 할 수 있다.

첫째, "彌卽等智大舍下智" 부분은 「等」자 판독안과는 별개로 손환일·김창호 선생과 의견을 같이한다. 손 교수의 신라사학회 발표시 필자가 천전리서석 원명에 보이는 '大舍帝智'에 상대되는 관등으로서의 '大舍下智'의 가능성을 처음으로 말한 바 있거니와, 박남수 교수처럼 '彌卽等智'의 첫 글자를 연결어미 '-며'를 표기한 글자로 보는 방안이나 최장미·김창석 교수처럼 '下智'를 별개 인물로 설정하는 방안 모두 문제가 있는 것으로 판단된다.

우선 박남수 교수의 "□城에 있으면서 卽木智 大舍下智께 가서 사뢰니다."라는 해석안에는 한 문장 속에 共起되기 어려운 두 동작 "(~에) 있으면서 (~께) 가다"가 공존함으로써 어색한 문장이 되고만 것이다. 다음으로 최장미·김창석 교수처럼 '下智'를 별개 인물로 설정하는 방안, 특히 김창석 교수의 "□城에 있는 彌卽等智 大舍가 下智 앞에 나아가 (사건의 자초지종을) 아뢰었습니다."라는 해석에는 과연 '彌卽等智 大舍'의 상관이 무관등의 '下智'라는 인물일까 하는 의구심을 떨쳐내기 어려운 문제점이 있다. '下智'는 말 그대로 '下級의 智慧(者)'로 해석될 수 있기에 과연 이것이 상급자의 이름자로 적합했을지 의심스럽기 때문이다. 게다가 고대일본의 소위 '前白木簡'들에서는 수신자가 한 사람인 경우가 대부분이라는 점도[14] 참고해야 할 것이다. 이러한 점들을 통해서 볼 때, '彌卽等智大舍下智'는 두 사람일 확률보다는 한 사람일 확률이 높다는 점에서 이름은 '彌卽等智'요, 관등은 '大舍下智'인 인물에게 '眞乃滅 村主'가 보고하는 것으

---

12) **食** ⑤引申爲主食. ⑥泛指食物. ⑦糧食. ⑧特指米, 谷物的子實.(『漢語大詞典』)

13) **去** ⑤去掉; 除去. ⑦失去; 損失.(『漢語大詞典』)

14) 이치(2010: 457-459)에 제시된 19점의 '前白木簡'을 바탕으로 할 때, "○○等前~" 3건(④, ⑨, ⑮), 판단 불가 1점(⑧: ㄷㄱ…前)을 제외한 나머지 15건의 수신자가 1인인 것으로 조사되었다(15/19≒78.95%).

로 해석하는 편이 좀더 자연스럽지 않은가 한다.

둘째, "宎言□法三十代告今三十日食去白之" 부분에 대한 해석에서는 "宎言□法", "代告", "卅日食去"에 대한 인식차가 드러나고 있다. 우선 "代告"는 3면에 이미 '代法'이 나왔으므로 '代'는 '卅'에 붙여 해석해야 할 것이다. 다음으로 "宎言□法"은 "宎에 대하여 □法으로 말하다"로, "卅日食去"는 "30일의 (糧)食을 (失)去하다"로 해석하는 것이 어떨까 한다. 「宎」자의 기본적인 뜻은 '녹봉'이므로 "宎言"을 "살펴 말하다"로 해석하기는 어렵지 않은가 한다. 필자도 「宎」→「采」=「彩」의 통용 관계를 상정하여 "꾸며서(=거짓으로) 말하다."라는 해석안을 생각한 적이 있으나, 몇 단계의 가정을 상정한 것이기에 불안감을 떨치기 어려웠음도 덧붙인다. "卅日食去"는 정격한문이라면 "去卅日食"이겠지만, 이 목간에 '~中', '-白之' 등 변격한문 내지 속한문에 해당되는 표현들이 나오므로(후술) 어순 문제는 크지 않은 것으로 판단한 것이다. 손환일의 "30일을 머무르다 갔음"이라는 해석안에는 경상도 방언에 '食'과 '宿'을 다같이 '묵다'로 말함에서 착안된 것으로 판단되나, 고대에도 동일했으리라는 보장이 없을 뿐만 아니라, 그렇다 하더라도 '묵다'를 어렵지 않은 「宿」자 대신에 「食」자로 대신했을 가능성은 그리 높지 않을 것이기 때문에 받아들이기 어렵다. 박남수 교수의 "이제 30일 식량으로 가서 사뢰니다."는 「去」자의 기본 의미인 '가다'만 생각함으로써 문장이 어색하게 되고 말았다. 김창석 교수의 "30일의 식료는 없애야 합니다."라는 해석안은 필자의 생각과 통하는 점이 없지 않은데, '去'의 의미를 김 교수는 '除去' 쪽에 초점을 맞춘 것이라면, 필자는 '失去' 쪽에 초점을 맞춘 것이라 할 수 있다. 현재의 필자로서는 다른 해석안들보다 주어나 목적어의 보충 없이도 '발신자: 眞乃滅 村主, 수신자: 彌卽等智大舍下智, 위법자: 伊毛罹 及伐尺'의 관계를 首尾一貫 적용할 수 있는 장점이 있다고 생각되어 필자의 해석안을 유지하고자 한다.

19. 가야5599호 양면 묵서목간

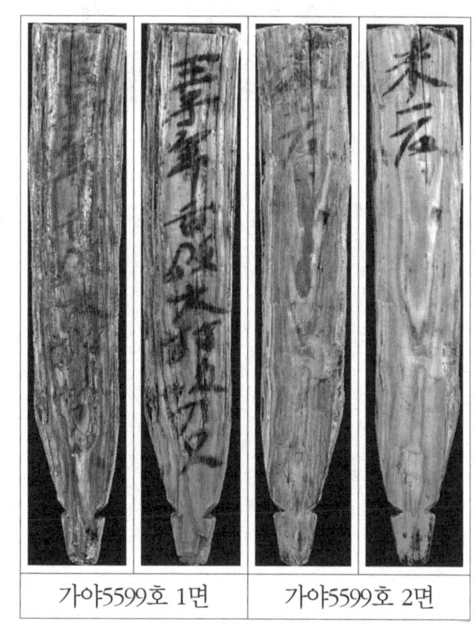

가야5599호 1면	가야5599호 2면

【판독안】

- 최장미: 「王子寧□□大村□刀只/ 米一石」
- 손환일: 「壬子年(武伐)大村之刀只」(1면)
  「米一石」(2면)
- 가야연: 「壬子年□(改)大村□刀只∨」(Ⅰ)
  「米一石∨」(Ⅱ)
- 권인한: 「壬子年□□大村□刀只∨」(Ⅰ)
  「米一石　　　　　　∨」(Ⅱ)

※1면의 제1~3자는 최장미의 안과는 달리 가야연에서 '壬子年'을 인정한 이상 특별히 보탤 말은 없다. 이 목간에 관한 한 손환일 선생의 공을 인정해야 할

것이다. 제4, 5, 8자는 자형이 자못 특이하여 미상자로 남겨둘 수밖에 없으나, 제5자는 「阪」자의 느낌이, 제8자는 앞서 본 가야5594호의 「負」자와 비슷하다는(단, 글자의 중심선이 우측으로 치우쳐 있는 문제점은 있음) 정도의 의견만 보태기로 한다.

【해석안】
"壬子年에 □□大村(지명)에 사는 □刀只(인명)이 (보낸) / 쌀 한 섬"

20. 가야5600호 양면 묵서목간

【판독안】

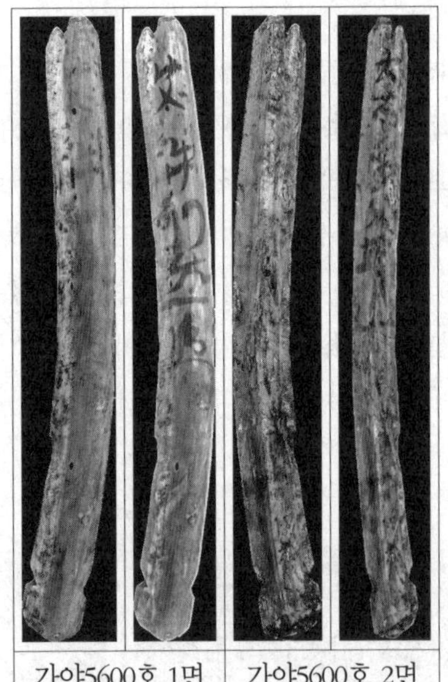

가야5600호 1면 | 가야5600호 2면

◦ 최장미: 「□□利□一負/ 六石□□□」
◦ 손환일: 「波泮利休一負」(1면)
　　　　　「六石□□□」(2면)
◦ 가야연: 「皮牛利烋鳥∨」(Ⅰ)
　　　　　「六□□□□∨」(Ⅱ)
• 권인한: 「皮牛利烋□　　∨」(Ⅰ)
　　　　　「大□□　　　　∨」(Ⅱ)

※판독이 쉽지 않은 목간 중의 하나다. 1면 제5자를 제외하고는 가야연의 안을 따르고 싶다. 제5자는 좌변의 수직 획(丨)이 문제인 바, 이것이 실획이라고 판단하여 미상자로 본 것이거니와, 만약 이것이 실획이 아니라면 「負」자의 느낌이 있다는 정도를 부언해둔다. 2면 제1자는 기존에 「六」자로 판독해왔으나, 필자는 「大」자로 보고 싶다. 제2자는 「南」자로 추독한 것인데, 이렇게 되면 이 목간은 앞서 본 가야5596호 목간(小南兮城~)과 관련성이 있다고 보아 제5자를 「城」자로 추독한 것임도 밝혀둔다. 필자의 판독안이 사실이라면 1, 2면의 순서를 바꾸는 것도 생각해볼 일이다.

【해석안】
"皮牛利(인명)와 烋□(인명?) / 大南□□城(지명) ……"
(또는 "大南□□城(지명) …… / 皮牛利(인명)와 烋□(인명?) ……"

21. 가야5601호 단면 묵서목간

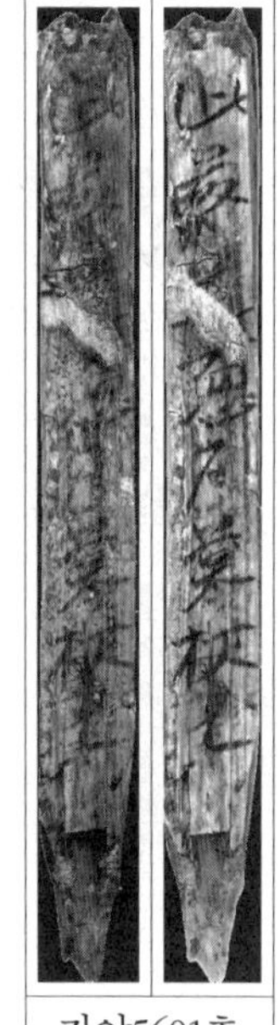
가야5601호

【판독안】

◦ 최장미: 「此發□德石莫杖(之,乙)」

◦ 손환일: 「此發□德石莫杖之」(1면)/「」(2면)

◦ 가야연: 「此發□德(石)莫杖之」(I)

• 권인한: 「此發□悳石(莫)杖之」(I)

※제6자는 '莫'의 하부에 점(丶)의 먹흔이 남아 있어서 과연 「莫」자일까 의심스러운 글자로 본 것이다.

【해석안】

"이 바리[發]는 □德石莫?(인명)이 杖한 것이다."

※「杖」의 동사적 용법의 뜻은 "지게로 지다/옮기다" 정도일 듯하다(주보돈 선생님의 교시에 의거).

III. 함안 목간의 국어사적 의의

이 장에서는 앞 장에서의 신출토 목간 판독 및 해석안을 바탕으로 6세기 중·후반의 언어문화사적 논의를 전개하고자 한다. 이를 위하여 음운사적, 문법사적, 표기·어휘사적 측면으로 나누어 대표적인 사례들을 중심으로 국어사적 의의에 대하여 논의할 것이다. 논의의 필요에 따라서는 기존에 보고된 목간들도 포함시켜 논의할 것인 바, 이때에도 가야연(2017b)의 목간번호와 판독안을 따르는 것을 원칙으로 할 것임을 밝혀둔다.

1. 음운사적 측면: 신라한자음의 양상

1) 「仇」↔「丘」의 이표기

[자료 1] ①丘利伐/卜今智上干支奴/徐利巳支負 〈가야5592〉

②仇利伐/上彡者村□□(奴)□ 〈가야5589〉

③仇利伐/夫及知伐奴人/宍巳礼負 〈가야5593〉

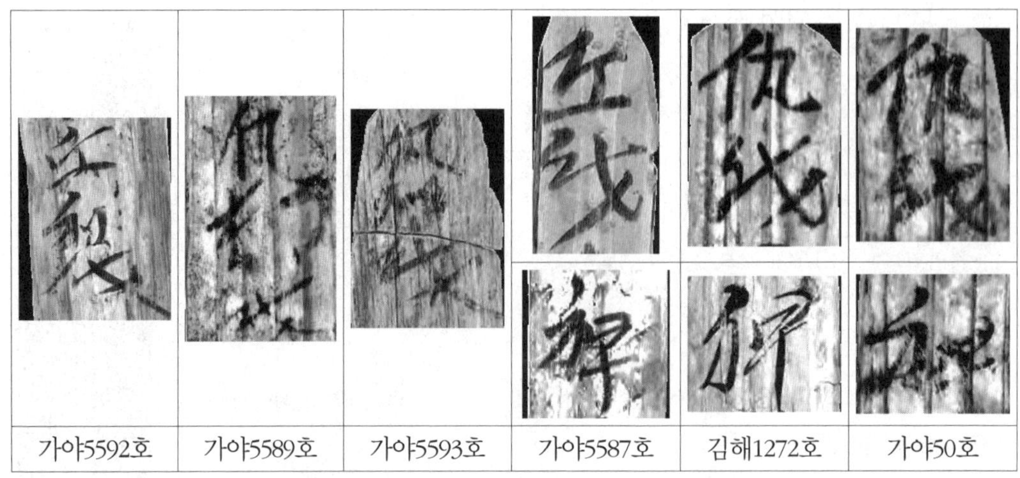

가야5592호	가야5589호	가야5593호	가야5587호	김해1272호	가야50호

④丘伐未那早尸智居伐尺奴/能利知稗石 〈가야5587〉
⑤仇伐干好村卑尸稗石 〈김해1272〉
⑥仇伐阿那舌只稗石 〈가야50〉

[자료 1]은 지명표기인 '丘利伐'↔'仇利伐'(①~③), '丘伐'↔'仇伐'(④~⑥)의 이표기 관계를 상정할 수 있음을 보여주고 있다. 전자의 경우는 특히 5592호와 5593호 목간에 묵서된 「利伐」의 필치뿐만 아니라 기재방식(인명 정보의 割註 형식 기재), 목간 형상(하부 묶기홈) 등의 면에서 동일 지역[15] 목간일 것이 거의 확실하므로(단, 5589호 목간은 異筆 가능성 존재), 후자의 경우도 「伐」자와 「稗」자의 필치가 동일인의 필적인 듯이 느껴질 뿐만 아니라(특히 「稗」자의 좌변 처리) 목간 형상에서도 하부 묶기홈이 없는 공통점이 있어서 역시 동일 지역[16]의 목간일 것이 거의 확실하므로 '丘利伐'↔'仇利伐', '丘伐'↔'仇伐'의 이표기 관계를 상정할 수 있기 때문이다. 따라서 두 종류의 이표기들을 통하여 당시 신라의 한자음에서 「丘」·「仇」자의 음이 동일하였음을 알려준다는 점에서 음운사적 의의를 찾을 수 있다. 이들의 中古音(MC) 音位를 보이면 다음과 같다.

「丘」: MC. 『廣韻』 去鳩切, 平尤, 溪
「仇」: MC. 『廣韻』 巨鳩切, 平尤, 羣

위에서 보듯이 두 글자는 聲母上으로 溪母(/k'-/) vs. 羣母(/g-/)의 차이만 존재하는데, 두 글자가 同

15) '仇利伐'은 충북 옥천 또는 안동시 임하면 지역으로 비정되고 있다. 이경섭(2011), pp.539-544.
16) '仇伐'은 경북 의성군 단촌면 일대로 비정함이 일반적이다. 이경섭(2011), p.544.

音이라면 당시 한자음에서 두 성모 사이의 有氣 vs. 無氣, 無聲 vs. 有聲 자질이 中和됨으로써 두 글자의 初聲이 無聲無氣音 /k-/[ㄱ]로 발음되었음을 알려주기 때문이다.

이와 비슷한 대응 관계를 보여주는 자료로는 신라 外位 '及伐尺~急伐尺~居[伐]尺'의 이표기를 들 수 있다(윤선태(2016) 참조). 이들은 각각 가야2639호, 가야2005호 목간, 울진봉평리신라비에 등장하는 표기들이다.

「及」: MC. 『廣韻』 其立切, 入緝, 羣
「急」: MC. 『廣韻』 居立切, 入緝, 見
「居」: MC. 『廣韻』 九魚切, 平魚, 見 ~ 『廣韻』 居之切, 平之, 見

위에서 보면 「及」자와 「急」·「居」자는 聲母上으로 羣母(/g-/) vs. 見母(/k-/)의 차이만 존재하므로 세 글자의 초성이 無聲無氣音 /k-/[ㄱ]로 발음되었을 가능성을 볼 수 있다. 따라서 6세기 중·후반 신라 한자음의 牙音 계열에는 無聲無氣音 /k-/[ㄱ]만 있었을 것으로 추정할 수 있는데, 함안 목간 자료를 통하여 이 사실을 입증할 수 있다는 점에서 그 의의는 크다고 할 것이다.

한편, 위의 이표기들에서의 韻母의 同音關係 성립 여부에 대해서는 「居」자의 제2음 '居之切'을 기준으로 그 가능성을 찾을 수 있음도 특기할 만하다. 「及」·「急」자가 緝韻(/-ĭěp/⇒ SK. 급)이고 「居」자의 제2음이 之韻(/-iəɪ/⇒ SK. *긔)이므로(이상 MC 기준) 이들을 비교해보면, 韻腹音에서의 相似性이 찾아지기 때문이다.[17] 물론 양자 간에는 韻尾音 /-p/ vs. /-ɪ/의 차이가 儼存해 있으나, 우리의 차자 표기에서 이들의 차이가 捨象되는 경우를 볼 수 있기에(예: 多斯只縣[一云沓只]〈사기34·잡지3·지리1〉) 이러한 가능성을 추구해볼 만한 것이기 때문이기도 하다.

2) '發'[바리]↔'負'[짐]

[자료 2] ①此發□悳石(莫)杖之 〈가야5601〉
②此負刀寧負盜人有 〈가야2640_Ⅱ〉
③古阤伊骨利村阿那(衆)智卜利古支/稗發 〈가야27〉
④古阤一古利村阿那弥伊□(久)/稗石 〈가야2006〉

[자료 2]는 함안 목간에 쓰인 '發'[바리]가 한편으로는 '負'[짐]과 類意關係를 이루면서(①~②) 또다른 한편으로는 '一石'에 상응하는 수량사로도 쓰였음을 보여준다(③~④). 이런 점에서 윤선태(2012: 166)에

---

17) 「居」자의 복수음에 관한 정보는 한경호 박사의 도움을 받았음을 밝혀 고마운 뜻을 전한다. 그 복수음의 음상을 '*긔'로 재구한 것은 同音字 「基」자의 중세 한국한자음에 의거한 것임을 밝혀둔다.

서 "負와 發은 서로 교환해서 사용할 수 있는 어휘이며, 이 경우 發 역시 負와 같은 세금 꾸러미의 일종일 가능성이 높다. …… 바리는 '곡식 한 바리'처럼 '소나 말 따위의 등에 잔뜩 실은 짐을 세는 말'이다. 發은 바리와 발음이 근사하기 때문에 이 發은 바리에 대한 신라식 이두 표기가 아닐까 생각된다."라고 한 점에 동의한다.[18] 따라서 이러한 '發'에 대하여 필자는 6세기 중·후반 신라에서 '바리'라는 어형을 音寫한 글자로 추정하며,[19] 이것이 현대의 '바리'로 이어지는 것으로 보고자 한다. 이렇게 되면 중국어의 /-t/ 입성자가 6세기 중·후반에 이미 전통한자음과 같이 /-ㄹ/ 종성으로 정착되었음을 의미할 가능성이 농후하다는 점에서 그 의의가 多大하다 하지 않을 수 없다. 이기문(1998: 88)에서 "가령 지명 표기에서 '勿'자로 '믈'(水)을 나타낸 사실이라든가, 향가에서 대격 어미로 '乙'자를 사용한 사실 등은 이 특징이 신라 시대에 소급함을 명시하고 있다."라고 한 근거를 바로 함안 목간에서 찾을 수 있기 때문이다.[20]

한편, [자료 2]-③, ④에 보이는 '伊骨利村'과 '一古利村'은 동일한 '古阤(郡)' 지역(경북 안동 일원 추정)의 지명 이표기일 가능성이 제기된 바 있거니와(하시모토 2014: 73 등), 특히 '骨利'와 '古利' 사이의 同音性을 설명함에 있어서 日本語史에서 흔히 언급되고 있는 連合仮名(佛經 漢譯에서 Sanskrit어의 'namo'를 '南無'로 음차한 것과 同軌)를 적용한다면, '[-고ㄹ·리] → [-고리]'로서 /-t/ 입성자「骨」자의 당시 한자음이 이미 [골]에 근접하였다는 가정이 필요하다는 점에서 역시 위에서 말한 중국어의 /-t/ 입성자가 6세기 중·후반에 이미 전통한자음과 같이 /-ㄹ/ 종성으로 정착되었을 것이라는 필자의 주장을 뒷받침하는 예가 될 수 있겠다.[21]

3) '-支'↔'-只'

[자료 3] ①-支 〈가야2636(×古阤一古利村本波∨/阤々支稗發∨)〉
　　　　 ②-只 〈가야4685(　古阤一古利村本彼∨/阤々只稗發∨)〉

---

18) 이 '發'에 대하여 이승재(2017: 159)에서는 "위의 '稗發'은 모두 '피 (한) 발'로 해독되므로, '發'은 현대어의 '발'에 해당하는 단위명사일 가능성이 크다. '발'은 사전에서 '가늘고 긴 대를 줄로 엮거나, 줄 따위를 여러 개 나란히 늘어뜨려 만든 물건'이라고 풀이하였으나, 그 용도가 더 중요할 것이다. '발'은 기계의 위에 얹어서 물건을 받칠 때에 사용한다. 이때의 '稗'는 아마도 탈곡을 하지 않은 상태 그대로 '發'에 얹어 지게로 지고 온 것이 아닌가 한다."라고 함으로써 의견을 달리하고 있다. 말하자면 '지겟발'로 본 셈이나, [자료 2]-③, ④에서처럼 '發'이 '石'에 상응하는 수량사로 나타나는 예를 보지 못한 상태에서의 추정일 것이므로 받아들이기 어렵다.

19) '閼英井[一作娥利英井]〈유사1·기이1·신라시조혁거세왕〉 참조.

20) 이러한 변화 기제는 중국에서의 t-입성음의 변화([t→d→r→Ø])에 의한 것이라기보다는 佛經 독송음이라는 외부적인 영향에다가 한국어 내부적으로 음절말 /ㄷ/이 稀少한 음절구조적 편향성이 겹쳐진 't→r'의 유추적 전이의 결과로 보고자 한다. 이기문 선생의 설명 기제인 중국어에서의 t-입성음의 변화는 시기적으로 8~10세기의 일이어서 함안 목간과는 시대적 相距가 크기 때문이다. 강신항(2008/2012, 2013/2017), 위국봉(2012), 이승재(2017) 등 참조.

21) 이누카이(2014: 134)에서도 '伊骨利'에 대하여 表音字末音添記=連合仮名例의 하나로 보아 'i·kuɾ+ri → ikuri'로 설명한 바 있다. cf) 일본의 사례: '獲加(多支鹵)' 'wak+ka → waka'.

[자료 3]은 함안 목간에서 드물게 찾아진 인명 이표기라는 점에서 주목할 만하다.[22] 왼편의 사진에서 보듯이 필체 및 부호 사용면에서 동일인의 이표기로 인정함에 전혀 손색이 없기 때문이다.

가야2636호_Ⅱ	가야4685호_Ⅱ

「支」: MC.「廣韻」章移切, 平支, 章

「只」: MC.「廣韻」章移切, 平支, 章(又上聲)

위에서 보듯이 두 글자는 同音字이므로 이와 같은 이표기 관계가 성립됨에 아무런 문제가 없다.

4) '本波'↔'本彼'

[자료 3] ①本波 〈가야72(須伐_), 1590(本波大村), 2038(古阤_), 2636(古陁一古利村_), 5595(甘文_), 진주1268(甘文_(居)(村)), 1279(甘文_王村)〉

②本彼 〈가야4685(古陁一古利村_)〉

③本破 〈가야2038(古阤_)[23]

[자료 3] 중 가야2636호와 4685호를 비교해보면, '本波'와 '本彼'는 이표기 관계에 있음이 확실한 것으로 판명된다. 동일 지명의 후부 요소로서 「波」자와 「彼」자의 교체를 보여주기 때문이다. 여기에 가야2038호에서의 '本破'도 판독상의 문제가 없지는 않으나 古阤 지역의 지명 후부 요소라는 점에서 이표기 자료로 다룰 수 있는 것으로 판단된다.

「波」: MC.『廣韻』博禾切, 平戈, 幫. OC. 歌幫平(李方桂 par/ 鄭張尙芳 paal)

「彼」: MC.『廣韻』甫委切, 上紙, 幫. OC. 歌幫上(李方桂 pjar/ 鄭張尙芳 pral?)

「破」: MC.『廣韻』普過切, 去過, 滂. OC. 歌滂去(李方桂 pharh/ 鄭張尙芳 phaals)

위에서 보듯이 두 글자는 중고음(MC)으로는 聲母만 일치할 뿐 韻母의 차이가 크나(한국한자음에서도 각각 '파', '피', '파'의 차이가 있다), 상고음(OC)으로는 聲調의 차이와 聲母의 차이가 있으나, 韻部에서의

22) 이 예들이 이표기 관계에 있음은 가야문화재연구소 박현정 연구원의 발표를 통하여 알게 되었음을 밝혀 謝意를 표한다. 박 연구원은 仇利伐 목간들에서의 '毛利支'↔'牟利之' 표기도 이표기 관계일 가능성을 제기한 바 있으나, 목간들의 표기 형식이나 지역면에서 차이가 보이므로 이들은 논의 대상에서 제외된 것임도 밝혀둔다.

23) 권인한(2008b: 89)에서 이 예를 "古阤本破"로 판독한 것에 의거함.

核母音이 모두 /a/로 동일한 글자임이 주목된다. 성모의 차이는 고대국어에서의 유기음 미발달로 설명될 수 있으므로, 세 글자의 同音性은 일단 상고음에 그 연원이 있을 가능성이 있다. 다만, 상고음의 시대로까지 소급시키기에는 함안 목간의 제작 연대가 6세기 중·후반임을 감안하면, 두 글자의 同音性은 상고음과 중고음 사이에 있는 魏晉南北朝代에 남아 있는 상고음의 흔적으로 설명됨이 현실적일 것이다(권인한 2008b: 91 참조). 이것은 당시 신라한자음에 1), 2)에서 본 중고음에 근접한 층위 외에 상고음의 흔적으로 추정되는 층위도 존재하였음을 알게 해준다.

결론적으로 함안 목간 제작 당시의 신라한자음은 舊音((4))과 新音((1), (2), (3))이 공존하는 重層的 체계를 이루었을 것으로 추정해도 좋을 것이다. 이것은 권인한(1997: 299~306)에서 고대 한국한자음에 상고음, 중고음의 층위가 공존함을 2차 사료들에 나오는 고유명사들로 추정한 것을 함안 목간의 자료들로써 입증하였다는 점에서 그 의의가 多大할 것이다.

2. 문법사적 측면: 이두 발달의 정도

1) '-之'

[자료 4] ①甘文城下麥十五石甘文本波/伊次只去之 〈가야5595〉
②甘文城下□米十一斗石大村卜只次持去Ø 〈가야2026〉
③三月中眞乃滅村主憹怖白Ø/□城在弥即等智因舍下智去白之/即白先節卒日代法稚然/伊毛罹及伐尺寀言□法卅代告今卅日食去白之 〈가야5598〉
④六月中□多馮城□(者)村主敬白之烏□□成行之/□□智伐大□□也功六□大城從人士卒日/□去(走)石日(率)(此)□□更□荷(秀)□/卒日治之人(此)人烏馮城置不行遣之[24] 白Ø 〈가야2645〉
⑤此發□悳石(莫)杖之 〈가야5601〉
⑥…(殂)鐵十之 〈가야47〉
⑦甘文城下麥十五石甘文/本波加本斯稗一石之 〈가야4687〉

종결사 용법의 '–之'에 대한 논의는 김병준(2011)에서 秦·漢代 간독들에서도 동사구에 후행하는 사례들이 소개된 이후, 그 앞에 동사(구)가 오느냐, 명사(구)가 오느냐에 따라 吏讀의 발달 여부를 가리는 방향으로 그 초점이 전환된 바 있다(권인한 2013a: 145–147).

[자료 4]에서 보듯이 함안 목간들에 보이는 종결사 용법의 '–之'는 '(持)去(之)', '白(之)', '成行之', '治

24) 이승재(2017: 259)에서는 이 글자를 「乙」로 판독하고 목적격조사로 해석하고 있으나, 이두에서 목적격조사가 나타나는 최초 사례가 10세기 자료인 「醴泉鳴鳳寺 慈寂禪師碑陰銘」(939)라는 점에서(이용 2017: 119) 시기적으로 맞지 않다고 보아 가야연의 판독안을 따른 것이다.

之', '-行遣之' 등과 같이 동사(구) 뒤에 오면서 '-之'가 생략되기도 하는 예들과(①~④) '□悳石莫?杖(인명)+之', '十之', '一石之' 등에서처럼 체언 뒤에 오는 예들로(⑤~⑦) 양분되고 있다. 말하자면 함안 목간들 '-之'는 중국의 한문 어법과 동일한 예들과(①~④) 중국의 한문 어법을 넘어서는 예들이(⑤~⑦) 혼재하는 양상을 보인다고 할 수 있다. 다만, 중국의 한문 어법을 넘어서기 시작하였으되, 선어말어미 '-在-' 등에 후행하는 사례가 보이지 않는다는 점에서[25] 아직은 초기 이두의 상태에 머무른 것으로 봄이 옳을 것이다.

이러한 주장을 뒷받침하는 것으로는 [자료 4]의 ③~④에 보이는 "某月中", ①~②, ⑦에 보이는 "某城下麥/□米"의 예들 외의 [자료 4']에 보이는 '-中', '-下'의 예들을 들 수 있다.

2) '-中', '-下'

[자료 4'] ①正月中比思伐…… 〈가야2639_Ⅰ〉
②三月中鐵山下麥十五斗 〈가야4686_Ⅰ〉
③甘文城下麥本波大村毛利只/一石 〈가야1590〉,
④夷津支城下麥王□巳珎兮村/弥次二石 〈가야2025〉
⑤夷津支下麥烏列支負/□□□石 〈가야2058〉
⑥小南兮城麥十五斗石大村 〈가야5596〉

[자료 4, 4']에 보이는 체언류에 후행하는 '-中', '-下'의 예들도 김병준(2011) 이후 중국의 한문 어법과의 정밀 비교로써 이두의 발달 정도를 가리는 방향으로 논의의 초점이 전환된 바 있다(권인한 2013a: 148-149).

우선 [자료 4]의 ③~④, [자료 4']의 ①~②에 보이는 '-中'은 한결같이 "某月中"으로 쓰이고 있어서 시간·공간을 나타내는 명사가 아닌 일반명사 뒤에 쓰인 사례(예: "國法中"〈「단양신라적성비」〉, "經中"〈월성해자 149호 목간〉 등)이 전혀 보이지 않는다는 점에서 아직은 신라적 변용에 도달하지 못한 상태임을 보여주고 있다.

다음으로 [자료 4]의 ①~②, ⑦, [자료 4']의 ③~⑤에 보이는 '-下'도 지명 뒤에만 쓰이고 있어서 '-中'과 함께 처소를 뜻하는 부사격조사의 용법이기는 하지만 중국의 한문 어법과 다르지 않다. 이는 '-下'가 조사 용법임은 앞서 말한 대로 [자료 4']의 ⑥에서와 같이 지명 뒤에서 생략되기도 한다는 점에 근거한다.

결론적으로 함안 목간들에서의 이두의 발달 정도는 아직은 초기적 양상을 벗어나지 못한 상태임을 조

---

25) 이승재(2017: 260)에서는 위의 [자료 3]_④의 3행에 보이는 "走(石)日"을 "走在日"로 판독하고 이를 "가려는 날"로 해석함으로써 선어말어미 '-在-'의 존재를 인정한 바 있다. 그러나 해당 자형( )은「在」자로 보기에는 의심스러운 점이 있다고 보아 그 존재를 받아들이지 않았음을 밝혀둔다.

사 용법의 '-中', '-下'의 예들로써 뒷받침되는 것이다. 다만, [자료 4]_④의 4면에 보이는 "人此?人"에 대하여 이승재(2017: 260)에서 지적된 것처럼 '此'를 훈독하여 석독구결에서의 "佛刂菩薩"(부처와 보살)의 구조와 동일한 것으로 보게 되면 일종의 고대국어적 접속조사를 표기한 것으로 볼 수 있어서 6세기 중·후반에 이미 이두의 발달이 어느 정도 진행된 상태인 것으로 결론지을 수도 있겠다.

3. 어휘사적 측면: 말음첨기로 본 신라의 어휘

1) 말음첨기와 어형 재구

[자료 5] ①文尸 - *글 〈가야1597, 2004~2005〉
②蒜尸 - *마눌(〉마늘) 〈가야79〉

末音添記란 "'川理', '心音' 등에서의 '理', '音'과 같이 語形의 示唆를 위하여 訓讀字 밑에 받쳐 적는 字들"(김완진 1980: 18)을 말하는데, 달리는 訓主音從式 표기라 부르기도 한다. '川理'를 예를 들어 설명하면, '川'을 '나리'로 읽었음을 둘째 음절에 받쳐 적은 '理'자로써 알 수 있게 해주는데, 따라서 '川', '心'과 같은 뜻글자들의 어형이 각각 '나리', 'ᄆᆞᅀᆞᆷ'으로 재구될 수 있는 직접적인 근거가 된다. [자료 4]의 예들에서도 고대한국의 차자표기에서 종성 /-ㄹ(또는 ㅭ)/을 표기하는 글자인 '-尸'가 첨기되어 있으므로 각각 '글'(文), '마놀'(蒜)이 당시에 실재한 어휘였던 것으로 재구할 수 있게 된다.

이 방면의 최근 연구로 가장 주목되는 논의는 이승재(2017)인데, 이 교수는 고대한국의 거의 모든 목간들을 망라하여 목간에 기록된 고대한국의 단어를 (1)수사, (2)단위명사, (3)보통명사, (4)동사류, (5)문법 형태로 분류하여 정리한 바 있다. 여기에서는 이들 중 함안 목간에 관련된 예들을 중심으로 필자의 의견을 보태는 정도로 논의하고자 한다(단, (5)문법 형태에 대한 것는 Ⅲ장 2의 논의로 대신함).

2) 수사

[자료 6] ①…酒四刂瓮 - *너리 〈가야2639_Ⅱ〉
②…丁六十巳?/丨彡… - *륙십다숨 〈가야2645_Ⅱ/Ⅲ〉

이승재 교수의 판독안에 따르면, 위의 두 수사는 사실인 듯이 여겨질 수 있다. 그러나 여기에서 가장 중요한 것은 판독안인데, 가야연의 판독안이 이와는 다르다는 점이 문제이다. 가야연의 해당 부분의 판독안은 "…酒四斗瓮", "…士六十日/□去…"인데, 이것이 사실이라면 이 교수의 주장은 설 자리를 잃게 될지도 모른다.

실제 왼편의 적외선 사진을 통해서 보면, "四刂"인지, "四斗"인지(2639호), "丁六十巳/丨彡"인지, "士

六十日/□去"인지(2645호)의 구별이 쉽지 않다. 필자의 잠정적인 판독안은 각각 "四 𡈽", "六十日/(元)彡" 정도로 잡고 싶다. 따라서 이승재 교수의 수사론에서 핵심을 차지하는 글자들인 'ㅣㅣ'(리), '巳'(ㅂ/읍), 'ㅣ'(다)의 존재가 객관적으로 입증되지 않은 것으로 보아 현재의 필자로서는 可否間의 판단을 유보할 수밖에 없음을 밝혀둔다.

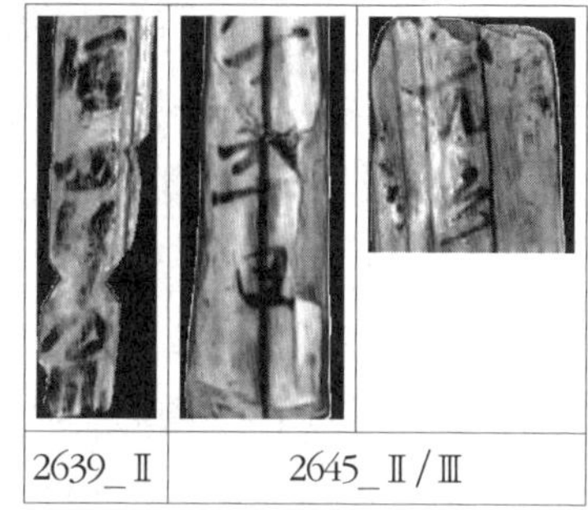

2639_Ⅱ | 2645_Ⅱ/Ⅲ

3) 단위명사

[자료 7] ①石/𠀤 - *셤 〈가야28, 30~31, 41, 46, 49~50, 52, 59, 61, 67, 69, 70, 75~76, 81, 90(?)[26], 1590(一石), 1595, 1598~1600, 1620, 1982, 1986(?), 1987, 1990, 1993~1995, 1996(一石), 1998, 2000(?), 2004~2007, 2009(一石), 2010, 2014~2019, 2023~2024, 2025(二石), 2027~2029, 2043, 2050~2051, 2054, 2056, 2057(?), 2058, 2391, 2614, 2628, 2630, 2633, 2641(一石), 4687^2, 4694, 5581, 5584, 5587, 5595(十五石), 5599(一石), 김해1270, 1272, 1280(一石), 1289〉

②斗 - *말 〈가야2026, 2639(?), 4686, 4692, 5596〉

③發 - *발 〈가야1623, 2636, 4685, 5601, 진주1283〉

④缸 - *항? 〈가야1602_Ⅱ〉

⑤瓵 - *?? 〈가야2645〉

[자료 7]_①~③의 '石', '斗', '發'에 대해서는 필자도 그 존재 및 釋讀에 대하여 동의하는 단위명사들임에 비하여 ④~⑤의 '缸', '瓵'에 대해서는 판독상의 문제로 그 존재에 대하여 동의하지 않는 것들이다.

④~⑤의 '缸', '瓵'에 대한 가야연의 판독안은 둘 다 미상자로 보고 있다. 가야1602호_Ⅱ면 제3자( )나 가야2645호_Ⅱ면 제11자( ) 두 글자 모두 묵흔이 불분명한 부분이 많아 어떤 글자인지 알아보기 어렵다는 가야연의 판독안에 필자도 동의하므로 두 단위명사의 존재에 대하여 현재의 필자로서는 판단을 유보할 수밖에 없다.

[자료 7]_①의 '石/'에 대하여 남아 있는 과제는 어떤 연유로 이를 "셤>섬"으로 훈독하게 되었느냐를 설명하는 일이다. 개인적으로 이 문제에 대하여 남풍현 선생님으로부터 「占」자와 관련이 있을 것이라는 말씀을 들은 적이 있다. 그러나 「占」자의 중세한국한자음이 'R~L졈'이어서 "셤"과의 한자음 대응관계를 어떻게 설명해야 할 것인가에 대하여 의심과 고민을 반복하고 있었다.

26) 목간번호 뒤에 의문부를 둔 것은 문맥상 이 글자가 해당 예로 봄이 정확한 것인지 단정하기 어려움을 표시한 것이다. 이하 같음.

그러던 중 이승재(2017: 127)에 인용된 崇福寺碑銘에서의 "益丘壟餘壹百結 酬稻穀合二千苫"(丘壟(왕릉)에 1백여 結을 사서 보태었는데, 값으로 치른 벼(稻穀)가 모두 2천 苫이었다.)[27]라는 구절을 대하면서 약간의 해결 실마리를 찾게 되었다. 그것은「苫」자에서 省劃한 자형인「占」자의 자형이 '石' 내지 이와 근사한 것이라면 "섬"의 연원을 설명할 수도 있겠다는 것이었다. 실제「苫」자는 'L졈~R셤'의 음을 지니므로[28] 한자음의 대응에 관한 설명에는 문제가 없는데, 문제는 자형 '石'에 대한 설명에 있다. 우연히 漢代의 簡牘들에서의「占」자의 자형들(前漢 馬王堆帛書 前漢 銀雀山竹簡 漢 武威漢簡)을 살피면서 약간의 가능성을 발견하기에 이르게 되었는 바, 여기에 東大寺圖書館藏『大方廣佛華嚴經』권12~20(740년대 추정) 196행에 보이는 新羅 角筆字「占」자의 자형이[29] 왼편에서 보듯이 상단의 가로획이 상당히 짧은 것이 특징임을 알게 되면서 이러한 자형 위에「一」자가 놓이게 되면 함안 목간들에서처럼 "한 섬"의 의미를 지닌 '石'의 자형으로 나타날 수 있었으리라 생각하게 된 것이다.[30]

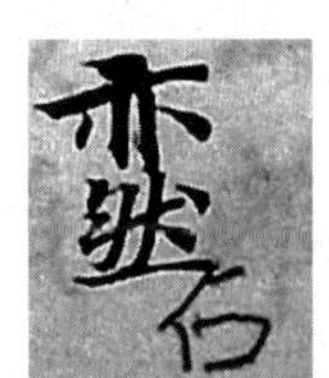

4) 보통명사

[자료 8] ①負 – *짐 〈가야32, 34~37, 39, 55, 1607, 1613, 1616, 1618(?), 1624, 1989, 1999, 2008, 2012, 2022, 2034, 2036, 2058, 2619, 2624(?), 2627, 2640^2, 4693, 5592~5594, 진주1279, 김해1287〉

②文尸 – *글 〈가야42, 1597(文尸只), 2004~2005(文尸伊), 2633호(文尸?□)〉

③糸利 – *시리(〉실[絲]) 〈가야2014_Ⅱ〉

④稗 – *피? 〈가야27~31, 40~41, 43, 44, 49, 50, 54, 56, 58~59, 63, 67~70, 74~75, 1593, 1597~1600, 1606, 1623, 1982, 1985, 1987~1988, 1990, 1992~1993, 1995~1998, 2003~2007, 2009~2010, 2014~2019, 2021, 2023~2024, 2027~2030, 2035, 2039, 2043, 2045~2047, 2050~2051, 2054, 2056, 2390~2391, 2614, 2628, 2630, 2633, 2636, 4685, 4692~4694, 5581, 5583~5585, 5587, 5591, 김해1270~1272, 진주1273, 김해1276, 1282, 진주1283, 김해1289〉

---

27) 원문 및 해석은 최영성(1998)에 의함. 이승재 교수의 인용문에는 "益丘壟餘二百結"로 되어 있다.

28) 苫 L졈 〈번소七:17a, 소학五:52a〉
R셤 ◀새닐 R셤〈자회下:8a/18a〉 권인한(2009), p.382 참조.

29) 이 자료에는「占」의 각필자가 몇 군데 더 나오는데, 대부분 감탄법 어미 '-ㄴ뎌!'의 자리에 쓰이고 있다.
(150행), (157행), (177행) 등.

30) 이승재(2017: 445)에서도 "의 연원이「苫」자에 있다는 것으로 결론을 내리고 있다. 필자가 보탠 것은 이를 실제 자형 자료로 써 어떻게 설명될 수 있느냐에 초점을 둔 것임을 밝혀둔다.

⑤麥 – *보리 〈가야46, 51, 1590, 1620, 2011, 2025, 2058, 4686~4687, 5595~5596〉

⑥米 – *ᄇᆞᄉᆞᆯ(>쌀) 〈가야2026(□米), 2641, 4697(旆米), 5599〉

⑦器 – *긔작(>기장) 〈가야1595〉

⑧蒜尸[31] – *마ᄂᆞᆯ 〈가야79〉

⑨太 – *콩? 〈가야1602_Ⅱ〉

⑩丁 – *마? 〈가야1602_Ⅰ〉

⑪益丁 – *더뎡?(>더덕) 〈가야1602_Ⅰ〉

[자료 8]의 ①~③은 일반명사, ④~⑪은 곡물/식물 명사로 크게 구분된다. 이 중에서 ⑤를 제외한 예들은 모두 이승재(2017)에서 논의된 것들이다. 이들 중에서 ⑨, ⑩, ⑪의 예들을 제외한 것들은 이 교수의 논의 결과에 동의한다. 다만, ④에 대하여 이 교수는 고대 어형을 "*피"로 재구하였으나, 고대국어에 유기음 /ㅍ/의 존재를 입증할 만한 자료가 없다는 점에서 과연 이 재구가 인정될 수 있을지 의심스러운 점은 있다. 혹여『訓蒙字會』에서「稗」자의 훈음이 "ᄀᆞ랏 패"〈上:5a/9b〉로 나타난다는 점에서 그 어형을 "ᄀᆞ랏" 계통으로 재구하는 방안도 생각할 만한 것으로 판단된다. 앞으로의 계속적인 탐구 과제로 남기고자 한다.

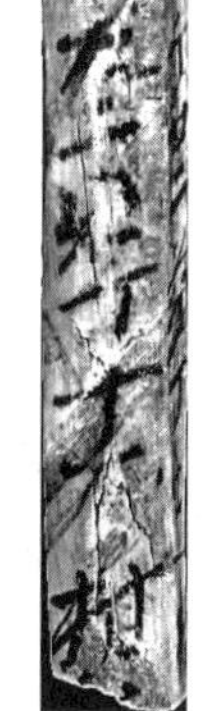

⑨의 예에 있어서는 판독 문제와 함께 국자「太」자의 등장 시기의 문제가 있다. 왼편에 보인 목간의 첫 글자가「太」자인지가 핵심인데, 가야연(2017b)의 판독안은 "□二□丁十一村"이어서 이 글자를 미상자로 보고 있기 때문이다. 이 글자를「太」자로 본 것은 가야연 측에서「二」자로 본 글자의 첫 획을「太」자의 점(丶)으로 보았을 것인데, 글자의 획간 거리도 그렇거니와 해당 묵흔은 점(丶)이라기보다는 짧은 가로획에 가까운 것으로 보기 때문에 이 교수의 판독안에 동의하기 어렵다.

설사 해당자를「太」자로 인정한다 하더라도 이 교수가 제3자를「缸」자로 보아 단위명사로 보고자 하였으나([자료 7]에 대한 논의 참조), 현재의 묵흔만으로는 해당 단위명사를 확정하기 어렵다는 문제점

불국사무구정광탑 중수기_68, 66	불국사무구정광탑 중수기_75, 66	불국사무구정광탑 중수기_55, 54	불국사무구정광탑 중수기_74, 58

31) 이 목간의 제3자를 권인한(2008a)에서는「子」자로 판독하여 '蒜尸子'를 "마ᄂᆞᆯᄡᅵ"로 해석하였으나, 가야연(2017b)에서는 이를 '蒜尸支'로 판독하였고, 실제 상단 가로획 우측 끝이 약간 위로 삐쳐올라가 있으므로「支」자로 판독할 만한 특성이 있으므로 이를 받아들여 "마ᄂᆞᆯ"만을 인정하는 것으로 수정하고자 한다.

이 있다.

여기에 더하여 필자의 조사에 따르면 國字 「太」의 등장은 「佛國寺 无垢淨光塔重修記」(1024)라는 점도 문제가 될 것이다. 근 500년에 가까운 시대적인 相距를 어떻게 극복할 수 있느냐가 관건이 될 것이기 때문이다.

⑩~⑪의 예에 있어서는 판독상의 문제와 해석상의 문제가 공존한다. 먼저 이 교수가 「亇」자로 판독한 글자에 대하여 가야연에서는 '亇'으로 판독한 것인데, 이것은 「丁」자 위에 부호가 얹힌 것으로 본 듯하다. "益丁"에 대해서 사학계에서는 "더한(늘어난) 壯丁"으로 보고 있는 차이가 있다. 결국 가야1602호 Ⅰ면에 대하여 이승재 교수는 "亇卄二 益丁四 村"으로 판독하여 이를 "마 22, 더덕 4 村"으로 해석한 데 대하여 가야연에서는 "•丁卄二 益丁四 村"으로 판독하여 "(부호) 장정 22명에서 4명이 늘어난 村"으로 해석함으로써(필자 추정) 문제가 발생하게 된 것이다. 위에서 말한 바와 같이 동일한 목간의 Ⅱ면에서는 곡물 뒤에 단위명사가 있는 것으로("太一缸") 본 것과는 달리, Ⅰ면에서는 식물 뒤에 단위명사가 없는 것으로 보는 것이 과연 자연스러운 것인지 의심이 들기 때문이다.

5) 동사류

[자료 9] ①持去 – *가져(?) 가다(〉가지고 가다) 〈가야2026〉
②去之 – *가다 〈가야5595〉
③作 – *짓다(〉빚다) 〈가야2639(…作前(瓷)酒…)〉
④有 – *잇다/이시다(〉있다) 〈가야2640(…盗人有)〉
⑤白(之) – *숣다(〉사뢰다/아뢰다) 〈가야5598_Ⅰ·Ⅲ(白), 가야2645_Ⅰ(敬白之), 가야5598_Ⅱ·Ⅳ(白之)〉
⑥成行之 – *일다(〉이루다/완성하다)? 〈가야2645_Ⅲ〉
⑦治之 – *다솔다(〉다스리다)? 〈가야2645_Ⅳ(卒日治之)〉

[자료 9]에서 보듯이 함안 목간에는 문서목간이 많지 않아 동사류 어휘가 그리 많지 않을 뿐만 아니라, "가다, 짓다, 있다, 사뢰다, 이루다, 다스리다" 등 구체적인 행위 관련 기초 어휘들이 주를 이루고 있다. 대부분 이승재(2017)의 견해에 동의하되, ⑥~⑦의 예가 나오는 가야2645호 Ⅲ·Ⅳ에 대한 판독 및 해석안에 학자들마다 약간씩의 차이를 보이고 있어서(이용현 2015 등) 앞으로 계속적인 고찰과 논의가 필요하다는 점을 덧붙이고 싶다.

Ⅳ. 맺음말

본고는 2017년에 공개된 함안 성산산성 17차 발굴조사분을 포함하여 함안 목간에 대한 언어문화사적 연구의 일환으로 작성된 것이다. 이를 위하여 신출토 목간 21점에 대한 판독 및 해석안을 도출한 후(Ⅱ장), 이들을 포함한 함안 목간 전반에 대한 국어사적 의의에 초점을 멎추어 고찰하고자 하였다(Ⅲ장).

Ⅱ장에서는 신출토 함안 목간 21점에 대한 정밀 판독 및 해석안을 도출하고자 하였다. 논의 결과 ①5583호의 제7자를 '斯'자로 판독한 점, ②5589호의 1행 제7자를 '奴'자로 볼 가능성을 제시한 점, ③5595호에서의 '甘文城下麥' 부분을 "甘文城 (근처)에서 난 보리"로 해석한 점, ④5598호에서의 2면 제6자를 '等'자로 판독함과 동시에 전체 해석안을 문맥에 어울리게 수정한 점 등에서 판독과 해석상의 새로운 안을 제출할 수 있었다.

Ⅲ장의 논의에서는 함안 목간 전체를 대상으로 국어사적 의의에 대한 고찰을 행하였다. 첫째, 음운사적 측면에서는 '仇利伐'↔'丘利伐', '發'↔'負', '−支'↔'−只', '本波'↔'本彼' 등의 이표기들을 중심으로 신라한자음의 양상을 살핀 바, 함안 목간 제작 당시의 신라한자음이 舊音과 新音이 공존하는 重層的 체계를 이루었을 것으로 추정하였다. 둘째, 문법사적 측면에서는 '−之', '−中', '−下'의 사례들을 중심으로 당시의 이두 발달의 정도가 초기 상태였던 것으로 결론지었다. 셋째, 어휘사적 측면에서는 말음첨기의 표기례들을 중심으로 ①단위명사 '石'[셤], '斗'[말], '發'[*발], ②보통명사 '負'[짐], '文尸'[글], '糸利'[*시리〉실], '稗'[?피], '麥'[보리], '米'[*ᄇᆞᄉᆞᆯ〉쌀], ③동사류 '持去'[가져(?) 가다〉가지고 가다], '去之'[가다], '作'[짓다〉빗다], '有'[잇다/이시다〉있다], '白'[ᄉᆞᆲ다〉사뢰다/아뢰다] 등의 어휘들이 실재하였음을 볼 수 있었다.

투고일: 2018. 10. 20.　　심사개시일: 2018. 10. 23.　　심사완료일: 2018. 11. 23.

참/고/문/헌

※가야연=국립가야문화재연구소, 경주연=국립경주문화재연구소

가야연, 2017a, 「함안 성산산성 출토 목간 공개」, pp.1-21.

가야연, 2017b, 『한국의 고대목간Ⅱ』, 예맥.

가야연, 2017c, 『함안 성산산성 발굴조사 보고서Ⅵ』, 가교아트.

강신항, 2008/2012, 「한국한자음에 끼친 漢譯佛經의 영향」, 『보유편 한한음운사연구』, 월인, pp.165-208.

강신항, 2013/2017, 「다시 한국한자음(高麗譯音)의 설내입성음 -t〉-l에 대하여」, 『증보보유편 한한음운사연구』, 월인, pp.345-364.

권인한, 1997, 「한자음의 변화」, 국어사연구회(편), 『국어사연구』, 태학사, pp.283-344.

권인한, 2005/2009, 『개정판 중세한국한자음훈집성』, 제이앤씨.

권인한, 2008a, 「咸安 城山山城 木簡 속의 고유명사 표기에 대하여」, 『史林』 31, pp.39-62.

권인한, 2008b, 「고대 지명형태소 '本波/本彼'에 대하여」, 『목간과 문자』 2, pp.87-99.

권인한, 2010, 「목간을 통해서 본 고대 동아시아의 문자문화」 『목간과 문자』 6, pp.69-92.

권인한, 2013a, 「한문 어법의 선택적 수용과 변용」, 진재교(책임편집), 『학문장과 동아시아』, 성균관대학교출판부, pp.131-160.

권인한, 2013b, 「고대한국 습서 목간의 사례와 그 의미」, 『목간과 문자』 11, pp.15-33.

권인한, 2013c, 「목간을 통해서 본 신라 사경소의 풍경」, 『진단학보』 119, pp.197-217.

권인한, 2015a, 「고대 동아시아의 合文에 대한 일고찰」, 『목간과 문자』 14, pp.125-144.

권인한, 2015b, 「출토 문자자료로 본 신라의 유교경전 문화」, 『구결연구』 35, pp.23-51.

김병준, 2011, 「낙랑군의 한자 사용과 변용」, 『고대 동아시아의 문자교류와 소통』, 동북아역사재단, pp.39-84.

김완진, 1980, 『향가해독법 연구』, 서울대학교출판부.

김창석, 2017, 「함안성산산성 17차 발굴조사 출토 사면목간(23번)에 관한 시고」, 『한국사연구』 177, pp.125-150.

김창호, 2018, 『고신라 금석문과 목간』, 주류성.

미카미 요시타카三上喜孝, 2017, 「동아시아 법규범 전파의 실태와 출토문자자료」, 『대동문화연구』 99, pp.137-158.

박남수, 2017, 「신라 법흥왕대 '及伐尺'과 성산산성 출토 목간의 '役法'」, 『신라사학보』 40, pp.29-82.

박현정, 2018, 「함안 성산산성 목간의 개요」, 『함안 성산산성 출토 목간의 국제적 위상』, 한국목간학회 제12회 국제학술회의, 국립가야문화재연구소, pp.59-94.

손환일, 2017, 「함안 성산산성 출토 문서목간의 의미와 서체」, 『한국사학사학보』 35, pp.5-30.

손환일·심현용, 2010, 『울진봉평신라비 서화문화』, 서화미디어.

魏國峰, 2012, 「한국한자음 설내입성운미에 대한 고찰」, 『국어학』 63, pp.221-246.
유재원, 1999, 「[-t]입성운미의 [-l]음화고」, 『중국어문논역총간』 4, pp.67-87.
윤선태, 2012, 「함안 성산산성 출토 신라 하찰의 재검토」, 『사림』 41, pp.147-178.
윤선태, 2016, 「한국 고대목간의 연구현황과 과제」, 『신라사학보』 38, pp.387-421.
이경섭, 2011, 「성산산성 출토 신라 짐꼬리표[荷札] 목간의 地名 문제와 제작 단위」, 『신라사학보』 23, pp.535-578.
이기문, 1998, 『신정판 국어사개설』, 태학사.
이누카이 다카시犬飼隆, 2014, 「古代朝日における言語表記」, 国立歴史民俗博物館/平川 南(編), 『古代日本と古代朝鮮の文字文化交流』, 東京: 大修館書店, 124-145.
이수훈, 2012, 「성산산성 목간의 '城下麥'과 수송체계」, 『지역과 역사』 30, 147-179.
이수훈, 2017, 「함안 성산산성 출토 4면 목간의 '代'」, 『역사와 경계』 105, pp.153-177.
이승재, 2017, 『목간에 기록된 고대한국어』, 일조각.
이용, 2017, 「조사 표기자로 본 이두의 변천」, 『구결연구』 38, pp.109-149.
이용현, 2015, 「함안 성산산성 출토 목간 221호의 국어학적 의의」, 『구결연구』 34, pp.41-63.
이준환, 2008, 「한자음 유기음화의 濁音淸化와의 관련성 재고와 유형별 분류」, 『국어학』 53, pp.3-33.
이치 히로키市大樹, 2010, 『飛鳥藤原京木簡の研究』, 東京: 塙書房.
장준익, 2018, 「한국어의 음절 특성을 통해 본 't' 입성 한자음의 수용 양상」, 『구결연구』 41, pp.89-127.
전덕재, 2017, 「중고기 신라의 代와 代法에 대한 고찰」, 『역사와 현실』 105, pp.181-214.
정현숙, 2017, 「함안 성산산성 목간의 서체」, 가야연(2017b, 『한국의 고대목간 Ⅱ』, 예맥, pp.470-481.
최영성, 1998, 『역주 최치원전집1 -사산비명-』, 아세아문화사.
최장미, 2017, 「함안 성산산성 제17차 발굴조사 출토 목간 자료 검토], 『목간과 문자』 18, pp.191-217.
하시모토 시게루橋本 繁, 2014, 『韓國古代木簡の研究』, 東京: 吉川弘文館.

〈Abstracts〉

A historical and linguistic Study on newly Excavated Wooden Documents of Haman

Kwon, In-han

The purpose of this paper is to study on Wooden Documents of Seongsansanseong Fortress at Haman(WDSH) in a historical-cultural and linguistic perspective. In order to achieve this goal, I attempted to draw a new decipher and interpretation for 21 pieces of 17th excavation of WDSH revealed in 2017(chapter 2) and to shed new light on historical values of WDSH in the history of Korean language(chapter 3).

In Chapter 2, I have elaborated some decipher and interpretation for 17th excavation of WDSH as follows: ① 7th letter of No. 5583 as '斯', ② 7th letter on 1st line of No. 5589 as '奴', ③ interpreting '甘文城下麦' as "barleys produced near Gammunseong castle" of No. 5595 etc.

In Chapter 3, I have examined the historical values of WDSH in the history of Korean language. First, in the phono-historical aspect, the multilayer of Sino-Silla pronunciations at that time was assumed from some allo-notational materials such as '仇利伐'↔'丘利伐', '發'↔'負', '-支'↔'-只' and '本波'↔'本彼'↔'本破'. Second, in the grammato-historical aspect, the degree of development of Idu was identified in its early stage, focusing on the examples of '-之', '-中' and '-下.' Third, in the lexico-historical aspect, the existence of lexemes such as '石'[섬/syeom; ≑180 liters], '斗'[말/mal; ≑18 liters], '發'[*bal/발; round](unit nouns), '負'[짐/jim; baggage], '文尸'[글/geul; writing], '糸利'[*시리/siri; thread], '稗'[?피/pi; echinochloa crus-galli], '麥'[보리/bori; barley] and '米'[*ᄇᆞᄉᆞᆯ/bʌsʌl; rice](nouns), '持去'[가져(?) 가다/gajyeo ga-da; take away], '去之'[가다/ga-da; go], '作'[짓다/jis-da; make, brew], '有'[잇다/is-da; be] and '白'[ᄉᆞᆲ다/sʌrb-da; tell politely](verbs) etc.

▶ Key words: Newly excavated Wooden Documents of Seongsansanseong Fortress at Haman, Historical values of WDSH in the history of Korean language, Sino-Silla pronunciations, Development of Idu, Unit nouns

특 집

간독과 문서로 본 중국 中古 시기 지방 징세 체계

-長沙 走馬樓 출토 三國 吳簡을 중심으로-

(從簡牘及文書看中國中古時期地方徵稅系統: 以長沙走馬樓三國吳簡為中心)

戴衛紅 著*

이주현 譯**

〈국문초록〉

장사 주마루삼국오간에서 볼 수 있는 임상 지역의 조세에는 세 종류가 있다. 田租, 口算錢과 租布, 그리고 임시로 징수한 각종 雜錢과 調皮가 그것인데 이는『삼국지·오서』의 "孫權世政煩賦重, 人彫於役"이라는 기록을 직접적으로 반영한다. 또한, 장사주마루오간은 손오의 지방 징세 체계를 반영하고 있다. 田租 稅米를 납부할 때, 다른 신분의 사람들, 즉 大男, 大女, 諸吏(州吏, 郡里, 縣吏, 軍吏 포함), 諸卒(州卒, 郡卒, 縣卒 포함)과 士, 複民 등은 '鄕-丘'를 단위로 '嘉禾吏民田家莂'에 편제되었고, 전가별은 田戶曹史가 심의하였다. 전가별에 규정된 내용에 따르면 여러 신분의 사람들은 三州倉 혹은 州中倉에 다양한 명목의 米, 예컨대 租米, 稅米, 褋米, 限米를 납부하였다. 죽간 중 倉米를 납부하는 내용에 따르면, 납부 과정에서 반드시 邸閣 左, 右 侍郎에게 진술해야 했다. 삼주창, 주중창은 장부 문서를 右倉曹에 올렸다. 口算錢을 납부할 때 大男, 大女, 諸吏, 卒 등은 '里-鄕'을 단위로 '口食年紀簿'에 편제되었다. 개개인은 庫에 口算錢 및 각종 錢을 납부할 때 鄕을 단위로 하였고, 庫錢 장부는 "雜錢入受簿", "雜錢承餘新入簿" 그리고 "雜錢領出用餘見簿"로 구성되었다. 오간 庫布 장부 체계는 庫布入受簿와 庫布承餘新入簿로 구성되었는데 고포는 吏民이 납부한 '品布'와 관부가 出錢하여 구입한 '市布'로 구성되었고, 그 성격은 調布에 해당

* 中國社會科學院 歷史硏究所

** 서울대학교 동양사학과

했다. 調布는 당시 여전히 常稅가 아니었고 임시적으로 징수한 調였는데 이는 武陵蠻을 평정하는 것과 관계가 있었을 것이다. 오간에는 雜皮入受簿만이 보이는데 '調皮'는 임시적, 특수적 성격을 모두 가지고 있었다.

▶ **핵심어: 삼국오간(三國吳簡), 리민전가별(吏民田家莂), 전조(田租), 구산전(口筭錢), 조포(調布)**

I. 서론

秦은 獻公 10년에 "爲戶籍相伍"[1]를 실행하였다. 이는 개개의 小農을 5家마다 1伍로 편성하고 국가의 호적에 편입함으로써 모든 사람들을 국가의 '民'으로 만드는 것이었다. 前漢은 '編戶齊民'을 시행하여 농민을 戶籍으로 편성하였는데, 이는 부세와 요역을 징수하는 근거가 되었다. 編戶 제도는 중국의 봉건 사회에서 부세, 요역 제도가 공식적으로 형성되어 있었음을 명시한다. 漢朝에서 농민은 ⑴田租, ⑵算賦와 口賦(인두세), ⑶요역, ⑷병역의 네 가지 부담을 지고 있었다. 漢初, 통치자는 秦이 멸망한 교훈을 받아들여 요역과 賦를 가볍게 하는 정책을 실행했다. 漢 高祖는 1/15稅를 실행했고, 文帝는 1/30稅를 실행했으며, 後漢 光武帝는 田租를 1/30稅로 돌려놓았다.

西晉 시기 丁中制와 이에 대응하는 戶調式이 출현하였고, 北魏는 균전제와 짝을 이루는 '租調制'를 실행하였다. 이러한 제도는, 농민에 受田(정부에서 분배한 토지를 할당)하여 매년 반드시 일정 수량의 租粟을 납부하고 帛 혹은 麻로 戶稅인 '調'를 반드시 납부하며, 이 외에 반드시 요역 혹은 병역에 복무하도록 규정하였다. 唐朝 전기에는 '租調制'를 연용하는 한편 이를 '租庸調制'로 발전시켰는데, 780년 재상 楊炎은 재산과 토지의 다과에 따라 호세와 지세를 징수하는 '兩稅法'을 제안, 시행하였다. 이는 중국 고대 賦稅制度의 일대 변혁으로, 당조 후기로부터 明朝 중기 부세제도의 기초를 닦았다.

중고 시기 징수 체계에 대해, 특히 이 시기 출현한 호조제 및 균전제와 짝을 이루던 조조제에 대하여 唐長孺[2], 野中敬[3], 曾我部靜雄[4], 田中整治[5], 渡邊信一郎[6], 日野開三郎[7], 池田溫[8], 張榮强[9] 등 중국 및 해

1) 『史記』 卷6 「秦始皇本紀第六」, p.289.

2) 唐長孺, 「魏晉戶調製及其演變」, 『魏晉南北朝史論叢』, 三聯書店, 1955年版; 唐長孺, 「西晉戶調式的意義」, 『魏晉南北朝史論叢續編』, 三聯書店, 1959年 5月版.

3) 野中敬, 「魏晉戶調成立考」, 『早稲田大學大學院文學研究科紀要』 別册第14集哲學史學編, 東京, 1987.

4) 曾我部靜雄, 『均田法及其稅役制度』, 「第2章: 晉代土地稅役制度」, 東京: 講談社, 1953.

5) 田中整治, 「關於曹魏的戶調製」, 『北海道學藝大學紀要』 第一部, 第9卷 第1號, 1958.

6) 渡邊信一郎, 「戶調制の成立-賦斂から戶調へ」, 『東洋史研究』 60-3, 2001.

7) 日野開三郎, 『唐代租調庸の研究』, 汲古書院, 1974·1975·1977.

8) 池田溫, 『中國古代籍帳研究』, 龔澤銑 譯, 北京: 中華書局, 1984.

9) 張榮強, 『漢唐籍帳制度研究』, 北京: 商務印書館, 2010.

외 학자들은 열띤 토론을 벌여왔다. 1996년 長沙走馬樓吳簡의 출토는 3세기 장사군과 오국의 역사, 나아가 中國 中古史를 이해할 때 매우 중요한 가치를 지니고 있다. 게다가 손오 시기 징세 체계에 대한 『三國志·吳書』의 기록은 결코 많지 않다. 邱東聯[10], 王素[11], 于振波[12], 楊際平[13], 沈剛[14], 凌文超[15], 徐暢[16] 등의 학자들은 오간 중에 반영된 손오의 조세, 호조에 대하여 토론을 지속해오고 있다.

본 논문은 선행 연구의 기초 위에서 장사주마루오간에서 발견된 손오의 嘉禾吏民田家莂과 竹簡을 중심으로 손오 시기의 징세 체계에 대해 탐구하고자 한다.

II. 長沙 走馬樓 三國吳簡 概況

1996년, 長沙市 文物工作隊는 장사시 중심 五一廣場 동남쪽 走馬樓街 平和堂 건축지의 22호 古井(J22)에서 삼국 손오 기년의 간독 10여 만 매를 발견했다. 수량은 당시 중국에서 발견된 간독의 총합을 초월하는 것으로 연구의 의의도 매우 컸다. 北京大學 田餘慶 선생은 이 간독을 '走馬樓三國吳簡'이라고 명명하였는데 簡의 기년은 후한 말 建安 22년부터 손오 시기인 嘉禾 6년에 해당한다. 형태에 따라 大, 小 木簡, 木牘, 竹簡, 封檢, 標識 簽牌 등으로 나뉘며 내용에 따라 券書, 사법문서, 장사군 소속 人名 民簿, 名刺와 官刺, 장부 등으로 나뉜다.

2005년, 일본학자 關尾史郎 등은 이미 발표된 채집간에 대해 전면적인 정리를 진행하였다. 그는 「史料群としての長沙吳簡·試論」 중에서 簡을 크게 세 종류로 그리고 그 안에서 다시 여러 항목으로 분류하였다.

(1) 부세 관련 간독: 1.田家莂 2.부세납입간 3.賦稅總帳 木簡牘 4.부세와 관련된 사법목독 4.부세와 관련된 簽牌.

(2) 名籍, 신분과 관련된 간독: 6.戶等·戶稅簡 7.年紀簿 8.年紀簿로 제작한 木牘 9.年紀簿를 조사한 木牘 10.私學木牘 11.年紀簿와 관련된 簽牌.

(3) 기타: 12.서신 13.名刺 14.封檢 16.기타(죽간) 17.기타(목독).

---

10) 邱東聯, 『略論長壽走馬樓吳簡中的佃田租稅簡』, 『船山學刊』 1998(1), 1998. pp.44-48.

11) 王素, 「吳簡所見的"調"應是"戶調"」, 『歷史研究』 2001(4), 2001, pp.167-168.

12) 于振波, 「漢調與吳調」, 『走馬樓吳簡初探』, 臺北: 文津出版社, 2004, pp.77-104.

13) 楊際平. 「析長沙走馬樓三國吳簡中的"調"-兼談戶調制的起源」, 『歷史研究』 2006年 第3期, pp.39-58.

14) 沈剛, 「長沙走馬樓三國竹簡納布記錄析論」, 『史學月刊』 2010(10), 2010, pp.28-33.

15) 凌文超, 「走馬樓吳簡採集庫布帳簿體系整理與研究-兼論孫吳的戶調」, 『文史』 2012(1), 2012. 凌文超, 『考信于簿-走馬樓吳簡采集簿書復原整理與研究』.

16) 徐暢, 「走馬樓簡所見孫吳臨湘縣廷列曹設置及曹吏」, 『吳簡研究』 第3輯, pp.287-352.

關尾史郎은 분류한 이들 간독이 대부분 臨湘侯國의 田戶曹와 관련된 것으로 보았고, J22에서 나온 문서의 대부분은 임상후국의 田戶曹가 폐기한 각종 문서라는 판정을 내렸다.[17)]

2017년, 侯旭東은 이미 간행된 오간을 7가지 종류로 분류했다.

1. 倉曹가 올린 장부와 물건을 받은 莂册 및 관련된 田地簿와 人名簿 등.
2. 戶曹에서 올린 吏民人名年紀口食簿 및 이와 상응하는 籤牌
3. 여러 曹가 처리한 사무의 적요
4. 여러 曹가 처리하지 못한 사무의 문서
5. 門下가 처리하고자 하는 사무의 轉單(君教簡) 및 앞에 첨부한 문서 簿册
6. 여러 曹에서 草案한 郡府로의 답장, 평행문서, 하행문서 및 書佐가 主簿를 위해 초안한 문서와 관련 簿册
7. 기타 개인 書信, 名刺, 封檢 등.[18)]

侯旭東은 각 문서의 성격에 의거하여 J22에서 나온 것은 侯國主簿가 보관하던 중 약간의 처리를 거친 문서와 簿册이며, 문서를 보관한 지점은 아마도 즉 記室이었을 것이라고 지적했다.

關尾史郎의 첫 번째 대분류와 侯旭東의 1, 2번 유형은 즉 倉, 庫의 각종 장부인데, 모두 孫吳의 징세 체계와 관련된다. 손오의 징세 체계 속에서 倉, 庫는 조세를 보관하는 장소로서 중요하지만 창, 고의 관리 역시 조세의 수납자이자 조세 납부 증명서의 제작자로서 중요하다. 창고의 각종 장부를 통해 손오 징세 체계의 실제 운용을 이해할 수 있다. 필자는 일찍이 삼국오간의 倉의 업무, 倉米의 出入簿에 대해 연구를 진행하였으며, 「長沙走馬樓吳簡中軍糧調配問題初探」[19)], 「走馬樓吳簡中所見"直", "廩"簡及相關問題初探」[20)], 「長沙走馬樓所見三州倉出米簡初探」[21)], 「中韓貸食簡研究」[22)], 「長沙走馬樓吳簡所見孫吳時期的倉」[23)] 등의 논문을 발표한 바 있다. 위 논문은 주로 삼국오간에 보이는 각종 창고의 장부, 특히 倉의 장부를 통해 중국 中古, 그중에서도 손오 징세 체계의 실제 운용을 이해하려던 것이었다.

---

17) 關尾史郎, 「史料群としての長沙吳簡·試論」, 『木簡研究』 27.
18) 侯旭東, 「湖南長沙走馬樓三國吳簡性質新探-從<竹簡肆>涉米簿書的復原說起」, 『長沙簡帛研究國際學術研討會論文集』, 中西書局, 2017.
19) 戴衛紅, 「長沙走馬樓吳簡中軍糧調配問題初探」, 『簡帛研究二〇〇七』, 桂林: 廣西師範大學出版社, 2010.
20) 戴衛紅, 「走馬樓吳簡中所見"直", "廩"簡及相關問題初探」, 『簡帛研究二〇〇八』, 桂林: 廣西師範大學出版社, 2010.
21) 戴衛紅, 「長沙走馬樓所見三州倉出米簡初探」, 『吳簡研究』 第3輯, 北京: 中華書局, 2011.
22) 戴衛紅, 「中韓貸食簡研究」, 『中華文史論叢』 2015(1), 2015.
23) 戴衛紅, 「長沙走馬樓吳簡所見孫吳時期的倉」, 『史學月刊』 2014(11), 2014.

III. 中古 時期 징세 체계 요소의 구성

中古 시기 징세 체계의 주요 대상은 사람[人]과 경지[田]로, 징세 대상자의 신분, 연령의 구분과 관련되어 있었다. 先秦으로부터 唐朝까지, 중앙 정부는 징세 대상자를 매우 중시하였는데 즉 이른바 '編戶齊民'의 관리였다. 20세기 이후 출토 문헌의 계속적 증가로 秦, 漢, 孫吳, 高昌國, 더 나아가 唐代 등 여러 시기의 戶口 文書의 양태를 확인할 수 있게 되었다.[24)]

1. 징세 대상: 人과 田

1) 簡牘의 戶口 文書

장사주마루오간이 출토된 후, 손오 호적에 기록된 내용은 더욱 학계의 관심을 끌었다. 胡平生은 "각종 항목의 부세 통계가 기록된 부적이 모두 戶籍 안에 들어 있지는 않았을 것이다"라고 보았다. 凌文超는 "오간 중에는 대량의 '吏民簿'가 존재하는데, 향리, 호구 및 부역 등의 정보를 상세히 기록하였고 田制 방면의 내용은 빠져 있어, 종이로 된 호적에서 기록한 주요 항목과 거의 일치한다. '吏民簿'는 호적이 編戶民을 기록하는 기본적인 근거로서의 역할을 했을 뿐 아니라 부역을 징수하는 정황을 기록하였기에, 이를 근거로 '吏民簿'가 오간에서 기록한 '호적'의 성질과 기본적으로 동일하다는 의견으로 기울어지고 있다."[25)]라고 하였다.

손오 호적과 부역 제도는 매우 밀접하게 연관되는데, 연령과 성별은 부역 징세의 중요한 근거가 되었다. 장사주마루오간의 竹簡·參에서 한 家의 호적 간책을 복원할 수 있다.

宜都里戶人公乘□□年□□□ 訾 五 十	參·4336
豪母大女思年七十五 豪妻大女銀年廿二	參·4339
豪兄禮年卅四 禮妻大女左年廿二	參·4338
禮子男困年五歲 困男弟丙年三歲	參·4337
侄子男通年六歲	參·4330
•右豪家口食八人 其五人男	
三人女	參·4335

24) 이 시간 동안의 호구 문서의 내용 및 토론에 대해서는 다음을 참고할 것. 戴衛紅, 『韓國木簡研究』, 桂林: 廣西師範大學出版社, 2017, pp.153-167.

25) 凌文超, 「走馬樓吳簡採集簡"戶籍簿"復原整理與研究」, 『吳簡研究』 第3輯, 中華書局, 2011, p.10. 이상의 여러 연구자들 외에 동일한 관점을 가진 연구자들도 적지 않다. 예컨대 다음 연구가 존재한다. 李淑芬, 『周代戶籍制度簡論』, 陝西師範大學碩士學位論文, 2006, p.1, pp.11-14, p.29; 王威海, 『中國戶籍制度-歷史與政治的分析』, 上海文化出版社, 2006, pp.59-60.

이 간책은 戶主 豪, 訾數[26], 豪의 모친, 처자, 형, 형의 처, 형의 아들 등 8인의 연령 정보를 기록하였다. 이 중 주의할 만한 점은, 豪의 형인 禮가 이미 34세가 되었으나 豪와 동일한 籍에 기록되어 있다는 점인데 이로부터 당시 孫吳의 家 역시 복합 가정을 이루고 있었음을 알 수 있다. 이는 한국 나주 복암리 목간 2호가 형에 대해 기록한 것과 일치한다. 그러나 이 두 家의 호적은 개개인의 연령을 상세히 기록하였음에도 불구하고 그 '大', '小', '老'의 내용은 표시하지 않았다.

이를 기초로 보고한 '里'의 호구 통계는 아래에서 볼 수 있다.

• 集凡東困里魁鄧(?)□領吏民戶五十五口食二百七十七人 (肆·428)
其一百五十二口男人 (肆·427)
其一百卄五口女人 (肆·426)
其二戶給卒 (肆·425)
其一戶給郡吏 (肆·424)

이는 中鄕 東困里 吏民 戶口의 통계로, 그 細目簡에서 볼 수 있듯이 오직 남, 여에 대해서만 통계를 냈을 뿐 그 연령에 대해서는 표시하지 않았다.

『晉令』은 "郡國諸戶口黃籍, 皆用一尺二寸劄, 已在官役者, 載名."이라고 규정하였는데,[27] 蘇仙橋晉簡에서는 簡2-160의 "領戶三千六百卌四口一萬三千五百卄八"와 같이 각 현마다 戶, 口의 수량에 대해 각기 통계를 냈다. 그 이후에, 예컨대 簡2-60의 "領戶九千七百五十六口三萬二千二百四"와 같이 桂陽郡의 총 戶, 口에 대해 통계를 냈다.

東晉 蘇峻의 亂에 府庫에 있던 版籍이 모두 불타 훼손된 後 咸和 3년(328) 종이가 간독을 대신하여 호적의 서사 재료가 되었다. 남조의 沈約이 劉宋 元嘉 27년(450) 이후 황적의 폐단을 제기하고 晉籍으로 檢校할 것을 건의하였지만, 晉籍과 蕭梁黃籍의 구체적인 내용은 언급하지 않았다. 그러나, 元嘉 이후 황적에 존재했던 문제점은 齊 高帝 建元 2년에 내린 조서에서 명확하게 서술하였다.

> "黃籍, 民之大紀, 國之治端. 自頃氓俗巧僞, 爲日已久, 至乃竊注爵位, 盜易年月, 增損三狀, 貿襲万端. 或戶存而文書已絕, 或人在而反託死, 停私而云隸役, 身强而稱六疾." 虞玩之云: "又有改注籍狀, 詐入仕流, 昔爲人役者, 今反役人. 又生不長髮, 便謂爲道人, 填街溢巷, 是處皆然. 或抱子并居, 竟不編戶, 遷徙去來, 公違土斷. 屬役無滿, 流亡不歸."[28]

26) 吳簡의 '貲'에 대한 연구는 다음의 연구를 볼 수 있다. 王彦輝, 「論漢代的"訾算"與"以訾征賦"」, 『中國史研究』, 2012年 第1期, pp.57-75; 齊繼偉, 「也說漢代"訾算"--兼論吳簡中的"訾"」, 『湖南大學學報』, 2018. 齊繼偉는 孫吳 戶籍文書에 보이는 '訾'가 '家訾'액수의 총칭일 것이며 그 등기 방식은 漢代 任官 家訾 표준인 '訾算'의 통계와 유사하다고 보았다. 이는 한 편으로는 孫吳 戶品 구분의 주요 근거였고 다른 한 편으로는 정부가 부역, 조를 징수할 때 중요한 역할을 하였다.

27) 『太平御覽』 卷606, 「文部二二」 "劄"에서 인용.

여기에서 볼 수 있듯이, 齊, 梁의 중앙 조정은 그들이 장악한 호적에 家의 모든 성원들의 연령, 가정 내 관계, 관직, 건강 정도('身强', '六疾') 및 복역 상황('停私', '隸服'), 신분('道人'), 門弟('詐入仕流') 등을 명확히 기재할 것을 요구하였다. 晉籍은 반드시 이와 일일이 대응되지 않았으나 沈約은 晉籍을 檢籍의 표준으로 삼기를 다시 건의하였던 것으로 추측컨대, 晉籍에서 기재한 구체적인 내용은 齊 高帝, 虞玩之의 언설과 크게 다르지 않았을 것이다. 위 詔는 재산과 부세에 대해서는 언급하지 않았는데 이를 통해서 위의 내용이 황적 중에는 나타나지 않았을 것이라 추측된다. 傅克輝 선생은 즉 위, 진, 남조(16국 및 북위 전기 宗主都護制 하의 황하 중, 하류 지역을 포함)의 호적은 단지 각 家 구성원의 가장 기본적인 정치·자연 상황의 기록일 뿐, 토지 등 재산 관련 기록이나 부세 관련 기록은 없었다고 보았다.[29]

북방에서 16국의 後趙 정권 역시 종이에 호적을 서사하기 시작했다.[30] 단, 자료의 부족으로 16국 호적의 내용은 분명하지 않다. 아래는 2006년 吐魯番 洋海趙貨墓에서 발견된 투르판 문서 2006TSY-IM4:5(1-2) 「前秦建元二十年(384)三月高昌郡高寧縣都鄉安邑里籍」이다.

(一)

(前缺)

1	奴妻扈年廿五	小男一	得孫奣瑪下田二畝
		凡口七	虜奴益富年卅入李洪安
2	奴息男郝年八		虜婢益心年廿入蘇計
3	郝女弟蒲年七新上	舍一區	
4	賀妻李年廿五 [新上]		[建元廿年三月藉]
5	高昌郡高寧縣都鄉安邑里民崔奣 [年]		
6	弟平年[ ]	[ ]	[ ]
7	奣妻□年[ ]	[ ]	[ ]
8	平妻郭年 田 [ ]	[ ]	□□□田□□畝
9	奣息女顏年廿一從夫[ ]		得闞高桑園四畝半
10	顏男弟仕年十四		得江進鹵田二畝以一畝爲場地
11	仕女弟訓年十二		得李虧(?)田地桑三畝
12	平息男生年三新上		舍一區
13	生男弟麴(?)年一新上		建[元廿年三月藉]

(後缺)

28) 『南齊書』 卷34 「虞玩之傳」, 北京: 中華書局, 1972, pp.608-609.

29) 傅克輝, 『魏晉南北朝籍帳研究』, 濟南: 齊魯書社, 2001, p.153, p.179, p.133.

30) 韓樹峰, 「論漢魏時期戶籍文書典藏機構的變化」, 『人文雜誌』 2014(4), 2014.

(二)

(前缺)

1 [ ] [ ] 三埽塢下 [ ]

2 女々 弟素年九新上 凡口八 得猛季常田四畝

西塞奴益富年廿入李雪

3 素女弟訓年六新上 虜婢巧成年廿新上

4 勳男弟明年三新上 舍一區

5 明男弟平年一新上 建元廿年三月藉

6 高昌郡高寧縣都鄉安邑里民張晏年廿三

7 叔聰年卅五物故 奴女弟想年九 桑三畝半

8 母荊年五十三 晏妻辛年廿新上 城南常田十一畝入李規

9 叔妻劉年 卌 六 丁男一 得張崇桑一畝

10 晏女弟婢年廿物故 丁女三 沙車城下道北田二畝

11 婢男弟隆年十五 次 丁男三 率加田五畝

12 隆男弟駒 [年] [小女二] [舍一區]

13 駒女弟[□年] [建元廿年三月藉]

14 聰息 男 [奴年] 凡口 九

15 高昌郡高寧縣都鄉安邑里民[□□年]

16 妻朱年五十 丁男一 沙車城下田十畝入趙□

17 息男隆年卅三物故 丁女一 埽塢下桑二畝入楊撫

18 隆妻張年廿八□□ 小女一 埽 塢 園二畝入□□

19 隆息女顏年九小男一舍一區

20 顏 [男弟□年] [凡口四] [建元廿年三月藉]

정리자 榮新江은 이 문서를 "돈황 투르판 문서 중 현재까지 알려진 가장 오래된 호적이며, 현재 확인되는 가장 오래된 종이로 서사한 호적이다"라고 규정하며 籍에 기재된 奴婢, 田地는 당시 호적의 고정된 내용이 아니며 매매와 관련된 기록이라고 보았다.[31] 張榮强은 「前秦建元籍」은 현재 가장 오래된 紙本 호적이며, 세 번째 란에 등재한 것은 각 호의 자산 상황이지 재산의 轉移 기록은 아니라고 보았다. 그는 田地가 재산이었고, 이는 前秦 호적에 등록하는 내용 중 하나라고 강조하였다.[32] 또 韓樹峰 선생은 「建元籍」을 호적으로 간주하는 것이 논의해야 할 문제라고 보았는데, 왜냐하면 해당 籍에는 호적에서 불가결한

31) 榮新江, 「吐魯番新出〈前秦建元二十年籍〉硏究」, 『中華文史論叢』 2007(4), 2007, p.1.

32) 張榮強, 「〈前秦建元二十年籍〉與漢唐間籍帳制度的變化」, 『漢唐籍帳制度硏究』, p.230, pp.233-236.

요소인 '戶人' 혹은 '戶主'의 기재가 없기 때문이다.[33] 「建元籍」이 기록한 전지의 성격과 관계없이 일률적으로 이에 근거하여 前秦 호적이 재산을 등기했다고 확정할 수는 없다.[34] 「前秦建元籍」에서 家 구성원의 호구 외에도 家의 노비, 전지, 자산 상황을 등록하고 있음을 확인할 수 있는데, 이는 한국에서 출토된 궁남지 318호 목간에 戶口와 水田이 기록되어 있고, 복암리 목간 5호에 호구, 전지, 傭이 기록되어 있는 것과 동일하다.

「西涼建初十二年(416)正月敦煌郡敦煌縣西宕鄕高昌里籍」에는 9개 戶의 정보가 남아 있다. 여기에서는 전지와 관련된 기재를 찾아볼 수 없으며, 발췌한 내용은 아래와 같다.[35]

敦煌郡敦煌縣西宕鄕高昌里散呂沾年五十六

妻趙年四二	丁男二
息男元年十七	小男一
元男弟騰年七本名臘	女口二
騰女妹華年二	凡口五
	居趙羽塢

建 初 十 二 年 正 月 籍

西涼 호적의 등기 방법상, 남자는 '丁男', '次男', '小男'으로 구분되었고 여자는 구분하지 않았다. 통계할 때에는 '丁男' 몇 명, '次男' 몇 명, '小男' 몇 명 등으로 표시했고 여자는 한꺼번에 총계를 냈는데 '戶主'의 妻子도 이 안에 포함되었다. 「西涼建初十二年(416)正月敦煌郡敦煌縣西宕鄕高昌里籍」의 예를 살펴보면 아래와 같다.

敦煌郡敦煌縣西宕鄕高昌里　兵呂德　年三十五

妻唐　年四十一	丁男二
息男明 年十七	小男二
明男弟愛 年十	女口二
愛女妹媚 年六	凡六口
媚男弟興 年二	居趙羽塢

建初十二年正月籍

33) 韓樹峰, 「論漢魏時期戶籍文書的著錄內容」, 『魏晉南北朝史的新探索國際學術研討會暨中國魏晉南北朝史學會第十一屆年會論文集』.

34) 榮新江·李肖·孟憲實 主編, 『新獲吐魯番出土文獻』, 北京: 中華書局, 2008, pp.176-179.

35) 錄文은 池田溫을 참고할 것. 池田溫, 『中國古代籍帳研究·錄文』, 龔澤銑 譯, 北京: 中華書局, 2007, pp.3-5.

西涼建初十二年籍에서 家 구성원의 이름, 연령과 관계된 기록과 丁男, 小男, 女마다 小計를 낸 것, 口에 대한 합계 및 거주지를 기록한 내용을 확인할 수 있다. '男'은 정남, 차남, 소남으로 분류되었으나 '女'는 '女'로만 통칭되었고 그 이상 세분화하지 않았다. 동일 잔편 중 다른 戶인 「敦煌郡敦煌縣西宕鄕高昌里大府吏隨嵩」에서는 그 누이인 皇이 隨嵩의 籍에 附籍되어 있다. 등기 내용을 보면, 西涼 建初 12년(416) 호적 중에는 前秦 建元 20년(384) 호적에 보이던 家 노비, 전지, 재산 상황이 존재하지 않는다.

북위가 건립되고 계구수전을 진행하며 호적에 전지를 기록하기 시작하였다. 傅克輝 선생은, 계구수전의 정신은 각 戶人마다 토지를 동일하게 나누어 주는 데 있었기 때문에 이에 기초하여 家의 인구와 토지를 서로 결합한 計口受田簿가 탄생하게 되었다고 설명하였다. 북위 태화 연간 중원 지역에서 진행된 균전제는 남녀에 대한 授田과 正丁, 次丁, 老, 小에 대한 수전, 殘疾者에 대한 수전, 혼인한 사람과 혼인하지 않은 婦女의 수전 및 老小當戶에 대해 모두 다른 규정이 있었다. 따라서 授田簿는 家 구성원의 성명과 성별, 연령, 건강 상태, 혼인 상태 및 家의 호주 등을 반드시 명기해야 했다. 균전령이 널리 행해지던 황하 유역은 계구수전을 시행한 代北 지역과는 달리 주인이 없는 황무지가 많지 않았기 때문에, 토지를 둘러싼 분쟁을 방지하기 위해 반드시 授田簿에 각 호가 받은 토지의 방위, 면적 특히 그 둘레의 경계를 분명히 기록해야 했다. 이렇게 하여 호구 명부와 田籍이 합쳐진 호적 양식이 마침내 역사에 등장하게 되었다.[36)]

2) 丁中制

중국 서북지역에서 출토된 漢簡의 여러 廩名籍 중에서 '小', '未使', '使', '大' 등 다양한 신분을 확인할 수 있는데, 그 대부분은 상이한 신체 연령의 음식 수요를 참조하여 연령에 따라 구분한 廩食 신분이다. 연령별로 층위를 나누어 늠식하는 방식은 안정적으로 유지되었는데 학계에서는 일반적으로 14세 이하는 '小'로, 그중 7~14세는 '使', 6세 이하는 '未使'로 보았고 15세 이상을 모두 '大'로 칭하였는데 이는 '老'를 포함하는 것으로 보았다.[37)]

張榮强은 전국 후기 秦은 신장과 연령을 병용하는 기준으로 課役 신분을 구분하였으며 신장에 따라 구분되는 '小', '大'는 단지 한 등급의 과역 명칭일 뿐이라고 하였다. '小'의 아래에는 신장에 따라 구분된 '能作'과 '未能作'이 있었고, '大'의 아래에는 연령에 따라 구분된 '睆老'와 '免老'가 있었다. 秦王 政 16년 이후,

---

36) 傅克輝, 『魏晉南北朝籍賬研究』, pp.84-104를 참고.

37) 다음의 논저를 참고할 수 있다. 楊聯升, 「漢代丁中, 廩給, 米粟, 大小石之制」, 『中國語文劄記--楊聯升論文集』, 北京: 中華書局, pp.1-2; 陳盤, 『漢晉遺簡識小七種』, 臺北; 史語所專刊之63, 1975, pp.27-30; 耿慧玲, 「由居延漢簡看大男大女使男使女未使女未使男小男小女的問題」, 『簡牘學報』 第7期, 1980, pp.249-274; 永田英正 著, 那向芹 譯, 「居延漢簡烽燧考」, 『簡牘研究譯叢』 第2輯, 北京: 中國社會科學出版社, 1987, p.260; 森鹿三 著, 金立新 譯, 「論居延出土的卒家屬廩名籍」, 『簡牘研究譯叢』 第1輯, 北京: 中國社會科學出版社, 1983, pp.100-112; 杜正勝, 『編戶齊民--傳統政治社會結構之形成』, pp.10-15; 徐揚傑, 「居延漢簡廩名籍所記口糧的標準和性質」, 『江漢論壇』 1993年 第2期, pp.66-71; 魯惟一(Michael Loewe) 著, 于振波·車今花 譯, 『漢代行政記錄』, 桂林: 廣西師範大學出版社, 2005, pp.210-211; 王子今, 「兩漢社會的"小男""小女"」, 『清華大學學報』 2008年 第1期, pp.39-45.

秦은 연령을 표준으로 과역 신분을 구분하는 방식을 채용하여 '老', '小'와 병용할 수 있는 새로운 형태의 과역 신분 체계를 구성하였다. 漢代에는 두 가시 과역 신분 체계가 존재하였는데, 한 편에서는 '小', '小未傅', '丁', '睆老', '免老'('小未傅', '丁'은 법률로 규정된 명칭이 아님)로써 요역 신분을 구성하였고 다른 한 편에서는 전국시기의 과역 구조를 이어받아 '小', '大'로써 口算을 결정하는 신분을 구성하였다. 漢代와 전국시기 호적에서 기록 혹은 체현한 '小'와 '大'는 표면상 명칭은 동일했지만 성질은 물론 그것이 지칭하는 연령 범위에는 현격한 차이가 존재했다. 西晉에서 출현한 '小', '次丁', '丁', '老' 등은 법률로 규정된 명칭으로, 漢代에도 이와 상응되는 단계 및 명칭을 찾아낼 수 있다.[38)]

1996년 장사 주마루에서 출토된 오간의 名籍에서도 '大口', '小口', '中口'의 명칭이 출현하였다.

其三百卌四人小口, 口收錢五, 合一千六百七十 (壹·4436)
其五百六十一人小口(?), 收錢五, 合三千二百八十錢 (貳·4408)
其六百八人大口, 々收錢廿八, 合一萬七千廿四錢 (壹·4464)

居延漢簡 廩名籍 속 '使', '未使'의 성격과 달리, 주마루오간의 '大口', '小口'는 廩給과는 무관하며 손오 부역 징수의 주로 관계된다.[39)]

西晉 平吳(280) 이후, 연령을 근거로 丁, 中, 老, 小를 구분하는 제도가 나타났는데[40)] 『晉書』「食貨志」에서는 다음과 같이 기록하였다.

男女年十六已上至六十爲正丁, 十五已下至十三, 六十一已上至六十五爲次丁, 十二已下

38) 張榮強, 「"小""大"之間[羊+市]-戰國至西晉課役身分的演進」, 『歷史研究』 2017(2), 2017, pp.4-22.

39) 吳簡의 "小", "大", "老" 등의 개념에 대해 학계에서 여러 논쟁이 있었는데 다음의 논저를 참고할 수 있다. 高敏, 「吳簡中所見"丁中老小"之制」, 『新鄉師範專科學校學報』 2006年 第3期, 『長沙走馬樓簡牘研究』, 桂林: 廣西師範大學出版社, 2008에 수록; 于振波, 「"筭"與"事"-走馬樓戶籍簡所反映的算賦和徭役」, 『漢學研究』 第22卷 第2期, 『走馬樓吳簡續探』, 臺北: 文津出版社, 2007에 수록; 于振波, 「略說走馬樓吳簡中的"老"」, 『史學月刊』 2007年 第5期, 『走馬樓吳簡續探』에 수록; 王子今, 「走馬樓竹簡"小口"考繹」, 『史學月刊』 2008年 第6期; 趙寵亮, 「秦漢年齡分層與相關問題考察」, 『碩士學位論文』(北京師範大學歷史學院), 2008; 淩文超, 「秦漢魏晉"丁中制"之衍生」, 『歷史研究』 2010(2), 2010; 徐暢, 「走馬樓吳簡中的成年待嫁女和未成年已嫁女」, 『簡帛研究二〇〇七』, 桂林: 廣西師範大學出版社, 2010; 韓樹峰, 「走馬樓吳簡"大""小""老"性質解析」, 『文史』 2011(1), 2011; 淩文超, 「走馬樓吳簡"小""大""老"研究中的若干問題」, 『中國國家博物館館刊』 2013(11), 2013, pp.61-73.

40) 淩文超는 "丁中制"의 源流에 대해 탐구하면서 다음과 같이 말했다. "丁中制의 기원은 당초 부역 징수 대상의 신장, 연령, 건강 상황 등 자연 신분만으로 근거를 삼았을 뿐 아니라 사회 신분 작위의 영향을 받았다. 秦漢時期 20등작이 점차 이완되면서 연령은 점차 부역 징발의 주요 근거가 되었다. 秦漢 초기의 '丁中制'는 간독 호적에서 호적 신분과 부역 注記의 결합으로 표현되었고 大, 小 등의 호적 신분은 부역 징발과 대체로 대응될 뿐 합쳐지지는 못하여, 호적신분 자체는 부역 신분을 의미하지 않았다. 삼국시기, 사실상 부역 징발이 급속히 변동하면서 형성된 연령 단계와 부역의 가볍고 무거운 정도가 서로 결합되어 丁中 신분을 발생해냈는데, 이는 西晉에서 丁中老小의 제도를 창설할 때의 조건을 제공하였다. 淩文超의 다음 논문 참고. 淩文超, 「秦漢魏晉"丁中制"之衍生」, 『歷史研究』 2010年 第2期, pp.25-45. 丁中制의 源流에 대해서는 다음을 참고할 만하다. 徐暢, 「隋唐丁中制探源」, 『中華文史論叢』 2011(2), 2011.

六十六已上爲老小, 不事.

이는 공식적으로 正丁, 次丁, 老, 小의 연령을 규정하였으며 또한 丁, 中의 占田 및 課田 액수와 租調의 납부액 등에서도 명확한 차이가 존재하였다.

2003년 11월부터 2004년 2월까지 郴州市 문물처와 湖南省 문물고고연구소가 침주시 소선교 유지에서 後漢~宋元 시기의 오래된 우물 11座를 긴급히 발굴했다. 『湖南省郴州蘇仙橋遺址發掘簡報』는 J10에서 출토된 간독 중 163매를 공포했는데, 간문에는 명확한 기년이 존재하여 元康, 永康, 太安 등의 연호가 보이며 모두 晉 惠帝 司馬衷 시기, 기원후 300년 전후에 해당한다.[41] 내용은 서진 계양군 군부에서 상계한 문서의 부본으로 이미 발표된 침주 진간 중, 인구 정황과 관련된 簡의 수가 가장 많은데 모두 38개이다.[42] 이는 또한 다시 일곱 종류로 나뉘는데 그중 첫 번째 양식은 '口+수량+다양한 연령 단계의 인구(老男, 丁, 丁女, 小女, 丁奴, 老女)'인데 예컨대 아래와 같다.

1-51 口二千一百九十六丁女
1-57 口三千六小女
2-33 口二百卌八年六十一以上六十五以還老男
2-351 口卌七丁奴
2-352 口二百九十二老女

또한 2개 簡은 老男의 口數에 대한 소계와 丁男의 口數에 대한 합계이다.

1-11 其口二百六十二老男
1-21 凡丁男二千六百七

이상의 7개 목간에서 서진의 丁中制는 연령으로 기준을 삼았을 뿐 아니라 기본적으로 성별에 기초하여 여성 역시 丁女, 小女, 老女로 통계를 냈던 사실을 확인해 낼 수 있다. 신분 계층상, 奴도 연령에 근거하여 丁奴 등으로 구분되었다. 그중, 簡2-33의 "口二百卌八年六十一以上六十五以還老男"는 『晉書』「食貨志」에서 규정한 "六十一已上至六十五爲次丁"과 다른데 이는 진 혜제 시기 老男과 次丁의 구분 표준이 이미 서진 초기에 제정된 호조식의 표준과 동일하지 않으며, 변화가 발생했었음을 설명한다.

41) 湖南省文物考古研究所·郴州文物處, 「湖南郴州蘇仙橋遺址發掘簡報」(감독 및 집필: 張春龍), 湖南省文物考古研究所編, 『湖南考古輯刊』 第8集, 2009, pp.93-104.

42) 郴州蘇仙橋晉簡의 硏究에 대해서는 拙文 「從湖南省郴州蘇仙橋遺址J10出土的晉簡看西晉上計制度」, 『中國社會科學院歷史研究所學刊』 第8集, 商務印書館, 2013을 참고할 수 있다.

西晉 平吳 시기 공식적으로 丁中制를 제정한 후, 王朝마다 丁·中의 연령에 변화가 존재하였는데 이는 국가가 장악, 지배할 수 있는 호구 및 조세, 요역과 관련되었다. 단, 주의해야 할 점은 秦, 漢 이래 여성 부역 신분의 구분은 혼인의 영향을 받았다는 사실이다. 예를 들어, 南朝는 "女以嫁者爲丁, 若在室者, 年二十乃爲丁"[43]라고 하였으며, 北朝와 隋, 唐의 투르판 문서에서는 丁의 연령에 이른 미혼 여성 일반에 대해서는 '中女'라고 불렀을 뿐, '丁女'라 부르지 않았다.

3) 田制

後漢 章帝 이후로는 토지의 '差爲三品'으로 과세하였다. 이는 또한 후한 토지의 품질이 3개 등급으로 나뉘었고 田稅에도 3개의 수량 표준이 존재했음을 의미한다. 許愼은『周禮』의 "國中園崖之賦二十而稅一, 近郊十二稅, 遠郊二十稅三"를 근거로, "漢의 제도에서 收租함에 田에는 상, 중, 하가 있었는데『周禮』와 같은 의미이다(漢制收租, 田有上中下, 與周禮同義)"라고 하였다. 이는 세액 수량이 상이하였음을 말하는 것인데, 國과의 거리가 다르면 전조율이 달랐고, 전조의 액수 역시 달랐던 것이다. 漢의 제도는 즉 토지의 품질 차이에 따라 田稅를 3등급으로 나누었는데 양자의 공통점은 조세에 등급을 두어 상대적으로 조세를 공평하게 부담하도록 한 것으로, 이 때문에 양자가 '同義'하다고 말했던 것이다. 鄭玄은 전지를 상, 중, 하로 나눈 것은 授田制 특유의 제도라고 보았는데, 상등전의 경우 표준에 의해 수여하였고 중등전과 하등전의 경우 표준보다 授田 액수를 늘린 이후에 통일적인 定額에 따라 전조를 납부하였다고 하였다.[44]

三國 吳簡은 孫吳가 국가의 토지를 품질에 따라 '熟田', '旱田'으로 나누어 농민들에게 임대하고, 다른 기준의 전조를 징수한 것을 보여준다. '숙전', '한전'의 액수는 인위적으로 '정한' 것이며 자연적인 토지의 품질 상황에 따라 통계를 낸 수량은 아니었다. 즉 吳簡은 후한 토지가 3개 등급으로 나뉘어졌고 이로써 각기 다른 액수의 田稅를 부과하였음을 간접적으로 증명한 것이다. 孫吳의 '숙전', '한전'의 구분은 후한대의 토지 3등급이 발전한 것으로, 비록 租, 稅의 성질은 동일하지 않다 할지라도 방식은 일치하였다. 때문에 民屯, 屯田民에 한해서만 "持官牛者, 官得六分, 士得四分; 自持私牛者, 與官中分"하였던 것이다.

북위 시기의 균전제는 太和 9년에 시작되었는데 이때 효문제가 詔를 내려 천하의 民에 모두 田을 지급하였다. 이 중 균전제 범위 내의 露田(正田, 口分田), 職分田, 公廨田 등은 국가의 소유에 속했다. 이전부터 존재했던 私田이나 園宅地, 桑田(麻田, 世業田, 永業田), 官人永業田, 勳田, 賜田 등은 개인 소유에 속했다. 균전제와 서로 짝을 이루는 조세 제도는 租調制였다.

2. 징세 종류와 수량

'稅'에 대해『說文』은 "租也, 從禾兌聲."이라고 하였다.[45] '稅'자의 함의는 사실 사회 구성원들이 점유한

43)『隋書』卷24「食貨志」, p.674.

44) 臧知非,「從《吏民田家莂》看漢代田稅的徵收方式」,『史學月刊』2002(5), 2000, pp.37-44.

45) 許愼 原著, 湯可敬 撰,『說文解字今釋』, 長沙: 嶽麓出版社, 1997年版, p.963.

토지를 기초로 그중 일부 농산품을 국가에 납부하는 것이다. 이는 국가가 얻는 재정 수입 중 한 형식이었다. '稅'자는 일찍이 『左傳』에서 "初稅畝, 非禮也."[46]라고 한 부분에서 보인다.

'租'의 본래 의미는 토지 소유자가 토지 사용권을 빌려주고 얻는 수입이다. 『설문』은 "租, 田賦也."라고 하였다. '租'는 禾部에서 유래하여, 농산품을 납부 대상으로 하고 있음을 보여주는데 고대에는 항상 토지로부터 징수한 稅收를 '租'라고 칭하였다. 가령 魯는 "稅畝"라고 칭했고, 秦은 "租禾"라고 칭한 예를 볼 수 있다. 『急就篇』은 "斂財曰賦, 斂穀曰稅, 田稅曰租."라고 하였는데 여기에서 볼 수 있듯이 '租'는 흔히 토지와 함께 연관되었다.

'調'는 후한 시기에 출현한 부세의 한 종류로, 家를 단위로 징수하였기 때문에 '戶調'라고도 불렀다. '調' 자체는 동사로 쓰이는데 '징발하여 뽑아낸다'는 의미를 가진다. 『後漢書』「左雄傳」 중, "特選橫調, 紛紛不絕, 送迎煩費, 損政傷民"의 '調'는 바로 이 의미이다. 또 '戶調'란 명사로, 絹, 帛, 麻, 布 등 非곡물류의 농산품을 상납한다는 의미를 가진다.

'賦'자는 일찍이 군주가 臣屬들에게 군역 혹은 군용품을 징집하는 것을 가리킨다. 예컨대 『논어』「공야장」의 "千乘之國, 可使制其賦也."라는 구절을 볼 수 있다.[47] 그러나 국가에서 징집하는 수입은 군사에만 한정되지 않았으며 그 외 국가의 다른 부문의 지출에 쓰이는 것들도 포괄하였다. 따라서 '賦'는 국가에서 징집하는 군용품만을 가리키는 것이 아니라 '稅'의 의미를 두루 가지고 있었다. 특히 춘추 후기부터 국가는 臣屬에 대해 항상 田畝에 의거하여 軍賦를 징발했는데 이렇게 '賦', '稅'를 내도록 하는 것이 점차 혼동되어 '부세'라는 단어를 형성했다. "斂財曰賦, 斂穀曰稅"[48]는 賦와 稅의 관련 및 구별을 직접적으로 명시한다. 비중이 큰 '田賦(토지세)', '算賦(인두세)'로부터, 비중이 비교적 작은 '關市의 賦(상품교역세)', '山澤의 賦(물산자원세)'에 이르기까지 항상 도처에서 '賦'의 흔적을 볼 수 있다.

唐 德宗 시기 재상 陸贄가 올린 상소 중의 일부분에는,

> 國家賦役之法, 曰租, 曰調, 曰庸. 其取法遠, 其斂財均, 其域人固. 有田則有租, 有家則有調, 有身則有庸, 天下法制均壹, 雖轉徙莫容其姦, 故人無搖心.[49]

라고 하였는데, 여기에서 당대의 부역법에 租, 庸, 調 세 종류가 있었음을 볼 수 있다. '租'는 여전히 토지를 빌린 농민이 조정에 납부하는 부세였고, '調'는 家의 인구에 기초하여 수취하는 인두세였다. '有身則有庸'의 의미는 노동력을 가진 사람이 지는 '요역'의 의무이다. 그리고 전조와 호조, 즉 토지세와 인두세는 서로 조합되어 전통적인 '男耕女織'의 자연 경제 하에서 농민이 납부해야 하는 주요한 세금 종류를 구성

46) 顧馨, 徐明校點, 『春秋左傳(一)』, 瀋陽: 遼寧教育出版社, 1997年版, p.135.

47) 楊伯峻 譯注, 『論語譯注』, 北京: 中華書局, 1980, p.44.

48) 史遊 原著, 『急就篇』, 長沙: 嶽麓出版社, 1989年版, p.133.

49) 『新唐書』 卷52 「食貨志」, p.1354.

하였다.

1) 田租

『周禮』「地官·載師」는 "凡任地, 國宅無征, 園廛二十而一, 近郊十一, 遠郊二十而三, 甸稍縣都皆無過十二, 唯其漆林之征."[50]라고 하였다. 『주례』의 稅는 가까이에 있으면 가볍고 멀리에 있으면 무거웠는데 그 이유는 도로나 수로를 만들 때 가까이에 있는 자들이 노역하고 멀리 있는 자들은 노역에 종사하지 않았기 때문이라고 하였다.

秦의 전지 조세 제도에 관하여 張金光 선생은 그 저작인 『秦制硏究』에서 체계적으로 논술하였는데 다음과 같이 지적하였다.

> "秦 簡公 7년, 처음으로 租禾하였다. 이는 秦이 실물 전조를 처음으로 거두어들인 것이다.", "진의 전조 징수 표준은 토지의 다과였지, 人戶가 아니었다", "진은 상앙변법 이후 전조를 생산량과 결합하였고 일정한 租率에 따라 常數를 校定해 내, 고정적인 租額으로 삼았는데 즉 기본적으로는 定額 租制를 시행했던 것이며 租制를 나누었던 것이 아니다.", "진의 전조율은 어느 정도였을까? 문헌 기록이 부족하여 확실히 알 수 없지만 아마도 1/10이었을 것 같다.", "진의 실물 전조는 크게 양분되는데 하나는 禾粟이었고 다른 하나는 芻稾였다."

『嶽麓書院藏秦簡』「數」 중에는 지조세와 관련된 산수 문제와 해설이 존재한다. 이로부터 '輿(與)田', '稅田' 두 종류의 지조세 과역 방식 및 전조율 등을 귀납해 낼 수 있는데 이는 진대 전지 조세제도에 대한 세밀한 자료를 제공한다. 肖燦은「數」에 반영된 세율은 전조는 1/10 세율로 수취하였다고 보았으나 이는 부분적으로만 정확하다. 즉 田에 禾를 심을 경우에는 옳지만, 기타 작물의 경우에는 옳지 않다고 여겨진다. 가령「數」는 枲의 징수율을 1/15이라고 설명하는데 이는 禾의 세율보다 낮아 禾의 租率의 2/3에 불과하다. 물론「數」는 수학 문헌으로, 법률 문서가 아니기 때문에「數」가 반영하는 전조율이 아주 정확하다고 해도 완전히 정확하다고 말하기 위해서는 보다 직접적인 자료로 실증할 수 있어야 한다. '輿田'과 서로 비교해보면 '稅田' 역시 田畝와 생산량에 따라 실물 조세를 수취했다. 다른 점은, '稅田'은 전조율이 매우 높다는 점이다. 계산을 통해 3개 사례의 '枲稅田' 산수문제의 전조율은 모두 100/100인 것을 알 수 있는데, 이는 즉 수확한 枲를 전부 납부한다는 것이다.[51]

漢의 收租制는 田에 상, 중, 하를 두었는데 이는『주례』와 동일한 의미이다. 臧知非는 前漢이 정액 세제를 실행했지만 사람들이 이해하는 것과 같이 畝에 따라 징수한 것이 아니라 頃에 기초하여 징수한 것

---

50) 孫詒讓 撰, 王文錦·陳玉霞 點校,『周禮正義·地官司徒第二下＼載師』, 中華書局, 2013年 1月, 第2版, p.962.

51) 肖燦,「從《數》的"輿(與)田", "稅田"算題看秦田地租稅制度」,『湖南大學學報(社會科學版)』2010(4), 2010, pp.11-14.

이라고 보았다. 이는 "戰國과 秦의 구습을 계승한 것으로, 田稅는 戶와 頃에 근거하여 계산, 징수하였고, 畝稅가 비록 가벼웠지만 농민들은 실제 소유한 토지와 무관하게 모두 百畝의 田稅를 납부해야 했고, 그 田稅의 부담은 일반적으로 상상하는 것을 훨씬 초월하여, 높을 경우에는 세율이 5/10에 달했다. 후한 초, 畝에 따라 계산, 징수하였는데 국가가 규정한 세액에는 한계가 있었으나 稅收 방식의 새로운 폐단으로 인해 농민들은 실제로 더욱 무거운 부담을 졌다. 후한 역시 정액세를 집행했는데 곧 관부에서 정한 표준인 畝당 생산량에 근거하여 1/30 세율에 따라 畝당 稅數를 정했고 다시 畝에 따라 징수했다."[52)]

三國 吳簡은 孫吳가 국가의 토지를 품질에 따라 '熟田', '旱田'으로 나누어 농민들에게 임대하고, 다른 기준의 전조를 징수한 것을 보여준다. '숙전', '한전'의 액수는 인위적으로 '정한' 것이며 자연적인 토지의 품질 상황에 따라 통계를 낸 수량은 아니었다. 즉 吳簡은 후한 토지가 3개 등급으로 나뉘어졌고 이로써 각기 다른 액수의 田稅를 부과하였음을 간접적으로 증명한 것이다. 孫吳의 '숙전', '한전'의 구분은 후한대의 토지 3등급이 발전한 것으로, 비록 租, 稅의 성질은 동일하지 않다 할지라도 방식은 일치하였다. 때문에 民屯, 屯田民에 한해서만 "持官牛者, 官得六分, 士得四分; 自持私牛者, 與官中分"하였던 것이다.

2) 算賦

학계의 보편적인 관점은 '算賦'의 징수는 상앙 변법에서 시작되었다는 것이다. 秦 昭王의 "十妻不筭"은 통일 전 算賦 제도가 이미 소수 민족 지구에서 실행되었음을 증명한다. 高帝 4년 "八月初爲算賦" 한 것은 漢代에 산부를 처음 징수한 것을 의미한다. 간독 중의 '××算', '××算算錢××', '事算' 등의 '算'은 算賦의 약칭이다.[53)] 楊振紅 선생은 인구세와 '산부'를 나누어 漢代의 산부는 독립적인 세금의 종류가 아니었다고 보았다. "'算'은 국가가 징발하는 부세, 요역의 단위이며 '산부'는 구체적인 세목이 아니라 '산'을 단위로 징수한 부세의 의미이다", "傳世文獻과 간독 중의 '算事' 혹은 '事算', '複算', '複事', '算簿' 중의 '算'은 일반적으로 법에서 정한 부세, 요역을 납부해야 하는 연령(15세~免老)의 인구 수를 가리키고, '事'는 실제로 복역하는 인구 수, '複'은 復除, 즉 부세와 요역이 면제된 인구 수이다."[54)]

臧知非는 秦 昭王의 "十妻不筭"는 그 요역을 면제한 것이지 '算賦'를 면제한 것이 아니라고 보았다. 高帝 4년(BCE203) "初爲算賦"는 호적을 등기하고 부역을 확정한 것이다. 호북 봉황산 전한묘에서 출토된

52) 臧知非, 「漢代田稅徵收方式與農民田稅負擔新探仁」, 『史學月刊』 1997(2), 1997.

53) 대표적인 논저는 다음과 같다. 韓連琪, 「漢代的田租口賦和徭役」, 『文史哲』 1956年 第7期(논저인 『先秦兩漢史論叢』, 濟南: 齊魯書社, 1986, pp.464-519에 수록); 裘錫圭, 「湖北江陵鳳凰山十號漢墓出土簡牘考釋」, 『文物』 1974年 第7期; 高敏, 「從江陵鳳凰山10號漢墓出土簡牘看漢代的口錢, 算賦制度」, 『文史』 第20輯, 北京: 中華書局, 1983年 9月(高敏, 『秦漢史探討』, 鄭州: 中州古籍出版社, 1998, pp.292-315에 수록); 高敏, 「長沙走馬樓簡牘研究·從〈長沙走馬樓三國吳簡·竹簡(壹)〉看孫權時期的口錢, 算賦制度」, 桂林: 廣西師範大學出版社, 2008, pp.109-116; 錢劍夫, 『秦漢賦役制度考略·秦漢的人頭稅』, 武漢: 湖北人民出版社, 1984, pp.47-65; 黃今言, 「秦漢賦役制度研究·按丁口征賦制度的確立及其演變」, 南昌: 江西教育出版社, 1988, pp.196-245; 林甘泉, 『中國封建土地制度史·算賦和口錢』, 北京: 中國社會科學出版社, 1990, pp.362-367.

54) 楊振紅, 「出土"算""事"簡與兩漢三國吳時期的賦役結構」(楊振紅, 『出土簡牘與秦漢社會(續編)』, 桂林: 廣西師範大學出版社, 2015, p.175에 수록).

간독에 적힌 '算簿'는 '事'로 정산하고 '算'에 의하여 收錢한 장부로, 이는 요역이 화폐화되는 역사적 이행을 의미한다. 7~14세의 사람들은 모두 '口錢' 23전을 내야 했고, 15~56세의 사람들은 모두 '賦錢' 120전을 내는 제도는 『주례』에서 國人과 野人의 등급 차별에 연원을 둔 것으로 전한 元帝 시기에 형성되었다.[55] 산부는 民의 '事'에 기초한 것인데 '事'란 편호제민이 국가로부터 田을 받는 과정에서 부수된, 국가에 대한 의무이다. '산부'란 '事'를 화폐로 나타낸 것이며 요역의 화폐화인데, '算事'하여 賦를 납부하던 것이 '算人'하여 賦를 납부하는 것으로 변화해 갔다. 前漢 전기 산부의 액수는 '事'에 따라 달랐고 매우 복잡하여 고정된 기준이 없었다. 元帝 시기에 이르러서는 7~14세의 사람들이 매년 23전, 15~56세의 사람들이 매년 120전을 납부하고 '事'의 유무를 막론하고 모든 사람들이 납부해야 하는 통일적인 제도가 등장하여, 보편적인 인구세가 마침내 형성되었으나 농민의 '事' 의무는 여전히 존재했다.

漢代 '算賦'는 문헌에서 또한 口賦, 口算, 口算錢으로 칭하는데 즉 인구세였다. 7~14세는 매년 口錢 23전을, 15~56세는 매년 120전을 납부했다. 漢代 口算 징수는 漢 高祖 4년(BCE203)에 시작되었다. 이와 관련한 『漢舊儀』의 기록은 다음과 같다.

> 算民, 年七歲以至十四歲出口錢, 人二十三. 二十錢, 以食天下. 其三錢者, 武帝加口錢, 以補車騎馬. 又令民男女年十五以上至五十六出賦錢, 人百二十, 爲一算, 以給車馬.[56]

『後漢書』 卷1 「光武帝紀」는 建武 22년(46)조는 『漢舊儀』를 인용하여 아래와 같이 말했다.

> 人年十五至五十六出賦錢, 人百二十爲一算. 又七歲至十四出口錢,人二十, 以供天子; 至武帝時又口加三錢, 以補車騎馬.

加藤繁은 '算賦'은 '算人'에서 이름을 얻었다고 보았다. 秦 孝公 14년(BCE348)의 "初爲賦"는 算賦 제도의 시작으로, 그 액수는 宣帝 甘露 2년(BCE52) 이전까지는 算마다 190전, 감로 2년~成帝 建始 2년(BCE31)에는 算당 160전, 건시 2년 이후에는 120전으로 안정되었다.[57]

天長紀莊漢墓 출토 호구 명부 목독의 배면에는 筭簿가 존재한다.[58]

> 筭簿
>
> • 集八月事算二万九, 復筭二千五

---

55) 臧知非, 「"算賦"生成與漢代徭役貨幣化」, 『歷史研究』 2017(4), 2017, pp.27-42.

56) 孫星衍 等輯, 『漢官六種』, 周天遊 點校, 北京: 中華書局, 1990, p.50.

57) 加藤繁, 「關於算賦的小研究」, 『中國經濟史考證』 第1卷, 吳傑 譯, 北京: 商務印書館, 1959, pp.125-139.

58) 天長市文物管理所·天長市博物館, 「安徽天長西漢墓發掘簡報」, pp.4-11.

都鄕, 八月事筭五千卌五

東鄕, 八月事筭三千六百八十九

垣雍北鄕, 戶八月事筭三千二百八十五

垣雍東鄕, 八月事筭二千九百卌一

鞠(?)鄕, 八月事筭千八百九十

楊池鄕, 八月事筭三千一百六十九

• 右八月

• 集九月事算万九千九百八十八復筭二千六十五

卿

TJM19D1B

이는 현재까지 발견된 가장 이른 漢代 縣級 산부 문서이다. 그중 '筭簿'는 算口의 부역 복무 상황에 대해 통계를 낸 簿籍 문서이다. 筭은 算과 동일한데 兩漢, 三國 시기에 15세~免老 사이 성년 남녀의 부역 복무에 대해 통계를 내는 단위이다. 『漢書』「高帝紀上」은 "五年八月, 初爲算賦."라고 하였는데, 兩漢, 三國 시기에는 15세부터 算口로 파악하기 시작하였다. 의무가 끝나는 연령에는 변화가 있었지만 대략 전한 중기에는 60세로 정해졌다. 그중 '事筭'은 算을 단위로 징세하는 요역, 부세를 부담하는 것을 가리킨다. 여기에서 요역, 부세를 담당하는 것이 算口數이다. 事란 종사, 복역하는 것을 의미한다. 『한서』「선제기」에서 地節 3년 10월 詔에서 말하기를 "流民還歸者, 假公田, 貸種, 食, 且勿算事."라고 하였는데 이에 대한 顔師古의 注는 "不出算賦及給徭役."이라고 하였다. '復筭'이란 算을 단위로 내는 요역, 부세를 면제함을 의미한다. 여기에서는 요역, 부세 의무를 면제받은 算口數를 가리킨다. 復이란 復除로 부세, 요역을 면제하는 것을 의미한다. 『漢書』「鼂錯傳」에서 鼂錯는 "今秦之發卒也, 有萬死之害, 而亡銖兩之報, 死事之後不得一算之復."라고 하였는데 이에 대한 顔師古의 注는 "復, 復除也."라고 하였다. 秦은 10월을 歲首로 삼았고 9월이 歲末이었기 때문에 8월에 案比를 실행했는데 8월에는 호구, 간전, 재산 등의 정황에 대해 조사, 통계를 진행했다. 9월에 이를 상계하고 차례로 상급 기관에 보고하여 중앙에까지 이르렀는데, 漢은 秦制를 답습하였다. 위의 簡에서 6개의 鄕의 事算 합계는 서두의 事算 총계와 일치한다.

일반적으로, 兩漢 시기 1算은 120전으로 여겨지나, 湖北省 江陵 鳳凰山 10호 한묘에서 출토된 목독, 죽간(漢 文帝~景帝 시기에 해당)의 기재를 보면, 市陽里의 算錢은 최고 36전, 최저 8전이다. 2월에서 정월까지 매달 산전을 납부했으나 어떤 달은 1개월에 4차례를 납부하여 총 14차례에 걸쳐 합계 227전을 납부했다. 매월 里正은 錢을 다 받은 후 鄕佐에게 보냈고, 鄕佐는 이를 다시 상납했다.

吳簡 名籍의 '筭', '事', '訾'에 대한 통계 중 算, 事에 관하여 학자들은 이미 열띤 토론을 벌였다. 비록 관점이 모두 같지는 않지만, 대체로 '筭'과 산부가 관련되고, '事'는 요역과 관련되어 있다고 여겨진다.[59] 竹簡·柒에는 家의 호적으로 복원할 수 있는 간책이 보인다.

吉 陽里戶人公乘區幡年五十三刑左手 (柒·5816)

幡妻思年卌一筭一 (柒·5815)

子男誰年十歲刑左足 (柒·5814)

誰男弟栂年六歲 (柒·5813)

男侄兄年十三腹心病 (柒·5812)

右幡家口食五人 筭二 訾 五 十 (柒·5811)

이 복원된 간책에는 호주 區幡, 幡의 처, 두 아들 誰와 栂, 그리고 조카인 兄 등 5인의 연령 정보, 신체 상황, 筭의 액수와 訾가 기재되었다.

오간 명적 중 '口算錢'은 竹簡·貳의 7039簡("入南鄉桐唐丘大男子唐萇二年口筭錢四千 ||X 嘉▢")에서 볼 수 있다. 孫吳는 漢의 제도를 계승하였으며, 납부한 액수도 漢代와 대체로 동일하였다.

3) 調

'戶調'는 後漢 시기에 출현하였으며, 통치자가 절실하게 수요에 대처해야 할 때 피통치자에 대하여 실물을 징집, 조달하는 것이다. 위진 시기 '戶調'는 算賦(인두세)를 대신하여 제도화되었는데, '田租'와 함께 국가의 공식적인 부세가 되었고 租調制가 이로부터 나타났다. 이후 상당히 오랜 기간 동안 조조제는 중국 고대의 주요한 稅收 제도였다. 西嶋定生은 戶調가 漢代의 口算賦에 연원을 두었고, 징수 형식상 戶를 단위로 실물인 絹, 綿을 징수함으로써 漢代에 人頭를 기준으로 화폐를 징수하는 제도를 대체했다고 보았다. 기준이 人頭에서 戶로 변화하는 것은 국가의 개개인에 대해 직접 통치, 즉 개별 인신지배가 이완되었음을 뜻한다. 화폐 징수가 실물인 絹, 綿 징수로 바뀐 것은 후한 이래 화폐 경제의 쇠퇴와 사회 내 실물 경제의 확대를 의미한다. 漢代의 부세 체계 내부로부터 戶調制의 탄생을 탐구할 때, 이러한 점에서 唐長孺의 착안점과 西嶋定生의 의견은 일치한다. 그러나 唐長孺는 '調'라고 명명되었던 漢代의 임시 징발 제도에 더욱 주의하여 다음과 같이 인식하였다. 이러한 임시적 징발이 曹魏 시대에 이르러 보편화되어, 算賦를 흡수하고 戶調制를 만들어냈다. 戶調가 絹, 帛을 징수하는 방법은 漢代에 포백을 이용하여 算賦를 절납하는 것으로부터 영향을 받았다. 人頭를 방치하고 戶에 따라 과세하는 시점에 이른 것은 布帛은 人頭를 기준으로 끊어서 납부할 수 없었기 때문이다. 이 때문에 생산 단위로서의 戶는 자연히 과세 단위가 되었다.[60]

---

59) 다음의 논문을 참고할 수 있다. 汪小烜, 「走馬樓吳簡"吏民簿"研究」, 『北京大學碩士研究生學位論文』, 2001; 張榮強, 「說孫吳戶籍簡中的"事"」, 『吳簡研究』 第1輯, 武漢: 崇文書局, 2004, pp.203-21; 于振波, 「"筭"與"事"-走馬樓戶籍簡所反映的算賦和徭役」, 『漢學研究』 22-2, 2004, pp.189-209; 于振波, 「從"傅籍"到"丁中"-對吳簡中"口, 事, 筭, 事"比例關係的考察」, 『簡帛研究2010』, 桂林: 廣西師範大學出版社; 孟彥弘, 「吳簡所見"事"義臆說」, 『吳簡研究』 第2輯, 武漢: 崇文書局, 2006, pp.201-213.

60) 西嶋定生, 「曹魏的屯田制-尤其是其廢止問題」, 『東洋文化研究所紀要』 10, 東京, 1956. 수정 후, 『中國經濟史研究』, 東京大學出版會, 1966年版에 수록되었다, 唐長孺, 「魏晉戶調製及其演變」, 『魏晉南北朝史論叢』, 三聯書店, 1955.

『晉書』「刑法志」와 『大唐六典』 卷6 "刑部侍郎員外郎"條의 기록에 따르면 晉 武帝 泰始 4년(268)에 반포한 『晉令』 卷40 중에는 '戶調令'이 있었다. 『晉書』「食貨志」는 晉 武帝가 平吳 후 다시 戶調의 式을 제정한 것을 기록하였다.

> 丁男之戶, 歲輸絹三匹, 緜三斤, 女及次丁男爲戶者半輸. 其諸邊郡或三分之二, 遠者三分之一. 夷人輸賨布, 戶一匹, 遠者或一丈. 男子一人占田七十畝, 女子三十畝. 其外丁男課田五十畝, 丁女二十畝, 次丁男半之, 女則不課. 男女年十六已上至六十爲正丁, 十五已下至十三, 六十一已上至六十五爲次丁, 十二已下六十六已上爲老小, 不事. 遠夷不課田者輸義米, 戶三斛, 遠者五斗, 極遠者輸算錢, 人二十八文.[61]

앞부분은 동일하지 않은 丁中 신분의 과역 부담을 규정하였고, 뒷부분은 민중의 丁中 신분에 대해 연령상의 구분을 하고 있다. 학계에서는 일반적으로 『진서』의 이 사료가 원래 『진령』의 기초 위에서 平吳 이후의 새로운 제도를 고려한 것에 지나지 않는다고 본다.[62]

北魏가 균전제를 실행한 후, 이와 조합되는 새로운 租調制가 등장하였다.

> 其民調, 一夫一婦帛一匹, 粟二石. 民年十五以上未娶者, 四人出一夫一婦之調；奴任耕, 婢任績者, 八口當未娶者四；耕牛二十頭當奴婢八. 其麻布之鄕, 一夫一婦布一匹, 下至牛, 以此爲降. 大率十匹爲公調, 二匹爲調外費, 三匹爲內外百官俸, 此外雜調. 民年八十已上, 聽一子不從役.[63]

4) 關市의 稅

考古 발굴 작업자들이 西安 櫟陽城 3호 古城 내 유물을 발굴하던 중, "櫟市"라고 새겨진 印章과 陶文 등 여러 건의 유물, 유적을 발견했다. 이는 문헌 중 秦 獻公 7년에 櫟陽에서 "初行爲市"[64]함으로써 경제 개혁을 진행하였다는 기재와 부합하는 것으로, 즉 秦의 가장 이른 '市'의 실물이 발견된 것이다.[65] 『秦律』 중 재정 稅收와 관련된 기록이 다수 존재하는데 가령 「關市律」의 규정은 市稅를 납부할 때 반드시 錢을 도자기에 넣고 물건을 판 사람은 錢을 넣는 것을 보도록 하였고, 이 법령을 위반한 자는 벌금을 내야 했다. 이러한 행동은 쌍방의 납세를 강제함으로써 횡령이나 납부 금액이 맞지 않는 병폐를 방지하고, 재정

61) 『晉書』 卷26 「食貨志」, p.790.

62) 戶調式 제정 시기에 대한 논의는 張學鋒이 상세히 정리하였다. 張學鋒의 논저에 수록된 아래 논문을 참고할 수 있다. 張學鋒, 「西晉占田, 課田, 租調制硏究」, 『漢唐考古與歷史硏究』, 北京: 三聯書店, 2013, pp.197-203.

63) 『魏書』 卷110 「食貨志六第十五」, 中華書局, 1974年6月, 第1版, p.2855.

64) 『史記』 卷6 「秦始皇本紀第六」, 中華書局, 1982年11月, 第2版, p.289.

65) 李政, 「商鞅變法的"改革之都"-秦漢櫟陽城遺址漸露真容」, 『文博中國』 微信公衆號, 2017.10.12.

수입이 모두 일정한 작용을 할 수 있도록 보증하였다.

漢代 市稅의 징수는 두 가지 정황으로 분류된다. 첫 번째는 市肆에서 고정된 점포를 가지고, 市籍을 소유한 상인으로 이들에 대해서는 상품 교역의 총 액수에 근거하여 정기적으로 과세하였다. 두 번째는 集市를 떠돌며 물건을 판매하거나 혹은 직접 만든 수공업품, 농산품을 판매하는 행상 혹은 일반 民들로 이들에 대해서는 賣買 거래액에 따라 즉시 과세하였다. 市稅는 도시에서 市와 稅를 관리하는 市吏 혹은 市嗇夫가 징수하였고, 市稅를 납부하지 않는 자들은 법률에 따라 제재를 가했다. 漢 武帝 시기 북방 흉노와 지속적으로 전투를 하며 국고가 비게 되자 수많은 대상인들을 모았으나, 이들은 국가에 자금을 기부하여 상황을 해결하려 하지 않았다. 조정은 상공업자들에 대해 새로운 稅를 고안하였는데, '算緡'은 이러한 정황에서 생겨났을 것이다. '算'과 '緡'은 모두 화폐를 세는 단위로, 緡의 본래 의미는 동전을 꿰는 용도의 끈이며, 緡錢은 줄을 이용하여 꿴 錢을 가리키는데, 1緡은 1,000(文)錢, 1算은 120(文)錢이다. 算緡의 징수는 상인과 고리대금업자, 수공업자, 그리고 車, 船을 소유한 자들을 대상으로 하였다. 구체적인 규정을 살펴보면, 民은 車 1대당 1算을 징수하였는데 商賈는 1대당 2算을 징수하고, 船의 경우 5丈 이상인 경우 1算을 징수하였다. 상인의 재산에 대해서는 緡錢 2,000錢당 1算을 부과했고(세율 6%에 해당), 수공업자들의 경우 緡錢 4,000錢당 1算을 부과했다(세율 3%에 해당).

三國, 兩晉, 南北朝 시대, 370년간 전쟁과 붕괴, 이산의 혼란이 지속되는 시기를 거치면서 苛斂과 雜稅 징수가 매우 많아져, "其軍國所須雜物, 隨土所出, 臨時折課市取, 乃無恒法定令."하였다. 잡세 중의 하나인 市稅는 비록 때에 따라 사라지기도 하고 생기기도 하였지만 삼국, 양진, 남북조 시기 전반에 걸쳐, 시장에서 물품을 판매하는 행상들 혹은 시장 내 점포를 연 상인들에 대해 모두 市稅를 징수하였다. 예컨대 三國吳簡에 보이는 '地僦錢'에 대해서 '僦錢', '地僦錢', 즉 점포 임대세라고 이해하는데, 가령 오간의 정리자인 王素 선생 등은 地僦錢은 臨湘縣城 내 集市에서 상인들이 자리를 빌릴 때 낸 錢이라고 보았다. 羅威 선생은 地僦錢이란 城鎮 내 集市의 상인들이 자리를 빌릴 때 내던 錢이라고 하였다. 蔣福亞 선생은 地僦錢이 자릿세, 시장 내 토지, 가옥의 임대료 및 市租와 상품 통관세의 총칭일 것이라고 보았다.[66] 西晉 시기에는 關市稅를 1년간 면제한 기재가 있다. 동진 이후 市稅를 거두는 것이 점차 무절제해졌는데, 『隋書』「食貨志」의 기록에서 "淮水北有大市百餘, 小市十餘所, 大市備置官司, 稅斂既重, 時甚苦之."라고 한 바 있다. 南朝 宋, 齊, 梁, 陳은 市稅의 부담을 경감하는 데 힘을 다하였는데 가령 劉裕가 즉위했던 해(宋 永初 원년인 420년)에 詔를 내려 市稅의 번잡하고 괴로움을 들어 이를 경감하였다. 北朝 北魏, 北齊 시기 상인이 市에 들어가 물품을 판매할 때 인당 1錢을 징수하였고, 坐商은 점포를 5개 등급으로 나누어 市稅를 징수하였다. 西魏 廢帝 때(552년)에는 入市稅를 폐지하였으나 宣帝 즉위 이후 入市稅를 다시 징수하여, 인당 1錢을 거두었다.

66) '地僦錢'연구에 대한 학술사 회고는 다음 논문을 볼 것. 陳榮杰, 「試論走走馬樓吳簡中的"僦錢", "地僦錢"」, 『中國社會經濟史研究』 2014(1), 2014.

3. 稅收 管理 機關

秦漢 시기, 秦은 治粟內史의 직을 설치하여 국가재정을 주관하면서 兩丞을 두어 田賦와 錢布를 나누어 관장하도록 하였다. 漢 景帝 때 치속내사의 명칭을 바꾸어 大農令이라 하였고, 武帝 太初 연간(BCE104~101)에 다시 이름을 바꾸어 大司農이라고 했다. 大司農의 屬下 관원으로는 太倉, 均輸, 平準, 都內, 籍田五令, 丞이 있었다. 王莽의 新政은 大司農을 納言으로 바꾸었다. 後漢에 이르러 大司農으로 명칭을 되돌렸는데 그 아래에는 太倉, 平準, 官三令, 丞이 있었다. 少府는 황실재정과 山林, 江湖의 생산물에 대한 징수를 주관하였는데 황실 생활을 위한 비용만 공급하였다. 무제 元鼎 2년(BCE115), 水衡都尉를 두어 上林苑과 그 수입을 관장하였는데 後漢 시기에 이 직은 少府에 병합되었다.

삼국 시기, 曹魏는 度支尙書라는 직을 두어, 전국의 부세와 재정 지출을 전문적으로 관장하였다. 이후 晉과 南北朝 시기의 宋, 齊梁, 北魏, 北齊 등은 모두 이를 본떠 金部, 倉部, 度支, 左民, 右民 등 五曹를 관리하였다. 鹽課에 대해서는 전문 기구와 관리를 두어 징수 관리를 실시하였는데 예컨대 司鹽校尉, 鹽府校尉, 鹽池都將, 掌鹽, 司鹽監丞, 鹽官, 鹽司 등이 있었다. 지방 재정 수입에 속하는 關市稅의 경우, 지방에서도 전문적인 기구를 설치했는데 예컨대 如埭司, 津主, 賊曹, 直水, 市長丞, 市署令, 庫曹, 大府, 市署, 令丞, 司市, 下大夫, 肆長 등이 징수, 관리를 시행했다. 隋唐 시기의 지방 재정 기구로는 일반적으로 戶曹司와 倉曹司라고 칭해졌지만 司戶參軍事 및 司倉參軍事 등의 관직을 나누어 설치해 지방 세수와 재정 사무를 관장했다. 稅收를 정돈하고 軍政 비용을 관리하기 위해 唐은 開元(713~741), 天寶(742~756) 이후로 專使를 두어 특정 항목의 재정 사무를 책임지게 하였다. 예를 들어 鹽鐵轉運使, 租庸使, 度支使, 租庸靑苗使, 兩稅使 등이 징수를 직접적으로 관할했다.

稅를 납부할 때의 행정 단계, 즉 납세 대상이 소속된 지방 행정 기구를 살펴보면, 秦·漢簡에서는 '鄕-里'가 보인다. 三國吳簡에서 錢·算을 납부할 때에는 '鄕-里'를 단위로, 田賦를 납부할 때에는 '鄕-丘'를 단위로 납부했다.

Ⅳ. 吳簡에 보이는 孫吳의 징세 체계

1. 嘉禾吏民田家莂

『嘉禾吏民田家莂』는 일종의 大木簡으로 이러한 유형의 대목간은 그 형태가 매우 특별하다. 대목간은 길이 49.8~56㎝, 너비 2.6~5.5㎝로, 이러한 형태는 이제까지 나타난 바 없다. 整理組는『嘉禾四年吏民田家莂解題』중『嘉禾吏民田家莂』문서의 성격에 대해 기본적인 결론을 내린 바 있다. 그 내용은 다음과 같다. "이미 정리된 竹簡과 결합하여 볼 때, 당시 백성들은 米, 布를 납부하였고 錢은 아마 따로 券書가 있었을 것이다. 大木簡은 즉 그 해에 米, 錢, 布 등 납부한 조세를 총합한 후의 總券書이며, 이로 인해 都莂이라고 칭하는 것이다." 이후, 嘉禾吏民田家莂의 성격에 대한 토론은 학계에서 일찍이 매우 다양하여 상이한 의견이 도출되었다.[67] 王素 선생은 그중에서 '納稅人總帳', '鄕租稅簿' 說은 인정할 만하다고 보았다.

1) 嘉禾吏民田家莂의 형식

『嘉禾吏民田家莂』은 손오 嘉禾 4년, 5년에 장사 지역의 140여 개의 丘의 170여 戶가 국유 토지에 농사를 짓고 납부한 전조에 대해 권서를 기록한 것이다. 각 호의 농민들이 租를 납부한 田의 면적, 田租의 표준과 종류, 租 납부 방식 등의 내용은 이로 인해 다시 빛을 보게 되었다. 이러한 大木簡의 원본은 각각 명칭을 가지고 있다.

모든 대목간의 정상부에는 '合同'의 '同' 혹은 '同文' 부호(𠔀)를 표시하였고 그 다음 기재 내용으로는 주로 3가지 부분이 존재한다.

⑴ 田家가 소속된 丘名과 田家의 신분, 성명, 빌린 田의 町畝, 빌린 田의 성격.
⑵ 빌린 田의 旱熟 여부, 수확 畝數와 定額에 따라 납부한 米, 布, 錢의 액수, 시간, 접수 부서(倉, 庫) 및 담당 관리.
⑶ (縣 혹은 侯國)의 田戶曹史가 조사를 진행한 시간과 당직 관리

이 중, 『嘉禾吏民田家莂』의 주요 부분에는 즉 "頃畝旱孰(熟)收米錢布付授吏姓名年月" 등의 항목이 있는데, 이는 '鄕級 기구가 완성한 것'이다. 다음으로 鄕吏가 『田家莂』을 田戶曹史에 올려 대조하고, 문서와 主吏의 서명을 대조하는데, 이는 '縣署에서 완성한 것'이다.[68]

예를 들자면 아래와 같다.

> 下伍丘男子五將, 田七町, 凡卅畝, 皆二年常限. 其廿六畝旱敗不收, 畝收布六寸六分. 定收四畝, 畝收米一斛二斗, 爲米四斛八斗. 畝收布二尺. 其米四斛八斗, 四年十一月五日付倉吏□□. 凡爲布三丈一尺八(?)寸六分, 四年十一月六日付庫吏潘有. 其旱田畝收錢卅七, 其熟田畝收錢七十. 凡爲錢九百六十二錢, 四年十一月四日付庫吏潘有. 嘉禾五年三月十日, 田戶經用曹史趙野, 張惕, 陳通校. (4·7)

이 목간은 五將가 嘉禾 4년 11월 4일, 5일, 6일 3일간 庫吏와 倉吏에게 米, 布, 錢을 납입한 것을 총합한 것이다.

> 石下丘男子謝贊, 佃田十一町, 凡廿畝一百六十步, 皆二年常限. 其十畝七十步旱敗不收布. 定收十畝九十步, 爲米十二斛四斗五升, 畝收布二尺. 其米十二斛四斗五升, 五年十二月十四

67) 王素, 「中日長沙吳簡研究述評」, 『故宮學刊』 第3輯, 北京紫禁城出版社, 2007, pp.528-560.

68) 張榮強, 「孫吳"嘉禾吏民田家莂"中的幾個問題」, 『中國史研究』 2001(3), 2001, pp.39-48; 張榮强, 「吳簡〈嘉禾吏民田家莂〉"二年常限"解」, 『歷史研究』 2003(6), 2003, pp.20-30.

日付倉吏張曼, 周棟. 凡爲布二丈, 准入米一斛二斗六升, 五年九月廿日付倉吏張曼, 周棟. 其旱田不收錢. 熟田畝收錢八十, 凡爲錢八百廿七, 五年十一月廿日付庫吏番慎. 嘉禾六年二月廿日, 田戶曹史張惕校. (5·233)

이 목간은 謝贊이 嘉禾 5년 9월 20일, 12월 14일, 11월 20일에 倉吏와 庫吏에 납부한 米, 布, 錢에 대해 3차례 조세를 완납한 최초의 증명서를 대조, 종합한 것으로 위의 두 문서가 최초 (납입) 증명서의 총합인 것은 확실하다.

동일 丘의 人男, 大女, 諸吏, 諸卒, 士, 複民 등이 米·布·錢 등 조세를 납부하면, 이를 대조 및 검토한 시간과 인원을 기록했다. 가화 4년에 조세를 대조, 검토 인원의 서명은 다음의 4가지 형식이 존재한다.

⑴ "田戶經用曹史張惕, 趙野, 陳通" 형식
⑵ "趙野, 張惕, 陳通" 형식
⑶ "趙野, 陳通" 형식
⑷ "趙野"

등의 형식이 그것이다. 가화 5년 검사자들의 서명은 다섯 종류가 보인다.

⑴ "田戶曹史張惕" 형식
⑵ "張惕, 趙野" 형식
⑶ "張惕, 趙野, 陳通" 형식
⑷ "趙野, 張惕" 형식
⑸ "趙野"

등의 형식이 그것이다.[69] 蘇俊林은 3인의 검사자의 책임 소재가 불명한 것 같고 심지어 다른 사람이 대신 서명하는 정황도 존재했기 때문에[70] 비록 대조, 검사하는 제도가 존재했으나 그 제도가 응당 가져야 할 기능을 발휘하지는 못했다고 보았다. 검사, 서명한 인원수가 감소하는 사실을 차치하고라도 검사 인원의

69) 蘇俊林, 「嘉禾吏民田家莂與孫吳身份等級體系」, 『文史』 2015(3), 2015, pp.25-45.

70) 『嘉禾年吏民田家莂解題』에서는 특히 다음과 같이 지적했다. "서명 필적으로부터 볼 때 일부 문서의 서명은 3명이 각기 서명한 것이며 어떤 서명은 한 필적으로 3개 이름을 적어 대리서명한 것이다. 서명에도 잘못 서명한 정황이 있다." 邢義田 선생은 오간 중 서명에 대해 상세한 분석을 가했는데 "田家莂에 보이는 3명의 戶田曹史의 서명은 3명이 각자 친필로 서명한 것이 아니다"라고 하였다. 각각 아래 논문을 참고할 수 있다. 胡平生, 「嘉禾四年吏民田家莂解題」, 長沙市文物考古研究所·中國文物研究所·北京大學歷史學系走馬樓簡牘整理組編, 『長沙走馬樓三國吳簡嘉禾吏民田家莂』(上), p.72; 邢義田, 「漢至三國公文書中的簽署」, 『文史』 2012(3), 2012, pp.166-198.

서명의 순서상에도 변화가 나타난다.

다른 丘의 大男, 大女, 諸吏, 諸卒, 士, 複民 등이 米, 布, 錢 등 조세를 납부한 후 마지막으로 鄕의 총합 내역에 따라『田家莂』을 엮어냈는데 이는 즉 처음 조세를 납부한 증명 장부의 총합이다.

南鄕謹列嘉禾四年吏民田家別頃畝旱熟收米錢布付授吏姓名年月都莂 (4·1)
環樂二鄕謹列嘉禾四年吏民田家莂如牒 (4·2)
東鄕謹列四年吏民田家莂別莂 (4·3)
□□謹列嘉禾吏民田頃畝收錢布萆如牒 (4·4)

이미 공포된 오간 자료로부터 볼 때 이러한 분명한 '莂'은 최소한 동일한 式에 대해 두 부의 문서로 구성되었는데 즉 倉吏와 庫吏가 한 부를 가지고, 나머지 한 부인 '別莂'은 조세를 납부한 民에 주었던 것이다. 조세를 납부하러 온 사람은 스스로 '別莂'을 보유할 수 없었고 縣署 혹은 鄕吏에 제출하여 보관하였다.『田家莂』은 손오 관부 창고가 최초의 증명서를 모아 엮은 帳簿의 전형적인 예이다.

2) 男子, 大女의 조세 납부

嘉禾 4년, 大男이 소작하여 납입한 租稅의 금액은 아래와 같다.

旱敗田畝收布六寸六分
熟田畝收米一斛二斗
熟田畝收布二尺
旱田畝收錢卅七
熟田畝收錢七十

嘉禾 5년, 大男이 소작하여 납부한 稅收의 금액은 아래와 같다.

旱敗田畝不收布
熟田畝收米一斛二斗
熟田畝收布二尺
旱田畝不收錢
熟田畝收錢八十

이상에서 열거한 簡 4·7, 5·233에서 소작한 것은 모두 '二年常限'으로 '旱田'과 '熟田'으로 나누어 세율을 제정하였으며, 한전은 租米를 면제받았고 숙전은 畝당 1斛 2斗를 징수하였다. '한전'과 '숙전'은 토지에서 税를 거두어들일 때의 전문적인 서술어로, 비록 국유 토지를 사용했다 할지라도 사유 토지의 통계를 응용했다. 公田에 세를 낼 때 田租는 '한전', '숙전'의 구분에 따랐으며 사유 토지에서 田税를 징수할 때에는 자연히 역시 '한전', '숙전'의 구분에 따라 징수하였다.[71]

3) 諸吏, 諸卒, 士, 複民 등의 조세 납부

조세 납부에는 모두 공식적인 표준이 존재했다. 田家莂에는 보편적인 田家 외에도 諸吏(州吏, 郡吏, 縣吏 포괄), 諸卒(州卒, 郡卒, 縣卒), 士와 複民 등 비교적 특수한 사람들이 존재한다.[72]

먼저 士와 複民에 대해 살펴보자. 士의 한전은 모두 畝마다 정액을 징수하였음을 명시하는데 일반적인 田家가 한전에 대해 납부하는 기준과 동일하였다. 한편 숙전의 경우 "書에 의거하여 錢, 布를 납부하지 않았다(依書不收錢布)."

諸卒에는 州卒, 郡卒, 縣卒의 구분이 있었다. 諸卒의 조세 납부 표준은 가화 4년, 5년에 일반 田家가 납부한 표준과 동일하나, 기재상 차이가 존재한다. 가화 4년 일반 전가와 諸卒은 모두 畝당 납부한 米·布·錢의 정액을 기록하였으나 가화 5년의 諸卒은 단지 畝당 납부한 布·錢의 정액만을 기록하였으며, 畝당 납부한 米의 정액은 모두 기재하지 않았다.

諸吏에는 州吏, 郡吏, 縣吏와 軍吏가 있었다. 吏의 조세 징수 표준은 卒과 달리 통일적이지 않았다. 州吏가 米를 납부하는 기준에는 변화가 존재하면서도 다소 복잡하지만, 그 布·錢을 납부하는 기준은 일반 田家의 납부 기준과 동일하다.

諸吏, 諸卒, 士와 複民이 조세 납부 기준의 측면에서 일반 田家와 차이를 보이는 점은 주로 常限熟田에

---

71) 吏民田家莂 중의 동일하지 않은 종류의 田 명칭에 관해 學界에서 매우 많은 토론이 이루어졌다. 예컨대 租田에 대해 高敏은 "租佃 관계를 표현하는 용어로는 또한 '租田'이라는 용어를 쓸 수 있다"라고 보았는데 4·397簡에서 "湛龍丘州吏黃興, 佃田八町, 凡六十畝. 其卌二畝二年常限租田, 爲米十八斛二斗四升"이라고 한 것과 같다. 이 간에서 앞서 말한 '佃田'과 뒤에서 말한 '二年常限租田'은 '租田', '佃田'과 같은 의미라고 볼 수 있다." 高敏의 「〈吏民田家莂〉中所見"餘力田", "常限田"等名稱的含義淺析」, 『長沙走馬樓簡牘研究』, 廣西師範大學出版社, 2008, p.26. 吳榮曾은 租田은 佃田 중 특수 정황에 포함되어 있었다고 보았다. 租田는 다음의 특징을 가지고 있다. 1.租田人은 모두 州吏이다. 2.租田 畝數는 모두 40무이다. 3.畝당 거두는 税米는 5斗8升6合. 租田와 일반인에게 빌려준 토지는 관계가 없었고 田税는 官府로부터 수취했기 때문에, 承租人은 州吏인 것을 알 수 있고 收租者는 관부인 것을 알 수 있다. 吳榮曾의 논문 참고. 吳榮曾, 「孫吳佃田初探」, 『長沙三國吳簡暨百年來簡帛發現與研究國際學術研討會論文集』, 中華書局, 2005, p.68. 蔣福亞는 "租田"은 州吏가 二年常限田을 소작함에 혜택을 가지고 있던 것으로 또한 餘力田, 火種田, 餘力火種田 중 收田한 것을 말한다고 보았다. 다음 논문을 참고할 것. 蔣福亞, 「〈吏民田家莂〉的組合形式」, 『中國經濟史研究』 2008(1), 2008. 陳榮傑은 蔣福亞의 관점에 동의, 「田家莂」의 '租田'는 二年常限米 납부시 정액의 혜택을 받은 田(일반적으로는 畝당 米 五斗八升六合 징수)라고 보았다(畝당 米 四斗五升六合을 징수하는 것은 火種田, 畝당 米 四斗五升六合을 징수하는 것은 餘力火種田, 畝당 米 四斗 혹은 四斗五升六合을 징수하는 것은 餘力田). '租田'은 '餘力田', '火種田', '餘力火種田'의 熟田과 "二年常限"田 중 일부 熟田을 합친 것이다. 陳榮傑, 「走馬樓吳簡"租田"及相關問題」, 『中國農史』 2013(2), 2013.

72) 諸吏(州吏, 郡吏, 縣吏, 軍吏 포함), 諸卒(州卒, 郡卒, 縣卒 포함), 士와 複民 등 신분은 비교적 특수한 납세 정황을 가진 사람들로 그 신분과의 관계에 대해 본문은 다음 논문을 참고하였다. 蘇俊林, 「嘉禾吏民田家莂與孫吳身份等級體系」, 『文史』 2015(3), 2015, pp.25-45.

있으며 常限旱田과 餘力田의 납부 기준에는 차이가 존재하지 않는다. 士의 常限熟田은 어떠한 조세도 징수하지 않았고, 州吏와 複民의 常限熟田에서의 布, 錢 납부 기준과 일반 田家는 동일하였지만 米를 납부하는 기준은 일반 田家보다 낮았다. 郡吏, 縣吏, 軍吏, 그리고 州卒, 君卒, 縣卒의 조세 납부 기준은 일반 田家와 다르지 않았다.[73)]

2. 倉米의 莂簿, 月旦簿, 要簿

가화 4년, 5년의 吏民田家莂은 특별한 大木簡에 기록하였다. 三國吳簡 중, 가장 많이 볼 수 있는 것은 三州倉, 州中倉 등 창고 수입과 지출 죽간이다. 즉, 關尾史郎 선생이 말한 '賦稅納入簡'이다.

삼국오간에 보이는 손오 臨湘官府 창고의 입출 물자로는 주로 米, 布, 錢, 皮의 4종류가 있다. 또 倉의 收支는 주로 부세였으며 실물은 米인데, 부세의 명목이 繁多하기 때문에 수취한 米의 성격, 종류 역시 매우 다양하다. 가장 기초적인 收支 분류 장부를 '入米莂'이라고 하는데, 즉 '米'를 그 성격, 종류에 따라 분류한 明細帳을 두었던 것이다.

1) 莂簿

竹簡을 통해 三州倉, 州中倉 모두 吏民이 납부한 米를 받는 기능을 가졌다는 점을 볼 수 있다. 예를 들면 아래와 같다.

> 入桑鄉稅米二斛七斗冑畢 ||| 嘉禾元年十一月十五日夫與丘黃肅付三州倉吏谷漢 (肆·1561)
> 入都鄉嘉禾二年稅米一斛二斗 ||| 嘉禾三年正月十二日白石丘大男谷黑(?)關邸閣李嵩付州中倉吏黃諱潘慮 (貳·359)

竹簡·貳 중, 정리소조는 한 간에 대해 특별히 설명을 부기했다.

> □基付三州倉吏…… (貳·4815)

이 간은 좌측의 한 행만이 남아있다. 단, 도판에서 보면 莂을 나눌 때 左·右券이 균등하지 않게 나눠었기 때문에 右券 문자의 왼쪽과 左券 문자의 오른쪽이 잔존하는 결과를 가져왔고, 이로부터 莂의 형태를 확인할 수 있다. 이는 즉 吏民이 米를 납입하거나, 州中倉 혹은 三州倉의 倉吏가 米를 받은 후 작성한 '莂'이다. 그 형태는 동일한 竹片의 위에 위로부터 아래로, 좌측에서 우측으로, 동일한 내용을 세 줄로 병렬하여, 즉 문서 3건을 서사하였고 그러한 후에 竹片을 두 차례 쪼개 총 3건의 문서로 만들어냈다. 현재 보이는 것은 倉吏의 수중에 있던 문서이다.

---

73) 蘇俊林, 「嘉禾吏民田家莂與孫吳身份等級體系」, 『文史』 2015(3), 2015, pp.25-45.

이러한 入米莂은 '米'의 종류에 따라 明細帳을 분류한 것이다. 오간 전체에서, 米는 租米, 稅米, 襍米, 限米의 4개 종류로 분류된다. 또한 각 종류의 米 아래에는 다시 여러 명칭이 존재했다.

租米: 火種田租米, 餘力田租米, 粢租米

稅米: (다른 연도) 稅米, 復田稅米

限米: 子弟限米, 佃卒限米, 私學限米, 郵卒限米, 吏帥客限米

襍米: 折咸米, 鹽價米, 漬米, 擿米, 溢米

이러한 종류의 入米莂은 吏民이 납입한 米를 접수한 최초 기록이 시간의 순서대로 명세장부로 분류된 사실을 반영한다.

(1) 三州倉 入米簿

다음으로 倉吏는 누적된 '莂'을 매일 분류, 정리해야 했다. 米의 명칭이 동일한 簡을 鄕 단위로 모아둔 것이 그 근거이다. 簡을 모으는 당일에 鄕은 어떤 특정 종류의 簡을 모아둔 후, 말미에 어구를 끝맺는 簡을 더하여 구분을 표시하였다. 어떤 종류의 簡을 鄕別로 모아 배열한 후, 작은 小計簡을 덧붙였는데 그 형식은 "右某鄕入民*年**米*斛*斗*升", "右諸鄕入民*年**米*斛*斗*升"이다. 이렇게 하여 하나의 완정한 '일 단위 장부[日帳]'가 만들어진다. 나아가 그 날 누적된 入米簡은 월마다 다시 모아둔다. 즉 簡의 서두에 '集凡'이라는 글자로 시작되는 簡은 월마다 집계한 후의 총계인 것을 알 수 있다. 侯旭東 선생은 三州倉의 '入米簿'에 대해 복원 연구를 진행한 후, 三州倉 '입미부'의 형성은 개인이 米를 납부하고, 창리의 기록이 이루어지기 전, 매일 정리, 총계를 내고 매일 총계를 정리하는 등의 과정을 거쳤을 것이라고 지적했다.[74)]

入*鄕*年某米*斛*斗*升冑畢 ☒ *年*月*日*丘**關邸閣董基付三州倉吏鄭黑(或谷漢)受

右*鄕入民*年**米*斛*斗*升

右諸鄕入民*年**米*斛*斗*升

集凡三州倉起*月一日訖廾日受*年*米*斛*斗*升

三州倉 혹은 州中倉의 入米莂簿는 모두 米의 종류로 明細帳을 분류한 것인데, 이로부터 米의 종류를 기초로 삼고 시간상으로는 납부한 부세의 年月을 순서로 삼았다. 부세를 납부하는 단위는 都鄕, 東西南北鄕, 中鄕, 模鄕, 桑鄕, 樂鄕, 廣成鄕, 小武陵鄕의 순서였다. 부세를 납부할 때는 稅米, 租米, 限米, 襍米의 순서로 기록되었는데 三州倉의 가화 원년 入米簿를 정리하면 다음과 같다.

74) 侯旭東,「長沙三國吳簡三州倉吏"入米簿"復原的初步研究」,『吳簡研究』第2輯, pp.1-13.

嘉禾元年三州倉入稅米

入東鄉嘉禾元年稅米七斛三斗三升胄畢 ||X 嘉禾元年三月十二日旁丘男子□□關邸閣董基付三州倉吏谷 ☐ (參·5642)

入東鄉三年稅米二斛五斗胄畢 ||X 嘉禾元年十月十三日石下丘男子黃伯付三州倉吏谷漢受 (參·2712)

入東鄉黃龍三年稅米三斛胄畢 ||X 嘉禾元年十月廿四日石下丘畓□付三州倉吏谷漢受 中 (參·1418)

入東鄉三年稅米二斛胄畢 ||X 嘉禾元年十一月十四日新□丘陳承付三州倉吏谷漢受 中 (參·2827)

☐□鄉 三 年 稅 米 十 一 斛 八 斗 胄 畢 ||X 嘉禾元年十一月廿八日俗丘□□付三州倉吏谷漢受 中 (參·2828)

入東鄉三年稅米二斛胄畢 ||X 嘉禾元年十一月十四日劉里丘殷赴付三州倉吏谷漢受 (參·2834)

入東鄉三年稅米一斛一斗胄米畢 ||X 嘉禾元年十一月十日□□丘……倉 吏 谷 漢 受 中 (參· 2840)

入東鄉三年稅米三斛六斗就畢 ||X 嘉禾元年十一月十一日劉里丘男子劉首付三州倉吏谷漢受 中 (參·2841)

入東鄉三年稅米一斛胄畢 ||X 嘉禾元年十一月十三日辜丘黃強付三州倉吏谷漢受中 (參·2855)

入東鄉三年稅米六斛胄畢 ||X 嘉禾元年十一月十二日常 (?)丘男子□□付 三州倉吏谷漢受中 (參·2860))

入東鄉三年稅米四斛五斗 ||X 嘉禾元年十一月廿九日夫丘烝酒 (?)付三州倉吏谷漢受 中 (參·3583)

入東鄉三年稅米一斛二斗五升胄畢 ||X 嘉禾元年十一月四日頃丘□□付 三州倉吏谷漢受 中 (參·3589)

入西鄉稅米二斛五斗就畢 ||X 嘉禾元年十一月□日□□丘□□付三州倉吏谷漢受[75] (肆·1538)

入西鄉稅米廿六斛五斗四升胄畢 ||X 嘉禾元年十一月十二日斛溲丘黃□付三州倉吏谷漢受 中 (肆·2268)

入西鄉稅米九斛八斗五升胄畢 ||X 嘉禾元年十一月十六日復睪丘男子□敢付三州倉吏谷漢受 中 (肆·1812)

75) 整理小組 注: 簡面에 朱色의 筆跡이 있음.

入西鄉稅米十六斛九斗　冑畢 Ⅸ 嘉禾元年十一月十一日旱丘烝龍付三州倉吏谷漢受　中 (肆·2315)

入西鄉稅米一斛一斗冑畢 Ⅸ 嘉禾元年十一月十三日□音丘□□付三州倉吏谷漢受中 (肆·3861)

入西鄉稅米二斛冑畢嘉禾元年十一月廿二日□丘男 子□□付三州倉吏谷漢受 (肆·1873)

入西鄉稅米五斛八斗冑畢 Ⅸ 嘉禾元年十一月廿三日茹丘大男黃□付三州倉吏谷漢受中 (肆·2273)

入西鄉稅米七斛五斗冑畢 Ⅸ 嘉禾元年十一月廿五日上俗丘馬孫付三州倉吏谷漢受 (肆·1252)

入西鄉稅米四斛 Ⅸ 嘉禾元年十一月廿七日高樓丘逢囷付三州倉吏谷漢受 (肆·3856)

入西鄉稅米一斛五斗冑畢 Ⅸ 嘉禾元年十一月廿八日上俗丘周興付三州倉吏谷漢受 (肆·1816)

入西鄉稅米一斛冑畢 Ⅸ 嘉禾元年十一月廿八日上俗丘何王付三州倉吏谷漢受 (肆·1872)

入南鄉三年稅米一斛八升 Ⅸ 嘉禾元年十一月廿八日 ▨ (上租+下心)里□□丘烝車付三州倉吏谷漢受 中 3694

右南鄉入稅米三斛 (壹·1516)

入北鄉黃龍三年稅禾米卅六斛五斗冑米畢 Ⅸ 嘉禾元年十月廿二日上利丘烝贛付三州倉吏谷漢受中[76] (參·3683)

入平鄉三年稅米三斛七斗 Ⅸ 嘉禾元年十二月廿五日洎丘男子吳帛付三州倉吏谷漢受 (參·2675)

·右平鄉入稅米 ▨ (貳·4718)

入桑鄉三年稅米二斛七斗就畢 Ⅸ 嘉禾元年十月廿日 丘男子文從付三州倉吏谷漢受 (參·1339)

入桑鄉稅米六斛六斗五升冑米畢 Ⅸ 嘉禾元年十一月一日夫與丘黃微付三州倉吏谷漢受 (肆·3912)

入樂鄉元年稅米三斛冑畢 Ⅸ 嘉 禾 元十月十二日□丘謝□付三州倉吏谷漢受　中[77]

---

76) 整理小組 注: '中'은 '受'의 좌측에 보충해 적은 것.

(參·2708)

右樂鄉入稅米四斛三斗 ☑ (參·6397)

入廣成鄉三年稅米十斛胄畢 ||× 嘉禾元年十月廿二日西 庫丘番雄付三州倉吏谷漢受 (參·2717)

入小武陵鄉嘉禾元稅米十四斛一斗 ||× 嘉禾元年十一月四日……關邸閣郭據 ☑ (貳·639)

入臨湘小武陵鄉黃龍三年稅米四斛八斗 ||× 嘉禾元年十月廿五日□□州吏唐□關邸閣郭據付倉吏黃諱史番慮受 (貳·8880)

이상 간단히 三州倉의 嘉禾 元年 鄉別 稅米 납입 간문을 열거하였다. 稅米를 납입한 연도는 가화 2년, 3년, 4년, 5년, 6년이고, 그 외 가화 원년부터 5년까지 각 향의 租米, 限米, 襍米가 삼주창에 납입된 각종 장부가 존재한다.

⑵ 州中倉 入米簿

竹簡으로부터 州中倉도 吏民이 납부한 米를 접수하는 직능이 있었음을 확인할 수 있다.

入*鄉*年**米*斛*斗*升胄畢 ||× *年*月*日*丘**關邸閣郭據付(州中)倉吏黃諱潘慮受

右*鄉入民*年**米*斛*斗*升

右諸鄉入民*年**米*斛*斗*升

集凡中倉起*月一日訖廿日受*年*米*斛*斗*升

이렇게 하여 州中倉에 모인 入米莂의 入米簿册이 형성된다. 입미간의 기록과 편제는 日, 月. 年의 시간 순서에 따르고, 가장 중요한 근거는 入米의 명칭, 즉 부세의 명칭인데 예컨대 '稅米', '租米', '限米', '襍米' 등이 그것이며, 그 다음으로는 入米者가 소속한 鄉이다.

그 외, 주의해야 할 점은 竹簡·壹의 9번 盆과 12번 盆, 14번 盆 중 黃龍 2년, 3년의 "關邸閣郭據付倉吏監賢受" 入米簿가 분포하고 있는데, 이 入米簿들과 竹簡 중에 포함된 다량의 嘉禾 원년~6년 "關邸閣董基付倉吏鄭黑受" 三州倉 入米簿의 서식이 조금씩 다르다는 점이다.

---

77) 整理小組 注: 看 參·2708에서 '丘' 앞의 '□'는 하반부가 잔결되었고, 상반부는 '日'로 시작된다. '謝'의 다음에 나오는 '□'의 오른쪽 절반은 잔결되었고 왼쪽 부분에 '犬'이 보인다.

黃龍二年入米簡

入吏徐業二年鹽米五十八斛黃龍二年三月十七日關邸閣郭據付倉吏監賢受 (壹·3095/9)

黃龍三年入米簡

入男子雷奉鹽米三斛一斗□□黃龍三年正月廿八日關邸閣郭據付倉吏監賢受 (壹·3012/9)

嘉禾元年入米簡

入都鄉嘉禾元年稅米十七斛四斗 ||X 嘉禾元年正月十七日坉中丘力田樊建民潘洲關邸閣郭據付倉吏黃諱史番慮 (貳·2726)

入西鄉嘉禾元年稅米一斛九斗 ||X 嘉禾元年十一月三日唐下丘大男陳文關 (?) ☐ (貳·24)

嘉禾三年入米簿

入都鄉嘉禾二年新還民限米二斛 ||X 嘉禾三年正月十二日澤 (?)山丘男子義柱關邸閣李嵩付倉吏黃諱史潘慮 (貳·2729)

入西鄉嘉禾二年稅米十三斛三斗 ||X 嘉禾三年三月一日龍穴丘男子馬嵩關邸閣李嵩付倉吏黃諱番慮受 (貳·687)

入樂鄉嘉禾二年稅白米五斗 ||X 嘉禾三年正月廿日□□□□關邸閣李嵩付倉吏黃諱潘慮 (貳·361)

入模鄉嘉禾元年稅米五斛 ||X 嘉禾三年正月□日集 (?) 丘莫 (?) 顥 (?) 關邸閣李嵩付倉吏黃諱史潘慮 (貳·275)

入西鄉嘉禾二年稅米十一斛四斗五升 ||X 嘉禾三年正月八日龍穴丘苗世關邸閣李嵩付倉吏黃諱史番慮 (貳·164)

入都鄉嘉禾元年租米廿斛五斗二升 ||X 嘉禾元年十一月三日□下丘郡吏董諭 (?) 關邸閣郭據付倉吏黃諱史潘慮受 (貳·478)

入西鄉嘉禾元年租米十六斛七斗 ||X 元年十一月十三日龍穴丘男子□□關邸閣郭據付倉吏黃 (貳·270)

(3) 三州倉 出米簿[78)]

吳簡 採集簡(즉, 吳簡 壹, 貳, 參)의 24번 盆의 첫 번째 簡(Ⅱ류)인 簡1은 정리자의 주석에 따르면 본래 다음의 簡2와 한 組였다.

1. "州中倉禮以其月卄六日關邸閣李嵩付掾黃諱史潘慮" (參·1313)
2. "出嘉禾元年吏帥客限米一百斛縣[79)]嘉禾二年五月十七日辛未書付大男毛禮運詣" (參·1441)

簡2는 簡1의 앞에서 완정한 한 조의 簡을 이루는데 즉, 다음과 같다.

"出嘉禾元年吏帥客限米一百斛縣嘉禾二年五月十七日辛未書付大男毛禮運詣+州中倉禮以其月卄六日關邸閣李嵩付掾黃諱史潘慮". (1+Ⅱ의 완정한 簡)

竹簡·參 중 이 두 가지 형식의 簡은 24번 盆에 모두 148매가 있다. 25번 盆에는 58매, 29번 盆에는 1매가 있고, 32번 盆에는 32매가 있는데 이 중 22매는 Ⅱ류에 해당한다. 33번 盆에는 50매, 34번 盆에는 20매, 35번 盆에는 2매, 36번, 37번 盆에는 1매, 38번 盆에는 3매, 39번 盆에는 4매가 있어, 이러한 종류의 죽간은 총 313매이며 이 중 Ⅰ류의 簡은 134매, Ⅱ류의 簡은 179매이다. 정리자의 주석에 따르면 그 외 37개의 완정한 出米簡을 초보적으로 복원할 수 있다고 하는데 즉 다음과 같다.

"1325+1683", "1347+1436", "1356[80)]+2209", "1360+1408", "1361(혹은 1419)+1398[81)]", "1365+1373", "1367+1390", "1383+2161", "1423+1412", "1425+1444", "1426+1545", "1430+1344", "1427[82)]+1445(혹은 1509)", "1483+1505", "1486(혹은 1541)+1565[83)]", "1502+1554", "1537+1406", "1532+1531", "1550+1557", "1619+1622", "1623+1520",

---

78) 戴衛紅, 「長沙走馬樓所見三州倉出米簡初探」, 『吳簡研究』 第3輯, 中華書局, 2011을 참고.

79) 整理小組의 주석: '縣' 위에 '被'字가 탈락되었다고 말했다. 陳垣, 「魏蜀吳朔閏異同表」에 따르면 嘉禾 2年 5月의 朔日은 庚申日이고 17일은 丙子日이다. 秦漢三國의 曆日에 의하면 嘉禾2年 5月의 朔日은 辛酉日, 17일은 丁丑日이다. 本簡과 1313簡은 본래 한 세트로 본 간이 앞에 있었고 1313簡은 뒤에 위치했다.

80) 整理小組의 註釋: 秦漢三國의 曆日에 따르면 嘉禾 2年 4月은 朔日이 辛卯日, 27日은 丁巳日이다. 本簡은 2209簡과 한 세트로 복원될 수도 있는데 本簡이 앞에, 2209簡이 뒤에 위치한다.

81) 整理小組의 註釋: 本簡은 1361簡 혹은 1419簡과 한 세트였을 수도 있는데 本簡이 뒤에, 1361간 혹은 1419간이 앞에 위치했을 것이다.

82) 整理小組의 註釋: 本簡은 1445簡 혹은 1509簡은 원래 한 세트인데 本簡이 앞에 위치하고 1445 혹은 1509간이 뒤에 위치한다.

83) 整理小組의 註釋: 本簡은 1486簡 혹은 1541簡과 한 세트였을 수도 있는데 本簡이 뒤에, 1486 혹은 1541簡이 앞에 위치했을 것이다.

"2172+2200", "2174[84]+2209", "2176+2243", "2204+2173", "2205+1591", "2241+2202", "2242+2501", "2251+2214", "2252+2270", "2276+2237", "2286+2278", "2469+2545", "2477+2246", "2483+2484", "2494+1496", "4757+4588".

이 38개 組의 완정한 簡[85]에서 단지 "2205+1591"만 "Ⅰ3+Ⅱ"이고, 나머지는 모두 "Ⅰ1+Ⅱ" 이다. 여기에서 出米의 순서를 볼 수 있을 뿐 아니라(Ⅰ:"出+某年+某米+數量+被+縣(年月日干支)書+付+民(성격)+성명+州中倉으로 운반함") 또한 이러한 일군의 米의 운송, 인도 정황도 볼 수 있다(Ⅱ:"民의 姓名+以其+운송날짜+關邸閣李嵩(郭據)付掾黃諱史潘慮").

竹簡·壹, 貳, 參의 순수한 出米·入米 기록의 서식은 동일하지 않은데 이 組의 簡은 출미의 정황, 그리고 出米의 운반, 인도를 완수한 시점과 위치를 기록하였다. 이하, 대표성을 지니는 복원된 죽간 세 組를 발췌하였다.

3. 出黃龍三年稅米五十斛被縣嘉禾元年六月十九日辛醜書付大男毛主運詣州中倉+主以其年十二月十六日關邸閣郭據付掾黃諱史潘慮 (參·1361+1398)
4. 出嘉禾元年稅米十二斛八斗被吏黃階敕付大男毛主運詣州中倉主以嘉禾二年三月卅日 (參·1424)
5. 出嘉禾元年租米五斛被邸閣董基敕付大男謝巴運詣州中倉+巴以嘉禾二年九月十日關邸閣李嵩付掾黃諱史潘慮 (參·2205+1591)

위에서 지적한 것과 같이 이들 簡은 出米 후에 공동의 특성을 가지고 있었다. 즉 州中倉으로 운반되었다는 점인데 그렇다면 이 米는 결코 州中倉에서 出米한 것이 아닐 것이다.

이상 세 組의 簡으로부터 米의 지출 증명은 "被縣某年某月某日書", "被吏黃階敕", "被邸閣董基敕"으로 구별되었음을 볼 수 있다. '被'는 '주다'라는 의미이다. 예컨대 『史記』 「南越列傳」에서 "南海尉任囂病且死……即被佗書, 行南海尉事."라고 하였는데, 裴駰의 集解는 韋昭를 인용하여 "被之以書."라고 하였다. 章炳麟은 『新方言·釋詞』에서 "被, 詞之受也. 貱, 詞之予也. 古祗作被. 『史記』 「南越列傳」 '即被佗書, 行南海尉事', 謂予佗以書也. 今凡以物予人者通語曰'給'."라고 하였다. 그러나 簡10, 11, 12의 '被'는 '주다'라는 의미로는 의미가 통하지 않는 것 같다. 胡平生 선생은 일찍이 '被'자에 대한 考釋을 통해 '被'자는 '受'의 의미를 표현하는 것으로 간주했다.[86] 李均明 선생은 "被書는 상급기관이 하급기관으로 보낸 모종의 명령 문서를

84) 整理小組의 註釋: 秦漢三國의 曆日에 따르면 嘉禾 2年 4月의 朔日은 辛卯日이고 27日은 丁巳日이다. 本簡은 2209簡과 한 세트였을 수도 있는데 本簡이 앞에, 2209簡이 뒤에 위치했을 것이다.

85) 8비록 "1361(혹은 1419)+1398", "1427+1445(혹은 1509)", "1486(혹은 1541)+1565"의 세 세트 簡으로부터 완전히 그 조합을 확정할 수 없음에도 이러한 'Ⅰ+Ⅱ' 복원이 과연 정확한지 의구심을 품을수도 있다. 그러나 현재 발견된 이러한 류의 簡의 수량과 장소의 위치, 간문의 필적으로 보아 이러한 복원을 긍정할 수 있으며 또한 연구할 가치가 있다고 여겨진다.

가리키는데 해당 문서는 調遣의 효력을 가지고 있었다"고 보았다.[87]

竹簡·參 중 수량이 비교적 많으면서, 州中倉의 出米簡과 다른 첫 번째 부분(Ⅰ)의 서식은 "某年에 某米를 出+數量+지출 증명+付大男+某+(州中倉)으로 운송"이며, 뒷부분(Ⅱ)의 서식은 "(州中倉)某+以其年月日+關邸閣李嵩付掾黃諱史潘慮"이다. 두 부분의 내용에 근거하면 38組의 완정한 出米簡(Ⅰ+Ⅱ)을 복원할 수 있다.

첫째, "被縣某日書", "被吏黃階敕", "被邸閣董基敕"에 근거하면 이 세 종류의 지출은 이를 보낸 기구, 사람을 증명한다. 둘째, '書'와 '敕'은 상급기관에서 하급기관으로 가는 문서의 성격을 가진다. 셋째, 동일한 大男이 세 종류의 지출 증명에 따라 米를 州中倉으로 옮겼다. 넷째, 현재 공포된 죽간 중에 나타나는 '員口倉', '重安倉', '東部烝口倉'은 업무상 州中倉과는 왕래 관계가 없다. 즉 이 네 가지 점을 통해, 지출한 米는 모두 한 倉의 米이고, 이 倉은 즉 三州倉인 것으로 판단하였다. 이 出米簡은 大男이 米를 州中倉으로 운반하고 三州倉으로 돌아온 후 三州倉의 倉吏가 제작한 것으로, 出米의 성격, 지출 증명, 운송인, 운송 목적지, 인도 시간, 그리고 州中倉의 접수 정황 등을 함께 기록하였다. 三州倉의 出米, 州中倉의 入米를 장부로 만들 때는 米의 성격을 기초로 하였으며, 米의 수량 및 지출 증명을 기초로 한 것도, 米를 운송한 사람 및 인도 시간을 기초로 한 것도 아니었다. 왜냐하면 米의 성격은 國家 賦稅의 징수와 관계되어 있었고, 簿籍 등기의 근본이기도 했기 때문이었다.

(4) "受三州倉運某年雜米要簿"

竹簡·壹의 14번 盆에는 연속되는 한 組의 간이 있는데 '入三州倉運'으로 시작된다.

入三州倉運黃龍二年粢租米二百卌一斛六斗其百卌九斛五斗元年十一月運 九十二斛一斗二年六月入 **中**(壹·9527)

入三州倉運黃武五年佃卒限米廿斛　中(壹·9523)

이러한 죽간에는 두 종류의 서식이 있는데, 첫 번째는 壹·9527 "入三州倉運某年某性質數目"과 같이 아래에 작은 글자로 두 행으로 서사한 것이다. (어떤 잔간의 경우에는 1개 행만 남아 있음) 米를 운반한 구체적인 정황을 설명하는데 뒤에는 붉은 글씨로 '中'자[88]를 적어 넣었지만 일부 簡에는 뒤의 '中'자가 존

86) 胡平生의 다음 논문에서 상세한 내용을 볼 수 있다. 胡平生, 「長沙走馬樓三國孫吳簡牘三文書考證」, 『文物』 1999(5), 1999. 文中에서는 '被督郵敕'의 예를 들었는데 이는 바로 도독의 칙령을 받은 것이다. '被曹敕'는 바로 상급 曹署의 명령을 받은 것이다. '被'의 해석에 관해서는 胡平生의 다음 논문을 참고. 胡平生, 「都督府所下文書簽牌」, 『中國文物報』, 1990年5月31日.

87) 李均明, 「走馬樓吳簡會計用語叢考-(六)被書, 依書」, 『出土文獻研究』 第7輯, 上海古籍出版社, 2005, p.143.

88) '中'의 성격에 대한 학자들의 의견은 동일하지 않다. 王素, 宋少華, 羅新, 「長沙走馬樓簡牘整理的新收穫」, 『文物』 1999(5), 1999; 汪力工, 「關於吳簡注記中的"中"字」, 『故宮博物院院刊』 2004(5), 2004, pp.53-61. 侯旭東, 「吳簡所見"折咸米"補釋」, 『吳簡研究』 第2輯, 崇文書局, 2006, p.182, p.187; 張榮強, 「走馬樓戶籍簡的"中"字標注」, 『漢唐籍帳制度研究』, 商務印書館, 2010, pp.177-186.

재하지 않는다. 두 번째는 簡9523 "入三州倉運某年某性質數目"과 같은 것인데, 뒷부분에 역시 붉은 글씨로 '中'라 적었지만 이 종류의 簡 중에도 붉은 글씨로 '中'을 적지 않은 일부 간도 존재한다. 이는 아마도 동일 시간에 州中倉으로 운반하였으므로 米의 운반에 대해서 추가적인 설명을 할 필요가 없었기 때문일 것이다.

竹簡·壹의 14번째 盆 중에는 아래와 같은 것이 있다.

中倉謹列起嘉禾元年正月一日訖三年三月卅日受三州倉運黃龍二年租稅米要簿 (壹·9547)

이 세 簡은 아마 이상의 '入運三州倉', '入三州倉運' 簡에 대해 설명하는 표제간일 것이다. 簡9617은 글자 2개가 잔결되어 簡9547과 簡9590의 사례로 볼 때 '中倉'으로 보충 석독할 수 있다. 주중창의 창리는 米를 받은 要簿를 제작할 때 三州倉에서 운반한 米의 성격을 기본으로 삼았던 것이다. '勤列'이라는 두 글자로부터 보아, 이 要簿는 상급 기관에 보고하는 문서에 속해 있었다.

2) 月旦簿

일 장부와 월 장부의 기초 위에서 모든 倉은 두 번째 달에 이전 달의 月旦簿를 편제했다. 가장 完整한 월단부는 '承餘新入出用餘見月旦簿'를 포괄하는데 각각의 요구 및 수요에 따라 편성 내용은 조금씩 상이하다.

倉吏黃諱潘慮謹列所領襍米□□七月旦簿 □ (壹·2218/6)

入[倉][吏]黃諱番慮謹列所領襍米八月旦簿 (壹·2359/6)

中倉吏黃諱潘慮謹列八月旦簿 (貳·3831)

倉吏黃諱潘慮謹列襍米入出三月旦簿 (參·1549)

中倉吏黃諱潘慮謹列黃龍三年十月旦簿 (肆·4734)

中倉吏黃諱潘慮謹列二月旦簿 (肆·4162)

이상의 여섯 가지 州中倉 月旦簿는 표제의 상세 정도가 모두 다르다. 壹·2218, 2359는 米의 종류가 두드러지는 월단부로, 그 성격은 參·1549와 동일하다. 參·1549에는 '入米' 두 글자가 더 많지만 이 두 글자가 없다고 가정해도 그 성격과 내용상 어떤 영향은 없으며, 이는 즉 倉 내의 어떤 한 종류의 米에 대한 月旦簿이다. 두 번째 종류는 더 이상 米의 종류를 중심으로 하지 않은 월단부인데 아마도 倉 내 某月에 가지고 있던 米의 월단부인 듯하다. 이러한 월단부는 만일 다른 원인이 없다면 매월 편제되었을 것이다. 예컨대 10월의 월단부를 제작한다면, 9월 월단부 중 남은 米에 관한 簡이 10월 월단부의 첫 번째 簡이 된다.

承黃龍三年九月旦簿餘雜吳平斛米四百七十四斛九斗四升 (肆·4730)

이후 다시 10월에 米의 출입 명세를 기록하였다. 三州倉의 정황도 기본적으로 동일하다.

三州倉謹列所領稅米出用餘見正月旦簿 參·4559
三州倉謹列所領稅米出用餘見二月旦簿 參·4573
三州倉謹列所領稅米出用餘見四月旦簿 參·4750
三州倉吏鄭黑謹列嘉禾四年正月旦☐ 參·7317

위의 3개 간 역시 稅米를 중심으로 편제된 월단부로 이 장부의 내용은 정월 세미의 '出', '用', '餘', '見'의 4개 항목에 해당한다. 4개 簡에는 어떤 종류의 米로 중심이 되었는지 기록되어 있지 않은데, 아마도 가화 4년 정월에 倉 내에 존재한 米의 월단부인 것 같다. 아래의 簡은 9월 월단부 중 이전 달에 수령한 領逋, 出用餘見의 정황을 보다 상세히 기록한 것이다.

三州倉謹列承黃龍☐年八月簿領餘逋□□月餘見九月旦簿 (肆·4977)

표제의 '勤列'이 분명히 나타내는 것처럼 이러한 월단부의 편성은 상급 기관의 요구에 따라 편성하였거나 혹은 편성한 후 다시 상급 기관에 제출했을 것이다. 수요가 동일하지 않기 때문에 어떤 종류의 米 혹은 모든 倉 내의 매월 出入, 餘見 정황을 정리, 편집했을 것이다.

旦簿 편성은 회계 보고의 규정에 속하며 또한 매년 正月旦簿의 '承餘'는 즉 지난 연도의 여분이므로, 正月旦簿의 편성 역시 연도말 결산과 관련되어 있었다.

주마루오간에는 또한 반 개월 단위로 결산한 자료가 보인다.

右五月旦起一日訖十五日承餘 (壹·3477)
起二月一日訖十五日受嘉禾二年民所貸元二 (壹·12·5664)

통계의 마감일은 모두 15일인데, 이는 모월 15일도 회계 결산의 마감일로 볼 수 있음을 설명한다. 여기서 지적할 점은 '領雜米'의 분기별 결산 장부가 '一時簿'로 칭해지는 사례이다.

君教	**嘉禾三年五月十三日付三州倉領雜米起**
主簿　省	**嘉禾元年七月一日訖九月卅日一時簿（貳·257）**

☐三州倉領餘米起
□月卅日一時簿　叁·5566

簡 貳·257에서 통계를 낸 시간은 가화 원년 7월부터 9월 30일까지로, 정확히 3개월에 한 번 倉이 襍米

를 수령한 통계이다. 여기에서는 '一時簿'라고 칭하였다.

3) 要簿

이러한 明細莂簿, 月旦簿, 一時簿 외, '要簿'라는 종류의 장부가 있다. '要'는 개요라는 의미로 '要簿'는 즉 '개요를 기록한 簿'가 된다. 그 성격은 일종의 회계 보고에 해당한다. 이러한 簿와 莂簿는 다른데, 要簿는 아마도 최초의 회계 기록을 기초로 요점을 뽑아 편제하였을 것이다. 郭道陽 선생은 강릉 봉황산 등에서 출토된 한간 자료를 근거로 漢代 '기층 징세부문'은 두 종류의 회계 장부를 두었을 것이라고 보았다. 첫 번째는 계산한 내용을 종합한 것으로, 이로써 회계 보고를 대체하였다. 두 번째는 稅의 종류 및 戶에 따라 분류한 상세한 회계 장부일 것인데, 이는 전자의 기초가 되었다.

> 中倉謹列起嘉禾元年正月一日訖三年三月卅日受三州倉運黃龍二年租税米要簿(壹·9547/14)
> □□謹列起嘉禾元年正月一日訖三年三月卅日受三州倉運黃武五六七年襍米要簿(壹·9617/14)
> 中倉謹列起嘉禾元年四月一日訖二年三月卅日□三州[倉]□[黃]龍元年□税襍限米要簿(壹·9590/14)
> 中倉謹列起嘉禾元年□月一日訖嘉禾三年四月卅日入黃龍元年二年襍米種領簿(壹·9575/14)
> 三州倉吏谷漢□□□□襍米出用付授要簿 (壹·9612/14)
> ☐□米斛數要簿 (參·7022)

'要'에 대해 확인하면, 『周禮』「天官·小宰」에서 "聽出入以要會."라고 하였는데 이에 대한 鄭玄의 注釋은 "歲計曰會, 月計曰要. 此出入者, 正是官内自用物, 有人爭此官物者, 則以要計簿書聽之."라고 하였다. 孫詒讓은 『正義』에서 "以一月之計少, 舉其凡要而已, 故謂之要. 一歲之計多, 則總聚考校, 故謂之會也." 라고 칭했다. 字義는 본래 '회계 장부' 중의 한 항목을 가리킨다. 7개 사례의 '要簿'가 연간 회계 요목에 속하였음은 분명하다. 앞의 3개 사례는 州中倉의 '要簿'로, 그 요점을 모은 대상은 1년간(가화 원년 4월 1일~2년 3월 30일) 혹은 2년 3개월간(가화 원년 정월 1일부터 3년 3월 30일) 내에 접수한 三州倉에서 운송한 米이다. 吳簡 중 "□倉謹列起嘉禾元年八月訖三年□月卅日領運黃龍元年雜米數簿(貳·485)"은 요점을 모아둔 장부로, 4번째 사례는 州中倉이 2년간 黃龍 원년, 2년의 잡미를 들인 일종의 '領簿'이다.

4) 已入未畢簿과 詭課者簿

각 항의 명세 항목이 분명한 정황 하에서 주관 혹은 객관적인 원인으로 인해 민중의 租稅 戶調는 반드시 규정된 시간 내에 동일하게 납부되지는 않았을 것이다. 또한 삼주창이 주중창으로 운반할 때에도 시간차가 존재했을 것이다. 이 때문에 우리는 吳簡에서 일종의 '已入未畢簿'를 확인할 수 있는데, 이는 손오 관부가 하급 기관에 대해 마땅히 들어와야 할 錢物의 已入, 未畢 상황을 감독한 제도이다. '已入未畢簿'은 각 항마다 마땅히 징수해야 할 물건의 專簿를 기록한 것으로 倉吏, 庫吏는 최초의 완납 증명서에 기초하여 단계적으로 총합하거나 혹은 전체 총합하여 징수해야 할 물건 혹은 錢의 수와 대조하였다. 錢, 布, 米, 皮의 사분류 및 보다 세밀한 분류에 따라 已入 및 未畢의 수량의 합계를 냈던 것이다.

동일한 이유로 倉吏가 장부 항목과 실제 항목, 수지 항목 상 차이가 존재할 수밖에 없었는데 이 때문에 倉吏, 庫吏는 항상 스스로 장부의 항목과 실제 倉庫 중의 수량을 대조해야 했다. 이것이 즉 "某年文入某米數目料校不見前已列言" 문서이다. 倉吏는 보이지 않는 米를 계산한 후 주관 부서가 문서를 보내 '絞促'하고, 사람을 보내 '督責', '收責'한 후, 추징하여 돌아왔다. 손오의 관문서는 체납한 부분을 추징한 것에 대해 '詭課', 혹은 '詭責'이라고 부르는데, 체납한 당사자는 '負者'라고 명명되었다. 체납, 추징에 대해 손오 관부는 별도로 '詭課者簿'를 두었다.

이상 열거한 莂簿, 月旦簿, 要簿의 사례들을 통해 이 문서를 편성한 사람들이 倉吏이고 장부의 대상은 倉의 米라는 것을 알 수 있었다. 따라서 장부의 시작 지점에는 '某倉吏謹列'나 '某倉謹列'이라고 적었던 것이다. 이러한 월단부는 주관 기구인 '右倉曹'로 보내졌다. 右倉曹 역시 縣倉의 某年의 入, 出, 付, 授의 정황에 대해 臨湘縣에 다시 보고했는데, 그 예는 아래와 같다.

右倉曹謹列嘉禾二年餘逋雜米已入付授簿 (肆·4621)

그 외, 편성 주체가 '臨湘縣'인 莂 혹은 簿가 있는데, 이는 임상현이 右倉曹로부터 某年 倉米의 상세한 정황을 얻은 후, 다시 항목을 열거해 상위의 행정 기구에 보고한 것으로 여겨진다.

臨湘言條列黃龍三年□連年逋䧢米種領斛數右別如 (肆·1271)
臨湘謹列黃龍元二三年懸連錢准◎□斛□升 (肆·1286)
臨湘謹列連年懸空錢種領簿 (肆·1306)
▨臨湘謹 條列嘉禾□年◎◎◎已入未畢 ▨ (肆·5399)

앞의 3가지 장부는 여러 해 동안 확인되지 않는 잡미와 錢에 대해 통계를 낸 것으로 이러한 통계 장부 역시 상급 기구의 요구 혹은 독촉을 받은 이후에 만들어진 것이었던 듯하다. 때문에 이러한 장부는 어느 정도 임시적 성격을 가지고 있었고 통계 기간도 고정적이지 않다. 또한 그들이 대상으로 하는 조사 대상은 특정한 것이었기 때문에 어느 정도 임의적인 성격을 가지고 있어, 통계 내용 역시 고정적이지 않다.

3. 庫의 布·皮·錢 出入簿

주마루오간의 倉의 주요 수입, 지출은 각 종류, 명목의 米였으며 庫의 주요 수입은 각종 布, 錢, 皮 등이다. 많은 학자들은 그중 '調布'를 연구하여 漢晉 시기의 '調'[89]에 대해 연구하였다. 凌文超는 「走馬樓吳簡採集庫布帳簿體系整理與研究-兼論孫吳的戶調」[90]에서 盆 번호에서 확인되는 최초의 정보에 힘입어 簽牌와 간문 기록의 내용에 근거하는 한편, 간독 형태와 필적 등을 참고하여 총체적으로 庫布 장부를 분류, 정리해냈다. 또한 장부의 내용을 해석한 것을 기초로 孫吳 시기 縣庫 장부의 체계 및 調布의 성격에 대해 탐구했다.[91]

凌文超는 앞시 언급한 盆號와 간문의 서식 및 내용의 분석에 기초하여 아래와 같은 庫布入受簿의 기본 서식을 발견할 수 있었다.

> 入*鄉〔嘉禾*年〕〔調/新調/所調/冬賜布/品布〕布(수량)嘉禾*年*月*日*丘〔신분〕(성명)付庫吏*受
>
> 入*鄉*丘〔신분〕 (성명) 〔嘉禾*年〕〔調/新調/所調/冬賜布/品布〕布(數量)嘉禾*年*月*日烝弁付庫吏*受
>
> • 右〔*鄉〕入〔嘉禾*年〕布〔莂*枚合〕 (수량) 〔中〕
> • 集凡起*月*日訖*日入布 (수량)

吳簡 庫布 장부 체계는 庫布入受簿, 庫布乘餘新入簿로 구성된다. 庫布入受簿는 庫吏가 가지고 있던 최초의 접수 증빙인 庫布入受莂을 이어 만든 것이며 庫布入受莂은 庫吏가 통일적으로 제작한 것이 아니라 鄉, 丘마다 각각 제작한 것으로 여러 인의 손에서 만들어졌기 때문에 券莂의 형태는 일정하지 않고 서사 역시 비교적 임의적이다. 庫吏는 일반적으로 월마다 시간 순서에 따라 각 鄉의 入受莂을 배열하였고 鄉마다 들어온 布匹에 대해 통계를 내, 다시 여러 鄉이 납부한 布의 총량에 대해 월 단위로 합계했다. 庫布入受簿는 증명서와 장부가 일치한다는 특성을 가지고 있는데, 이는 庫布簿가 기록한 原簿으로 入受莂의 統計簡은 庫布新入簡을 베껴 쓰는 바탕이 되었다. 庫布는 吏民이 납부한 '品布'와 관부에서 錢을 내 구입한 '市布'로 구성되었고 그 성격은 調布에 해당한다. 調布는 당시 여전히 常稅가 아니었고, 임시적으로 거두던 調였는데 武陵蠻의 평정과 관계가 있는 것으로 보인다.

---

89) 王素, 「吳簡所見的"調"應是"戶調"」, 『歷史研究』 2001(4), 2001, pp.167-168; 高敏, 「長沙走馬樓吳簡中所見"調"的含義」, 『中華文史論叢』 2007年 第1期, 『長沙走馬樓簡牘研究』, 桂林: 廣西師範大學出版社, 2008, pp.131-142에 이후 수록됨; 于振波, 「漢調與吳調」, 『走馬樓吳簡初探』, 臺北: 文津出版社, 2004, pp.77-104; 楊際平, 「析長沙走馬樓三國吳簡中的"調"-兼談戶調制的起源」, 『歷史研究』 2006(3), 2006, pp.39-58; 阿部幸信, 「長沙走馬樓吳簡所見的"調"-以出納記錄的探討爲中心」, 『吳簡研究』 第3輯, 北京: 中華書局, 2011. 沈剛, 「長沙走馬樓三國竹簡納布記錄析論」, 『史學月刊』 2010(10), 2010, pp.28-33.

90) 凌文超, 「走馬樓吳簡採集庫布帳簿體系整理與研究-兼論孫吳的戶調」, 『文史』 2012(1), 2012.

91) 凌文超, 『考信於簿-走馬樓吳簡採集簿書復原整理與研究』, 廣西師範大學出版社, 2015.

학계에서는 당초 '調皮' 기록에 근거하여 漢晉의 '調'라는 전통적인 문제를 탐구하였다. 혹은 '入皮' 기록을 기초로 獸皮納入簡의 서식을 총괄하고, 獸皮 납부 방식과 성격을 분석하였으며 더 나아가 孫吳 시기 長沙 지역의 사회 생활 및 장사 일대의 지리 환경에 대한 연구도 이루어졌다. 沈剛 선생은 일찍이 入米簿와 대조하고 통계간 등의 내용과 결합하여 雜皮入受簿의 편련 방식을 탐구했다. "이는 처음에는 鄕을 단위로 편제되었고 각 鄕 내에서는 즉 동일하지 않은 稅種의 皮를 단위로 배열하였는데 그러한 후 일정 시간마다 일차 합계를 내고, 마지막으로는 각 鄕에서 납부한 皮의 수량에 대해 월간 통계를 한 차례 냈다."

凌文超는 襍皮入受簿의 기본적 서식은 다음과 같이 정리했다.

入*鄕"嘉禾*年"*皮*枚嘉禾*年*月*日*丘"身分" (姓名)付庫吏*受

入*鄕*丘"身分" (姓名)"嘉禾*年"*皮*枚嘉禾*年*月*日烝弁付庫吏*受

- 右*鄕入皮*枚
- 集凡諸鄕起*月一日訖卅日入皮*枚 其*枚*皮其*枚*皮

凌文超는 오간에 雜皮入受簿만이 보이고 '新入', '出用', '餘見', '乘餘'와 관련된 간독이 보이지 않기에, 이로부터 臨湘縣의 庫는 오직 잡피를 받는 의무만을 지녔다고 보았다. 잡피는 雜米, 雜錢과 달리 縣庫에서 지출하는 재정 계통에 들어가지 않았으며 특수적 용도를 가지고 있었던 것 같다. 잡전, 잡미 등 일반적으로 編戶民이 납부한 것과 달리, 잡피의 대부분은 吏가 징수의 책임을 가지고 있었고 吏와 관부와의 관계가 밀접했기 때문에, 장악하고 운용함에 편리하였을 것이다. 장부의 簽牌는 雜皮入受莂이 "嘉禾 元年 7월부터 嘉禾 3년 3월 30일" 사이에만 존재하였던 것을 명시한다. 잡미, 잡전이 모든 해에 보이는 것과는 달리, 잡피는 임시적으로 징발한 調였을 뿐이었다. 이상 여러 현상은 모두 '調皮'가 가진 특수성을 분명하게 보여준다.[92)]

凌文超의 연구에 따르면, 주마루오간 채집간의 臨湘縣 庫錢 장부는 "雜錢入受簿", "雜錢承餘新入簿", 그리고 "雜錢領出用餘見簿"로 구성된다. 그 격식을 귀납해 보면 두 가지 종류를 확인할 수 있다.

入*鄕〔嘉禾*年〕*錢(수량) ≂ 嘉禾*年*月*日*丘(신분)(성명)付庫吏*受

入*鄕*丘(신분) (성명) ≂〔嘉禾*年〕*錢(수량)嘉禾*年*月*日烝弁付庫吏*受

이 뒤에는 '右'자로 시작하는 某鄕에서 入한 某年 某 性質의 錢 수량에 대한 小計簡이 존재한다.

·右*鄕入〔신분〕*錢(수량)

92) 凌文超, 『考信於簿-走馬樓吳簡採集簿書復原整理與研究』, 廣西師範大學出版社, 2015.

‘雜錢入受簿’, ‘雜錢承餘新入簿’ 그리고 ‘雜錢領出用餘見簿’를 비교, 대조하면 세 가지 종류의 장부 사이의 내용 연관을 쉽게 찾아낼 수 있다. 바로 ‘入受’—‘新入’ 및 ‘承餘’—‘領收’—‘出用’—‘餘見’로 전체 재정의 수입, 지출 과정을 대표하고 있다는 점이다. 언급할 만한 것은, ‘雜錢領出用餘見簿’ 중 여전히 ‘雜錢入受簿’과 ‘雜錢承餘新入簿’에 보이지 않았던 ‘未畢簡’이 있다는 점인데, 지방 재정 납입 과정 속에서 조세와 잡전은 각종 체납 정황을 피할 수 없었기 때문에 손오 기층 관부는 이에 대해 전문적인 簿籍을 만들었던 것이다.[93]

V. 결론

中古 시기 징세 체계의 주요 대상은 人과 田이었기에 징세 대상의 신분, 연령을 구분하였다. 先秦에서 唐朝에 이르기까지 중앙 정부는 징세 대상자를 매우 중시하였는데 이는 즉 소위 ‘編戶齊民’에 대한 관리였다. 이후 출토 문헌의 지속적인 증가와 함께 진, 한, 손오, 고창국 더 나아가 당대 등 다양한 시기의 호구 문서의 양태를 확인할 수 있게 되었다. 손오 호적은 부역 제도와 밀접하게 관계되었는데, 연령과 성별은 부역 징발의 중요한 근거였다. 주마루오간의 ‘大口’, ‘小口’의 경우 소구에게는 5錢을 징수하였고 대구에게는 28錢을 징수하였는데 이는 손오 부역의 징수와 서로 밀접하게 연관된다. 삼국 오간은 손오가 국유 토지를 품질에 따라 ‘한전’과 ‘숙전’의 두 종류로 나누어 농민에 빌려주었고 다른 기준의 전조를 거두었음을 보여준다. ‘숙전’, ‘한전’의 액수는 인위적으로 ‘정해진 것’으로, 토지의 자연적인 품질 상황에 따라 계산된 것이 아니었다.

장사 주마루삼국오간에서 볼 수 있는 임상 지역의 조세에는 세 종류가 있다. 田租, 口算錢과 租布, 그리고 임시로 징수한 각종 雜錢과 調皮가 그것인데 이는 『삼국지 · 오서』의 “孫權世政煩賦重, 人彫於役”이라는 기록을 직접적으로 반영한다.

또한, 장사주마루오간은 손오의 지방 징세 체계를 반영하고 있다. 田租 稅米를 납부할 때, 다른 신분의 사람들, 즉 大男, 大女, 諸吏(州吏, 郡里, 縣吏, 軍吏 포함), 諸卒(州卒, 郡卒, 縣卒 포함)과 士, 複民 등은 ‘鄕-丘’를 단위로 ‘嘉禾吏民田家莂’에 편제되었고, 전가별은 田戶曹史가 심의하였다. 전가별에 규정된 내용에 따르면 여러 신분의 사람들은 三州倉 혹은 州中倉에 다양한 명목의 米, 예컨대 租米, 稅米, 襍米, 限米를 납부하였다. 죽간 중 倉米를 납부하는 내용에 따르면, 납부 과정에서 반드시 邸閣 左, 右 侍郎에게 진술해야 했다. 삼주창, 주중창은 장부 문서를 右倉曹에 올렸다. 口算錢을 납부할 때 大男, 大女, 諸吏, 卒 등은 ‘里-鄕’을 단위로 ‘口食年紀簿’에 편제되었다. 개개인은 庫에 口算錢 및 각종 錢을 납부할 때 鄕을 단위로 하였고, 庫錢 장부는 “雜錢入受簿”, “雜錢承餘新入簿” 그리고 “雜錢領出用餘見簿”로 구성되었다. 오간 庫布 장부 체계는 庫布入受簿와 庫布承餘新入簿로 구성되었는데 고포는 吏民이 납부한 ‘品布’와 관

93) 凌文超, 「走馬樓吳簡庫錢帳簿體系復原整理與研究」, 『考古學報』 2015(2), 2015.

부가 出錢하여 구입한 '市布'로 구성되었고, 그 성격은 調布에 해당했다. 調布는 당시 여전히 常稅가 아니었고 임시적으로 징수한 調였는데 이는 武陵蠻을 평정하는 것과 관계가 있었을 것이다. 오간에는 雜皮入受簿만이 보이는데 '調皮'는 임시적, 특수적 성격을 모두 가지고 있었다.

투고일: 2018. 10. 13.	심사개시일: 2018. 10. 26.	심사완료일: 2018. 11. 20.

참/고/문/헌

『史記』, 北京: 中華書局, 1959.
『三國志』, 北京: 中華書局, 1975.
『晉書』, 北京: 中華書局, 1974.
『南齊書』, 北京: 中華書局, 1972.
『魏書』, 北京: 中華書局, 1972.
『隋書』, 北京: 中華書局, 1973.
『新唐書』, 北京: 中華書局, 1975.
『周禮正義』, 北京: 中華書局, 2013.
『漢官六種』, 周天遊點校, 北京: 中華書局, 1990.

長沙文物考古研究所·中國文物研究所·北京大學歷史學系走馬樓簡牘整理組編著, 『長沙走馬樓三國吳簡·嘉禾吏民田家莂』, 北京: 文物出版社, 1999.
『長沙走馬樓三國吳簡·竹簡(壹)』, 北京: 文物出版社, 2003.
長沙簡牘博物館·中國文物研究所·北京大學歷史學系走馬樓簡牘整理組編著, 『長沙走馬樓三國吳簡·竹簡(貳)』, 北京: 文物出版社, 2007.
『長沙走馬樓三國吳簡·竹簡(叁)』, 北京: 文物出版社, 2008.
『長沙走馬樓三國吳簡·竹簡(肆)』, 北京: 文物出版社, 2010.
『長沙走馬樓三國吳簡·竹簡(柒)』 北京: 文物出版社, 2013.

日野開三郎, 『唐代租調庸の研究』, 三册, 東京: 汲古書院, 1974·1975·1977.
傅克輝, 『魏晉南北朝籍帳研究』, 濟南: 齊魯書社, 2001.
戴衛紅, 『韓國木簡研究』, 桂林: 廣西師範大學出版社, 2017.
唐長孺, 『魏晉南北朝史論叢』, 北京: 三聯書店, 1955.
唐長孺, 『魏晉南北朝史論叢續編』, 北京: 三聯書店, 1959.
淩文超, 『考信于簿-走馬樓吳簡采集簿書復原整理與研究』, 桂林: 廣西師範大學出版社, 2015.
魯惟一 著, 于振波·車今花 譯, 『漢代行政記錄』, 桂林: 廣西師範大學出版社, 2005.
蔣福亞, 『走馬樓吳簡經濟文書研究』, 北京: 國家圖書館出版社, 2012.
西嶋定生, 『中國經濟史研究』, 東京大學出版會, 1966.
于振波, 『走馬樓吳簡初探』, 臺北: 文津出版社, 2004.
張學鋒, 『漢唐考古與歷史研究』, 北京: 三聯書店, 2013.
張榮強, 『漢唐籍帳制度研究』, 北京: 商務印書館, 2010.

池田溫,『中國古代籍帳研究』, 龔澤銑譯, 北京: 中華書局, 1984.
曾我部靜雄,『均田法及其稅役制度』, 東京: 講談社, 1953.
野中敬,『早稻田大學大學院文學研究科紀要』別册 第14集哲學·史學編, 東京, 1987.
王威海,『中國戶籍制度-歷史與政治的分析』, 上海文化出版社, 2006.
永田英正 著, 那向芹 譯,「居延漢簡烽燧考」,『簡牘研究譯叢』第2輯, 北京: 中國社會科學出版社, 1987.

戴衛紅,「長沙走馬樓所見三州倉出米簡初探」,『吳簡研究』第3輯, 北京: 中華書局, 2011.
渡辺信一郎,「戸調制の成立-賦斂から戸調へ」,『東洋史研究』60(3), 2001.
田中整治,「關於曹魏的戶調製」,「北海道學藝大學紀要』第一部, 第9卷 第1號, 1958.
凌文超,「走馬樓吳簡採集庫布帳簿體系整理與研究-兼論孫吳的戶調」,『文史』2012(1), 2012.
淩文超,「走馬樓呈吳簡採集簡"戶籍簿"復原整理與研究」,『吳簡研究』第3輯, 北京: 中華書局, 2011.
關尾史郎,「史料群としての長沙呉簡·試論」,『木簡研究』27.
侯旭東,「湖南長沙走馬樓三國吳簡性質新探-從〈竹簡肆〉涉米簿書的復原說起」,『長沙簡帛研究國際學術研討會論文集』, 中西書局, 2017.
胡平生,「嘉禾四年吏民田家莂解題》, 長沙市文物考古研究所, 中國文物研究所, 北京大學歷史學系走馬樓簡牘整理組編,『長沙走馬樓三國吳簡嘉禾吏民田家莂』(上).
齊繼偉,「也說漢代"訾算"--兼論吳簡中的"訾"」,『湖南大學學報』2018(2), 2018.
加藤繁,「關於算賦的小研究」,『中國經濟史考證』第1卷, 吳傑 譯, 北京: 商務印書館, 1959.
邱東聯,「略論長壽走馬樓吳簡中的佃田租稅簡」,『船山學刊』1998(1), 1998.
邢義田,「漢至三國公文書中的簽署」,『文史』2012(3), 2012.
徐暢,「走馬樓簡所見孫吳臨湘縣廷列曹設置及曹吏」,『吳簡研究』第3輯.
張榮強,「"小""大"之間[羊+市]-戰國至西晉課役身分的演進」,『歷史研究』2017(2), 2017.
沈剛,「長沙走馬樓三國竹簡納布記錄析論」,『史學月刊』2010(10), 2010.
臧知非,「從《吏民田家莂》看漢代田稅的徵收方式」,『史學月刊』2002(5), 2002.
森鹿三 著, 金立新 譯,「論居延出土的卒家屬廩名籍」,『簡牘研究譯叢』第1輯, 北京: 中國社會科學出版社, 1983.
蘇俊林,「嘉禾吏民田家莂與孫吳身份等級體系」,『文史』2015(3), 2015.
楊際平,「析長沙走馬樓三國吳簡中的"調"-兼談戶調制的起源」,『歷史研究』2006(3), 2006.
王素,「吳簡所見的"調"應是"戶調"」,『歷史研究』2001(4), 2001.
王彥輝,「論漢代的"訾算"與"以訾征賦"」,『中國史研究』2012(1), 2012.

〈Abstracts〉

Studies on the Local Taxation System in the Medieval China from Bamboo Slips and Paper Documents

−Centre on the Bamboo Slips of SunWu(孙吴)Unearthed from Changsha−

Dai, Wei−hong

The main objects of taxation were people and fields in the Medieval China. There are three main types of taxes, land rent, capitation and requisition cloth. People are divided into different categories according to their age, such as 'adult member of a household(大口)' 'juveniles(中口)' 'child(小口)', and payed different amounts of taxes to the state from the bamboo slips of SunWu(孙吴)unearthed from Changsha, Hunan Province. The government has divided state−owned land into two kinds according to the land quality, such as 'fertile land(熟田)' 'dry land(旱田)', and leased them to farmers, and levied different standards of land rent. Requisition cloth was not fixed but temporary, related to the conquest of barbarian in WuLing(武陵).

▶ Key words: bamboo slips of SunWu(孙吴), fertile land(熟田), dry land(旱田)

특 집

목간群으로서의 성산산성 목간

-일본 고대 꼬리표(付札) 목간 및 공방운영의 검토를 통해서-

畑中彩子 著*

오택현 譯**

〈국문초록〉

함안 성산산성 출토 목간은 일본의 목간 사용을 고려하면 매우 많은 것을 시사한다고 할 수 있다. 본고는 성산산성 목간을 목간群으로서의 어떤 성격을 가진 것인지에 대해 살펴보고자 했다. 이에 대해 일본 고대 稅制 및 공납물 付札목간으로 생각해서, 특별히 일본의 고대 관영 銅山 유적인 長登銅山 유적 출토 목간의 사례를 함께 검토했다.

일본의 稅制의 원칙은 都에 공납된 「調」에 대해서 「庸」은 仕丁과 采女의 「資養」으로서 仕丁들의 출신지인 촌락이 「粮物」을 공동부담 하게 했다. 성산산성 荷札목간에 기본적으로 기재된 내용은 唐과 일본의 목간에 공통되고 있다. 하지만 물자의 징수체제와 사람들의 통제방법이라는 점에서는 「調」등의 세금부담과 다른 성격을 가지고 있다. 오히려 「庸米」 付札과의 유사성을 지적할 수 있다. 경주 남산신성의 축성에 있어 신라 전역에서 공사 관계자가 징발된 것으로 보아 성산산성의 경우도 穀類를 공납했던 지역의 인원을 징발해, 함께 穀類가 공납되었을 가능성이 있다.

또한 성산산성의 荷札목간은 경상북도의 여러 지역에서 지재수장들에 의해 곡물 등을 운송할 때에 부착된 것으로 생각된다. 목간에 기재된 패와 麦, 米 등은 항상 稅로 볼 수 있는 것은 아니고, 산성 축조에

* 日本 東海大學

** 동국대학교 사학과

따른 식량의 징발일 가능성도 있다고 생각된다. 이렇게 본다면 일본에서도 군사에 따른 임시 식량징발과의 관련성을 상정해 볼 수 있을 것이다. 생산지에서 직접 多賀城과 秋田城에 곡물이 운송되었던 점은 성산산성과 공통되기 때문이다.

長登銅山에서는 庸米, 舂米, 調塩 등 본래 중앙으로 보내져야하는 공진물이 실제 운용되면서 銅山이 있는 長門國 내에서 직접 납품되고 있었다. 이들 식량은 長門國 내보다 郡 단위로 징발 · 고용된 사람들의 功食으로 사용된 것으로 보여진다. 더욱이 長登銅山은 작업을 총괄하는 관공서 조직을 두어 생산을 관리해 美祢郡司와 長門國府 등의 상위 관청의 指導 아래 銅山 경영이 행해지고 있었다고 생각된다. 성산산성에서는 곡물류의 보관방법, 근로자들에게 지급하는 방법 등의 운용의 주체와 방법에 대해서 아직 해결되지 못한 부분이 많다. 그래서 「三月中」으로 시작하는 4면목간이 성산산성의 운영조직의 존재를 시사한다고 보이며, 荷札과 문서목간의 폐기가 동시에 이루어진 점에서도 다시금 조직운영 방식을 생각해 볼 필요가 있다.

▶ **핵심어: 付札木簡, 城山山城木簡, 庸米木簡, 長登銅山, 食糧徴発, 山城築城**

Ⅰ. 들어가며

함안 성산산성 목간의 출토는 일본 고대 목간연구자들에게도 커다란 영향을 주었다. 일본에서 7세기 초~중반에 목간이 사용된 것을 보면, 함안 성산산성 목간은 1세기 정도 시기가 빠르며, 대량의 목간이 한 번에 출토된 목간群이라는 것, 하부가 절입된 형태인 것, 지명과 인명, 물품명이 기록된 荷札木簡이라는 것 등 일본의 목간 사용을 고려한다면 함안 성산산성 목간은 매우 커다란 교시를 준다. 그래서 일본에서도 성산산성 목간과 관련된 일본어논문이 여러 편 발표되었으며,[1] 2009년 早稲田大学 朝鮮文化研究所·국립가야문화재연구소에 의해 공동연구로 일본어판 보고서『日韓共同研究資料集 咸安城山山城木簡』이 간행되었으며, 여기에는 유적의 개요 및 판독문 등 기본적인 정보가 제공되었다. 더욱이 한국에서 발표된 논문이 일본어로 번역되어 일본 목간학회의 학회지인『木簡研究』에 게재되는 등 한국어를 모르는 일본인 연구자들도 그 연구성과를 접하는 것이 가능하게 되었다.

그런데 성산산성 목간을「목간群」으로 보면 공진물 付札로 구성된 목간群인 것이 가장 큰 특징일 것이다. 그로 인해 목간에 기재된 지명과 인명, 산성 축조를 위한 노동역 징발,「負」「奴」의 표기를 둘러싼 문제, 목간을 사용한 문서행정의 방안 등 다양한 시점으로 연구가 진행되고 있다.

한국에서 출토된 목간 중,「목간群」으로 보이는 것은 성산산성 출토 목간 외에 경주의 월성해자 출토 유적, 안압지 출토 목간, 부여 능산리사지 출토 목간, 나주 복암리 출토 목간 등이 알려져 있다. 그중, 도

1) 성산산성 목간과 관련된 일본어 논문에 대해서는 마지막의 참고문헌으로 제시하고자 한다.

성 구역에서 출토된 월성해자, 안압지는 유적의 성격과 직접적으로 연결된 목간群으로서 검토하는 것이 비교적 용이하다. 나주 복암리 목간의 경우는 13점으로 소량이지만, 지방관아의 운영을 보여주는 목간群으로 다채로운 내용을 포함하고 있어「목간群」으로서 이해하는 것이 가능하다.

한편, 성산산성목간을 목간群으로서 볼 경우 ①목간의 사용시점, ②출토장소와 목간과의 관련성, ③목간의 사용 주체, ④목간의 사용 장소 등 불분명한 점이 여전히 많이 남아있다. 이것은 성산산성 목간의 대부분이 荷札木簡이기 때문에 목간群으로서의 성격을 이해하는 것은 어렵다. 그러나「三月中」으로 시작하는 4면 목간과 같은 문서목간의 출토가 보고되고 있어 산성이라고 하는 특정한 장소에서 목간을 사용한 운영이 이루어지고 있었다는 것은 충분하게 생각할 수 있을 것이다.

그래서 본고에서는 우선 일본에서의 付札木簡 개요를 설명하고, 나아가 보고자가 주로 검토의 대상으로 한 8세기 銅山跡인 長登銅山에서 출토된 목간의 사례를 들어 목간을 사용한 관아의 운영방법과 비교하면서 성산산성 출토 목간을 살펴보고자 한다.

또한 성산산성의 축조시기와 곡물류의 수송 목적에 대해 다양한 견해가 있는데, 최근 보고서에 의하면 6세기 중반 축조시 목간을 사용한 것에서부터 본고에서는 축조시의 꼬리표 목간으로 이야기를 진행하고자 한다.[2] 또 주로 일본어논문을 참조해 한국에서의 연구에 대해서는 충분히 참조하지 못한 점에 대해서는 너그러이 이해해 주셨으면 한다.

II. 일본의 荷札木簡에 대해서

성산산성 목간의 대부분은 稗, 米, 麦 등에 부착된 荷札木簡이다. 그러므로 먼저 일본에서의 税制를 확인하고, 일본의 荷札木簡의 개요를 설명하고자 한다.[3]

1. 税의 종류와 荷札木簡

고대 일본에서의 주된 税는 크게 2개의 계보로 알려지고 있다.

먼저 租(田租)는 田에 면적에 따라 부과된 税이다.「大宝令」(701년 성립·시행),「養老令」(718년 성

---

2) 국립가야문화재연구소, 2017, 『咸安城山山城出土木簡報告書』 Ⅳ.
목간의 판독 등에 대해서는 국립가야문화재연구소, 2017, 『韓國의 古代木簡Ⅱ』.
시기비정에 대해서는 윤상덕, 2016, 「咸安·城山山城의 築造年代에 대해서」『木簡研究』 38과 이주헌, 2016, 「咸安·城山山城 敷葉層과 出土遺物의 検討」『木簡研究』 38을 참조했다.

3) 일본 고대의 税制 일반에 대해서는 狩野久, 1990, 『日本古代の国家と都邑城』, 東京大学出版会를 참조하면 된다.
공진물 꼬리표(付札) 목간에 대해서는 吉川真司, 2005, 「税の貢進」『文字と古代日本3流通と文字』, 吉川弘文館; 馬場基, 2018, 「荷札と荷札のかたるもの」『日本古代木簡論』, 吉川弘文館(初出 2008); 俣野好治, 2017, 「荷札木簡の機能についての覚書」『律令財政と荷札木簡』, 同成社에 의해 적절한 연구사의 정리가 이루어지고 있으며, 본고에서는 이러한 선행연구에 의거해 개요를 서술하고자 한다.

립·757년 시행)의 규정에 의하면 田 一段에 대해 벼 2束 2把를 징수해 지방관아의 正倉에 내도록 했다(田令 1 田租 条). 「租」라고 명기된 荷札木簡은 거의 출토되지 않았지만,[4] 田租의 일부는 정미해서 京進하는 것으로 정해져 있었기에 정미되어진 白米에 付札이 다수 보이고 있는 것으며, 平城宮에서 출토된다.[5]

荷札木簡 중 가장 출토사례가 많은 것은 調와 贄, 庸 등 도읍에 보내진 貢進物에 부착된 荷札이다. 調는 絹·絁·糸·綿·布 등 纖維製品과 鉄·鍬·塩과 해산물 등 郷土 특산물을 공납하는 것이다. 위에 언급한 것 이외의 調副物로서 正丁(21~60세의 良民 성인남자)이 染料·油·漆·紙·工芸와 관계된 재료·塩·加工食品 등 각지의 특산물을 납입하게 되어 있었다(賦役令 1 調絹絁 条). 贄는 令의 규정에는 없지만 神과 天皇에게 공납하는 것으로 해산물(魚, 貝, 海藻 등)과 식용이 가능한 짐승의 고기, 가공식품 등 산해진미가 공납된다. 調도 贄도 그 기원은 율령 제정 이전으로 거슬러 올라가며, 공동체의 신이나 수장들에게 공납하는 소위 복속의례적인 성격에서 유래한 것으로 이해되고 있다.

調과 마찬가지로 도읍에 공납된 것으로 「庸」이 있다. 단 「調」가 공납물이었던 것에 반해 「庸」은 歳役(正丁은 1년에 10일간 동안)을 대신해 물품을 납입한 것이다(賦役令 4歳役 条). 그 품목은 원칙은 布이지만, 쌀과 소금을 납입하는 경우도 있어 庸米木簡과 庸塩木簡이 출토 되었다. 庸米의 용도는 衛士와 仕丁, 采女, 女丁들의 식량, 雇役한 사람들의 雇直(급여)과 식량으로 보내지게 되어 있었다(賦役令 5計帳 条).

庸의 前身으로 注目되는 것이 646년 正月의 「改新之詔」 4단에 「凡仕丁者, 改舊每卅戸一人, 而每五十戸一人, 以充諸司. 以五十戸充仕丁一人之粮. 一戸庸布一丈二尺, 庸米五斗. 凡采女者, 貢郡少領以上姉妹及子女形容端正者. 以一百戸充采女一人粮. 庸布, 庸米皆准仕丁.」(『日本書紀』 大化二年 正月 甲子朔 条)라고 하는 기록이다. 「庸」은 후대의 변형된 용어로, 7세기 목간에는 「養」이라고 기록되어 있는데, 仕丁과 采女의 「資養」을 위해서 仕丁들의 출신지 촌락이 「粮物」을 공동부담했던 것에서,[6] 701년 제정된 「大宝令」 賦役令에 「庸」으로 규정되었다고 생각된다.[7] 여기에서는 노동자=역역의 供出과 식량의 供出이 촌락에 부과되어 부담이었다는 것에 주목하고 싶다.

2. 공진물 付札의 기재 내용

공진물 付札의 기재내용과 기재 목적에 대해서도 이제까지 많은 연구가 축적되어 있다. 吉川真司氏, 俣野好治氏의 선행연구의 정리하면서 이야기하고자 한다.[8]

調庸의 진상에는 공납자를 명기하는 것이 정해져 있었다.

---

4) 奈良文化財研究所의 목간 데이터베이스(木簡庫)에 의하면, 8세기 이전의 「租」와 관련되는 것으로 보이는 荷札木簡의 사례는 2점이다(伊場木簡[静岡県], 遠所遺跡[京都府]).

5) 今泉隆雄, 1978, 「貢進物付札の諸問題」 『古代木簡の研究』, 吉川弘文館, 1998(初出 1978).

6) 狩野久, 1990, 「庸米付札について」, 『日本古代の國家と都邑城』, 東京大学出版会(初出 1981).

7) 青木和夫, 1992, 「雇役制の成立」, 『日本律令國家論攷』, 岩波書店(初出 1954).
市大樹, 2010, 「飛鳥藤原出土の評制下荷札木簡」, 『飛鳥藤原木簡の研究』, 塙書房(初出 2006·2009).

8) 吉川真司, 2005, 앞의 논문; 俣野好治, 2017, 앞의 논문.

○「養老令」賦役令2調皆近随 条

凡調, 皆随近合成, 絹絁布両頭, 及糸綿嚢, 具注國郡里戸主姓名, 年月日, 各以國印々之.

「調는 皆, 近隣의 물건을 합해서 공납해라. 絹·絁·布의 両端 및 糸·綿의 주머니에 상세하게 國·郡·里·戸主의 성명, 年月日을 주기하고, 각국의 印을 날인하도록 하라」고 규정하고 있다. 布製品에는 직접, 상기의 정보가 기록되게 되어 있었다. 공진물 付札은 이 규정에 준거했고, 율령의 규정에는 없지만 庸·中男 作物 이하의 荷札도 대체로 調荷札과 같은 성격을 가지고 있었을 것이다.[9] 大宝令制 아래 調庸布의 묵서명과 平城宮 출토 목간의 기재순도 일치하기 때문에「國郡里~年月日」에 대해서는 大宝令에도 규정이 있었던 것으로 생각된다.[10] 이하 몇 가지 실제 사례를 들어보겠다.

(A)國名+郡名+郷名+里名+人名+税目(調)+物品名+数量+日付

·「∨若狭國遠敷郡玉置郷田井里三次君國依 御調塩三 ∨」

·「∨神亀四年潤月七日 ∨」 224·34·6 031[平城宮木簡1-331]

(B)國名+郡名+郷名+里名+人名+税目(調)+物品名+数量+日付

「∨安房國朝夷郡健田郷仲村里戸私部真鳥調鰒六斤三列長四尺五寸束一束養老六年十月∨」

461·23·5 031 [平城宮木簡2-2246]

(C)國名+郡名+郷名+税目(調)+物品名+数量+日付 ＊人名の記載無し

「志摩國志摩郡和具郷御調海藻六斤四月十日」

(266)·25·4 033[平城宮木簡3-2893]

(D)郡名+郷名+里名+人名+数量

「三方郡弥美郷中村里別君大人 三斗 」 201·41·4 051[平城宮木簡1-424]

＊平城宮木簡1-425과 文·筆跡이 일치

(E)郷名+戸主+人名+税目+物品名+数量

「能登郷戸主粟田公麻呂戸□ 粟田荒人調塩三斗 」 144·30·4 051[平城宮木簡2-2824]

＊能登郷は若狭國三方郡の郷名

付札에 기록된 공진주체 중 공진물에 대해서는「國+郡+郷+(里)」을 기록하는 것,「國+郡」만을 기록하는 것, 국명이 생략된 것 등 다양하다. 더욱이 貢進者의 이름, 貢進 年月日도 지역마다 기재내용은 적절하게 생략되어 있는 경우도 있다. 또 동일 지역에서의 貢進物이어도 기재방식이 다른 것도 보인다. 市大樹는 物品進上状(木簡)과 貢進荷札의 성격을 정리했는데, 기본적인 품목·수량이 모두 기재된 進上状

9) 吉川真司, 2005, 앞의 논문.

10)『唐令拾遺補』「唐日両令対照一覧」(東京大学出版会, 1997).

에 대해서는 荷物에 완전하게 밀착시킨 荷札을 사용해 품목·수량이 적혀있지 않아도 荷物을 보면 그 내용이 무엇인지 일목요연하게 알 수 있기 때문에 「養老令」 賦役令 2調皆近 条에는 품목·수량을 기재하는 것에 대한 규정은 하지 않았다고 한다.[11] 다만 쌀(米)과 피(稗) 등 중량과 같이 보는 것만으로 알 수 없는 것에 대해서는 수량의 기재가 필요했을 것이다.

그래서 貢進物付札의 기재내용을 규정했던 「調皆近条」는 율령을 계승한 것으로 여겨진다. 2006년에 전문이 소개된 寧波天一閣博物館所蔵의 北宋 「天聖令」에 의하면 唐令에서는 11条였던 규정을 일본에서는 賦役令 調皆近条와 調絹絁条 2개로 나누었던 것이 확인되었다.[12]

○『天聖令』 第22　賦〔役〕令1[13]

「諸税戸, 並郷土所出. 綢[絹]絁布等, 若當戸不充[〔成〕]匹端者, 皆近合充. 並於布帛両頭, 各令戸人, 具注州県郷理[里]戸主姓名及某年月某色税物. 受訖, 以本司計[〔印〕]之. 其許以零税納税者, 従別勅.

吉川真司에 의하면 「綢絁布等~本司計之」의 부분이 唐의 開元25년 令(737년 제정)을 계승했던 규정이며, 宋代의 両税法에 입각한 「某色税物」이라는 문구를 제외하고는 唐令에서도 거의 같았을 가능성이 있다고 한다.[14] 즉 貢納物에 「地名(州県郷里)+戸主姓名+日付(年月)」을 기재하는 것은 唐令에서 계승되었다는 것을 확인할 수 있게 되었다.

한편 문자가 남겨진 荷札木簡의 기재내용을 살펴보면 「地名(國-郡-里)+人名+物品名(庸米)+数量+(日付)」가 조합되어 있어 「調」 荷札의 형식을 따랐다고 생각되지만 기재내용은 調荷札 목간보다 간단한 것이 다수 보인다.

·「∨備後國安那郡山野郷川上里∨」

·「∨矢田部甲努三斗
矢田部木身三斗右庸米六斗　∨」

221·55·5　031[平城宮発掘調査出土木簡概報14-8(上)(7)]

그래서 성산산성의 荷札木簡은 甘文村·夷津支城·古阤村 등은 1행으로 쓰여져 있고, 仇利伐에는 인명이 2행으로 쓰여지게 된 것이며, 기재내용과 기재서식은 穀類를 供出했던 지역에 따라 다르다. 그러나 「地名(郡名+城·村名)+人名+物品名+数量」이라고 하는 기본적인 기재사항은 唐과 일본에서도 공통적

---

11) 市大樹, 2011, 「物品進上状と貢進荷札」, 『東アジア出土資料と情報伝達』, 汲古書院.

12) 大津透, 2001, 「北宋天聖令·唐開元二十五年令賦役令」, 『東京大学日本史学研究室紀要』 5; 2002, 「唐日賦役令の構造と特色」, 『日中律令制の諸相』, 東方書店.

13) 天一閣博物館·中國社會科學院歷史研究所天聖令整理課題組校證, 2006, 『天一閣藏明鈔本天聖令校證 : 附唐令復原研究』, 中華書局.

14) 吉川真司, 2005, 앞의 논문.

으로 사용되고 있다. 성산산성 목간에 年月日이 기록되지 않는 것은 산성축조에 따라 같은 시기에 물자가 수송되었기 때문에 운송시기를 기록해 특정할 필요가 없었던 것이다.[15] 원래 일본의「調」는 원칙적으로 도읍에 공납하는 것이었기 때문에 일부의 예외를 제외하면 지방으로 가져가는 것은 없다. 목간의 기재내용도 7세기에는 간략 것, 상세한 것 등 지역과 시대에 따라 변천이 있지만 기본적으로는 도읍으로의 진상을 염두에 두고 기술하는 것이다. 따라서 도성이 아닌 지방의 산성에 직접 송부된 성산산성 목간과「調」付札木簡의 규정을 직접적으로 비교하는 것은 주의가 필요하다. 또 인명에는 관위와「奴」「負」등의 신분표식이 기록되어 있는 것으로 보아 물자의 징수체제와 人民의 통치방법이라고 하는 점이 기록된 것으로 보이므로「調」등의 税 부담과는 다른 성격을 가졌을 것이라고 생각된다. 오히려 仕丁와 采女, 雇役 노동자로 식량지급의 재원이었던「庸米」의 付札이 축조를 위해 징수된 물자의 付札이라고 하는 점이 성산산성 목간과의 유사성을 지적할 수 있지 않을까. 이 점에 대해서는 후술하고자 한다.

3. 貢納物付札의 기능

그렇다면 貢進物付札의 기능은 어떤 것이었을까.

먼저 貢進物付札의 제작 장소에 대해서는 물품의 성격에 따라 차이가 있는데, ①國단계, ②郡단계, ③鄕단계로 3개의 단계를 상정해 볼 수 있다. 그렇지만 吉川真司가 지적한 것과 같이 郡의 役人(郡雑任)이 國과 鄕에서 鄕에 가서 작성한 경우와 鄕의 役人이 郡에 모여 각각의 鄕마다 荷札을 작성했을 경우 등 荷札의 작성·서기 작업의 장소와 작성을 주도한 주체는 반드시 일치하지 않는다. 물론 調와 庸 등 税目에 따라서도 상황이 달라질 수도 있다. 후술하는 長門國 美祢郡의 경우를 살펴보면 郡에서 징수된 庸米가 직접 같은 郡内의 長登銅山으로 옮겨지고 있으며, 국명도 생략되어 있는 점에서 郡 단계에서 庸米付札이 작성되고 있던 것은 확실하다.

성산산성 출토 목간의 작성 장소에 대해서도 州단계, 郡·村(城)단계, 村단계 등 여러 가지 의견이 제시되고 있지만, 대체로 현재는 그 기재방식과 서식에서 郡·村(城)마다 작성되어 荷札이 부착되었다고 생각하고 있다.[16] 필자도 그 설을 따르는 것이 좋다고 생각된다. 이것은 6세기의 신라의 지방지배 체제에 의거한 것이지만, 일본에서의 물품 징발체제를 볼 때 전체적으로 예부터 내려온 지방 지배체제를 염두에 둘 필요는 있을 것이다.

또한 기능에 대해서도 다양한 견해가 많이 있는데, ①勘検機能説, ②貢納表示説로 크게 구분된다. 勘検에 대해서도 勘検과 検収를 분리해서 이해해야 한다는 견해도 제기되었다.[17] 勘検機能説은 今泉隆雄에 의해 제기된 이후 발전적으로 계승되어 왔다. 勘検은 貢進者, 貢進物의 품질과 총량의 점검함으로써 지방과 중앙 각각에서 행해졌을 것이다. 検収는 여러 개로 부착된 동일한 荷札 중 1점을 골라내는 작업

15) 李成市, 2009,「韓國木簡研究の現在－新羅木簡研究の成果を中心に－」,『東アジア古代出土文字資料の研究』, 雄山閣.

16) 국립가야문화재연구소, 2017,『韓國의 古代木簡Ⅱ』.

17) 東野治之, 1983,「古代税制と荷札木簡」,『日本古代木簡の研究』, 塙書房(初出 1980); 馬場基, 2018, 앞의 논문.

이다. 한편 중앙에서의 세물검사에서 荷札의 기재항목(貢進者名, 國郡名, 日付)이 중요시 되지 않았다고 보고 勘検説에 의문을 표한 것이 貢納表示説이다. 今津勝紀에 따르면 중앙에서의 貢進物 勘検過程에서 개별 貢進者가 확인되지 않는 것에서 貢納物付札은 왕권, 즉 중앙과 천황에 대해 貢進物로 공납을 시각적으로 표시하기 위한 것이었다고 한다.[18] 調와 贄에 대해서는 역사적 상황 속에서 본다면 공납의 표시는 일정한 의미가 있을 수 있지만, 유사한 기재내용을 가진 庸米荷札에서 貢納表示는 필요한 것인가. 지금 여기에서 여러가지 의견에 대해 논의할 시간은 없지만 調와 贄, 庸의 각각의 荷札 표기가 대체적으로 공통되고 있지만 税의 공납 목적이 다르다는 점에서 첨부 및 기재의 목적도 나누어 논의할 필요가 있을 것이다.

그렇다면 大宝令 제정 이전인 7세기 단계의 荷札은 어떠했을까. 吉川真司는 율령제의 출발점은 7세기 중엽의 孝徳朝에 있다고 주장한다.[19] 가장 오래된 貢進物付札의 사례는 飛鳥宮跡에서 출토된 650년 경의 것이며, 이후 飛鳥宮跡, 難波宮跡, 藤原宮跡에서 다수의 荷札木簡이 출토되고 있다. 기본적인 기재내용은 ①日付, ②地名(國·評·五十戸), ③貢進者名, ④品目, ⑤数量과 大宝令制 아래의 貢進物 목간의 기재내용으로 공통되지만 상세한 것, 간단한 것 등 다방면에 걸쳐 있다. 단 날짜를 머리부분(윗부분)에 쓴다는 점은 7세기 付札木簡의 특징이다. 이들 評制下(大宝令 제정 이전「郡」을「評」으로 표기) 荷札木簡의 작성단계에 대해서 市大樹는「評」으로 작성되었을 것이라고 추정하고 있다.[20]

그런데 기재내용이 간략함(기재항목의 多少)과 목간의 오래됨은 일치하지 않는다.[21] 예를 들면 飛鳥의 石神遺跡에서 출토된 三野國(現在의 岐阜県)의 荷札①은 乙丑年＝天智 4 (665)의 年紀를 가지며,「國−評−五十戸」표기가 가장 오래된 목간이다.[22] 일본 최초의 호적인 庚午年籍 제정(670年) 이전인 7세기 중반에 이미 지방의 지방체제와 인원의 장악이 진행되고 있었으며, 이를 기록하는 荷札의 표기방법이 정리되고 있었음을 알 수 있다.

① 石神遺跡出土木簡

·「∨乙丑年十二月三野國ム下評　　　」

18) 今津勝紀, 2012,「調庸墨書銘と荷札木簡」,『日本古代の税制と社会』, 塙書房(初出 1989); 2012,「古代の荷札木簡再論」, 塙書房(初出 2011).

19) 吉川真司, 2004,「律令体制の形成」,『日本史講座1東アジアにおける国家の形成』, 東京大学出版会.

20) 市大樹, 2011,「物品進上状と貢進荷札」,『東アジア出土資料と情報伝達』, 汲古書院.

21) 吉川真司, 2005, 앞의 논문.

22) 三野國의 米 荷札에는 飛鳥池遺跡에서 출토된 이하의 목간이다. 丁丑年은 天武 6 (677)년이다. 評이라는 표기방법이 다르게 되어 있기 때문에 이들 付札이 評단계에 작성되었던 것을 알 수 있다.

·「∨丁丑年十二月次米三野國 加尓評久々利五十戸 人物部古麻里　　∨」　146·31·4　031[評制下付札集成105]

·「∨丁丑年十二月三野國刀支評次米」

·「∨恵奈五十戸造　阿利麻　　」

春人服部枚夫五斗俵　　151·28·4　032[評制下付札集成107

·「∨大山五十戸造ム下マ知ツ

従人田マ児安　　　　　　　　」　　　　152·29·4　032[評制下荷札集成102]

② 藤原宮跡出土木簡

·「∨甲午年九月十二日知田評　　　∨」

·「∨阿具比里五□部皮嶋□養米六斗∨」〔木カ〕　　213·28·4　031[評制下荷札木簡集成32]

②는 養(庸)米付札이다. 「庸」은 7세기에는 「養」으로 표시되었다는 것이 출토된 목간을 통해 판명되었다. 「養」米付札이라고 명기되어 있는 목간은 4점이지만 「五斗」와 「俵」라고 표기된 것도 養米付札일 가능성이 있다.[23] 「甲午年」는 持統 8(694)으로 「知田阿具比里評」은 尾張國智多郷英比郷(現在 愛知県 知多郡 阿久比町)에 해당한다. 「日付+評里名+人名+物品名+数量」의 기재항목은 그 외의 調付札과 8세기 이후 庸米付札 목간에서도 대체로 공통되게 나타나고 있는 항목이다. 게다가 市大樹는 石神遺跡 출토 목간 중에서 三川國(三河國, 現在의 愛知県), 三野國의 養米付札으로 추정되는 것이 복수라는 것, 両國의 仕丁들이 石神遺跡 부근에서 활동하고 있었다는 것을 통해 養米는 仕丁을 貢進했던 출신지역으로부터 송부되는 것이 원칙이었던 것이라고 한다.

이상 이제까지 연구사를 기초로 간단하게 7~8세기의 일본에서의 貢進物 付札木簡의 특징에 대해서 개괄해 보았다. 작성단계와 기능에 대해서는 여러 의견이 있어 해결할 수는 없지만 大宝令으로 규정된 荷札의 기재내용이 7세기 중엽까지 거슬러 올라간다는 것은 확실하다. 그렇다면 이러한 기재방법은 율령의 도입 이전에 이미 일본열도에서 공유되어 貢納物의 이해방법과 징수방법도 대략 갖추어졌다는 것을 의미한다. 이는 일본열도에서의 목간 사용시기와도 겹치기 때문에 성산산성 목간을 비롯한 한반도 荷札木簡과의 비교검토가 더욱 중요해질 것으로 여겨진다. 또 稗와 米, 麦 등의 곡물의 품질에 지역마다 품질 차이는 없었다고 보이기 때문에 성산산성 목간의 城·村名의 기재 목적은 税의 납입 증거인 동시에 징발된 인원과의 상관관계로부터 생각해볼 필요가 있지 않을까. 성산산성으로 穀類의 납입은 신라의 국가적인 지도가 있었다고 해도 성산산성이 가지고 있던 행정조직에 대한 공납을 표시할 필요는 없다. 그보다도 노역종사자에게 식량지급이라고 하는 측면에서 생각한다면 일본의 「養」米 付札 木簡과의 친화성이 인정될 수 있을 것이다. 성산산성에서 식량지급대상의 출신지를 표시한 목간이 없기 때문에 어디서 인원이 징발되었는지는 불분명하다. 그러나 남산신성을 축성할 때 신라의 전 국토에서 공사관계자가 징발되었다고 보여지기 때문에[24] 성산산성의 경우도 곡류를 공납했던 지역의 인원을 징수한 다음에 모아진 곡류를 공납했을 가능성도 있지 않을까.

23) 市大樹, 2005, 「石神遺跡北方域の性格と木簡」, 市氏前掲書所収.

24) 木村誠, 2004, 「新羅郡県制の確立過程と村主制」, 『古代朝鮮の国家と社会』, 吉川弘文館(初出 1976).

III. 지방에서의 식량의 징발과 목간

성산산성 출토 목간의 荷札木簡은 경상북도 모든 지역의 재지수장들에 의해 곡물 등이 운송될 때 부착된 것으로 생각된다.[25] 성산산성 출토 목간에 기재된 稗와 麦, 米 등은 항상적인 세금이 아니라 어디까지나 산성축조에 따른 식량의 징발이었다고 생각할 경우, 일본에서의 임시 식량 징발과의 관련성을 생각해 볼 수 있다. 租, 調, 庸 이외로 물자를 징수한 사례는 군사행동에 수반되는 것과 도성의 조영, 제방(堤)의 수리 등이다.

일본에서는 7세기 중엽부터 蝦夷라고 불리는 동북지방의 사람들을 국가 지배 아래에 편입하기 위한 정책이 시행되었다. 그 방법으로 恭順해 온 蝦夷를 받아들이는 경우도 있지만, 병력에 의해 蝦夷를 지배 아래에 두는 방식이 취해졌다. 7세기에서 9세기 초에 걸쳐 이러한 동북지방으로 군사파견에 관한 기록이 많이 보이고 있다. 또 병력파견에 있어서 조정은 각국, 특히 동북에 가까운 東國지역에서 군량을 징수했다.

8세기 말~9세기 초 桓武天皇이 재위할 때, 동북원정이 수차례 행해졌고, 병사들의 식량은 동북에서 가까운 각국(越後, 佐渡, 武蔵, 上總, 下總, 常陸, 上野, 下野) 및 전투지역이기도 한 陸奥國에서도, 陸奥国과 出羽国에서 米와 糒, 塩이 운반되고 있었다. 政府의 指導에 따라 전쟁터 인근과 병사가 모여 통행했던 지역에서 군량 供出이 행해진 것이다. 平川南에 의하면 陸奥國으로의 물자부담국은 坂東諸國(相模·武藏·安房·上総·下総·常陸·上野·下野), 出羽國의 경우는 北陸道의 국가들(특히 越後·越中·越前·佐渡)로 크게 구별되고 있다고 한다.[26]

○『続日本紀』宝亀十一年(780)七月甲申条

甲申. 征東使請襖四千領, 仰東海東山諸國, 便造送之. 勅曰, 今爲討逆虜, 調發坂東軍士. 限來九月五日, 並赴集陸奥國多賀城. 其所須軍粮, 宜申官送. 兵集有期, 粮餽難繼. 仍量路便近, 割下総國糒六千斛, 常陸國一万斛, 限來八月廿日以前, 運輸軍所.

이것보다 이전인 養老 6(722)년 閏4월, 군사행동에 따른 부담 증가에 괴로워하던 陸奥國의 사람들에 대해 庸調를 면제하고, 새로운 税目을 설정해 부담의 경감을 도모하고 있다. 동시에 「用兵의 구할 때는 衣食을 기본으로 한다」고 했다. 民들에게 鎮所로 私穀을 운반하도록 하고, 운송한 자들에게 운반량에 따라 위계를 수여하도록 했다. 鎮所란 병사가 상주하는 병영으로 陸奥國의 밖 大宰府에 설치했다.

○『続日本紀』養老六年閏四月乙丑条

太政官奏曰, (中略)用兵之要, 衣食爲本. 鎮無儲粮, 何堪固守. 募民出穀, 運輸鎮所. 可程道

25) 李成市, 2009, 앞의 논문.

26) 平川南, 1975,「陸奥·出羽官衙財政について－いわゆる「征夷」との関連を中心として－」,『歴史』48.

遠近爲差. 委輸以遠二千斛, 次三千斛, 近四千斛, 授外從五位下. 奏可之. 其六位已下, 至八位已上, 隨程遠近運穀多少, 亦各有差. 語具格中.

표 1. 『続日本紀』에 보이는 私粮 供出의 사례

年月日	記事	身分·出身地
養老七年(723)2月戊申	常陸國那賀郡大領外正七位上宇治部直荒山, 以私穀三千斛, 獻陸奧國鎭所. 授外從五位下.	那賀郡大領
神亀元年(724)2月壬子	從七位下大伴直南淵麻呂(以下12人省略)等, 獻私穀於陸奧國鎭所, 並授外從五位下.	
宝亀4年(773)正月辛卯	授出羽國人正六位上吉弥侯部大町外從五位下. 以助軍粮也.	出羽國人
宝亀11年(780)8月丙午	授越前國人從六位上大荒木臣忍山外從五位下. 以運軍粮也.	越前國人
天応元年(781)正月乙亥	下総國印幡郡大領外正六位上丈部直牛養, 常陸國那賀郡大領外正七位下宇治部全成, 並授外從五位下. 以進軍粮也.	印幡郡大領 那賀郡大領
天応元年(781)10月辛丑	尾張, 相摸, 越後, 甲斐, 常陸等國人, 総十二人, 以私力運輸軍粮於陸奥. 隨其所運多少, 加授位階.	尾張, 相摸, 越後, 甲斐, 常陸等國人
天応2年(782)5月乙酉	下野國安蘇郡主帳外正六位下若麻續部牛養, 陸奥國人外大初位下安倍信夫臣東麻呂等獻軍粮, 並授外從五位下.	安蘇郡主帳 陸奥國人
延暦3年(784)3月乙亥	授外正六位上丸子連石虫外從五位下, 以獻軍粮也.	
延暦6年(787)12月庚辰朔	授外正七位下朝倉公家長外從五位下, 以進軍粮於陸奥國也.	
延暦10年(791)9月癸亥	授陸奥國安積郡大領外正八位上阿倍安積臣繼守外從五位下, 以進軍粮也.	安積郡大領

太政官奏를 받아 私穀을 군량으로서 납입하고, 그 공적에 의해 叙位가 행해지고 있는 기사가 『続日本紀』 여러 곳에서 보이고 있다(표 1). 私穀 貢納者들은 재지에서 임용된 大領과 主帳 등 郡司의 임무를 맡은 인물이 많다.

이들 곡물은 생산지에서 직접, 鎭所와 多賀城, 秋田城로 운반되었다는 점에서 성산산성의 사례와 공통된다. 三上喜孝는 일본 고대의 동북지방의 책성은 배후지역인 関東地方과 北陸地方에서 운반된 물자에 의해 유지경영된 것과 유사하기 때문에 일본의 고대 성책과의 비교가 가능하지 않을까 지적했다.[27] 즉 部民氏族의 私穀에서 기대할 수 있는 것은 외위를 가진 수장들에 의해 곡물운송이 행해졌던 성산산성 목간

27) 三上喜孝, 2007, 「韓國出土木簡と日本古代木簡－比較硏究の可能性をめぐって－」, 『韓国出土木簡の世界』, 雄山閣.

의 성격을 고려하면 시사하는 바가 있다.[28] 반면 6세기 후반의 성산산성과 8세기 이후의 일본 고대 동북 성책과는 그 기능과 활동시기에 큰 차이가 있다는 점, 일본의 고대 성책에서 札木簡이 대량으로 출토된 사례가 없다는 점 등 직접적으로 비교할 수는 없을 것이다.[29]

조금 더 덧붙이자면 일본에서 私粮의 공급이 자발적으로 맡겨진 것에 반해, 성산산성에서의 穀類 供出은 신라 국가적인 축성 프로젝트에 수반된 것이고, 供出되었던 지방 수장 측의 자발적인 행동은 아니었다는 점도 중요하다. 位階의 수여라고 하는 대가를 구하는데 있어서 貢納物의 付札 등에 貢納者의 정보(地名, 人名, 官職, 位階) 등을 명기한 것은 貢納者 측의 적극적인 이유를 볼 수 있는 대목이다. 한편 자발적이지 않은 貢進物의 경우는 그 책무를 담당하는 것을 보여주는 것이 개인의 정보를 적는 중요한 이유였을 것이다.

○多賀城跡出土木簡第5号

·「∨武蔵国幡羅郡米五斗

部領使□□刑部古□□〔万呂カ〕」

·「∨大同四年十□〔二カ〕月[　　　　　　]　　　　」

(205)·29·8　032[多賀城跡木簡Ⅰ]

武蔵国 幡羅郡(現在는 埼玉県 深谷市 부근)에서 大同4(809)년에 진상된 쌀 5斗에 붙여진 付札로 部領使(인솔 책임자)의 이름이 쓰여 있다. 平川南은 8세기는 征夷 事業과 동북의 책성 수리조영에 있어서 東國의 力役이 동원되어 과중한 부담을 피할 수 없었지만, 오랑캐 정벌이 마무리 된 9세기 초에는 기존의 부담국인 坂東諸國을 陸奧의 관아재정으로 편입해 재정개혁이 이루어졌음을 밝혔다.[30] 調庸에 대해서도 눈이 많은 기상조건을 이유로 神護景雲 2 (768)년 9월에는 10년에 한번인 京進으로 변경되었으며,[31] 그 이외는 陸奥國과 出羽國에서 소비되도록 했다. 그리고 調庸의 용도를 기록한 帳簿(用度帳, 出納帳)을 중앙에 제출하게 되어 문서에 의한 관리로 변경되었다. 이 목간에 기재된 쌀의 税目은 분명하지 않으며, 또한 공납자 등의 기재도 없다. 多賀城에서는 이들 외에도 米에 관한 목간이 출토되고 있지만, 쌀의 貢進物 荷札은 현재로서 보이는게 없다. 그렇지만 임시의 力役과 군량의 징수 등의 税制度가 실제로 부담되는 상황에 따라 정비되고 있는 과정이 인정된다. 따라서 『続日本紀』에 보이는 것처럼 私穀을 포함한 식량이 어떻게 납입된 것인지는 이후 발굴성과를 기다릴 필요가 있을 것이다.

---

28) 三上喜孝, 2015, 「城山山城出土新羅木簡の性格」, 『國立歴史博物館研究報告』 第194集. 덧붙이자면 神亀元年(724) 2월 壬子의 기사에는 구체적인 國郡名은 기록하고 있지 않은데, 외위를 가지고 있는 氏의 이름에서 坂東諸國의 部民氏族인 三上氏로 보고 있다.

29) 三上喜孝, 2015, 앞의 논문.

30) 平川南, 1975, 앞의 논문.

31) 『続日本紀』 神護景雲 二年(768) 九月 壬辰条.

성산산성 목간과 남산신성비에서 보이는 것처럼 6세기 중후 시기의 신라에서의 식량 징수와 力役은 지방의 수장층에게 위임되고 있었지만, 신라의 중앙정부에 의해 총괄적인 관리가 되고 있었다는 것은 의문이다. 그러나 각 지역에서의 貢納物을 集積하고 있었던 성산산성 그 자체의 운영은 중앙정부의 관여에 대한 것은 충분하다.

그래서 일본의 官営銅山의 운영방법을 사례로 들면서 성산산성 목간을 생각해보고자 한다.

Ⅳ. 長登銅山 출토 목간에 보이는 지방 관아 운영

長登銅山 유적(山口県 美祢市)은 8세기부터 1960년대까지 조업한 일본에서 가장 오래된 銅 채굴장이다. 1989년~1999년도까지 행해진 본격적인 발굴조사에 의해 坑道, 炉, 建造物遺構가 검출되었고, 8세기부터 11세기까지의 採銅·製錬所 및 관아유적이 확인되었다. 또 製錬관계 유물과 함께 828점의 목간이 출토되었다(문자가 확인되는 것은 203점). 기재내용은 식료지급, 銅의 제련, 採銅所 운영에 관한 것 등이 있고, 형식도 문서, 付札, 帳簿, 봉함 목간 등 다양하다. 그리고 목간에 기재된 年紀에서 대체로 天平年間 전반(729~730年)을 중심으로 하는 목간群인 것이 판명되었다. 銅付札의 수신인에 「太政大殿」「家原殿」「豊前門司」 등이 보이는 것에서 長登銅山에서 제련된 銅은 도읍의 귀족과 東大寺를 포함한 다양한 사람들과 지역에 공급된 것으로 판명되었다.[32)]

『続日本紀』에 의하면 山陽·山陰지방에서 銅의 채굴사업은 8세기에 들어와 본격화되었다. 그러나 長登銅山과 같은 山口県 美祢市 내의 國秀유적에서 7세기의 주거지로부터 銅塊·銅鉱石·鞴羽口·슬랙(slag) 등의 銅 생산관련 유물이 출토되었으며, 마찬가지로 中村 유적에서도 7세기의 銅塊, 銅鉱石이 출토되었다. 銅鉱石도 조성분석을 통해 주변에서 채굴된 것으로 판명되어, 長門國 내에서 7세기부터 銅의 채굴과 銅 생산이 행해졌다는 것을 알 수 있게 되었다. 國秀 유적의 竪穴式 주거유적보다 7세기 전반의 것으로 보이는 신라계 도질토기(신라후기양식)의 無蓋高坏가 출토되어 해당지역으로 신라계 도래 공인이 銅 생

32) 美東町教育委員会, 2001,『長登銅山跡出土木簡図録−古代の銅生産シンポジウムin長登木簡展−』; 美東町史編さん委員会編, 2004,『美東町史』; 山口県, 2008,『山口県史　通史編　原始·古代』. 주요 연구성과는 다음과 같다. 八木充, 2009,「奈良時代の銅の生産と流通−長登木簡からみた−」,『日本古代出土木簡の研究』, 塙書房(初出 2000); 八木充, 2009,「長登木簡からみた古代銅生産」,『日本古代出土木簡の研究』, 塙書房(初出 2000年); 八木充, 2008,「長登銅山と東大寺」,『山口県史　通史編　原始·古代』; 佐藤信, 2002,「長門長登銅山と大仏造立」,『出土史料の古代史』, 東京大学出版会; 佐藤信, 2003,「律令國家と銅−長門長登銅山と大仏造立−」,『日本律令制の構造』; 橋本義則 2005,「銅の生産·消費の現場と木簡」,『文字と古代日本 3 流通と文字』, 吉川弘文館; 竹内亮, 2007,「木簡からみた長登銅山の銅生産体制」,『和同開珎をめぐる諸問題(一)』科学研究費補助金基礎研究(B)(2)「富本銭と和同開珎の系譜をめぐる比較研究」; 竹内亮, 2010,「古代官営採銅事業と雇役制−長登銅山出土の庸米荷札木簡をめぐって−」,『律令國家史論集』,; 竹内亮, 2016,「官営採銅事業と地域社会の変容」,『古代日本とその周辺地域における手工業生産の基礎研究』, 大阪大学大学院文学研究科考古学研究室; 池田善文, 2004,「古代の美祢」,『美東町史』通史編.

산에 관련했을 가능성이 있다는 것도 지적되었다[33)]

필자는 과거 長登銅山跡에서 출토된 鋳塊(銅インゴット)의 付札 및 銅의 생산관리에 관한 목간의 모양·용도에 대한 분석을 더해 銅의 생산, 공인의「功」의 관리가 付札木簡을 사용한 것을 검토했다.[34)] 또한 長登銅山 출토 목간과 나주 복암리 출토 목간을 비교한 결과 양쪽의 목간 기재내용과 용도의 유사점에 대해서 지적했다.[35)] 長登銅山 출토 목간의 제작 시기는 8세기 초이기 때문에 성산산성 목간과는 150년 정도 시기차가 있지만, 銅山이라고 하는 山間部에서 사용된 목간인 점, 관영 공방인 점, 식량조달에 관련한 목간이 존재하고 있다는 점에서 성산산성과 공통점이 있지 않을까 생각한다.

1. 식량에 관한 목간

米의 付札木簡이 9점 출토되었다.

① ·「∨渚鋤里庸米六斗 膳大伴マ□次三斗 / 膳大伴マ大万呂三斗　」

(和銅四カ)
·「∨□□□年九月廿四日　」　198·42·4　032　[長登117号]

② ·「∨𨮘吉里庸米六斗　戸膳大伴部豊嶋三斗」

(相カ)
□戸小村三斗

·「∨神亀三年九月廿九日　」　202·35·4　032[長登121号]

③ ·「∨　天平三年九月

佐美郷槻原里庸米六斗　」

·「∨戸主日下マ□□正丁米三斗

的嶋足正丁米三斗　」　199·28·3 032　[長登150号]

①②③은 모두 상부에 절입부가 있는 付札木簡이고, 양면에 나눠 쌀의 貢進元, 물품명[庸米], 수량[斗], 年月日, 공납자를 기재하고 있다. 長登銅山 출토 목간은「里+庸米六斗+人名」이라는 서식인데, 平城宮 출토 庸米木簡은「里+人名+庸米」와 庸米 前전에 인명을 기재하는 것이 많아[36)] 지역적인 차이가 있는 것이 알려지게 되었다.「和銅四年」(711)의 年紀는 長登銅山 목간 중에서도 가장 오래된 것이 여서 문자가 남겨진 상황이 좋지 않아 현재는 판독이 불가능하다. 神亀三年은 726년이고, 天平三年은 731年에 해당되며, 長登銅山 출토 목간의 작성기시는「郷里制」의 시기에 해당한다.[37)]

---

33) 渡辺一雄,「生産と流通」,『山口県史』通史編 原始·古代.

34) 畑中彩子, 2003,「長登銅山遺跡出土の銅付札木簡に関する一考察−地方官営工房における生産と労働の管理−」,『木簡研究』25; 2010,「長登銅山にみる日本古代の銅の流通と輸送経路」,『東アジア海をめぐる交流の歴史的展開』, 東方書店.

35) 畑中彩子, 2012,「日本古代の木簡を用いた官営工房運営の源流~長登銅山出土木簡と韓國羅州伏岩里出土木簡の比較検討」,『東洋文化研究』第14号.

36) 狩野久, 1990, 앞의 논문; 八木充, 2009, 앞의 논문.

「渚鋤郷」「佐美郷」는 931년 무렵 작성된 백과사전『和名類聚抄』에는「長門國美禰郡」에 소재하는 지명으로 보고 있다.「厚佐郡久喜郷」(長門國厚狭郡)[194号]도 長門國의 군명이고, 付札에 보이는 지명이 많지만 長登銅山이 소재된 美禰郡는 근교의 지명이다. 庸米는 衛士·仕丁·采女·女丁 등의 食 외에 役民과 고용의 直 및 식량으로 지급되게 되었지만 八木充이 지적한 것처럼 長門國 내에서 庸米로서 수납된 쌀이 도읍으로 회송되지 않고 직접 長登銅山에 지급되었음을 알 수 있다.[38] 게다가 국명이 생략되어 군명으로 기록되어 있기 때문에 竹内亮은 이러한 庸米는 처음부터 京進을 상정하지 않고 징수·貢進되고 있었던 것을 지적하였다.[39] 8세기 후반 陸奥과 出羽國의 調庸이 국내에서의 사용으로 변경되고 있는데, 이 長登銅山의 庸米 貢進은 동북지방에서 앞서 실태에 입각한 운영방법의 사례일 것이다.

기재내용은 ①은 앞면에「郷(里)名+物品名+数量+人名+数量(内訳)+人名+数量(内訳)」, 뒷면에 年月日이 기재되어 있다. 동일한 사람의 이름을 가진 인물이 2행에 나눠 기재되고 있고, 각각 인명에 이어「三斗」의 수량기재가 있어, 합하면 전반에 기재된「六斗」와 일치한다. ②는 앞면 중앙에 1행으로「地名(郷)+地名(里)+物品名+数量」이 기재되어 있고, 우측 하단에 年月인「天平三年九月」가 쓰여있다. 뒷면에는「戸主+人名+物品名+人名+数量+人名+数量」가 기재되어 있어, ①~③은 아무래도 2명분의 쌀을 합산해 거둔 것으로 이해된다. 즉 庸米는 원칙적으로 6斗가 荷包의 단위이고, 6斗에 대해 하나의 付札이 첨부된 것 같다. 6斗는 直丁과 駆使丁에게 지급되는 1개월 분의 식량이며, 이것이 한 섬(俵)으로 되어 있어다고 보인다.[40]

성산산성 목간 중 仇利伐에서 보낸 貢進物 付札에는 2명이 연속적으로 기록되어 있는 사계가 보인다.

「仇利伐　郝豆智奴人　　　　219·26·6[177, 가야2631]
　□支負　　　∨」
「仇利伐　比夕智　奴　先能支　負　o」　　　　324·32·6[80, 가야1613]

이경섭은 2명이 연속적으로 기록된 仇利伐 목간의 경우 税의 담당이 절반으로 경감되었을 것이라고 추측했다.[41] 貢納者 2명을 연속해서 기록했다는 점과 목간의 기재방식에서 공통된다는 점에서 2명 분의 税가 합산되어 있다는 것은 틀림없을 것이다. 단 수량이 기재되어 있지 않아서 2명이 연속적으로 기록된 것이 税 부담이 반으로 줄었다는 것을 보여주는 것은 정확하게 알 수 없지 않을까.

---

37) 일본 고대의 지방행정구획은 7세기는「國-評-五十戸」였지만, 大宝令制에는「國-郡-里」이 되었다. 715년「里」는「郷」으로 바뀌면서「國-郡-郷-里」의 4단계가 되었고, 740년에「里」가 폐지되면서「國-郡-郷」의 3단계 지배체제가 되었다.

38) 八木充, 2009, 앞의 논문.

39) 竹内亮, 2010, 앞의 논문.

40) 八木充, 2009, 앞의 논문; 竹内亮, 2010, 앞의 논문.

41) 이경섭, 2013,「新羅의 奴人-성산산성 목간과「울진봉평신라비」를 중심으로-」,『신라 목간의 세계』, 경인문화사.

④ ·「∨美祢郷春米六斗　　」
·「∨天平三年六月十四日」　　155·35·6 032　[長登311号]

⑤「合百六十九斛六斗　十月一日送美祢郡□×　　(208)·44·7　019[長登423号]

④는 美禰郡 美禰郷(岑郷)에서 貢進한 春米付札木簡이다. 「春米」는 벼이삭 혹은 곡식을 빻아 탈곡한 쌀로, 장기간 보존을 위한 것은 아니었으나 운반시 직접 식량으로 사용되었던 것으로 여겨진다. ⑤는 아래 쪽이 파손되어 있고, 물품명도 기재되어 있지 않지만 10월 1일에 美祢郡에서 합계 「百六十九九斛六斗」의 물품을 납입한 것을 보여주는 목간이다. 개개의 荷札木簡에 기록된 분량은 1인당 「三斗」이기 때문에 약 565인분의 공납물이 된다. 竹内亮의 계산에 의하면 4개 郷의 庸米貢進量 합계가 상당하고, 美禰郡 내에는 5향의 존재했기 때문에 美禰郡 내의 대부분의 庸米가 長登銅山으로 옮겨졌다고 보고 있다.[42]

주목해야 할 것은 周防國의 調塩 荷札이 출토되고 있다는 점이다.

⑥ ·「∨周防國大嶋郡屋代郷□□里□□調塩」
·「∨三斗　　　　天平四年四月　」　　(222)·20·7　032[長登25号]

周防國 大島郡의 調塩 貢進物荷札은 藤原宮 유적과 平城宮유적과 같은 궁성 유적, 그리고 平城宮에 인접한 長屋王邸 유적에서 30여 점이 출토되었다.[43] 周防國은 현재 山口県의 동부에 위치하고 있으며, 長登銅山 소재 長門國과는 서측에 접해있다. 「調」는 본래 중앙정부에 납입하는 것인데, 잉여분에 대해서는 京의 官市에 팔아 넘겼으며, 長屋王邸 등 도읍의 귀족에 의해 구입되었을 가능성이 지적되고 있다.[44] 그러나 생산지를 제외한 지방에서 「調」의 付札木簡이 출토된 사례는 거의 없다. 京進된 調塩을 長門國까지 다시 수송했다고는 생각되지 않기 때문에 이 또한 長登銅山에 周防國 調塩이 도읍을 경유하지 않고 반입된 것으로 보인다.

이상과 같이 庸米, 春米, 調塩 등 중앙에 보내졌던 공진물이 銅山이 소재하는 國郡으로 납입되고 있었다. 당연히 본래의 調庸 貢進체계로 보면 이상하지만 실제 운영에 있어서 경비와 부담을 줄이기 위한 조치였다고 생각된다.

2. 인원의 징발

庸米와 春米, 소금은 長登銅山에서 노동으로 종사했던 사람들을 위한 功食으로 사용되었다고 여겨진

---

42) 竹内亮, 2010, 앞의 논문.

43) 八木充, 2008, 「周防國大嶋郡と調塩貢進木簡」, 『山口県史　通史編　原始·古代』

44) 八木充, 2009, 앞의 논문; 八木充, 2008, 앞의 논문. 덧붙여 大嶋郡 屋代里(郷)의 調塩 荷札木簡에 기록된 수량은 「三斗」로 공통되며, 이것은 소금의 공진액의 기본단위였다고 한다.

다. 長登銅山에서의 노동을 맡았던 사람들은, 長門國內로부터 군단위로 징발되어 雇役되고 있었던 것을 목간으로부터 읽어 내는 것이 가능하다.

⑦ ·「　　　大斤七百卄三斤枚卅一

ㅇ掾殿銅　　　　　　小斤二千四百卄四斤枚八十四　朝庭不申銅　天平二年六月卄二日」

「　　　　「日置若手　　「語積手　　「凡海マ乙万呂　凡海マ袁西

借子 日置比□　　弓削マ小人　　　「凡海マ勝万呂　㕓　日置マ廣手

· ㅇ大津郡　下神マ乎自止　「語マ豊田　　　「日置マ根手　　㕓　日置マ比呂

「日置百足　　「三隅凡海マ末万呂　下神マ根足　　　矢田マ大人

日置小廣　　　凡海マ恵得　　　凡海マ小廣　　　凡海マ末呂　」

685 · 140 · 9　011　[長登341号]

⑦은 長門國司의 「掾」(제3삼등관)에게 보낸 구리의 제련량을 집계한 것으로, 상부에 천공이 있는 길이 약 70㎝의 대형목간이다. 長門國大津郡出身의 공인이 모여서, 동일한 수신처에 제출하는 구리의 제련에 종사하고 있던 것, 더욱이 이름의 위에 확인했던 흔적이 남아있어 생산과 관인의 관리가 행해지고 있었던 것을 알 수 있다.

⑧　□□□□□□□

〔美カ〕〔比遅カ〕　　　　　　〔卅カ〕

· ×□彌鄕□□里戸主若湯坐連八嶋□大伴部□留賣年□九　　右

〔升カ〕

×六　□智□□年十二　合三人　　　　□□□塾」

〔西カ〕

· ×大殿己□□□□□　　　　〔口カ〕

□□□□□□□里戸主的□足□□□マ□虫□年　　　」

女 □□□　　　　　　　　　　(365) · 50 · 6　019 [長登398号]

⑧에서 美禰鄕의 某里의 戸主若湯坐連八嶋의 호구에서 합계 3명의 징발, 기재방식으로부터 差配에 해당하는 호적이나 계장과 같은 것이 이용되고 있었던 것을 상정할 수 있다. 기재내용이나 목간의 성격은 다르지만, 大津郡도 美禰鄕도 長門國內의 郡·鄕이며, 사람들의 郡 내지는 鄕단위에서 징발되어 노동에 종사하고 있었던 것을 알 수 있다.

3. 銅山의 운영과 목간

長登銅山 유적에는 동광이 발견된 지역을 깎아 비교적 평탄한 지역에 銅을 제련한 건물군이 배치되어 있는 것이 확인되었다. 이 지역에서 제련작업을 함고 동시에 작업을 총괄하는 관청 조직을 두어 생산을 관리하고 상위의 관청과 문서를 주고받았다. 즉, 長登銅山의 경우 銅山에 '政所'라고 불린 운영조직이 존재하고 있었던 것으로 보인다. 또 목간에 國司 제3등관 '大掾', 제4등관 '少目'·'美祢郡司' 등의 관직명이 기록되어 있는 점이나 美禰郡司로부터의 명령 목간(⑨), 雪山政所에 보내는 문서목간(⑩)이 존재하는 사실로부터 美禰郡司 및 長門國府의 지도와 함께 銅山 운영이 이뤄졌다는 사실을 알 수 있다.[45)]

⑨ ·「美祢郡司　　　□×
　·「已訖仍状□□×　　　(153)·37·9　091[長登535号]
⑩「 □□□□ 雪山政所　　□□□□」　　341·35·4　011[長登397号]
　　[石カ]

성산산성에서는 어느 정도의 곡물류가 보관되어 있었던 것인지, 어떤 형태로 노동자들에게 지급했는지, 그리고 식료 지급은 어느 정도로 운영되었던 것이며, 그 운영의 주체나 방법에는 해명되지 않은 부분이 많다. 하지만 '三月中'으로 시작되는 4면 목간에 '□城在弥卽尒智大舍'라는 기록이 확인되고 있어, 京位 12관등인 '大舍'를 포함한 인물이 성산산성에 머물렀다는 사실이나 촌주가 '前去白'라 하며 보고하고 있다는 사실 등을 통해 성산산성의 운영조직이 존재하고 있었다는 사실을 알 수 있다. 그리고 하찰과 문서목간의 폐기가 동일한 곳에서 이뤄지고 있다는 사실 역시 조직에 의한 운영이 이뤄졌음을 짐작케 하는 중요한 사실이지 않을까 싶다.

(1面) 三月中眞乃滅村主憹怖白
(2面) □城在弥卽尒智大舍下智前去白之
(3面) 卽白 先 節 本日 代法 稚然
(4面) 伊毛罹及伐尺寀言法卅代告今卅日食去白之
　　　34.4·1.0~1.3·1.6~1.9　[218, 가야5598]

그런데 長登銅山은 태평양 쪽에서 동해 방향으로 빠지는 街道의 주변에 있어, 銅이나 물자의 운송은 駄馬를 이용해 이 街道를 통해 이뤄졌을 것으로 여겨진다.[46)] 長登銅山은 長門國 美禰郡 동단에 위치하고 있는데, 美禰郡司의 소재지로 보이는 서쪽 구역에는 산간 지역 및 일본 최대의 카르스트 대지로 알려진 秋吉台에 위치하고 있다. 또, 銅을 수송할 때에는 瀨戸內海의 해상교통로를 이용해 도읍인 平城京로 운

---

45) 八木氏, 앞의 논문; 竹內亮, 2010, 앞의 논문.
46) 畑中彩子, 2010, 앞의 논문.

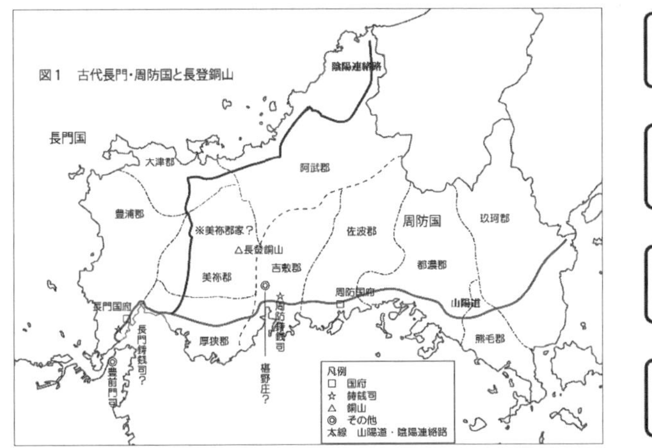

그림 1. 고대 長門·周防国과 長登銅山

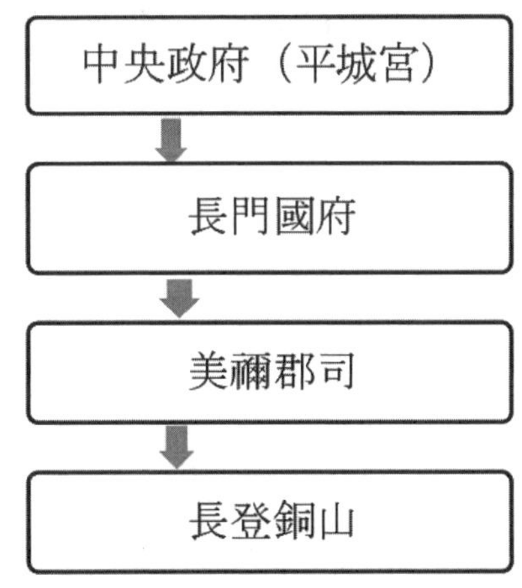

그림 2. 長登銅山의 통제

반하였다는 사실은 正倉院에 있는 造東大寺司 문서를 통해 판명되고 있다.[47] 長門國에는 東大寺의 장원이 있어, 東大寺로 수송된 동을 모아두는 역할을 수행했을 가능성이 높다. 그러므로 생산된 銅은 美禰郡衙이나 長門國府에 모이지 않고 직접 가장 합리적으로 항구를 통해 도읍으로 수송되었던 것으로 보이며, 수송량이나 宛名 등의 정보를 종이문서에 적어 美禰郡司에서 보내진 것으로 생각된다. 각지로부터의 성산산성으로 향하는 물자 수송에 낙동강 수계가 이용되었다는 지적이 있으나[48] 어디에 선착장이 설치되어 물자를 옮겼는지 여부나 육상교통로 등은 앞으로 해명해야 할 것이다.

V. 마치며 -성산산성 목간군에 대하여-

이상 일본 付札의 종류나 기재된 내용을 성산산성 목간과 비교를 염두에 두고 정리하였다. 또 군사와 관련된 식량 물자 징발의 실태, 그리고 고대 銅山에서의 목간 사용 및 운용법에 대해 언급하였다. 그 과정에서 확인된 것은 일본의 仕丁이나 雇役 노동자의 식량으로 사용되었으며, 庸米(養米)付札의 표기나 성격이 성산산성의 付札木簡과 공통점이 확인된다는 점이다. 원래는 도읍에 보낸 庸米가 도읍에 보내지지 않고 직접 소비될 장소로 수송되었다는 사실 등을 통해 실질적인 상황에 입각한 운용법이 사용되었다는 사실을 알 수 있었다. 성산산성의 付札木簡은 上州의 각지로부터 운송된 것으로, 資養이라는 측면을 고려하면 노동자의 징발과도 관련이 있다고 보는 것도 가능하지 않을까 싶다.

마지막으로 성산산성 목간을 검토하는 과정에서 의문이 생긴 지점에 대해 언급하고자 한다. 하찰목간

47) 「造東大寺司牒案」, 『大日本古文書』 25-155~157.

48) 국립가야문화재연구소, 2017, 『韓國의 古代木簡 Ⅱ』.

에 기록된 城·村名이나 人名은 성산산성 운영에 있어 어떤 의미를 가지고 있었던 것일까. '城下' 표기는 '米'·'麦'에서만 보이고 '稗' 付札에서는 보이지 않는 이유가 무엇일까. '奴''負' 표기는 왜 奴-負 순서로 기재된 것일까. 또 문서목간에 대한 충분한 검토가 이뤄지지 못했으므로 이에 대한 재검토해보았으면 한다.

투고일: 2018. 10. 1.	심사개시일: 2018. 10. 26.	심사완료일: 2018. 11. 19.

참/고/문/헌

1. 韓国木簡全般に関わるもの

朝鮮文化研究所編,『韓国出土木簡の世界』(アジア地域文化学叢書 第4), 雄山閣, 2007.

早稲田大学朝鮮文化研究所·大韓民國國立加耶文化財研究所編,『日韓共同研究資料集 咸安城山山城木簡』, 雄山閣, 2009.

『東アジア古代出土文字資料の研究』(アジア研究機構叢書人文学篇 第1), 雄山閣, 2009.

橋本繁,『韓国古代木簡の研究』, 吉川弘文館, 2014.

国立歴史民俗博物館·小倉滋司編,『古代東アジアと文字文化』, 同成社, 2016.

2. 城山山城木簡に関する日本語文献

安部聡一郎,「韓國城山山城木簡と中國居延漢簡の比較研究－特に作成方法に注目して－」,『國立歴史民俗博物館研究報告』, 第194集, 2015.

田中史生「倭國史と韓國木簡－六·七世紀の文字と物流·労働管理－」,『日本古代の王権と東アジア』, 吉川弘文館, 2012.

橋本繁,「城山山城木簡のフィールド調査」,『韓国古代木簡の研究』, 吉川弘文館, 2014, 初出 2008.

橋本繁,「城山山城木簡の制作技法」,『韓国古代木簡の研究』, 吉川弘文館, 2014, 初出 2009.

橋本繁,「城山山城木簡と六世紀新羅の地方支配」,『韓国古代木簡の研究』, 吉川弘文館, 2014, 初出 2009·2013.

橋本繁,「研究動向」,『韓国古代木簡の研究』, 吉川弘文館, 2014, 初出 2009~2013.

橋本繁,「韓國木簡論」,『岩波講座　日本歴史』第20·地域論〈テーマ 1〉, 2014.

橋本繁·李成市「朝鮮古代法制史の研究の現状と課題」,『法制史研究』65, 2015.

平川南,「韓國·城山山城木簡」,『日韓共同研究資料集　咸安城山山城木簡』, 雄山閣, 2009, 初出 2003.

三上喜孝,「韓國出土木簡と日本古代木簡－比較研究の可能性をめぐって－」,『韓国出土木簡の世界』, 雄山閣, 2007.

三上喜孝,「城山山城出土新羅木簡の性格－日本古代の城柵経営との比較から－」,『國立歴史民俗博物館研究報告』第194集, 2015.

李成市,「城山山城新羅木簡から何がわかるか」,『月刊しにか』vo.11, No.9, 2000.

李成市,「六世紀における新羅の付札木簡と文書行政」,『日韓共同研究資料集　咸安城山山城木簡』, 雄山閣, 2009, 初出 2005.

李成市,「韓國木簡研究の現在－新羅木簡研究の成果を中心に－」,『東アジア古代出土文字資料の研究』(アジア研究機構叢書人文学篇 第1), 雄山閣, 2009.

李成市,「東アジアの木簡文化－伝播の過程を読みとく」,『木簡から古代が見える』(木簡学会編), 岩波新書,

2010.
渡辺晃宏,「城山山城出土木簡管見」,『日韓文化財論集』Ⅲ(奈良文化財研究所), 2016.

3. 日本語訳に翻訳された城山山城関連の韓国語論文

申昌秀·李柱憲,「韓国の古代木簡出土遺跡について−城山山城木簡の出土様相と意味−」,『古代文化』第56 第11号, 2004.
朴鐘益,「咸安城山山城の発掘調査と出土木簡の性格」,『韓国出土木簡の世界』, 雄山閣, 2007.
李晟準,「咸安城山山城木簡集中出土地の発掘調査成果−発掘調査方法および遺跡の性格を中心に−」.
李鎔賢,「咸安城山山城出土木簡」,『韓国出土木簡の世界』, 雄山閣, 2007.
尹相悳,「咸安·城山山城の築造年代について 」,『木簡研究』38, 2016.
李柱憲,「咸安·城山山城敷葉層と出土遺物の検討」,『木簡研究』38, 2016.

〈Abstracts〉

Haman Songsan Mountain Fortress mokkan of mokkan groups
−Through the review of the ancient Japanese 'Buchal mokkan' (mokkan used for a tag of goods) and operation of workshop operation−

Hatanaka Ayako

This paper was intended to examine the character of Songsan Mountain Fortress(城山山城) Mokkan(木簡). In response, we took a look at Japan's ancient government−run copper−producing relics of Naganobori Copper Mine(長登銅山) site, based on the ancient Japanese tax and public deliverables.

Songsan Mountain Fortress(城山山城) Mokkan(木簡) has the same style as Tang(唐) Dynasty and Mokkan(木簡) of Japan. However, there is a difference between the collection system and the way people are controlled. For the Gyungju(慶州) Nam San(南山) Sinsung(新城) Fortress's Convention, construction officials appear to have been conscripted from all over Silla(新羅). It is possible that Songsan Mountain Fortress(城山山城) also received the same number of people and grain.

In addition, the Mokkan(木簡) of Songsan Mountain Fortress(城山山城) has been collected from various regions of Gyungsangbuk−do(慶尙北道) and may be a harbinger of food under Fortress's Constuction, not tax. In this way, similar aspects are found in the Tagajo Cattle(多賀城) and Akita Cattle(秋田城) in Japan.

The Naganobori Copper Mine(長登銅山) site is actually operating a vacuum that should be sent to the center. There is also a government office organization that oversees the work. In Songsan Mountain Fortress(城山山城), there are many questions that have yet to be resolved on the subject and method of operation such as how to store grain products and how to pay workers, which is why it is necessary to think about how to operate the organization.

▶ Key words: Buchal mokkan(付札木簡), Songsan Mountain Fortress mokkan(城山山城木簡), the collection of rice mokkan(庸米木簡), Naganobori Copper Mine site(長登銅山), food requisition(食糧徵發), Fortress's constuction(山城築成)

논/문

新羅의 宦官 官府에 대한 試論

최치원 지은 四山碑銘 서풍의 특징

『한국사』 교과서 속의 고대 목간 자료의 활용

고려 치소성 건설에 동원된 지방군에 관한 새로운 기와 명문

논 문

新羅의 宦官 官府에 대한 試論*

-洗宅(중사성)의 성격에 대한 재검토-

이재환**

〈국문초록〉

『三國史記』 興德王本紀를 통해 신라에 환관이 존재하였음은 알 수 있으나, 그들이 무슨 관부에 소속되어 어떤 일을 담당했는지에 대해서는 지금까지 검토가 이루어지지 못해 왔다. 그런데 신라 하대의 승려碑文들에서 국왕과 고승 사이의 연락을 담당한 존재로서 '中使'가 확인된다. 이들의 관부로서 洗宅 혹은 中事省(中使省)이 있었으며, '內養'이라는 직함을 가진 이가 여기에 소속되었다. '中使'와 '內養'은 모두 唐에서 환관을 가리키는 용어로 널리 사용되었으며, 환관들이 이러한 직함을 띠고 발해·신라 등에 사신으로 파견된 사례도 많으므로, 신라는 이러한 단어의 의미를 충분히 인식하고 있었을 것이다.

기존에는 중사성이 국왕의 近侍·文翰機構로서 기존의 국왕 직속 행정관부 執事省이 外庭化함에 반하여 內朝를 형성하여 집사성의 실권을 흡수하였으며, 고려의 中書省으로 그 계보가 이어졌다고 보는 견해가 정설을 이루었다. 그러나 월지 출토 목간을 통해, 洗宅(중사성)은 沐浴 용구의 수급 혹은 특정 음식물의 반입이나 보관에 관한 업무 등 궁내의 잡역을 관장하고 있었음이 확인된다. 이것이 '監膳·傳命·守門·掃除之任'이라는 內侍의 기본 職掌과 일치하므로, 中事省은 中書省보다는 同 시기 唐의 환관기구였던 內侍省에 대응되는 기관이라 할 수 있다.

* 이 논문은 서울대학교 역사연구소 범양 한국고대사 연구기금의 지원을 받아 작성하였음.

** 홍익대학교

단, 9세기 중반 이후의 금석문에서는 王의 親族 子弟나 문한직 종사자 등 환관이라고 보기 어려운 이들이 中事省을 兼帶한 사례들이 확인된다. 국왕의 私的 영역에서 문장이나 서예 등의 능력을 필요로 하는 상황이 늘어나면서, 상황에 따라 환관 이외의 인물들에게 中使를 兼帶시켜 왕을 近侍하도록 한 것으로 보인다. 궁중 잡역을 담당하는 환관과 王族 子弟나 문예적 능력을 바탕으로 국왕을 근시하는 兼職者로 중사성이 이원화된 현상은 고려로 이어져, 환관이 내시성에서 배제되어 액정국으로만 편제되고, 환관이 아닌 귀족 자제나 과거에 급제한 儒士가 兼職官 혹은 派遣官으로서 內侍省을 독점하는 고려의 제도를 형성하게 된 것으로 보인다.

▶ **핵심어: 宦官, 中事省, 中使, 內養, 內侍, 洗宅, 동궁과 월지**

I. 머리말

중국 唐代의 宦官에 대해서는 전통시기 지식인들부터 관심을 가지기 시작하여, 근대 역사 연구에서도 중요한 테마 중 하나로 자리잡았고, 이제는 '진부한 주제', '연구가 끝난 주제'로 간주될 정도로 많은 연구가 진행되었다.[1] 그러나 동시기에 唐과 활발히 교류하며 제도와 문화적 측면에서 크게 영향을 받고 있던 신라의 환관에 대해서는 지금까지 관심이 기울여지지 못해 왔다. 신라의 환관에 대해서는 한국사 속에서 환관의 기원을 찾는 과정 중 신라시대 환관의 존재를 언급한 것 정도가 있었을 뿐이다.[2]

『三國史記』에는 興德王의 妃 章和夫人이 죽자, 왕이 잊지 못하고 女侍를 가까이 하지 않아 좌우에서 使令하는 것은 '宦竪' 뿐이었다는 기록이 남아 있다.[3] 女侍와 대비되는 맥락상 여기서의 '宦竪'는 閹人 宦官으로 해석하는 것이 자연스럽다. 이를 통해 적어도 신라 하대에 환관이 존재하였으며, 王의 곁에서 侍奉하는 임무를 맡고 있었음을 알 수 있다. 그러나 이들이 어떠한 관부에 소속되어 구체적으로 어떠한 역할을 담당하였는지는 아직까지 검토된 바 없다.

본고는 목간을 비롯한 금석문 자료와『삼국사기』職官志에 보이는 파편적 기록들을 조합하고 唐代 및 고려·조선의 환관 기구들과 비교하여, 신라 官制 속에서 환관들이 소속되어 있었던 관부를 찾아내는 것을 목표로 한다. 관련 자료들이 매우 제한되어 있어 한계는 분명하지만, 환관이 소속되었을 가능성이 높은 관부를 찾을 수 있다면 그에 기반하여 고려시대 內侍·환관 제도와의 연관성 또한 유추해 볼 수 있을 것이다.

1) 柳浚炯, 2012,「唐代 宦官 문제의 재인식 -연구사 고찰 및 皇權運營과의 관계 분석을 중심으로-」,『中國史硏究』第77輯, p.286.

2) 李遇喆, 1958,「高麗時代의 宦官에 對하여」,『史學硏究』1, p.19.

3) "冬十二月 妃章和夫人卒 追封爲定穆王后 王思不能忘 悵然不樂 群臣表請再納妃 王曰 隻鳥有喪匹之悲 況失良匹 何忍無情遽再娶乎 遂不從 亦不親近女侍 左右使令 唯宦竪而已"(『三國史記』卷10, 新羅本紀10, 興德王 元年)

II. 신라의 中使·內養과 중사성

신라의 환관이 직접적으로 언급된 것은 『三國史記』 興德王 元年의 기록이 유일하지만, 금석문에 등장하는 '中使'라는 존재가 신라의 환관을 추적해 볼 단서가 된다. '中使'는 신라 하대의 승려 碑文들에서 國王과 高僧 사이의 교류를 중개하는 역할을 담당하고 있다. 景明王이 지은 〈鳳林寺眞鏡大師寶月凌空塔碑〉에서는 眞鏡大師가 入寂하자 왕이 '中使'를 파견하여 賻資를 전달하였다고 하였고,[4] 高麗 太祖 23年(940)에 건립된 〈普賢寺朗圓大師悟眞塔碑〉는 신라의 景哀王이 朗圓大師에게 '中使' 崔暎을 파견하여 초빙하였음을 기록하였다.[5] 고려 光宗 5년(954)에 건립된 〈太子寺郎空大師碑〉에서는 신라 神德王이 '中使'를 파견하여 郎空大師 行寂의 葬禮를 監護하게 하였던 사실이 확인된다.[6]

'중앙에서 給使하는 사람' 혹은 '중앙에서 파견된 使者' 등의 의미로 해석할 수 있는 '中使'라는 호칭이 처음 등장하는 것은 後漢代로서,[7] 이미 환관들이 中使로서 황제의 使者가 되어 활약하고 있다.[8] 이때까지는 환관 외에도 宮女나 皇宮의 養馬人이 中使의 임무를 맡는 경우도 있었지만, 南北朝 시기를 거치면서 기본적으로 中使에는 환관만을 임명하는 것이 고정화되었다.[9] 唐代에 들어와서는 '中使'가 唐代에 환관 使職 전체에 대한 개괄적 명칭으로 사용되었으며, 나아가 환관 자체를 지칭하는 의미를 가지게 되었다.[10]

당시 환관들이 中使로서 발해·신라 등 주변국에 파견된 사례가 많았는데, 唐이 발해에 보낸 사절의 경우, 정례적인 사절의 75%가 환관일 정도였다.[11] 신라는 다른 국가들에 비해 문장과 예악이 뛰어남을 인정받아, 상대적으로 환관보다 유학적 소양을 갖춘 학자적 관료들이 對新羅 사신으로 선정되는 경향이 있었다고는 하지만,[12] 唐의 환관 中使가 對新羅 외교 활동에서 활약하였음은 분명하다.[13] '中使'·'中貴人'이었음이 기록을 통해 확인되는 內史 高品 何行成이 聖德王 32년(773)에 사신으로 신라를 방문한 바 있고,[14] 신라의 質子 金允夫가 舊例에 따라서 入蕃하는 中使의 副使가 되어 本國으로 돌아오기를 청했다는

---

4) "寡人忽聆遷化 身惻慟情 仍遣昭玄僧榮會法師 先令吊祭 至于三七 特差**中使**賫送賻資 又以贈謚眞鏡大師塔名寶月凌空之塔"

5) "本國景哀大王 聞大師德高天下名重海東 恨闕迎門遙申避席 仍遣**中使**崔暎 高飛鳳詔 遠詣鶱廬 請扶王道之危"

6) "聖考大王 忽聆遷化 良惻仙襟 特遣**中使** 監護葬儀"

7) "永元十六年 徵拜將作大匠 明年 和帝崩 典作順陵 時盛冬地凍 **中使**督促 數罰縣吏以厲霸" (『後漢書』 卷25, 魏霸傳)

8) 陈巍·董劭伟, 「汉末三国中使考」, 『重庆交通学院学报(社科版)』 第5卷 第3期, 2005, pp.77-78.

9) 宁志新, 『隋唐使职制度研究(农牧工商编)』, 中华书局, 2005, p.8.
唐飞, 「唐代中使研究 -以中使与唐代政治、军事之关系为中心」, 扬州大学 碩士学位论文, 2010, pp.12-13.

10) 宁志新, 앞 책, 2005, p.8.
柳浚炯, 앞 논문, 2012, p.317.

11) 권덕영, 2005, 「8,9세기 '君子國'에 온 唐나라 使節」, 『新羅文化』 第25輯, p.117.

12) 권덕영, 위 논문, p.120.

13) 신라·발해에 파견된 唐의 환관 사신들에 대해서는 小宮秀陵, 2013, 「신라·발해에 온 당 환관사신의 확대와 그 배경」, 『역사와 현실』 89를 참조.

14) 崔致遠, 「上太師侍中狀」; 張九齡, 「勅新羅王金興光書」.

기록도 남아 있다.[15]

신라 측에서도 唐으로 사절을 파견하여 외교 활동을 벌일 때 唐의 환관 세력을 의식하고 있었으므로, '中使'의 용례를 인식하지 못했으리라고 보기는 어렵다. 따라서 신라의 승려 비문에 나타나는 '中使'들 또한 '宦官 使者'의 의미에서 크게 벗어나지 않았을 것으로 짐작할 수 있다. 僧侶 碑文에서는 '中使'와 동일한 역할을 담당한 이들에 대해 '星使', '中涓', '中官' 등의 표현 또한 보이는데,[16] 이들 모두 당시에 환관과 같은 존재를 지칭하는 용어로 사용된 바 있다. 특히 '中官'은 '內官'과 더불어 일반 官僚들에 대비하여 환관 자체를 지칭하는 데 많이 활용된 명칭이었다.[17]

한편 〈興寧寺澄曉大師寶印塔碑〉에서는 "獻康大王遽飛鳳筆徵赴龍庭 仍以師子山興寧禪院 隸于**中使省**屬之"라 하여, 이러한 '中使'들의 관부로서 '中使省'이 존재하였음을 보여준다. '中使省'은 그 의미와 발음에 있어서의 유사성을 감안할 때, 〈皇龍寺九層木塔刹柱本記〉, 〈鳳林寺眞鏡大師寶月凌空塔碑〉 등에 보이는 '中事省'과 동일한 실체라고 판단된다.[18] 〈鳳林寺眞鏡大師寶月凌空塔碑〉에서 眞鏡大師를 초빙하기 위해 '中事省 內養 金文式'을 파견하였다고 했는데, 同 碑文의 뒷부분에서는 앞서 언급한 바와 같이 입적한 大師의 葬禮에 賻資를 전달하기 위해 '中使'를 보냈다고 하여, 中事省 內養 金文式이 곧 中使였음을 짐작하게 해 준다.

또한 이 구절을 통해 中使省=中事省에 '內養'이라는 직함을 가진 이가 존재하였음을 알 수 있다. '內養'은 高品·品官·白身 등 唐代 환관을 구성하는 신분 집단과 함께 등장하는 용어로서, 환관 가운데 天子와 私的 친밀관계를 가진 측근을 지칭한다.[19] 832년 발해로 파견되었다가 돌아온 內養 王宗禹의 사례처럼 '內養'이라는 직함을 가진 환관들이 외교 무대에서 활동하였으므로,[20] '中使'의 경우와 마찬가지로 신라에서는 '內養'이라는 직함이 唐에서 가졌던 의미를 인식하고 이를 수용하였다고 생각된다.

신라에서 '內養'이라는 직함을 사용한 것은 위의 사례 외에도 존재한다. 景明王 8년(924)에 건립된 〈興寧寺澄曉大師寶印塔碑〉에는 眞聖女王 2년(888)에 '東宮內養' 安處玄을 澄曉大師 折中에게 파견한 사실이 기록되어 있다. 뒤에서 다시 살펴보겠지만, 『삼국사기』 직관지에 따르면 東宮에도 중사성이 설치되어 있었으므로, 여기서의 '東宮內養'은 동궁 중사성 소속의 내양으로 추정 가능하다.

아울러 『三國遺事』 原宗興法厭髑滅身條에 따르면 신라의 불교 공인 과정에서 중요한 역할을 했던 朴厭髑, 즉 異次頓이 '內養者'였다고 한다.[21] 해당 기사의 뒷부분에서 '春宮', 즉 東宮에서 말고삐를 나란히 하

---

15) "寶曆二年 十二月 新羅質子金允夫 請准舊例 **中使**入蕃 便充副使 同到本局譯詔書 不許" (『冊府元龜』 卷999, 請求)

16) "仍貫籍于大皇龍寺 徵詣京邑 **星使**往復者 交轡于路 而岳立不移其志" (〈雙溪寺眞鑑禪師大空塔碑〉)
"遽出書一編 大如椽者 俾**中涓**授受 乃門弟子所獻狀也" (〈(聖住寺郎慧和尙白月葆光塔碑〉)
"恩命**中官**爭刻焉" (〈沙林寺弘覺禪師碑〉)

17) 玄宗在位旣久 崇重宮禁 **中官**稱旨者 卽授三品左右監門將軍 得門施棨戟" (『舊唐書』 卷184, 宦者傳 序)

18) 李基東, 1984, 『新羅骨品制社會와 花郎徒』, 一潮閣, pp.237-238.

19) 室永芳三, 1991, 「唐末內侍省內養小論」, 『長崎大学教育学部社会科学論叢』 第43号.

20) "戊辰 **內養**王宗禹渤海使廻 言渤海置左右神策軍左右三軍一百二十司 畫圖以進" (『舊唐書』 卷17下, 本紀17下, 文宗 6年 12月 己未朔)

던 무리들이 피눈물을 흘리며 서로 돌아보았다고 하므로, 여기서의 '內養者' 또한 동궁 중사성 소속의 內養을 가리킨다고 하겠다. 기존에는 이를 '舍人'과 같은 말로 보아, 단순히 闕內近侍職이라고만 설명하였지만,[22] 앞의 사례와 마찬가지로 왕과 私的 친밀관계를 가지는 환관을 지칭하는 용어로 볼 수 있다.

단, 『삼국유사』의 해당 기사는 元和年間(806~820)에 南澗寺 沙門 一念이 지은 「髑香墳禮佛結社文」을 인용한 것으로, '內養'이라는 직함이 法興王代에 실제로 존재했다기보다는 一念이 9세기 초의 용어를 사용하여 유사한 성격의 지위에 있던 이차돈을 지칭한 것으로 보인다. 그러나 왕의 뜻을 헤아리지 못하는 '朝臣'에 대비되는 존재로서 '內養者'가 등장하고 있다는 점에서 신라 하대의 '內養'에 대한 인식이 唐代와 그리 다르지 않았음을 짐작할 수 있다.

『삼국사기』 직관지에 따르면, 中事省(中使省)은 원래 '洗宅'이라는 명칭을 가지고 있었다가 景德王代에 改名된 것이다. 경덕왕은 地名과 官號를 대대적으로 바꾸었는데, 그 변화 방향은 명칭을 중국식으로 '雅化'한 것으로서, 이를 '漢化' 정책의 일환으로 간주하는 것이 일반적이다. 이러한 대대적 명칭 변경이 실질적인 제도 '개혁'을 수반한 것인지에 대해서는 의문이 있지만,[23] 唐制를 의식한 改名이었다는 점에는 異見의 여지가 없다.

唐에서 宦官 使者를 지칭하는 데 사용하던 '中使'의 명칭을 가지는 '中使省(中事省)'이라는 이름을 선택하였고, 해당 관부에 中使가 속해 있었다는 점은 해당 관부와 환관 간의 연관성을 보여준다고 하겠다. 나아가 역시 환관을 지칭하는 '內養'이라는 직함을 가진 존재가 소속되어 있었음은, 이것이 환관들의 관부였을 것이라는 추정에 힘을 실어준다. 결국 신라의 환관 관부를 찾는다면 중사성이 그 후보로서 가장 유력하다고 할 수 있다.

그러나 기존의 연구에서는 신라의 중사성을 唐의 內侍省과 같은 환관 기구와 연관짓지 않았다. 李基東은 洗宅(중사성)이 國王의 近侍機構로 보았다. 본래 王命을 받드는 國王 직속의 행정관부였던 執事省이 신라 하대에 접어들면서 상대등과 동일한 성격의 관직으로 外廷化하자, 국왕은 종래 국왕의 秘書機關이었던 洗宅을 中事省으로 改稱하면서 일종의 內朝를 형성하여 집사성의 실권을 흡수해 가도록 하였다는 것이다. 나아가 이러한 중사성은 唐의 3省 가운데 中書省과 유사한 성격을 가졌으며, 高麗 初 內議省을 거쳐 中書省으로 그 계보가 이어졌던 것으로 추정하였다.[24] 이후 중사성에 대한 이러한 이해는 통설로 자리잡았다.

---

21) "元和中, 南澗寺沙門一念撰髑香墳禮佛結社文, 載此事甚詳. … 昔在法興大王垂拱紫極之殿 … 於是朝臣未測深意, 唯遵理國之大義, 不從建寺之神略 …粤有**內養**者, 姓朴字厭髑 … 時年二十二, 當充舍人, … 春宮連鑣之侶, 泣血相顧, 月庭交袖之朋, 斷腸惜別 … 內人哀之 ……" (『三國史記』 卷3, 興法3, 原宗興法厭髑滅身條)

22) 李基東, 1984, 앞 책, pp.238-239.
한편, 李文基는 中事省 內養을 唐의 內養과 연관지어 해석하면서도, 신라의 중사성이 환관 관부였음은 인정하지 않았다 (2013, 「新羅 洗宅(中事省)의 機能과 官制的 位相의 變化」, 『歷史教育論集』 第51輯, p.298).

23) 이재환, 2015, 「新羅 眞骨 硏究」, 서울大學校 國史學科 博士學位論文, pp.144-150.

24) 李基東, 1984, 앞 책, pp.240-246.

중사성(세택)이 3성 6부의 핵심에 해당하는 中書省의 前身이었는지, 아니면 唐의 환관 기구였던 內侍省에 해당하는 관부였는지를 확인하기 위해서는 실제로 담당하던 직무의 성격을 살펴볼 필요가 있다. 다음에서는 이 관부가 실제로 맡았던 직무를 살펴보고, 唐이나 뒷 시기 고려·조선시대 환관 관부의 職掌과 비교해 보도록 하겠다.

III. 동궁 출토 목간을 통해 본 洗宅(중사성)의 職掌

中使省(中事省)에 대해서는 신라 하대의 금석문 자료뿐 아니라, 『삼국사기』 직관지에도 소략하나마 관련 기록이 남아 있다. 設官 시점과 지위의 高下를 알 수 없는 未詳 官衙 중에 '中事省'이 포함되어 있지만,[25] 실은 職官志 中에 '洗宅'이라는 관부의 景德王代 改稱名으로 등장한다. 직관지에 두 차례 보이는 '洗宅'에 관한 기록은 다음과 같다.

A. 세택. 경덕왕이 中事省으로 고쳤다가 뒤에 원래대로 되돌렸다. 大舍가 8인, 從舍知가 2인이다.[26]

B. 세택. 大舍가 4인, 從舍知가 2인이다.[27]

『삼국사기』 직관지는 관부명을 단순 나열하고 있어, 관부 간의 상하 통속 관계를 정확히 파악하기는 어렵지만, 대체로 前後의 관부명과 비교하여, A는 內省 산하의 국왕 직속 기구이며, B는 東宮官·東宮衙의 御龍省 다음에 언급되어 있으므로 東宮 소속의 관부로 이해하고 있다.[28] A를 통해 추정해 보면, 본래 '洗宅'이라는 명칭을 가지고 있던 이 관부는 경덕왕 18년(759) 正月에 百官의 號를 漢式으로 고칠 때 '中事省'으로 개칭되었다가, 혜공왕 12년(766) 正月에 百官의 號를 復舊할 때 다시 '洗宅'이라고 불리게 된 것으로 파악된다. 앞서 살펴 본 신라 하대의 금석문들에 '中事省'·'中使省'이라는 명칭이 확인되므로, 직관지에는 기록되지 않았지만, 혜공왕대 이후 어느 시기에 다시 改名이 이루어졌음을 알 수 있다. 文聖王 17년(855)에 金立之가 撰한 〈昌林寺無垢淨塔願記〉의 관련자 명단 중에 '專知修造官 洗宅 大奈麻 行西林郡太守 金梁博'이 있음을 보아, 855년까지는 '洗宅'이라는 명칭이 유지되었으며, 855년에서 872년 사이의 어느 시기에 '中事省'·'中使省'으로 再次 改名이 단행되었다고 생각된다.[29]

---

25) "其官銜見於雜傳記, 而未詳其設官之始及位之高下者, 書之於後. 葛文王·檢校尙書·左僕射·上柱國·知元鳳省事·興文監卿·太子侍書學士·元鳳省待詔·記室郎·瑞書郎·孔子廟堂大舍錄事·參軍·右衛將軍·功德司·節度使·安撫諸軍事·州都令·佐·丞·上舍人·下舍人·中事省·南邊第一." (『三國史記』 卷40, 志9 職官下外官)

26) "洗宅 景德王改爲中事省 後復故 大舍八人 從舍知二人" (『三國史記』 卷40, 志9 職官中)

27) "洗宅 大舍四人 從舍知二人" (『三國史記』 卷40, 志9 職官中)

28) 李基東, 1984, 앞 책, p.234.

그런데 『삼국사기』 직관지에는 洗宅이 어떠한 職掌을 가지고 있었는지에 관한 정보가 전혀 남아 있지 않다. 다행히 1975년 동궁과 월지(당시 명칭은 안압지) 발굴 과정에서 洗宅과 관련된 문자 자료들이 출토되었다. 먼저 '洗宅'이라는 글자가 각각 朱書·墨書된 臺附盌과 土製접시가 1점씩 발견되어(雁927-2 및 雁1279),[30] 東宮 洗宅의 존재를 확인시켜 주었다. 아울러 '洗宅'이라는 문자가 확인되는 목간들이 출토되었으므로, 이들 목간을 바탕으로 세택에서 담당하였던 직무 중 일부를 추적해 볼 수 있다.

『한국의 고대목간』 191호 목간에서 '洗宅'이 두 차례 묵서되었음이 확인되는데, 판독안은 다음과 같다.

191호
(앞면) × [朁]洗宅家 ×
(뒷면) × [朁]洗宅家 ×

앞·뒷면에 동일한 내용이 묵서된 것이 특징적이다. '朁洗宅家'로 판독하는 것이 일반적이었으나, 첫 글자를 '賣'로 보고, 마지막 글자를 '處'로 보아 "□이 洗宅이라는 곳에 판다."라고 해석하는 견해도 나왔다.[31] 마지막 글자는 앞면을 기준으로 볼 때 '家'와 더 비슷하지만, 첫 글자는 하단의 점을 실획으로 인정할 경우 '賣'字일 가능성도 배제할 수 없다. '朁洗宅家'라면 朁氏 姓을 가진 洗宅의 집으로 보낼 물건이나, 그 집에서 東宮으로 보낸 물건에 달려 있었던 목간으로 추정할 수 있다. '賣洗宅家'일 경우에는 세택의 집과 관련된 매매 행위와의 연관성을 상정 가능하다. 어느 쪽이든 동궁의 月池 주변에서 洗宅과 관련된 물품의 이동을 추정하게 해주는 목간이라고 하겠다.

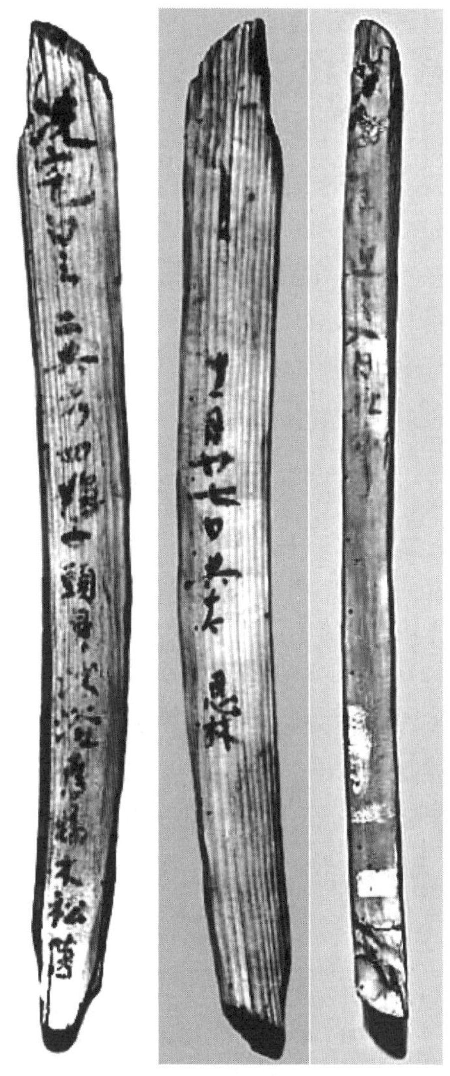
그림 1. 발굴보고서 1호(국립경주박물관, 2007, p.143)

더욱 주목할 만한 것은 발굴보고서 1호 목간(안1484)이다.[32] 이 목간은 발굴조사보고서에서 1호 목간

29) 이상의 추정은 李基東, 1984, 앞 책, pp.234-235에 따름.
30) 高敬姬, 1994, 「新羅 月池 出土 在銘遺物에 對한 銘文 硏究」, 東亞大學校 大學院 史學科 問學碩士學位論文, p.35·p.93.
31) 李文基, 2012, 「안압지 출토 木簡으로 본 新羅의 洗宅」, 『韓國古代史硏究』 65, p.181.

으로 소개되었으나,[33] 『한국의 고대목간』에는 수록되지 않았다. 2007년에 국립경주박물관의 『新羅文物研究』 창간호에서 국립경주박물관의 유물번호에 따라 '안1484(3-1)'이라는 새로운 넘버링을 부여하면서 적외선 사진을 공개하였다.[34] 이후 橋本 繁와 李文基의 판독안이 제시되었다.[35] 이에 기반하여 해당 목간의 판독문을 소개하면 다음과 같다.

발굴보고서 1호(안1484(3-1))
(앞　면)「× 洗宅白之 二典前四□子頭身沐浴□□木松茵」
(좌측면)「× [ ]□迎□入日□□　　　　　　　　」
(뒷　면)「×　　　　　十一月卄七日典□ 思林　　　」

이 판독문은 橋本 繁의 판독안과 거의 유사하다. 李文基는 좌측면의 마지막 글자를'了'로 읽고, 뒷면의 미판독자를 '左'로 읽었지만, 현재 적외선 사진으로는 이를 확신하기 어려워 판독불가자로 돌렸다. 문장 순서는 앞면→좌측면→뒷면으로서,[36] "세택이 두 典 앞에 아룁니다."는 내용으로 시작하고, 문서작성 시점과 담당자의 성명을 기록함으로써 끝을 맺은 문서 목간으로 판단된다.[37] 문서의 본문에 해당하는 부분에 미판독자가 많아 정확한 내용을 파악하기 어렵지만, '沐浴'이나 깔개를 의미하는 '茵'字를 보아 씻거나 씻기는 행위와 관련된 용품과의 관련성을 추정할 수 있다.[38] 여기서의 沐浴이 일상적인 위생 행위인지, 儀禮와 연관된 행위인지는 이 자료만으로 알기 어렵다. 洗宅이 그와 관련된 업무를 다른 典과 연계하여 담당하고 있었음은 짐작 가능하다.

185호 목간 또한 洗宅의 職掌을 추정하는 데 중요한 자료가 된다. 이 목간의 경우 특히 앞면에서 '牒'이라는 글자를 판독하면서, 문서목간으로서 큰 관심을 받았던 바 있다.[39] 판독문을 제시하면 다음과 같다.

---

32) 본고에서 목간의 넘버링은 기본적으로 국립창원문화재연구소, 2006, 『韓國의 古代木簡(개정판)』을 따랐으나, 이 목간은 『韓國의 古代木簡』에 실리지 않았기 때문에 별도의 넘버링을 사용한다.

33) 文化公報部 文化財管理局, 1978, 『雁鴨池 -發掘調査報告書-』, p.288.

34) 함순섭, 2007, 「국립경주박물관 소장 안압지 목간의 새로운 판독」, 『新羅文物研究』 創刊號, p.143.

35) 橋本 繁, 2007, 「雁鴨池 木簡 判讀文의 再檢討」, 『新羅文物研究』 創刊護, p.106.
李文基, 2012, 앞 논문, p.184.

36) 李文基, 위 논문, p.185.

37) 윤선태, 2008, 「목간으로 본 한자문화의 수용과 변용」, 『新羅文化』 第32輯, p.195.

38) 李文基, 2012, 앞 논문, p.187에서는 문서 본문의 앞 부분을 '四□子'를 '어떤 동물의 새끼 네 마리'로 보아 '어떤 동물의 새끼 네 마리의 머리와 몸을 물로 깨끗이 씻었다'고 해석하였으나, 동물을 씻기는 데 '沐浴'이라는 용어를 사용했을지는 분명하지 않다.

39) 李成市, 1997, 「韓國出土の木簡について」, 『木簡研究』 19, 木間学会.
李鎔賢, 1999, 「統一新羅の伝達体系と北海通-韓国慶州雁鴨池出土の15号木簡の解釈-」, 『朝鮮学報』 第171輯; 2006, 『한국목간기초연구』, 신서원.
윤선태, 2002, 「新羅의 文書行政과 木簡 -牒式文書를 중심으로-」, 『강좌 한국고대사』 5, 가락국사적개발연구원.
橋本 繁, 2007, 앞의 논문.

185호

(앞면)「∨□遣急使條高城[醢]缶」

(뒷면)「∨辛番洗宅□□瓮一品[仲]上」

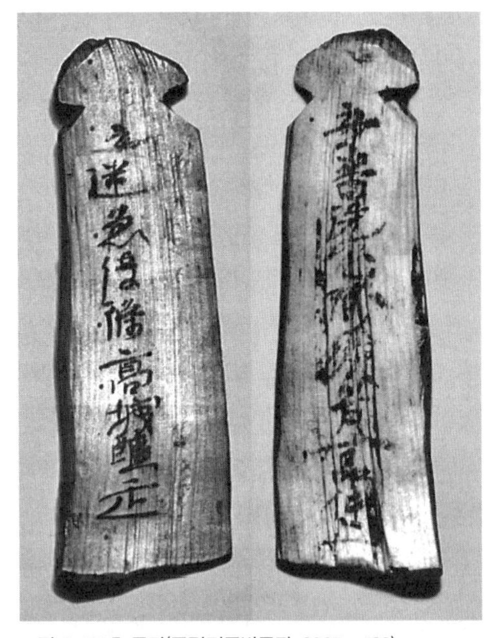

그림 2. 185호 목간(국립경주박물관, 2007, p.120)

내용상 앞뒤는 불분명하므로, 『韓國의 古代木簡』에 실린 순서를 기준으로 하여 앞면과 뒷면을 설정하였다. 앞면과 뒷면의 내용이 서로 이어지는 것인지, 별개의 것인지는 논란의 여지가 남아 있다. 처음에 '牒'으로 읽었던 앞면의 네 번째 글자는 2007년 선본 적외선 사진 공개 이후 '條'로 판독하는 안이 많아졌다. 앞면 여덟 번째 글자는 '醢'로 판독하고 '醢(식해)'의 이체자로 간주하면서 동궁 월지 출토 목간의 성격을 파악하는 데 큰 영향을 주었다. 유사한 글자가 193호·195호·214호·216호 등 다른 목간들에서도 발견되고, 이들과 비슷한 양식에 '助史'가 적힌 목간들(183호·188호·194호·211호·212호·215호·222호)이 확인되면서, 목간 중 상당수가 발효식품의 보관과 관련된 것임을 알 수 있게 된 것이다.

이후 185호 목간의 '醢'에 대해서 소금을 가리키는 '鹽'의 古字인 '䀋'으로 보는 새로운 판독안이 제시되어,[40] 판독안에 대한 재검토가 필요하게 되었다. 어느 쪽이든 좌변의 '酉'와 다음 글자를 '缶'·'缶'의 형태를 한 '缶'로 본 판독을 따를 경우, 식품을 담은 缶와의 관련된 내용임은 여전히 인정할 수 있다고 여겨진다.

'辛番洗宅'으로 시작하는 뒷면의 경우, 중간에 두 글자의 판독이 불분명하지만, 내용상 瓮에 담긴 내용물로 추정된다. 마지막 부분의 '一'은 瓮의 수량, '品仲上'은 내용물의 품질 등급이라고 보는 것이 일반적이나, 마지막 두 글자는 '件上'일 가능성도 있다. 183호·189호·195호 등에서 식해 혹은 젓갈로 추정되는 '醢'·'助史' 등이 瓮에 담겨서 보관되었음이 확인되므로, 여기서 洗宅과 관련되어 등장한 瓮에 들어 있던 내용물 또한 음식물이었을 것으로 추정된다. 앞면과 뒷면의 내용이 이어지는 것이라면, 내용물은 곧 高城에서 가져온 식해 또는 鹽이라고 할 수 있다. 이 목간은 洗宅이 특정 음식물의 반입이나 보관에 관련된 업무를 담당하고 있었음을 보여주는 것이다.

李文基, 2012, 앞의 논문.

40) 권주현, 2014, 「신라의 발효식품에 대하여」, 『木簡과 文字』 第12號, p.50.

이처럼 동궁 월지 출토 목간에서 확인되는 洗宅의 職掌은 목욕 용품의 수급이나 식해·젓갈 등 음식물의 관리 등 宮內의 雜務라 할 수 있는데, 이는 洗宅=中事省을 고려 中書省의 前身으로 보는 기존의 통설적 이해와 배치되는 것이다. 李文基는 앞에서의 검토와 동일하게 목간에 나타난 洗宅의 성격을 분석하여, 8세기 중후반 단계의 洗宅은 국왕과 왕실 가족의 일상적인 궁정생활을 뒷바라지하는 하급의 供奉機構로서의 성격을 지니고 있었다고 결론지은 바 있다. 그러나 늦어도 9세기 중·후반에는 관부로서의 위상에 변화가 발생하여 李基東이 묘사한 근시·문한기구적 성격을 갖게 되었을 것으로 보았다.[41] 즉, 동궁 월지 출토 목간에서 확인되는 洗宅의 양상은 8세기 중엽의 모습만을 반영하고 있다고 파악한 것이다.

그러나 동궁 월지 출토 목간이 특정한 시기에 일괄적으로 폐기되었는지는 아직 확실하지 않다. 동궁을 만든 674년부터 신라가 멸망한 935년까지를 출토 목간의 上·下限으로 잡아야 한다는 견해도 나와 있다.[42] 더욱이 8세기 중반에는 '中事省'으로 그 관부명이 改稱되어 있었으므로, 동궁 월지 목간에 나타나는 '洗宅'이 8세기 중·후반의 양상만을 반영한다고 단정하기에는 무리가 따른다. 8세기 이전부터 사용되던 '洗宅'이라는 명칭이 9세기 중반까지 그대로 사용될 수 있었던 점도, 洗宅의 기본적인 職掌에 큰 변화가 없었음을 암시한다.

결국, 동궁 월지 목간에서 확인되는 宮內의 雜役은 시종 洗宅=中事省의 기본적인 職掌이었다고 할 수 있다. 『삼국사기』 직관지에서 확인되는 景德王代 漢式 改名 이전의 관부 명칭들이 대부분 명칭에서 바로 담당 업무를 유추할 수 있을 정도로 단순하게 命名되었음을 고려할 때, '洗宅'이라는 명칭 자체가 환관 內侍의 기본적인 임무로 간주되던 '門戶掃除之役'과 관련하여 '집을 깨끗이 함' 혹은 '깨끗이 하는 집'의 의미에서 유래하였을 가능성도 상정할 수 있겠다.[43]

이처럼 同 시기 唐에서 환관을 지칭했던 '中使'와 '內養'을 官府名이나 소속 직함으로 가지고, 궁내의 잡역을 기본 職掌으로 가졌던 세택=중사성을 唐制와 비교할 경우, 公的 영역에서 天子의 詔勅을 받아 전달하는 역할을 본래의 직무로 가지는 中書省보다는, 私的 영역에서 皇帝 및 皇后를 侍奉하면서 掖庭局·宮闈局·奚官局·內僕局·內府局을 산하에 두고 宮內의 여러 업무를 총괄하는 內侍省과 상통하는 점이 많다고 할 수 있다.[44] 발굴보고서 1호 목간에 보이는 '沐浴'은 내시성 산하 내부국의 기본 직장 중 하나로 언급되는 '澡沐'을 연상케 한다.[45]

『經國大典』에서는 조선의 환관 기구인 內侍府의 기본 職掌을 '監膳·傳命·守門·掃除之任'이라 하였는

41) 李文基, 2012, 앞의 논문, pp.193-197.

42) 橋本 繁, 2007, 앞의 논문, pp.107-108.

43) 신라에서 '宮'과 '宅'의 혼용을 감안하면, '洗宮'의 의미 또한 생각해 볼 수 있다.

44) 세택(중사성)도 '省'級의 관부명을 가지고 있는 만큼, 내시성과 같이 예하에 다양한 관부들을 가지고 있었을 가능성이 높다. 다만 『삼국사기』 직관지는 몇몇 사례를 제외하고 관부들 간의 상하 예속 관계를 거의 기록하지 않아서 구체적인 양상은 확인하기 어렵다.

45) "內府局: 令二人. 漢有內者局令. 隋曰內者. 大唐爲內府, 置令二人, 掌內庫出納·帳設·澡沐等." (『通典』 卷27, 職官9 諸卿下 內侍省)

데, 이 또한 신라 '洗宅'의 명칭과 기능에 잘 부합한다고 하겠다. 185호 목간과 아울러 직접적인 '세택'이나 '중사성' 언급은 없지만 유사한 형식과 기능이 확인되는 183호·188호·189호·193호·195호·197호·211호·212호·214호·215호·216호·221호·222호 등 식료품에 관련된 부찰 목간들은 '監膳'의 직장에, 발굴보고서 1호 목간의 '沐浴'과 '洗宅'이라는 명칭 자체는 '掃除'의 직장에 대응시켜 볼 수 있다. 역시 '세택'·'중사성'이 등장하지는 않으나 宮門 경비 관리에 관련된 186호 목간과 열쇠고리로 추정되는 213호 목간 및 '東宮衙鎰'·'思政堂北宜門'·'合零闌鎰' 등이 새겨진 자물쇠 등 '守門'의 업무와 관련된 다양한 유물들 또한 함께 출토되고 있음 또한 주목할 만하다. 궁궐 문의 출입 관리는 唐代 內侍省 宮闈局의 핵심 職掌이기도 하였다.[46)]

한편, 앞서 살펴보았던 185호 목간의 뒷면에는 '瓮'의 수급이나 보관과 관련된 주체가 '辛番洗宅'으로 나와, '洗宅'이 '辛番'과 결합되고 있음이 주목된다. 동궁 월지에서는 이 목간 외에도 '辛番'으로 판독 가능한 글자가 적힌 목간들이 몇 점 더 발견되었다.

표 1. 신라 동궁 출토 월지 목간에 보이는 '辛番'과 '丙番' 추정 문자들

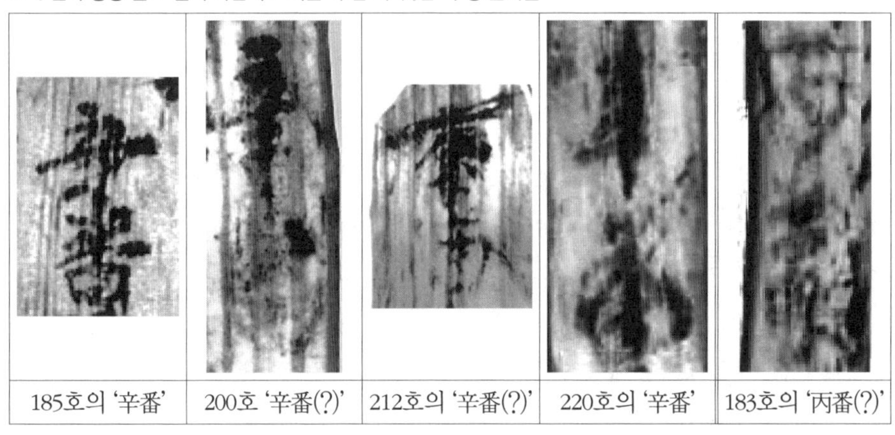

185호의 '辛番'	200호 '辛番(?)'	212호의 '辛番(?)'	220호의 '辛番'	183호의 '丙番(?)'

200호

辛[番]

○ □□

212호

(앞면)「∨庚子年五月十六日」

(뒷면)「∨辛番猪助史缶」

46) "宮闈局: 令二人. 隋置令, 爲內府, 置令二人, **掌宮內門閤之禁庫**及出納神主, 并內給使名帳·糧廩事. 大唐因之." (『通典』 卷27, 職官9 諸卿下 內侍省)

220호
「∨丁亥年二月八日辛番」

200호 목간의 경우, 첫째 줄 두 번째 글자는 선본 적외선 사진이 공개되지 않았고, 『한국의 고대목간』에는 묵흔이 선명하지 않아 명확한 판독이 어려우나, 橋本 繁가 이를 '番'으로 판독한 바 있다.[47] 220호 목간의 경우 날짜 다음에 '辛番'이 나오면서 문장이 끝나고 있어 더 이상의 의미를 추적하기 힘든데, 212호 목간의 경우 '猪助史'라는 음식물을 담은 '缶'와 함께 등장하여, '洗宅'은 빠져 있지만 185호 목간 뒷면의 내용과 유사한 구조를 갖추고 있음이 주목된다.

아울러 동궁 월지에서 발견된 목간 중에서 '丙番'이라는 문구가 판독 가능하다는 주장도 나온 바 있다. 183호 목간이 그것이다.

183호 목간
(앞 면)「∨□□□□□□□□月卄一日上北廂
(뒷 면)「∨猪水助史第一[行]瓮一入
(우측면)「∨五十五□□丙[番]

이 목간 또한 발효식품 '助史'와 관련되어 있다. 우측면 마지막 글자의 판독이 명확하지 않은데, 橋本繁는 이를 '番'으로 보고, 甲乙丙丁戊己庚辛壬癸 등 十干으로 구분되는 番上制度의 존재를 추정한 바 있다.[48] 그는 이를 『삼국사기』 직관지에 등장하는 番監과 연결시켰으나, 185호 목간에서 '辛'의 干號가 붙은 '番'이 '洗宅'으로 이어지고 있음을 볼 때, '洗宅' 內에 여러 番으로 나누어진 조직이 존재했을 가능성을 생각해 보고자 한다. 이는 조선시대의 內侍府에 장기 근무의 '長番'과 교대로 출·퇴근하는 '出入番'이 존재하였음을 상기시킨다.[49] 干號를 붙인 番을 나누어, 교대로 궁중 잡역에 근무하는 洗宅의 조직을 생각해 볼 수 있다. 甲番으로부터 辛番을 포함하여 8개 이상의 番 조직이 존재했을 가능성과, 十干의 대표로서 '辛'과 '丙'이 선택되었을 가능성 모두 상정 가능하다.[50]

47) 橋本 繁, 2007, 앞의 논문, p.101.
두 번째 줄의 두 글자에 대해서는 [□+隻]과 [公]으로 읽힐 가능성도 제시하였다.

48) 橋本 繁, 2007, 앞의 논문, p.112.

49) "長番及出入番者 每日給仕一" (『經國大典』 卷1, 吏典 內侍府條)
이와는 성격을 달리하지만 고려의 內侍에도 다음과 같이 左番/右番의 구분이 있었다.
"內侍左右番 爭獻珍玩 賜左番白銀十斤 丹絲六十五斤 右番白銀十斤 丹絲九十五斤 時右番多紈袴子弟 因宦者 以聖旨多索公私珍玩書畵等物 又結綵棚載以雜技 作異國人貢獻之狀 獻靑紅盖二柄 駿馬二匹 左番皆儒士" (『高麗史』 卷18, 世家18, 毅宗2, 19年 4月 甲申)

50) 지금까지 동궁 월지에서 발견된 在銘遺物 가운데 干號가 나타나는 것은 '辛'(2점)과 '丙'(1점) 뿐이라는 점 또한 인상적이다(高敬姬, 1994, 앞의 논문, p.56). 아울러 동궁 월지 출토 목간 가운데 글자를 묵서한 것이 아니라 刻書한 특이한 사례가 두

단, 185호 목간의 '辛番'에 대해서는 이를 '辛審'을 약칭한 것으로 보는 견해가 많다.[51] 동궁 월지에서 출토된 '辛審龍王'·'龍王辛審'이라는 명문이 새겨진 용기류가 많이 출토된 바 있는데, 여기서의 '辛'은 '新'과 같은 뜻으로 '秋收한 新物'을 가리킨다고 보아, '龍王이여, 秋收한 新物을 살피소서'라는 의미로 기록된 것이라는 해석도 제기된 바 있다.[52] 나아가 '本宮辛審 吁□知'가 묵서된 접시가 역시 동궁 월지에서 출토된 것에 기반하여, '辛審'은 '新物을 살피는 것'을 職掌으로 가지는 관직으로서 동궁에 설치되었을 것으로 추정하고, 이것이 목간에 '辛番'으로 간략히 표기되었으리라 본 것이다.[53] 이에 따른다면 185호 목간에 의거해서 세택(중사성)의 '番' 조직을 상정하기는 어려울 것이다.

그림 3. 국립경주박물관 남측부지 출토 '辛番東宮洗宅'銘 청동그릇의 명문(『木簡과 文字』 第10號, 화보_4)

근래에는 국립경주박물관 남측 부지 유적 35호지 건물지에서 '辛番(?)東宮洗宅'이라는 문자가 새겨진 청동접시가 출토되었다.[54] 동궁과 세택이 함께 등장하여 동궁 산하 세택(중사성)과 관련된 유물임을 알 수 있는데, 그 앞에 '辛番'으로 판독되는 문구가 등장하는 점이 주목된다. 두 번째 글자의 하부는 지워져 있지만, 상부는 '宀'가 없는 '米'가 분명하다. '畨'은 '番'의 異體字로서, 185호 목간에서도 유사한 형태로 서사되었다.

국립경주박물관 남측 부지 출토 청동접시와 동궁 월지 출토 185호 목간에 보이는 '辛番'과 '辛審龍王'·'龍王辛審', '本宮辛審' 등에 보이는 '辛審'이 동일한 대상인지는 아직은 확실히 알 수 없다.[55] 다만, 현존하는 자료들 가운데 '洗宅'과 함께 결합되어 등장하는 것들은 모두 '辛審'이 아니라 '辛番'으로 표기되어 있다. 그렇다면 '審'이 아닌 '番'의 의미를 가진 '辛番'을 세택(중사성)과 연관해 해석해 보려는 시도 또한 현재로서는 가능하다고 생각한다.

건 있는데(207호 및 218호), 공교롭게도 각각 '辛'과 '丙'이라는 문자가 확인된다.

51) 한병삼, 1983, 「안압지 명칭에 관하여」, 『고고미술』 153.
高敬嬉, 1994, 앞의 논문, pp.25-26.

52) 尹善泰, 2000, 「新羅 統一期 王室의 村落支配 -新羅 古文書와 木簡의 分析을 中心으로-」, 서울대학교 대학원 국사학과 박사학위논문, pp.91-92.

53) 尹善泰, 위의 논문, p.94.

54) 최순조, 2013, 「국립경주박물관 남측부지 유적 출토 신명문자료 -東宮衙銘 호 및 辛番(?)東宮洗宅銘 청동접시-」, 『木簡과 文字』 第10號, pp.196-198.

55) '辛審'이 관명으로 일반화되면서 '審'을 '番'으로 간략화시켜 표기하게 되었다면(尹善泰, 2000, 앞의 논문, p.94), '审'·'宷'·'寀' 등 '審'을 간략화한 異體字들을 두고 굳이 의미와 발음이 다른 '番'을 택한 이유가 설명되어야 할 것이다. 아울러 '辛審龍王'의 경우에는 '辛을 審'하는 주체로 '龍王'을 상정하면서, '本宮辛審'에서는 '辛을 審'하는 것이 특정 관직의 職掌이라고 본 것은 특정 神格과 官職을 동격으로 본다는 점에서 재고의 여지가 있다.

Ⅳ. 중사성의 二元化와 고려의 內侍

지금까지 살펴본 바와 같이 목간 자료에서 확인되는 세택(중사성)의 직장은 中書省이 아니라 內侍省 환관들의 그것과 더 유사하다고 하겠다. 결국『삼국사기』직관지를 비롯한 여러 자료들에서 확인할 수 있는 官府·官署들 가운데, 신라 하대에 존재했음이 분명한 환관들의 소속 관부로서 현재로서 세택(중사성)보다 더 적당한 것을 찾기는 어려워 보인다.

그런데 중사성(세택)이 환관들의 소속 관부였을 가능성을 인정한다 해도, 그것이 곧 시종 환관들'만'의 관부였음을 의미하는 것은 아닐 수 있다. 중국사에서는 환관 관부가 士人들에 의해 대체되거나 兼用된 사례가 여러 차례 확인된다. 신라의 경우에도, 9세기 중반 이후 자료에서는 환관으로 단정짓기 어려운 인물들이 中使의 직무를 담당한 사례가 확인된다.

文聖王 17년(855)에 만들어진 〈昌林寺無垢淨塔願記〉의 '專知修造官 洗宅 大奈麻 行西林郡太守 金梁博'과 景文王 12년(872)에 제작된 〈皇龍寺九層木塔刹柱本記〉의 '崇文臺郎 兼春宮中事省 臣 姚克一'이 그러한 인물에 해당한다. 金梁博은 다른 자료에서 官歷을 확인할 수 없지만, '行西林君太守'라는 지방관의 職을 가지고 있으므로, 궁내에서 잡역에 종사하던 환관이라고는 보기 어렵다. 姚克一의 경우,『삼국사기』에서는 그의 벼슬이 '侍中兼侍書學士'에 이르렀다고 하였다.[56)]『삼국사기』新羅本紀에서 그의 侍中 補任 기사가 확인되지 않으며, 眞骨 독점의 최고위급 관직에 오를 수 있는 신분으로는 보이지 않으므로, 侍中職에 올랐다는 것은 착오로 간주하는 것이 일반적이다.[57)] 그렇다고 해도 崇文臺郎이나 侍書學士 등 文翰職을 역임하고 있어 역시 환관이었을 가능성은 높지 않다.

한편 眞聖女王 7년(893) 찬술하고 景明王 8년(924)에 건립한 〈鳳巖寺智證大師寂照塔碑〉에는 景文王이 智證大師에게 보낼 使者로서, 近侍 중에 元聖王의 昆孫인 金立言을 선발하였다는 기록이 있다.[58)] 그가 중사성 소속인지는 명시되지 않았지만, 높은 신분의 인물이 近侍로서 中使와 같은 역할을 담당하는 경우가 있었음을 보여준다고 하겠다.

『삼국사기』직관지에서는 洗宅이 大舍와 從舍知라는 비교적 낮은 지위의 관직들만으로 구성되어 있었던 것으로 나오기 때문에, 처음부터 세택(중사성)에 앞서 살핀 궁중 잡역 종사자와 함께 文翰官이나 고위층 子弟가 소속되어 있었다고 보기는 어렵다. 현존하는 자료에 따르면 9세기 중반 이후에 그러한 성격의 인물들이 확인되므로, 이전의 어느 시기에 발생한 변화라고 이해하는 편이 자연스럽다.

그렇다면 본래 내시성과 유사했던 중사성(세택)이 9세기 중반에 위상과 역할을 크게 전환하며 侍從·文翰機構로 탈바꿈하여 국왕 측근의 內朝를 재편하게 되었다고 보아야 할까?[59)] 이러한 해석을 위해서는

---

56) "又有姚克一者, 仕至侍中兼侍書學士, 筆力遒勁, 得歐陽率更法. 雖不及生, 亦奇品也."(『三國史記』卷48, 列傳8 金生)

57) 李基東, 1984, 앞의 책, p.240.

58) "…… 妙選近侍中可人 鵠陵昆孫立言爲使 ……"

59) 이문기, 2013, 앞의 논문.

중사성(세택)을 고려시대 中書省의 前身으로 보는 통설을 전제로 삼지 않으면 안 된다. 그러나 남아 있는 자료를 통해 이 시기에 중사성이 內朝를 형성하여 外朝化한 執事省의 實權을 흡수하며 성장하는 모습을 확인하기는 어렵다.

문헌사료나 금석문 자료를 통해 확인할 수 있는 中使의 활동은 앞에서 언급한 것들이 전부인데, 이들이 담당했던 임무는 高僧에게 국왕의 贈物이나 賻物을 전달하거나, 국왕을 대신하여 高僧을 왕궁으로 초빙하는 일뿐이었다. 이는 국왕의 私的 대리인으로서 中使가 담당하는 가장 기본적인 직무로서, 고려나 조선의 자료에서 확인되는 양상과 다를 바가 없다. 使職을 띠고 각종 관부·관서를 장악하거나, 지방 통치·군사 운영에 관여한 흔적은 현존 자료에서 확인되지 않는다.

朝官과 대비되어 정치적인 목소리를 냈다고 인정할 수 있는 것은 오직 異次頓의 사례뿐이나, 이는 사실로 인정한다 하더라도 시기적으로 훨씬 앞서는 법흥왕대의 일이다. 皇帝權과 宰相權(臣權)의 대립을 전제로 하는 內朝와 外朝의 개념을, 잠재적 왕위 계승권자인 국왕의 至親들이 왕위 계승 순위에 따라 재상직에 오르던 신라의 상황에 적용 가능할지 근본적인 질문을 던지지 않을 수 없다.[60]

주목해야 할 것은 왕의 가까운 친척이나 문장·서예에 능한 인물이 中使의 역할을 담당한 경우, 이들이 모두 다른 職을 가지고 있는 상태에서 洗宅(中事省)을 兼帶하였다는 점이다. 姚克一은 文翰職인 崇文帶郎을 本職으로 가지고 春宮中事省을 兼하였고, 金梁博은 行西林郡太守라는 지방관직에 있었다. 金立言 또한 建功鄉令이라는 職을 가지고 있었음이 同 碑文의 뒷부분에서 확인된다. 지방관으로서의 本職을 가지고 있는 이들이 상시적으로 국왕의 近親에 머물면서 侍奉하였을 것으로 보기는 어렵다. 왕의 至親이나 문장·서예 등에 특별한 재능을 보인 인물들에게 중사성(세택)의 職을 兼帶하게 하여, 특정 사안에 관련하여 왕을 시봉하거나 대리인으로서의 역할을 수행하게 하였다고 생각된다.

그렇다면 기존과 동일하게 상시적으로 궁중 잡역을 맡던 중사성(세택) 소속 관원 외에 高僧과의 교류 등에서 '傳命'의 역할을 담당하는 겸직 中使가 추가되면서 중사성이 二元化되었다고 할 수 있다. 이렇게 중사성 조직의 이원화가 생겨나게 된 배경으로는 중대 이후 臨海殿에서 개최된 群臣宴이나 외국 사절과의 연회 및 고승과의 교류 등 왕의 私的 영역에서도 文藝的 능력이 요구되는 상황이 점차 늘어났던 것을 들 수 있겠다.

私的 영역에서 왕명을 전달하는 직무가 이들에게 넘어가면서, 환관의 직무는 오히려 궁내 잡역으로 제한되어 성장이 억제되었을 것이다. 환관의 세력화는 국왕과의 親近性에 기반하기 때문이다. 흥덕왕의 주변에 '宦豎'만이 있었을 뿐이라는『삼국사기』의 기록이, 환관들에 둘러싸인 君主에 대한 비판적 논조를 띠고 있지 않은 점은 환관이 朝官들에게 위협이 될 만큼 성장하지 않았던 당시의 상황을 반영한 것이었을 수도 있다.

신라 하대 중사성 조직의 이와 같은 모습은 고려시대의 내시와 환관을 연상케 한다. 고려 말 恭愍王 5年에 환관 기구로서 內侍府를 설치할 때까지,[61] 고려의 환관은 唐制에서 內侍省 산하의 宮禁·女工 담당

60) 이재환, 2015, 앞의 논문, pp.94-97.

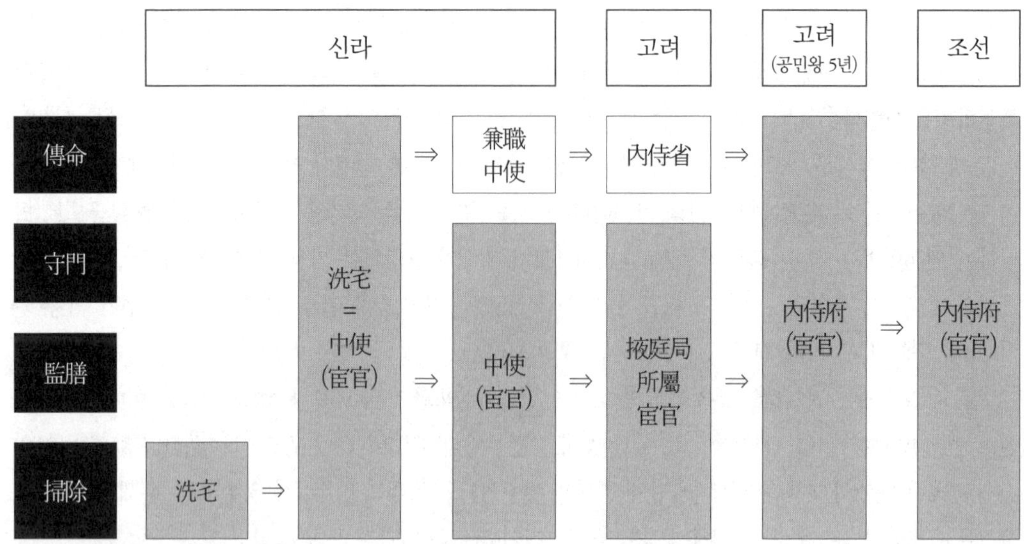

그림 4. 내시/환관 관부의 변화 양상

부서에 불과했던 掖庭局에만 집중 편제되어 각종 궁중 잡무에 종사하였을 뿐이었다.[62] 반면 고려의 內侍는 환관이 아니라 유력 貴族의 子弟나 과거에 갓 급제하여 문장력을 갖춘 儒士들이었다. 內侍의 職은 고려 太祖代부터 확인되며, 이들의 기구는 처음에 內侍省으로 불리다가 仁宗代를 거치면서 內侍院으로 명칭이 바뀌었다.[63] 이와 같은 고려의 內侍는 內侍省이 곧 宦者들의 관부였던 唐·宋制와는 전혀 다른 것이었다. 그러나 고려가 어떻게 이처럼 독특한 內侍制度를 갖게 되었는지에 대해서는 지금까지 자세히 검토된 바 없다. 唐·宋制와 다르며, 國初부터 존재하고 있었다면, 그 연원을 신라에서 찾는 것이 자연스럽다. 고려의 內侍는 內侍職 外에 항상 다른 관직을 帶하고 있어서, 內侍職은 兼官 또는 派遣官이라고 보고 있다.[64] 신라 하대의 환관이 아닌 中使와 상통하는 면모라 하겠다.

그렇다면 고려의 내시 제도가 신라 하대에 왕의 가까운 친척 청년과 문예 능력 보유자가 본래 세택(중사성)을 兼帶하면서 국왕의 中使 역할을 담당한 데서 기원하였을 가능성을 생각할 수 있다. 이러한 흐름 속에서 환관이 아닌 朝官들이 兼職 혹은 派遣官으로서 고려의 內侍省을 專有하게 되었고, 궁중의 잡역을 관장하던 기존의 중사성 환관들은 고려로 넘어가면서 內侍省에서 배제되어 별도로 掖庭局 산하에 편제된 것으로 보인다.

---

61) "內侍府 恭愍王五年 改宦官職 設內詹事·內常侍·內侍監·內承直·內給事·宮闈丞·奚官令 後置內侍府 ……" (『高麗史』 卷77 百官志2)

62) 李愚喆, 1958, 앞의 논문, p.25.

63) 李貞薰, 2007, 「고려 전기 內侍와 국정운영」, 『韓國史硏究』 139, p.51.

64) 金載名, 2002, 「高麗時代의 內侍 -그 別稱과 構成을 중심으로-」, 『歷史敎育』, p.97에서는 派遣官으로, 李貞薰, 2007, 앞의 논문, p.54에서는 兼職官으로 보았다.

V. 맺음말

지금까지의 논의를 정리하면 다음과 같다. 『삼국사기』에는 왕비를 잃은 흥덕왕이 女侍를 가까이 하지 않고 주변에 오직 宦竪만을 두었다는 기록이 있어, 신라에 환관이 존재하였음을 알 수 있다. 신라 하대의 승려 碑文들에서 국왕과 고승 사이의 연락을 담당한 존재로서 '中使'가 확인된다. 이들의 관부로서 洗宅 혹은 中事省(中使省)이 있었으며, '內養'이라는 직함을 가진 이가 여기에 소속되었다. '中使'와 '內養'은 모두 唐에서 환관을 가리키는 용어로 널리 사용되었으며, 환관들이 이러한 직함을 띠고 발해·신라 등에 사신으로 파견된 사례도 많다. 따라서 신라는 이러한 단어의 의미를 명확히 인식하고 있었을 것으로 보인다.

기존에는 중사성이 국왕의 近侍·文翰機構로서 기존의 국왕 직속 행정관부 執事省이 外庭化함에 반하여 內朝를 형성하여 집사성의 실권을 흡수하였으며, 고려의 中書省으로 그 계보가 이어졌다고 보는 견해가 정설을 이루었다. 그러나 동궁 월지 출토 목간을 통해, 洗宅(중사성)은 沐浴 용구의 수급 혹은 특정 음식물의 반입이나 보관에 관한 업무 등 궁내의 잡역을 관장하고 있었음이 확인된다. 이것이 '監膳·傳命·守門·掃除之任'이라는 內侍의 기본 職掌과 일치하므로, 中事省은 中書省보다는 同 시기 唐의 환관기구였던 內侍省에 대응되는 기관이라 할 수 있다.

단, 9세기 중반 이후의 금석문에서는 王의 親族 子弟나 문한직 종사자 등 환관이라고 보기 어려운 이들이 中事省을 兼帶한 사례들이 확인된다. 국왕의 私的 영역에서 문장이나 서예 등의 능력을 필요로 하는 상황이 늘어나면서, 상황에 따라 환관 이외의 인물들에게 中使를 兼帶시켜 왕을 近侍하도록 한 것으로 보인다. 그러나 금석문에서 확인되는 이들의 담당 임무는 국왕과 고승 사이를 연결하는 中使의 기본 역할 뿐, 이를 넘어서 內朝를 형성하거나 정치적 영향력을 추구하는 양상은 아직 찾아볼 수 없다.

궁중 잡역을 담당하는 환관과 王族 子弟나 문예적 능력을 바탕으로 국왕을 근시하는 兼職者로 중사성이 이원화된 현상은 고려로 이어져, 환관이 내시성에서 배제되어 액정국으로만 편제되고, 환관이 아닌 귀족 자제나 과거에 급제한 儒士가 兼職官 혹은 派遣官으로서 內侍省을 독점하는 고려의 제도를 형성하게 된 것으로 보인다.

투고일: 2018. 5. 21. 심사개시일: 2018. 6. 2. 심사완료일: 2018. 6. 29.

참/고/문/헌

국립창원문화재연구소, 2006, 『韓國의 古代木簡(개정판)』.

文化公報部 文化財管理局, 1978, 『雁鴨池 -發掘調查報告書-』.

李基東, 1984, 『新羅骨品制社會와 花郎徒』, 一潮閣.

李鎔賢, 2006, 『한국목간기초연구』, 신서원.

宁志新, 『隋唐使职制度研究(农牧工商编)』, 中华书局, 2005.

高敬姬, 1994, 「新羅 月池 出土 在銘遺物에 對한 銘文 研究」, 東亞大學校 大學院 史學科 問學碩士學位論文.

권덕영, 2005, 「8, 9세기 '君子國'에 온 唐나라 使節」, 『新羅文化』 第25輯.

권주현, 2014, 「신라의 발효식품에 대하여」, 『木簡과 文字』 第12號.

金載名, 2002, 「高麗時代의 內侍 -그 別稱과 構成을 중심으로-」, 『歷史教育』 81.

柳浚炯, 2012, 「唐代 宦官 문제의 재인식 -연구사 고찰 및 皇權運營과의 관계 분석을 중심으로-」, 『中國史研究』 第77輯.

尹善泰, 2000, 「新羅 統一期 王室의 村落支配 -新羅 古文書와 木簡의 分析을 中心으로-」, 서울大學校 大學院 國史學科 博士學位論文.

윤선태, 2002, 「新羅의 文書行政과 木簡 -牒式文書를 중심으로-」, 『강좌 한국고대사』 5, 가락국사적개발연구원.

윤선태, 2008, 「목간으로 본 한자문화의 수용과 변용」, 『新羅文化』 第32輯.

李文基, 2012, 「안압지 출토 木簡으로 본 新羅의 洗宅」, 『韓國古代史研究』 65.

李文基, 2013, 「新羅 洗宅(中事省)의 機能과 官制的 位相의 變化」, 『歷史教育論集』第51輯.

李鎔賢, 「統一新羅の伝達体系と北海通 -韓国慶州雁鴨池出土の15号木簡の解釈-」, 『朝鮮学報』 第171輯, 1999.

李遇喆, 1958, 「高麗時代의 宦官에 對하여」, 『史學研究』 1.

이재환, 2015, 「新羅 眞骨 研究」, 서울大學校 國史學科 博士學位論文.

李貞薰, 2007, 「고려 전기 內侍와 국정운영」, 『韓國史研究』 139.

최순조, 2013, 「국립경주박물관 남측부지 유적 출토 신명문자료 -宮衙銘 호 및 辛番(?)東宮洗宅銘 청동접시-」, 『木簡과 文字』 第10號.

한병삼, 1983, 「안압지 명칭에 관하여」, 『고고미술』 153.

함순섭, 2007, 「국립경주박물관 소장 안압지 목간의 새로운 판독」, 『新羅文物研究』 創刊號.

唐飞,「唐代中使研究 −以中使与唐代政治,军事之关系为中心」, 扬州大学 硕士学位论文, 2010.
陈巍·董劭伟,「汉末三国中使考」,『重庆交通学院学报(社科版)』第5卷 第3期, 2005.
橋本 繁, 2007,「雁鴨池 木簡 判讀文의 再檢討」,『新羅文物研究』創刊護.
小宮秀陵, 2013,「신라·발해에 온 당 환관사신의 확대와 그 배경」,『역사와 현실』89.
室永芳三,「唐末內侍省內養小論」,『長崎大学教育学部社会科学論叢』第43号, 1991.
李成市,「韓國出土の木簡について」,『木簡研究』19, 木間学会, 1997.

〈Abstracts〉

Searching for the Eunuch Office of Silla Dynasty
-Rethinking 洗宅(中事省)'s Function-

Lee, Jae-hwan

The Samguksagi(三國史記) informs us that there were eunuchs in Silla dynasty, but little has been known about where they belonged to and what they did. I think it's worth noting 中使 who sent messages between the king and the buddhist monks, which is recorded in the inscription of the buddhist monks at the late period of Silla. Their office was named 洗宅 or 中事省(中使省), and the persons who were called '內養' also belonged to it. Both 中使 and 內養 have been widely used to refer to eunuch in the Tang(唐) dynasty. It is clear that the Silla people knew the meanings well, for the eunuchs with those titles often visited Silla as diplomats.

So far, it was generally accepted that 中事省 was a secretary and literary bureau for the king which became important replacing the former secretarial bureau 執事省 at the late period of Silla, and that 中書省 of the Goryeo dynasty originated from it. However, wooden records excavated from Wolji Pond show that 洗宅(中事省) actually was in charge of chores for the palace such as preparation of cleaning supplies and food management. Those are correspond to the duties of the king's servants(內侍), who were eunuchs in the Tang dynasty. Thus it seems most likely that Silla's eunuchs belonged to 洗宅(中事省) and took charge of the chores for the palace.

However, there are cases that non-eunuchs such as a close relative of the king and literary officer, administrator held of an additional post at 洗宅(中事省) since mid 9th century. 洗宅(中事省) has divided into eunuchs who did the chores and non-eunuchs who were appointed private secretaries for the king as additional jobs. It is similar to the king's servants of Goryeo dynasty, who were not eunuchs but young aristocrats or scholars just passed the imperial exam.

▶ Key words: eunuch, Jungsa-seong(中事省), messenger from the palace(中使), 洗宅, Donggung Pacace and Wolji Pond(Anap-ji)

논 문

최치원 지은 四山碑銘 서풍의 특징*

정현숙**

〈국문초록〉

이 글은 신라 하대의 명문장가 겸 명서가인 최치원이 지은 사산비명 서풍의 특징을 찾아보고 글씨의 비교를 통해 그것들이 차지하고 있는 신라 서예사에서의 위상을 알아보기 위한 것이다. 신라에서 선종이 크게 유행하던 9세기 후반부터 10세기 전반에 걸쳐 건립된 사산비명은 선사비 3점과 사적비 1점으로 구성되어 있으며, 서자는 최치원, 최인연, 그리고 승려 혜강인데, 최치원은 두 비의 글씨를 썼다. 서체는 모두 해서인데, 거기에 행서의 필의가 있는 것은 법에 구애됨이 없는 선종 또는 선사들의 사상과도 연관이 있다.

최치원이 31세에 쓴 〈진감선사비〉(887)에는 패기 넘치는 힘참과 자유분방함이 있고, 9년 후 40세에 쓴 〈숭복사비〉(896)에는 차분하고 절제된 자신감과 강직함이 있다. 최인연이 42세 이후에 쓴 〈낭혜화상비〉(909~924)는 유연함과 굳셈이 혼재되어 있으며, 혜강이 말년인 83세에 쓴 〈지증대사비〉(924)에는 노경의 완숙미와 노련미가 있다.

최치원의 글씨에는 신라에서조차 자신의 포부를 펼칠 희망이 없자 은자의 삶을 택한 그의 강직한 성품이 드러나 있고, 최인연의 글씨에는 개명까지 하면서 고려에서 지위를 얻고 문명을 떨친, 변화에 대처하

* 이 논문은 2017년 대한민국 교육부와 한국학중앙연구원(한국학진흥사업단)의 한국학분야 토대연구지원사업의 지원을 받아 수행된 연구임(AKS-2017-KFR-1230009).

** 원광대학교 서예문화연구소

는 그의 적응력과 융화적 성품이 녹아 있다. 혜강의 글씨에는 書와 刻을 동시에 연마한 40년 이상의 노련함이 있다. 이처럼 각 서자가 개성을 지닌 자가풍을 창조함으로써 사산비명은 신라 하대부터 나말까지의 서예사에서 절대적인 위치를 차지하게 되고, 나아가 신라 서예문화의 토착화에 크게 기여했다.

▶핵심어: 사산비명, 최치원, 최인연, 혜강

I. 미리말

신라 하대의 명문장가 겸 명서가인 崔致遠(857~?)이 지은 四山碑銘은 오래 전부터 비문의 전범으로서, 그리고 신라 불교사에 대한 이해를 위해 널리 알려졌다. 그래서 서산대사의 제자인 中觀 海眼(1567~?)이 네 비문을 최치원의 문집에서 뽑아 학인들에게 誦習하도록 한 이래 많은 사본이 만들어지고 난해한 표현을 이해하기 쉽도록 하기 위해 주해도 달았다. 1783년(정조 7) 蒙庵이 주해한 『海雲碑銘註』, 근세에 石顚 朴漢永이 주해한 『精校四山碑銘註解』 등이 대표적 精註本이다. 이처럼 사산비명은 최치원의 문학 연구뿐만 아니라 한국 사상사, 한문학 연구사, 한국 서예사 연구에 귀중한 자료다.

사산비명, 즉 지리산의 〈雙溪寺眞鑑禪師大空塔碑〉(이하 〈진감선사비〉), 초월산의 〈崇福寺碑〉, 만수산의 〈聖住寺朗慧和尙白月葆光塔碑〉(이하 〈낭혜화상비〉), 희양산의 〈鳳巖寺智證大師寂照塔碑〉(이하 〈지증대사비〉) 가운데 왕실이 창건한 사찰의 사적비인 〈숭복사비〉를 제외한 세 비는 선승을 기린 선사비인데, 이는 신라 하대의 불교문화에서 선사비 건립의 유행을 보여 주는 명징이다. 그 중요성으로 인해 비편으로 발견된 〈숭복사비〉를 제외한 나머지는 모두 국보로 지정되었다. 최치원은 〈진감선사비〉와 〈숭복사비〉를 직접 쓰기도 해 학예의 출중함을 유감없이 드러냈다. 崔仁渷(868~944)은 〈낭혜화상비〉를, 승려 慧江(842~924 이후)은 〈지증대사비〉를 써 모두 3명의 당대 명서가가 사산비명의 서자로 동원되었는데, 이는 사산비명 건립의 의미와 중요성을 잘 보여 준다.

사산비명은 9세기 후반부터 10세기 전반에 걸쳐 건립되어 신라 하대부터 나말의 서예 흐름을 보여 주므로 서예사적 측면에서 특히 중요한 자료다. 따라서 이 글에서 사산비명 글씨의 특징을 살피고 비교해 봄으로써 네 비가 신라 서예사에서 차지하는 위상을 찾아보고자 한다. 먼저 사산비명의 개요와 내용을 간략하게 알아보고, 이어서 그 글씨를 고찰하겠다.

II. 사산비명의 개요와 내용

현전하는 전통 주해본만도 10여 종에 이르는 사산비명[1]의 중요한 특징 중 하나는 찬술의 명을 받은 해, 찬술을 완성한 해, 비가 건립된 해가 다양하다는 것이다.[2] 撰書를 같은 해에 하기도 하고 세기를 넘길 정도로 시차가 크기도 하다. 서체는 모두 해서지만 행서의 필의가 가미되고 변화된 당풍으로 쓰여 서자인 최치원, 최인연, 혜강[3] 글씨의 특징이 확연하며, 최치원이 쓴 두 비의 서풍도 시기에 따라 조금 달라 사산비명의 글씨는 四色이라 할 수 있다.[4]

표 1. 사산비명 개요

비명	찬문/건립시기	서자/각자	서체(서풍)	크기	사적 지정
쌍계사진감선사 대공탑비	887/887	최치원/奐榮	해서(구양순풍)	363×104×23㎝	국보 제47호
숭복사비	889·896/896	최치원/桓蠲	해서(구양순풍)	비편(15개)	
성주사낭혜화상 백월보광탑비	890-897/ 909-924	최인연/미상	해서(저수량풍)	251×148×43㎝	국보 제8호
봉암사지증대사 적조탑비	893/924	혜강/혜강	해서(저수량풍)	273×164×23㎝	국보 제315호

최치원은 육두품 출신이라는 신분적 한계 때문에 12세인 868년(경문왕 8) 당나라로 유학가게 되고 18세인 874년(경문왕 14) 빈공과에 급제했으며, 黃巢의 亂(875~884)이 일어나자 高騈의 막하에서 「檄黃巢書」를 지어 文名을 떨쳤다. 그는 당나라 문화에 심취했음에도 불구하고 이방인이라는 한계 때문에 29세인 885년(헌강왕 11) 귀국했다. 그는 당나라 유학생을 대표하는 신라 말기의 신지식인으로 崔承祐, 崔仁滾(868~944)과 더불어 당나라 빈공과에 합격하여 '一代三崔'로 불릴 정도로 유학에 조예가 깊었다. 그러나 그가 신라를 떠난 이유와 같은 이유로 귀국 후 신라에서도 뜻을 펼치지 못하고 만년에는 산림에 은거했다. 그리고 거기서 후진을 양성하면서 이상을 같이 하는 선승들과 교우하는 것으로 새로운 사회 건설을 모색했다.[5] 이런 이상을 가진 최치원이 지은 네 비를 건립 순으로 살펴보자.

경상남도 하동군 화개면 쌍계사 경내에 있는 〈진감선사비〉는 비신의 일부가 훼손되었지만 전형적인 이수, 비신, 귀부의 형식을 취하고 비교적 양호한 상태로 보전되어 있다. 진감선사 慧昭(774~850)의 공덕과 법력을 흠양하기 위해 세운 탑비로, 886년 봄에 찬술의 명을 받은 〈숭복사비〉, 885년 찬술의 명을 받은 〈지증대사비〉보다 늦은 886년 7월에 찬술의 명을 받았으며, 887년 7월 건비까지 신속하게 진행되었

1) 사산비명에 관해서는 한국고대사회연구소 편, 1992, 『역주 한국고대금석문』 제3권, 가락국사적개발연구원; 최영성, 1998, 『譯註 崔致遠全集 1-四山碑銘-』, 아세아문화사; 성균관대학교 박물관, 2008, 『신라 금석문 탁본전』 참조.

2) 남동신, 2008, 「崔致遠과 四山碑銘」, 『신라 금석문 탁본전』, 성균관대학교 박물관, p.174 표 참조.

3) 세 서자에 관해서는 오세창 편저, 동양고전학회 역, 1998, 『국역 근역서화징』 상, 시공사; 국립문화재연구소, 2011, 『한국역대서화가사전』 하; 김충현, 2016, 『근역서보』, 한울 참조.

4) 정현숙, 2016, 『신라의 서예』, 다운샘, pp.222-225; 2018, 「최인연 쓴 〈성주사낭혜화상백월보광탑비〉의 서풍-최치원·혜강 글씨와의 비교-」, 『서예학연구』 32, 한국서예학회 참조.

5) 국립문화재연구소, 2011, 앞의 책, pp.2271-2277.

다. 명문도 사산비명 가운데 가장 적은 39행 행 70자, 총 2,417자다. 다행히 1725년 목판본이 있어 마멸된 부분의 내용까지 완전히 파악된다.

비문은 혜소의 입당 구법 과정과 830년 귀국 이후 지리산 화개곡에서 선법을 펼친 사실을 기록하고 있다. 서문에 유교와 불교사상이 근본은 다르지 않다고 하고, 본문에서도 노장사상을 보여 주는 용어와 개념들을 다수 사용하여 삼교를 하나로 파악하는 최치원의 사상적 입장과 당시 지식인들의 사상 경향을 알려 준다. 또 쌍계사의 유래, 범패의 전래와 유포, 효소왕의 피휘 사실 등도 전해 준다. 그러나 혜소의 선문은 구산선문의 하나로 발전하지는 못했다.[6]

〈숭복사비〉는 비의 원형은 물론 탁본도 남아있지 않고 사본으로만 전해졌는데, 숭복사 터에서 현재까지 발견된 15개의 비편이 비의 존재를 말해 준다. 비편으로 보면 양면비로 각 면 30행, 각 행 64자로 추정된다. 이 비는 인몰해 전모를 알 수 없다가 1931년 경주 동면에서 잔석이 나와 그 편린을 알 수 있게 되었다. 그러나 비편에 새겨진 글씨를 통해서도 사본과 다른 몇 글자를 복원할 수 있고, 현재 숭복사 터에는 복원비가 세워져 있다.[7]

『삼국유사』에는 숭복사에 최치원이 찬술한 〈숭복사비〉가 있다고 했지만 朗善君 李俁(1637~1693)가 1668년 엮은 『대동금석서』에는 사산비명 가운데 〈숭복사비〉만 없다. 이는 비가 13세기 말에서 17세기 사이에 훼손되었음을 뜻한다.

비문에 의하면 숭복사는 원래 원성왕(재위 785~798)의 어머니인 照文皇太后의 외숙이며 왕비인 肅貞王后의 외조부인 波珍湌 金元良이 창건한 鵠寺에서 기원했는데, '鵠寺'는 절에 고니 모양의 바위가 있어 이름 붙인 것이다. 그런데 원성왕의 왕릉을 조성하면서 풍수지리적으로 吉地였던 이 절터를 왕릉 자리로 지목하니, 곡사는 절터를 내어주고 경주시 외동면 말방리의 현재 숭복사 터로 옮겨 새로 개창했다. 뒤에 경문왕이 꿈에 원성왕을 뵙고 사찰을 크게 수리하여 원성왕릉의 수호와 왕의 명복을 빌게 했다. 885년(헌강왕 11) 명칭을 '大崇福'으로 바꾸고, 다음해에 최치원에게 찬문을 명했다. 그러나 헌강왕(재위 875~886)과 정강왕(재위 886~887)이 연이어 승하하는 바람에 한동안 비문을 짓지 못하다가 진성여왕대(887~897)인 889년(진성여왕 3) 또는 896년(진성여왕 10)에 마침내 완성했고 896년 비가 건립된 것으로 보인다. 따라서 비문에는 경문왕과 그의 자녀들인 헌강왕, 정강왕, 진성여왕으로 이어지는 2대 4왕의 공덕을 기리는 내용이 많이 담겨 있다.[8]

〈숭복사비〉는 신라 하대 왕실과 불교와의 관계, 귀족들의 불교 신앙을 자세하게 파악할 수 있는 자료며, 왕릉을 조영하기 위해 이미 건립된 사원을 옮기면서까지 길지를 차지하는 풍수지리설의 성행을 알려주어 주목을 받았다. 게다가 비문에 왕릉 근처의 땅을 매입하는 과정에서 구체적으로 토지 가격을 지불

6) 구산선문에 관해서는 정현숙, 2018, 앞의 글, pp.61-63 참조.

7) 2015년 4월 숭복사 터에 세운 복원비의 글씨는 최치원이 쓴 〈진감선사비〉를, 쌍귀부는 국립경주박물관 마당에 있는 원래 귀부를 근거로 했다. 윤선태, 2000, 「新羅 崇福寺碑의 復元-結·苫의 細註와 관련하여-」, 『불교미술』 16, 동국대학교 박물관.

8) 정병삼, 1992, 「崇福寺碑」, 한국고대사회연구소 편, 『역주 한국고대금석문』 제3권, 가락국사적개발연구원, pp.248-249.

하는 모습, '王土', '公田'이란 표현이 있어 신라 토지제도 연구의 기초 사료로도 활용되고 있다. 또 당시의 도량형, 불교와 유교의 효 관념 등을 보여 주기 때문에 신라 하대의 왕실 불교를 이해하는 데 중요한 사료다.

비문의 문체는 4·6 對偶와 6·6 對偶가 주류를 이룬 전형적인 변려체다. 특히 문장 밖에서 사실을 끌어와 뜻을 증명하고 옛 것을 빌려 현재의 뜻을 증명하려는 用典이 많으면서도, 對偶句를 만들 때 필요한 故事나 故言을 잘라 모으는 剪截과, 발췌한 고사성어를 개역해 자신의 글 내용에 부합하도록 하는 융화의 방법을 잘 구사했다. 또 화려한 語辭의 수식과 함축미·전아미를 보여 준다. 전체적으로 불교를 상당히 이해하고 특히 선종에 공감하는 입장을 보이고는 있으나, 그런 사상적 내용보다는 문장 수식에 더욱 깊이 유의했다.

한편 신라 말기에 후삼국이 성립되면서 최치원은 물러난 듯하며 900년 이후의 선사비는 모두 최인연이 짓거나 썼다. 최인연이 신라왕의 명으로 지은 탑비문 2점, 즉 917년(경명왕 1)에 지은 闍崛山門의 〈朗空大師白月栖雲塔碑〉, 924년(경명왕 8)에 지은 師子山門의 〈澄曉大師寶印塔碑〉는 전란으로 인해 신라에서는 건립되지 못하고 고려 초에 세워졌다.[9] 924년 세워진 봉림산문의 개산조 審希(855~923)의 탑비인 〈眞鏡大師寶月凌空塔碑〉는 경명왕이 지었고 대사의 문인 최인연이 비액(그림 6)을 썼다.[10] 최인연이 朗空大師 行寂(832~916), 眞澈大師 利嚴(870~936), 慈寂大師 洪俊(882~939)의 문인이기도 한 것은 여러 선문을 수학하면서 선종에 심취했음을 말해 준다. 그는 고려에서는 彦撝로 개명하여 찬자로 주로 활약했으며, 글씨는 남기지 않았다.[11]

고려에서 翰林院令平章事를 역임한 최언위는 타고난 천성이 너그럽고 후했으며, 어릴 때부터 문장에 능했다. 18세인 885년 입당하여 빈공과에 합격했고, 42세인 909년(효공왕 13) 귀국한 후 執事侍郎瑞書院學士로 임명되었다. 뒤에 신라가 歸附하자, 고려 태조가 太子師로 삼아 文翰의 임무를 맡겼다. 당시 宮院의 額號는 모두 그가 지었으며, 귀족들이 모두 그를 스승으로 섬겼다. 최언위는 77세에 죽었으며 시호는 文英이다.[12]

936년 고려가 들어선 후 944년 세상을 뜨기 전까지 8년간 세워진 탑비로 현존하는 것은 모두 9기인데, 나말여초에 활약한 眞空大師 忠湛(869~940)을 기리기 위해 원주 흥법사에 세운 〈진공대사충담비〉(940)

---

9) 折中(826~900)을 기린 〈징효대사비〉는 崔潤이 비문을 해서로, 비액을 전서로 쓰고 崔奐規가 새겨 944년에 세웠고, 행적을 기린 〈낭공대사비〉는 승려 단목이 김생의 글씨를 집자하여 954년에 세웠다. 〈낭공대사비〉에는 '崔仁渷撰', 〈징효대사비〉에는 '崔彦僞撰'이라 되어 있는데, 924년 징효대사 비문을 쓸 당시 이미 개명했거나 새길 때 고려조의 이름으로 바꾼 것으로 보인다.

10) 〈진경대사비〉도 최인연이 지었다는 주장은 비문의 '崔仁渷篆'을 '崔仁渷撰'으로 오인한 데서 비롯된 듯하다. 최완수, 「우리나라 고대·중세 서예의 흐름과 특질」, 『옛 탁본의 아름다움, 그리고 우리 역사』, 예술의전당, 1998, pp.28-29. 이를 인용한 필자의 글도 오류임을 밝힌다. 정현숙, 2018, 앞의 글, pp.65-66. 비문에서 '崔仁渷篆' 다음에 '余製'라 적고, 본문도 '余聞'으로 시작해 경명왕이 찬자임을 알 수 있다.

11) 여기서는 〈낭혜화상비〉를 따라 '최인연'이라 하고, 고려조에 해당될 때는 '최언위'라 한다.

12) 『三國史記』 卷46; 『高麗史節要』 卷92 列傳; 『高麗史節要』 卷2 惠宗義恭大王 甲辰元年條.

만 고려 태조의 친제이고 나머지 8기는 최언위가 지었다. 그러나 이 비마저도 문투로 보아 최언위의 代作이 분명하며, 그 글씨는 역시 당에서 빈공과에 합격한 그의 장자 光胤이 당 태종의 글씨를 집자하여 쓴 것이므로 그의 집안 글씨에 속한다.[13] 따라서 고려 초의 선사비는 대부분 최언위가 지었지만 비문 이외에는 그가 고려조에 남긴 문장이 없으며, 최치원에 비해 문학적 평가도 전무한 편이다.[14]

성주산문의 개산조인 낭혜화상 무염을 기린 〈낭혜화상비〉는 제액을 제외하고 최인연이 쓴 유일한 비문 글씨다. 충청남도 보령시 성주사 터에 현전하는 이 비는 비신 높이 263㎝, 너비 155㎝,[15] 두께 43㎝며, 전체 높이 455㎝에 달하는 거대한 외형에 듬직하고 아름다운 조각법을 구사했다. 귀부 일부가 손상되었을 뿐 보존 상태가 완호한 편이며, 귀부의 운문이나 이수 사면의 유룡문은 생동감이 넘친다. 명문은 본문 5,022자, 주 98자로 총 5,120자다.[16]

이 비는 〈숭복사비〉와 〈지증대사비〉의 찬술을 완성하지 못한 상태에서 서산비명 가운데 가장 늦게, 낭혜화상 사리탑이 건립된 890년(진성여왕 4) 찬술 명령을 받고 진성여왕대 후반인 890~897년 사이에 완성했으며, 서자 최인연이 909년 당나라에서 귀국했기 때문에 비는 이후에 건립되었다. 최치원이 902년 해인사로 은거한 후 최인연이 신라로 돌아왔으므로 최치원이 찬술을 마쳤을 때까지 서자가 결정되지 않았거나, 이미 정해졌더라도 비의 건립이 미루어지면서 최인연이 귀국한 후 교체된 것으로 보인다.[17] 어떤 경우든 서자가 최인연인 것은 그가 무염의 從弟[18]이기 때문으로 추정된다.

〈지증대사비〉는 사산비명 가운데 가장 일찍 찬술의 명을 받았지만 가장 늦게 건립되었다. 경상북도 문경시 가은읍 봉암사 경내에 있는 이 비는 귀부와 이수, 그리고 비좌의 조각이 뛰어나서 보물 제138호로 지정되었고 2009년 국보로 승격되었다. 비신의 높이는 273㎝, 너비는 164㎝, 두께는 23㎝다.

진골 출신으로 속성이 김씨인 지증대사 道憲(824~882)은 9세에 출가했고, 이후 여러 사찰에서 교화활동을 벌였다. 56세인 879년 자신이 소유한 莊 12區와 田 500結을 사찰에 희사했고, 같은 해 9월 沈忠이 曦陽山 중턱의 땅을 희사했다. 거기에 선사를 짓고 철조불상 2구를 주조하고 봉암사를 창건하면서 구산선문의 하나인 희양산문을 열었다. 도헌은 다른 선문의 初祖들과는 달리 당에 유학한 경험이 없다. 따라서 다른 선문이 신라 하대에 들어오기 시작한 남종선을 계승한 데 비해, 이 산문은 이전에 신라에 수입된 북종선을 계승하고 거기에 남종선까지 수용함으로써 독특한 성격의 선문을 개창했다.[19]

대사가 입적하기 1년 전인 881년 왕이 '鳳巖'이라 시호했다. 입적 3년 후인 885년 헌강왕이 최치원에게

---

13) 최완수, 1998, 앞의 글, p.28.

14) 두 사람의 문장에 관해서는 이현숙, 2004, 「나말여초 최치원과 최언위」, 『퇴계학과 한국문화』 35, 경북대학교 퇴계연구소 참조.

15) 『신라 금석문 탁본전』(성균관대학교 박물관)에는 비신 높이 242㎝, 너비 141㎝라 한다.

16) 최연식, 1992, 「聖住寺 朗惠和尙塔碑」, 한국고대사회연구소 편, 『역주 한국고대금석문』 제3권, 가락국사적개발연구원, pp.91-92.

17) 남동신, 2008, 앞의 글, p.175.

18) 최연식(1992)과 최영성(1998)의 주장이다. 정현숙, 2016, 앞의 책, p.222 참조.

19) 최영성, 1998, 앞의 책, p.38.

찬술을 명했고, 8년 후인 893년경 비문이 완성되었다. 그러나 후삼국기의 혼란으로 인해 31년 후인 924년에 비로소 加恩縣 호족의 후원으로 탑비가 건립되었다.

명문은 전면 41행 행 89자, 음기 35행 행 20자로 총 4,000여 자며, 자경은 2㎝다. 분황사 승려 혜강이 83세에 쓰고 새겼다. 비문은 신라 불교사를 크게 3기로 나누어 약술하고 제3기를 선종의 시대로 정리했다. 그리고 道信-雙峰-法朗-愼行-遵範-慧隱-道憲으로 이어지는 도헌국사의 法系를 구체적으로 기록하여 신라 하대의 불교사인 禪宗史 연구의 중요한 1차 사료다. 또 신라시대의 토지소유 관계, 田莊의 성격 등의 연구에도 활용된다.

III. 사산비명 서풍의 특징

이 장에서는 사산비명 서풍의 특징을 살피고 그 글씨들을 비교해 보고자 한다. 이런 과정을 통해 각 서자 글씨의 독창성과 신라 하대부터 나말까지의 서예 흐름을 파악하게 되고, 나아가 불교가 신라의 서예 문화에 미친 영향을 간파할 수 있을 것이다.

1. 〈쌍계사진감선사대공탑비〉의 서풍

이 비는 최치원의 글씨를 온전하게 보여 주는 유일한 글씨다. 비신의 훼손된 부분을 제외하면 보존 상태가 양호하여 최치원 글씨의 수려함이 잘 드러난다. 3행, 행 3자인 전액(그림 1) "唐海東故眞鑑禪師碑"은 해동, 즉 신라의 진감선사를 기린 비임을 말한다. 첫 글자 '唐'을 '敭'으로 보기도 했으나,[20] 중국의 〈왕탁신도비〉(755), 〈이광업신도비〉(770), 〈적조화상비〉(841) 등에서 이런 형태가 '唐'으로 사용되었다.[21] 중국에서도, 신라에서도 찾아 볼 수 없는 전액 글씨의 독특함은 최치원의 독보적 면모를 다시 확인시켜 준다.[22]

그림 1. 최치원, 쌍계사진감선사대공탑비액, 887, 통일신라

비신의 글씨(그림 2)가 '구양순의 骨에 안진경의

20) 조수현, 2009, 「孤雲 崔致遠의 書體特徵과 東人意識」, 『한국사상과 문화』 50, 한국사상문화학회, pp.542-543. 그러나 찬문의 관례에 따라 '唐'으로 판독함이 옳다고 부언했다.

21) 진복규, 2017, 「최치원 서예 연구」, 경주대학교 대학원 박사학위논문, p.119 표28, p.124 표30 참조.

22) 중국 전액과의 비교는 진복규, 위의 글, p.119, 표28, 신라 전액과의 비교는 같은 글, p.121, 표29 참조.

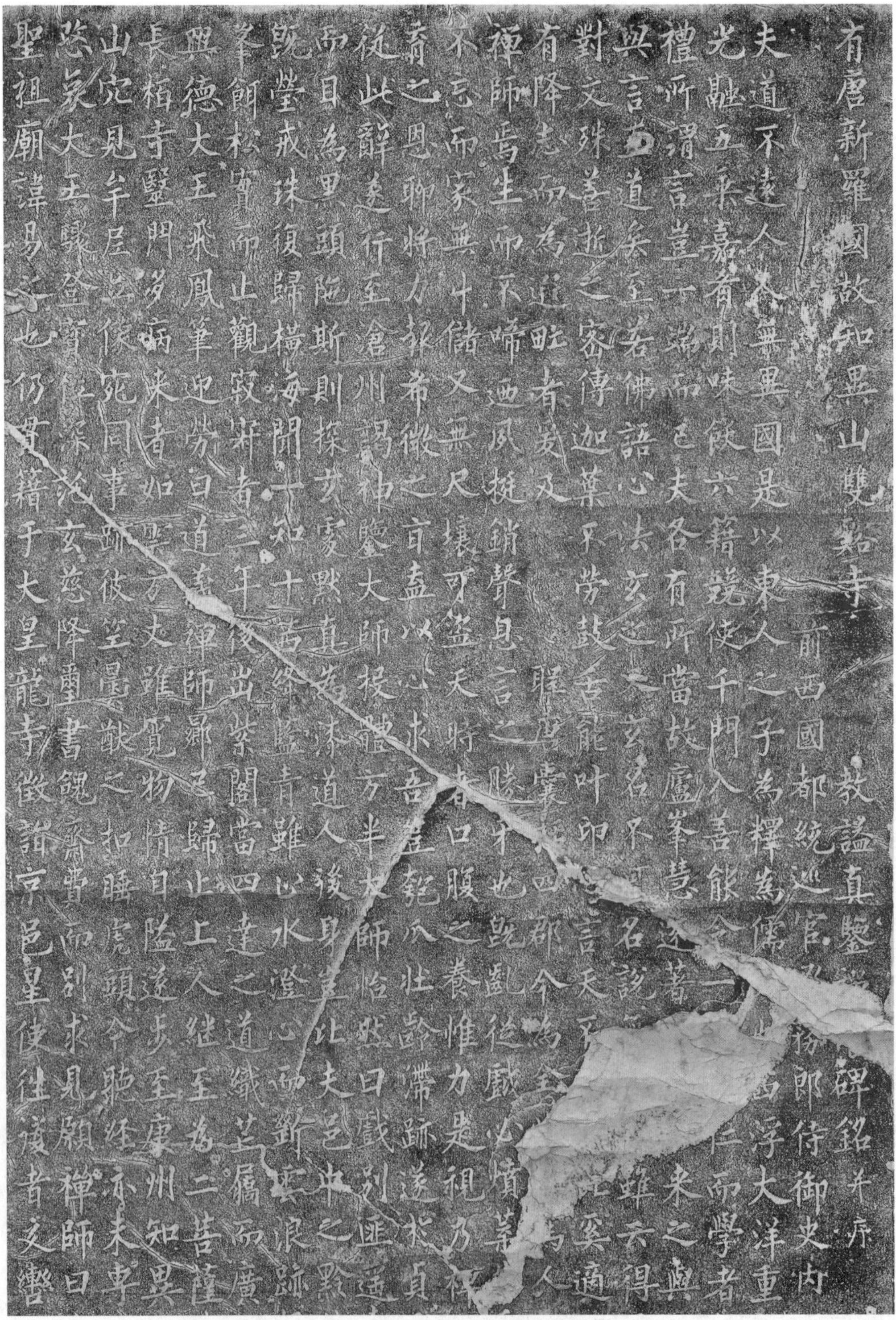

그림 2. 최치원, 쌍계사진감선사대공탑비, 887, 통일신라, 국립진주박물관(1916년 입수)

肉을 붙여서 특색을 나타냈다'[23]고 한 것은 구양순을 본으로 하여 안진경의 살을 더했다는 말이다. 또 '구양순체의 엄정방경한 체격에 우세남의 온화한 필의를 가미한 독특한 필체로 언뜻 보기에 안진경의 필의가 있는 듯도 하고 구양통의 글씨체와 닮은 듯하나, 굳센 기상이 부드러운 운필 속에 녹아들어 강약이 혼연한 조화를 이룸으로써 구양통의 글씨에서 느끼는 의식된 필력이나 안진경체의 비대한 느낌과는 다른 신운을 느낄 수 있다'[24]고 한 것은 구양순의 굳셈과 우세남의 온화함을 혼합한 느낌이며 구양통이나 안진경과는 다르다는 의미다.

자세히 살펴보면 '之' 자 파책의 부드러움, '異' 자 轉折의 向勢 등 부분적으로 안진경의 필법인 글자들도 있으나, 전체적으로 方折에 背勢를 취한 결구가 주를 이루어 瘦勁한 구양순풍이 더 강하다. 또 '해서에 行氣를 띠고 있으며, 서풍은 당 사대가와 유공권의 서체를 잘 소화하여 표현된 최치원의 독자적인 것이다. 모방을 넘어 한마디로 최치원체라고 할 수 있다'[25]고 하여 당 서가들의 글씨를 녹여 자가풍을 창출했다고 보기도 한다.

구양순의 골격을 취했지만 행서의 필의가 있는 해서로 쓴 점, 세로획을 길게 내린 점 등은 선불교에 심취하면서 학식이 높은 晩唐의 정승 裴休(791~870)가 855년 撰書한 〈圭峰碑〉(〈定慧禪師碑〉, 그림 3)와 흡사하다.[26] 그리고 그것보다 더 자유분방하여 배휴에 머무르지 않고 최치원의 자가풍이 더해졌다고 볼 수 있다.[27] 최치원도 배운 것으로 간주되는 〈규봉비〉에 관해 강유위도 '배휴의 글씨를 굳세면서도 맑고 힘차며, 모나고 정연한 기운이 있다. 나도 〈규봉비〉를 임서한 후에 결구가 조금 이해되었다'고 높이 평했다.[28] 이처럼 최치원은 재당 시절 구양순을 배움에 머무르지 않고 사상적으로 자신의 취향에 맞는 배휴를 스승으로 삼았음을 알 수 있다. 배휴 글씨와의 유사성은 868년 입당할 때 이미 존재한 그의 글씨를 인지하고, 885년 귀국할 때까지 꾸준히 접하고 익혔음을 암시한다.

한편 비문에 行氣가 많은 점이 신라 중대의 고승 원효를 추모하기 위해 손자 薛仲業이 애장왕대(800~808)인 9세기 초에 세운 신라의 첫 고승비인 〈高仙寺誓幢和尙碑〉(그림 4)와 닮았다. 그러나 〈서당화상비〉는 6세기 말부터 신라의 금석문과 목간 등에서 쓰이기 시작한 북위풍이 강한 반면,[29] 〈진감선사비〉는 7세기 후반부터 왕릉비를 중심으로 쓰이기 시작한 당풍의 결구가 많다. 최치원이 입당 전이나 귀

23) 최남선, 1972, 『朝鮮常識問答續編』, 삼성문화재단, p.239.

24) 최완수, 1998, 앞의 논문, p.27.

25) 조수현, 2000, 「통일신라시대(8C-10C)의 서예」, 『한국서예이천년 특강논문집』, 예술의전당, p.48. 당사대가는 구양순, 우세남, 저수량, 안진경이다.

26) 배휴 글씨와의 연관성은 이순태, 2016, 「崔致遠의 〈雙谿寺眞鑑禪師大空塔碑〉 書風 硏究」, 원광대학교 대학원 박사학위논문, pp.103-111; 2017, 「〈쌍계사진감선사비〉의 서풍 및 사상과의 연관성」, 『서예학연구』 30, 한국서예학회, pp.16-21; 진복규, 2017, 앞의 글, pp.69-72, 표 7 참조.

27) 행기가 있는 사유분방한 서풍과 선사상과의 연관성은 정현숙, 2015, 「신라하대 寶林寺 금석문의 서체와 그 서풍」, 『목간과 문자』 15, 한국목간학회, p.163; 이순태, 2017, 위의 글, pp.21-29 참조.

28) 강유위 지음, 정세근·정현숙 옮김, 2014, 『광예주쌍집』 상, 다운샘, p.390, p.435, 그림 181.

29) 정현숙, 2018, 『삼국시대의 서예』, 일조각, p.389, p.399, p.402, p.404.

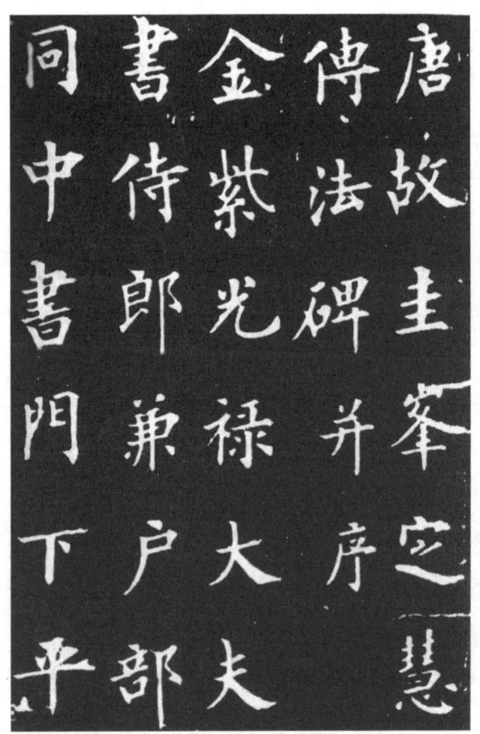

그림 3. 배휴, 규봉비, 855, 당, 중국 섬서성 鄠縣

그림 4. 고선사서당화상비, 800~808, 통일신라, 동국대학교박물관

국 후 경주 소재 〈서당화상비〉를 보고 그 분위기를 표현했을 것이라 유추해 볼 수 있다.

동시대의 〈서당화상비〉를 넘어 조금 다른 관점으로 '최치원의 글씨에 나타난 당해와 남북조의 필법 및 서풍 그리고 서체를 넘나드는 창작의식은 바로 고구려와 백제 그리고 신라의 정신이 하나로 어우러진 결과'[30]로 보고 삼국서체를 계승했다고 여기는 견해도 있다. 혈기 넘치는 31세에 최치원이 여러 서체와 서풍을 융합하여 자가풍으로 구사한 〈진감선사비〉에는 나이에 맞게 힘차고 굳센 기운이 넘쳐 귀국 후 자신의 꿈을 실현하고 싶은 의욕이 충만한 청년의 패기가 그대로 드러나 있다. 사실 탁본보다 실물에서 더 굳건하면서 변화무쌍한 분위기를 느낄 수 있는데, 예사롭지 않은 刻僧 奐榮의 솜씨가 최치원의 글씨를 더욱 돋보이게 한다.

2. 〈숭복사비〉의 서풍

최치원이 〈진감선사비〉를 쓰고 9년이 지난 40세에 쓴 〈숭복사비〉(그림 5)의 결구와 필법, 그리고 행서의 필법이 가미된 서풍이 〈진감선사비〉와 닮았음은 분명하다. 가지런한 장법, 정연한 결구, 절제된 필의는 규범적 해서의 전형이다. 배세의 필법은 구양순풍의 특징이지만 장방형인 구양순의 글자보다 길이가

30) 조수현, 2009, 앞의 글, pp.751-753.

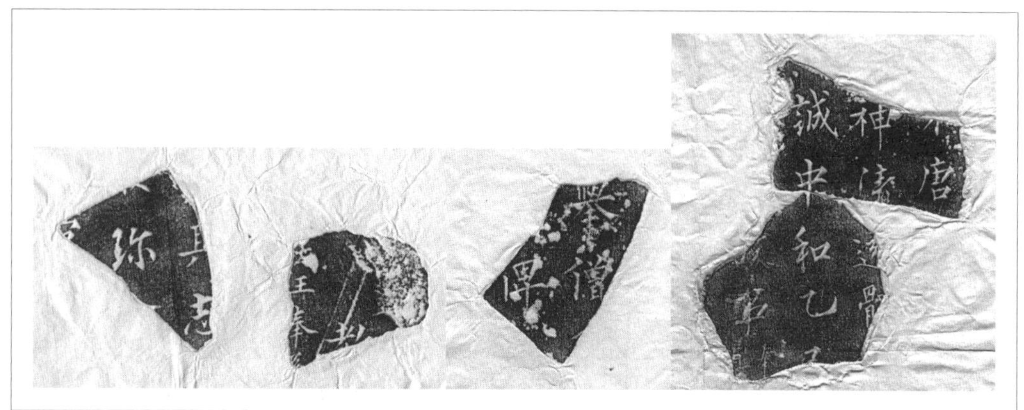

그림 5. 최치원, 숭복사비, 896, 통일신라, 동국대학교박물관

짧아 정방형에 가까우며, 획은 더 힘차고 굳건하다. 가로획의 收筆을 눌러 거둠으로써 안진경풍이 지닌 약간의 부드러움도 가미되어 있다.

더하여 우측 비편 2행의 '淸' 자처럼 행서로 쓴 글자도 있고, 좌우가 행서와 해서의 조합인 글자들도 있다. 예컨대 3행 '誠' 자의 言, '和' 자의 禾, 좌측 비편 '珍' 자의 王처럼 좌변이 완전히 행서의 필법인 것은 〈진감선사비〉와 유사하며, 행서와 해서 필법의 조합이 자연스러워 최치원의 노련함을 잘 보여 준다. 〈숭복사비〉도 〈진감선사비〉처럼 실물에서 더 생생함을 느낄 수 있는데, 이는 刻僧 桓蠲의 노련함 때문이다. 두 비 모두 書者와 刻者의 합작으로 인해 최치원 글씨의 완성도가 더욱 높아졌다.

둘 다 행서의 필법이 가미되었지만 〈진감선사비〉는 더 자유자재하고, 〈숭복사비〉는 자유로운 가운데 절제미와 노련미가 느껴져 서풍에 약간의 차이가 있다. 이는 30대와 40대라는 최치원의 나이와도 무관하지는 않은 듯하여 약 10년간 글씨가 더 무르익었고 그 결과 운필에 더 자신감이 생겼다고 볼 수 있다. 더불어 선사비와 사적비라는, 성격의 다름을 염두에 두고 사적비에서는 좀 더 엄정함을 표현한 것으로 보인다.

표 2. 〈진감선사비〉와 〈숭복사비〉 글자 비교

비명	唐	奉	淸	中	和	志	事	僧	擧
진감선사비 (887)									
숭복사비 (896)									

〈표 2〉에서 보듯이 〈진감선사비〉에는 장방형이, 〈숭복사비〉에는 정방형이 더 많으며, 〈숭복사비〉에

행서의 필의가 더 많음에도 불고하고 획에 강약의 변화가 많고 획간의 연결이 더 자연스러워 노련함과 단정함이 확연히 드러난다.[31] 이처럼 두 비는 같은 서자라도, 또 결구와 필법이 흡사함에도 불구하고 시간이 흐름에 따라 글씨가 더 완숙해진다는 보편적 사실을 잘 보여 준다.

3. 〈성주사낭혜화상백월보광탑비〉의 서풍

이 비는 봉림사의 〈진경대사비〉(924) 전액(그림 6)을 제외하고 최인연의 글씨를 보여 주는 유일한 작품이다. 〈낭혜화상비〉 마지막 행에 '崔仁渷奉敎書', 〈진경대사비〉에 '崔仁渷篆', 여초에 세워졌으나 나말에 문장을 지은 〈낭공대사비〉(954)에는 '崔仁渷撰'이라 적혀 있어 신라에서는 최인연이라는 이름을 사용했음이 거듭 확인된다. 그러나 전술했듯이 나말인 924년에 지은 영월 흥녕사지의 〈징효대사비〉(944)에는 예외적으로 '崔彦僞撰'이라 되어 있다. 이런 기록으로 볼 때 최인연은 적어도 924년경에는 최언위로 개명했다고 볼 수 있고, 따라서 최인연이라 기록된 〈낭혜화상비〉는 924년 이전에 썼을 가능성이 커 보인다.

그림 6. 최인연, 봉림사진경대사보월능공탑비액, 924, 통일신라, 성균관대학교박물관

〈낭혜화상비〉(그림 7)의 명문 '從弟 … 崔仁渷' 때문에 최인연을 최치원의 종제로 보았고,[32] 그 결과 선행 연구들은 최치원과의 우열을 다투어 말했다. '최치원의 필의를 지닌 구양통류에 속한다. 짜임새가 어색한 점 등은 최치원에 미치지 못하나 필획의 크기에 변화를 주어 행서의 필의를 해서에 가미시킨 점은 독특하다'[33], '종형인 최치원의 필법을 이어 받아 〈진감선사비〉와 방불한 해서로 썼으나 규각이 조금 예리하여 구양통의 글씨와 흡사하다'[34]는 평이 있다.

한편 두 사람의 관계를 언급하지 않은 평도 많다. 『東國金石評』에는 '비의 해서는 졸렬하고 메마르다[拙澁]', 『書鯖』에는 '필법이 자못 뛰어나 취미가 있으니 그 자태는 실로 고졸한 가운데 넘쳐 나와[古拙中溢出] 뜻밖에 교묘하게 되었다'라고 기록되어 있다.[35] 또 '필법은 자못 빼어난 정취가 있고 고졸한 맛이 넘쳐흐르는데, 의외로 교묘한 맛이 있다. 필획이 비교적 원숙하고 구양순체에 가까운 것으로 보인다'[36],

---

31) 더 많은 글자 비교는 진복규, 2017, 앞의 글, pp.113-117, 표 27 참조.

32) 김기승, 1975, 『韓國書藝史』, 정음사, p.217; 대한민국예술원, 1984, 『韓國美術史』 韓國藝術史叢書 Ⅱ, p.267; 최완수, 1998, 앞의 글, p.28; 국립문화재연구소, 2011, 앞의 책, p.2267; 김충현, 2016, 앞의 책, p.62.

33) 김세호, 1991, 「保寧聖住寺址郎慧和尙塔碑」, 『한국민족문화대백과사전』 제12권, 한국학중앙연구원.

34) 최완수, 1998, 앞의 글, p.28.

35) 오세창 편저, 동양고전학회 역, 1998, 앞의 책, p.38.

36) 김충현, 2016, 앞의 책, p.63.

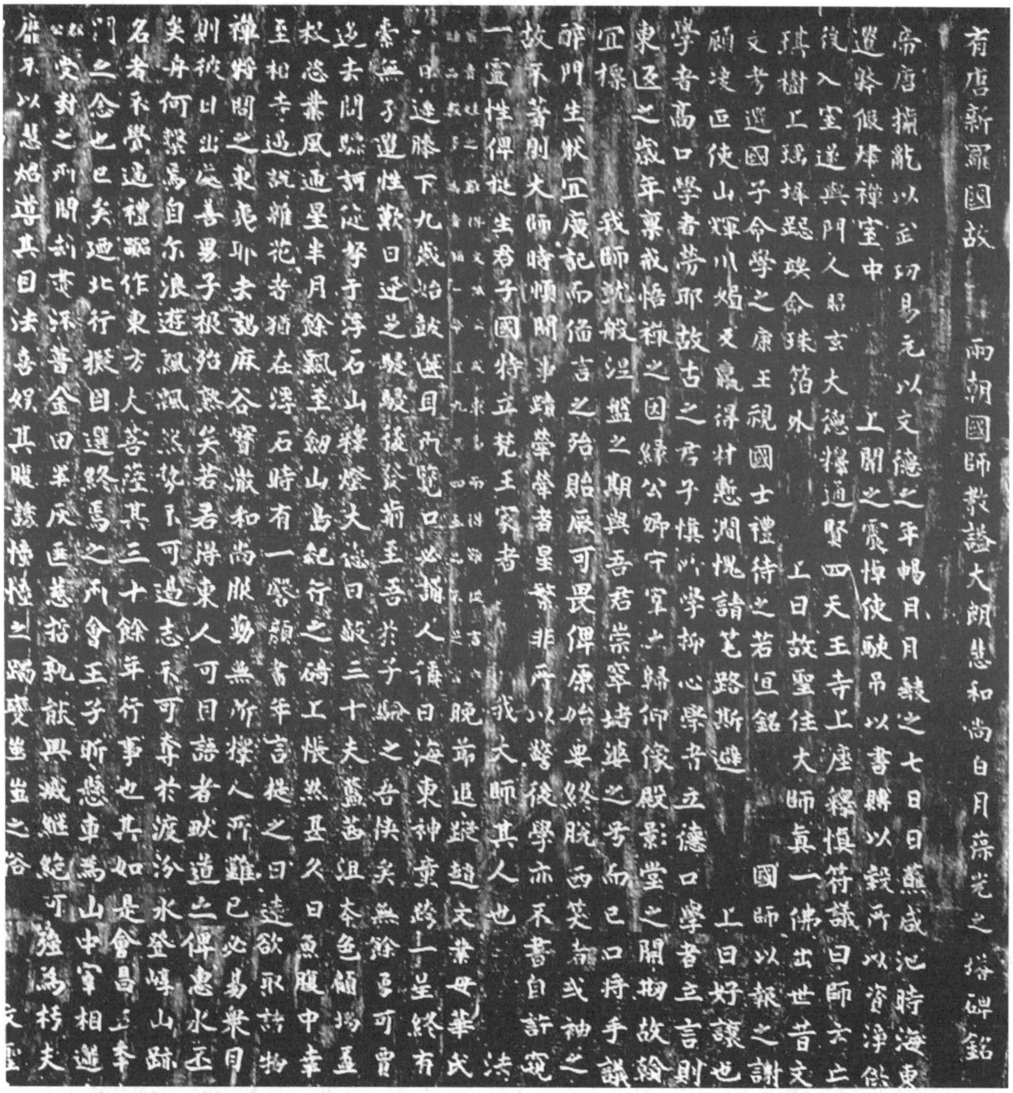

그림 7. 최인연, 성주사낭혜화상백월보광탑비, 909~924, 통일신라, 국립중앙도서관

'전절을 강하게 강조한 필법 때문에 다소 강한 느낌을 주는 것이 구양통의 〈道因法師碑〉와 비슷하며, 당해와 북조의 서풍이 혼합된 글씨다'[37]라는 평도 있다. 이처럼 〈낭혜화상비〉는 대체로 구양순이나 그보다 더 힘찬 해서를 구사한 아들 구양통의 필법에 가깝다고 보고 초당 해서와의 연관성을 강조했다.

한편 '골격은 구체에 두고 처음으로 결구와 기풍이 안진경의 〈多寶塔感應碑〉에 핍진한 것을 발견했다. 결국 신라비 중 안체를 보이고 있음은 이 비가 처음이며, 그 근엄하면서도 단아함은 통일기 통일문화의

37) 국립문화재연구소, 2011, 앞의 책, p.2268.

성격을 그대로 표현하고 있다'는 평은 초당 구양순풍과는 상반되는 특징을 지닌 중당 안진경풍의 영향을 강조한 것이다.

비의 필법과 결구를 자세히 살펴보면, 전절이 부드럽기도 하고 모나기도 하여 변화미를 추구하고 있다. 기필의 강도가 〈도인법사비〉보다는 오히려 구양통의 다른 작품인 〈泉男生墓誌銘〉에 더 가깝지만 행기와 향세가 주는 풍성함은 〈천남생묘지명〉과 구별되며, 오히려 안진경의 분위기를 풍긴다. 또 글자는 정방형이 주를 이루고 향세가 많기 때문에 자연스럽게 획이 풍후하기도 하고, 장방형과 배세의 마른 획도 있어 구양순풍과 안진경풍의 대비되는 요소들이 조화를 이루고 있다. 대부분의 글자가 장방형이면서 배세를 취해 기울면서 힘찬 초당풍의 〈진감선사비〉와는 구별되어 최인연의 자가풍으로 보아도 무방하다. 이런 관점에서 '비의 서체는 규칙화의 정도가 심한 당해와는 거리가 멀다. 이와 같은 들쭉날쭉하고 해학적이고 변화의 기복이 심한 해서는 중국보다는 오히려 한국의 古碑에서 찾아질 수 있다'[38]고 한 주장은 일견 타당성이 있다.

이처럼 장법과 결구에서 변화 속에 전체적인 통일감이 있는 최치원의 글씨에 비해 최인연은 전체적으로 변화미를 추구하고 있어 양자의 개성이 분명히 드러난다.[39] 최인연이 42세 이후에 쓴 비교적 원만한

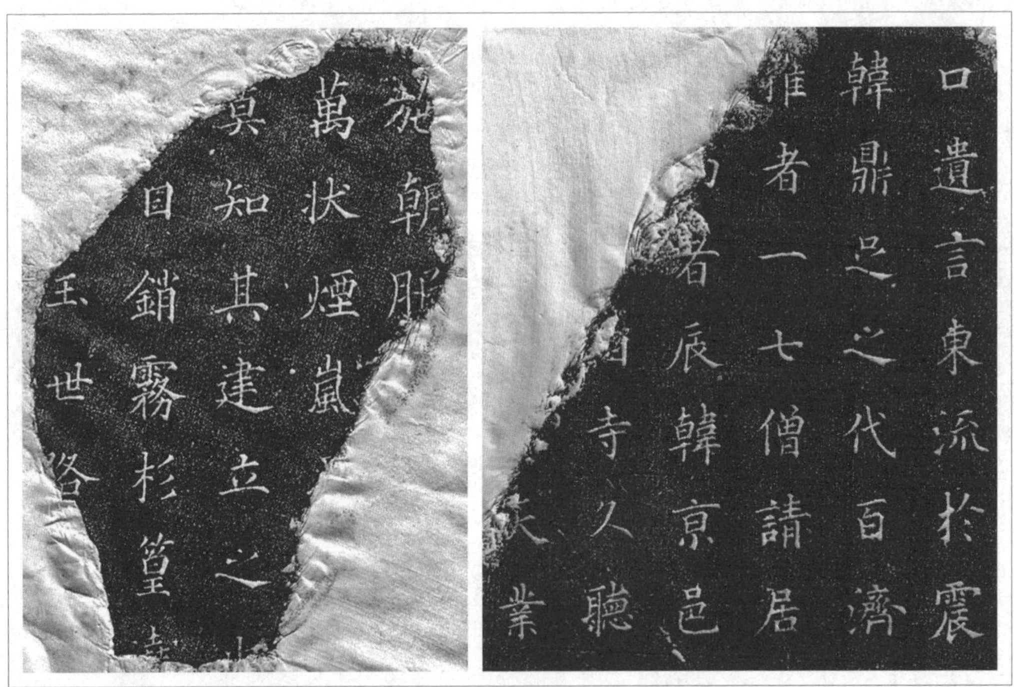

그림 8. 김립지찬성주사비, 845~857, 통일신라, 보령박물관

38) 김수천, 2005, 「崔彦撝 「聖住寺址郎慧和尙碑」의 書體美」, 『서지학연구』 31, 한국서지학회, p.219.

39) 두 서자의 글자 비교는 진복규, 2017, 앞의 글, pp.222-223, 표51 참조.

글씨는 강렬한 최치원의 글씨와는 달리 온후하여 그의 너그럽고 후한 천성이 그대로 드러난다. 〈낭혜화상비〉는 최인연이 909년 귀국한 후 쓴 것이므로 중당의 서풍이 반영된 10세기 전반 신라 글씨의 단면을 보여 준다.

〈낭혜화상비〉보다 약 반세기 이전에 이미 성주사에 건립된 사적비인 〈金立之撰聖住寺碑〉(그림 8)의 엄정하면서도 부드러운 저수량풍의 단정한 해서와도 분명히 구분되니,[40] 자신만의 고유한 글씨를 쓰려 한 최인연의 강한 의지를 확인할 수 있다.

〈낭혜화상비〉는 사산비명 가운데 유일하게 새긴 이가 미상이다. 웅장한 비의 규모에 5천여 자를 새겨 자간이 매우 빽빽하며, 따라서 새김도 〈진감선사비〉나 〈숭복사비〉만큼 정교하지 못하고 필법의 묘함을 살리지도 못해 각법은 사산비명 가운데 가장 뒤떨어진다.

4. 〈봉암사지증대사적조탑비〉의 서풍

나말 승려의 자가풍을 보여 주는 여러 비석 가운데 하나인 〈지증대사비〉(그림 9)에서 먼저 주목할 것은 '圀' 자를 무주자로 쓴 점이다(표 3). 무주자 '圀'은 전면에 8회, 후면에 2회 등장한다.[41] 신라에서 무주자가 처음 사용된 것은 751년경 제작된 〈무구정광대다라니경〉에서이고,[42] 755년에 쓰인 〈백지묵서대방광불화엄경〉에도 있다. 전자에는 4종 10자에 불과하지만 후자에는 13종 508자의 무주자가 사용되었다. 그러나 新譯 華嚴經으로 현존 최고의 사경으로 알려진 일본 정창원 소장 〈화엄경〉(768)은 〈백지묵서대방광불화엄경〉보다 14년 후에 제작된 것임에도 무주자가 사용되지 않았다.[43] 그런데 비록 한 자지만 170여 년 후 나말의 〈지증대사비〉에 무주자가 쓰였다는 것은 일본과는 달리 신라에서는 말기까지 무주자가 지속적으로 사용되었음을 말하는 것이므로 간과해서는 안 될 부분이다.

비의 음기에 의하면 분황사 승려 혜강이 83세인 924년 쓰고 새긴 봉암사의 〈지증대사비〉는 같은 해에 세워진 봉림사의 〈진경대사비〉(그림 10)와 더불어 신라의 마지막 선사비이므로 나말의 서풍을 대변한다고 볼 수 있다. 〈진경대사비〉를 쓴 승려 幸期는 瘦勁한 구양순풍 해서를 구사한 반면, 혜강은 전혀 다른 분위기의 행기가 많은 해서로 써 동시대의 글씨의 양면을 살필 수 있다.

〈지증대사비〉의 書者 겸 刻者인 혜강은, 金薳이 짓고 崔瓊이 전액을 쓰고 승려 雲徹이 비문을 왕희지의 글씨로 집자하여 886년 건립된 〈沙林寺弘覺禪師〉(그림 11)를 새기기도 했다. 〈홍각선사비〉에 의하면 비를 새길 때 혜강은 報德寺 승려였고 나이는 45세였다. 그렇다면 혜강의 刻歷은 적어도 40년 이상이고 書歷은 분명 그것을 뛰어넘었을 것이다. 그렇다면 혜강은 신라 하대의 대표적 書僧 겸 刻僧이고, 그가 쓰고 새긴 〈지증대사비〉는 신라 금석문 가운데 서자의 필의를 가장 잘 살려 새긴 작품이라 할 수 있다.

---

40) 정현숙, 2018, 앞의 글, p.72.

41) 이규복, 2003, 「鳳巖寺智證大師寂照塔碑의 槪觀」, 조수현 편, 『鳳巖寺 智證大師寂照塔碑』, 원광대학교출판국, pp.151-152.

42) 정현숙, 2008, 「통일신라시대 「무구정광대다라니경」의 서체 연구」, 『서지학연구』 35, 한국서지학회, p.52; 2016, 앞의 책, p.281.

43) 문화재연구회, 2000, 『新羅白紙墨書大方廣佛華嚴經』, 문화재청, pp.31-37.

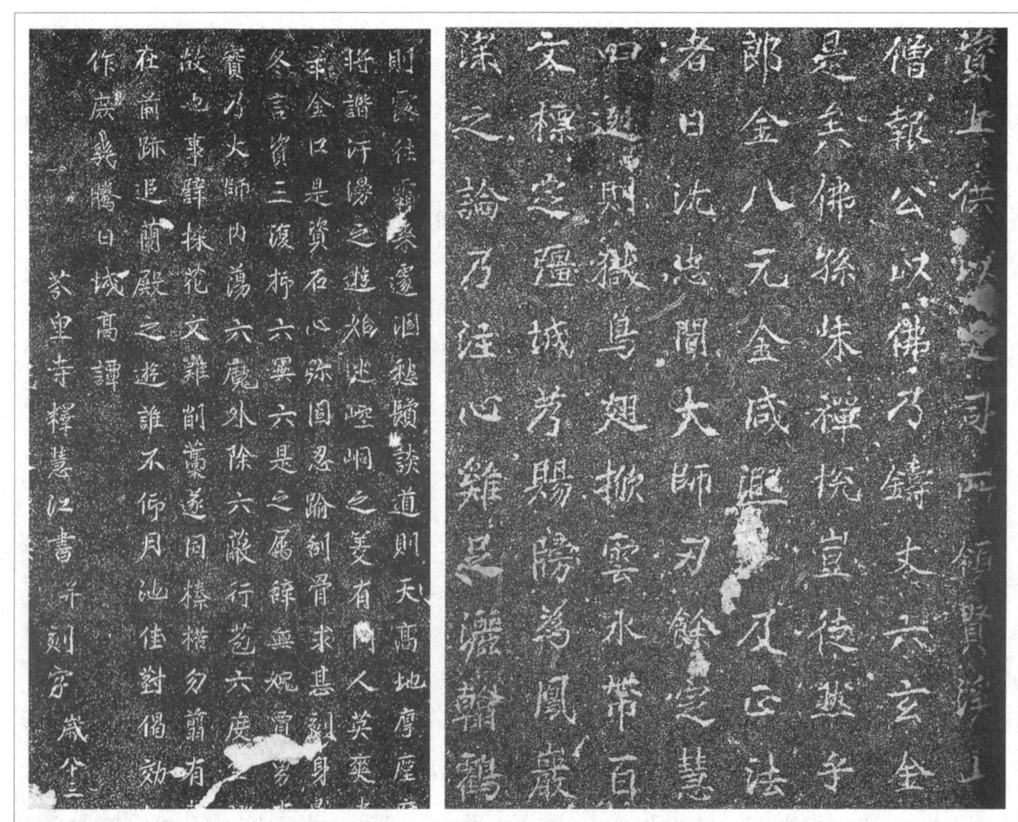

그림 9. 혜강, 봉암사지증대사적조탑비 음기(좌)·양기(우), 924, 통일신라, 성균관대학교박물관

노련함과 완숙함에서 일가를 이룬 〈지증대사비〉의 글씨를 왕희지풍 행서 또는 저수량풍 해서로 보는 상반된 주장이 있다.[44] 대부분의 전절에 해서의 모남이 없어 전체적으로 유려한 행서의 필법으로 쓴 것은 혜강이 〈홍각선사비〉를 새길 때, 또는 그 전후에도 이미 왕희지 글씨를 익혔기 때문일 것이다. 비록 행서의 필의를 지니고 향세의 풍후함을 보이는 글자들도 있고 곡선미가 있는 저수량풍도 부분적으로 보이지만, 정방형의 자형과 결구는 당나라 해서보다는 북위풍 해서에 더 가깝다. 따라서 이 비는 왕희지 행서, 저수량 해서, 북위 해서를 섭렵한 혜강의 독특한 서풍으로 쓰여 나말 서예의 이색적 모습을 보여 준다.

이 비에 대해『書鯖』은 '자획이 단아하고 건장하다'고 했지만[45] 이전의 선사비 글씨들에 비해 상대적으로 강건함은 부족하다. 경명왕이 문장을 짓고 최인연이 전액을, 승려 幸期가 비문의 글씨를 쓰고 승려 性林이 새겨 같은 해에 건립된 〈진경대사비〉의 굳셈에는 미치지 못하지만 한 나말 승려의 말년 書品은 분명히 드러난다.

44) 이규복, 2003, 앞의 글, p.150.

45) 오세창 편저, 동양고전학회 역, 1998, 앞의 책, p.31.

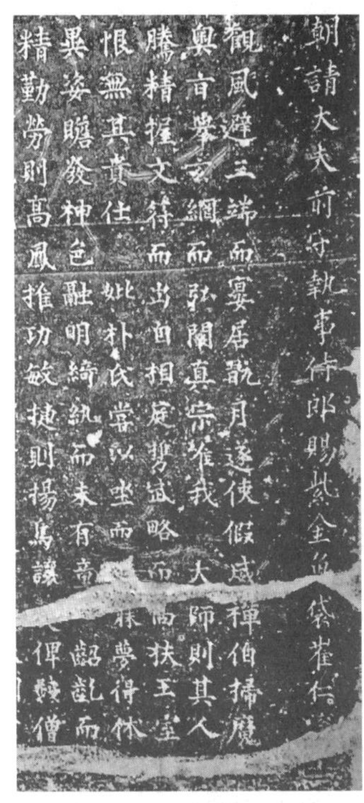

그림 10. 행기, 봉림사진경대사보월능공탑비, 924, 통일신라, 예술의전당

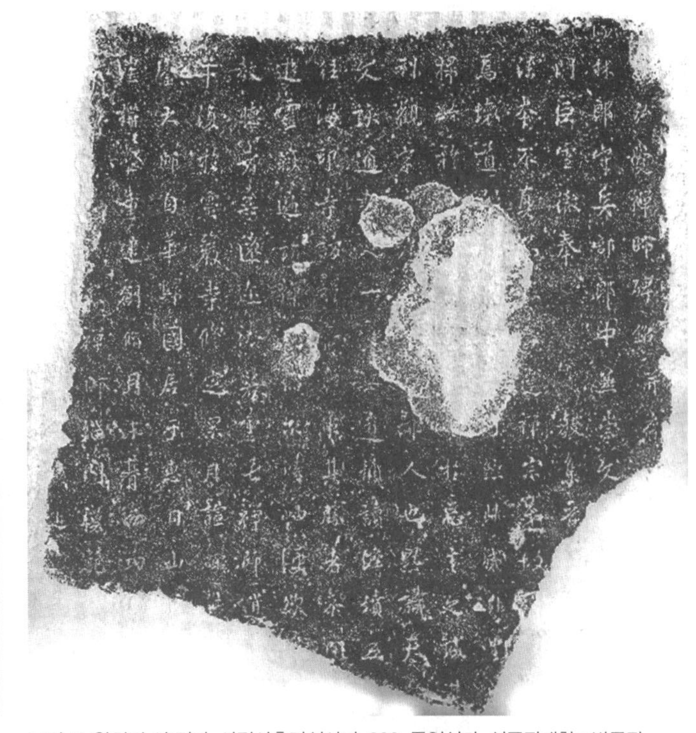

그림 11. 왕희지 서 집자, 사림사홍각선사비, 886, 통일신라, 성균관대학교박물관

표 3. 사산비명 글자 비교

비명(서자)	國	大	師	侍	郎	碑	銘	崔	奉	教
진감선사비 (최치원)	國	大	師	侍	郎	碑	碑	崔	奉	教
숭복사비 (최치원)									奉	
낭혜화상비 (최인연)	國	大	師	侍	郎	碑	銘	崔	奉	教
지증대사비 (혜강)	國	大	師	侍	郎	碑	銘	崔	奉	教

사산비명을 포함한 통일신라의 선사비는 대부분 행서 또는 행서의 필법이 가미된 해서로 쓰여 7세기 중반부터 9세기 후반까지 지속적으로 정연한 구양순풍 해서로 쓰인 왕릉비들[46]과는 구별되는데, 이는 왕

46) 정현숙, 2016, 앞의 책, pp.219-220; 2018, 앞의 글, pp.72-73.

권이 상징하는 엄정함보다 선사의 자유로운 선사상과 관련이 있어 보인다.[47] 사산비명 글씨의 가장 큰 특징은 '다양한 당풍을 근본으로 했지만 그것을 넘어서 자가풍을 창조했다'는 점이다. 그리고 〈표 3〉에서 보듯이 사산비명은 서자가 다른 경우는 물론 같은 서자도 시기에 따라 조금은 다른 서풍을 구사하여 나말 서예의 다양성에 일조했다.

Ⅳ. 맺음말

지금까지 살핀 사산비명 글씨를 요약하여 결론으로 삼고자 한다. 사산비명 글씨의 가장 큰 특징은 '행서의 필의가 많은 자가풍의 해서로 썼다'는 점이다. 이것은 경전에 얽매이는 교종과는 달리 계율은 지키면서 구애됨이 없는 선사들의 선사상과 부합하는 것이어서 書如其人이라는 만고불변의 진리를 다시 한 번 일깨워 준다.

사산비명의 서자는 최치원, 최인연, 혜강인데, 최치원은 두 비의 글씨를 썼다. 최치원이 31세에 쓴 〈진감선사비〉(887)에는 패기 넘치는 힘참과 자유분방함이 있고, 9년 후 40세에 쓴 〈숭복사비〉(896)에는 〈진감선사비〉에 비하여 차분하고 절제된 강직함이 있다. 최인연이 42세 이후에 쓴 〈낭혜화상비〉(909~924)에는 유연함과 굳셈이 혼재되어 있으며, 혜강이 말년인 83세에 쓴 〈지증대사비〉(924)에는 노경의 완숙미와 노련미가 있다.

최치원이 쓴 두 비에는 초당 구양순과 배휴의 해서, 그리고 태종대에 성했던 왕희지 행서의 필의가 강한 반면, 최인연의 글씨에는 초당 해서에 중당 안진경 해서의 풍후한 분위기까지 드러내고 있어 그들이 당에 머물렀던 시기의 서풍을 각각 표현하고 있음을 알 수 있다. 최치원의 글씨에는 조국 신라에서조차 원대한 꿈을 펼칠 희망이 없자 은자의 삶을 택한 그의 강직한 성품이 드러나 있고, 최인연의 글씨에는 개명까지 하면서 새 왕조 고려에서 지위를 얻고 문명을 떨친, 변화에 대처하는 그의 적응력과 융화적 성품이 녹아 있다. 혜강의 글씨에는 書와 刻을 동시에 연마한 반세기 이상이라는 세월의 노련함이 있어 온화한 선승의 노경을 보는 듯하다.

이처럼 사산비명의 세 서자는 각각 개성을 지닌 자가풍을 창조함으로써 신라 하대부터 나말까지의 서예사에서 절대적인 위치를 차지하게 되고, 나아가 신라 서예문화의 토착화에 크게 기여했다. 이것은 불교가 신라의 서예문화 형성에 미친 영향이 지대함을 말해 주는 것이기도 하다.

투고일 : 2018. 10. 24. 심사개시일 : 2018. 10. 29. 심사완료일 : 2018. 12. 3.

47) 구산선문의 하나인 가지산문 보림사의 〈普照禪師彰聖塔碑〉(884)의 둘째 서자인 金彦卿의 행서 필법이 짙은 해서도 그중 하나다. 정현숙, 2015, 앞의 글; 2018, 앞의 글 참조.

참/고/문/헌

1. 원전

『高麗史節要』.

『三國史記』.

2. 단행본

강유위 지음, 정세근·정현숙 옮김, 2014, 『광예주쌍집』 상·하, 다운샘.

국립경주박물관, 2002, 『文字로 본 新羅』.

국립문화재연구소, 2011, 『한국역대서화가사전』 상·하.

김기승, 1975, 『韓國書藝史』, 정음사.

김응현, 1995, 『書與其人』, 이화문화출판사.

김충현, 2016, 『근역서보』, 한울.

대한민국예술원, 1984, 『韓國美術史』 韓國藝術史叢書Ⅱ.

문화재연구회, 2000, 『新羅白紙墨書大方廣佛華嚴經』, 문화재청.

성균관대학교 박물관, 2008, 『신라 금석문 탁본전』.

예술의전당, 1998, 『옛탁본의 아름다움, 그리고 우리의 역사』 한국서예사특별전 18.

예술의전당, 2000, 『韓國書藝二千年』 한국서예사특별전 19.

예술의전당, 2017, 『죽음을 노래하다』 가나아트 이호재 회장 기증 고려금석문전.

오세창 편저, 동양고전학회 역, 1998, 『국역 근역서화징』 상, 시공사.

정현숙, 2016, 『신라의 서예』, 다운샘.

정현숙, 2018, 『삼국시대의 서예』, 일조각.

조수현, 2017, 『한국서예문화사』, 다운샘.

조수현 편, 2003, 『雙磎寺 眞鑑禪師大空塔碑』 한국금석문법서선집 2, 원광대학교출판국.

조수현 편, 2003, 『聖住寺 郎慧和尙白月葆光塔碑』 한국금석문법서선집 3, 원광대학교출판국.

조수현 편, 2003, 『鳳巖寺 智證大師寂照塔碑』 한국금석문법서선집 5, 원광대학교출판국.

최남선, 1947, 『朝鮮常識問答續編』, 삼성문화재단.

최영성, 1998, 『譯註 崔致遠全集 1-四山碑銘-』, 아세아문화사.

한국고대사회연구소 편, 1992, 『역주 한국고대금석문』 제3권, 가락국사적개발연구원.

한국역사연구회 편, 1996, 『역주 나말여초금석문』 상·하, 혜안.

한국학중앙연구원, 1991, 『한국민족문화대백과사전』.

3. 논문

곽승훈, 2002,「新羅 下代 前期 高僧追慕碑의 建立」,『한국고대사연구』25, 한국고대사학회.

권오찬, 2002,「崇福寺碑文에 포함된 사료의 再吟味」,『경주문화』8, 경주문화원.

김남윤, 1992,「雙谿寺 眞鑑禪師塔碑」, 한국고대사회연구소 편,『역주 한국고대금석문』제3권, 가락국사적개발연구원.

김세호, 1991,「保寧聖住寺址郎慧和尙塔碑」,『한국민족문화대백과사전』제12권, 한국학중앙연구원.

김수천, 2005,「崔彦撝「聖住寺址郎慧和尙碑」의 書體美」,『서지학연구』31, 한국서지학회.

김수천, 2005,「崔致遠과 崔彦撝 서체의 공통점과 차이점」,『신라사학보』5, 신라사학회.

남동신, 1992,「鳳巖寺 智證大師寂照塔碑」, 한국고대사회연구소 편,『역주 한국고대금석문』제3권, 가락국사적개발연구원.

남동신, 2008,「崔致遠과 四山碑銘」,『신라 금석문 탁본전』, 성균관대학교 박물관.

윤선태, 2000,「新羅 崇福寺碑의 復元-結·苫의 細註와 관련하여-」,『불교미술』16, 동국대학교 박물관.

이규복, 2003,「鳳巖寺智證大師寂照塔碑의 槪觀」, 조수현 편,『鳳巖寺 智證大師寂照塔碑』, 원광대학교출판국.

이순태, 2016,「崔致遠의 〈雙谿寺眞鑑禪師大空塔碑〉 書風 硏究」, 원광대학교 대학원 박사학위논문.

이순태, 2017,「쌍계사진감선사비의 서풍 및 사상과의 연관성」,『서예학연구』30, 한국서예학회.

이현숙, 2004,「나말여초 최치원과 최언위」,『퇴계학과 한국문화』35, 경북대학교 퇴계연구소.

장일규, 2002,「崔致遠의 儒佛認識과 그 의미」,『한국사상사학』19, 한국사상사학회.

정병삼, 1992,「崇福寺碑」, 한국고대사회연구소 편,『역주 한국고대금석문』제3권, 가락국사적개발연구원.

정현숙, 2008,「통일신라시대 〈무구정광대다라니경〉의 서체 연구」,『서지학연구』35, 한국서지학회.

정현숙, 2013,「통일신라 서예의 다양성과 서풍의 특징」,『서예학연구』22, 한국서예학회.

정현숙, 2015,「신라하대 寶林寺 금석문의 서체와 그 서풍」,『목간과 문자』15, 한국목간학회.

정현숙, 2018,「최인연 쓴 〈성주사낭혜화상백월보광탑비〉의 서풍-최치원·혜강 글씨와의 비교-」,『서예학연구』32, 한국서예학회.

조수현, 2000,「통일신라시대(8C-10C)의 서예」,『한국서예이천년 특강논문집』, 예술의전당.

조수현, 2009,「孤雲 崔致遠의 書體特徵과 東人意識」,『한국사상과 문화』50, 한국사상문화학회.

조인성, 2001,「朗慧和尙塔碑銘의 撰述과 崔致遠」,『성주사와 낭혜』, 서경문화사.

진복규, 2017,「최치원 서예 연구」, 경주대학교 대학원 박사학위논문.

최연식, 1992,「聖住寺 朗惠和尙塔碑」, 한국고대사회연구소 편,『역주 한국고대금석문』제3권, 가락국사적개발연구원.

최완수, 1998,「우리나라 고대·중세 서예의 흐름과 특질」,『옛 탁본의 아름다움, 그리고 우리 역사』, 예술의전당.

〈Abstract〉

Characteristic and Comparison of the Calligraphic Style of Sasanbimyeong Composed by Choi Chi-won

Jung, Hyun-sook

This paper is to examine and compare the characteristic of the calligraphic style of Sasanbimyeong (四山碑銘), or the Stone Inscriptions at Four Mountains, composed by Choi Chi-won, a renowned composer and calligrapher of the late Silla period. Sasanbimyeong established from the late 9th to the early 10th century was composed of three-Zen monk stelae and one monastery stele, and their regular script with the brush touch of running script seems to related to the philosophy of Zen Buddhism and Zen monks in an atmosphere of freedom.

The writers of Sasanbimyeong are Choi Chi-won, Choi In-yeon, and Monk Hyegang, and Choi Chi-won wrote two of the four stelae. The *Stele for Zen Monk Jingam* by Choi Chi-won at 31 in 887 shows forcefulness and unrestrictedness, and the *Stele of Sungboksa* by him at 40 in 896 reveals restricted confidence and powerfulness. The *Stele for Zen Monk Nanghye* by Choi In-yeon after 42 between 909 and 924 is mixed with softness and strongness, the *Stele for Zen Monk Jijeung* by Hyegang at 83 in 924 contains maturity and expert ease.

The writing of Choi Chi-won revealed his strong character that chose the life of hermit when he recognized that there are no hope performing his great ambition even in Silla. The writing of Choi In-yeon shows his accommodating and harmonious character handling the political change of the time, being willing to rename, to obtain position, and to become renowned composer in the Goryeo dynasty. The writing of Hyegang harbors his mastery writing and engraving skills trained for more than forty years.

Thus, by creating their own calligraphic style, Sasanbimyeong occupied an absolute position in the calligraphy history of the late Silla period and contributed to the naturalization of the calligraphy culture of Silla.

▶ Key words: Sasanbimyeong, Choi Chi-won, Choi In-yeon, Monk Hyegang

논 문

『한국사』 교과서 속의 고대 목간 자료의 활용

-『日本史B』 교과서와의 對較를 중심으로-

정선화*

〈국문초록〉

본고는 2009년 개정 교육과정(2013 발행) 『한국사』 교과서에 수록되어 있는 고대 목간의 서술 현황을 검토하는데 목적이 있다. 올해 3월 역사교육연구회를 통해 중학교 역사교과서의 목간 관련 서술 내용을 검토한 글을 게재하게 된 것을 계기로 일본의 역사교과서에 관심을 가지게 되었다.

이에 『한국사』 교과서에 목간 관련 서술이 역사학계의 최신 연구 성과를 적재적소에 잘 반영하고 있는지를 검토하기 위한 비교 사례로 일본의 역사교과서를 살펴보았다.

일본은 우리보다 빠른 시기인 1990년대부터 고대 목간 자료를 역사교과서에 수록하였다. 山川出版社, 東京書籍, 実教出版에 기재된 고대 목간은 「長屋王家」 관련 목간, 「郡·評論争」 관련 목간, 「天皇」 호 관련 목간 등 3종류로 대별된다. 『한국사』 교과서는 고대 목간이 수록된 6종의 교과서에 6종류의 고대 목간이 등장한다. 일본에 비해 상대적으로 많은 목간이 수록되어 있다. 그러나 목간의 기재 방식이나 목간의 선정 방식에서부터 상당한 차이를 있음을 발견하였다. 일본은 역사교과서를 통해 1차 사료로서의 목간의 가치를 분명하게 나타나도록 서술한 반면, 한국의 역사교과서는 단순한 소개차원이거나 역사학계의 연구 성과에 반하는 서술이 많다는 것을 알 수 있었다.

목간 관련 서술은 1차 자료가 가지고 있는 특징이 잘 나타나도록 서술하면서 역사학계의 연구 성과가

* 동국대학교 역사교육과 박사수료

정확히 반영되어야 한다. 그러면 측면에서 『한국사』 교과서 속의 고대 목간 관련 서술상의 특징을 검토하여 문제점과 개선방안을 제시하였다.

▶**핵심어: 역사교과서, 『한국사』 교과서, 『日本史B』 교과서, 고대 목간, 1차 사료, 학습 자료, 목간 자료**

I. 머리말

제7차 교육과정(교육과정 2000)에는 교과서 집필의 자율성 확대와 교과서의 질을 향상시키는 교과서 개선 방안이 포함되어 있다. 역사교과서에 학문적 성과 반영 여부를 비교 검토하는 연구 경향에 새로운 변화가 나타나기 시작한 것도 '교육과정 2000'의 영향이다.[1] 2007년 개정 교육과정에 따른 집필 기준에서는 역사학계의 최신 연구 성과와 방향을 보여줌으로써 보다 정확하고 의미 있는 교과서를 집필할 수 있도록 제시하였다.[2] 이와 같이 최근 연구 성과의 역사교과서 수록을 권장하는 분위기 속에서 역사교육계의 관심은 서술 내용 분석뿐만 아니라 학습 자료의 검토로 더욱 확대되고 있다. 문자만으로 전달하기 곤란하거나 과거 사실에 관한 생생한 정보를 제시하고자 할 때는 사진, 그림, 지도 등과 같은 비읽기 자료가 훨씬 효과적이다.[3] 고대 사회의 실상을 알려주는 사료는 상대적으로 적은 편이다. 따라서 신출 자료의 출토는 역사학계뿐만이 아니라 역사교육계에서도 관심이 클 수밖에 없다. 최근 출토 사례가 증가하고 있는 '木簡'은 고대의 사회상을 밝히는 매우 중요한 사료로서 학계의 주목을 받고 있다. 본고는 고등학교 『한국사』 교과서에 처음 등장하는 고대 목간에 주목하여 서술상의 특징을 검토하려고 한다.

필자는 이보다 먼저 중학교 역사교과서 속 고대 목간 관련 서술 현황을 먼저 검토하였다.[4] 중학교 역사교과서를 분석하면서 목간 자료를 역사교과서에 어떻게 기술하는 것이 더욱 효과적인지에 대해 깊이 고민하게 되었다. 이에 논의의 시각을 좀 더 확대할 필요를 느껴 일본 역사교과서의 서술상의 특징을 살펴보았다. 일본에서는 우리보다 앞서 1960년대부터 목간이 출토되었고, 역사교과서에 고대 목간이 수록되기 시작한 것은 1990년부터이다. 출토된 목간의 양도 수십만 점에 달한다. 따라서 일본의 고등학교 역사

1) 구경남, 2015, 「역사교과서 연구의 지속과 새로운 변화 -2000년 이후를 중심으로」, 『역사교육연구』 22, p.117, p.121.

2) 교육과학기술부, 2011, 「2007년 개정 교육과정(교육인적자원부 고시 제2007-79호)에 따른 역사 교과서 집필 기준」, p.1.

3) 역사교과서를 비롯한 역사교재에는 각종 학습 자료가 수록되어 있다. 역사교과서의 경우 본문의 텍스트 외 학습 자료는 연구자마다 다양한 명칭으로 불리고 있다. 사진의 경우 시각 자료(이창호, 2017, 「기호학적 관점에 따른 역사 시각자료 읽기 모형 개발」, 『역사교육연구』 27, p.138), 삽화 자료(지모선, 2009, 「역사 교과서 제2차 세계대전 삽화 자료 비교 분석 -한·중·일·미·독 교과서를 중심으로」, 『역사교육연구』 9, p.206)로 분류하기도 한다. 또 텍스트가 아니라는 점에서 비읽기 자료, 비문자 자료 등으로 분류하기도 한다. 필자는 본고의 검토 대상 역사교과서에 수록된 목간 관련 자료를 넓은 의미의 '학습 자료'로 통칭하였으며(최상훈 외, 2007, 『역사교육의 내용과 방법』, 책과함께, pp.129-130), 경우에 따라서는 세부적으로는 '시각 자료', '비읽기 자료'로 칭하기도 하였다.

4) 정선화, 2018, 「중학교 역사교과서 속 고대 목간 자료의 검토와 활용」, 『歷史教育』 145집.

교과서가 자신들의 목간 자료를 어떻게 다루고 있는지를 검토하는 작업은 한국 고등학교 역사교과서 속에 기재된 우리 목간 자료의 서술 방식과 방향을 가늠할 수 있는 좋은 시금석이 될 수 있다고 생각된다.

본고의 진행 방향은 우선 Ⅱ장에서 일본 고대 목간의 연구 성과를 반영하고 있는 일본 역사교과서를 분석하려고 한다. 연구의 범위는 『日本史B』로 한정하였다. 이를 기초로 하여, Ⅲ장에서는 『한국사』 교과서의 목간 관련 서술 내용을 분석한 후 Ⅳ장에서는 지금까지 검토한 내용을 토대로 『한국사』 교과서 속의 목간 관련 서술상의 문제점과 개선 방안을 제시해 보고자 한다.

Ⅱ. 『日本史B』의 고대 목간 서술 현황과 특징

일본의 현행 교육 현장에서 사용하고 있는 고등학교 역사교과서는 선택 과목인 『日本史A』, 『日本史B』와 필수 과목인 『世界史A』, 『世界史B』로 나누어진다. 『日本史A』와 『世界史A』는 근대사와 현대사의 비중이 높다. 이와 달리 『日本史B』와 『世界史B』는 전체적으로 고대에서 현대까지 균형 있는 통사 형식을 띠고 있으며 주로 문과계 고등학교에서 사용하고 있다.[5] 따라서 본고에서는 고대사의 내용이 상대적으로 풍부한 『日本史B』를 검토 대상으로 삼았다.

일본의 목간은 도입 초기, 국가권력이 미치는 핵심적인 지역을 중심으로 한정적으로 사용되었다.[6] 그 후 식자층의 증가로 목간의 출토 범위는 藤原宮, 平城宮 등의 도성과 福岡縣 大宰府 유적이나 宮城縣 多賀城 유적 등의 지방 관아 등 전국적인 규모로 확대되었다. 이러한 현상은 672~694년까지 飛鳥淨御原宮 시기에 목간이 1만점 이상 출토된 것을 통해 알 수 있다. 또한 비슷한 시기에 백제로부터 도래한 식자층의 증가도 그 이유일 것이다.[7] 일본의 경우 목간의 종류는 크게 두 가지로 구분할 수 있는데 V자형의 홈이 있는 부찰 목간과 기록과 문서를 적은 문서 목간으로 나뉜다.[8] 율령국가 체제의 성립 이후 목간의 사용빈도는 급격히 증가하였기 때문에 목간의 제작 시기는 대략 8~9세기 것이 가장 많다.[9] 일본의 고대 목간 출토 점수는 1928년 三重縣 柚井 유적지를 시작으로 현재까지 최대 40만 점(목간 부스러기 포함)의 목간이 출토된 것으로 보기도 한다.[10] 이처럼 방대한 양의 목간이 역사교과서에 어떤식으로 수록되어 있는

5) 정선영 외, 2001, 앞의 책, pp.329-331; 임상선, 2002, 「일본 중등학교 역사교과서의 발해 관련 내용 연구」, 『사회과교육』 41(2), p.118.

6) 이경섭, 2016, 「6~7세기 한국 목간을 통해서 본 일본 목간문화의 기원」, 『신라사학보』 37, pp.49-50.

7) 市 大樹, 『飛鳥の木簡』, 中公新書, 2012, p.45.

8) 三上喜孝, 2008, 「일본 고대 목간의 계보: 한국 출토 목간과의 비교검토를 통하여」, 『목간과 문자』 창간호, p.189; 그 외 기타 목간(습서 목간, 주술 및 의례 목간 등)을 포함해 기재 내용을 중심으로 세 가지로 분류하기도 한다(김경호, 2011, 『죽간·목간에 담긴 고대 동아시아』, 성균관대학교 출판부, p.35; 市 大樹, 2012, 위의 책, pp.10-11). 이러한 분류는 한국 목간의 용도별 분류와 크게 다르지 않다.

9) 金慶浩, 2010, 「한·중·일 동아시아 3국의 목간 출토 및 연구 현황」, 『한국고대사연구』 59, p.349; 市 大樹, 위의 책, 2012, p.46.

지 검토하는 것은 한국 역사교과서의 서술 방향을 결정하는데 참고가 될 수 있다고 생각한다.

필자가 선택한『日本史B』는 채택률 순으로 상위 3곳이다.[11]『日本史B』는 출판사별로 볼 때 발행 연도와 검인정 연도에 상관없이 서술 내용이 동일하거나 거의 비슷한 경우가 많다. 본장에서는 山川出版社를 포함하여 3곳의 고대 목간 관련 서술 현황과 특징을 정리해보고자 한다. 먼저 山川出版社는 저자별로 A, B, C, D그룹으로 나뉜다. 이들 교과서에서 목간이 수록된 곳을 한 눈에 볼 수 있도록 아래 표에 정리하였다.

표 1. 山川出版社 A, B, C, D그룹의 교과서 구성 특징

	교과서에서 목간이 수록된 곳
山川出版社A	교과서 도입부에「長屋王家」관련 목간 2점과 제1부 '원시·고대' 속의 2장 '고대국가의 형성'의 3절 '율령국가로의 길'에「郡·評論争」관련 목간 1점 수록
山川出版社B	교과서 도입부의 '자료를 읽다[資料をよむ]'의 '장옥왕의 변을 탐색하다[長屋王の変を探る]' 등에「長屋王家」관련 목간 4점 수록
山川出版社C	제1부 '원시·고대' 속의 2장 '고대국가의 형성'의 3절 '율령국가의 번영'의 교과서 본문 날개주에「長屋王家」관련 목간 1점
山川出版社D	교과서 본문 내의 학습자료실에「長屋王家」관련 목간 3점과「郡·評論争」관련 목간 1점 수록

위 〈표 1〉에서 알 수 있듯이 같은 출판사라 하더라도 저자별로 교과서의 구성이 다르게 되어 있다.

---

10) 金慶浩, 2010, 앞의 논문, p.331.
현재 목간의 정의는 한·중·일 삼국 간에 다소의 차이가 있다. 특히 일본의 경우는 삭도(목간 부스러기)까지 포함하여 목간 점수를 나타내고 있기 때문에 목간 점수 계산법에 있어서 우리나라와 차이가 있다. 기본적으로 80~90%가 삭설이라는 주장도 있다(市 大樹, 앞의 책, 2012, p.8).

11) 본고의 분석은 입수 가능한 일본 고등학교 역사교과서에 한정하였다. 이로 인해 국내 기관 중 가장 많은 일본 역사교과서를 소장하고 있는 동북아역사재단의『日本史B』를 대상으로 검토하였다.『日本史B』는 高等高校『日本史B』, 高校『日本史B』, 新選『日本史B』, 新『日本史B』, 詳解『日本史B』, 精選『日本史B』, 最新『日本史B』등으로 나누어져 있다. 본고에서는 이를 일괄『日本史B』(필요로 따라 일본 역사교과서)로 칭하였다. 일본의 교과서 채택률은 出版労連의『教科書レポート』를 통해 공개되므로 참고하였다(이 잡지는 해마다 발행되며 필자가 검토한 것은 확보 가능한 2010~2016 등 7권이다). 가장 높은 채택률은 평균 70% 이상의 비중을 차지하고 있는 山川出版社이다. 2, 3위는 東京書籍(2010~2012에는 3위, 2013~2016에는 2위)과 実教出版(2010~2012에는 2위, 2013~2016에는 3위)이 차지했으며 채택률은 각각 10%대이다. 4위에 링크된 출판사는 주로 清水書院과 明成社인데 채택률은 1%대이다. 검토 대상 일본 역사교과서는 다음과 같다. 괄호 안에 나란히 병기된 연도는 각각 검인정 연도·발행 연도 순이다. 검인정 연도와 발행 연도는 다르지만 동일한 집필진으로 구성되어 있기 때문에 이를 알파벳으로 묶어 표기하였다. 예를 들어 A그룹은 山川出版社의 大津透외 3명이 집필한 교과서 중 본고에서 검토한 7종의 교과서이다. 이 7종의 교과서 구성은 동일하며, 7종 중 하나를 선택하여 분석하였다. 처음에만 ( )안에 검인정 연도·발행 연도를 기입하였다. 이하 동일한 방법으로 표기하였다.
山川出版社: A(大津透 외 3인: 2003·2004/2003·2006/2007·2008/2007·2009/2007·2010/2013·2015/2013·2016), B(石井進 외 13인: 2002·2004/2004·2006/2006·2008/2006·2009/2006·2010), C(石井進 외 12인: 2007·2008/2007·2009/2010·2012), D(笹山英晴生 외 13인: 2012·2013/2012·2015/2012·2016/2013·2016), **東京書籍**: E(尾藤正英 외 10인: 1998·1998),

A~D그룹의 공통점도 엿보이는데, 모두「長屋王家」관련 목간을 중요하게 다루고 있다는 점이다. 목간을 소개하는 방식의 측면에서 보면 A는 B~D그룹의 구성을 모두 포괄하고 있는데 비해, B~D그룹은 A의 일부 구성만을 취하고 있다. 또 B와 C에는「長屋王家」관련 목간이 각각 4점, 1점이 수록되어 있고, D에는「長屋王家」관련 목간과「郡·評論争」관련 목간이 수록되어 있으나 그 내용이 A에 비해 간략하다. 山川出版社A는 목간이 다양한 방식으로 교과서 속에 편재되어 있어 교과서 속에서 목간이라는 자료가 어떻게 서술되고 활용되고 있는가를 이해하는 데 큰 도움이 된다.

山川出版社의 교과서는『日本史B』교과서 중에서도 채택률이 70%로 매우 높기 때문에 일본 고등학교 역사교과서 중 학생들에게 미치는 영향력이 크다고 판단된다. 또한 山川出版社B~D그룹의 교과서는 후술하는 다른 출판사의 교과서들과 목간을 소개하는 방식이나 체제가 유사하기 때문에, 본고에서는 山川出版社A(2013·2015)를 집중적으로 분석하려고 한다.

우선 山川出版社A의 목차를 살펴보자. 〈그림 1〉의 목차에는 머리말[まえがき] 바로 다음, 대단원이 시작되기 전에 4개의 章이 등장한다. 이 장은 '역사란 무엇인가'를 설명하는 공간으로 한국의 경우에도 역사교과서의 첫머리에 이와 유사한 체제로 역사의 의미를 소개하고 있다. 목간은 '역사와 자료[歴史と資料]'를 설명하는 '장옥왕과 역사 자료[長屋王と歴史資料]'라는 첫 번째 장에서 소개하고 있다. 역사에서 자료가 차지하는 비중과 중요성을 '목간' 자료를 통해 설명하고 있다는 점이 주목된다. 이러한 구성은 학습자들에게 역사는 사료를 근거로 기술되며, 그것을 설명하는데 목간이 좋은 예로서 효용성이 있기 때문에 이러한 체제를 하게 되었다고 생각된다.

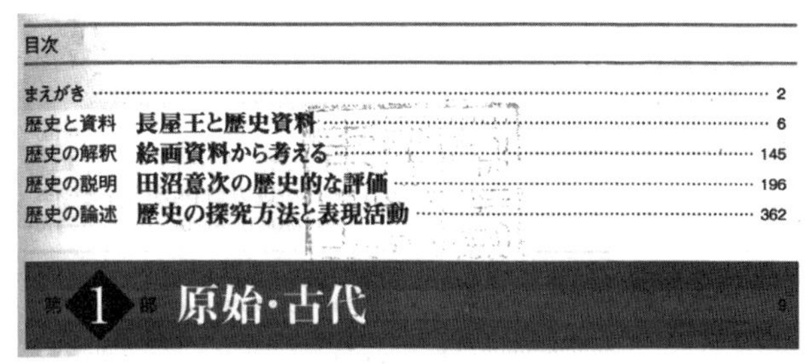
目次

まえがき ... 2
歴史と資料 長屋王と歴史資料 ... 6
歴史の解釈 絵画資料から考える ... 145
歴史の説明 田沼意次の歴史的な評価 ... 196
歴史の論述 歴史の探究方法と表現活動 ... 362

第1部 原始·古代 ... 9

그림 1. 山川出版社A의 목차 중 일부

〈표 2-1〉은 첫 번째 장인 '장옥왕과 역사 자료[長屋王と歴史資料]' 중 목간 관련 부분만을 따로 인용하여 소개한 것이다.[12)] 우선 첫 번째로 長屋王과 관련된 역사적 사실을 목간이 출토된 유적지와 목간에 적힌 문자를 통해 설명하고 있다. 長屋王의 저택 주변에서는 한 번에 수만 점에 이르는 목간이 출토되어 長屋王家의 생활상을 구체적으로 전해주고 있다.[13)]

F(尾藤正英 외 6인: 2003·2005/2003·2006/2003·2007/2003·2008/2003·2009/2003·2010/2003·2012), G(小風秀雅 외 9인: 2013·2015/2013·2016), H(山本博文 외 11인: 2003·2005/2003·2008/2003·2009/2003·2010/2003·2012), **実教出版**: I(直木孝次郎 11인: 1997·1998/1997·2001/1997·2003), (脇田修 외 13인: 2003·2004/2003·2006/2007·2012), (脇田修 외 15인: 2013·2015/2013·2016), J(宮原武夫 외 15명: 2003·2007/宮原武夫 외 16명: 2007·2010/宮原武夫 외 11인: 1998·2001), K(君島和彦 외 15인, 2013·2015/2013·2016) 총 47권이다.

12) 이하 본고에서 인용한 일본 교과서의 본문 및 캡션 등의 내용 번역은 필자가 직접 한 것이다.

13) 장옥왕가 출토 목간은 연구자마다 출토 수가 약간의 차이를 보이고 있다. 최저 3만 점에서 5만 점까지 다양하다. 여신호는

「長屋王家」 관련 목간 중 가장 화제를 모으고 있는 것은 〈표 2-1〉의 첫 번째 목간인 「長屋親王宮鮑大贄十編」이 기재된 목간으로 「親王」, 「大贄」 등의 용어에 관심이 집중되고 있다.[14] 이 목간에서는 長屋王을 「親王」이라고 표현하고 있다.[15] 본래는 천황의 아들을 親王이라고 부른다. 천황의 손자는 왕이라고 부르기 때문에 長屋王은 법률상 親王이라고 부르면 안 된다.[16] 또한 '大贄'의 贄는 신에게 바치는 헌물이나 천황에게 올리는 특산물이다. 長屋王이 당시에 막강한 권력을 누리고 있었다 하더라도 천황에게 바쳐지는 식료품이 長屋王에게 전송되는 것을 이상하게 생각할 수도 있다.[17] 이 두 용어는 〈표 2-1〉의 교과서 본문에서 설명하고 있듯이 長屋王의 당시 권세와 관련이 깊은 용어로서 당시 長屋王이 천황의 손자로서 강력한 황위계승지였다고 이해할 수 있을 것이다.[18]

〈표 2-1〉의 두 번째 목간은 궁정의 아악을 담당하는 아악료에서 장옥왕가에 소속되어 있는 가정 기관으로 보낸 문서 목간이다. 장옥왕가에는 궁정에서 직접 倭舞에 능통한 자를 요청할 정도로 뛰어난 실력가를 고용하고 있었다는 것을 알 수 있다. 동시에 궁정의 아악관에서 필요로 하는 기술자를 의뢰할 만큼 장옥왕의 높은 지위를 짐작할 수 있다.[19] 이 목간은 출토지가 長屋王의 저택임을 나타내는 근거를 제공

수만 점이라고 하거나 자료에 따라 3~5만 점이라고 하였다(余信鎬, 2006, 「木簡이 말하는 고대사: 일본의 木簡연구 성과를 중심으로」, 『국제언어문학』 13 p.57, p.63). 奈良国立文化財研究所에서는 4만 점 이상이라고 하였다(奈良国立文化財研究所 編, 1991, 『長屋王邸宅と木簡』, 吉川弘文館, p.76). 이 외에 3만5천 점으로 추정한 곳도 있다(국립창원문화재연구소, 2004, 『한국의 고대목간』, p.401; 八木 充, 『日本古代出土木簡の研究』, 塙書房刊, 2009, p.117; 木簡學會 編, 『木簡から古代がみえる』, 岩波書店(株), 2010, pp.47-48; 奈良国立文化財研究所 編, 『長屋王家·二條大路木簡を讀む』, 奈良国立文化財研究所學報 第61册, 研究論集XII, 國立文化財研究所, 2001, p.5).

14) 森 公章, 『長屋王家木簡の基礎的研究』, 吉川弘文館, 2000, p.16; 奈良国立文化財研究所 編, 『長屋王邸宅と木簡』, 吉川弘文館, 1991, p.19.

15) 親王은 천황의 아들이나 형제의 신분을 나타내는 용어이다. 친왕의 호칭은 남녀 구별 없이 사용할 수 있으며 여자를 남자와 구별해서 특별히 내친왕이라고도 한다(国史大辭典編集委員會 編, 『国史大辭典』 7, 吉川弘文館, 昭和 61年, p.905; 平野邦雄, 『木簡が 語る古代史(上)』, 吉川弘文館, 2001, p.198). 內親王은 皇女에게 부여되는 칭호이다. 吉備內親王은 長屋王의 妃다. 永高親王은 일본 제44대 元正천황으로 吉備內親王의 친언니이자 42대 文武천황의 친누나다. 永高親王 관련 목간이 1점 출토되었다(永高親王宮春稅五斗). 이 목간에 관해서는 長屋王家가 거주하기 전에 永高親王이 거주했다는 주장이 제기된 바 있다(森 公章, 앞의 책, 2000, pp.107-112). 長屋王의 호칭은 역사교과서에 수록된 목간에 기재된 호칭 외에도 「長屋王」, 「長屋王子」, 「長屋皇子宮王」, 「長屋皇宮」, 「長屋親皇宮」 등이 있다(奈良國立文化財研究所 編, 『長屋王邸宅と木簡』, 吉川弘文館, 1991, pp.110-111).

16) 이에 관해 장옥왕을 親王이라고 기록한 것은 이상하지만 당시의 일본어 표기법의 문제로 접근해서 생각한다면 장옥왕은 「나가야노미코」라고 일컬어지고 여기에서의 親王은 「미코」의 표기법으로 사용되어 법적으로는 천황의 아들은 아니지만 형제로 본다. 엄밀한 의미로의 親王과는 다른 의미로 사용된 것으로 본 견해가 있다(大庭 脩, 『木簡_古代からのメッセ_ヅ』, 大脩館書店, 1998, pp.208-209).

17) 平野邦雄, 위의 책, 2001, pp.157-158.

18) 東野治之는 장옥왕을 「親王」이라고 칭한 것에 대해 당시 사람들의 인식으로 생각하였다. 왕 자신을 포함해 친왕과 왕의 구별을 그다지 엄격하게 인식하지 않았다고 보았다. 천황의 음식을 의미하는 大贄에 관해서도 같은 맥락으로 이해하였다. 천황의 경우 畿內지방에 贄를 공진하는 특별한 어민집단(雜供戶)이 지정되어 있는데 장옥왕가에도 유사한 어민의 지배가 있었던 것으로 이해하였다(東野治之, 『木簡が語る日本の古代』, 岩波書店(株), 1997, pp.157-158; 佐藤 信, 『古代の遺跡と文字資料』, 名著刊行會, 1999, pp.277-278).

표 2-1. 山川出版社A '長屋王과 역사 자료[長屋王と歴史資料]'

7쪽 본문 일부	번역
1987(昭和62)年に井戸跡でみつかった木簡に「長屋皇宮俵一石……」の文字が読めた。さらに翌年, 本格的なデパート建設が進むかたわらで, 発掘をあきらめた地区からたくさんの木簡がみつかり, 1週間だけの緊急調査をおこない, かろうじて3万点にもおよぶ木簡を取りあげた。その中には, 右上写真の「長屋親王宮鮑大贄十編」という木簡があった。他にも「吉備内親王」や「氷高親王」(吉備内親王の姉で, のちの元正天皇)の名前も木簡にみえた。  長屋王家木簡(長さ21.7cm, 奈良文化財研究所蔵)	1987년(소화62)에 井戸유적에서 발견된 목간에 「長屋皇宮俵一石…」라는 문자가 적혀 있었다. 게다가 다음해에는 본격적인 아파트 건설이 진행되어 발굴을 단념한 지역에서 많은 목간이 발견되고 일주일간 긴급조사가 진행되는 동안 3만여 점의 목간이 출토되었다. 그 가운데 「長屋親王宮鮑大贄十編」의 문자가 적힌 목간이 있었다. 이밖에도 「吉備內親王」, 「永高親王」(吉備內親王의 손윗누이로 후에 元正天皇)의 이름도 보인다.
さらに, 次の木簡を読んでみよう。 〈表〉雅楽寮移す長屋王家令所　平群朝臣広足 右の人を請ふ, 倭舞に因る 〈裏〉故に移す。十二月廿四日　少属白鳥史豊麻呂 少允船連豊 これは, 宮廷の音楽を担当する雅楽寮から長屋王家の家政機関にあてた文書(「移」とは上下関係のない官司間の文書)で, 長屋王家お抱えの倭舞の名手である平群広足を貸してほしいという内容である。雅楽寮の少允(三等官)と少属(四等官)が署名しているので正式の文書である。紙は貴重であり, 役所間の日常的やりとりは木簡が使われていたのだろう。この雅楽寮は平城宮内にあったから, 木簡が出土した遺構が, 文書の宛先である長屋王家家令所であり, そこで用がすんで捨てられたと考えられる。 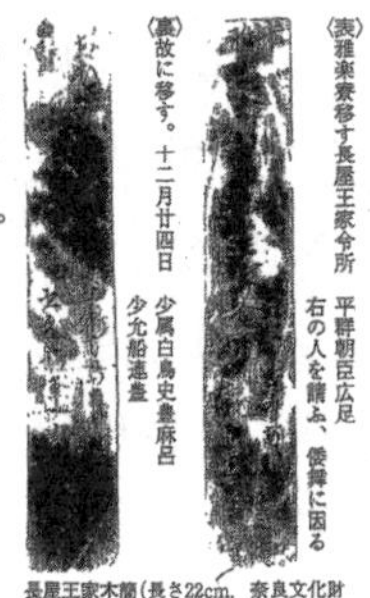 長屋王家木簡(長さ22cm, 奈良文化財研究所蔵) 歴史と資料　7	다음 목간을 읽어보자 〈表〉아악료에서 문서를 보낸다. 장옥왕가 소속 평군조신광족, 이 사람을 청한다. 倭舞에 능통하기 때문이다. 〈裏〉 이에 문서를 보낸다. 12월 24일 少屬 白鳥史豊麻呂, 少允 船連豊 이것은 궁정의 음악을 담당하는 아악관에서부터 長屋王 집안의 가정기관 앞으로 보낸 문서로 長屋王 집안에서 고용한 倭舞의 명수인 平群廣足를 초대하고 싶다고 말하는 내용으로 담당 관리인 少允(삼등관)·少屬(사등관)이 서명되어 있기 때문에 정식 문서이다. 종이는 귀중하기 때문에 관청 간의 일상적인 왕래는 목간이 사용된 것이다. 아악 관리는 平城宮 궁내에 있었기 때문에 목간이 출토된 유구가 문서의 수신처인 長屋王 집안 소속의 가정 기관이고 거기서 사용된 후 버려진 것이라고 생각할 수 있다.

해 주기 때문에 〈표 2-1〉의 첫 번째 목간과 함께 매우 의미있는 목간이다.[20]

장옥왕가에는 이 외에도 다양한 역할을 하는 하위 기관이 존재했다는 것을 출토된 목간을 통해 확인할 수 있다. 두 번째 목간 설명에 이어 馬司, 犬司 등 장옥왕가 내에 있는 각종 가정기관과 기술자에 관한 사

19) 渡辺晃宏, 『坪城京と木簡の世紀』, 講談社, 2001, pp.114-116.

20) 渡辺晃宏, 위의 책, 2001, p.115.

실, 또 각 영지에서 재배된 다양한 산물이 장옥왕가로 공진되고 있었던 사실 등이 목간 자료를 통해 밝혀졌다고 소개하고 있다. 이러한 사실은 기존의 문헌 자료에서는 전혀 알 수 없었던 귀중한 정보이다.

실제 위 교과서에서도 "이처럼 목간은 『續日本紀』 등의 문헌 자료에서는 알 수 없는 귀족의 구체적인 일상생활이 명확히 밝혀진다는 점에서 의미가 깊다."며 그러한 사실을 적시하고 있다. 목간을 비롯한 1차 사료는 문헌 자료에서는 전혀 알 수 없었던 역사적 사실을 알려주는 사례가 적지 않은데, 山川出版社A는 「長屋王家」 관련 목간을 그러한 맥락에서 매우 효용성 있는 1차 사료로 소개한 셈이다.

한편 山川出版社A의 이 장에는 〈표 2-2〉를 통해 잘 알 수 있듯이 「長屋王家」 관련 목간과는 성격이 다른 「郡·評論争」 관련 목간도 소개하고 있다. '郡·評論争'은 고대 일본 행정 단위 명칭의 변화 시점에 관한 역사적 논쟁을 의미한다. 일본에서는 '評'이 '郡'으로 언제부터 변화되었는가에 관한 논의가 전부터 있어왔다. 646년에 반포된 「大化改新」 제2조에는 지방 행정 조직을 일체 '郡'이라 정하였다고 되어 있다. 하지만 646년 이후에도 '郡'이 아니라 '評'이라고 적혀 있는 목간과 금석문 등의 사료가 등장하기 시작하면서 학자들 사이에서 논란이 일어났다.[21)]

1966년에 국도 165호 가시하라 우회도로를 藤原宮 북쪽으로 통과시키려는 계획이 수립된 후 발굴 조사과정에서 약 2,000점의 목간이 출토되었다. 이때 출토된 목간 중 가장 큰 파장을 가져온 것은 己亥年(699)에 '評'자를 사용하고 있었음을 시사하는 「己亥年十月上挾国阿波評松里」 목간이었다.[22)] 이후 藤原宮 유적을 중심으로 7세기 대의 목간이 다수 출토되면서 다이카 개신의 일부 부정론이 사실로 받아들여지게 되었다. 〈표 2〉의 맨 아래쪽을 보면 고대사의 논쟁을 종식시킨 목간이 있다고 소개한 다음 보다 자세하게 699년까지 '評'이 사용되었음을 증명하는 「己亥年十月上挾国阿波評松里」 목간을 제시하고 있다. 이 목간이 출토되기 전에는 이러한 논쟁을 해결할 결정적인 방법이 없었다.[23)] 이처럼 山川出版社A는 도입부에서 역사 자료의 중요성을 목간을 통해 명확하게 서술하고 있다. 목간에 적힌 글자가 당시의 역사를 복원하는 결정적인 역할을 하는 만큼 목간 사진과 함께 판독문을 수록하고 출처를 제시하였다.

한편 山川出版社A는 「郡·評論争」 관련 목간을 본문 속에서도 소개하고 있다. 제1부 '원시·고대'편의 2장 '고대국가의 형성' 중, 3절 '율령국가로의 길'에 편재되어 있다.

〈표 3〉 38쪽의 본문은 다이카 개신 조를 설명하고 있고, 그 아래쪽 목간에 적힌 캡션 내용은 본문을 보완해 주는 역할을 한다. 학생들이 『日本書紀』에 기록된 개신 조의 오류를 보다 명확하게 알 수 있게, 『日本書紀』의 해당 내용과 관련 목간을 모두 배치하고 있다. 즉, 38쪽 하단에 「庚子年四月 若狭国小丹生評木ツ里秦人申二斗」 목간을 통해 庚子年은 700년이므로 대보율령(701년) 바로 직전까지 '郡'이 아니라 '評'

21) 646년 이후 제작된 목간 중 '評'이 적힌 목간에는 일본 奈良文化財研究所 데이터베이스의 목간자전 번호 721호인 「丁丑年十二月三野国刀支評次米」 목간, 193호인 「丁丑年十二月次米三野国／加尔評久々利五十戸人」 등이 있다. 이 목간에서 말하는 丁丑年은 677년이다. 「尾治國 知多郡×, 「大宝二年 이 목간에 의하면 대보 2년(702)에 郡이 등장한다. 따라서 評制에서 郡制로의 전환은 大宝律令에 의한 것임을 알 수 있다.

22) 市 大樹, 앞의 책, 2012, pp.49-50.

23) 平野邦雄, 앞의 책, 2001, p.107; 平野邦雄, 『木簡が語る古代史(下)』, 吉川弘文館, 2001, pp.9-10.

표 2-2. 山川出版社A '장옥왕과 역사 자료[長屋王と歴史資料]'

8쪽 본문 일부	번역
邸内には，家令(家政機関の長官)が率いる家政事務所のほか，殿舎や食料を管理する部門，工人などの技術者，馬司・犬司などが存在したことが他の木簡からわかる。鶴も飼われていた。また，諸国から山海の珍味が貢上されていたほか，御田・御薗と呼ばれる田や菜園が畿内各地に散在し，そこから米や野菜が運ばれていた。氷室からは氷が毎日届けられ，牛乳や「かすずけの瓜」が食べられていたこともわかる。このように，木簡によって，国家により編纂された正史である『続日本紀』などの文献資料からはうかがい知れない，当時の貴族の具体的な日常生活がわかるのである。 「長屋皇宮」「長屋親王」などの文字がみえ，制度上の長屋王(天皇の孫である)と違う表記がなされた事実がわかった。たとえ，それが私的な呼称であったとしても，長屋王が親王(天皇の子)に待遇されたり，皇族中で特別な位置を占めていたことをうかがわせ，それが長屋王の変の背景にあったこともわかってきた。	저택 안에는 家令(가정 기구의 관장)이 통솔하는 가정 사무를 보는 곳 외에도 전당과 식료를 관리하는 부서, 공인 등의 기술자, 馬司, 犬司 등이 존재하였음을 다른 목간을 통해서도 확인이 된다. 학도 길렀다. 또한 제국으로부터 산해의 진미가 바쳐진 것 외에도 황실용 식재료를 재배했던 전답, 정원이라 불리는 땅과 수도 부근에 흩어져 있는 영지로부터 쌀, 채소가 운반되었다. 얼음 창고에서는 얼음이 매일 만들어지고 우유와 「절인 생선과 오이」를 먹을 수 있었던 것으로 이해된다. 이처럼 목간에 의하면 국가에 의해 편찬된 정사인 『續日本紀』 등의 문헌 자료에서는 알 수 없는 당시의 귀족의 구체적인 일상 생활이 명확히 밝혀진다는 점에서 의미가 깊다. 「長屋皇宮」, 「長屋親王」 등의 문자에서 제도상의 長屋王(천황의 손자이다)과 다르게 표기된 사실을 알 수 있다. 예를 들어 그것이 사적인 호칭이라 하더라도 長屋王을 親王(천황의 아들)으로 대우하거나 황족 중에서 특별한 위치를 차지하고 있었다고 이해할 수 있다. 그것이 長屋王의 변의 배경이었던 것으로도 이해할 수 있다.
木簡が，古代史の論争を決着させたこともある。藤原宮跡で出土する地方からの貢進物につけられた付札木簡をみると， 己亥年十月上挟国阿波評松里 とあり，己亥(699)年には阿波評(のちの安房郡)と「評」の字がみえる。一方で，大宝3(703)年と考えられる木簡には「郡」の字がみえ，大宝令以前には国の下には評が置かれ，大宝令の施行によって郡となったことが明らかになった。『日本書紀』に記す大化2(646)年に出された大化改新詔には「郡」を置くとあるが，『日本書紀』はのちの8世紀になって編纂された史書であり，8世紀の法律によって「郡」に書き直されていたことが明らかになった。『日本書紀』の大化改新詔はもとの史料を伝えているのかという論争(郡評論争)に決着がついたのである。しかし同時に，全国に「評」が設置されたことも確実になり，木簡により，『日本書紀』の描く大化改新の像とは違う，改革の実態に近づく方法も生まれてきたのである。	목간이 고대사의 논쟁을 종식시킨 일도 있다. 藤原宮 유적에서 출토된 지방으로부터의 공진물에 부착한 부찰 목간을 보면, 「己亥年十月上挟国阿波評松里」라고 하고 기해(699)년에는 阿波評(후에 安房郡)이라는 「評」의 글자가 보인다. 대보율령 이전에는 国 아래에는 評을 두었고, 대보율령의 시행에 의해서 郡이 된 것이 명확하게 되었다. 『日本書紀』에 대화2(646)년에 반포된 대화 개신조에는 「郡」을 설치하였다지만 『日本書紀』는 그 후 8세기가 되어 편찬된 사서여서, 8세기의 법률에 의해서 「郡」이라고 쓴 것이 명확하게 되었다. 『日本書紀』의 대화개신조는 원사료를 그대로 전하는 것인가하는 논쟁(郡評論爭)에 다다르게 된 것이다. 그러나 동시에 전국에 「評」이 설치된 것도 확실하게 되고 목간에 의해 『日本書紀』에 나타나 있는 대화개신의 모습과는 다른, 개혁의 실태에 접근하는 방법도 생겨났다.

표 3. 山川出版社A 제1부, 2장, 3절 '율령국가로의 길'

38쪽 본문 일부	번역
翌646(大化2)年の正月には改新の詔を発して，(1)皇族や豪族がおのおのに人民・土地を支配する体制をやめて，**公地公民**の原則を示し，豪族には食封を支給する，(2)京・畿内・国・郡などの地方行政区画を定める，(3)戸籍・計帳・班田収授法をおこなう，(4)田の調，仕丁・采女の庸などの統一的な税制を施行することなど，改革の大綱を提示した。 『日本書紀』に記された改新の詔は，のちの令の文章によって修飾された部分もあり，(3)の戸籍や班田収授法のように，この時施行されたことが疑問視される部分もある。しかし，難波宮の造営は発掘により確認され，冠位制や新たな中国風の官職が定められ，地方では全国に評(改新の詔では郡と書き改めている)(→p.8)が設置され，国造やその一族が評の役人に任命された。こうした孝徳天皇の時の一連の改革を，**大化改新**という。  **藤原宮跡出土木簡** 庚子年は700年，大化改新で評がおかれ，大宝令で郡に改められた。(奈良文化財研究所蔵)	다음 646(대화2)년 정월에 개신의 조를 발하고 (1)황족과 호족이 제각각의 인민·토지를 지배한 체제를 중지하고, 공지공민의 원칙을 제시하고, 호족에게는 식봉을 지급한다. (2)京·畿內·国·郡 등의 지방 행정 구획을 정한다. (3)호적·계장·반전수수법을 시행한다. (4)농지의 調·仕丁·采女의 庸 등의 통일적인 세제를 시행하는 것 등의 개혁 대강을 제시하였다.『日本書紀』에 기록된 개신의 조는 훗날 令에 의해 문장이 수식된 부분도 있고, (3)의 호적과 반전수수법과 같이 당시 시행되었다고 하기에는 의문스러운 부분도 있다. 그러나 난파궁의 조영은 발굴에 의해 확인되고, 관위제와 새로운 중국풍의 관직이 정해져 지방에서는 전국에 評(개신의 조에서는 郡이라고 고쳐 기록하고 있다)이 설치되고, 국조와 그 일족이 評의 역인에 임명되었다. 이러한 고토쿠[孝德]천황 대의 일련의 개혁을 **대화개신**이라고 한다. −경자년 4월 약협국의 소단생평목ッ리 진인신 2斗[24] −藤原宮 출토 목간 경자년은 700년, 大化改新 때 評이라고 하고 大宝令 때 郡으로 변경하였다(나라문화재연구소장).

이 사용되고 있었다는 것을 확실하게 밝히고 있다.

지금까지 검토한 바를 정리하면 다음과 같다. 山川出版社A는 두 가지 형식, 즉 하나는 교과서 도입부에서, 다른 하나는 본문에서 목간 자료의 성격이 어떠한지를 학생들에게 알려주고 있다. 역사의 의미를 다루는 교과서의 도입부에서 특별히 목간 자료를 이용해 역사가가 다루는 1차 사료의 가치와 중요성을 명확히 보여줌으로써 교과서를 배우는 학습자들에게 1차 사료가 무엇인지, 역사가 무엇인지, 역사가가 어떤 작업을 통해 역사를 복원하는지 그 전반적인 과정들을 총체적으로 보여주려고 하였다. 목간은 문헌자료만으로는 알 수 없었던 고대사회의 구체적인 일상생활을 복원하는 역할을 하고 동시에 문헌 자료의

24) 이 목간은 일본 목간학회의 도록에 세목과 품목은 없지만 약협국의 하찰 목간이라고 기술되어 있다(木簡学会 編,『日本古代木簡選』, 岩波書店, 1990, pp.100−101).

오류까지 시정하는 1차 사료라는 점을 학생들에게 상세히 알려주기 위해 본문에도 다시 한 번 목간 사진을 배치하여 강조하였다.

이제부터는 山川出版社 외 나머지 다른 2곳의 출판사에서 간행한 교과서에는 목간이 어떻게 서술되고 있는지 검토해보고자 한다. 이들 교과서 역시「長屋王家」관련 목간이나「郡·評論争」관련 목간을 다루고 있는데 앞서 살펴본 내용 설명들은 생략하고, 목간을 소개하는 형식이나 교과서 구성에서 특히 山川出版社A와 차이 나는 점을 중심으로 검토해보려고 한다.

우선 東京書籍은 검토한 4그룹(E·F·G·H) 중에서 H를 제외한 3곳은 '역사를 탐색하다'라는 특별 탐구활동 코너를 통해 목간을 소개하고 있다. 이 특별 코너에 목간을 소개하는 방식은 山川出版社A에는 보이지 않는 형식이다. H는 '원시·고대'편, '고대국가의 형성과 고대문화' 중, 제3장 '고대국가의 성립'의 2절 '율령국가의 성립'의 본문에 2점의 하찰 목간이 소개되어 있으며 서술 내용은 간략하다. E·F·G는 '나라시대의 정치와 천평문화'(E·F), '평성경과 천평문화'(G)를 다루는 절 속에 각각 특별 코너를 설정하고 거기에 목간을 소개하고 있다. 이 중「長屋王家」와 관련해 다양한 목간이 기재되어 있는 東京書籍E(1998·1998)를 아래에 소개하였다.

표 4. 東京書籍E의 '역사를 탐색하다'

<table>
<tr><th>43쪽 본문 일부</th><th>번역</th></tr>
<tr><td>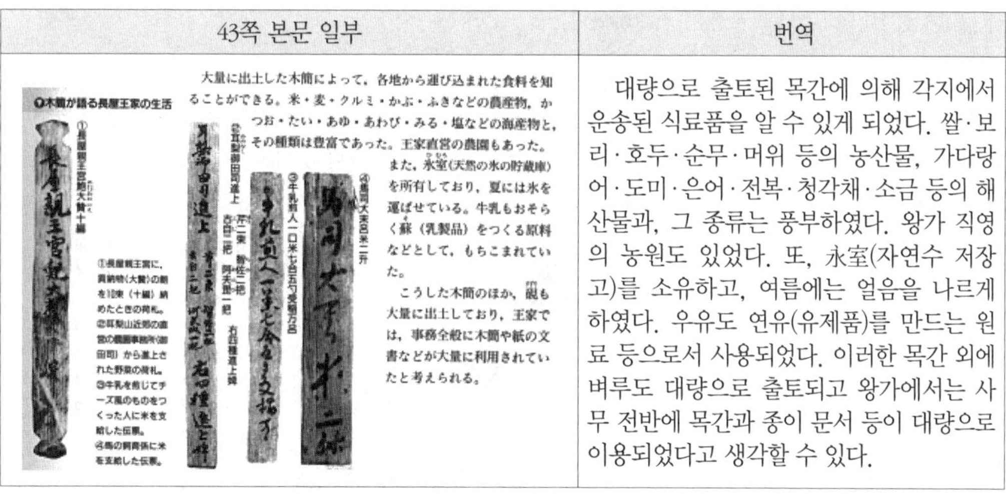
❼木簡が語る長屋王家の生活
大量に出土した木簡によって，各地から運び込まれた食料を知ることができる。米・麦・クルミ・かぶ・ふきなどの農産物，かつお・たい・あゆ・あわび・みる・塩などの海産物と，その種類は豊富であった。王家直営の農園もあった。また，氷室(天然の氷の貯蔵庫)を所有しており，夏には氷を運ばせている。牛乳もおそらく蘇（乳製品）をつくる原料などとして，もちこまれていた。
こうした木簡のほか，硯も大量に出土しており，王家では，事務全般に木簡や紙の文書などが大量に利用されていたと考えられる。
①長屋親王宮に，貢納物(大贄)の鮑を10束（十編）納めたときの荷札。②耳梨山近郊の直営の農園事務所(御田司）から進上された野菜の荷札。③牛乳を煎じてチーズ風のものをつくった人に米を支給した伝票。④馬の飼育係に米を支給した伝票。</td><td>대량으로 출토된 목간에 의해 각지에서 운송된 식료품을 알 수 있게 되었다. 쌀·보리·호두·순무·머위 등의 농산물, 가다랑어·도미·은어·전복·청각채·소금 등의 해산물과, 그 종류는 풍부하였다. 왕가 직영의 농원도 있었다. 또, 氷室(자연수 저장고)를 소유하고, 여름에는 얼음을 나르게 하였다. 우유도 연유(유제품)를 만드는 원료 등으로서 사용되었다. 이러한 목간 외에 벼루도 대량으로 출토되고 왕가에서는 사무 전반에 목간과 종이 문서 등이 대량으로 이용되었다고 생각할 수 있다.</td></tr>
</table>

위 〈표 4〉 東京書籍E의 특별 코너는 중단원 '율령국가의 형성과 고대문화의 전개' 속의 소단원인 '나라시대의 정치와 천평문화'가 끝나는 곳에 편재되어 있다. 나라시대의 문화를 대표하는 유적지로서 장옥왕가를 예로 들어 '나라시대의 귀족의 생활'이라는 주제를 다루고 있다. 왕가 규모와 주변 모습, 왕가 내부의 여러 가정 기관에 관해 설명하고 있다. 〈표 4〉에는 장옥왕가의 생활을 엿볼 수 있는 4점의 목간이 등장한다. 넘버링 되어 있는 순서대로 좌측부터 목간①은 장옥친왕궁에 공납물(大贄)인 전복을 헌납한 하찰 목간이고 목간②는 耳梨山 근처 직영 농원사무소(御田司)에서 진상된 야채의 하찰 목간, 목간③은 우

유를 달여서 치즈 등을 만든 사람에게 쌀을 지급한 전표, 목간④는 말 사육기관(馬司)에 쌀을 지급한 전표이다.[25] 東京書籍E의 「長屋王家」 관련 목간의 서술은 앞서 검토한 山川出版社의 서술 내용은 대동소이하다.[26] 하지만 다양한 목간을 소개하여 장옥왕가의 생활상을 보다 생생하게 전달하고 있다.

끝으로 實教出版(I·J·K)에 수록되어 있는 고대 목간의 서술 현황을 검토하려고 한다. 實教出版에서는 총 11종의 역사교과서에 3종의 목간이 등장한다. 하나는 「郡·評論爭」 관련 목간이다. 이에 해당하는 목간은 「己亥年十月上捄國阿波評松里」 목간이다. 두 번째는 지방관청의 유적에서 관청의 장부와 調庸의 수송에 관한 하찰 목간이다. 마지막은 일본의 군주 호와 관련된 「天皇聚□弘……」가 묵서된 목간이다.[27] 「天皇」 호 관련 목간은 實教出版에만 수록되어 있는 것이 특징적이다. 「郡·評論爭」 관련 목간의 서술은 앞서 분석한 세 곳의 출판사와 비교했을 때 크게 다르지 않다. 따라서 「天皇」 호 관련 목간에 관해서만 살펴보려고 한다.

實教出版L(2013·2015)의 본문 제1편 '원시와 고대', 제2장 '고대국가의 확립', 3절 '율령의 성립과 백봉문화'의 32쪽과 50쪽에 각각 「天皇」 호 목간 관련 내용이 수록되어 있다. 32쪽은 '역사의 창: 신이 된 천황'이라는 소단원의 도입부가 있는데, 그 설명을 보완하는 날개주에 천황 호 목간 사진과 캡션이 실려 있다. 이 캡션 마지막 하단의 50쪽에 더욱 자세한 내용의 특집 코너가 있음을 알리는 지시 표시를 해두었다. 50쪽은 중단원이 끝나는 곳으로 'ズームイン'이라는 특집 코너에 '「천황」 호의 성립'이 서술되어 있고, 그 속에 '천황' 호 목간의 출토를 상세히 소개하였다.

〈표 5〉는 50쪽의 「天皇聚□弘……」 목간과 직접 관련된 서술 부분이다. 일본에서 "왕호가 '大王'에서 중국의 영향을 받아 '天皇'이라는 칭호로 또 국호를 '倭'에서 '日本'으로 사용하게 되었다."라고 기록되어 있다.[28] 일본 학계에서는 이 목간을 '천황'이라는 칭호를 기재한 가장 오래된 사례로 뽑고 있다. 〈표 5〉의 주된 내용은 제목(「天皇」 호의 성립)에서 알 수 있듯이 대체로 '천황'호 사용의 채용 시기에 초점을 맞춰 설명하고 있다. 실제 일본에서는 '천황'이라는 군주 호의 사용 시기에 관해 이견이 있다.[29] 實教出版L에서

25) 목간의 분류법은 목간을 전문적으로 연구한 학자들 간에도 통일안이 마련되어 있지 않다. 윤선태는 문서 목간을 다시 수발문서 목간, 장부 목간, 기록간으로 나누는데 전표는 기록간에 포함이 시켰다(윤선태, 2007, 『목간이 들려주는 백제 이야기』, 주류성, pp.88-89).

26) 본고에서 필자가 말하는 '같은 맥락의 서술'이라는 것은 史實에 관한 객관적인 해석에 한하여 언급한 것이다.

27) 이 목간과 함께 출토된 목간 중에 「丁丑年十二月三野国刀支評次米·恵奈五十戸造○阿利麻＼春人服部枚布五斗俵」가 묵서된 목간(奈良國立文化財研究所 데이터베이스, 목간번호 721호)이 있다. '천황'호 목간의 정확한 제작 연대는 알 수 없으나 함께 출토된 공반 유물 등의 정보를 통해 이 목간(목간번호 721호)에 묵서된 정축년이 677년이라는 것에는 일본 학계에서 이견이 없다. 따라서 일본에서 '천황'호의 사용은 적어도 677년에는 시작되었음을 의미한다.

28) 전통시대 일본의 천황은 현실 정치에서 국가를 대표할 만한 권력을 행사하지 않았다고 보는 견해가 있다(동북아역사재단, 오야마 세이이치 지음(연민수·서각수 옮김), 2012, 『일본서기와 '천황제'의 창출 -후지와라노 후히토의 구상-』, 동북아역사재단 번역총서32, pp.8-13).

29) 송완범은 일본의 천황 호칭은 6세기 말에서 7세기 초인 推古조설과 7세기 말인 天武·特統조의 시기가 경합을 벌리고 있지만 후자가 더 많은 지지를 받고 있다고 보았다(송완범, 2011, 「民의 대척점에 선 「王權」의 표상: 「天皇」과 「征夷大將軍」」, 日本史상 20, p.78): '천황'으로 구분된 시기에 관해서는 推古기로 생각한 설이 강하였으나 法隆寺金堂釋迦三尊像光背銘, 天

표 5. 實敎出版L의 ズームイン

實敎出版L 50쪽 본문	번역
ズームイン　「天皇」号の成立 **「天皇」号の起源**　「日本国憲法」で，日本および日本国民の象徴と規定される「天皇」という呼称は，いつごろ，どのようにして成立したのだろうか。 そもそも「天皇」という称号は，日本でうまれたものではなかった。中国では，道教思想（老子を教祖とし，不老長生を求め，また現世利益のまじないをおこなう中国の伝統的信仰）にもとづいて，北極星を「天皇大帝」とよびならわした。 中国唐の第3代皇帝であった高宗（位649～683）はあつく道教を信仰し，皇帝という称号にかわって，一時期，「天皇」号を用いた。 **「天皇」号木簡の出土**　一方，近年，飛鳥池遺跡（奈良県明日香村）から「天皇聚□（露カ）弘寅□」という木簡が発見され(→p.32)，そこに「天皇」という文字があった。作製年代は，いっしょに出土した木簡の年号から，天武朝のはじめごろ（7世紀後半）と考えられる。 律令国家は，天武天皇のころ，外交の場で使用するために，古くから使用されてきた「大王」という称号をやめ，中国皇帝の称号をまねて，「天皇」号を採用した。その後，この称号は，飛鳥浄御原令にはじめて規定されたと推測される。 702（大宝2）年には，30数年ぶりに遣唐使が派遣された。彼らは国号を「倭国」から「日本」へ，そして君主号を「大王」から「天皇」へかえたことをたずさえて唐に渡り，倭国が唐の制度にならった国になった証として，外交の場ではじめてそれらを使用したと推測されている。(→p.33)	**「天皇」 호의 성립** ▷**「天皇」 호의 기원**– 「日本国憲法」에서 일본 및 일본국민의 상징이라고 규정된 「天皇」이라고 하는 호칭은 언제쯤 어떻게 해서 성립되었던 것일까? 애초 「天皇」이라고 하는 칭호는 일본에서 생겨난 것은 아니었다. 중국에서는 도교사상(老子를 교조로 하고 불로장생을 구하며, 또 현세이익을 주문을 구하는 중국의 전통적인 신앙)에 이 입각해서 북극성을 「天皇大帝」로 늘 불러 왔기 때문에 익숙하다. 중국 당의 제3대 황제였던 고종은 도교를 신실하게 믿고 황제라는 칭호에 대신해 일시적으로 「天皇」 호를 사용하였다. ▷**「天皇」 호 목간의 출토**– 한편 근래, 飛鳥池遺跡(나라현명일향촌)에서 「天皇聚口弘寅口」이라고 불리는 목간이 발견되고, 거기에 「天皇」이라는 문자가 있었다. 제작년대는 함께 출토된 목간의 연호에서 천무조 초기(7세기 후반)이라고 생각할 수 있다. 율령국가는 천무천황 때에 외교의 장에서 사용하기 위해 오래전부터 사용되어왔던 「大王」이라고 하는 칭호를 중지하고 중국 황제의 칭호를 흉내내어 「天皇」 호를 채용하였다. 그 후 이 칭호는 飛鳥淨御原玲을 시작으로 규정된 것으로 추측된다. 702(大宝2)년에는 30 수년 만에 견당사를 파견하였다. 그들은 국호를 「倭国」에서 「日本」으로, 그리고 군주호를 「大王」에서 「天皇」으로 바꾼 것을 가지고 당으로 건너가 왜국이 당의 제도를 뒤따른 나라가 된 증거로서 외교의 장을 시작으로 그것을 사용하게 되었다고 추측하고 있다.

는 '천황'호의 사용 시기를 대체로 7세기 후반으로 설명한다.

實敎出版L에서 다루고 있는 학습 자료실에서는 '천황' 호 채용 시기에 관한 이견도 함께 수록하고 있다. 결국 일본에서 '천황' 호를 정확하게 언제부터 사용하게 되었는지는 알 수 없으나 일본의 왕호가 '大

壽国繡帳銘, 野中寺彌勒像台座銘 등의 금석문을 통해 推古기의 것이라고 판단할 수 없다고 보는 견해가 있다(佐藤 信 外 編, 『日本史研究』, 山川出版社, 2008, p.69; 平川 南, 『日本の原像』, 小学館, 2008, pp.42-45).

王'에서 '天皇'으로 바뀐 점은 분명한 사실이다. 이 목간은 문헌 자료의 내용이 실제 當代에 있었던 사실이었음을 증명해주는 역할을 한다.

좀 더 자세히 교과서 내용을 살펴보자. 〈표 5〉의 첫 번째 소제목인「天皇」호의 기원에 '일본 및 일본 국민의 상징이라고 규정된「天皇」이라는 호칭이 언제쯤 성립되었던 것일까'라는 의문에서 서술을 시작하고 있다. 이 문장은 마치 현재의 일본 천황이 과거의 천황제와도 직접적으로 연결된 존재인 것처럼 느끼게 하는 국민국가의 민족주의적 시선이 내포되어 있다.[30] 이 구절이야말로 이 목간을 교과서에서 다룬 이유를 명확히 보여준다. 즉「天皇」호 목간은 고대적 천황제를 설명하려는 것에 주안점을 두려는 것이 아니라, 현실의 천황제가 과거로부터 이어진 영속적인 실체라는 것을 학생들에게 심어주려는 현재적 관점의 의지에서 선택된 것임을 잘 말해주고 있다.[31] 이와 관련하여 특히 주목되는 것은 일본의 고등학교 역사교과서에서는 實教出版 한 곳에만「天皇」호 목간이 소개되어 있는데 반해, 중학교는 상당수의 역사교과서에서「天皇」호 목간을 다루고 있다는 사실이다.[32] 이는 앞으로 일본 역사교과서의 변화를 예견하며, 자라나는 청소년 세대들의 머리 속에 더욱 더 강한 '국민국가의 이야기'를 심으려는 의도를 보여준다고 하겠다.[33]

또 교과서 서술 내용을 살펴보면 천황제가 일본에서 가지는 역사적 의미에 관해서는 아무런 설명이 없고 오직 성립 시기에 관한 내용뿐이다. 타 교과서에「天皇」호 관련 목간이 수록되어 있지 않은 것은 '천황' 호의 성립 시기나 현재의 천황제와 고대사 속의 천황제를 연결시키려는 잘못된 시선 등 논쟁의 여지가 있기 때문에 기재를 하지 않은 것으로 판단된다.[34] 일반적으로 고등학생 정도 되면 역사적 사실에 관한 비

30) 이성시 지음·박경희 옮김, 2001,『만들어진 고대』, 삼인, p.32.

31) 이성시 지음·박경희 옮김, 2001, 위의 책, pp.33-34; 서보경, 2016,「일본 중학교 역사교과서 고대 한일관계 기술에 대한 분석 -2015년도 검정 통과본을 중심으로」, 동북아역사논총51, p.172.

32) 일본의 목간이 수록된 역사교과서 중 검토 대상은 아니지만 본고의 참고 자료로서 일본 중학교 역사교과서 중 日本文教出版, 学び舎, 自由社 등을 대략적으로 살펴보았다. 먼저 日本文教出版(2015·2016, p.39)에서는「天皇」호 관련 목간 1점이 수록되어 있다. 그 내용은 일본에서는 언제부터 '국왕' 호에서 '천황' 호로 정식으로 바뀌었는지는 알 수 없으나 함께 출토된 목간 중 丁丑年(677년)이라고 기록된 목간이 출토되었기 때문에 적어도 天武천황 때는 정해졌을 것으로 보고 있다. 학생들의 이해를 돕기 위해「天皇」호 관련 목간과 丁丑年이 적힌 목간을 나란히 수록하였다. 学び舎(2015·2016, p.41)에는 日本文教出版과 동일하게「天皇」호 관련 목간이 수록되어 있다. 일본이라는 국호는 701년 견당사부터 천황은 天武천황 때부터라고 서술하고 있다. 끝으로 自由社(2015·2016, p.78)는 특집 코너를 통해 일본의 천황에 대해 비교적 자세히 설명하고 있다. 소략하여 일부만 옮긴 내용은 다음과 같다. "일본에서는 고대국가가 완성되고, 율령제가 도입되어 정치구조를 정비하였다. 그 후 천황은 차츰 정치 실권에서 멀어지게 되고 신들의 제사를 모시는 존재, 혹은 나라를 지배하는 권위(의 상징이; 인용자 主)가 되어갔다. 그리고 실제 정치를 행하는 것은 攝政·関白·征夷大將軍 등이 있고, 천황은 그들을 임명하고 정치의 정통성을 보증해 왔다."

33) 일본 문부성은 고등학교 역사교과서 검정 과정에서 표현과 용어의 수정하도록 하여 역사교과서의 서술을 통해 자국의 역사를 왜곡하고 변형시키는 일을 요구하기도 하였다. 특히 일본이 고등학교 역사교과서의 서술에서 엄격히 다루는 것 중에 하나가 '천황'에 대한 역사 서술이다(고야스 노부쿠니·김석근 옮김, 2007,『일본근대사상비판』, 역사비평사, pp.241-242).

34)「天皇」호 관련 목간은 고등학교 역사교과서보다 중학교 역사교과서에 더 자주 등장한다. 각주(32) 참조. 필자가 말하는 성립 시기의 논란은 한 국가의 군주 호를 제정하는 것이 당시의 국제 정세로 볼 때 당을 제외하고 자체적으로 정하여 국제사회에 공포하는 것이 쉽지 않다고 보기 때문이다. 따라서 왜국에서 677년부터 천황이라는 칭호를 사용했다는 것이 국제적으

판적 사고가 가능하다. 동일 문화권에 있는 일본 고등학생의 경우 우리와 크게 다르지 않다고 생각한다.

이상과 같이 山川出版社A를 중심으로 『日本史B』에 수록된 고대 목간의 서술 현황을 검토하였다. 이를 토대로 『日本史B』의 고대 목간 관련 서술상의 특징을 정리해 보고자 한다. 『日本史B』에 수록된 고대 목간은 크게 3종으로 압축할 수 있다. 목간㉮는 「長屋王家」 관련 목간으로 實教出版을 제외한 나머지 두 출판사에 모두 기재되어 있다. 목간㉯는 「郡·評논쟁」 관련 목간으로 東京書籍을 제외한 두 출판사에 모두 수록되어 있다. 목간㉰는 「天皇」 호 관련 목간으로 實教出版에만 등장한다. 이와 관련하여 『日本史B』 교과서 속에서 어떠한 목간을 선택하였는지 그 특징을 추출해볼 수 있다. 크게 세 가지로 범주화된다.

첫째는 기존의 문헌 자료에서는 전혀 알 수 없었던 당대의 풍부한 사회상을 담고 있는 자료로서 목간을 소개하고 있다는 점이다. 「長屋王家」 관련 목간이 이에 해당한다. 둘째는 문헌 자료를 해석함에 있어 모호하거나 논쟁의 소지가 있었던 역사적 사실에 관해 명확한 근거로서 목간을 1차 사료를 제시하고 있다는 점이다. 「郡·評논쟁」 관련 목간이 여기에 해당한다. 학생들에게 문헌 자료가 갖는 약점, 즉 작성시점이나 역사가에 의해 주관적으로 기술될 수 있다는 점을 부각시키고, 그에 비해 당대의 1차 사료가 갖는 역사적 가치를 교육시킬 수 있는 좋은 사례로 선택되었다. 셋째는 둘째와 같은 범주의 자료이지만, 교과서를 만들 당시의 현재적 의식이 과도하게 투사된 목간이 선택되었다는 점이다. 「天皇」 호 관련 목간이 이에 해당한다. 더욱이 현재의 천황제가 고대의 천황제와 연결되어 있다는 잘못된 민족의식을 불어넣을 수 있는 교과서 집필자의 설명들이 부가되어 있다는 점에서 특히 그러하다.

다음으로 『日本史B』의 목간을 소개하는 교과서의 구성 방식에서도 몇 가지 특징이 추출된다. 목간 사진은 시각 자료라는 점에서 보는 것만으로도 학습의 효과가 있어야 한다. 거기에 더해 목간이 어떤 코너에 기재되어 있는지 그 위치가 적재적소인지도 중요하다. 좀 더 구체적으로 사례를 들면서 목간 자료의 수록 방식을 살펴보자.

첫째, 山川出版社A는 역사란 무엇인가를 설명하는 교과서 전체의 도입부에 목간이 소개되어 있다. 역사의 의미를 다루는 교과서의 도입부에서 특별히 목간 자료를 이용해 역사가가 다루는 1차 사료의 가치와 중요성을 명확히 보여줌으로써 교과서를 배우는 학습자들에게 1차 사료가 무엇인지, 역사가 무엇인지, 역사가가 어떤 작업을 통해 역사를 복원하는지 그 전반적인 과정들을 총체적으로 보여주려고 하였다. 목간은 문헌 자료로는 알 수 없었던 고대사회의 구체적인 일상의 생활을 복원하는 역할, 동시에 문헌 자료의 오류까지도 시정하는 1차 사료라는 점을 학생들에게 상세히 알려주기 위해 관련 본문에도 다시 한 번 목간 사진을 배치하여 강조하였다.

둘째, 단원별 주제에 맞는 목간을 선정하여 본문의 서술 내용을 보충하거나 그 근거 자료로서 본문에

로 인정되었다면 한반도나 당의 역사에도 그러한 칭호가 등장해야 하는데 그 흔적을 찾기가 힘들다. 그렇다면 과연 왜에서 천황이라는 칭호를 사용하는 것을 어떤 의미로 받아들여야 할지 확실치 않기 때문에 성립 자체에 문제가 있다고 본다. 그런데 고등학교보다 중학교 역사교과서에 「天皇」 호 목간이 더 자주 등장하는 것은 어린 학생들에게 민족주의적 사관을 주입하려는 의도로 비춰진다.

수록하였다. 이때 본문의 내용이나 캡션을 목간 사진만으로는 정확히 알 수 없게 서술된 교과서도 있지만, 대부분의 교과서는 목간의 판독문이나 캡션 등을 통해 목간이 가지고 있는 정보와 교과서의 본문이 상호 연관시켜 수업을 진행할 수 있도록 최대한 자세히 서술하고 있었다. 교과서 본문은 사실관계에 관한 설명이 주를 이루고 있다면, 학습 자료는 본문의 내용을 다양한 시각 자료를 통해 제시함으로써 학습효과를 증대시키는 역할을 한다.

셋째, 중단원이 끝나는 곳에 특집 코너를 마련하여 목간을 소개하고 있다. 대표적인 사례가 實敎出版의「天皇」호 관련 목간의 서술이다. 이 경우는 교과서의 서술을 좀 더 심화하여 기술하고 있기 때문에 학습자들에게 폭넓은 정보를 제공하는 역할을 한다. 학생들은 목간을 처음 접할 경우 나무 조각과 관련된 특정 유물로 생각할 수 있다. 그러나 목간에 적혀 있는 묵서에 관한 제반 설명을 덧붙임으로써 사료에 관한 이해를 높여 역사적 상상력을 키우는데 효과적일 수 있다.[35)]

『日本史B』에서 목간이 어디에 수록되든 공통적으로 적용되는 것은 해당 본문의 내용과 직접 관련이 있는 목간을 수록하였다는 점이다. 학습 자료는 그 자료 자체만으로 독립적인 메시지를 전달하기도 하지만 본문의 서술을 부연 설명하는 역할을 주로 한다. 즉, 본문의 서술은 텍스트로 역사적 사실을 전달하고 있다면 목간 사진은 그러한 텍스트를 뒷받침하는 자료로 활용되고 있다. 이처럼 간단한 나무 조각에서 역사적 사실을 자세하게 풀어낼 수 있는 것은 그만큼 목간이 가지고 있는 가치가 크다는 것을 의미한다. 본문의 서술 내용, 목간에 기록된 글자와 캡션이 모두 하나의 주제에 부합되게 유기적으로 구성되어 있음을 확인할 수 있었다. 1차 사료인 목간을 교과서에 기재하는『日本史B』의 방식이 효과적인 것은 틀림없다고 생각된다. 이제 이를 기초로 하여 한국의 역사교과서를 살펴보려고 한다.

III.『한국사』의 고대 목간 서술 현황

현행 교육현장에서 사용되고 있는 고등학교『한국사』교과서는 2013년 검인정을 통과하여 2018년 현재까지 사용되고 있는 2009 개정 교육과정에 따른 8종『한국사』교과서다. 이 교육과정부터 한반도 출토 고대 목간이 교과서에 수록되기 시작하였다. 현재까지 역사교과서 속 고대 목간 관련 서술 내용에 대한 검토는 제대로 이루어지지 않았다. 역사교과서의 서술 내용 검토는 역사적 사실의 오류, 편중된 서술, 부적절한 용어 사용, 사료 활용의 적합성 등의 오류를 바로 잡는 역할을 하기 때문에 꼭 필요하다. 또한 역사교과서가 미래의 주인공인 청소년들의 올바른 역사관에 커다란 영향을 주는 만큼 잘못된 서술의 시정은 반드시 이루어져야만 한다고 생각한다.『한국사』에 등장하는 고대 목간을 교과서 별로 〈표 6〉에 정리하였다.[36)] 먼저 금성사에는 총 6종의 목간이 수록되어 있는데 이는 중·고등학교를 포함 전체 역사교과서 중

35) 최상훈, 2000,「역사적 사고력의 하위범주와 역사학습목표의 설정방안」,『歷史敎育』73, p.14.

36) 2009 개정 교육과정 고등학교 8종『한국사』중 고대 목간이 수록되어 있는 곳은 (미래엔, 교학사 제외) 금성출판사, 두산동

표 6. 검토 대상 『한국사』 교과서와 고대 목간

교과서	교과서에 기재된 목간이름	교과서에 기재된 제작 시기	교과서에 기재된 출토지
금성사	나니와 목간	·	충남 부여 쌍북리
	급벌성 목간	6세기중반	경남 함안 성산산성
	좌관대식기 목간	·	부여
	일본 나라시대의 목간	·	·
	백제 목간	·	전북 익산
	논어 목간	·	인천 계양
두산동아	짐표 목간	·	경남 함안
리베르스쿨	발해 관련 목간	·	일본 나라
비상교육	발해 관련 목간	·	일본
비상교육	발해사 목간	727년	일본 나라
지학사	좌관대식기 목간	6~7세기	충남 부여
천재교육	좌관대식기 목간	·	충남 부여

가장 많은 수치다.[37] 〈표 6〉에서 가장 눈에 띄는 것은 동일한 지역에서 발굴된 목간인데도 목간의 이름이 일치하지 않거나 출토지와 제작 시기가 누락된 경우가 있다는 점이다. 목간은 시대상을 반영하는 당대의 중요한 고고학적 유물이다. 그러한 점을 감안한다면 제작 시기는 반듯이 기재되어야 한다. 고대 목간의 제작 시기는 발굴보고서 및 학계의 기존 연구 성과를 통해 몇 몇의 목간을 제외하고는 별 다른 이견 없이 정리되어 있다. 지금까지 한반도에서 출토된 고대 목간의 전체 출토 점수는 647점 정도이다.[38] 이들 목간은 학계의 검증이 현재까지 꾸준히 진행되고 있다. 약 700여 점의 목간 중 본고의 검토 대상 교과서에 등장하는 목간을 출토지 별로 나누어 보면 대략 5종으로 대별할 수 있다. 여기에 한반도 출토 목간은 아니

아, 리베르, 비상교육, 지학사, 천재교육 등 총 6종이다. 이를 가나다순으로 정리하였다. 한국 고대 목간의 이름과 제작 시기 및 출토지는 해당 교과서에 기술된 것을 그대로 인용하였다. 표에서 "·" 표시는 내용 설명이 없는 경우다.

37) 현재까지 우리나라 역사교과서에 수록된 고대 목간은 다음과 같다. 이하 목간의 이름은 해당 교과서에서 사용하고 있는 명칭을 그대로 인용하였다. 해당 교과서에 이름이 명시되어 있지 않은 목간은 필자가 편의상 ( ) 안에 적시하였다. 단, 발해 관련 목간은 한반도 출토는 아니지만 한국 고대사의 일부인 발해사를 알 수 있는 중요한 사료이므로 검토에 포함시켰다. 중학교는 2007 개정 교육과정에 따른 중학교 8종 『역사(상)』 중 비상교육에는 발해 사신 관련 목간, 미래엔에는 백제의 목간과 견고려사 목간이 수록되었다. 현행 역사교과서로는 2009 개정 교육과정에 따른 중학교 9종 『역사①』 교학사에는 논어 목간, 두산동아에는 목간(안압지 출토 1호 목간)과 일본의 목간, 미래엔에는 논어의 글귀가 적힌 목간과 견고려사 목간, 비상교육에는 발해 사신 관련 목간, 좋은책신사고에는 일본에서 발견된 목간, 지학사에는 (발해 관련 목간), 천재교과서에는 꼬리표 목간과 일본의 목간, 천재교육에는 발해사가 쓰인 목간이 각각 수록되어 있다. 고등학교 역사교과서는 〈표 6〉과 같다.

38) 2016년 12월까지 신라는 431점, 백제는 216점이다(윤선태, 2016, 「한국 고대목간의 연구현황과 과제」, 『신라사학보』 38, p.392). 필자는 목간의 출토 점수를 윤선태의 견해를 따랐다. 2016년 12월 이후 최근까지의 출토 현황은 포함되지 않았으며 학자마다 다소의 차이가 있기 때문에 반드시 확정적인 것은 아니다.

지만 한국 고대사에 속하는 발해(일본 출토)와 관련된 목간(최대 4점)도 포함시키면 6종 정도이다.

40여 만점 중 대략 3종의 목간이 수록된 『日本史B』와 비교하면 『한국사』에 소개된 목간의 종류는 상대적으로 많은 수치다. 다양한 목간이 역사교과서에 소개된 만큼 목간이 1차 사료로서 적재적소에 얼마나 잘 서술되어 있는지 구체적인 검토가 필요하다고 생각한다. 역사적, 고고학적인 면에서 목간의 수록은 학계의 새로운 연구 성과를 반영한다는 점에서 바람직하다.[39)]

교과서 분석 순서는 금성사를 시작으로 〈표 6〉에 기재되어 있는 순서대로 진행하지만, 금성사의 '일본 나라시대의 목간'이나 그 외 다른 교과서의 발해 관련 목간은 고대 일본에서 작성된 목간이라는 점에서 한국 출토 목간들과 구분하여 뒤에 별도로 다루려고 한다. 우선 금성사에 소개된 목간부터 살펴보도록 하자. 〈그림 2〉는 那尒波 목간이 수록된 교과서 본문의 일부이다. 현행 역사교과서에서 那尒波 목간이 등장하는 곳은 금성사가 유일하다. 那尒波 목간에 관한 논문은 히라카와 미나미(平川 南)[40)] 외는 찾아보기 힘들다. 〈그림 2〉에서 보아 알 수 있듯이 지도의 제목은 '삼국의 경제 활동과 대외 무역'이다. 당시 성행했던 무역로가 지도에 표시되어 있다. 한반도내에서 국한된 것이 아니라 주변국과의 교류에 초점을 맞춘 단원 구성이라고 생각한다.

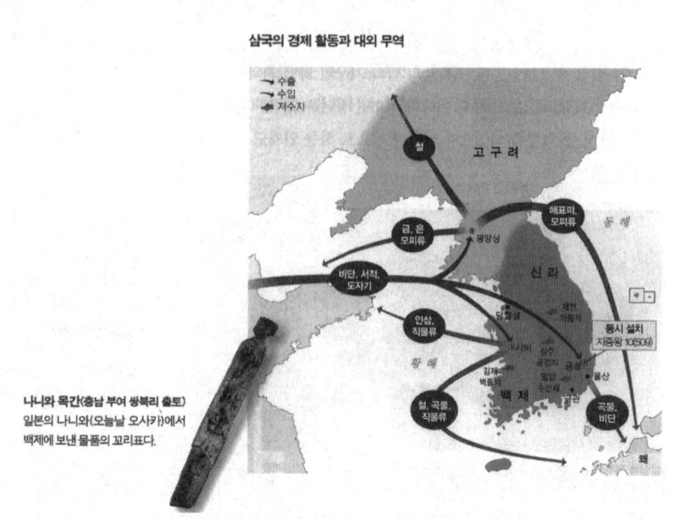

그림 2. 금성사 나니와 목간

히라카와에 의하면 이 목간은 7세기 중엽의 왜국과 백제의 밀접한 관계를 알 수 있다고 한다. 목간을 만든 주인공은 백제 왕도 사비에 있던 왜계 관인(那尒波連公)일 가능성, 또는 왜국의 관인이 가져온 調度物 등에 붙인 하찰이 물품과 함께 백제 왕도로 왔다가 폐기되었을 두가지 가능성을 제기하였다. 왜인의 인명만을 쓴 물품 부찰 목간이 한반도에서 최초로 발견된 것은 그 의의가 매우 크다고 한다. 국립부여박물관 측은 특정 인물이 보낸 물건의 하찰이거나 그의 소유품에 대한 부찰로 보았다. '連'은 일본의 '가바네'라고 하였다.[41)] 이처럼 히라카와 및 후속 연구에서는 목간에 적힌 '那尒波'를 금성사에서 설명하고 있

39) 교육과학기술부, 2011, 「2009 개정 교육과정에 따른 교과 교육과정 적용을 위한 「중학교 역사 교과서 집필 기준」」, p.5; 교육과학기술부, 2011, 앞의 고등학교 한국사 교과서 집필 기준, p.3.

40) 平川 南, 2009, 「백제 왕도 출토 「연공(連公)」 목간 -한국 부여 쌍북리 유적 1998년 출토 부찰」, 『국립역사민속박물관연구보고』 제153집, pp.151-153.

41) 국립부여박물관, 2008, 『백제목간』, 소장조사자료집, p.44.

는 것처럼 지명을 말하는 것이 아니라, 일본인 관인의 이름으로 이해하고 있다.[42]

금성사에는 이 목간 사진과 함께 '일본의 나니와(오늘날 오사카)에서 백제에 보낸 물품의 꼬리표다'라는 캡션이 달려 있다. 하지만 왜에서 백제로 향하는 수출표시가 없다. 주변국과의 교류를 나타내는 것이라면 지도상의 화살표는 동일한 기준으로 표기되어야 학습자들이 지도의 의미를 쉽게 이해할 수 있다. 판독문은 없고 캡션의 내용은 那尓波가 일본의 현재 지명(오사카)이라는 설명이 전부다. 이는 명백히 기존의 어떤 견해와도 관련이 없는 집필자의 사견임이 분명하다. 이 목간을 한반도와 일본의 교류 증거로 제시한 것은 적절했지만, 목간의 묵서를 정확하게 이해하지 않고 소개한 셈이 된다. 금성사의 那尓波 목간은 백제와 왜가 교류한 사실을 알려주는 사료임에는 분명하다. 금성사의 집필진도 이 목간을 통해서 주변 국가와의 교류를 이루어낸 한반도의 역사를 언급하고자 한 것은 아닐까 생각된다.

다음 〈그림 3〉은 '역사의 창'이라는 탐구활동 코너를 특별히 활용하여 목간이 무엇인지를 설명하고 있다. 새로운 유물에 관한 흥미를 일으킬 수 있는 적절한 구성이라고 생각한다. '목간이 전해 주는 고대인의 경제생활'이라는 제목 아래 '급벌성 목간'과 '좌관대식기 목간'을 소개하고 있다. 서술상의 특징을 살펴보자.

첫 번째는 목간의 정의를 설명하고 있는 위치다. 이는 금성사의 첫 번째 수록 목간인 那尓波 목간이 등장하는 곳에서 목간의 정의를 설명하는 것이 더 효

역사의 창

목간이 전해 주는 고대인의 경제생활

최근 고대인들이 나무에 문자를 기록한 목간이 많이 발견되고 있다. 목간에는 그동안 잘 알려져 있지 않았던 고대인의 생활 모습이나 신앙 세계가 생생하게 적혀 있어, 고대사 연구의 가장 중요한 역사 자료로 떠오르고 있다.

성산산성에서 발견된 목간이 전해 주는 신라의 조세 운송 체계

성산산성(경남 함안)은 신라가 가야를 정복하고 쌓은 낙동강가에 있는 성이다. 이곳에서는 6세기 중반에 작성된 신라 목간이 230여 점이나 발견되었다. 이들 목간은 대부분 세금을 바칠 때 짐에 부착한 꼬리표로, '어느 지역의 누가 세금을 얼마 바쳤는지' 기록하고 있다. 예를 들어, '급벌성 문시이패일석(及伐城 文尸伊 稗 一石)'이라고 적힌 목간이 발견되었는데, 이는 '급벌성에 사는 문시이라는 사람이 피 한 섬을 바친다.'라는 내용이다.

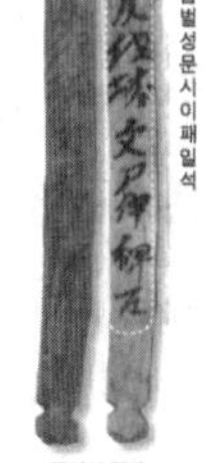

급벌성 목간

성산산성 목간에 나오는 급벌(영주), 고타(안동), 구리성(상주), 감문(김천) 등의 지명은 낙동강 중상류 유역에 위치한 곳으로, 당시 행정 구역상 상주에 속한다. 이를 통해 신라는 성산산성을 쌓으면서 주로 낙동강 수로를 이용하여 중상류 지역의 물자와 인력을 동원하였다는 것을 알 수 있다.

백제의 좌관대식기 목간이 전해 주는 고대의 이자율

백제 도성이었던 부여에서 고대의 이자율을 보여 주는 목간이 발견되었다. 이 목간에는 좌관이라는 백제 관청(또는 관리)이 총 9명에게 빌려 준 곡식의 양, 갚은 양, 아직 갚지 못한 양 등이 일목요연하게 적혀 있다.

예를 들어 전목지라는 사람의 경우 2석을 빌려갔는데, 2석을 갚았고, 아직 1석을 갚지 못하였다고 적혀 있다. 전목지가 2석을 빌려서 총 3석을 갚아야 한다는 것인데, 3석은 원금에 이자를 합한 양이다. 당시 이자율이 무려 50 %에 달하는 고율이었음을 알 수 있다. 이처럼 이자율이 높았기 때문에 원금과 이자를 모두 갚기는 쉽지 않았을 것이다. 실제 이 목간에 나오는 9명 가운데 원금을 모두 갚은 사람은 2명에 불과하였고, 이자까지 모두 갚은 사람은 1명뿐이었다.

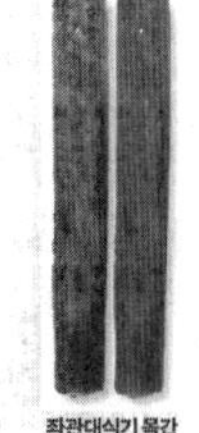
좌관대식기 목간

열린 생각
1 삼국 시대에 종이 대신 목간을 사용한 이유는 무엇인지 생각해 보자.
2 삼국 시대에는 목간에 주로 어떤 내용을 적었는지 알아보자.

그림 3. 금성사 급벌성 목간 및 좌관대식기 목간

42) 이치 히로키 역시 那尓波는 지금의 오사카를 뜻하기도 하지만 목간 적힌 那尓波는 일본인 중 외교 업무에 종사하는 관인의 이름이라고 하였다(이치 히로키 지음·이병호 옮김, 2014, 『아스카의 목간』, 주류성, pp.65-66).

과적이라고 생각한다. 두 번째는 '삼국의 사회 모습과 경제 활동'이라는 중단원 말미에 배치되어 이들 목간 자료를 통해 본문을 보다 풍부하게 이해할 수 있도록 하였다. 세 번째는 〈그림 3〉의 급벌성 목간에 관해 판독문과 그것과 연관된 설명을 넣어 학습자들이 당시 하찰목간이 어떠한 방식으로 기록되었는지를 충분히 이해할 수 있도록 배치하였다. 그러나 아쉬운 점이 몇 가지 있다. 좌관대식기 목간에 대해서는 판독문이 실려 있지 않다는 사실이다. 또, 급벌성 목간의 우측 사진과 좌관대식기 목간(앞면)의 좌측 사진은 적외선으로 촬영한 목간 사진이다. 이 사진에 대한 아무런 설명은 하지 않고 사진만 나란히 기재하였다. 목간에 대한 지식이 적은 교사나 학습자들은 나란히 있는 두 목간이 각기 다른 목간이거나 같은 목간의 앞, 뒷면으로 오해할 소지가 크다.

좌관대식기 목간을 통해 이자율에 관해 비교적 자세하게 설명하고 있다. 그런데 이 목간의 내용만으로는 어떤 상황에서 어떤 목적으로 어떤 계층의 사람들에게 대식이 이루어졌는지 파악하는 것이 곤란하다.

〈그림 3〉 하단의 '열린 생각'에서는 본문의 서술 외에 발문을 통해 학습자들의 역사적 사고를 확장시키는 역할을 하고 있다. 첫 번째 발문은 목간이 무엇인지를 배운 학습자라면 자유롭게 역사적 상상력을 발휘해 얼마든지 다양한 답변을 할 수 있다. 그러나 두 번째 발문을 학습자들 스스로 얼마나 해결해 낼 수 있을지 의문이다. 역사를 이해하려면 어느 정도의 역사적 사실에 관한 지식이 필요하다.[43] 목간에 관해 배경지식을 갖추고 있는 학습자들이 과연 얼마나 될까? 또한 교과서에서 주어진 사료만으로 학습자들 스스로 해결하기 어려운 발문은 학습자들의 학습의욕을 저하시킬 수 있다.

〈표 7〉의 ① 목간 사진에는 고대 한국어 표기 중 일곱(日古巴)이라는 금성사에서 우리말이라고 생각하는 곳에 점선을 표시해 강조하고 있다. 이 목간이 수록된 곳은 중단원 2장 '한자와 유학을 수용하여 발달시키다'이다. 세부 단원은 '한자와 유학의 수용'과 '역사서 편찬'으로 구성되어 있다. 본문의 내용은 동아시아의 공통 문화인 한자와 유학의 보급으로 기본 경전과 많은 역사서가 편찬되었음을 기술하고 있다. 목간 외 시각 자료들도 한결같이 한자와 유학에 관한 학습 자료들로 편재되어 있다.

동아시아의 공통 문화인 한자와 유학을 주로 다루는 코너에서 고대 한국어의 원형을 소개하기 위해 이 목간을 수록한 것을 알 수 있다. 한자와 유학이 모두 중국을 통해 한반도로 유입되었으나 그 전부터 한반도에는 우리말의 표기가 존재했음을 강조하고자 하는 것으로 생각된다. 그러나 목간에 기록된 문자의 전체적인 해석은 알 수 없으며, 단지 우리말 표기가 있다는 것만을 서술하고 있다. 또한 이 목간은 익산 미륵사 유적 발굴조사 때 출토되었는데 통일신라시대로 보는 것이 학계의 지배적인 의견이다.[44] 날짜와 사람 이름을 적은 기록 혹은 글씨 연습을 한 것이라고 한다(나무 속 암호 목간, 2009). 금성사에서는 이 목간의 이름이 '백제 목간'이라고 기재되어 있다. 제작국이 백제라는 의미인지, 백제를 대표하는 목간이라

43) 김한종, 2013, 앞의 논문, p.88.

44) 이 목간은 통일신라시대 초 조성된 연못에서 출토된 것으로 학계에서는 통일신라시대의 것으로 보고 있다(국립창원문화재연구소, 2006, 『韓國의 古代木簡』 개정판, p.19, pp.238-241; 국립부여박물관·국립가야문화재연구소, 2009, 『나무 속 암호 목간』, p.132; 권인한, 2012, 「韓·日 初期 木簡을 통해서 본 한문 어법의 선택적 수용과 변용」, 『日本硏究』 第13輯, p.82.

는 의미인지 알 수 없다. 학습자들에게 무엇을 전달하고 싶어 하는지가 명확하지 않아 서술상에 문제가 있다고 생각한다.

금성사에서는 우리말을 나타내는 특정 글자에 점선으로 표시하였다고 했지만 실제는 묵흔만 남아 있을뿐 이다. 전체 판독문과 함께 서술을 한다면 이 목간에 대한 관심도가 더욱 높아질 것으로 보인다.

다음은 인천 계양산성에서 출토된『논어』목간에 관한 서술 검토이다. 한반도 출토『논어』관련 목간은 인천 계양산성 외에 김해 봉황동, 부여 쌍북리 백제 왕경 유적[45]에서 출토된 목간과 평양 정백동 364호분에서『논어』죽간이 있다.[46] 일본에서는『논어』목간이 지금까지 약 30점 정도 출토되었으나 한반도에서는 위 세 곳 외는 유교의 典籍을 기록한 목간은 출토된 사례가 없다.[47]

현재 역사학계에서는 인천 계양산성 출토『논어』목간의 제작 시기에 관해 백제설과 통일신라설로 대립하고 있다. 인천 계양산성에서『논어』목간을 최초로 발굴한 선문대고고연구소 측은 보고서[48]를 통해

---

45) 2018년 한국목간학회 하계워크샵에서 발굴을 담당한 울산발전연구원들이 의해 처음 소개되었다.『논어』의 '학이편 1·2장의 문구가 기록되어 있다(한지아·김성식, 2018,「부여 쌍북리 56번지 사비 한옥마을 조성부지 유적 출토 목간 보고」, 한국목간학회 하계워크샵 발표문).

46) 1990년대 초 평양시 락랑구역의 정백동 364호분에서『논어』권11과 권12가 기재된 죽간이 출토되었다. 39매 중 31매는 선진편, 8매는 안면편이다. 이『논어』죽간은 묘주가 생시에 사용하면서 상당 기간 읽었을 것으로 추정하고 있다(이성시·윤용구·김경호, 2009,「평양 정백동 364호분 출토 죽간『논어』에 대하여」,『목간과 문자』4, p.134). 정백동 364호분의『논어』죽간은 한국의 고등학교『동아시아』교과서 중 2011년 발행본(허베이 성 딩저우 출토 논어 목간(기원전 1세기경), 평양 정백동 논어 죽간(기원전 1세기경), 인천 계양산성 출토 논어 목간(3~4세기경) 사진이 나란히 수록되어 있다. "논어"의 보급이라는 캡션의 제목 아래 이들 자료를 통해 한 무제 이후 유교 문화가 동아시아 각 지역으로 널리 확산하였음을 알 수 있다고 서술하고 있다. 천재교육, p.74)에 등장했으나 2013년 발행본에는 어디에도 수록되어 있지 않다. 이 죽간은『논어』가 한반도에 전래된 것을 알리는 최초의 사료로서 커다란 가치를 지니지만 현행 한국의 역사교과서에서는 더 이상 등장하지 않아 아쉬움이 크다.

47) 橋本繁,『韓國古代木簡の研究』, 吉川弘文館, 2014, p.124; 橋本繁,「金海出土『論語』木簡について」,『韓國出土木簡の世界』, 朝鮮文化研究所, 2008, pp.248-260.

48) 선문대학교 고고연구소의 발굴 조사(2005·5·11일) 후 유물 공개(2005·6·27일)가 있던 다음 날, 대부분의 언론에서는 계양산성 출토『논어』목간이 백제 한성시기인 400~480년 것으로 신문 자료를 통해 보도하였다. 다음은 당시의 신문자료이다(『동아일보』, 2005·6·28, 화요일, 문화 A17면 '국내 最古 백제 목간 발굴';『조선일보』, 2005·6·28, 화요일, 사회 A09면, '백제 4세기 '논어 책' 목간 발굴';『중앙일보』, 2005·6·28, 화요일, 종합 11면, '국내서 가장 오래된 목간 발굴').

인천 계양산성에서 출토된 2개의 목간 중 목간1(2차 발굴)은『논어』제5장 공야장의 일부를 초사한 것으로 5각형의 다면체 목간인 觚이다. 목간의 1면에 2장, 2면에 5장, 3면에 7장, 4면에 8장, 5면에 9장, 10장의 내용이 일부분씩 기록되어 있다. 목간 2(3차 발굴)는 대부분 黑化 현상이 일어나 '子'자 외는 글자를 확인하기 힘들지만 목간 1과 같은 시기의 필법으로 보아『논어』의 일부를 필사한 것으로 추정한다. '목간의 제작 시기에 관해서는 4~5세기경으로 한성백제 시기로 본다. 그 근거는 공반유물 중 제1 集水井에서 출토된 圓底短頸壺가 전형적인 한성백제시대 토기라는 점을 들어 편년 시기를 4~5세기경의 백제의 것이라고 보고 있다. 또, 목간의 서체가 戰國시대에서 漢대와 魏晉 시기에 유행하던 것 중 하나로 보고 4~5세기경의 사경체와 관계가 깊다고 보는 점, 목간과 함께 출토된 2점의 목제 시료의 제작 시기가 방사성탄소연대 측정에 의해 4~5세기경으로 판명되었다는 점을 들었다. 이에 이들과 같은 층에서 출토된 목간 역시 4~5세기경으로 보고 있다. 또한 4세기 후반(384년)에는 이미 백제에 불교가 들어왔으며, 이때 불경이나 유교 경전,『도덕경』과 같은 제자백가의 서적은 물론 경전의 중심인『논어』가 당연히 들어왔을 것이라고 하였다.

백제설을 주장하고 있다. 그러나 윤선태는 인천 계양산성 목간을 통일신라시대의 목간으로 이해하였다. 이 목간은 김해 봉황 논어목간과 같이 『논어』의 '공야장'편이 기록되어 있다는 점과 목간의 다면형이라는 점에서 〈觚〉 목간들과 형태나 기능상으로 맥을 같이 한다고 하였다.[49] 이용현은 인천 계양산성의 경우 불안한 토층을 근거로 목간을 3~4세기의 백제에서 사용된 것이 아니라 통일신라의 것이라고 주장하였다.[50] 권인한 역시 인천 계양산성 출토 『논어』 목간은 국학을 세운 신문왕 2년(682)이후일 가능성이 높다고 하였다. 이에 인천 계양산성과 김해 봉황동에서 출토된 두 『논어』 목간은 국학의 설치와 여기서 이어지는 교육과 학습이라는 통일신라 당시의 시대적 배경을 떠나서 생각하기 어려운 존재라며 통일신라설에 무게를 두었다.[51] 윤선태, 이용현, 권인한 외에 인천 계양산성 출토 목간의 제작 시기가 백제보다는 통일신라일 가능성이 높다고 추정하는 연구자는 하시모토 시게루[橋本 繁]이다. 그는 발굴보고서 측에서 밝힌 백제설의 근거 세 가지를 조목조목 반박하였다.[52]

연구자들 간에 서로 해석을 달리하는 내용일 경우 학계에서 널리 인정을 하는 전통적인 학설을 수록하거나 이견이 있다면 함께 서술해야 한다. 역사교과서에 통설을 벗어난 사관, 개인의 신념이 투영되는 순간, 객관성과 중립성이 부정되기 때문이다.[53] 결론적으로 인천 계양산성의 『논어』 목간은 정확한 제작 시기를 파악하기 힘들다.[54]

〈표 7〉의 ② 금성사에서는 『논어』 목간의 제작국을 통일신라시대로 설명하고 있다. 하지만 앞서 서술한대로 이 목간의 제작 시기를 통일신라로 단정하는 것은 문제가 있다. 학습자는 역사교과서의 내용을 그대로 받아들이는 경향이 있다. 역사교과서의 서술이 역사가의 관점이 포함된 하나의 해석이라는 점을 인식하지 못하기 때문이다.[55] 그렇기 때문에 이견이 있을 경우 사실에 관해서는 더욱 신중한 서술이 필요하다.

다음은 두산동아의 목간 관련 서술 내용을 검토해보자. 〈표 7〉의 ③과 같이 두산동아에는 경남 함안에

---

49) 윤선태, 2007, 『목간이 들려주는 백제 이야기』, pp.66-67; 윤선태, 2016, 앞의 논문, p.405; 윤선태, 2008, 「목간으로 본 한자문화의 수용과 변용」, 『신라문화』 32, pp.181-182.

50) 이용현, 2006, 『한국목간기초연구』, 신서원, pp.40-41.

51) 권인한, 2015, 「출토 문자자료로 본 신라의 유교경전 문화」, 『구결연구』 35, pp.43-46.

52) 하시모토가 발굴보고서의 백제설에 관해 반박한 내용이다. 첫째, 서체에 관해서는 한반도에서 사용된 서체가 동시대의 중국과 반드시 공통된 것이라는 근거가 될 수 없다고 보았다. 둘째, 원저단경호의 연대가 4~5세기의 것이라고 하더라도 같은 층에서 발굴된 목간의 연대가 그것과 동일한 것이라고 반드시 단정지어 말할 수는 없다고 하였다. 셋째 목재의 연대도 같은 이유로 백제설을 부정하였다. 하시모토는 장을 달리하여 통일신라의 것으로 추정하였다. 논어의 학습은 최종적으로 중급관리가 되는 것을 지향하는 것으로 보았다. 골품제하에서 관리 출신의 길이 한정되어 있던 6~4두품들이 국학에 입학해서 대나마, 나마의 관리가 되기 위해 논어를 암송하였던 것으로 추정하였다(橋本繁, 앞의 책, 2014, pp.130-131).

53) 양정현, 2014, 「역사교육에서 사실, 해석 그리고 주체와 관점 -2013년 판 교학사 한국사 교과서에 대한 검토를 중심으로」, 『역사와교육』 9, p.203.

54) 〈인천광역시 계양구청·재단법인 겨레문화유산연구원, 2009, 『인천 계양산성 4차 발굴조사약보고서』〉에 의하면 출토된 유물 가운데 토기류는 신라~통일신라시대, 기와류는 통일신라 말에서 고려 초로 추정하고 있다. 이러한 정황으로 볼 때 백제의 3~4세기 목간으로 추정하는 것은 현재로서는 다소 무리가 있다고 생각한다.

55) 김한종, 2013, 「사료내용의 전달방식에 따른 고등학생의 역사이해」, 『歷史教育』 125, p.207; 김한종, 2015, 앞의 논문, p.22.

표 7. 『한국사』 교과서 속 고대 목간

① 금성사 백제 목간	② 금성시 논어 목간	③ 두산동아 짐표 목간	④ 지학사 좌관대식기 목간	⑤ 천재교육 좌관대식기 목간
 **백제 목간(전북 익산 출토)** 일곱(日古巴) 등 숫자와 관련된 우리말 표기가 보인다.	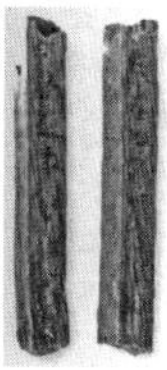 **논어 목간(인천 계양)** 지방 각지에서 발견되는 통일 신라 시대의 논어 목간은 당시 유교 경전이 널리 보급되었음을 잘 보여 준다.	 **짐표 목간(경남 함안 출토)** 세금을 낼 때 납부자의 이름과 소속 지명, 세액 등을 기록한 꼬리표이다. 구멍을 뚫거나 뾰족하게 깎아 물건에 묶거나 꽂았다.	 **○ 좌관대식기(佐官貸食記) 목간(충남 부여)** 6~7세기 백제 목간으로, 곡식을 돌려받을 때 봄에 꾸어 준 곡식의 30에서 50%를 이자로 받은 사실을 알려 준다.	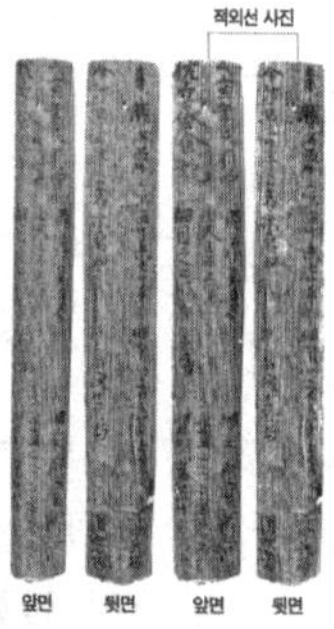 적외선 사진 앞면 뒷면 앞면 뒷면

서 출토된 4점의 짐표 목간이 기재되어 있다. 그러나 이들 목간에 대해 어느 시대, 어느 시기의 목간인지 설명이 없다. 두산동아에서 목간이 수록된 곳은 교과서 본문의 날개주다. 목간에 기록된 글자는 육안으로도 확인이 불가능하지만 판독문을 기재하기 않았기 때문에 정확한 내용을 알 수 없다. 한 점이라도 판독문을 소개하였다면 학생들이 당시의 세금에 매달려있던 짐표 목간의 서술 내용을 통해 좀 더 나은 역사적 상상력을 키울 수 있었을 것으로 판단된다. 아쉬운 대목이다.

다음은 지학사의 고대 목간 관련 서술 내용을 검토하여 보자. 〈표 7〉의 ④과 같이 지학사에서는 좌관대식기 목간이 1점 수록되어 있다. 본문의 내용을 살펴보면 국가는 농민에게 조세를 부과하기 위해서 농민이 귀족에게 흡수되는 것을 막기 위한 정책을 실시하였다고 서술하며 진대법을 소개하고 있다. 백제에도 이와 유사한 정책을 실시하였다고 한다.

'좌관대식기 목간'은 이러한 구휼적 성격과는 반대되는 국가가 오히려 식리 행위를 하고 있었음을 알려주는 증거 자료이다.[56] 혹은 이자율에 대한 캡션의 설명으로 볼 때 교과서의 저자는 좌관대식기 목간을 '귀족층이 농민을 흡수하는'사례로 제시한 것일 수도 있는 것 같다. 이는 좌관대식기 목간에 대한 학계의 의견과 다르다. 누가 누구에게 왜 빌려 주었는지 아무런 설명이 없기 때문에 교사와 학생들이 그것을 활용할 수 있는 방법을 알기 어렵게 되어 있다. 현재의 캡션만으로는 귀족층이 농민을 흡수하는 사례로 교사들이 설명할 수밖에 없다.

다음은 천재교육의 고대 목간 관련 서술 내용을 검토하여 보자. 〈표 7〉의 ⑤과 같이 천재 교육은 삼국의 경제 생활을 설명하는 소단원에 해당 목간이 수록되어 있다. 본문의 주 내용은 조세제도 및 농민 경제를 안정시키기 위한 경제 정책, 수공업과 시장 형성에 관한 설명이 주를 이룬다. 그와 함께 좌관대식기

56) 정동준, 2009, 「'좌관대식기' 목간의 제도사적 의미」, 『목간과 문자』 4, pp.25-28.

목간이 수록되어 있으며 이에 대한 캡션은 좌관이 곡물을 대여해 주고 이자를 받은 사실이 기록되어 있다고 서술하고 있다. 또 본문에서는 한 고구려 진대법을 소개한 바로 뒤이은 문장에서 백제에서도 유사한 제도를 실시한 것으로 설명하고 있다. 이 경우 좌관대식기 목간이 실제 진대법과 같은 백제의 구휼제도와 관련된 것으로 이해하기 쉽다.

더욱이 목간의 실제사진과 적외선 사진을 소개하였으면서도 판독문은 전혀 실려 있지 않다. 왜 적외선 사진을 소개하였는지 알 수 없는 노릇이다. 적외선 사진의 공간에 실제 목간 내용을 소개하면 되는데, 교사와 학생들에게 아무런 의미 없는 사진이 선택된 셈이다. 왜 목간에 적외선 사진을 찍는지에 대한 설명이 들어가 있는 것도 아니다. 목간에 묵서의 흔적은 있지만 육안으로는 식별이 안 되는 경우가 많다. 최근의 연구는 이러한 점을 보완하기 위해 적외선 촬영을 동원해 육안으로는 확인이 불가능한 글자까지 판독할 수 있게 되었다.[57] 현대 과학이 목간 연구에 기여하고 있다는 것을 보여주는 좋은 사례로 설명이 덧붙여져 있다면 좋았지만 적외선 사진에 대한 아무런 설명이 없어 교육현장에서 과연 이런 효과를 볼 수 있을지도 의문이다.

끝으로 각 교과서에 실려 있는 발해 관련 목간을 검토해 보자. 발해 관련 목간은 총 4점이 있다. 이 목간들은 발해와 빈번한 외교 관계를 가졌던 고대 일본에서 작성한 목간들인데,[58] 발해와 관련된 내용이 묵서되어 있다.[59] 크게 두 종류로 분류할 수 있다. '渤海使' 목간과 '遣高麗使' 목간이다. 이 두 종류의 목간은 8세기 무렵 일본의 수도였던 平城京(현 奈良市) 유적에서 나온 것이다. 목간이 출토된 근처는 長屋王의 저택지로 추측하고 있는 곳이다. 長屋王과 발해 사절단의 만남은 정치적인 목적으로 이루어진 것이지만 그 이면에는 경제적인 목적의 교역이 깔려 있었다는 것을 보여주고 있다.[60] 발해와 일본 간 외교 활동과 함께 교역이 이루어졌음을 알려주는 귀중한 사실은 역사교과서에도 잘 나타나 있다.

후자의 '遣高麗使' 목간은 발해가 고구려를 계승한 국가라는 사실과 함께 일본과의 교류를 주로 나타내는데 인용되는 목간이다. 두 종류의 발해 관련 목간은 역사교과서에 다시 세 가지 방식으로 수록되어 있다. 첫 번째는 '遣高麗使'가 기록된 목간 1점만 수록, 두 번째는 '遣高麗使' 목간 1점과 그 외 기타 목간 2~3점 수록, 세 번째는 '渤海使' 목간 1점만을 수록한 교과서다.

먼저 '遣高麗使' 목간 1점을 수록한 금성사에서는 '遣高麗使' 부분만을 더욱 확대하여 선명하게 보이도록 하였다. 일본에서 발해에 파견한 사절을 '遣高麗使'라고 표현하여, 일본이 당시 발해와 고구려를 동일

57) 윤선태, 2007, 앞의 책, pp.41-42.

58) 발해와 일본은 47회 정도 교류하면서 외교관계를 유지하여 왔다. 발해에서 일본으로 34회, 일본에서 발해로 13회 방문하였다. 발해의 역사가 229년이라는 비교적 짧았던 기간임을 감안한다면 두 나라의 관계가 긴밀하였음을 알 수 있다(동북아역사재단 편, 2007, 『발해의 역사와 문화』, 동북아역사재단, p.149; 石井正敏, 『東アジア世界と古代の日本』, 2003, 山川出版社, pp.26-27).

59) 이성제 외, 2010, 『고대 환동해 교류사 -2부·발해와 일본』, 동북아역사재단, p.158.

60) 이성시는 발해 관련 목간을 통해 일국의 외교사절단이 상대국의 유력자에 대해 증여뿐만 아니라 교역까지 행하고 있다는 점을 강조하였다. 이에 정치적인 요청에 의해 이루어진 외교의 장에서 교역이 전개된 점을 중시해야 한다고 하였다(李成市, 『東アジアの王權と交易』, 青木書店, 1997, pp.102-105).

표 8. 『한국사』 교과서 속 발해 관련 목간

목간 이름[61]	목간 사진	교과서 서술 내용
견고려사 목간		금성사, 60쪽 캡션 발해를'고려'라고 표현한 일본 나라 시대의 목간.
견고려사 목간 외		비상교육, 48쪽 생각을 키우는 자료실 일본에서 출토된 발해 관련 목간. 발해는 건국 초 영토 확장 과정에서 당·신라와 관계가 좋지 않았다. 이에 발해는 일본과 연합하고자 빈번하게 왕래하였고, 점차 일본과의 교역에 관심을 가졌다. 일본에서 출토된 발해 관련 목간을 보면 당시 일본이 발해에 보낸 사신을 '견고려사'라고 표현하고 있음을 알 수 있다. 목간에는 758년 발해 사신 양승경과 함께 귀국하였던 일본 오노 다모리 일행이 특진한 사실이 기록되어 있다.
발해사 목간		리베르스쿨, 46쪽 캡션 '발해사(渤海使), 교역(交易)'이라는 글자가 쓰여 있어 당시 발해와 일본 간에 교류가 있었음을 알려 준다.

한 실체로 이해하고 있었음을 알 수 있다.[62] '遣高麗使' 목간은 8세기에 고대 일본이 한반도의 삼국을 고대 일본의 조공국으로 인식했던 사고가 투영되어 발해를 고려로 호칭하였을 가능성이 높다. 따라서 우리가 이 자료를 '발해=고구려'라는 등식에만 집착하여 실제로 고대 일본의 왜곡된 역사상을 전달하는 자료일 수도 있는데 무비판적으로 사용하는 것은 조심할 필요가 있다.[63] 특히 비상교육에서는 '생각을 키우는 자료' 〈유물로 보는 발해와 일본과의 교류 모습〉이라는 제목 하에 '遣高麗使' 목간을 비롯한 3개의 목간이 소개되어 있는데, 그중 '貊人'이라는 묵서는 '발해=고구려=맥인'이라는 등식에서 소개한 것일지라도 고대 일본에서 사용한 점에서 더욱이 그러하다.

소략하게나마 『한국사』 교과서에 기재된 발해 관련 목간의 서술 현황을 살펴보았다. 발해와 관련된 역사교과서의 내용은 중·고등학교를 막론하고 크게 다르지 않다. 필자의 졸고에서도 이미 정리하였는데 이는 정부의 교육 지침과 무관하지 않다. 발해사와 관련된 서술은 집필 기준에서부터 주변국과의 교류 관계와 발해가 고구려를 계승했음을 기술하도록 명시하고 있

61) 발해 관련 목간은 출토지를 기재하지 않은 교과서가 있기 때문에 목간의 이름만 필요에 의해 적시하였다.

62) 佐藤信, 『日本と渤海の古代史』, 山川出版社, 2003, p.107.

63) 임상선 편역, 1990, 『발해사의 이해』, 신서원, pp.294-295; 石井正敏, 「日渤交涉における渤海高句麗繼承国意識について」, 『中央大学大学院研究年報』 4, 1975.

기 때문이다.[64)]

이상과 같이 한국 역사교과서의 고대 목간 관련 서술 현황을 살펴보았다. 다음 장에서는 앞서 검토한 내용을 바탕으로 『한국사』의 고대 목간 관련 서술의 문제점과 개선 방안을 제시해 보고자 한다. 한·일 양국 고등학교 역사교과서의 목간 관련 서술의 장단점을 비교해 볼 수 있을 것이다. 그 과정을 통해 한국 역사교과서를 좀 더 효율적으로 만들기 위한 방법을 모색해 나갈 것이다.

Ⅳ. 『한국사』의 고대 목간 서술의 문제점과 개선 방안

지금까지 한·일 고등학교 역사교과서의 고대 목간 관련 서술 현황을 비교 분석하였다. 역사교과서에 서술된 목간 관련 내용이 역사학계의 연구 성과를 충실하게 반영하였는지, 1차 사료로서 목간의 가치가 본문 내용과의 유기적인 관계 속에서 효율적으로 서술되어 있는지를 중심으로 분석하였다. 필자가 서두에 언급하였듯이 고대 목간의 출토나 그에 관한 연구, 그리고 역사교과서에 목간이 수록된 시기는 일본이 우리나라보다 월등히 빠르다. 그것이 일본의 목간 연구가 우리나라의 목간 연구를 무조건 앞선다든가 교과서의 서술이 모든 면에서 뛰어나다는 의미는 결코 아니다. 본장에서는 지금까지 드러난 『한국사』 교과서의 몇 가지 문제점을 바탕으로 향후 개선 방안을 제시하고자 한다. 특히 앞서 분석한 Ⅱ장의 일본 역사교과서의 분석과 그 틀을 비교 검토의 대상으로 삼았다.

『한국사』에는 총 6종의 목간이 등장한다. 이들 목간은 대부분 경제 분야와 관련된 목간들로 주를 이루고 있다. 이는 2009 개정 교육과정에 잘 나타나 있듯이 통사 전개 속에서 사회·경제사를 강조하도록 한 것에 따른 것으로 보인다.[65)] 수록 빈도 수가 가장 높은 좌관대식기 목간은 백제의 이자율이나 구휼 정책 및 조세를 포함한 경제 생활에서 다루어지고 있다. 함안 성산산성 출토 목간도 신라의 조세 제도와 관련된 하찰목간이다.[66)] 특히 『한국사』에는 주변국과의 활발한 문화 교류나 교역에 역점을 둔 목간을 수록하였다. 동아시아의 공통문화 요소인 한자와 유교를 설명하는 좋은 예로 『논어』 목간, 왜와의 교류를 짐작할 수 있는 那尔波 목간과 왜와의 교섭을 통해 정치적 목적과 경제적 목적을 이루고자 한 발해 관련 목간이 각각 수록되어 있다.

이러한 목간을 소개하는 가운데에 많은 오류가 확인된다. 첫째 목간 묵서의 판독에 관한 역사학계의

64) 교육과학기술부, 2011, 앞의 고등학교 한국사 교과서 집필 기준, p.3; 한국교육 과정평가원, 2014, 『2009 개정 교육과정에 따른 고등학교 역사과 핵심 성취기준 개발 연구』, p.23, p.61.

65) 한국교육 과정평가원, 2014, 위의 연구보고서, p.23.

66) 함안 성산산성에서는 1991년부터 2016년까지 총 17차례에 걸쳐 목간 발굴조사가 시행되었다. 현재까지 출토된 목간은 309점인데 그중 묵서가 확인된 것만 245점으로 한반도 최다 출토지다. 대부분이 세금 꾸러미에 부착된 하찰목간이다. 그러나 2014년부터 2016년까지 시행된 17차 발굴조사에서는 문서목간과 간지가 묵서된 목간도 새롭게 출토되었다(국립가야문화재연구소, 2017, 『한국의 고대목간 Ⅱ』).

견해를 고려하지 않고 있다. 특히 금성사의 나니와 목간이 그러하다. 그 목간의 묵서 해석은 역사학계의 연구 성과가 충실히 반영되었다고 보기 힘든 측면이 있다. 한편 좌관대식기 목간은 목간의 정체성이 확실히 드러나지 못한 상태에서 성급한 서술이 이루어졌다. 이 목간을 현존 자료 어디에도 남아 있지 않은 백제의 구휼책과 연결시키거나, 귀족이 높은 이자율로 농민을 흡수하는 사례처럼 느껴지도록 배치되어 있는데, 이는 좌관대식기 목간에 대한 학계의 인식과는 동떨어진 것으로 무리한 측면이 있다. 또한『논어』목간의 경우는 제작국이나 제작 시기 등에 관해 학계의 논란이 있음에도 불구하고 통일신라 것으로 단정 지어 서술한 것은 신중한 접근이 필요하다고 생각한다. 사료에 포함되어 있는 역사적 사실을 통해 학습자들은 다양한 상상을 하게 된다.[67] 그러나 史實 관계의 오류는 학습자들의 역사적 상상력에 방해가 될 수 있기 때문에 신중해야 한다.

또한 이 목간을 통해 한자, 유교 등에 기초한 동아시아 문화권을 설명할 수도 있는데, 전혀 고려하지 않고 있다. 결국『한국사』에 수록된 고대 목간은 사회·경제사 분야를 강조한 교육과정을 충실하게 이행하기 위해 사회 경제나 문화 관련 목간들을 기존 학계의 연구 성과의 세심한 검토 없이 다소 성급하게 수록한 것으로 판단된다.

둘째는 교과서 속에서 고대 목간을 소개하는 구성 방식이다.『日本史B』의 경우는 크게 세 가지로 범주화 할 수 있었다. 특히, 대부분의 목간 캡션 속에 판독문과 목간의 내용이 자세하게 부연 설명되어 있었다.

반면『한국사』에 수록된 목간 관련 서술에서는 유감스럽게도 단 한 곳(금성사의 급벌성 목간)을 제외하면 판독안을 제시한 곳이 없다. 목간은 사료의 특성상 기록된 글자를 알 수 있도록 수록해야 한다. 교과서에 실린 사진만으로는 묵서의 내용을 알 수 없는 경우가 있다. 학습자들 스스로 고대에 사용된 한자를 해석해야 하는 어려움이 있기 때문에 목간에 대한 흥미를 잃을 수도 있다. 따라서 해당 목간의 정체성이 명확하게 드러난 내용을 기술하는 것이 좋다고 생각한다. 史實 관계가 모호한 해설보다는 학계의 연구 성과가 충실하게 반영되는 문장이 요구된다. 때에 따라서는 이 경우 각주를 이용해도 좋겠다. 각주는 제6차 교육과정인 국정교과서에서 주로 활용되었던 방법이다.[68] 각주를 통해 부연설명을 하는 것도 좋고, 참고가 될 만한 정보를 기재하여 학습자 스스로 탐구하도록 유도하는 것도 도움이 된다고 생각한다.

셋째는 현재 학계에서 논쟁 중인 목간의 교과서 기재는 신중을 기해야 한다. 금성사에 기재된『논어』목간은 제작국에 관한 논쟁이 현재까지도 진행 중이기 때문에 어느 시대라고 딱 잘라 서술하는 것은 오해의 소지가 있다고 생각한다. 또한 교과서 저자들은 자신들의 학문적 식견이나 교육과정의 관계를 중시하여 교과서를 연구하고 집필한다. 이 과정에서 저자가 전달하고자 하는 정보가 학생들에게 그대로 이해될 것이라는 믿음이 강하다. 반면 학생들은 자신들의 상황과 배경 지식에 따라 교과서 내용을 이해하기 때문에 저자의 의도가 잘못 전달될 수도 있다.[69] 고고학 자료는 1차 사료로서 뛰어난 가치가 있는 반면

67) 양호환, 2009,『역사교육의 이론』, 책과함께, p.238.

68) 국사편찬위원회, 1990, 고등학교 국정『국사』교과서, 대한교과서주식회사.

69) 양호환, 1996,「역사교과서 서술 양식과 학생의 역사이해」,『歷史敎育』59, p.3.

제작 시기와 용도 면에서 정확한 확인이 어려운 부분이 생기기도 한다. 보고서의 내용을 존중해야 하는 것은 마땅한 일이지만 그것을 통설로 인정하는 것은 별개의 문제이다. 이럴 경우에는 교과서 집필진의 의도에 따라 교과서가 만들어지는 것은 당연하겠으나 기타의 견해도 함께 기술함으로써 학생들로 하여금 균형 잡힌 해석을 할 수 있는 토대를 마련해야 한다고 생각한다.[70)]

넷째는『한국사』를 서술할 때는 본문의 내용과 직접 관련이 있는 목간을 수록하도록 노력해야 한다. 이는 사료로서 목간의 가치를 가장 잘 나타낼 수 있는 중요한 요소라고 생각한다. 학습 자료의 정의에 맞게 본문의 내용을 부연 설명하면서 사진을 통해 본문의 서술 내용을 시각적으로 나타낼 수 있어야 한다. 즉, 본문의 서술은 텍스트로 역사적 사실을 전달하고 있다면 목간 사진은 그러한 테스트의 서술을 뒷받침하는 역사적 근거 자료로 활용되어야 한다. 일본의 역사교과서는「長屋王家」관련 목간이나「郡·評논쟁」관련 목간처럼 이러한 점에 충실하였다. 본문의 서술 내용, 목간에 기록된 글자와 캡션이 모두 하나의 주제에 부합되게 자세히 서술되어 교과서 구성에 부족한 점이 거의 없었다.

『한국사』의 목간 서술은 광의적으로 생각한다면 모두 관련 있는 서술이라고 말할 수 있다. 그러나 구체적으로 들어갈 경우 이런 목간도 있다는 식의 소개에 그치는 사례가 많았다. 금성사의 那尓波 목간은 왜와 한반도의 교류를 나타내는 좋은 사례이다. 하지만 목간에 적힌 내용이 정확하게 드러나지 않은 상태에서 구체적인 서술이 아닌 단순 사료 소개 차원이라고 생각한다. 좌관대식기 목간은 백제의 경제 생활 중 대식에 관한 내용을 1차 사료를 통해 접할 있다는 점에서는 적절한 사례라고 생각한다. 다만 목간의 판독을 통해 역사학계의 연구 성과를 담아내지 못하였다. 두산동아의 짐표 목간은 교과서 본문과 연계성이 가장 뒤떨어진 사례로 목간의 판독 내용이 전혀 소개되어 있지 않았다. 또한 논쟁 중인 목간이 수록되기도 하였다.『논어』목간이 대표적이다.

다음으로 한·일 역사교과서를 분석하면서 필자가 느낀『한국사』의 고대 목간 관련 서술의 향후 개선 방안에 관한 의견을 몇 가지 더 제시해보았다. 첫째는 목간의 정의를 설명하고 목간의 명칭이 통일되면 학습자들의 목간 이해에 도움이 된다고 생각한다. 한국의 역사교과서에 목간이 사료로 등장하기 시작한 시기(『역사(상)』 2011년 발행)는 다른 1차 사료에 비해 짧다. 교과서에 처음 등장하는 신출 자료로서 목간이 무엇인지 설명이 필요하다고 생각한다. 목간의 정의를 기술한 교과서는 금성사와 천재교육이다.『日本史B』의 경우도 목간의 정의를 명확하게 설명하지 않은 경우가 많았다. 그러나『한국사』에 비해 해당 목간의 출토지의 개관이라든가 서술 패턴이 상당히 구체적이고 자세하기 때문에 어느 정도 목간의 정의를 대신하는 면이 있다고 볼 수 있다.

목간의 명칭은 현재 역사학계에서도 통일안이 마련되지 않았다. 역사교과서를 통해 목간을 교육 현장에서 처음 접한 학생들은 같은 출토지의 같은 목간이 교과서마다 이름을 다르게 설명한다면 학습자들에게 불필요한 혼란을 줄 수 있기 때문이다.[71)] 목간의 명칭 통일에 관한 작업은 짧은 시간에 몇몇 특정 사람

70) 佐藤 信외 編,『日本史』, 山川出版社, 2008, p.2; 양호환, 1996, 위의 논문, p.6.

71) 경남 함안 성산산성 출토 목간의 경우『한국사』금성사에서는 '급벌성목간'으로『한국사』두산동아에서는 '짐표목간'으로 표

들에 의해 완성되는 것은 아니다. 역사학계의 통일안이 없는 상태에서 역사교육학계가 나서라는 의미가 아니다. 적어도 교과서에서 사용할 경우는 관계 선생님들이 전문 연구가들의 조언을 통해 마련해 보는 것도 하나의 방법이라고 생각한다. 앞으로 목간 관련 서술은 역사교과서에서 차지하는 비중이 증대될 것으로 판단된다. 따라서 목간의 용어 통일 작업은 무엇보다 시급히 추진되어야 할 과제 중 하나다.

둘째는 한국과 일본의 고대 목간, 나아가 중국의 죽간이나 목간 등을 함께 수록하는 것을 제안해 보고 싶다. 예를 들어 『논어』의 일부가 묵서된 목간은 한·중·일 삼국 모두에서 출토되었다. 세 나라가 각기 다른 시공간에서 『논어』를 동일하게 목간 형태로 제작하여 공유하였다는 역사적 경험은 그 만큼 『논어』의 영향력이 크다는 것을 의미한다.[72] 이들 목간을 나란히 소개하여 유교 지식을 갖춘 관리 채용 시스템을 비교해 보는 것도 새로운 재미가 있을 것이다.

셋째는 그동안 문헌 자료로만 접해 온 史實을 목간의 출토로 인해 1차 사료에서도 확인한 사례도 있다. 한국의 안압지 출토 목간 중 '洗宅'이라는 글귀가 적힌 185호 목간이 이에 해당 한다.[73] 이 용어는 문헌 자료에는 등장하지만 당대에 실존했는지, 사용되었는지 이견이 있었다. 그러나 1차 사료인 목간이 등장함으로써 그 실체가 확인되었고 문헌 자료의 내용이 사실이었음이 증명되었다. 일본의 「長屋王家」 관련 목간이 당시 귀족의 식생활을 보여주는 목간이라면 한국의 안압지 출토 목간은 신라 왕궁의 일상사와 식생활을 엿볼 수 있다는 점에서 비교 설명이 가능하다고 생각한다.

넷째는 목간 사진 자료와 함께 판독안을 함께 제시할 것을 권하고 싶다. 묵서가 뚜렷한 목간을 선정하여 목간 사진과 함께 각 면에 기록된 문자를 제시하는 것은 사료가 담고 있는 역사적 사실을 보다 명확하게 보여주는 방법이라고 생각한다. 현재 판독안을 제시한 교과서는 금성사의 급벌성 목간이 유일하다. 일부 발해 관련 목간에서 부분적인 판독이 제시되어 있다. 앞서 여러 차례 언급했듯이 목간은 기록된 문자의 의미를 세밀하게 파악하는 것이 중요하다고 생각한다.

마지막으로 목간 자료의 활용도를 지금보다 넓게 가질 필요가 있다고 생각한다. 『한국사』 교과서에 수록된 고대 목간의 대부분은 경제 분야에 해당하는 목간이다. 그러다보니 교과서마다 기재된 목간의 종류와 서술 내용이 비슷하다. 이는 목간에 묵서된 내용만을 부각시켰기 때문이다. 그러나 목간의 용도는 묵서된 내용만으로 판단하면 안된다. 목간에 기록된 내용만으로 파악하기 힘든 정보를 서체를 통해서 알 수도 있다. 목간의 종류가 다양한 만큼 목간에 묵서된 필체도 다양하다. 세금의 짐꾸러미에 부착하는 하찰목간과 관문서로 활용된 문서목간의 서풍은 확연한 차이가 난다. 특히 성산산성 목간의 묵서는 금석문에서는 볼 수 없는 신라 서예의 이면을 들여다 볼 수 있다는 점에서 그 가치가 크다고 생각한다.[74]

기하고 있다.

72) 김경호, 2012, 앞의 책, p.139.

73) '洗宅'이라는 글귀가 적힌 185호 목간은 『역사①』의 천재교과서에 수록되어 있다. 세택은 동궁을 시중드는 관부로 삼국사기에 등장한다. 목간의 출토로 문헌에서만 알 수 있었던 역사적 사실이 1차 사료를 통해 명확하게 규명된 좋은 예이다. 그러나 이 목간에 관해서 『역사①』 천재교과서의 본문 서술이나 캡션에는 세택에 관한 언급은 없다.

74) 정현숙, 2017, 「함안 성산산성 목간의 서체」, 『한국 고대목간Ⅱ』, 국립가야문화재연구소, p.480.

양국의 고등학교 역사교과서의 서술상의 가장 큰 차이점은 고대 목간을 바라보는 관점이라고 생각한다. 일본은 자국의 국내 정치사를 강조하는 면이 강하였다. 이는 역사교과서에 수록된 3종의 목간을 통해 파악할 수 있다. 그러나 우리나라는 주변 나라와의 교류를 강조함으로써 동아시아적 관점에서 목간을 바라보고 있음을 알 수 있었다. 이에 해당하는 목간은 那尒波 목간과 『논어』 목간 그리고 발해 관련 목간이다. 那尒波 목간은 백제와 왜의 경제 교류를 보여주는 사례이고, 『논어』 목간은 한반도에서 왜로 전래된 한자 및 유교 문화를 나타내는 목간이다. 발해 관련 목간은 발해와 왜의 정치 및 경제 교류를 알려주는 귀중한 사료라고 생각한다.

일본은 역사교과서에서 자신들의 원대한 이상을 밝히고 있다. 일본의 역사가 세계사와 함께 하는 이상을 달성하는데 일조를 하는 것이 日本史 학습의 목적이라고 기술한 출판사도 눈에 띄었다.[75] 또, 山川出版社에서는 일본이 혼자 힘으로 역사를 이루어낸 것은 아니며 주변국가와의 교류를 통해 현재의 일본 역사가 만들어졌다고 기술하고 있다.[76] 이에 반해 일본 역사교과서의 목간 관련 서술에 있어서는 그러한 주변 국가와의 교류 흔적은 찾아보기 힘들다. 이미 이성시에 의해 일본 목간에는 체제나 형식면에서 한반도의 목간에 영향을 받은 경향성이 확인되었으나[77] 동아시아 특히 한반도와의 교류 속에서 자국의 목간 문화가 갖고 있는 위상을 언급한 내용은 교과서에서 전혀 찾아볼 수 없다.[78]

V. 맺음말

본고는 한국 고등학교 역사교과서에 수록된 고대 목간 관련 서술 내용의 분석을 위한 기준틀로 일본 고등학교 역사교과서를 참고하였다. 일본 고등학교 역사교과서 중 채택률 3위 이내의 山川出版社, 東京書籍, 實教出版를 분석하여 크게 두 가지 측면에서 정리하였다.

우선은 역사교과서에 어떤 목간이 선택되었는지 그 특징을 세 가지로 범주화하였다.

---

75) '더 좋은 일본을 건설함에 있어서 더 좋은 세계의 현실에 돌진하는 그러한 원대한 이상을 달성하는 것에 일조로 일본의 역사를, 일본을 둘러싼 역사와의 연계를 과학적으로 이해하려는 것이 日本史 학습의 목적이라고 하였다'(家永三郎 외 4인, 新『日本史B』, 三省堂, 1995·2001, p.2).

76) '늘 주변 모든 국가와의 교류를 통해 영향을 받고 인류의 역사로서 공통된 면을 가짐과 동시에 개성도 만들어 내면서 현재에 이른 것이다. 이러한 것은 현대뿐만이 아니라 어느 시대에 대해서도 주변지역과 먼 곳의 모든 외국과의 관계 속에서 이해해 갈 필요를 가르치고 있다'(大津透 외, 山川出版社, 新『日本史B』, 2003·2004, p.2).

77) 李成市, 2010, 「木簡を通してみた百濟と日本(倭國)の關係」, 『百濟』, '2010 세계대백제전 국제학술회의-교류왕국, 대백제의 발자취를 찾아서', 충청남도역사문화연구원, pp.84-88; 이성시는 함안 성산산성의 목간을 중국과 일본 목간의 중간단계로 이해한 후, 한국·중국·본의 고대 목간의 공통성과 유사성을 "중국대륙(A→한반도(A'→B)→일본열도(B'→C)"라는 도식을 설정하여 동아시아 고대 목간의 전파, 수용, 그리고 변용에 대하여 설명하고 있다(李成市, 2002, 『古代朝鮮の文字文化と日本』, 國文學47卷-4號, p.15의 내용을 김경호의 글에서 재인용하였다(김경호, 2011, 앞의 책, 성균관대학교 출판부, p.17)).

78) 와타나베는 나주 복암리 출토 백제목간의 발굴로 인해 백제목간의 형태, 기록 방식 등 고대 일본 목간의 원류로서 주목해야 한다는 연구도 제기된 바 있다(渡辺晃宏, 2010, 「日本古代都城木簡新羅木簡」, 『6~7세기 영산강유역과 백제』, pp.215-222).

첫째, 기존의 문헌 자료에서는 전혀 알 수 없었던 당대의 풍부한 사회상을 담고 있는 자료로서 목간을 소개하고 있다는 점이다. 둘째는 문헌 자료를 해석함에 있어 모호하거나 논쟁의 소지가 있었던 역사적 사실에 관해 명확한 근거로서 목간을 제시하고 있다는 점이다. 셋째는 두 번째와 같은 범주의 자료이지만, 교과서를 만들 당시의 현재적 의식이 과도하게 투사된 목간이 선택되었다는 점이다.

다음은 목간을 소개하는 교과서의 구성방식이다.

첫째, 山川出版社A는 역사란 무엇인가를 설명하는 교과서 전체의 도입부에 목간이 소개되어 있다. 둘째, 단원별 주제에 맞는 목간을 선정하여 본문의 서술 내용을 보충하거나 그 근거자료로서 본문에 수록하였다. 이때 본문의 내용이나 캡션을 목간 사진만으로는 정확히 알 수 없게 서술된 교과서도 있지만, 대부분의 교과서는 목간의 판독문이나 캡션 등을 통해 목간이 가지고 있는 정보와 교과서의 본문을 상호 연관시켜 수업을 진행할 수 있도록 최대한 자세히 서술하고 있었다. 셋째, 중단원이 끝나는 곳에 특집 코너를 마련하여 목간을 소개하고 있다.

위에서 검토한 내용을 토대로 한국 고등학교 역사교과서를 검토한 후 필자가 지적한 문제점을 정리하면 다음과 같다. 첫째, 목간 묵서의 판독에 관한 역사학계의 견해를 고려하지 않고 있다. 특히 금성사의 那尒波 목간, 좌관대식기 목간, 『논어』 목간이 이에 해당되었다. 둘째, 교과서 속에서 고대 목간을 소개하는 구성 방식이다. 『한국사』에 수록된 고대 목간 관련 서술에서는 유감스럽게도 단 한 곳(금성사의 급벌성 목간)을 제외하면 판독문을 기재한 곳이 없다. 또, 목간 자료를 서술할 때는 본문의 내용과 직접 관련이 있는 목간을 수록하도록 노력해야 한다. 단순한 목간 소개에 그치는 사례가 많았다.

이러한 문제점이 재검토된다면 1차 사료인 목간의 가치가 보다 명확하게 드러날 것으로 생각된다. 끝으로 『한국사』의 고대 목간 관련 서술의 향후 개선 방안에 관한 의견을 몇 가지 더 제시해보면 다음과 같다. 첫째는 목간의 정의를 설명하고 목간의 명칭이 통일되면 학습자들의 목간 이해에 도움이 된다고 생각한다. 둘째는 한국과 일본의 고대 목간을 함께 수록하는 것을 제안해 보고 싶다. 마지막으로 목간의 성격을 넓게 바라보는 시각이 필요하다. 양국의 고등학교 역사교과서의 서술상의 가장 큰 차이점은 고대 목간을 바라보는 관점이라고 생각한다. 일본은 자국의 국내 정치사를 강조하는 면이 강하였다. 그러나 우리나라는 역사교과서를 통해 주변 나라와의 교류를 강조함으로써 한반도에 국한된 역사관이 아니라 동아시아적 관점에서 목간을 바라보는 시야를 강조하고 있음을 알 수 있었다.

'사료 없이 역사 없다'[79]라는 말은 역사 서술에 있어서 사료의 중요성을 단적으로 표현한 말이다. 역사교과서의 서술은 역사학자들이 사료를 바탕으로 기술한다. 즉, 역사학계의 연구 성과를 바탕으로 관련학자, 교사들이 지혜를 모아 구성해 가는 것이다. 이 때 집필자들이 선정한 역사적 사료를 게재하기 때문에 주관적인 견해가 들어나기도 한다.[80] 그러나 역사교과서는 개인의 사관을 펼치는 곳이 아니기 때문에 최대한 중립적인 입장에서 견해를 밝히고 역사학계의 검증을 거친 내용을 중심으로 교과서에 기술하여야 한다. 지금도 역사학자들의 손에 이끌려 출토될 날만을 손꼽아 기다리는 한반도의 목간들이 많을 것으로

79) 杜維運 著·권중달 驛, 1984, 『역사연구 방법론』, 일조각, p.138.

기대한다. 이 목간들이 역사학계의 검증을 거쳐 올바른 연구 성과가 역사교과서에 반영되길 바라며 글을 마친다.

투고일: 2018. 4. 21.	심사개시일: 2018. 4. 29.	심사완료일: 2018. 5. 30.

80) 송상헌, 2012, 「역사교육에서 역사교과서의 성격 규정 문제」, 『사회과교육』 51(2), p.32.

참/고/문/헌

교육과학기술부, 2011, 『2009 개정 교육과정에 따른 교과 교육과정 적용을 위한 「중학교 역사 교과서 집필 기준」』.

교육과학기술부, 2014, 『2009 개정 교육과정에 따른 고등학교 역사과 핵심 성취기준 개발 연구』, 한국교육 과정평가원.

국립가야문화재연구소, 2017, 『한국의 고대목간 Ⅱ』.

국립부여박물관, 2008, 『백제목간』.

국립창원문화재연구소, 2004, 『한국의 고대목간』.

국립창원문화재연구소, 2006, 『한국의 고대목간』 개정판.

윤지훈, 2016, 『교과용도서의 교과별 어휘 표준 구축 방안(I) : 표준화 대상 어휘 선정 및 목록화(RRT 2016-1)』, 2016년 연차보고서, 한국교육 과정평가원.

인천광역시 계양구청·재단법인 겨레문화유산연구원, 2009, 『인천 계양산성 4차 발굴조사약보고서』.

韓國古代社會研究所 編, 1992, 『譯註 韓國古代金石文』 제3권, 駕洛國史蹟開發研究院.

『教科書レポート』, 出版労連, 2010~2016(7권).

『동아일보』 2005·6·28, 화요일, 문화 A17면.

『조선일보』 2005·6·28, 화요일, 사회 A09면.

『중앙일보』 2005·6·28, 화요일, 종합 11면.

국사편찬위원회, 1990, 고등학교 국정 『국사』, 대한교과서주식회사.

김종수 외, 2013, 고등학교 검정 『한국사』, 금성사.

왕현종 외, 2013, 고등학교 검정 『한국사』, 두산동아.

최준채 외, 2013, 고등학교 검정 『한국사』, 리베르스쿨.

도면회 외, 2013, 고등학교 검정 『한국사』, 비상교육.

정재정 외, 2013, 고등학교 검정 『한국사』, 지학사.

주진오 외, 2013, 고등학교 검정 『한국사』, 천재교육.

이문기 외, 2011, 중학교 검정 『역사①』, 두산동아.

김덕수 외, 2011, 중학교 검정 『역사①』, 천재교과서.

정선영 외, 2011, 중학교 검정 『역사①』, 미래엔.

양호환 외, 2011, 중학교 검정 『역사①』, 교학사.

大津透 외, 고등학교 『日本史B』, 山川出版社 외 19권, 2003·2004.

尾藤正英 외, 고등학교 『日本史B』, 東京書籍 외 15권, 1998·1998.

直木孝次郎 외, 고등학교『日本史B』, 実教出版 외 13권, 1997·2001.
藤井譲治 외, 중학『歴史』, 日本文教出版, 2015·2016
杉原誠四郎 외, 중학『歴史』, 自由社, 2015·2016.
安井俊夫他 외, 중학『歴史』, 学び舎, 2015·2016.

김경호, 2012,『지하의 논어, 지상의 논어』, 성균관대학교 출판부.
고야스 노부쿠니·김석근 옮김, 2007,『일본근대사상비판』, 역사비평사.
김한종 외, 2005,『역시교육과 역사인식』, 책과함께.
김한종 외, 2007,『역사교육의 내용과 방법』, 책과함께.
동북아역사재단 편, 2007,『발해의 역사와 문화』, 동북아역사재단.
오야마 세이이치 지음, 2012, (연민수·서각수 옮김),『일본서기와 '천황제'의 창출 -후지와라노 후히토의 구상-』, 동북아역사재단 번역총서32, 동북아역사재단.
양호환, 2009,『역사교육의 이론』, 책과함께.
윤선태, 2007,『목간이 들려주는 백제 이야기』, 주류성.
윤선태, 2011,『죽간·목간에 담긴 고대 동아시아』, 성균관대학교 출판부.
이성시 지음·박경희 옮김, 2001,『만들어진 고대』, 삼인.
이성제 외, 2010,『고대 환동해 교류사 -2부·발해와 일본』, 동북아역사재단.
이승재, 2017,『木簡에 기록된 古代 韓國語』, 일조각.
이용현, 2006,『한국목간기초연구』, 신서원.
이치 히로키 지음·이병호 옮김, 2014,『아스카의 목간』, 주류성.
임상선 편역, 1990,『발해사의 이해』, 신서원.
정선영 외, 2001,『역사교육의 이해』, 삼지원.

国史大辭典編集委員會 編,『国史大辭典』7, 吉川弘文館, 昭和 61年.
家永三郎 외 4인, 新『日本史B』, 三省堂, 1995·2001.
橋本繁,『韓國古代木簡の 研究』, 吉川弘文館, 2014.
奈良國立文化財研究所 編,『長屋王邸宅と木簡』, 吉川弘文館, 1991.
渡辺晃宏,『坪城京と木簡の世紀』, 講談社, 2001.
渡辺晃宏, 2010,「日本古代都城木簡新羅木簡」,『6~7세기 영산강유역과 백제』, 국립나주문화재연구소·동신대학교문화박물관.
大庭 脩,『木簡_古代からのメッセーヅ』, 大脩館書店, 1998.
杜維運 著·권중달 驛, 1984,『역사연구 방법론』, 일조각.
木簡学会 編,『日本古代木簡選』, 岩波書店, 1990.

木簡学会 編,『木簡から古代がみえる』, 岩波書店(株), 2010.
森 公章,『長屋王家木簡の基礎的研究』, 吉川弘文館, 2000.
石井正敏,「日渤交渉における渤海高句麗継承国意識について」,『中央大学大学院研究年報』4, 1975.
石井正敏,『東アヅア世界と古代の日本』, 山川出版社, 2003.
市 大樹,『飛鳥の木簡』, 中公新書, 2012.
李成市,『東アヅアの王權と交易』, 青木書店, 1997.
李成市, 2010,『百濟』, '2010 세계대백제전 국제학술회의 －교류왕국, 대백제의 발자취를 찾아서', 충청남도역사문화연구원.
佐藤 信,『古代の遺跡と文字資料』, 名著刊行會, 1999.
佐藤 信,『日本と渤海の古代史』, 山川出版社, 2003.
佐藤 信 外 編,『日本史研究』, 山川出版社, 2008.
平野邦雄,『木簡が語る古代史(上)』, 吉川弘文館, 2001.
平野邦雄,『木簡が語る古代史(下)』, 吉川弘文館, 2001.
平川 南,『日本の原像』, 小学館, 2008.

구경남, 2015,「역사교과서 연구의 지속과 새로운 변화 －2000년 이후를 중심으로」,『역사교육연구』22, 한국역사교육학회.
김한종, 2013,「사료내용의 전달방식에 따른 고등학생의 역사이해」,『歷史教育』125, 역사교육연구회.
권인한, 2012,「韓·日 初期 木簡을 통해서 본 한문 어법의 선택적 수용과 변용」,『日本硏究』第13輯, 釜山大學校 日本硏究所.
권인한, 2013,「고대한국 습서 목간의 사례와 그 의미」,『목간과 문자』11호, 한국목간학회.
김경호, 2011,「한·중·일 동아시아 3국의 목간 출토 및 연구 현황」,『죽간·목간에 담긴 고대 동아시아』, 성균관대학교 출판부.
金慶浩, 2010,「한·중·일 동아시아 3국의 목간 출토 및 연구 현황」,『한국고대사연구』59, 한국고대사학회.
마석한, 1997,「역사교과서와 교과서 분석」,『역사와 실학』9, 역사실학회.
방지원, 2007,「고등학교 한국 근·현대사」교과서 내용 구성 방식의 비교 －'사료'와 '탐구'를 중심으로」,『역사교육연구』6, 한국역사교육학회.
서보경, 2016,「일본 중학교 역사교과서 고대 한일관계 기술에 대한 분석 －2015년도 검정 통과본을 중심으로」, 동북아역사논총51, 동북아역사재단.
송완범, 2011,「民의 대척점에 선「王權」의 표상:「天皇」과「征夷大將軍」」,『일본사상』20, 한국일본사상사학회.
송상헌, 2012,「역사교육에서 역사교과서의 성격 규정 문제」,『사회과교육』51(2), 한국사회과교육연구학회.
余信鎬, 2006,「木簡이 말하는 고대사: 일본의 木簡연구 성과를 중심으로」,『국제언어문학』13, 국제언어문학회.

양정현, 2014, 「역사교육에서 사실, 해석 그리고 주체와 관점 -2013년 판 교학사 한국사 교과서에 대한 검토를 중심으로」, 『역사와교육』 9, 역사교육연구소.

양호환, 1996, 「역사교과서 서술 양식과 학생의 역사이해」, 『歷史教育』 59, 역사교육연구회.

윤선태, 2008, 「목간으로 본 한자문화의 수용과 변용」, 『신라문화』 32, 동국대학교 신라문화연구소.

윤선태, 2016, 「한국 고대목간의 연구현황과 과제」, 『신라사학보』 38, 신라사학회.

이경섭, 2015, 「일본 고대 목간의 기원 -신라·백제 목간과의 비교를 중심으로-」, 구결학회 학술대회 발표논문집, 구결학회.

이경섭, 2016, 「6~7세기 한국 목간을 통해서 본 일본 목간문화의 기원」, 『신라사학보』 37, 신라사학회.

이성시·윤용구·김경호, 2009, 「평양 정백동364호분 출토 죽간 『논어』에 대하여」, 『목간과 문자』 4, 한국목간학회.

이창호, 2017, 「기호학적 관점에 따른 역사 시각자료 읽기 모형 개발」, 『역사교육연구』 27, 한국역사교육학회.

임기환, 2012, 「한국 고대사의 연구 성과와 역사교과서 서술의 방향」, 『역사교육연구』 16, 한국역사교육학회.

임상선, 2002, 일본 중등학교 역사교과서의 발해 관련 내용 연구」, 『사회과교육』 41(2), 한국사회과교육연구학회.

전덕재, 2009, 「함안 성산산성 출토 신라 하찰 목간의 형태와 제작지의 검토」, 『목간과 문자』 3, 한국목간학회.

정동준, 2009, 「'좌관대식기' 목간의 제도사적 의미」, 『목간과 문자』 4, 한국목간학회.

정선화, 2018, 「중학교 역사교과서 속 고대 목간 자료의 검토와 활용」, 『歷史教育』 145, 역사교육연구회.

정현숙, 2017, 「함안 성산산성 목간의 서체」, 『한국 고대목간 Ⅱ』, 국립가야문화재연구소.

주보돈, 2008, 「한국 목간 연구의 현황과 전망」, 『목간과 문자』 창간호, 한국목간학회.

지모선, 2009, 「역사 교과서 제2차 세계대전 삽화 자료 비교 분석 -한·중·일·미·독 교과서를 중심으로」, 『역사교육연구』 9, 한국역사교육학회.

최상훈, 2000, 「역사적 사고력의 하위범주와 역사학습목표의 설정방안」, 『歷史教育』 73, 역사교육연구회.

하일식, 2011, 「『중학교 역사』의 통일신라·발해 서술 검토」, 『한국고대사연구』 64, 한국고대사학회.

三上喜孝, 2008, 「일본 고대 목간의 계보: 한국 출토 목간과의 비교검토를 통하여」, 『목간과 문자』 창간호, 한국목간학회.

橋本繁, 「金海出土『論語』木簡について」, 『韓国出土木簡の世界』, 朝鮮文化研究所, 2008.

平川 南, 2009, 「백제 왕도 출토 「연공(連公)」 목간 -한국 부여 쌍북리 유적 1998년 출토 부찰」, 『국립역사민속박물관연구보고』 제153집.

〈Abstract〉

The use of ancient wooden tablets in 「Korean history」 textbooks
−On the Comparison with 「Japanese history B」 textbooks−

Jeong, Sun−hwa

Starting with the 2007 revision of the curriculum, middle school history (issued in 2011), the school considered the description of the ancient wooden tablets contained in the revised curriculum (issued in 2013) of high school year. In March this year, Japan's history textbooks were published after reviewing descriptions of the wooden tablets of middle school history textbooks. In response, he examined the history textbook of Japan as a comparative example to examine whether the description of the wooden tablets in the high school history textbook reflects the latest achievements of the history studies in the right place. From the 1990s, which was earlier than Korea, Japan has included the ancient wooden tablets in its history textbooks.

「Korean history」 textbooks contain more wooden tablets than Japanese textbooks. However, there were considerable differences in the method of writing wooden tablets and the method of selecting them. While Japan clearly described the value of the wooden tablets as the primary historical materials in its history textbooks, it can be seen that Korean history textbooks contain many descriptions that are not limited to the achievements of history studies. The description of the wooden tablets should clearly describe the characteristics of the primary data and accurately reflect the achievements of the history studies. From a perspective, the descriptive features of the ancient wooden tablets in the 「Korean history」 textbook were reviewed to suggest problems and improvements.

▶ Key words: history textbooks, high school history textbooks, 「Korean history」 textbooks, 「Japanese history B」 textbooks, ancient wooden tablet, primary historical materials, learning materials

논 문

고려 치소성 건설에 동원된 지방군에 관한 새로운 기와 명문*

-固城의 保勝軍 一品軍 二品軍 養戶의 기와 명문 사례-

구산우**

〈국문초록〉

고려시기에 건설된 固城 治所城에서 靑磁 등의 유물과 함께 銘文을 새긴 기와가 여러 점 출토되었다. 명문의 내용은 대부분 保勝軍, 一品軍, 二品軍, 養戶 등 고성의 지방군에 관한 것들이다. 지방군 중에서 일품군, 삼품군은 이전에도 기와 명문이 나온 적이 있으나, 보승군, 이품군, 양호에 관한 기와 명문은 여기서 나온 것이 학계에서 처음 보고된 사례이다.

▶ **핵심어: 고려, 치소성, 고성, 보승군, 일품군, 이품군, 양호**

Ⅰ. 머리말

얼마 전부터 필자는 고려 유적에서 나온 기와 銘文을 소개하고 분석하는 일련의 작업을 하고 있다. 근년에 고려 기와에 새겨진 명문은 고려 유적의 발굴이 많이 이루어지는 것에 비례하여 상당한 양이 축적되고 있다. 그런데 지금까지 고려 기와 명문에 대한 소개와 분석은 발굴단이 만든 보고서에서만 그칠 뿐

* 이 논문은 2017~2018년도 창원대학교 자율연구과제 연구비 지원으로 수행된 연구결과임.

** 창원대학교 사학과

이고, 고려시대사 연구자들에게 잘 알려지지 않았다. 한편 고려시대사 연구자들도 기와 명문뿐 아니라 고고학 방면에서 거두어진 고려 유적의 발굴 성과에 대해서 큰 관심을 기울이지 않았다. 고려시대 고고학과 문헌사학의 어느 쪽도 상대방에 대해 주목하지 않아서, 상호 협력을 통해 자료를 공유함으로써 거둘 수 있는 상생의 효과를 누리지 못하고 있는 것이 현실이다.

그런 점에서 고려시대 고고학과 문헌사학의 양쪽에 상호 교류를 통한 활발한 소통을 주문하고 싶다. 최근에 고려시대 문헌사학자들이 고고학의 발굴 성과에 주목하고 이를 문헌 자료와 접목하여 연구하려는 움직임이 일어나는 것은 반가운 현상이다. 고려시대 고고학 연구를 중점 사업으로 삼는 한국중세고고학회가 활발하게 활동하는 것도 눈여겨 볼 만하다. 필자가 그간 시도한 고려 기와 명문에 대한 작업은 단편적이고 무매개적인 기와 명문을 단순 소개하는 것을 지양하고, (方位)面, 一品軍과 三品軍 등의 지방군, 노동조직 등과 같은 郡縣 治所城의 건설에 동원된 주민들의 실체에 관한 일련의 명문들을 분석한 것들이다. 이를 통해 자료의 확대와 시야의 확장에 기여하고자 했다. 이 글도 그 연장선상에서 이루어진 작업이다.

이 글에서 소개하는 固城 치소성의 기와 명문은 保勝軍, 일품군, 二品軍, 養戶 등 고려 州縣軍에 관한 것이 중심이다. 필자는 이전에 주현군 중의 일품군과 삼품군에 관한 기와 명문을 소개한 적이 있는데,[1] 여기서 소개하는 이품군과 양호 자료는 학계에 처음 보고하는 것이다. 이 글은 그런 점에서 이전의 논고를 보완하려는 취지도 갖고 있다. 이 글에서 소개하는 새로운 명문을 통해 고려 지방군(주현군)의 실체에 대해 더 확대된 이해를 갖기를 기대한다. 아울러 글자 수는 적으나, 그것이 전하는 역사적 의미가 큰 기와 명문의 중요성을 실감하는 계기가 되었으면 좋겠다.

II. 고려시기 固城의 연혁과 治所城

고려시기 고성의 연혁에 대해서는 다음의 『高麗史』 地理志 기록이 참조된다.

> 固城縣은 본래 小加耶國인데, 新羅가 취하여 古自郡을 설치하였다. 景德王 때에 지금 이름으로 고치고 郡이 되었다. 成宗 14년에 固州 刺史가 되었다가, 뒤에 강등하여 縣이 되었다. 顯宗 9년에 巨濟에 소속되었다가, 뒤에 縣令을 설치하였다. 元宗 7년에 郡을 승격시켜 州로 삼았다. 忠烈王 때에 南海에 병합되었다가, 곧 복구하였다. 別號는 鐵城이다.[2]

이 기록에서 고성은 고려시기에 일시적으로 지방관이 파견되지 않는 屬縣이 된 적이 있으나, 대부분의

1) 구산우, 2011, 「고려 一品軍 三品軍에 관한 새로운 자료의 소개와 분석」, 『역사와 경계』 78.

2) 『高麗史』 권57, 地理2 固城縣.

기간에 지방관이 파견된 主縣의 위상을 유지했음을 알 수 있다. 위의 기록에는 元宗 7년에 郡이었다가 州로 승격되었다고 했다. 그런데 그 앞 기록을 보면 그 당시 고성의 지방단위 官格은 郡이 아니라 縣令이 설치된 縣이었다. 이 부분의 기록은 『고려사』 지리지 撰者의 오류라고 판단된다. 다른 기록에 의하면, 고성은 恭愍王 때에 현으로 강등되었고, 조선 건국 이후에도 縣令이 파견된 지방단위의 격이 유지되었다.[3)]

고려시기 고성의 治所城에 대해서 살펴보기로 한다. 잘 알다시피, 고려 치소성에 관한 기록은 거의 남아 있지 않다. 조선시기의 지리지에서 편찬 당시의 城郭, 邑城 항목에서 그 고을의 읍성에 관한 기록은 부분적으로 남기면서도, 그 이전의 고려 치소성에 관한 기록은 거의 남기지 않았다. 그 당시의 邑城 중에 고려 말부터 존속한 것에 한해서, 매우 단편적인 기록만을 남겼을 뿐이다. 따라서 고려 치소성에 관해서는 체계적인 정보를 알기가 매우 어렵다. 고성의 경우도 마찬가지이다. 이런 점을 염두에 두고 고려시기 고성의 치소성에 대해서 살펴보기에 앞서, 상대적으로 기록이 많은 조선시기 고성의 읍성부터 검토하기로 한다.

조선시기 고성의 邑城에 관한 기록을 정리하면 다음과 같다.

〈표 1〉 조선시기 기록에 나타난 固城 邑城

기록	體城 규모와 시설
1425년 간행 『慶尙道地理志』[4)]	周廻 285步 4척, 內廣 5結 70卜, 井 4개
1451년 『文宗實錄』[5)]	周回 3,011척, 高 12척, 女墻 高 2척, 敵臺 12개, 門 3개(擁城 있음), 女墻 575개, 井 4개
1454년 간행 『世宗實錄地理誌』[6)]	石城, 周回 285步, 井 4개
1469년 간행 『慶尙道續撰地理誌』[7)]	戊辰石築, 周回 4,069尺 2寸, 高 18척, 井泉 4개
1530년 간행 『新增東國輿地勝覽』[8)]	石築, 周 3,524척, 高 15척, 井 4개, 池 1개
1660~1674년 간행 『東國輿地志』[9)]	石築, 周 3,524척, 高 15척, 井 4개, 池 1개, 門 있음
1757~1765년 간행 『輿地圖書』[10)]	石築, 周 3,524척, 高 15척, 井 4개, 池 2개
1851~1856년 간행 『輿圖備志』[11)]	石築, 周 3,524척, 高 15척, 井 4개, 池 1개, 南門(晏淸樓)
1864년 간행 『大東地志』[12)]	周 3,524척, 井 4개, 池 1개, 南門(安淸樓)
1893년 『固城叢瑣錄』[13)]	石築, 周 3,524척, 高 15척, 井 3개, 池 2개
1895년 간행 『固城府邑誌』[14)]	石築, 周 3,524척, 高 15척, 井 3개, 池 2개

3) 『新增東國輿地勝覽』 권32, 固城縣 建置沿革.

4) 『慶尙道地理志』, 道內山城邑城周廻步數 固城邑城.

5) 『文宗實錄』 권9, 文宗 원년 9월 庚子.

6) 『世宗實錄地理誌』, 固城縣 邑石城.

조선시기에 고성 읍성을 처음 기록한 것은 1425년에 간행한 『慶尙道地理志』이다. 『경상도지리지』에 나타난 고성 읍성은 얼마 지나지 않은 시점에 왜구의 침략으로 무너져서 廢城이 되었다. 고성이 인근의 泗川, 寧海와 함께 연해 읍성을 바탕으로 왜구 침입에 대한 방어책을 수립해야 할 필요가 큰 곳인데, 읍성을 쌓지 않아서 긴급하게 읍성을 축조할 것을 결정한 기록[15]에서 이를 알 수 있다. 여기서 1442년(世宗 24) 이전에 이미 고성 읍성이 폐성이 되었음이 확인되는데, 이때 조정에서는 일시에 축조하기 어려운 甕城, 敵臺, 池濠는 점차적으로 건설하도록 하고, 沿海 읍성의 건설이 끝나면 이후 內地의 읍성도 쌓을 것을 정했다.

이때부터 건설을 시작한 고성 읍성은 1448년(세종 30)에 완성되었다. 『慶尙道續撰地理誌』에서 戊辰石築이라 하여 戊辰年=1448년에 고성 읍성이 완공되었음을 특기한 사실에서 이를 알 수 있다. 『世祖實錄』에서도 1456년(世祖 2) 이전에 고성 읍성이 완공되었음을 전한다.[16] 1448년에 완성된 고성 읍성의 규모는 1451년(文宗 1)의 『文宗實錄』에 의하면 둘레 3,011尺, 높이 15척이고, 女墻이 575개이고 그 높이가 2척이며, 敵臺가 12개, 門이 3개, 井이 4개였다. 『문종실록』에 기록된 고성 읍성의 시설은 2006년의 고성 地籍圖에서도 그대로 확인된다.[17] 고성 지적도에 동, 서, 남쪽의 門址 3개소, 각 문지 사이에 배치된 雉城이 12개소이고, 그 당시에 마을에서 관리하던 4개의 우물이 고유 명칭을 가진 채로 남아 있는 점에서 이를 잘 알 수 있다.

〈표 1〉에서 보듯이, 『新增東國輿地勝覽』 이후 여러 읍지에서 고성 읍성의 규모는 길이 3,524척, 높이 15척으로 동일하게 기록했다. 조선시기 布帛尺 1척의 길이는 44.4~47.4㎝로 추정되는데,[18] 이것으로 고성 읍성의 규모를 환산하면, 길이는 약 1,564~1,670m, 높이는 약 6.7~7.1m가 된다. 이는 2006년의 지적도에서 확인된 고성 읍성의 실제 길이인 1,644m와도 매우 근사한 수치이다. 한편 조선 초기에 1步는 6尺이었는데,[19] 이 길이로 환산하면 『경상도지리지』에 나타난 고성 읍성의 길이는 1,714척이고, 『世宗實錄地理誌』의 그것은 1,710척이 된다. 이는 『신증동국여지승람』 이후 동일하게 기록된 규모의 절반에 조금 못 미치는 길이이다.

〈표 1〉에서 보듯이, 1448년에 완성된 고성 읍성의 길이는 3,011척(1451년)→1,710척(1454년)→4,069척

7) 『慶尙道續撰地理誌』, 固城縣 邑城.
8) 『新增東國輿地勝覽』 권32, 固城縣 城郭 邑城.
9) 『東國輿地志』(『全國地理志』 2, 아세아문화사, 1982 간행), 固城縣 城郭 縣城.
10) 『輿地圖書』, 金海鎭管固城縣 城池 邑城.
11) 『輿圖備志』, 固城縣 武備 城池 邑城.
12) 『大東地志』 권10, 固城 城池 邑城.
13) 『固城叢瑣錄』, 癸巳年 3월 辛丑.
14) 『固城府邑誌』(『邑誌』, 아세아문화사 1982년 간행), 城池 邑城.
15) 『世宗實錄』 권97, 世宗 24년 7월 戊寅.
16) 『世宗實錄』 권97, 世宗 24년 7월 戊寅.
17) 심봉근 외, 2006, 『固城邑城址』, 동아대박물관, p.21.
18) 이종봉, 2016, 『한국 도량형사』, 소명출판, pp.203-204.
19) 김준형, 2013, 「조선시대 진주성의 규모와 모양의 변화」, 『역사와 경계』 86, 부산경남사학회, p.75.

(1469년)→3,524척(1530년)으로 변하는 것으로 기록했다. 그러나 연대순에 따라 이처럼 고성 읍성의 길이가 변하는 것을 객관적 사실로 받아들이기는 어렵다. 왜냐하면 그 변화를 개관적 사실로 입증해줄 수 있는 다른 사료가 남아 있지 않고, 조선시기에 全國地理志나 개별 邑誌에서 변화된 사실을 검증하지 않고 그 이전의 기록을 답습하여 서술하는 경우가 흔하기 때문이다.

고려시기의 고성 치소성에 대해서는 다음 기록에서 중요한 단서를 찾을 수 있다.

郡城新築鐵門城	郡城은 鐵門城으로 새로 쌓았고
樓上籠銅戍鼓聲	樓 위의 籠銅에는 戍자리꾼의 북소리 울리네.
點檢流民還舊額	流民을 點檢하니 예전의 숫자로 돌아왔고
海天三月遍春畊	절기는 3월이라 온통 봄갈이에 바쁘네.[20]

이 시는『신증동국여지승람』고성현의 題詠편에 실린 李詹의 작품이다. 이 시는 그의 문집인『雙梅堂先生篋藏文集』에는 실리지 않았다.[21] 그의 생애를 살펴보면, 이 시는 고려 말에 지었음을 알 수 있다. 이첨(1345~1405)은 고려 말 조선 초에 신진사대부로 활동한 인물로서, 평생에 두 번 유배를 갔다.[22] 첫 번째는 禑王 원년에 李仁任이 추진한 親元정책에 반대하여 경상도 河東으로 유배를 갔고, 두 번째는 恭讓王 4년에 이성계 일파가 추진한 조선 건국에 반대하여 충청도 結城으로 유배를 갔다. 첫 번째로 간 유배에서 그는 2년 후인 우왕 3년에 解配되었으나, 중앙 정계에 바로 복귀하지 않고, 慶尙道 일대를 떠돌며 지냈다. 이후 그는 우왕 9~10년에 왜구 격퇴에 큰 공을 세우고 있었던 鄭地 장군의 幕僚로 종사했다. 이 6~7년 동안에 그는 왜구 침략으로 큰 고통을 받고 있었던 경상도 주민의 참상을 직접 목격하고, 이를 극복하기 위한 방책으로써 여러 지역에 대한 記文과 詩를 지었다. 위에서 인용한 시도 이 무렵에 쓴 것이다. 그가 정계에 복귀하지 않고 8~9년간 경상도 일대를 유력하면서, 정지의 참모로 활동한 동기는 이 기간에 이인임이 권력을 장악했던 상황도 작용했으나, 당시 왜구의 침략을 가장 격심하게 받았던 경상도 상황을 목도하고, 이를 극복하기 위한 현실적 방책을 모색하려는 의도가 더 중요하게 작용하고 있었다. 이런 그의 생애를 감안하면, 위의 시는 그가 유배에서 解配된 이후 경상도에 머물던 우왕 3~10년 사이에 지었다고 추정된다.

이첨 시의 첫째 구절에 나타나는 郡城이라는 표현은 고려시기에 郡의 治所城을 의미한다.[23] 여기서 이첨은 당시 고성 치소성이 鐵門城으로 새로이 쌓았음을 부각시켰다. 鐵門城이란 鐵門을 가진 성곽이란 의미로 쓴 것이며, 이 때문에 고성의 別號가 鐵城이 되었고,[24] 이후 鐵城은 조선시기 내내 고성의 별칭으로

20)『新增東國輿地勝覽』권32, 固城縣 題詠.

21) 김건곤 외, 2014,『동국여지승람 제영 사전 군현편』, 한국학중앙연구원출판부, p.496.

22) 정구복, 1989,「雙梅堂 李詹의 역사서술」,『東亞硏究』17, pp.284-290; 유경아, 1994,「麗末鮮初 李詹의 정치활동과 사상」,『國史館論叢』55, pp.202-218.

23) 최종석, 2014,『한국 중세의 읍치와 성』, 신구문화사.

사용되었다. 여기서 주목해야 할 대목은 이첨이 이 시를 쓸 무렵에 고성의 치소성을 '새로 건설했다'고 한 부분이다. 여기서 이첨이 이 시를 짓기 이전에 고성의 치소성은 이미 廢城이 되었고, 이첨이 이 시를 짓기 직전에 다시 건설했음을 알 수 있다.

그렇다면 고성의 치소성은 고려 말의 어느 시점에 무너졌을까. 이는 고려 말에 고성이 왜구 침략을 받은 상황을 정리하면 유추할 수 있다. 다음은 고려 말 고성과 인근 지역이 왜구의 침략을 받은 사례를 정리한 것이다.

〈표 2〉 고려 말 왜구의 固城 침략

시기	왜구의 선단과 침략 지역
忠烈王 6년(1280) 5월[25]	고성, 漆浦(지금의 함안군 칠원)
忠定王 2년(1350) 2월[26]	고성, 竹林, 巨濟
〃 2년 6월[27]	왜구 선박 20척, 고성, 合浦(지금의 창원시 마산합포구), 會原(지금의 창원시 마산회원구), 長興府(지금의 장흥)
恭愍王 10년(1361) 4월[28]	고성, 蔚州(지금의 울산광역시), 거제
〃 13년(1364) 4월[29]	왜구 선박 200여 척, 고성, 河東, 泗州(지금의 사천시), 金海, 密城(지금의 밀양시), 梁州(지금의 양산시)
禑王 2년(1376) 11월[30]	고성, 晋州, 溟珍縣(지금의 거제시), 咸安, 東萊, 梁州, 彦陽(지금의 울산광역시 울주군 언양), 機張(지금의 부산광역시 기장군), 永善
〃 2년 12월[31]	고성, 합포, 蔚州(지금의 울산광역시), 梁州, 義昌(지금의 창원시 의창구), 회원, 함안, 珍海, 班城(지금의 진주시 반성), 東平(지금의 부산광역시 부산진구), 동래, 기장
〃 7년(1381)[32]	고성

〈표 2〉에서 보듯이, 고성은 고려 말에 왜구의 침략을 자주 받았음이 확인된다. 특히 恭愍王 13년 4월에 있었던 침략은 200여 척의 대규모 왜구 선단이 참여한 경우로서, 이로 인해 고성을 비롯한 경상도 남부의 연안 일대가 거의 쑥대밭이 될 지경이었다.

고려 말에 경상도를 비롯한 해안 지역에서 왜구의 침략을 받아 치소성이 무너지고, 주민이 사방으로

24) 『高麗史』 권57, 地理2 固城縣, 『新增東國輿地勝覽』 권32, 固城縣 郡名.
25) 『高麗史節要』 권20, 忠烈王 6년 5월.
26) 『高麗史節要』 권26, 忠定王 2년 2월.
27) 『高麗史節要』 권26, 忠定王 2년 6월.
28) 『高麗史節要』 권27, 恭愍王 10년 4월.
29) 『高麗史節要』 권28, 恭愍王 13년 4월.
30) 『高麗史節要』 권30, 辛禑 2년 11월.
31) 『高麗史節要』 권30, 辛禑 2년 12월.
32) 『高麗史節要』 권31, 辛禑 7년 7월.

흩어져 流民 상태로 떠돌다가, 삶의 거처로 삼던 치소성을 새로 건설한 후에 원래의 고향으로 되돌아오는 경우가 많았다.[33] '流民을 점검하니 예전의 숫자로 되돌아왔고'라는 이첨 시의 셋째 구절은 이런 상황을 읊은 것이다.

이첨이 시를 지은 시점(禑王 3~10년)과 고성이 왜구의 침략을 받은 시점을 동시에 고려하여, 고성 치소성이 폐성이 된 시기를 추정하면 우왕 2년이었을 가능성이 크다. 〈표 2〉에서 보듯이, 고성은 그 해 11월과 12월에 연거푸 왜구 침입을 받았는데, 이때의 왜구 침략은 고성과 경상도 남부 전체를 대상으로 한 파상적 공격이었음을 알 수 있다. 따라서 이때 고성 치소성이 함락되어 폐성이 되었을 가능성이 매우 높다. 이때가 아니라면, 그 다음으로 왜구의 침략을 받은 우왕 7년에 고성 치소성이 무너졌을 가능성이 있다.

고려 말에 실시한 치소성 건설에 소요된 기간은 대개 3개월 전후이고, 길어도 6개월을 넘기지 않았으므로,[34] 이 점을 감안하면 고성 치소성이 폐성이 된 시점은 1376년(우왕 2) 혹은 1381년(우왕 7) 이후이고, 다시 건설된 시점은 1384년(우왕 10) 이전이 될 가능성이 크다. 이 기간에 건설한 고성 치소성의 일부가 이 글에서 소개하려는 성곽 유적이다.

고려 말에 축조된 치소성 중에는 같은 지역에서 두 번 만든 경우가 전체 35회 가운데 5회(晋州 咸陽 尙州 寧海 迎日)가 있다. 두 번 축성이 이루어진 시간 간격은 10년 이내였다.[35] 이 사례를 감안하면, 고성에서도 치소성이 두 번 축조되었을 가능성도 있다. 이번에 시행한 발굴 결과에 의하면, 고려 말 1376/1381년~1384년에 만든 고성의 치소성은 土城이었다. 치소성을 비롯한 성곽의 건설에 사용된 재료의 측면에서 보면, 고려 말에는 石城보다는 土城이 더 많이 건설되었으나, 조선 초기까지 이어지는 전체적 축조 형태는 허물어지기 쉬운 土城에서 견고한 石城으로 옮겨가는 추세였다. 고려 말까지 상대적으로 왜구 방어에 취약했던 토성 축조를 더 선호했던 이유는 단기간에 완성할 수 있었기 때문이었다.

1376/1381~1384년에 축조한 고성의 치소성이 조선시기까지 그대로 존속하여 1425년에 간행한 『경상도지리지』에서 고성 읍성으로 기록되었다고 생각한다. 발굴단은 이를 고성 古邑城이라고 명명했으나, 이것은 성곽 유적의 역사성과 시대성이 드러나지 않는 한계가 크다. 따라서 필자는 이 성곽을 고성의 高麗治所城으로 부르고자 한다. 『경상도지리지』에서는 고성 치소성이 토성인지 석성인지를 분명히 밝히지 않았으나, 앞서 언급한 고려 말의 성곽 축조 형태를 감안하면 고성의 우왕대 치소성은 토성이었을 가능성이 크다. 이는 이번에 실시한 발굴 결과와도 정확히 일치한다. 그렇기 때문에 『경상도지리지』 편찬 시기까지 존속하던 고려 치소성이 조선 초기에 무너진 후, 1448년에 다시 완성한 고성 읍성을 기록하면서 '石築'으로 만들었음을 특기했을 것이다.

이상으로 검토한 고성의 고려 치소성 중에서 이번에 발굴한 지점과 『신증동국여지승람』 편찬 이후의

33) 구산우, 2010, 「고려말 성곽 축조와 향촌사회의 동향」, 『역사와 경계』 75, pp.259-269.

34) 구산우, 2010, 위의 논문, p.269.

35) 구산우, 2010, 앞의 논문, pp.253-254.

고성 읍성을 지도에 나타내면 다음과 같다.

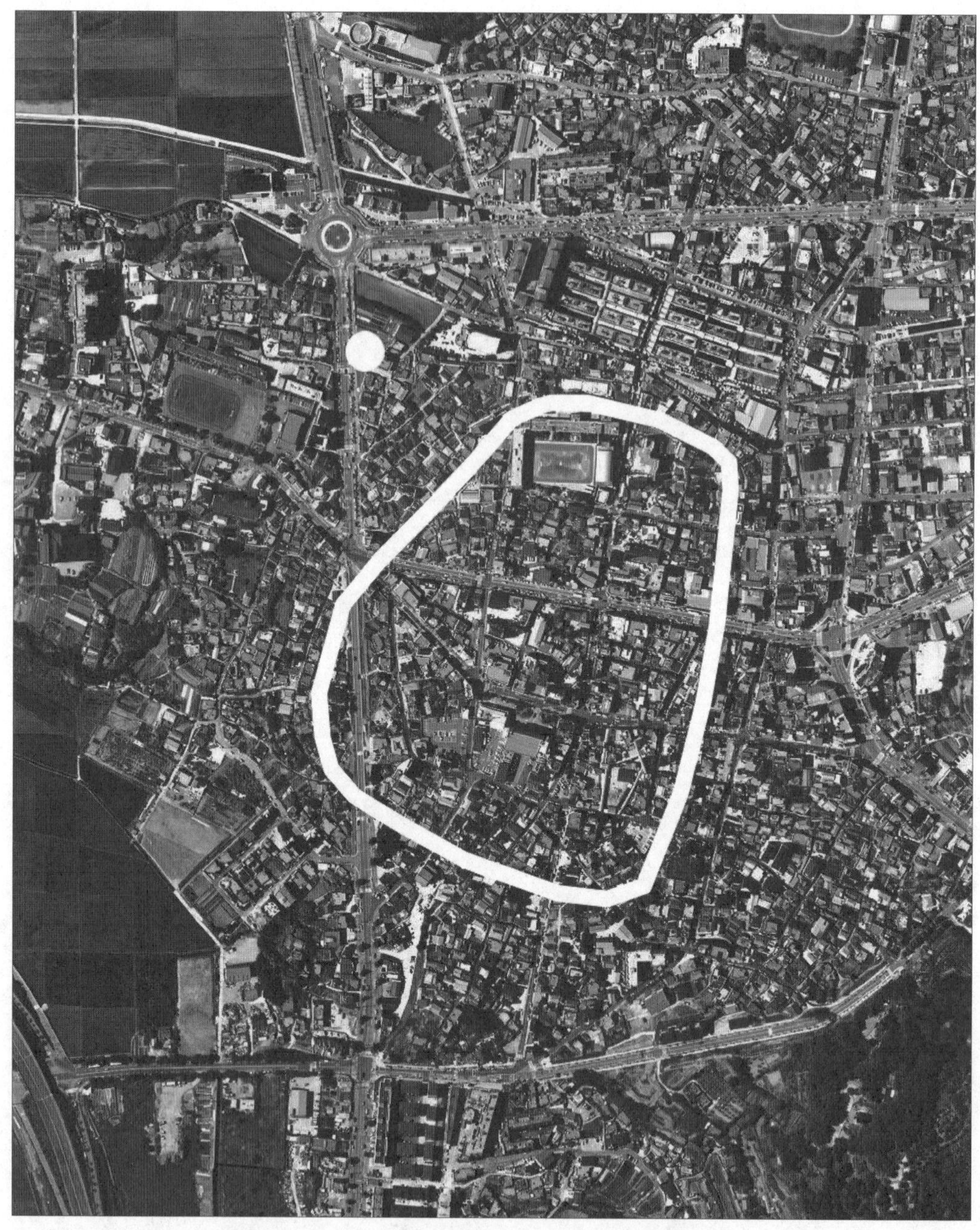

〈그림 1〉 고성의 고려 치소성 중의 발굴 지점(중앙 상단의 흰 점)과 조선시기 읍성(아래 마름모꼴)

〈그림 1〉은 2006년 고성군의 지적도에서 확인되는 『신증동국여지승람』 이후 조선 말까지 존속했던 고

성 읍성과 이번에 발굴한 고려 치소성 중의 발굴 지점을 표시한 지도이다.[36] 두 유적은 현재 고성군의 중심부에 있음을 알 수 있다. 고성군 고성읍 성내리 379번지 일원에 있는 고성의 조선시기 읍성은 〈그림 1〉에서 중앙 하단에 동쪽으로 기울어진 마름모꼴의 형태이며, 고성읍 서외리 49번지에 있는 고려 치소성 중의 발굴 지점은 그 상단에 흰 점으로 표시하였다. 문화재청에서 제공하는 GIS 시스템에 따르면, 두 유적 사이에 있는 가까운 지점은 130m 이내의 위치에 있다. 따라서 고려 치소성의 전체를 복원한다면, 그것은 조선시기의 읍성과 상당 부분이 겹칠 가능성이 크다고 생각한다.

III. 고성 치소성 유적에서 발견된 기와 銘文

1. 유물과 기와 명문의 판독

2014년에 경남발전연구원 역사문화센터에서 경남 고성군 고성읍 서외리 49번지와 48-6번지를 발굴하였다. 발굴 결과를 정리한 보고서는 2016년에 간행했으며, 서지 사항은 다음과 같다.

하승철 외, 2016,『고성 고읍성』, 고성군·경남발전연구원 역사문화센터,총 238쪽.

필자도 이 발굴에 지도위원으로 참여했으며, 발굴 현장을 직접 방문하여 유적의 상태와 출토 유물을 살펴보았다.

발굴 조사에서 고려시기의 土城 1개소, 구상유구 3기, 수혈 1기, 조선시기 건물지 1기, 토취장 1기, 진단구 1기의 유적이 확인되었다. 이 토성이 바로 고려의 고성 치소성이다. 유물은 고려시기 토성에서 주로 출토되었으며, 명문 기와를 비롯한 다수의 기와편과 도질토기 구연부, 청자 완, 청자 접시, 청자 병, 분청사기편, 백자편 등 335점이 출토되었다.

고성의 고려 치소성의 토성 축조 형태는 돌을 이용하여 기단석열을 만들고 흙으로 체성을 축조하는 기단석축형 판축 기법을 사용했다. 발굴 결과를 보면, 기저부를 조성하고 초축 이후에 3차례에 걸쳐 수축이 이루어졌으며, 영정주와 구획석, 외황 등이 확인되었다. 고려 치소성은 平地城이며, 발굴단은 이 토성이 치소성일 가능성이 크다고 추정했는데, 앞서 검토했듯이 이는 필자의 판단과 일치한다.

고성의 고려 치소성의 體城 너비는 4.95m로 조사되었다. 이는 김해의 것이 9.2m, 동래의 것이 9.8m인 데에 비하면, 그 절반에도 못 미치는 수치이다. 발굴단은 고성 치소성의 축조에서 구획석의 존재를 특징적인 것으로 꼽았다. 구획석은 초축 기단석열과 1차 수축 기단석열에서 영정주와 연결되어 상부에서 확인되었다.

36) 발굴 지점과 고성 읍성의 위치에 대해서는 하승철 외, 2016,『고성 고읍성』, 고성군·경남발전연구원 역사문화센터, p.8; 심봉근 외, 앞의 보고서, p.14; 崔憲燮 외, 2001,『固城邑城址 地表調査 報告書』, 고성군·경남발전연구원 역사문화센터, p.29.

고려시기에 조성된 유적에서 출토된 유물을 정리하면 다음과 같다.

〈표 3〉 고성의 고려 치소성에서 출토된 유물

<table>
<tr><th>유적</th><th>층위 위치</th><th>출토·수습 유물</th></tr>
<tr><td rowspan="13">土城</td><td>기저부 조성층</td><td>구연부, 대각부, 시루 저부, 저부, 병 동체부, 파수, 수키와 1, 암키와 3</td></tr>
<tr><td>초축 퇴적토</td><td>구연부, 경부. 수키와 1, 암키와 2</td></tr>
<tr><td>초축과 1차 수축 사이의 퇴적토</td><td>암키와 7</td></tr>
<tr><td>1차 수축 퇴적토</td><td>수키와 6(1), 암키와 9(2)</td></tr>
<tr><td>1차와 2차 수축 사이의 퇴적토</td><td>수키와 3, 암키와 2</td></tr>
<tr><td>3차 수축 퇴적토</td><td>수키와 1, 암키와 9</td></tr>
<tr><td>상부 퇴적층</td><td>수키와 4, 암키와 7</td></tr>
<tr><td>토성 중심 트렌치</td><td>수키와 2, 암키와 8(1)</td></tr>
<tr><td>외황 3-2층</td><td>청자상감국화문완, 청자상감여의두문접시, 청자상감국화문병, 청자완 3, 분청사기완, 옹기 구연부, 도기 병 구연부, 도기 저부, 전돌, 수막새 2, 수키와 14(6), 암키와 60(28)</td></tr>
<tr><td>외황 3-1층</td><td>청자음각당초문완, 청자 병 저부, 청자완 2, 분청사기완 2, 백자완 3, 수키와 6(3), 암키와 9(5)</td></tr>
<tr><td>외황 2층</td><td>분청사기완, 청자완 2, 청자 구연부, 도기 구연부, 수키와 7(3), 암키와 34(21)</td></tr>
<tr><td>외황 1층</td><td>청자상감여의두문접시, 청자완 6, 분청사기 동체부, 구연부, 수키와 6(2), 암키와 18(11)</td></tr>
<tr><td>외황 중심 트렌치</td><td>청자접시, 청자상감국화문병, 청자상감국화문팔각접시, 청자상감문접시, 청자상감여의두문접시, 청자 동체부, 청자완 3, 청자소호, 분청사기완 3, 수키와 5(2), 암키와 12(8)</td></tr>
<tr><td colspan="2">2호 구상유구</td><td>대각편, 수키와 5, 암키와 3</td></tr>
<tr><td colspan="2">3호 〃</td><td>완, 수키와 2, 암키와 1</td></tr>
<tr><td colspan="2">4호 〃</td><td>구연부, 수키와 1</td></tr>
<tr><td colspan="2">수혈</td><td></td></tr>
<tr><td colspan="2">지표</td><td>파수, 국자형 토기, 수키와 4(1), 암키와 10(3)</td></tr>
</table>

*기와를 제외한 유물에서 숫자가 없는 경우는 모두 1점임을 나타낸다. 기와 숫자에서 ( ) 속의 숫자는 명문 기와의 수량이다.

〈표 3〉에서 보듯이, 명문이 새겨진 기와는 토성과 지표 부분에서 출토되었는데, 토성 중에는 외황 3-2층, 외황 2층에서 압도적으로 많이 출토되었다. 기와의 수는 261점인데, 명문 기와는 이 중 108점이다.[37)]

1차 수축 퇴적토에서 출토된 기와 명문은 〈표 4〉와 같다.

1번 자료는 天이 2회 새겨졌으며, 2번, 3번 자료의 글자는 판독되지 않는다.

〈표 4〉[38)] 고성 치소성의 1차 수축 퇴적층에서 출토된 기와 명문

번호	명문	외면 · 바탕 문양	보고서 쪽수
1	天/天	선문	48, 197
2	△△	사격자문 복합문	48, 197
3	△△△	사격자문 복합문	48, 198

토성 중심 트렌치에서 발견된 기와 명문은 〈표 5〉와 같다.

1번 자료는 戸上△을 3행 연속해서 새겼다. 보고서에서는 첫째 글자를 판독 불명으로 처리했으나, 戸가 분명하다.

〈표 5〉 고성 치소성의 중심 트렌치에서 출토된 기와 명문

번호	명문	외면·바탕 문양	보고서 쪽수
1	戸上△/戸上△/戸上△		65, 203

명문 기와는 외황 3-2층에서 가장 많이 출토되었다. 여기서 나온 명문 기와는 수키와가 6점, 암키와가 31점이다. 수키와에서 나온 기와 명문은 〈표 6〉과 같다.

〈표 6〉 고성 치소성의 외황 3-2층에서 출토된 수키와 명문

번호	명문	외면 · 바탕 문양	보고서 쪽수
1	吴/吴	어골문	71, 206
2	棣(?)	어골문	71, 206
3	△/養(?)/戸(?)		71, 206
4	杲/杲		71, 206
5	杲△/△		71, 206
6	品(?)三/品三/品△/品△		71, 206

발굴단은 1번 자료를 保로 판독했으나, 탁본을 보면 吴자임이 확인된다. 2번 자료는 보고서에서는 판독 불명으로 처리했다. 탁본을 보면 木 변의 오른쪽 글자를 정확히 판독하기 어려우나 금석문자전[39)]에 따르면 棣에 가까워 보인다. 후술하듯이 2번 자료와 같은 글자로 보이는 보고서의 134번 자료를 발굴단은 棧으로 판독했다.

3번과 4번 자료의 탁본은 〈그림 2〉와 같다.

37) 보고서가 간행되기 이전에 수습한 고성 치소성의 기와 명문을 소개한 글이 있다. 조신규, 2014, 「고성 서외리 출토 명문와의 검토」, 『固城』, 진주국립박물관 특별전 도록. 이 글은 발굴이 완결되기 이전에 쓴 것이므로, 보고서에 수록된 기와 명문 전체를 분석하지 않았고, 분량도 소략하다. 따라서 기와 명문 전체를 대상으로 분석하고, 또한 성곽 축조에 동원된 고려 지방군의 양상과 그 역사적 의미에 대해서 심층적으로 검토할 필요가 있다.

38) 본고에서 만든 〈표〉의 번호는 필자가 분류한 것이다. 〈표〉 속의 명문은 다음 기준으로 판독하였다. 명문 항목의 /는 행이 구분되는 것을 뜻한다. 행의 판독 순서는 오른쪽부터, 그리고 위에서부터 시작한다. △는 판독되지 않은 글자, (?)는 (?) 앞의 글자가 판독상의 의문이 있는 글자, …부분은 이곳에 글자가 있었을 가능성이 있으나, 글지기 명확히 판독되지 않는 것을 말한다.

39) 『金石大字典』 16권, p.47, 大津古籍出版社, 1982.

발굴단은 3번 자료 2행의 첫째를 養, 3행의 첫째 글자를 戸로 판독했다. 탁본을 보면 2행 첫째 글자의 아래 부분은 養자로 보인다. 뒤에 살펴볼 養戸를 완전하게 새긴 명문과 비교하면, 3번 자료 2행의 첫째 글자는 養임을 알 수 있다. 3행의 첫째 글자는 戸로 보인다. 4번 자료는 탁본을 보면 呆자로 보이나, 발굴단은 保로 판독했다. 이 유적에서 4번 자료와 같은 글자와 保勝을 새긴 명문 기와가 여러 점 출토되었는데, 발굴단은 保勝을 완전히 새긴 명문 기와를 보고 4번 자료를 保로 판독했다. 발굴단은 기와에 글자를 새기는 과정에서 保자에서 人변이 떨어져나갔다고 보고 4번 자료를 保로 판독했던 것이다. 필자도 발굴단의 견해에 동의하나, 여기서는 일단 4번 자료를 呆로 판독해 둔다.

〈그림 2〉 3번(좌), 4번(우) 자료의 탁본

5번 자료의 탁본, 6번 자료의 탁본과 사진은 다음과 같다.

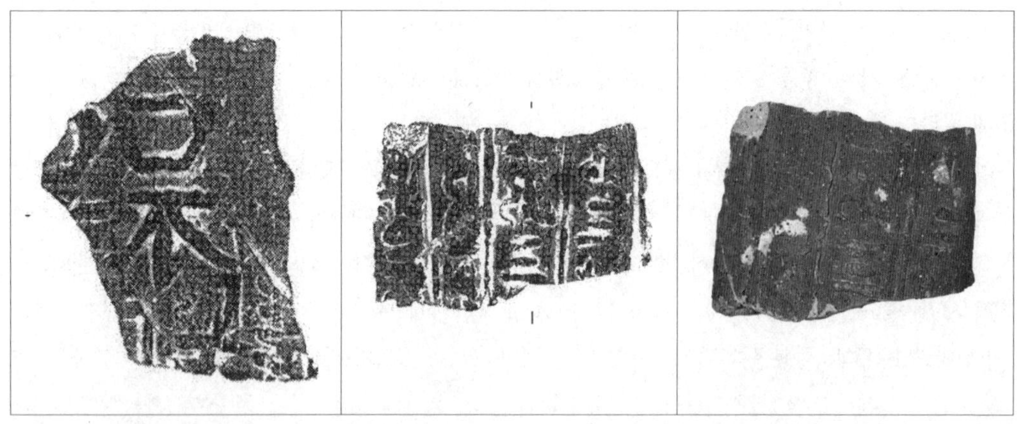

〈그림 3〉 5번 자료의 탁본(좌), 6번 자료의 탁본(중)과 사진(우)

5번 자료의 탁본을 보면, 1행의 첫째 글자는 呆임을 알 수 있다. 탁본에는 1행의 둘째 글자의 윗 부분이 조금 나타나는데, 이 부분을 보고 발굴단은 둘째 글자를 勝자로 판독했다. 후술하듯이 이 부분은 保勝의 勝자의 윗 부분과 같으나, 여기서는 1행의 둘째 글자를 불명으로 판독해 둔다. 탁본과 사진을 보면, 6번 자료의 2행은 品三임이 분명히 확인된다.

외황 3-2층에서 출토된 암키와 명문은 다음과 같다.

〈표 7〉 고성 치소성의 외황 3-2층에서 출토된 암키와 명문

번호	명문	외면 · 바탕 문양	보고서 쪽수
1	二品△大大		76, 207
2	品△		76, 207
3	二品△		76, 207
4	二品△		76, 208
5	二品		76, 208
6	大大	사격자문	76, 208
7	養(?)戶上		76, 208
8	養(?)戶上/養(?)戶上(?)/戶		77, 208
9	△/上△/△		77, 208
10	上/戶上/上		77, 208
11	△/上		77, 209
12	養(?)/養(?)/養(?)	차륜문	77, 209
13	養(?)/養(?)	〃	77, 209
14	養(?)/養/養(?)	〃	80, 209
15	養戶	〃	80, 209
16	△/△		80, 209
17	△		80, 209
18	二品(?)/二品(?)		80, 209
19	呆		80, 209
20	呆/呆		80, 209
21	呆(?)勝(?)/△△		80, 209
22	勝(?)/勝(?)		80, 209
23	二(?)		82, 210
24	田	차륜문	82, 210
25	田/田	〃	82, 210
26	△棣(?)/△棣/棣(?)		82, 210
27	日		82, 210
28	上	사격자문, 집선문	87, 211

보고서에서는 외황 3-2층에서 출토된 명문 기와를 31점으로 집계했으나, 필자가 확인한 바로는 위에 제시한 28점만 찾아진다. 여기서는 二品, 養戶, 保勝 계열, 기타 명문이 출토되었다. 二品 계열 명문은 1번, 3~5번, 18번 자료가 그것이다. 2번, 23번 자료도 여기에 속한다. 養戶 계열의 명문은 7~8번, 12~15

번이고, 9~11번 자료도 여기에 포함된다. 保勝 계열은 21~22번이고, 19~20번도 이에 속한다. 나머지는 기타 명문이다.

1번과 6번 자료의 탁본은 〈그림 4〉와 같다.

〈그림 4〉 1번 자료(좌), 6번 자료(우)의 탁본

탁본을 보면, 1번 자료의 처음 두 글자는 二品이라는 사실을 알 수 있다. 다음 두 글자를 발굴단은 大伏로 읽었는데, 필자는 6번 자료의 大大와 같은 글자로 본다. 6번 자료의 앞 부분이 없어지지 않았다면, 여기에는 二品이 새겨졌을 가능성이 크다. 3번, 5번, 18번 자료의 탁본은 다음과 같다.

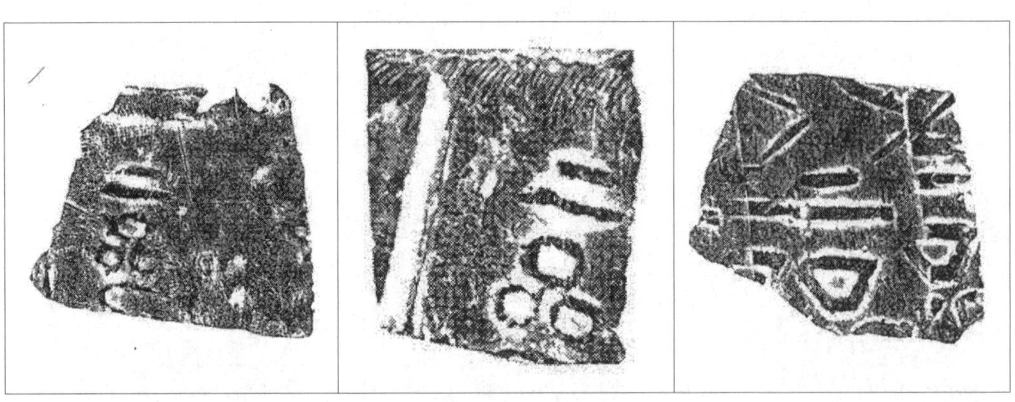
〈그림 5〉 3번 자료(좌), 5번 자료(중), 18번 자료(우)의 탁본

3번 자료의 탁본을 보면, 二品 아래에 글자의 부분으로 추정되는 것이 있으나, 무슨 자인지는 불분명하다. 글자의 형태로 보면, 3번과 5번 자료는 같은 글씨이고, 이 둘은 18번 자료와는 다른 글씨임을 알 수 있다. 1~2번, 4번 자료의 品, 二品의 글자도 3번과 5번 자료의 글씨와 같다. 18번 자료 2행의 둘째 글자는 1행의 둘째 글자를 참조하면 品자일 가능성이 크다.

養戶 계열의 명문 탁본은 다음과 같다.

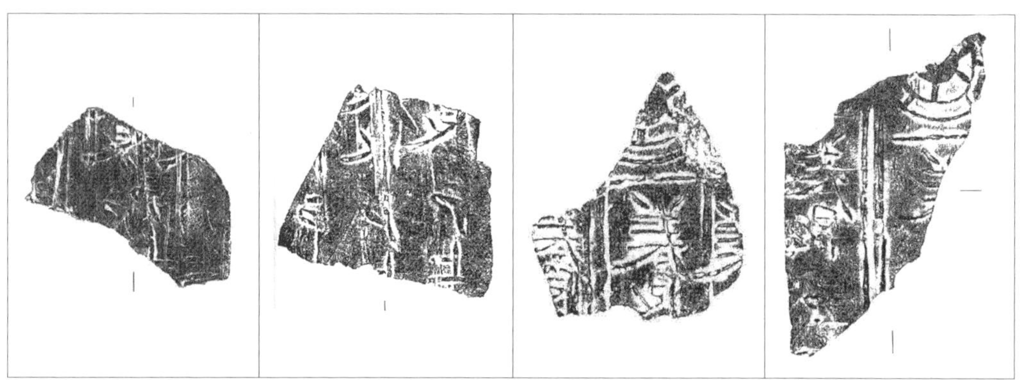

〈그림 6〉 7번 자료(좌), 8번 자료(좌중), 14번 자료(우중), 15번 자료(우)의 탁본

14번 자료는 여기서 나온 것 중에서 養자를 가장 선명하게 새긴 기와이다. 14번 자료를 참조하면, 15번 자료의 첫째 글자가 養임을 알 수 있다. 15번 자료의 둘째 글자는 戸임이 확인된다. 14번, 15번 자료를 참조하면, 7번과 8번 자료의 첫째 글자가 養자의 부분임을 알 수 있다. 〈그림 6〉을 종합하면, 養戸 계열의 글자는 養戸上의 세 글자 중 한 글자 이상이 남은 것이라고 추정된다.

保勝 계열의 명문 탁본은 다음과 같다.

〈그림 7〉 19번 자료(좌), 20번 자료(좌중), 21번 자료(우중), 22번 자료(우)의 탁본

22번 자료를 발굴단은 養으로 판독했으나, 필자는 勝자로 추정한다. 1행 글자의 왼쪽 부분에 月이 부수로 새겨진 것에서 이렇게 추정할 수 있다. 22번 자료의 勝자는 21번 자료의 1행 둘째 글자의 부분에서도 보인다. 21번 자료의 1행 첫째 글자는 呆자의 부분으로 보인다. 이는 19번과 20번 자료의 呆자와 같은 글씨라는 점에서 알 수 있다. 19번과 20번 자료의 탁본에서, 呆자가 마치 종이에서 같은 글자가 중첩되어 인쇄된 것처럼 촘촘히 새겨졌음을 볼 수 있다. 이는 呆자를 기와에 타날하는 과정에서 흔히 나타나는 현상이다. 이 점과 21번, 22번 자료에서 勝자가 나타나는 점을 감안하여 발굴단은 19번과 20번 자료, 21번 자료의 1행 첫째 글자를 呆가 아닌 保로 판독했던 것이다. 필자도 이런 발굴단의 견해에 동의한다.

외황 3-1층에서 나온 기와 명문은 다음과 같다.

〈표 8〉 고성 치소성의 외황 3-1층에서 출토된 기와 명문

번호	명문	외면·바탕 문양	보고서 쪽수
1	二品△		94, 215
2	品/二品△		94, 215
3	品/△		94, 215
4	二品△△		97, 215
5	二品△		97, 216
6	二品△		97, 216
7	二品		97, 216
8	棣		97, 216

여기서는 二品 계열과 棣자를 새긴 명문이 나왔음을 알 수 있다.

4번~6번 자료의 탁본은 다음과 같다.

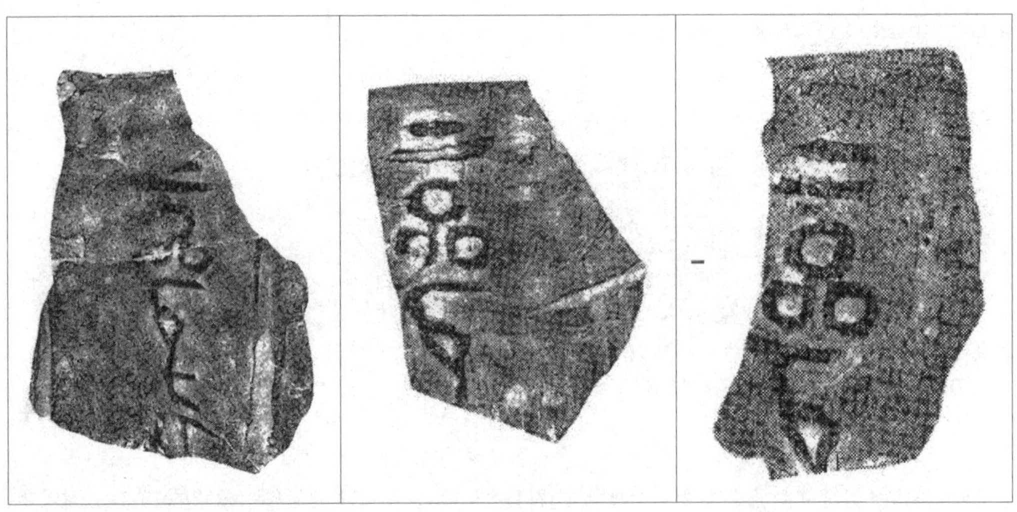

〈그림 8〉 4번 자료(좌), 5번 자료(중), 6번 자료(우)의 탁본

4번~6번 자료의 탁본을 보면, 이들은 같은 계열의 명문임을 바로 알 수 있다. 1번~3번 자료도 이들과 같은 명문이다.

외황 2층에서 나온 기와 명문은 다음과 같다.

〈표 9〉 고성 치소성의 외황 2층에서 출토된 기와 명문

번호	명문	외면·바탕 문양	보고서 쪽수
1	一品吳伏		99, 217
2	一品吳/一品		102, 217
3	保/△保/保(?)		102, 217
4	△品(?)/△品(?)		102, 217
5	二品		102, 218
6	二品吳伏		105, 218
7	吳(?)伏		105, 218
8	上/△上		105, 218
9	△上		105, 218
10	二品/二品(?)/二		105, 218
11	保(?)△/保(?)勝(?)		105, 218
12	口(?)/口	어골문	105, 218
13	△/△品(?)		107, 218
14	品(?)△/品(?)△		107, 219
15	△/△/△		107, 219
16	癸酉七/酉七△		107, 219
17	棣/棣/棣/棣(?)		107, 219
18	養戶(?)△/同△/養戶(?)		107, 219
19	養戶(?)/養(?)戶		107, 219
20	△戶士進(?)		109, 219
21	養(?)/養	차륜문	109, 219
22	天/天	원십자문, 어골문	109, 219
23	用	어골문	109, 219
24	大	격자문	109, 220

여기서는 24점의 명문 기와가 나왔는데, 명문의 내용을 분류하면 二品 계열, 保勝 계열, 養戶 계열, 기타 명문으로 나뉜다. 기타 명문 속에는 干支와 인명으로 추정되는 글자가 있다. 二品 계열은 1~2번, 4~7번, 10번, 13~14번 자료이고, 保勝 계열은 3번, 11번 자료이며, 養戶 계열은 18~21번 자료이다. 나머지는 판독 불명이거나 기타 명문이다.

1번, 2번, 6번, 7번 자료의 탁본은 다음과 같다.

〈그림 9〉 1번 자료(좌), 2번 자료(좌중), 6번 자료(우중), 7번 자료(우)의 탁본

6번 자료는 보고서에 실린 二品 계열의 명문 탁본 가운데 가장 선명한 것이다. 첫째와 둘째 글자는 이품이 분명한데, 셋째와 넷째 글자를 발굴단은 大伏로 판독했다. 필자는 셋째 글자를 吴로 본다. 넷째 글자는 人변에 六자나 大자가 더해진 글자로 판독된다. 人변에 六자가 더해진 한 글자의 漢字가 없으므로, 발굴단의 견해처럼 필자도 넷째 글자를 伏로 판독한다. 1번과 2번 자료가 6번 자료의 부분이라는 것을 알 수 있는데, 그렇다면 1번과 2번 자료의 첫째 글자인 一자도 6번 자료처럼 二자일 가능성이 크다. 二자 가운데 一자의 한 획이 떨어져나갔거나 뭉개져서 그것이 마치 一자처럼 보였던 것이다. 7번 자료의 두 글자도 6번 자료의 셋째와 넷째 글자와 같다는 점이 확인된다.

保勝 계열의 명문을 새긴 3번, 11번 자료의 탁본은 〈그림 10〉과 같다.

3번 자료의 2행의 둘째 글자는 人변에 呆자가 더해진 保자임이 분명히 확인된다. 3번 자료는 보고서에 실린 保자 명문 가운데 人변이 분명하게 보이는 거의 유일한 사례이다. 이 사례를 염두에 두고 발굴단은 여러 기와에서 새겨진 呆를 保로 판독했던 것이다. 글씨체도 지금까지 검토해왔던 呆자와 같은 것임을 알 수 있다. 11번 자료도 保勝의 두 글자 중의 부분이 남은 것으로 추정된다. 11번 자료의 첫째 글자에서 人변이 보이는 것이 그 증거가 된다. 따라서 앞서 본 명문 중의 呆는 모두 保이고, 그것은 保勝을 새긴 명문 속의 保자였음을 알 수 있다.

〈그림 10〉 3번 자료(좌), 11번 자료(우)의 탁본

養戶 계열의 명문을 새긴 18~20번 자료의 탁본은 다음과 같다.

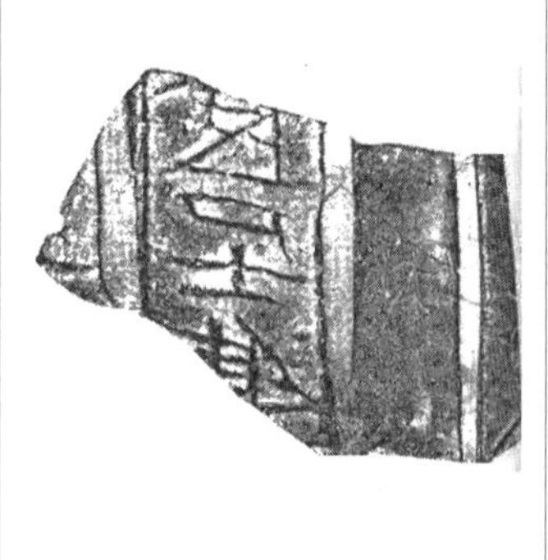

〈그림 11〉 18번 자료(좌), 19번 자료(중), 20번 자료(우)의 탁본

18번 자료의 1행과 3행의 첫째 글자는 養으로 판독된다. 1행의 둘째 글자는 戶로 추정된다. 19번 자료의 1행 첫째 글자는 養이 분명하고, 1행의 둘째 글자는 2행의 둘째 글자를 보면 戶로 판독된다. 20번 자료의 둘째 글자는 尸처럼 보이지만, 후술하듯이 戶로 읽는 것이 정확하다. 셋째 글자는 士가 분명한데, 넷째 글자는 불분명하지만 후술하듯이 進자의 부분으로 판독된다. 후술하듯이 첫째 글자는 養일 가능성이 큰데, 그렇다면 〈그림 11〉은 보고서에 나오는 養戶 계열의 글씨의 세 유형을 모두 보여준다. 19번 유형의 글씨가 가장 많이 나오고, 20번 유형은 몇 사례가 더 있으나, 18번 유형의 글씨는 이것이 유일하다.

16번, 22번 자료의 탁본은 〈그림 12〉와 같다.

〈그림 12〉 16번 자료(좌), 22번 자료(우)의 탁본

16번 자료는 보고서에 수록된 유일한 干支 명문인데, 1행은 癸酉七이 분명하다. 2행의 넷째 글자의 부분이 보이는데, 간지+몇 월이라는 시점 기록의 일반적 형태를 생각하면, 이는 月자의 부분일 가능성이 크다. 이는 癸酉年 七月을 새긴 것이다. 앞서 고성 치소성이 건설된 것으로 추정되는 1376/1381~ 1384년에는 계유년이 없고, 전후 한 시기의 계유년은 1333년(忠肅 복위 2), 1393년(조선 태조 2)이다.

외황 1층에서 나온 기와 명문은 다음과 같다.

〈표 10〉 고성 치소성의 외황 1층에서 출토된 기와 명문

번호	명문	외면·바탕 문양	보고서 쪽수
1	養戸士進瓦(?)/養戸士進瓦(?)/養戸士進瓦(?)/養戸士進瓦(?)/養戸士進瓦(?)/養戸士進瓦(?)/養戸士進瓦(?)/養戸士進瓦(?)	30	115, 222
2	二品△/二品△/二品△/二品△		118, 222
3	一品吴/△△△		118, 223
4	大		118, 223
5	二(?)品只(?)/二品/△△吴/二(?)品吴		119, 223
6	上△/上△		119, 223
7	△	어골문	119, 223
8	品/品		119, 223
9	△△/△		119, 223
10	品/△品		119, 224
11	養(?)/養(?)	차륜문	119, 224
12	養/養(?)/養(?)	〃	119, 224
13	養(?)戸士進△/養(?)戸士進(?)/養(?)戸士(?)		122, 224

보고서에서는 외황 1층에서 출토된 명문 기와를 12점으로 집계했으나, 필자가 확인한 바로는 4번 자료가 추가되어 13점이다. 여기서 출토된 기와 명문은 養戸 계열, 二品 계열, 기타의 세 부류로 나뉜다. 養戸 계열은 1번, 11~13번 자료, 二品 계열은 2~3번, 5번, 8번, 10번 자료이고, 나머지는 기타 명문이다.

1번, 12번, 13번 자료의 탁본은 다음과 같다.

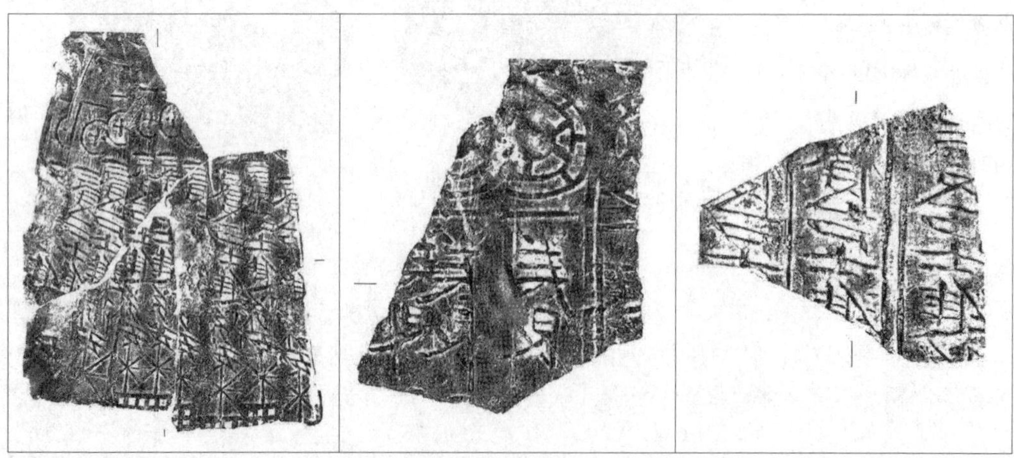

〈그림 13〉 1번 자료(좌), 12번 자료(중), 13번 자료(우)의 탁본

1번과 13번 자료는 같은 명문을 새겼다. 1번 자료는 이 계열 명문 중에서 가장 완전하고 명확하게 글자를 보여주는 자료이다. 1번과 13번 자료를 대조해서 판독하면, 1번 자료의 명문은 養戶士進瓦(?)로 판독된다. 발굴단은 養戶士△瓦(?)로 판독했으나, 넷째 글자는 進으로 보이고, 다섯째 글자는 실물과 탁본을 대조해서 보면 기와 명문에서 자주 사용하는 瓦이다. 지금까지의 검토에 의하면, 養戶를 새긴 글씨는 세 유형이 있다. 〈표 9〉의 18번 자료, 〈표 10〉의 12번과 13번 자료가 그것들이다.

2번, 5번, 10번 자료의 탁본은 다음과 같다.

〈그림 14〉 2번 자료(좌), 5번 자료(중), 10번 자료(우)의 탁본

2번과 5번 자료는 앞서 보았던 〈그림 8〉과 〈그림 9〉와 동일한 것들이다. 10번 자료도 〈그림 5〉의 18번 자료와 같은 것이다.

3번 자료는 출토된 상태로 보면 品 앞의 글자가 一자이지만, 원래는 2번 자료처럼 二자였으나 나중에 한 획이 떨어져나간 것으로 보인다.

외황 중심 트렌치에서 나온 기와 명문은 다음과 같다.

〈표 11〉 고성 치소성의 외황 중심 트렌치에서 출토된 기와 명문

번호	명문	외면·바탕 문양	보고서 쪽수
1	等三△/等三△/等三/等三		128, 227
2	勝/勝(?)		128, 227
3	一品뭇		128, 228
4	△△		129, 228
5	二品뭇/二△		129, 228
6	品△		129, 228
7	△戶上(?)/戶上		129, 228
8	△△△/養(?)戶上(?)		129, 228
9	保(?)勝(?)/保(?)勝(?)		129, 228
10	△		129, 228

여기서 나온 명문 내용은 保勝, 二品, 養戶 계열과 기타의 것이다. 保勝 계열은 2번, 9번 자료, 二品 계열은 3번, 5번 자료, 養戶 계열은 7번, 8번 자료이다. 나머지는 기타의 것이다.

2번, 9번 자료의 탁본은 〈그림 15〉와 같다.

〈그림 15〉 2번 자료(좌), 9번 자료(우)의 탁본

2번 자료는 앞서 본 〈그림 7〉의 22번 자료와 같은 것이고, 9번 자료는 〈그림 10〉의 11번 자료와 같은 것이다. 둘 다 保勝을 새긴 명문의 부분이다.

3번, 5번 자료의 탁본은 〈그림 16〉과 같다.

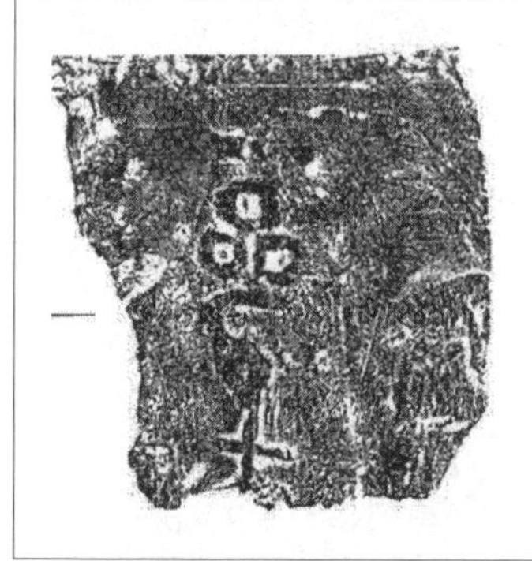

〈그림 16〉 3번 자료(좌), 5번 자료(우)의 탁본

3번 자료는 一品昊, 5번 자료의 1행은 二品昊로 판독된다.

養(?)戶上(?)을 새긴 8번 자료는 앞서 본 〈그림 6〉의 15번 자료, 〈그림 11〉의 19번 자료와 같은 것이다.

지표에서 나온 기와 명문은 다음과 같다.

〈표 12〉 고성 치소성의 지표에서 출토된 기와 명문

번호	명문	외면·바탕 문양	보고서 쪽수
1	用/用/用	어골문	146, 231
2	一品△/一品△/一品	차륜문	146, 232
3	上△/上△		146, 232
4	養(?)/養△上/養(?)	차륜문	147, 232

지표에서 나온 명문은 一品(2번), 養戶(4번), 기타의 것으로 분류된다.

4번 자료는 앞서 본 〈그림 6〉의 15번 자료, 〈그림 11〉의 19번 자료와 같은 것이다. 탁본으로는 뭉개져서 분명하지 않으나, 이 점을 감안하면 2행의 둘째 글자는 戸일 것이다. 따라서 4번 자료는 養戸上을 새겼다고 보아야 한다.

2번, 〈표 9〉의 14번 자료의 탁본은 〈그림 17〉과 같다.

2번 자료의 탁본을 보면, 차륜문 아래에 있는 一品의 두 자가 선명하게 보인다. 1행과 2행의 品자 밑에 떨어져나간 글자의 흔적이 보인다. 2번 자료의 一자와 品자의 글씨를 기준으로 삼으면, 보고서에서 이것과 같은 글씨를 찾을 수 있다. 〈표 9〉의 14번 자료가 그것인데, 〈그림 17〉의 오른쪽에 제시했다. 지금까지 살펴본 품자의 글씨는 세 유형이 있다. 앞서 본 〈그림 5〉의 18번 자료, 〈그림 14〉의 10번 자료, 〈표 9〉의 10번 자료, 〈표 10〉의 8번 자료가 같은 글씨들이고, 그리고 〈표 9〉의 6번 자료가 다른 글씨이며, 〈그림 17〉은 이 둘과 또 다른 글씨임이 확인된다. 따라서 보고서에 수록된 品자의 글씨는 세 유형임을 알 수 있다.

〈그림 17〉 2번 자료(좌상), 〈표 9〉의 14번 자료(우)의 탁본

2. 기와 명문의 분석

앞에서 검토한 바에 따르면, 기타 명문도 몇 점이 있으나, 고성 치소성의 발굴 지점에서 출토된 기와 명문은 주로 고려 지방군에 관한 것임을 알 수 있다. 이를 분류하면 다음과 같다.

〈표 13〉 고성 치소성에서 출토된 지방군 관련 기와 명문

명문 계열	명문의 표현 형태
保勝 계열	保(?)勝(?), 呆(?)勝(?), 勝(?), 保, 呆△, 呆
一品 계열	一品△
二品 계열	二品吴伏, 二品△大大, 二(?)品吴(?)/二品, 二品, 二品△
養戸 계열	養戸士進瓦(?), 養(?)戸士進△, △戸士進(?), 養(?)戸上/養(?)戸上(?), 上/戸上/上, 養戸(?)△/同△/養戸(?), 養(?)/養△上/養(?), 養戸, 養(?)/養/養(?)

고성 치소성에서 나온 지방군 관련 명문은 〈표 13〉에서 보듯이 保勝, 一品, 二品, 養戸 계열로 분류된

다. 이 명문의 내용을 고려시기 지방군의 부대 구성과 임무와 관련시켜 검토한기로 한다.

고려시기에 조직된 지방군은 다음과 같다. 兩界에는 州鎭軍, 京畿와 五道에는 州縣軍이라는 이름의 지방군이 있었다. 『高麗史』 兵志에는 양계의 지방군 이름도 주현군으로 표기했으나,[40] 학계에서는 지방행정에서 경기, 오도와 구분되는 양계의 지방군을 주진군으로 달리 부른다. 고성군이 慶尙道에 속하므로, 여기서는 주현군에 대해서 살펴보겠다. 주현군을 구성하는 부대는 保勝軍, 精勇軍, 一品軍과 二·三品軍이다.[41] 고성 치소성에 나온 명문 중의 保勝이라는 명칭은 고려시기에 保勝軍 이외에는 달리 사용된 적이 없으므로, 保勝軍을 나타내는 것이라고 보아야 한다.

경상도 주현군의 부대 구성 형태를 나타내면 다음과 같다.

〈표 14〉 고려시기 慶尙道의 州縣軍 병력 구성[42]

軍事道	保勝軍 병력	精勇軍 병력	一品軍 병력	합계
蔚州道	134	145	181	460
梁州道	57	147	173	377
金州道	188	278	431	897
密城道	245	427	532	1,204
尙州牧道	665	1,307	1,241	3,213
安東大都護道	591	953	1,018	2,562
京山府道	54	801	647	1,502
晋州牧道	277	404	730	1,411
陜州道	373	229	448	1,050
巨濟道		50	128	178
固城道	26	53	109	188
南海道	17(*)	17	64	98
합계	2,627	4,811	5,702	13,140

40) 『高麗史』 권83, 兵3 州縣軍.

41) 고려 지방군에 대해서는 李基白, 1968, 「高麗 州縣軍考」, 『高麗兵制史研究』, 일조각; 金塘澤, 1983, 「高麗 초기 地方軍의 形成과 構造」, 『高麗軍制史』, 육군본부; 趙仁成, 1993, 「주현군과 주진군」, 『한국사』 13, 국사편찬위원회; 鄭景鉉, 1993, 「高麗前期의 保勝軍과 精勇軍」, 『韓國史研究』 81; 李在範, 1999, 「高麗前期의 地方軍制」, 『韓國軍事史研究』 2, 국방군사연구소; 洪元基, 2001, 「州縣軍의 성립과 六衛의 保勝·精勇」, 『高麗前期軍制研究』, 혜안; 권영국, 2001, 「고려전기 州縣軍의 동원과 지휘」, 『史學研究』 64; 구산우, 2011, 앞의 논문; 최종석, 2011, 「高麗前期 保勝·精勇軍의 性格과 地方軍 構成에 대한 再檢討」, 『역사와 담론』 58; 최종석, 2012, 「주현군의 군사조직과 편성방식」, 『한국군사사』 3, 육군본부를 참조.

42) 〈표 14〉는 『高麗史』 권83, 兵3 州縣軍 慶尙道조를 정리한 것이다. 南海道 保勝軍의 수(*)는 行首를 합한 수이다.

軍事道에 속한 지방 단위는 기본적으로 지방관이 파견된 主縣을 대상으로 하지만, 주현 가운데도 빠진 것이 있다. 위의 표에 제시한 경상도의 경우는 東京과 禮州가 여기에 해당한다. 州縣軍은 주현뿐 아니라 屬縣에도 조직되었는데, 속현의 주현군 병력 수는 그 속현을 관할하는 주현의 주현군 병력 수에 포함되어 있다. 따라서 〈표 14〉에 있는 각 軍事道의 병력 수는 그에 소속된 주현과 그가 관할하는 속현들의 병력 수를 합한 것이다.

고려시기 固城道의 保勝軍 수는 26명, 精勇軍 수는 53명, 一品軍 수는 109명으로서, 이 셋을 합하면 188명이다. 고려시기 고성현은 거느린 속현이 없으므로, 이 수치는 고성현만의 것이다.

주현군을 이루는 보승군 정용군이 중앙군 속의 보승군과 정용군이 어떤 관련이 있느냐에 대해서는 학계의 논란이 있다. 그러나 주현군을 구성하는 단위 부대 중에서 보승군과 정용군이 주현군의 정예 병력으로서 군사 업무가 가장 중요한 업무이고, 이와는 달리 일품군 이품군 삼품군은 일종의 노동부대로 파악하는 점에서는 학계의 견해가 일치한다.

그러면 고성 치소성에서 보승군을 새긴 기와 명문이 나온 것은 무슨 의미가 있을까? 먼저 그것은 고성군 치소성의 건설에 보승군이 동원되었음을 보여준다는 사실을 지적하고자 한다. 일반적으로 보승군의 주요 임무는 군사 업무로 알려져 있다. 고성군 사례에서, 보승군이 때로는 군사 업무가 아닌 다른 공적 업무에도 동원되었음을 알 수 있다고 생각한다. 치소성의 축조와 같은 군현 단위의 공적 노동력으로서 보승군이 동원되었음을 보여주는 실물 자료가 바로 고성군 치소성의 보승군 명문이다. 고성군의 보승군 명문이 갖는 의미가 이와 같은 것이라고 보면, 그것은 기존에 문헌 사료만을 이용하여 내린 제한된 결론을 더 확충하는 의의가 있다. 보승군이 주현군의 핵심 부대로서 군사 업무가 기본 업무라 하더라도, 때때로 지역에 따라서는 군사 업무가 아닌 군현 단위의 공적 업무에 노동력으로서 동원되었다고 보는 것이다.

고성군 치소성의 기와 명문에 있는 一品은 주현군 중의 一品軍을 가리키는 것이라고 본다. 필자는 앞서 고려 會原縣 치소성에 출토된 기와 명문 중의 一品이 一品軍이고, 東平縣 치소성에서 나온 기와 명문 중의 삼품이 삼품군을 가리키는 것으로 본 적이 있다.[43] 회원현 치소성에서는 '正豊二年丁丑 寺△一品八月造'라는 2행의 기와 명문이 발견되었다. 一品은 品階로서의 一品, 一品軍으로서의 一品 중의 하나로 사용되었을 가능성이 큰데, 필자는 기와 명문 중의 일품은 일품군으로 보아야 한다는 것이었다.[44] 노동부대로서의 일품군의 성격이 기와 명문 속의 일품군과 딱 부합한다고 보았기 때문이다.

고성 치소성에서 나온 일품이라는 명문도 회원현 치소성의 그것과 같은 맥락에서 파악해야 한다. 더욱이 보승군을 새긴 명문이 함께 출토되었으므로, 고성 치소성의 일품 명문은 일품군일 가능성은 더 크다고 생각한다. 고려 기와 명문에 새겨진 일품과 삼품을 일품군과 삼품군으로 보는 필자의 이런 견해에 대해, 최근 그 사례가 적다는 것을 근거로 의문을 제기하는 견해가 발표되었다.[45] 고성 치소성에서 발견된

43) 구산우, 2011, 앞의 논문.

44) 구산우, 2011, 앞의 논문, pp.209-210.

45) 홍영의, 2015, 「고려시대 명문(銘文)기와의 발굴 성과와 과제」, 『한국중세사연구』 41, p.58 각주 89).

일품 명문을 보면, 이런 의문은 받아들이기 어려우며, 필자의 기존 견해가 타당한 것임이 입증되었다고 본다. 회원현과 함께 고성군의 사례는 일품군이 치소성의 건설과 그에 필요한 기와 제작에 동원되었음을 잘 보여준다. 기존 연구에서는 일품군의 업무에는 군사 활동이 없고 단지 노동부대로서만 활동한다고 보았으나,[46] 필자는 일품군이 유사시에는 군사 업무를 수행한다고 보았다.[47]

고성 치소성에서는 二品이라는 명문도 나왔다. 고성 치소성의 이품 명문은, 앞서 검토한 일품과 같은 관점에서 판단하면, 二品軍을 가리키는 것으로 본다. 『고려사』에서 나오는 유일한 기록에 따르면, 70세 이상의 노부모를 두고 형제가 없는 지방군 군인은 村에 머물면서 이·삼품군에 소속시켜 군역을 수행하면서 노부모를 봉양하게 했다.[48] 이·삼품군의 편제 대상은 양계의 주진군과 개경과 오도의 주현군이 망라되고, 이·삼품군으로 편제되기 이전에 그들은 보승군, 정용군, 일품군이었던 것으로 본다.[49] 고성 치소성에서 나온 이품군 명문은 고려 기와에서 처음 나온 사례이고, 또한 이품군이 치소성 건설과 기와 제조에 동원되었음을 구체적으로 입증해주는 실물 자료라는 점에서 그 가치가 매우 크다.

여기서 나온 이품 명문의 표현을 보면, 二品吴大, 二品大大라 하여 二品 아래에 두 자가 더 있다. 이는 무엇을 의미할까? 그것은 기와 장인의 이름, 기와 장인이 지휘하는 노동 조직의 이름, 여기에 동원된 이품군에 속한 특정 부대의 명칭, 이품군의 지휘관 이름 등 여러 가능성이 있으나, 현재로는 비교할 사례가 적어서 그 어느 것으로 단정하기에는 어려움이 있다.

보승군, 일품군, 이품군의 지휘자에 대해서 검토하기로 한다. 지방 보승군의 지휘자에 대해서는 수령과 향리로 기록한 자료가 모두 있다. 洪州의 수령으로 나간 李文著가 관내 屬縣에서 도적을 소탕하기 위해 주현군의 軍校를 동원한 사례[50]를 근거로 삼아 주현군 중의 보승군과 정용군의 지휘자를 수령으로 파악했다.[51] 반면 『安東權氏 成化譜』와 「權適墓誌銘」 등에서 權良俊이 戶長으로서 二品 別將, 權公晃이 호장으로서 保勝 別將을 겸한 사례[52]를 근거로 보승군을 향리가 지휘했다고 보는 견해가 있었다.[53] 한편 보승군으로 특정되어 있지는 않으나, 수령을 보조하는 속관 중에서 判官과 司錄, 중앙에서 파견된 관리가 주현군을 지휘한 사례가 많이 있다.[54] 이를 종합하면 주현군 중의 보승군과 정용군은 수령과 속관, 호장이 지휘했음을 알 수 있다. 일품군의 지휘는 규정에 있듯이 弓術의 시험을 거쳐 합격한 향리로서 주현군 장교를 겸직한 이가 담당했다.[55] 이·삼품군의 지휘자에 대해서는 일찍이 『宣和奉使高麗圖經』에 鄕兵 保伍

46) 李基白, 앞의 논문, p.221.
47) 구산우, 2011, 앞의 논문, pp.222-223.
48) 『高麗史』 권81, 兵1 兵制 文宗 즉위년.
49) 李基白, 앞의 논문, p.225.
50) 金龍善 편, 「李文著墓誌銘」, 『高麗墓誌銘集成』.
51) 李基白, 앞의 논문, p.213.
52) 李樹健, 1989, 「고려시대 「邑司」 硏究」, 『國史館論叢』 3, p.88.
53) 권영국, 앞의 논문, pp.48-49.
54) 권영국, 앞의 논문, pp.53-59.
55) 『高麗史』 권81, 兵1 兵制 文宗 23년 3월.

의 長과 같다고 한 民長 기록[56]에 주목하여, 이 민장을 촌락의 행정 담당자인 村長, 村正에 비정한 견해가 있었다.[57] 그리하여 이·삼품군의 지휘자는 민장=촌장, 촌정으로 보았다. 이런 견해는 병제사 연구자의 지지를 받았다.[58] 이에 대해 필자는『宣和奉使高麗圖經』의 鄕兵 保伍가 이·삼품군에 한정되지 않고 일품군까지 포함한다고 보고, 일·이·삼품군은 모두 장교를 겸한 향리가 지휘한 것으로 보았다.[59]

고성 치소성의 기와 명문 중에서 養戶도 지방군과 관련하여 주목된다. 양호를 새긴 기와가 다량으로 출토되었는데, 이것도 고려 기와 명문에서 처음 나온 것으로 자료적 가치가 크다. 양호는 지방군의 軍人田 경작과 관련되는 존재로서, 그에 관한 기록은 다음의 두 자료뿐이다.

> ① 制하기를 "근래 州縣官이 다만 宮院田과 朝家田만을 사람을 시켜 경작하게 하고 軍人田은 비록 비옥한 땅이라도 농사를 힘써 장려하지 않으며, 또한 養戶로 하여금 곡식을 운반하게 하지도 않는다. 이로 인하여 軍人은 춥고 배가 고파서 도망가 버린다. 지금부터 먼저 軍人田에 각각 佃戶를 정하여 농사를 장려하는 일과 양식을 운반하는 일을 所司가 상세히 보고하고 결재를 받도록 하라"고 하였다.[60]
>
> ② 命하여 "州鎭入居軍人에게 本貫의 養戶 2인을 例給하라"고 하였다.[61]

자료 ②에 의하면 州鎭에 入居한 군인에게 本貫地에 있는 2명의 養戶를 지급해주었음을 알 수 있다. 여기서 양호를 지급받은 사람은 주진에 입거한 군인이라고 했는데, 고려 군제에서 출생지인 본관을 떠나 兩界의 주진에 가서 근무하는 군인은 지방군 중의 보승군과 정용군뿐이다. 지방군 중의 보승군과 정용군은 양계뿐 아니라 開京에도 番上하여 京軍 중의 보승군, 정용군으로도 근무했다.

양호의 임무를 알려주는 자료는 ①이 유일한데, 여기서 軍人田 경작과 관련한 양호와 佃戶의 업무가 모호하게 기록되어, 그 해석을 둘러싸고 양호와 전호의 기능에 대한 견해가 엇갈린다. 첫째는 양호가 군인전 경작에 필요한 보조 노동력으로 지정되었다고 보는 견해이다.[62] 이는 立番하여 양계나 개경으로 간 軍戶가 본관지에서 소유하고 있는 토지의 경작에 가족을 모두 투입해도 노동력이 부족한 경우에 이를 도와주기 위해 양호를 지정했다고 본다. 이 견해에서 양호로 지정된 농민은 군인전을 경작하는 댓가로 국가로부터 課役을 감면받는 것으로 본다. 한편 양호가 번상하는 군인의 전호적인 존재로서 군인전을 경작

---

56)『宣和奉使高麗圖經』권19, 民庶 民長.

57) 李佑成, 1991,「高麗時代의 村落과 百姓」,『韓國中世社會硏究』, 일조각, p.39.

58) 李基白, 앞의 논문, p.226.

59) 구산우, 2011, 앞의 논문, pp.231-232.

60)『高麗史』권79, 食貨2 農桑 睿宗 3년 2월.

61)『高麗史』권81, 兵1 兵制 睿宗 27년 3월.

62) 姜晋哲, 1963,「高麗 初期의 軍人田」,『숙명여대논문집』3, pp.170-172; 姜晋哲, 1980,「軍人田」,『高麗土地制度史硏究』, 고려대출판부, pp.128-130.

했다고 보는 견해도 있다.[63] 이 두 견해는 양호가 군인전의 경작자라는 점에서는 견해가 일치한다. 반면 양호를 군인전의 경작자가 아니라 군인전의 田租 수납을 책임지는 존재로 파악하는 관점도 있다. 군인전의 경작은 이·삼품군이 수행하고, 양호는 군인전에서 생산된 곡식을 운반하는 것이 주된 임무이고 군인 가족의 부양에도 기여했다고 보는 견해가 있다.[64] 또 양호는 수조지로서의 軍人田에서 거둔 田租를 수조권자인 田主(軍人)에게 수납하는 임무를 가진 사람으로 보는 견해도 있다.[65]

현재 필자는 양호의 임무에 관한 상반된 견해 중에서 어느 견해가 옳은 것인지에 대한 명확한 입장이 없다. 여기서는 이 글의 성격상 고성군이라는 지방 치소성의 건설에 보승군, 일품군, 이품군과 함께 양호가 동원되었나는 사실에 주목하고자 한다. 양호를 새긴 기와 명문은 고려에서 양호가 군인전의 경작 혹은 전조의 수납뿐 아니라 치소성과 같은 공공 건물의 조성에도 동원되었음을 보여주는 중요한 1차 자료라는 것이다. 양호의 노동력은 보승군, 일품군, 이품군과 마찬가지로 기와 제조와 치소성 건설의 두 가지에 모두 참여했을 것으로 본다.

여기서 나온 양호 계열의 명문은 養戸士進瓦(?), 養戸上, 養戸△/同△의 세 종류이다. 養戸士進瓦에서 士進의 정확한 의미는 알기 어렵다. 첫째는 인명일 가능성이 있으나, 이는 희박하다고 생각한다. 양호로 지정된 士進이라는 개별 농민이 적지 않은 비용이 지출되는 일정 양 이상의 기와를 만들었다고 보기는 어렵기 때문이다. 다음으로 고성군의 양호 중에서 치소성의 건설에 동원된 특정 집단을 나타낸 것으로 볼 수 있다. 그러나 이것도 가능성이 크지는 않다고 생각한다. 고려 기와 명문에서 노동 집단을 표기한 右徒(김해 봉황동), 造丁方(춘천 봉의산성) 등의 사례[66]와 그 표현 형태가 너무 다르기 때문이다. 아니면 '養戸와 士가 기와를 進上했다'로 해석될 수도 있다. 養戸上은 '양호가 기와를 만들어 올렸다'는 의미를 나타낸 것으로 본다. 養戸△/同△에서 同△ 부분은 양호와의 관계를 나타낸 글자일 수 있으나, 정확한 의미를 알 수 없다.

앞서 기와 명문에 새겨진 글씨의 유형에 대해서 지적했는데, 이는 기와를 만든 장인 집단 혹은 기와 가마를 운영하는 작업 공방들의 분업을 시사해주는 부분으로 주목할 필요가 있다. 여기서 나온 기와 명문 중에 養戸와 品을 새긴 글씨 형태는 각각 세 가지이다. 이는 養戸나 品자를 새긴 기와를 만든 장인 집단 혹은 가마를 중심으로 조직한 장인 공방이 각각 세 개였음을 말해주는 것이라고 본다.

이상으로 고성 치소성에서 나온 주현군 관련 명문들을 살펴보았다. 보승군, 일품군, 일품군, 양호가 고성 치소성 건설에 사용된 기와에 새겨졌다. 이들이 우왕대에 이루어진 고성 치소성 건설에 제공한 노동력의 형태에 대해서 살펴보기로 한다.[67] 이는 다음의 두 가지로 생각할 수 있다. 첫째는 기와 제작에

---

63) 李基白, 「高麗 軍役考」, 앞의 책, pp.149-150.

64) 李佑成, 「高麗의 永業田」, 앞의 책, p.27.

65) 李景植, 2012, 『高麗時期土地制度研究』, 지식산업사, p.211.

66) 구산우, 2017, 「고려시기 성곽에서 발견된 기와 명문의 종합적 검토」, 『한국중세사연구』 50, pp.338-340.

67) 기존 연구에서 고려 말에도 그 이전처럼 지방군의 부대와 임무가 지속되었는지에 관한 언급은 찾아보기 어렵다. 우왕대에 이루어진 고성군 치소성 사례에서, 보승군, 일품군, 이품군, 양호가 건재했을 뿐 아니라 그들이 고유 업무 이외에도 치소성

동원되었을 가능성이다. 기와 명문에 이들이 새겨졌으므로, 기와 제조에 이들이 참여한 것으로 보는 것은 당연하다. 기와 제작은 기와 가마를 가진 기와 장인만이 할 수 있는 전문적 노동이기 때문에, 이들은 기와 장인을 돕는 보조 노동력으로 참여했을 가능성이 크다고 본다. 이들은 기와 제조에 필요한 재료의 제조와 운반 및 기와 굽기 과정에서 필요한 여러 형태의 노동에 동원되었을 것이다. 둘째는 치소성 건설에 동원되었을 가능성이다. 기본적으로 고려에서 치소성 건설은 군현 주민들이 徭役으로서 노동력을 제공하여 이루어진다. 여기에 노동력이 더 필요한 경우, 군현 주민에 더하여 이들이 동원되었음을 고성군 사례가 말해준다. 이들은 기와 제작과 치소성 건설에 모두 동원된 것으로 보아야 할 것이다.

고려 말의 성곽 건설 상황을 보면,[68] 동원된 인력 자원이 확인되는 전체 11곳의 사례 중에서 5곳은 그 고을과 인근 주민, 2곳은 그 고을의 丁, 3곳은 주민과 군인, 1곳은 군인이 동원되었다. 전체적으로 그 고을과 인근 주민이 많이 동원된 것이 사실이지만, 지방군도 전체의 절반되는 지역에서 동원되었음을 알 수 있다.

이처럼 보승군, 일품군, 이품군, 양호가 군사 이외의 공적 업무에 동원된 것이 고성군에만 국한된 것인지, 아니면 五道의 전역에서 일어난 보편적 현상인지는 이 사례가 처음 보고되는 것이므로 섣불리 단언하기 어렵다. 하지만 필자는 이는 고성군에만 국한된 현상이 아니라 오도 전역에서 일어난 보편적 현상일 가능성이 크다고 본다.

Ⅳ. 맺음말

기와 명문은 특성상 글자 수는 적으나, 그것이 전달하는 의미는 매우 클 수 있다. 固城 治所城에서 나온 지방군과 관련되는 일련의 기와 명문이 바로 그런 경우이다.

고성 치소성에서 나온 기와 명문은 고려 지방군에 관한 것이 중심을 이룬다. 여기서 州縣軍 중의 保勝軍, 一品軍, 二品軍, 養戶에 관한 명문이 많이 발견되었다. 보승군, 이품군, 양호에 관한 기와 명문은 학계에 보고된 최초의 사례들이다.

기와 명문을 정확히 판독하고, 고성 치소성을 건설하는 데에 사용된 기와에 이 명문들이 새겨진 점에 주목하여 그 의미를 살펴보았다. 지금까지 보승군은 精勇軍과 함께 주현군 중의 정예 부대로서 군사 활동이 중심 임무인 것으로 알려졌다. 보승군을 새긴 기와의 출현은 보승군이 군사 업무 이외에도 치소성의 건설과 같은 공적 업무에 집단적으로 동원되었음을 말해준다. 보승군의 노동력은 기와 세조와 치소성 건설에 모두 사용되었을 것이다. 그들은 기와를 전문적으로 제조하는 장인들이 지휘하는 가운데 기와 제

건설과 그에 필요한 기와 제작에도 동원되었음이 확인된다. 이를 보면, 고려 말에도 기본적으로 그 이전의 지방군 조직과 임무가 유지되었음을 알 수 있다.

68) 구산우, 2010, 앞의 논문, pp.259-269.

작에 필요한 재료의 제조와 운반, 기와 굽기에 필요한 여러 형태의 노동에 동원되었다. 그리고 치소성 건설에 요구되는 다양한 노동에도 그들은 동원되었다. 기와 제작과 치소성 건설에 모두 동원된 것은 보승군뿐 아니라 여기서 나온 명문에 있는 일품군, 이품군, 양호도 마찬가지였을 것이다.

일품군 명문은 會原縣 치소성에서도 나온 바가 있는데, 그 명문 내용이 一品으로만 기록되어서 종전에 그것이 一品軍이 아닐 수도 있다는 반론이 있었다. 고성 치소성에서 보승군과 더불어 일품이라는 명문이 나옴으로써, 그것이 일품군이었음을 더 명확하게 입증해주었다. 東平縣 치소성에서 나온 명문 三品도 이와 동일하게 三品軍으로 파악된다.

고려 기와에서 二品軍을 나타내는 명문이 나온 것은 이것이 최초의 사례라는 점에서 자료적 가치가 매우 크다. 養戶에 관한 명문도 이와 똑 같다. 관찬 자료에서 軍人田 경작과 관련한 임무를 수행했던 것으로 기록된 양호가 기와 제조와 치소성 건설에도 동원되었음을 보여주고 있다.

보승군, 일품군, 이품군, 양호가 군사 업무나 軍人田 경작뿐 아니라 치소성과 같은 공공 건물의 조성에 집단적으로 동원된 것은 固城郡에서만 일어난 예외적인 것이 아니라 고려의 전시기에, 五道의 전역에서 행해졌던 보편적 현상이었던 것으로 생각한다.

투고일: 2018. 9. 21.	심사개시일: 2018. 10. 2.	심사완료일: 2018. 11. 7.

참/고/문/헌

하승철 외, 2016, 『고성 고읍성』, 고성군·경남발전연구원 역사문화센터.

구산우, 2010, 「고려말 성곽 축조와 향촌사회의 동향」, 『역사와 경계』 75.

구산우, 2011, 「고려 一品軍 三品軍에 관한 새로운 자료의 소개와 분석」, 『역사와 경계』 78.

구산우, 2017, 「고려시기 성곽에서 발견된 기와 명문의 종합적 검토」, 『한국중세사연구』 50.

정구복, 1989, 「雙梅堂 李詹의 역사서술」, 『東亞研究』 17.

유경아, 1994, 「麗末鮮初 李詹의 정치활동과 사상」, 『國史館論叢』 55.

홍영의, 2015, 「고려시대 명문(銘文)기와의 발굴 성과와 과제」, 『한국중세사연구』 41.

李基白, 1968, 「高麗 州縣軍考」, 『高麗兵制史研究』, 일조각.

金塘澤, 1983, 「高麗 초기 地方軍의 形成과 構造」, 『高麗軍制史』, 육군본부.

趙仁成, 1993, 「주현군과 주진군」, 『한국사』 13, 국사편찬위원회.

鄭景鉉, 1993, 「高麗前期의 保勝軍과 精勇軍」, 『韓國史研究』 81.

권영국, 2001, 「고려전기 州縣軍의 동원과 지휘」, 『史學研究』 64.

최종석, 2011, 「高麗前期 保勝·精勇軍의 性格과 地方軍 構成에 대한 再檢討」, 『역사와 담론』 58.

최종석, 2012, 「주현군의 군사조직과 편성방식」, 『한국군사사』 3, 육군본부.

李佑成, 1991, 「高麗時代의 村落과 百姓」, 『韓國中世社會研究』, 일조각.

姜晋哲, 1963, 「高麗 初期의 軍人田」, 『숙명여대논문집』 3.

姜晋哲, 1980, 「軍人田」, 『高麗土地制度史研究』, 고려대출판부.

李基白, 1968, 「高麗 軍役考」, 『高麗兵制史研究』.

李佑成, 1991, 「高麗의 永業田」, 『韓國中世社會研究』.

李景植, 2012, 『高麗時期土地制度研究』, 지식산업사.

李樹健, 1989, 「고려시대 「邑司」 研究」, 『國史館論叢』 3.

〈Abstract〉

New Inscription on the Rooftiles about the Local Armies Mobilized in the Construction of the Chiso Castle of Goryeo
−Instances of inscription on the rooftiles in Boseung−gun, Ilpum−gun, Yipum−gun and Yangho of the ancient castle−

Koo, San−woo

Several rooftiles engraved with inscription were excavated along with relics such as Goryeo celadon from the ancient castle of Chiso, which was built during the Goryeo Dynasty. Most of the contents of the inscription are about the local armies of Goseong(固城), such as Boseung−gun(保勝軍), Ilpum−gun(一品軍), Yipum−gun(二品軍) and Yangho(養戶), etc. There have been the rooftile inscriptions about Ilpum−gun and Sampum−gun among local armies before, but this is its first instance about Boseung−gun, Yipum−gun and Yangho to be reported in the academic world.

In the past, Boseong−gun was known to be the best elite troops in the region and the military activities were its main task. The emergence of the rooftile inscription shows that the Boseong−gun was mobilized for the construction of the Chisho Castle and the production of the rooftiles in addition to military work. It is believed that Boseung−gun provided the labor needed for the construction of the Chiso Castle and was mobilized for the various forms of labors of the manufacture and transportation of materials and rooftile baking. These various forms of labor were provided not only by the Boseung−gun, but also by Ilpum−gun, Yipum−gun and Yangho.

Along with the former inscription of Ilpum−gun and Sampum−gun, that of Yipum−gun and Yangho in this study shows that their missions were greater than what was known in previous studies. Previously, Ilpum−gun, Yipum−gun and Sampum−gun were all identified as labor units, and the rooftile inscription excavated from the ancient castle shows that their duties were also applied to the construction of the Chiso Castle and the manufacture and transportation of materials and rooftile baking.

I think it was taken place not only in Goseong−gun but also throughout O−do, nationwide during the Goryeo Dynasty that the Bo Seung−gun, Ilpum−gun, Yipum−gun and Yangho were collectively mobilized for the construction of the public building like the Chiso Castle as well as the military services and the military farmland cultivation.

▶Key words: Goryeo(고려), the Chiso Castle(治所城), Goseong(固城), Boseong−gun(保勝軍), Ilpum−gun(一品軍), Yipum−gun(二品軍), Yangho(養戶)

신/출/토 문/자/자/료

아차산성 발굴성과 및 목간 소개
부여 쌍북리 56번지 사비한옥마을 조성부지 유적 출토 목간
2016年 중국 대륙 秦漢魏晉 간독 연구 개설

아차산성 발굴성과 및 목간 소개

최인건*

〈국문초록〉

아차산성의 복원 및 정비를 위한 자료 획득을 목적으로 총 4차에 걸쳐 발굴조사를 실시한 결과, 성벽을 비롯한 3개의 문화층에서 여러 종류의 유구와 유물이 확인되었다. 체성부에서는 배수시설이 확인되었고, 1문화층에서는 구들과 수로, 석축시설, 2문화층에서는 수로와 석축시설, 작업시설, 3문화층에서는 집수시설 조사되었다. 유물로는 다양한 형태의 토기류, 기와류, 철기류, 목기류가 출토되었다. 목기들 가운데 목간으로 추정되는 것은 5점으로 1점에서 묵서의 흔적이 보이지만 정확하게 내용을 알 수는 없다. 그 외 산성의 성격을 추정할 수 있는 명문기와와 고구려에 해당하는 연화문와당도 출토되었다. 이러한 조사성과는 기존에 확인된 고고학적인 증거와 더불어 아차산성의 정확한 성격을 규명하는데 좋은 기회가 될 것이다.

▶ **핵심어: 아차산성, 집수시설, 목간, 명문와, 연화문와당**

* 한국고고환경연구소 연구원

I. 머리말

사적 제234호 아차산성에 대한 조사는 복원정비에 앞서 산성의 남문지와 배수구 일대를 명확하게 조사하여 유구의 잔존범위와 축조방식을 확인하고 기초자료를 마련하고자 2015년 8월 26일부터 2018년 11월까지 총 4차에 걸쳐 진행되었다.

1차에서는 성벽 내외부와 내부 평탄지를 대상으로 조사를 진행하여 2층에 걸친 문화층과 배수시설, 구들시설 등의 존재가 확인되었고, 2차에서는 1차 조사에서 확인된 문화층을 전면 제토하여 잔존하는 유구를 정밀조사하고 성 내벽 배수구시설의 정확한 형태 파악, 성내에 유존할 것으로 추정되는 집수지와의 연결 형태 확인, 기존 조사에서 노출된 산성의 내·외성벽을 확장조사하여 남문지의 존재 여부 확인에 목적을 두었다. 3차에서는 2층에 잔존하는 도수로의 추가조사와 그 아래쪽에 잔존하는 집수시설의 존재를 확인하였으며, 4차에서는 집수시설의 정확한 형태파악과 이와 관련된 배수시설을 파악하였다.

II. 유적의 입지와 환경[1)]

사적 제234호 아차산성(阿且山城)은 서울특별시 광진구 워커힐로 117 일대에 위치하고 있다. 산성의 대부분은 서울특별시에 속해 있지만 북벽은 경기도 구리시 아천동에 접하여 있다. 아차산성은 아차산의 줄기가 한강변에 이르러 마지막 봉우리를 이루는 곳에 위치하고, 남쪽으로 강남 일대가 한 눈에 들어오며 북쪽으로 아차산 1보루를 비롯하여 아차산 및 용마산 일대가 조망되는 입지를 가지고 있다.

아차산성의 평면 형태는 부정육각형이며, 평면성 성곽의 전체 둘레는 약 1,043m이고 가장 높은 높은 곳은 망대지가 위치하는 산성의 북서쪽 돌출부로 해발 203.4m이며, 가장 낮은 곳은 성의 남쪽 배수구가 위치한 곳으로 해발 122m이다. 산성은 가운데에 계곡이 형성되었고 성벽이 계곡을 껴안고 있는 형태의 포곡식(包谷式)으로 성벽은 화강암과 편마암을 다듬어서 쌓아 올린 석축 성벽이며, 성 내부에는 건물지와 연지, 배수로 등이 조사되었다.

아차산성은 삼국시대 아단성(阿旦城)에 비정하는 것이 학계의 일반적인 의견인데, 아차성(阿且城), 장한성(長漢城) 등으로도 불렸으며, 현재의 지명으로는 아차산성으로 불린다. 아차산성이 가장 먼저 문헌에 등장하는 것은『삼국사기(三國史記)』인데, 백제 책계왕(責稽王) 원년(286)에 고구려의 침입을 경계하여 아단성을 수축하였다는 기록이 있으므로, 이에 따르면 이 성은 서기 286년 이전에 축조된 것이 된다.「광개토왕릉비(廣開土王陵碑)」의 영락(永樂) 6년(396)조에는 광개토왕이 백제로부터 공취한 58개 성 가운데 아단성이 포함되어 있다. 또,『삼국사기(三國史記)』백제본기 개로왕(蓋鹵王) 21년조에는 475년 장수왕(長壽王)이 백제 한성(漢城)을 공함할 당시 개로왕을 아차성 아래로 압송하여 죽였다는 기록이 있다. 한

1) 광진구·한강문화재연구원, 2013,『아차산성 종합정비계획』.

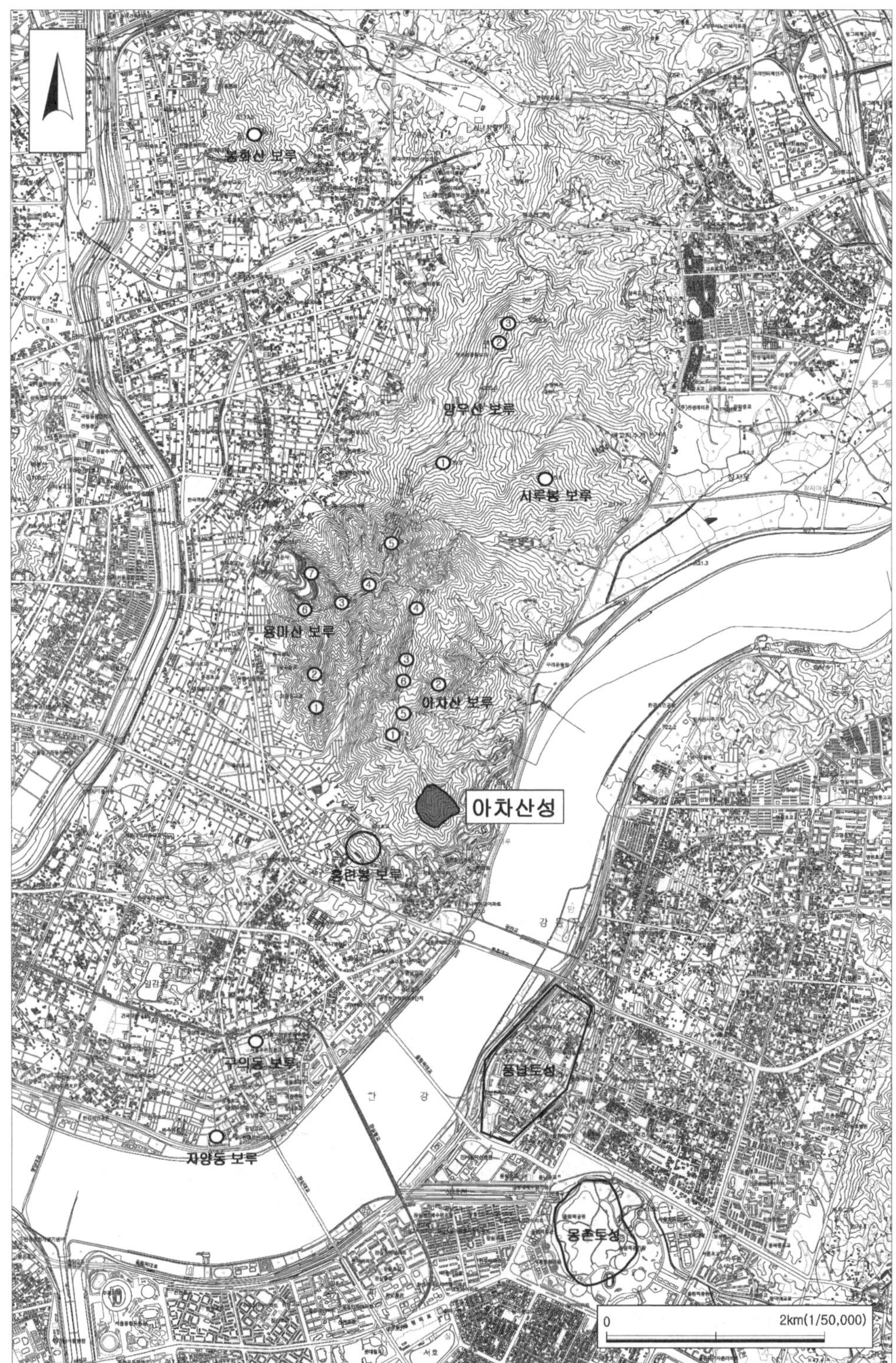

도면 1. 조사지역 위치도 및 주변유적 분포도

도면 2. 아차산성 남벽 일대 조사구역도

사진 1. 아차산성 전경(남동쪽→)

사진 2. 아차산성 남쪽 조사지역 전경(남쪽→)

편『고려사(高麗史)』권71에는 장한성에 대한 기록이 있는데, 장한성은 신라의 국경인 한산(漢山) 북녘 한강 상류에 있으며, 신라가 여기에 중진(重鎭)을 두었는데 그 후 고구려에 점령당하였다가 신라가 다시 찾았다고 한다. 또,『조선왕조실록(朝鮮王朝實錄)』에는 아차산 일대가 왕의 사냥터와 목장터(살곶이 목장)로 이용되었으며, 봉수대가 설치되었다는 기록도 있다. 그러나 조선시대에 등장하는 목장터는 현재의 아차산성과는 다른 것으로 생각되며, 아차산봉수는 봉화산(烽火山)봉수를 일컫는 것으로 생각된다.

성벽 뒷채움 층에서 출토된 고배 및 뚜껑류의 편년을 통해 볼 때 현재의 아차산성은 6세기 후엽 또는 7세기 전엽 신라에 의해 축조된 것으로 밝혀지고 있다. 이러한 연대관과 명문기와를 통해 볼 때 아차산성은 신라의 북한산성(北漢山城)으로 기능하였던 것으로 추정되기도 한다.『삼국사기(三國史記)』고구려본기 영양왕(嬰陽王)14년(603)조에는 북한산성에서의 전투 기사가 있다. 영양왕이 장군 고승(高勝)을 보내어 신라의 북한산성을 쳤는데, 신라왕이 친히 군사를 거느리고 한수(漢水)를 건너와 북한산성에 들어와 북을 치고 소리치며 상응하자 고승은 그 무리가 많음을 두려워하여 퇴군하였다는 내용이다. 이에 따르면 603년 이전에 북한산성은 이미 신라의 소유가 되었음을 알 수 있고 이는 아차산성의 성벽 축조시점과 비슷하다. 또, 아차산성 주변의 고구려 보루에 대한 발굴조사에 결과에 따르면 500년을 전후한 시점에 아차산 일원에는 20여개소의 고구려 보루가 축조되었으며, 551년 백제의 공격으로 백제의 수중에 들어갔다가 2년 뒤인 553년에는 신라에게 내어 준 것으로 보인다. 이러한 정황을 고려하면 아차산성은 553년 이후 603년 이전 신라에 의해 축조되어 문헌에 나오는 '북한산성'으로 기능하였던 것으로 생각된다.[2)]

III. 조사내용

1. 1문화층

1) 구들시설

2차 조사에서 5기, 4차 조사에서 2기, 총 7기가 확인되었다. 대체로 'ㄴ'자의 평면형태를 보이며, 잔존 길이는 150~380㎝, 폭은 70~200㎝ 정도의 규모를 갖는다. 대체로 30㎝ 내외의 석재를 사용하여 축조하였으며, 1·2번 구들의 경우 아궁이와 부뚜막, 구

사진 3. 1문화층 2번 구들시설

2) 서울대학교 인문학연구소·서울대학교 박물관, 2000,『아차산성-시굴조사보고서』.
문화유산연구지식포털(portal.nrich.go.kr)

들시설이 양호한 상태로 확인되었다. 1번 구들의 경우 80㎝ 정도의 판석을 구들장으로 사용하였으며, 2번 구들에서는 부뚜막에서 철제 솥이 출토되었다.

2) 도수로

2차 조사에서 1기가 확인되었다. 등고선과 직교하는 방향인 북→남으로 50㎝ 내외의 석재를 사용하여 축조하였다. 현재는 1단의 석렬만이 남아 있으며, 잔존 길이는 450㎝, 폭은 100㎝, 깊이 15㎝ 정도이다.

3) 석축시설

4차 조사에서 1기가 확인되었다. 석축렬은 7호 구들시설의 남서쪽으로 80㎝ 정도 떨어져 위치한다. 구들과 석축렬은 동일 선상에 연결되는 형태이지만 두 유구 사이에 90㎝ 가량의 틈이 벌어져 있어 서로 관련성을 판단하기에는 근거가 부족한다. 석축렬의 규모는 장축 3.7m, 단축 1.2m, 높이 50㎝ 정도이며, 25㎝ 정도 크기의 작은 할석을 경사면에 부착하여 축조하였다. 각 유구들 주변에서는 토기와, 기와, 철기류 등의 유물이 출토되었다.

사진 4. 석축시설

2. 2문화층

1) 도수로

북–남·동–서 방향의 2갈래 도수로가 내벽 부근에서 합류하여 동쪽 입수구와 연결되는 형태이다. 등고선과 수직 방향인 북–남 도수로는 길이 23m, 폭 3m 정도이며 잔존상태는 불량한 편이다. 비교적 형태가 잘 남아있는 동쪽 석축은 20~50㎝ 크기의 석재가 9m 정도 잔존하고 있다. 동–서 방향의 도수로는 내성벽과 평행하게 조성된 것으로 20㎝ 내외의 작은 할석을 사용하여 길이 19m, 폭 2m 정도의 규모로 축

사진 5. 2문화층 도수로 범위

사진 6. 도수로 합류 지점

사진 7. 도수로 합류 지점 동쪽 석축

사진 8. 도수로 합류 지점 서쪽 석축

조하였다. 각 방향의 도수로가 합쳐지는 부분의 경우 바닥에 90㎝ 미만의 판석을 계단 형태로 거치한 후 길이 50㎝ 정도의 석재를 8단 정도 쌓아 수로의 벽을 조성하였다. 도수로가 만나는 지점은 폭 2.4m, 입수구와 연결되는 지점은 80㎝ 정도이며 평면 삼각형의 형태이다.

2) 석축유구

동-서 도수로와 접하여 'ㄱ'자 형태로 확인되었다. 40㎝ 내외의 석재를 사용하여 축조하였으며, 남-북 방향으로 4.8m, 동-서 방향으로 3.6m 정도 잔존한다. 석축이 꺾어지는 중앙부에는 폭 1m 정도의 계단 시설이 5단으로 설치되어 있다.

3) 추정 작업시설

남-북 도수로의 동쪽에 소형 석곽과 'ㄱ'자 형태의 석축 수로가 함께 위치한다. 소형석곽은 40㎝ 내외의 석재를 사용하여 5단 정도 쌓아 올린 형태이며, 길이 215㎝, 폭 100㎝, 깊이 80㎝ 정도 규모이다. 석축 수로는 석곽의 남쪽으로 약 1m 이격되어 있으며, 길이 230㎝, 폭 200㎝ 규모이며, 40㎝ 내외 크기의 석재가 1~2단 정도 잔존한다. 정확한 용도 파악은 어려우나 도수로와 근접해 있어 용수 취득에 용이하여 이를 활용하는 작업이 이루어졌던 것으로 추정된다.

사진 9. 석축유구

사진 10. 추정 작업시설

3. 3층

1) 집수시설

집수시설은 체성부와 약 15m 이격되어 남-북으로 형성된 계곡부 중앙에 위치하고 있다. 규모는 석벽 상단을 기준으로 남벽 12.5m, 북벽 6.5m, 동벽 12m, 깊이 1.2m 내외이다. 평면 형태는 사다리꼴이며, 단면은 북쪽에서 남쪽으로 약간 경사지게 축조하였다. 면적은 바닥면을 기준으로 했을 때 약 85㎡로

85,000리터 가량의 물을 저장할 수 있다. 각 방향의 벽면은 20~90㎝ 크기의 석재를 쌓아 올려 축조하였다. 평면형태의 경우 지금까지 조사된 산성 집수시설이 대체로 원형, 장타원형, 방형, 장방형으로 구분[3]되는데 아차산성 집수시설은 기존의 조사 예와는 차이를 보인다.

집수시설의 축조과정을 살펴보면 먼저 위치를 선정한 후 계곡부를 굴착하고 바닥면에 5㎝ 두께로 점토를 피복한 다음 그 주변으로 석재를 쌓아 벽면을 축조하여 완성하였다. 북벽을 제외한 나머지 부분은 적갈색 점토를 사용하여 20~50㎝ 두께로 뒤채움 하였는데, 남벽의 뒤채움이 다른 쪽보다 상대적으로 두껍다. 이는 방수와 더불어 수압에 의한 훼손을 방지하기 위한 것으로 보이며, 퇴적층을 굴착한 후 뒤채움 없이 바로 석재를 쌓은 북벽의 경우 경사의 위쪽에 해당하여 유수의 하중을 적게 받을 뿐만 아니라 퇴적층 자체가 점성이 강한 점질토로 이루어져 있어 뒤채움이 불필요했던 것으로 판단된다.

내부층위는 가장 아래부터 황갈색 사질토(자연유수퇴적층), 회색 사질토와 암회색 점질토(집수시설 바닥층), 회색 사질점토(집수시설 내부퇴적층) 순으로 퇴적되었다. 퇴적층에서는 목기류(추정 목간, 손잡이형 목기, 목제 접시, 기타 목기)와 씨앗, 토기편이 출토되었다.

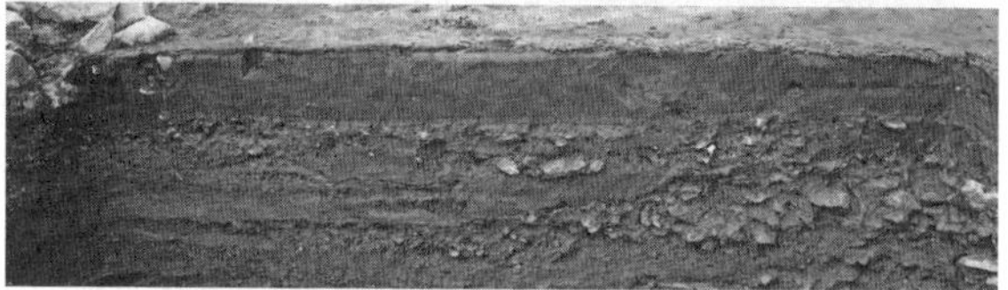

사진 11. 집수지 및 세부형태

3) (재)충청북도문화재연구원, 2017, 『온달산성-2015발굴조사 보고서』.

이번 조사에서 확인된 집수시설은 면적에 비해 깊이가 얕은 것으로 보아 물의 저장이 주목적이 아닌 계곡부를 따라 산성 내부에서 내려오는 물을 일시적으로 계류시킨 뒤 성 외부로 안정적인 배출을 하기 위한 것으로 판단된다.

4. 성벽

1) 체성부

외벽은 보축 상단으로 4~8단 정도만 그 형태를 유지하고 있다. 내벽은 하층 문화층까지 10단 정도 잔존한다. 내·외벽은 편마암을 사용하여 축조하였으며, 일부 화강암도 확인된다. 편마암은 아차산성이 위치한 구릉의 기반암이며, 화강암은 아차산 중심부의 기반암으로 이 일대에서 쉽게 얻을 수 있는 석재로 알려져 있다.[4] 보축은 외벽에 비해 잔존상태가 양호한 편으로 서쪽 성벽 일부를 대상으로 보축의 기저부까지 확인하였는데 20단 정도가 잔존한고 있다. 보축은 주로 화강암을 사용하여 축조하였는데, 일부 편마암으로 이루어진 범위도 확인되고 있어 개축이 이루어졌던 것으로 판단된다.

사진 12. 아차산성 외벽 전경

2) 배수시설

내·외성벽에서 배수와 관련된 입수구와 출수구는 3개(동쪽·중앙·서쪽)가 확인되었다. 정확한 형태를 알 수 있는 출수구는 삼각형에 가까운 제형으로 180㎝ 정도 간격을 띠고 있으며, 동일 선상에 위치한다.

4) 광진구·한강문화재연구원, 2013, 『아차산성 종합정비계획』, pp.187-188.

사진 13. 아차산성 외벽 출수구

1/2 정도 유실된 동쪽 출수구를 제외하고 중앙과 서쪽 출수구는 천장돌과 측벽, 바닥돌이 대체로 잘 남아 있으며, 바닥돌을 기준으로 폭 70~80㎝, 높이 75㎝ 정도 규모이다.

배수시설은 시기에 따라 이용 형태에 차이가 있었던 것으로 보인다. 집수시설이 축조되었던 시기(3층)와 관련해서는 서쪽 입수구 주변으로 길이 3m 정도의 석렬이 확인되는 그 형태가 정양산성 입수구시설과 유사한 것으로 보인다. 집수시설이 폐기되고 도수로가 설치된 시기(2층)에는 도수로가 동쪽 입수구와 연결되며, 서쪽 입수구는 일정 높이로 석재를 쌓아 유수가 수직 낙하하여 출수구로 배수시키는 형태이다. 중앙 입수구는 폐기되어 사용되지 않았으며, 이는 대응하는 출수구에서도 확인된다.

5. 유물

1) 토기 및 기와류

유물은 문화층에 따라 출토양상을 달리 하는데, 상층의 경우 다양한 종류의 토기와 철기가 확인되는데 비해, 하층에서는 일정 부위가 주로 출토되는 양상을 보이고 있다.

기와는 현재까지 상층에서만 약 3000점 출토되었다. 형태별로 암키와가 2400점, 수키와가 450점 정도이며, 명문기와는 10점 정도로 '官', '漢', '北漢' 등이 출토되었다. '北漢'의 경우 1925년 을축년 대홍수로 발견된 하남 선리유적에서 수습된 '北漢受..' 명문기와와 글자형태가 유사하다. 연화문화당도 내성벽에서 출토되었는데 각각 홍련봉 1보루와 호로고루, 아차산성 망대지에서 출토된 것과 흡사한 형태를 보이고 있다.

사진 14. 명문와 각종

사진 15. '北漢'명 기와

사진 16. 하남 선리유적 출토 명문기와

사진 17. 아차산성 출토 연화문와당

사진 18. 홍련봉 출토 연화문와당

2) 목기류

목기류는 집수지 내부에서 다양한 종류가 출토되었다. 형태를 알 수 있는 것으로 건축 부재를 비롯하여 목제 접시, 방망이형 목기, 말뚝 등이 확인되며, 목간을 추정되는 목기도 출토되었다. 이들 목기는 길이 6.7~14.2㎝, 폭 1.4~3.9㎝, 두께 0.9~2.2㎝ 정도 크기로 각 면이 잘 다듬어져 있다.

묵서로 추정되는 흔적이 확인된 것은 1번 목간이다. 길이는 13.3㎝, 폭은 상단부 1.4㎝, 하단부 3㎝, 두께는 1.2㎝ 정도이다. 상단부의 끝은 약간 뾰족한 형태로 잘 다듬어져 있으며, 하단부와 측면 일부는 유실된 것으로 판단된다. 앞면의 관찰 상황을 볼 때 약 6글자 정도가 쓰였을 것으로 보이

표 1. 집수지 출토 목간형 목기 제원

번호	길이	폭	두께
001	13.3	1.4~3	1.2
002	11.4	3	1.5
003	6.7	2.5	1
004	11.2	3.2	0.9~1.8
005	14.2	3~3.9	1.3~2.2

사진 19. 집수시설 내 목기출토상황

사진 20. 씨앗 출토

사진 21. 집수시설 내 목간출토상황

사진 22. 1번 목간

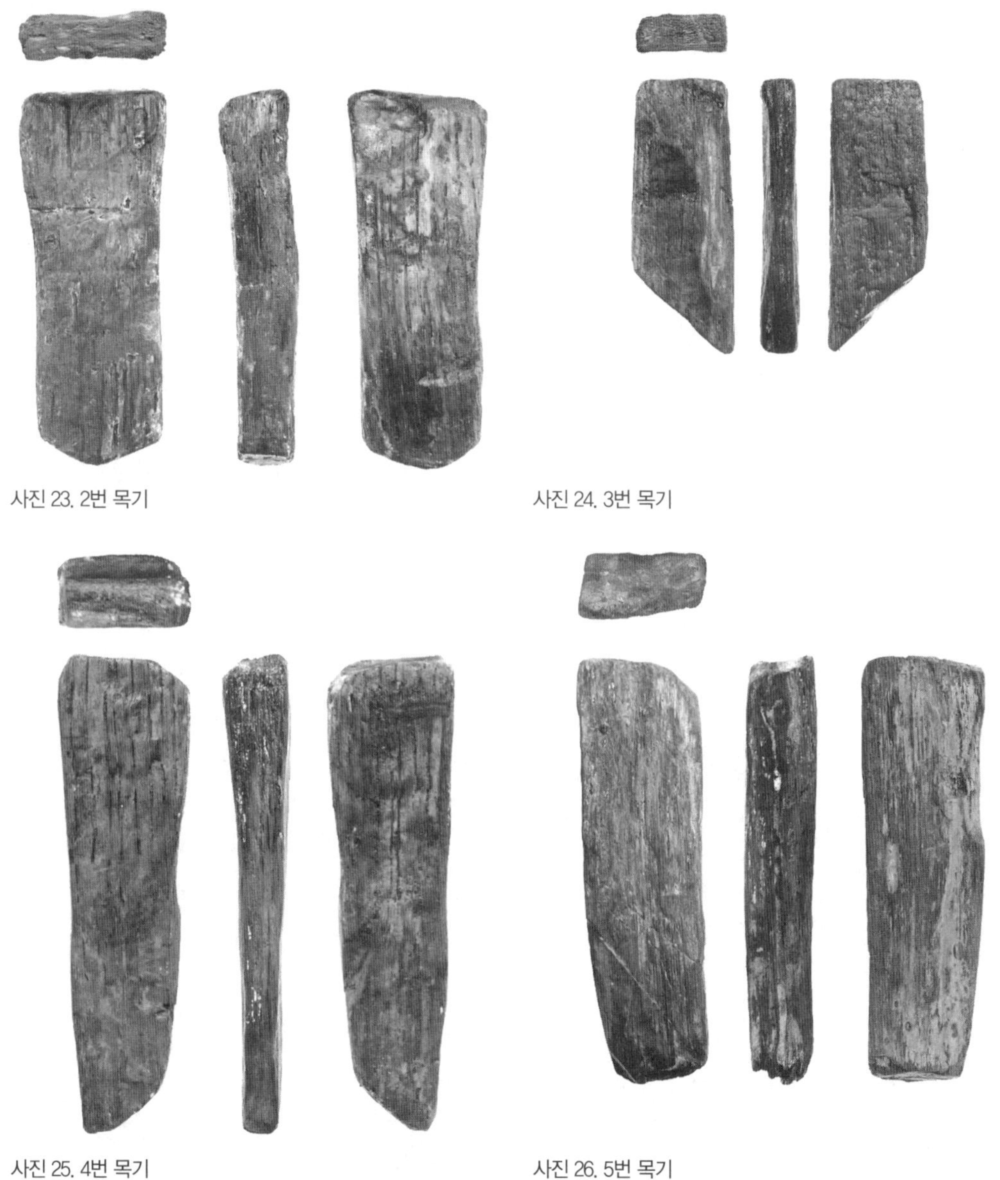

사진 23. 2번 목기

사진 24. 3번 목기

사진 25. 4번 목기

사진 26. 5번 목기

지만, 적외선 촬영에서 뚜렷한 흔적은 확인되지 않았다. 그 외 목기에서는 특별한 흔적은 관찰되지 않았다.

Ⅳ. 조사성과

이번 발굴조사는 사적 제234호인 아차산성의 연차적인 복원·정비를 위하여 계획된 학술조사의 일환으로 진행되었다. 조사범위는 아차산성의 남쪽의 배수구 일대로 산성 전체 둘레 1,043m 가운데 약 120m에 해당하는 구간이며 동-서·남-북으로 형성된 사면부와 계곡부를 포함하면서 성벽이 바라보는 방향은 남동쪽을 향하는 지형적 특징을 갖는다.

발굴조사 결과, 산성 외벽에서는 별도의 석재를 이용하여 성벽을 보강하여 쌓은 외벽보축성벽과 출수구, 내벽에서는 입수구가 확인되었으며, 성 내부에서는 집수지, 도수로, 석축시설, 추정 작업시설, 구들 등이 조사되었으며 이러한 유구들은 계곡부라는 지형적 요인에 의해 3개 층에 걸쳐 각각 분포하고 있다.

문화층마다 확인되는 유구 분포양상은 차이를 보인다. 우선 1층에서는 생활과 관련된 구들과 도수로가 확인된데 반해 2층에서는 산성과 직접적인 관계가 있는 입수구와 이와 연결된 도수로, 석축시설, 추정 작업시설이 위치한다. 3층에서는 집수지가 확인되었다.

유물은 토기류를 비롯하여 기와, 철기, 목기 등이 출토되었다. 이 가운데 집수지에서 출토된 목간과 연화문와당이 주목할 만하다. 인근에서 확인되는 목간은 한강 이남에 위치한 하남 이성산성에서 30여점, 인천 계양산성에서 2점이 출토된 바 있다. 이번 아차산성 목간은 한강 이북 지역에서 최초로 확인된 것이라는 점에서 중요한 의미가 있다. 아쉽게도 묵서의 흔적이 거의 확인되지 않아 그 내용을 파악할 수는 없지만, 아차산성의 규모로 보아 금번 조사에서 확인된 집수지 외에도 다수의 집수관련시설이 존재할 가능성이 높아 추후 발굴조사가 진행된다면 더 많은 자료가 출토될 것으로 보이며, 이는 아차산성의 축성 및 운영시기를 비롯하여 삼국시대 역사를 복원하는데 중요한 기초자료를 제공하게 될 것이다.

연화문와당은 고구려 관련 유물로 추정되는데 아차산성 서쪽에 위치하고 있는 홍련봉 1보루 출토품과 동일한 형태이며, 이와 함께 소수이긴 하지만 고구려 토기와 평기와도 함께 확인되어 귀중한 자료를 제공한다.

금번 조사는 삼국이 한강유역을 차지하기 위한 중요한 지점에 위치하는 아차산성을 대상으로 한 첫 발굴조사로서 큰 의미를 갖는다. 산성의 구조와 내부시설, 출토유물의 분석을 통해 지금까지의 고고학적인 증거와 더불어 아차산성의 정확한 성격을 규명하는데 좋은 기회가 될 것이다.

투고일: 2018. 10. 26.　　심사개시일: 2018. 10. 30.　　심사완료일: 2018. 11. 30.

참/고/문/헌

광진구·한강문화재연구원, 2013, 『아차산성 종합정비계획』.

서울대학교 인문학연구소·서울대학교 박물관, 2000, 『아차산성-시굴조사보고서』.

(재)충청북도문화재연구원, 2017, 『온달산성-2015발굴조사 보고서』.

〈Abstracts〉

The introduction of excavation result and wooden tablets in Achasan fortress

Choi, In-gun

As a result of excavation surveys for four times in order to obtain data for restoration and maintenance of Achasan fortress, various kinds of relics and artifacts were confirmed in three cultural layers including the walls.

Drainage facilities were confirmed on the fortress walls, and hypocaust, waterway and masonry facility were surveyed on the first cultural layer. In the 2nd cultural layer, waterways, masonry facilities and work facilities were confirmed, and catchment site are located in the 3rd cultural layer. Various types of earthenware, tiles, iron and wooden tools were excavated. Among the wooden tools, there are five presumed to be wood tablets. In one, you can see the traces of the letters, but the exact details are unknown. Other inscribed roof-tiles, which can estimate the fortress, and lotus design roof-end tiles corresponding to Goguryeo, were also excavated.

This survey will be a good opportunity to identify the exact nature of the Achasan fortress, along with the archaeological evidence already identified.

▶Key words: Achasan fortress, water catchment site, wooden tablet, inscribed roof-tiles, lotus design roof-end tiles

부여 쌍북리 56번지 사비한옥마을 조성부지 유적 출토 목간

김성식*, 한지아**

〈국문초록〉

부여 쌍북리 일원은 백제 사비시대 목간 출토의 寶庫로 알려져 있다. 이번 쌍북리 56번지 일원 사비한옥마을 조성부지 발굴조사에서도 목간이 총 17점이 확인되었다. 이 중에서 문자 판독이 한 글자라도 가능한 것이 5점, 묵흔이 남아있는 것이 2점이다. 이 중 주목되는 것은 論語 목간과 干支가 적힌 '丁巳年' 목간이다. 논어 목간은 장방형의 습서용으로 논어의 '學而' 제1장과 2장 일부가 적혀 있고 띄어쓰기에 따른 구결흔이 일부 남아있다. 행정문서 목간으로 '丁巳年' 목간과 '田舍大石上烏利' 목간은 백제 사비시대 사회상을 조금이나마 이해할 수 있는 역사 자료들이다.

▶ **핵심어: 사비시대, 쌍북리, 논어, 간지, 습서용, 행정문서**

* 울산발전연구원 문화재센터 부연구위원
** 울산발전연구원 문화재센터 부연구위원

I. 조사개요

부여군 문화재사업소는 충청남도 부여군 부여읍 쌍북리 56번지 일원에 부여 사비한옥마을 조성사업을 추진하고 있다. 사비한옥마을은 부여 고도보존계획지정에 따라 역사문화환경 특별보존지구 내 발굴조사 추진 과정에서 불가피하게 발생하는 이주민을 위한 이주단지 조성사업이다. 2016년 누리고고학연구소에서 시굴조사[1])를 시행하였으며 그 결과 백제 사비기 문화층이 2~3개층 확인되었다. 또한 인접한 곳에서 부여 쌍북리 현내들유적, 부여 쌍북리 280-5유적 등 동시기의 유적들이 조사된 예가 있어 사업 전체구간에 대한 정밀발굴조사가 필요하다는 의견이 제시되었다. 이에 따라 2017년 2월 23일부터 2018년 5월 4일까지 우리연구원에서 사업 구간 내의 최상층에 대한 정밀발굴조사를 실시하였고 일부 구간은 하층 샘플링조사를 실시하였다.

II. 유적의 지리적·고고학적 위치와 주변유적 현황

유적은 행정구역상 부여군 부여읍 쌍북리 56번지 일원으로 현재 유적의 남서쪽에 대향로로타리(동문삼거리)로 진입하는 성왕로가 개설되어 있고 주변으로 상업시설과 관공서, 논 경작지 등으로 이용되고 있으며 조사지역 또한 최근까지 경작지로 이용되었다.

자연지리적 위치를 살펴보면 북서쪽에 부소산, 북동쪽에 청마산, 남서쪽에 금성산이 위치하며 부소산 북쪽의 금강으로 합류하는 가증천 및 그 지류들이 동쪽 인근에 형성되어 있어 산지와 하천에 의한 퇴적작용이 활발하며 지형적 관점으로 볼 때 저구릉성 산지 사이의 곡저평야에 해당한다.

유적 주변으로는 현재까지 많은 유적들이 조사되었는데 인접한 유적으로는 쌍북리 280-5번지유적, 현내들 유적, 쌍북리 184-11 유적, 쌍북리 328-2번지 유적 등이 있다.

III. 유적내용

유적은 주변보다 낮은 해발고도 8.3~8.7m 선상으로 최근까지 논 경작지로 이용되었다. 유적의 층위는 주변 유적에서도 이미 확인된 바와 같이 근·현대 경작층 아래 1.5m~2.0m 정도까지는 뚜렷한 토지활용 흔적이 확인되지 않고 두터운 점질토층의 아래에서 백제 사비기의 유구와 유물이 확인되었다. 유적 중앙을 '十'자형으로 관통하는 1, 2호 도로와 3호 도로를 중심으로 溝와 소로를 이용해 소구획하여 건물지, 화장실, 우물, 공방지 등의 생활 유구등이 배치되어 백제시대 사비도읍의 후반기 도성의 모습을 잘

1) 누리고고학연구소, 2016, 「부여 사비한옥마을 조성사업 부지 내 시굴조사 약보고서」.

보여주고 있다.

1. 도로

도로는 북서-남동방향으로 조성된 1호 도로를 주축으로 하여 북동-남서방향의 2호, 3호 도로가 '+' 형으로 교차되고 있으며 2호와 3호 간의 거리는 50m 정도이다. 구조는 노면을 중심으로 측구를 양쪽에 설치한 형태이고 교차지점에 목교와 측면침식방지시설을 설치하였다. 노면은 모래와 점토를 단단히 다져서 조성하였으며 수레바퀴의 흔적이 다수 확인된다. 중심을 이루는 도로와 도로 사이에는 溝나 소로 등이 위치하고 있는데 유적 전체의 평면구조를 살펴볼 때 도로를 중심으로 溝나 소로를 이용해 25×30m 인 장방형의 형태로 토지를 구획한 것을 알 수 있다.

도면 1. 유구배치도-상층(1/800)

2. 건물지

건물지는 총 43동이 조사되었으며 대부분 구획된 도로변을 따라 분포하고 있다. 그중 42동은 溝나 수혈을 굴착하여 벽주를 박아 벽체를 조성한 형태이고 1동은 지면에 벽면을 그대로 조성한 형태이다. 대부분이 한 변의 길이가 4~5m 정도인 방형에 가까우나 일부 장방형인 것과 3면에서만 목주열이 확인되는 경우도 있다. 벽주는 중심기둥(主柱)과 보조기둥(間柱)이 확인되는 형태, 주주와 간주의 구분이 없는 형태가 확인된다. 주주와 간주의 구분이 있는 경우 주주의 깊이는 50~100㎝, 간주의 깊이는 20~30㎝ 내외로 굵은 기둥의 경우 수혈을 파거나 수혈 내에 초반시설을 하여 세운 것도 확인된다. 건물지 중 일부는 바닥 전면에 걸쳐 제습 등의 목적으로 점토 다짐을 한 경우도 확인되며 작업공이나 아궁이 등의 내부시설이 남아 있는 경우도 있다.

3. 화장실

화장실은 최상층에서 3기, 하층 샘플링조사에서 1기가 확인되었고 그중 1호의 내부토를 채집·분석한 결과 참외씨와 기생충알 등이 확인되었다. 주로 측구나 구상유구와 인접하여 조성하였으며 평면형태가 장방형인 저류식 화장실이다.

4. 우물

우물은 총 6기가 조사되었으며 주로 유적 내에서 점토층이 두텁게 형성된 습지와 가까운 곳에 위치하고 있다. 평면형태 상으로 원형과 방형으로 분류할 수 있으며 원형의 석조우물이 5기, 방형의 목조우물이 1기이다. 원형 우물의 경우 원형의 수혈을 판 후 최하단에 여러 매의 장방형 목판을 돌려 세우고 그 위에 할석을 이용하여 축조한 형태와 할석만을 이용하여 축조한 형태로 나뉜다. 방형의 우물은 길이 80㎝, 너비 25~30㎝ 정도의 판재를 결구하여 7~8단 정도 쌓아서 네 벽면을 축조한 후 최상단부에 할석을 놓아 보강한 형태이다.

주요 출토유물로는 묵서가 확인된 목간 십여 점과 개원통보, 오수전, 암문토기 등 토기류, 기와, 목제품 등이 있다.

Ⅳ. 목간

유적 내에서 출토된 목간은 총 17점[2]으로 층위 상 백제 사비 후반기 문화층에 해당하는 상층에서 12점, 일부분만 조사된 하층에서 5점이 출토되었다.

2) 목간 판독을 위한 학술자문회의 당시 총 18점으로 보고되었으나 정밀검토 결과 1점이 목간이 아닌 다른 목제유물로 판명되어 본 유적에서 출토된 목간은 최종적으로 총 17점이다.

출토 목간은 형태상 홀형, 부찰형, 사면형 등이고 내용상 문서, 습서목간 등으로 여러 형태의 목간이 확인되었다. 다만 지형과 유구의 잔존 상태로 인하여 목간이 출토되는 위치가 유구 내부에서 확인된 경우가 없으며 도로 측구와 유구 주변에서 주로 출토된다. 본고에서는 문자가 일부라도 남아있고 1글자라도 판단할 수 있는 목간 7점에 대해서 그 내용을 살펴보도록 하겠다.

표 1. 부여 쌍북리 56번지 유적 출토 목간 속성표

일련번호	형태	크기(㎝) 길이/너비/두께	출토위치	내용
1	막대형 (사면목간)	28.0/2.5/1.8	15트렌치 동쪽 지표수습	논어-학이편
2	세장형	19.0/3.0/0.2	수혈 4호	田舍大石上烏利□□
3	세장형	12.5/2.0/0.3	수혈 25호	
4	세장형	16.0/3.7/0.3	건물지 2호 주변 지표수습	
5	세장형	11.2/2.0/0.2	수혈 24호 주변 지표수습	
6	세장형	9.0/1.8/0.2	수혈 24호 주변 지표수습	
7	세장형	7.2/2.0/0.2	수혈 24호 주변 지표수습	
8	세장형	8.0/3.0/0.2	건물지 7호 주변 지표수습	
9	세장형	16.6/3.0/0.3	도로 3호 동측구 내	
10	세장형	12.0/3.4/0.6	6트렌치 북쪽 지표수습	丁巳年十月卄(七?)日
11	부찰형	(7.5)/2.8/0.5	집석 7호 주변 지표수습	里[illegible](侯?)
12	세장형	17.3/3.0/0.3	도로 1호 남측구 내	
13	·	(5.0)/(1.0)/0.2	하층 지표수습	丁士 □□
14	세장형	12.0/2.0/0.6	하층 건물지 1호 주변 지표수습	
15	부찰형	13.5/3.0/0.2	하층 화장실 1호	묵흔
16	세장형	(14.2)/1.5/0.2	하층 수혈 16호	
17	세장형	43.0/5.0/0.3	하층 구 4호 북쪽 지표수습	묵흔

1. 목간 1-"論語"

이 목간은 출토지점은 시굴조사 트렌치를 이용한 토층조사 과정 중 회색점질층 내에서 출토되었으며 상층 문화층에 속한다. 길이 28.0㎝, 너비가 각각 1.8㎝, 2.5㎝로 단면형태가 장방형인 습서용 사면목간이다. 하단부 1글자 정도 폭 만큼 결실되었고 동일층 바로 옆에서 소형호 1점이 함께 출토되었는데 기고가 5.7㎝ 정도로 작은 회색경질토기이다.

사진 1. "논어"목간 공반유물

목간의 내용은 「논어」의 "학이편" 제1장과 제2장의 일부이다.

판독 :

〈1면〉 1열, 결실된 1글자를 포함하여 12자이다.

習子曰學而時習之 不亦悅(乎)

첫머리는 학이편 제1장의 도입부인 "子曰..."의 앞에 "習"으로 추정되는 글자의 밑에 책받침(辶)이 돌아가는 형식의 글자가 확인되는 듯하며 다른 글자들과 달리 크게 적었다. 언뜻 보면 첫 번째 묵서는 그림으로 인면을 그린 것처럼 보이기도 한다(표 2 참조).

사진 2. 목간 1-"논어"목간

〈2면〉 1열, 결실된 1글자를 포함하여 12자이다.

有朋自遠方來 不亦樂(乎)

"來"는 약식으로 적었고 "亦"자는 왕희지의 필체와 유사하다.

〈3면〉 1열, 결실된 1글자를 포함하여 9자이다.

人不知 而不慍 不亦(君)

〈4면〉 1열, 9자이다. 마지막 글자는 하부 절반이 결실되었다.

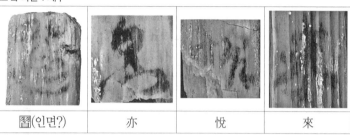

표 2. 목간 1 세부

習(인면?)	亦	悅	來

'人不知'와 '而不慍' 사이를 띄어 쓴 부분의 우측 가장자리에는 판독은 불가능하나 묵서가 확인되고 있어 구결방식이 적용된 부분으로 판단된다.

子乎 有子曰 其爲人也

2장이 시작되는 부분이다. 이로 미루어 볼 때 장별로 다른 묶음이 더 있을 것으로 추정된다.

본 유적에서 출토된 "논어" 목간의 경우 띄어쓰기가 분명하고, 예서와 행서를 혼용하여 사용하였다. 그리고 논어 글자 이외에 작은 묵흔들이 우측 가장자리 여러 곳에서 확인된다.

2. 목간 2-"田舍大石上烏利□□"명

이 목간은 상부 일부가 결실되었으며 잔존길이는 19.0㎝, 너비 3.0㎝, 두께 0.3㎝이다.

출토위치는 4호 수혈의 바닥에서 출토되었다. 4호 수혈은 지름이 90~100㎝ 정도되는 원형의 수혈로 바닥에서 출토된 목간 이외에도 내부에서 목반, 목제접시, 경질의 토기편 등이 함께 출토되었다.

판독:

〈앞면〉 1열 9자가 남아 있다.

田舍大石上烏利□□

사진 3. 목간 2

묵서는 좌측에 치우쳐 1열, 9글자만 확인된다. 그중 글자 판독이 가능한 것이 마지막 2글자를 제외한 7글자로 제일 첫머리의 "田舍"는 농가로 해석이 가능하다.

본 유적에서 확인된 목간들 중에서 글자체가 가장 화려하며 행정 및 문서용 목간으로 판단된다.

3. 목간 10-"丁巳年十月卄(七?)日"명

하단 일부가 결실되었으나 세장형의 목간으로 잔존길이 12.0㎝, 너비 3.4㎝, 두께 0.6㎝이다.

본 유적에서 출토된 목간 중 유일하게 간지가 기록된 목간으로 출토위치는 37호 건물지의 남서쪽으로 4m 정도 떨어진 지점에서 지표수습되었다. 출토당시 회색경질완과 함께 출토되었다.

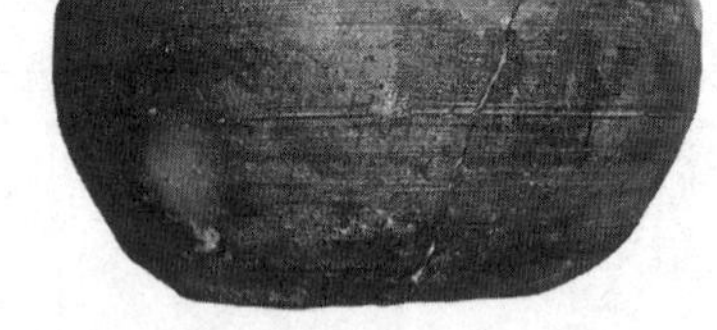

사진 4. 목간 10과 공반유물

판독:

〈앞면〉 1열 8자가 남아 있다.

丁巳年十月卄(七)日

"丁巳年"은 사비기에 해당하는 연도가 597년(위덕왕 44), 657년(의자왕 17)이 있으며 목간과 동일한 층위에서 출토된 유물의 편년을 참고하면 657년이 유력하다.[3)]

〈뒷면〉 2열 12자가 남아 있다.

앞-湌米七石六斗 □

뒤(판독1)-岑[涷]宮□□

(판독2)-岑(?+京)宮□□

뒷면 右열의 마지막 글자는 판독이 불가능하나 관료의 싸인일 가능성도 있다. 또한 좌열의 두 번째 글자가 1

---

3) 판독회와 2018년 하계워크샵 등을 통해 판독을 하는 과정에서 필체가 무령왕릉 묘지석과 유사하여 597년일 가능성도 있다는 의견도 제시되었다.

차 판독[4]에서는 凍자로 읽었으나 글자가 명확하지 않아 좌변의 경우 冫, 匕, 木 등으로, 우변의 경우 東, 京 등으로 해석될 수도 있다.

전체적으로 미루어 볼 때 특정시기, 특정장소에서 이루어진 곡물의 재배량 혹은 입·출고내역 등을 기록한 장부일 것으로 판단되며 뒷면의 양측 글자들의 가장자리 일부가 재가공에 의하여 결실되었다.

4. 목간 11-"里(侯?)"명 목간

상단부 양쪽에 홈을 만든 부찰형 목간으로 35호 건물지의 북쪽 약 6m 지점에서 지표수습되었다. 원래의 목간을 재사용하기 위하여 한 단부를 깎아 크기를 줄였고 길이 5.0㎝, 너비 2.8㎝, 두께 0.5㎝이다. 묵서는 한 면에서만 확인된다.

판독 : 1열 2자이다.

里後(侯?)

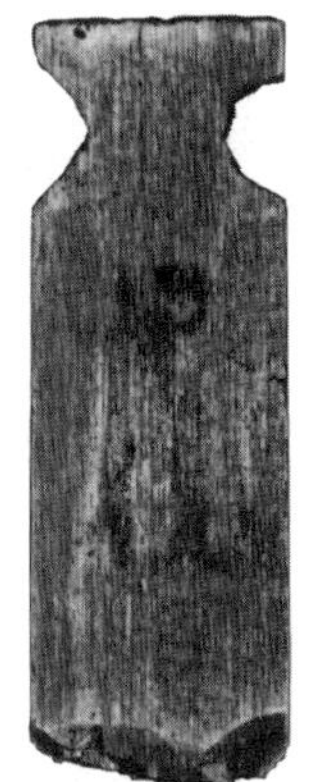

사진 5. 목간 11

5. 목간 13-"丁土 □□"명

하층에 대한 샘플링 조사 구간에서 지표수습된 목간의 편이다.

사진 6. 목간 13

잔존길이 5.0㎝, 너비 1.0㎝, 두께 0.2㎝이다.

상단부에 투공이 되어 있으며 앞면에서만 묵서가 확인되었다.

판독내용 : 1열 4자만 남아 있다.

土 □□

6. 목간 15

상부에 홈이 있는 부찰형 목간으로 하층구간의 우족흔 사이에서 지표수습되었나. 길이 13.5㎝, 너비 3.0㎝, 두께 0.2㎝이다.

앞면에 1열 4자 정도가 확인되나 판독은 어려운 상테이며 하단부에도 묵흔이 일부 남아 있어 9~10자 정도 쓰였을 것으로 추정된다. 뒷면에도 부분적으로 묵흔이 확인되는 곳들이 있으나 정확한 글씨 내용을

4) 목간학회의 주보돈, 윤선태, 정현숙 교수의 도움을 받아 판독회를 진행하였다.

사진 7. 목간 15

사진 8. 목간 17

파악하기는 어렵다.

7. 목간 17

하층에서 출토된 목간으로 4호 구상유구와 4호 울타리의 사이에서 지표수습되었다. 본 유적에서 출토된 목간 중에서 가장 큰 것으로 길이 43.0㎝, 너비 5.0㎝, 두께 0.3㎝인 세장형이다.

전반적으로 목간의 앞 · 뒷면을 매끈하게 손질하여 사용하였다.

묵흔은 앞·뒷면 모두 확인되나 판독이 어려운 상태이다. 앞면은 위에서부터 3단으로 임의 구분하였을 때 1단은 1열 4~5자 정도가 확인되며 하단은 상단과 마찬가지로 1열로 짐작케하는 묵흔과 함께 오른쪽 제일 끝에 1글자가 확인된다. 뒷면은 거의 전면에 걸쳐 묵흔이 확인되는데 앞면에 비해 글자크기가 작으며 3~4열 정도일 것으로 추정된다.

8. 기타

위에서 소개된 7개의 목간 외에도 정면상태나 묵흔 등으로 미루어 볼 때 목간임에는 분명하나 판독이 불가능한 목간이 10점이다.

V. 맺음말

부여는 사비기의 도성으로 관북리, 구아리, 쌍북리 일원에 그 시대의 흔적들을 남겨 놓아 다양한 유적과 유물들이 확인되었고 당시 왕경 개발의 모습을 잘 보여주고 있다. 이번에 조사된 쌍북리 56번지 유적에서도 도성 외곽지역의 도시 계획과 구조를 알 수 있는 시설물들이 확인되었다. 사비기 도성이 계획에 따라 조성된 것임은 이미 알려진 바이다. 쌍북리 56번지 유적에서도 주변 유적들과 연결되는 1호와 2호 도로를 중심으로 집터와 여러 생활시설들을 배치하여 도성 내 외곽의 모습을 잘 보여주고 있다. 유물 중에서는 목간 여러 점이 출토되어 주목되는데 그중에서 대표적인 것은 논어 목간일 것이다. 김해 봉황동과 인천 계양산성에서 논어 글귀가 적힌 목간이 출토되었지만 백제 사비기에 해당하는 논어 목간이 출토된 것은 쌍북리 56번지 유적이 유일하며 학이편 1장과 2장 일부에는 우리식 어법에 맞추어 읽는 구결 방식이 적용되어 있다.

이외에도 쌍북리에서는 여러 형태와 내용을 담은 목간이 여러 점 출토되었는데 구구단 목간과 좌관대식기(佐官貸食記) 문서 목관이 그것이다. 출토된 논어와 구구단 목간 등은 습서용이며 좌관대식기 목간은 구황사업과 관련한 기록이다. 이러한 목간들은 사비 도읍기 도성 외곽의 생활상을 조금이라도 엿볼 수 있는 기록 유물로서 백제 사비기 왕경 연구에 중요한 자료이다.

투고일: 2018. 10. 30.　　심사개시일: 2018. 11. 8.　　심사완료일: 2018. 11. 30.

참/고/문/헌

1. 발굴보고서 및 도록류

누리고고학연구소, 2016, 「부여 사비한옥마을 조성사업 부지 내 시굴조사 약보고서」.

국립공주박물관, 2010, 『새로운 만남 백제의 목기』.

손환일 편저, 2011, 『한국 목간자전』, 국립가야문화재연구소.

2. 논저

권인한, 2013, 「고대한국 습서 목간의 사례와 그 의미」, 『목간과 문자』 11, 한국목간학회.

김영욱, 2011, 「목간에 보이는 고대국어 표기법」, 『구결연구』 26, 구결학회.

박지현, 2013, 「백제목간의 형태분류 검토」, 『목간과 문자』 11, 한국목간학회.

박태우·정해준·윤지희, 2008, 「부여 쌍북리 280-5번지 출토 목간 보고」, 『목간과 문자』 2, 한국목간학회.

윤선태, 2007, 「한국고대목간의 형태와 종류」, 『역사와 현실』 65, 한국역사연구회.

윤선태, 2008, 「신라의 문자자료에 보이는 부호와 공백」, 『구결연구』 21, 구결학회.

이성배, 2011, 「백제목간의 서체에 대한 일고」, 『목간과 문자』 7, 한국목간학회.

이판섭·윤선태, 2008, 「부여 쌍북리 현태들·북포유적의 조사 성과 -현내들유적 출토 백제목간의 소개-」, 『목간과 문자』 창간호, 한국목간학회.

홍승우, 2013, 「부여 지역 출토 백제 목간의 연구 현황과 전망」, 『목간과 문자』 10, 한국목간학회.

〈Abstacts〉

Wooden tablets excavated from Ssanmgbuk-ri 56 site, Buyeo

Kim, Seong-sik / Han, Zi-a

The area of Ssangbuk-ri in Buyeo is known to be the repositorium of wooden tablet excavation of the Sabi Period from the Baekje Dynasty. In this excavation of the Sabi Hanok Village development site in the area of 56, Ssangbuk-ri, there were total of 17 wooden tablets found. Among them, there were 5 wooden tablets that were possible for reading even one letter, and 2 wooden tablets with ink marks remaining. However, the most noticeable discovery was the wooden tablet on Analects of Confucius and Jeongsanyeon(丁巳年)wooden tablet with sexagenary cycle written. The tablet on Analects of Confucius was in a rectangular form for practice, and part of Chapter 1 & 2 are written, with traces of explanations written (Gugyeol). The Jeongsanyeon wooden table and the Jeonsadaeseoksaori(田舍大石上烏利) wooden tablet that were for administrative documents are historical materials that can help understand the social aspects of the Sabi Period.

▶ Key words: Sabi Period, Ssangbuk-ri, Analects of Confucius, Sexagenary Cycle, Practice, Administrative Document

2016年 중국 대륙 秦漢魏晉 간독 연구 개설

魯家亮 著*
김보람·한주리 譯**

〈국문초록〉

본 논고의 주요목적은 2016년 秦漢魏晉간독연구 현황을 간략히 소개하는 것이다. 글의 서술 형식, 분류 기준 및 수록 원칙은 대체로 이전의 개술 논문과 같으나, 일부 누락된 작년의 주요 성과를 보충하였다. 필자의 졸고가 秦漢魏晉간독연구에 흥미 있는 학자들에게 약간이나마 편의를 제공할 수 있기를 바라며, 누락된 부분이나 부족한 부분에 대해서도 독자 여러분에게 양해를 구한다.

▶ **핵심어: 진, 한, 위, 진, 간독**

Ⅰ. 머리말

2016년 중국 대륙의 秦漢魏晉 간독 연구의 성과는 크다. 簡牘·帛書의 편련과 철합 방면에서의 성과가 특히 두드러지며, 里耶秦簡, 益陽兔子山遺址簡牘, 敦煌漢簡, 居延舊簡, 肩水金關漢簡, 懸泉漢簡, 海昏侯墓漢代簡牘 등 새로운 자료들도 올해 잇따라 발표되었다. 지면의 한계로 인해 본문에서는 그 요점만 소

* 中國 武漢大學簡帛中心研究
** 서울대학교 동양사학과

개하도록 한다.

II. 秦簡牘

陳偉 主編의 『秦簡牘合集·釋文注釋修訂本』 1-4권(武漢大學出版社 2016年)이 출판되었다.

1. 雲夢睡虎地 11號 秦墓竹簡

中國政法大學 中國法制史基礎史料研讀[1)]은 「秦律十八種」의 「效」에서 「屬邦」까지 및 單行인 「效」律 篇 등에 대해 集釋을 진행하고 譯文을 함께 수록했다. 歐揚[2)]은 岳麓秦簡에 근거하여 「田律」簡1 "雨爲澍及誘粟"의 "澍"와 "誘"를 모두 동사로 간주하였다. 陳偉武[3)]는 「金布律」簡68 "擇行錢, 布"의 "擇"을 "釋"으로 읽었다. 李力[4)]은 「關市律」簡97에 보이는 율문의 구두와 이해에 대해서 체계적으로 정리하였다. 또한 그것과 秦漢簡의 「金布律」 관련 律文 사이에 沿革관계가 존재하지 않음을 지적하였다. 歐揚[5)]은 岳麓秦簡에 근거하여 「金布律」, 「法律答問」에 나오는 "不仁"과 「行書律」 중 "不可誠仁"에 나오는 "仁"을 "認"으로 읽었다. 王偉[6)]는 「秦律十八種」 중 簡55-56, 90-93, 145-146, 151-152, 184-185 등 여러 簡들이 짝을 이룬 律文이 서로 나뉘어야 할 가능성을 제시하였다. 그리고 「法律答問」의 성질이 분명 묘주가 학습 또는 업무를 하는 과정에서 필요한 법률지식을 필기한 것이라고 간주하였다. 吴雪飛[7)] 역시 「秦律十八種」簡145-146을 갈라놓아야 한다고 보았다. 鄔可晶[8)]은 「日書」甲種 簡79의 배면의 "剛履"를 "剛戾"로 읽어야 하는 한편, 簡91 배면의 "生子不牷"의 "牷"를 破讀하여 "全"으로 읽을 필요가 없다고 보았다. 王强[9)]은 「日書」의 甲種, 乙種에 보이는 "巫堪"이 "巫咸"의 異寫인 것으로 보았다.

2. 甘肅天水放馬灘秦簡牘

陳偉[10)]는 「日書」 甲種, 乙種의 釋文에 18가지의 수정할 부분이 보인다고 지적하였다. 王强[11)]은 「日書」

1) 中國政法大學 中國法制史基礎史料研讀, 「睡虎地秦簡法律文書集釋(五):〈秦律十八種〉('效'-'屬邦'), '效'」, 『中國古代法律文獻究』 10, 社會科學文獻出版社, 2016.

2) 歐揚, 「岳麓秦簡"毋奪田時令"再探」, 『出土文獻綜合究集刊』 4, 巴蜀書社, 2016.

3) 陳偉武, 「秦簡所見貨幣史料校釋二題」, 『中山大學學報(社會科學版)』, 2016.

4) 李力, 「秦漢簡〈關市律〉、〈金布律〉解讀之若干問題辨析」, 『出土文獻究』 15, 中西書局, 2016.

5) 歐揚, 「岳麓秦簡〈亡律〉"亡不仁邑里, 官者"條探析」, 『簡帛究(春夏卷)』, 廣西師範大學出版社, 2016.

6) 王偉, 「睡虎地秦簡文本復原二題」, 『中國礦業大學學報(社會科學版)』, 2016.

7) 吴雪飛, 「利用岳麓簡校勘睡虎地簡兩則」, 簡帛網, 2016.11.28.

8) 鄔可晶, 「孔家坡漢簡〈日書〉短札四則」, 『簡帛究(秋冬卷)』, 2016.

9) 王强, 「秦簡所見"巫咸"兩考」, 『簡帛究(秋冬卷)』, 2016.

10) 陳偉, 「天水放馬灘秦簡日書校讀」, 『古文字論壇』 1, 中山大學出版社, 2015.

11) 王强, 「秦簡所見"巫咸"兩考」, 『簡帛究』, 2016.

乙種 簡355의 “巫帝”와 “陰”을 “巫帝咸”로 이어 읽어야 한다고 보았다. 孫占宇, 魏芳[12]은 放馬灘秦簡에 보이는 6가지 부호와 그 쓰임새에 대해서 체계적으로 정리하였다. 晏昌貴[13]는 적외선 사진을 이용하여 목판의 지도주기문자(地圖注記文字)를 수정하였으며, 지도의 방위와 각 그림 사이의 관계, 지도에 표시된 곳의 현 지역 범위, 지도의 연대와 성질 등의 문제에 대해 토론하였다.

3. 湖北江陵周家臺秦簡

王輝[14]는 簡191의 “抵亂”, 簡210의 “雜, 白”, 簡316-317의 “欆桑木”, 簡345-346의 “并立侍之” 등에 대해 校釋하였다. 馬志亮[15]은 「病方及其他」 簡321-322 중 殘字인 “酉”를 “醢로 보충했다.

4. 湖南龍山里耶古城秦簡牘

里耶秦簡博物館·出土文獻與中國古代文明研究協同創新中心·中國人民大學中心 編著의 『里耶秦簡博物館藏秦簡』[16]이 출판되었다. 본 서적에는 簡牘 207매가 수록되어 있으며 새로 얻은 컬러 도판과 적외선 도판, 釋文 등을 포함하고 있다.

謝坤의 「〈里耶秦簡(壹)〉綴合四則」[17], 「讀〈里耶秦簡〉札記六則」[18], 「〈里耶秦簡(壹)〉綴合(一)」[19], 「〈里耶秦簡(壹)〉 綴合(二)」[20], 「〈里耶秦簡(壹)〉 綴合(三)」[21], 「〈里耶秦簡(壹)〉 綴合(四)」[22], 「讀 〈里耶秦簡(壹)〉 札記(三)」,[23]은 14則으로 綴合하였다. 何有祖[24]는 2則으로 철합하였다. 陳偉의 「里耶秦簡綴合(一則)」[25]는 1則으로 철합하였다. 姚磊[26]는 1則으로 철합하였다. 張馳[27]는 券類文書에 맞추어 3則으로 철합하였다.

蔣偉男[28]은 5-10 중의 “戉”를 “攻”로 읽어야 하며, 6-37에 나오는 “功”을 “攻”으로 改釋해야 한다고 지적하였다. 謝坤[29]은 5-6의 “各”, 8-453의 “競”, 8-497의 “俱”, 8-697의 “癃”, 8-992의 “沈”, 8-1182의

12) 孫占宇·魏芳, 「放馬灘秦簡中的標識符號及其功用初探」, 『簡帛究』, 2016.
13) 晏昌貴, 「天水放馬灘木板地圖新探」, 『考古學報』, 2016.
14) 王輝, 「周家臺秦簡字詞釋讀補說」, 『古文字究』 31, 中華書局, 2016.
15) 馬志亮, 「讀秦簡札記五則」, 『簡帛』 13, 上海古籍出版社, 2016.
16) 里耶秦簡博物館·出土文獻與中國古代文明究協同創新中心·中國人民大學中心, 『里耶秦簡博物館藏秦簡』, 中西書局, 2016.
17) 謝坤, 「〈里耶秦簡(壹)〉 綴合四則」, 『簡帛』 12, 上海古籍出版社, 2016.
18) 謝坤, 「讀〈里耶秦簡〉札記六則」, 『出土文獻綜合究集刊』 4, 2016.
19) 謝坤, 「〈里耶秦簡(壹)〉 綴合(一)」, 簡帛網, 2016.5.16.
20) 謝坤, 「〈里耶秦簡(壹)〉 綴合(二)」, 簡帛網, 2016.5.23.
21) 謝坤, 「〈里耶秦簡(壹)〉 綴合(三)」, 簡帛網, 2016.11.17.
22) 謝坤, 「〈里耶秦簡(壹)〉 綴合(四)」, 簡帛網, 2016.11.18.
23) 謝坤, 「讀 〈里耶秦簡(壹)〉 札記(三)」, 簡帛網, 2016.11.18.
24) 何有祖, 「里耶秦簡牘綴合(十)」, 簡帛網, 2016.6.10.
25) 陳偉, 「里耶秦簡綴合(一則)」, 簡帛網, 2016.10.5.
26) 姚磊, 「里耶秦簡牘札記(三則)」, 『簡帛』 12, 2016.
27) 張馳, 「里耶秦簡劵類文書綴合三則」, 『簡帛』 12, 2016.
28) 蔣偉男, 「『里耶秦簡(壹)』 文字補釋二則」, 『簡帛』 12, 2016.

"睤"을 補釋하였으며 8-683+8-973의 "負劇"를 "負解"로 改釋하였다. 何有祖[30]는 「讀里耶秦簡札記(八)」에서 8-43의 "取", 8-258의 "作"을 補釋하였으며 8-352의 "何"와 8-1426의 "舍"을 改釋하였다; 「里耶秦簡牘釋讀札記(五則)」[31]에서는 8-660의 "購", 8-1344의 "失", 8-2005의 "完"을 補釋하는 한편, 8-1050의 "將粟"에 대해서 새로운 해석을 제시하였다; 「里耶秦簡15-259號簡補釋」[32], 「里耶秦簡14-469,14-638號簡補釋」[33], 「里耶秦簡9-14號簡補釋」[34] 세 편의 글에서는 새로 간행된 簡의 釋文을 校補하였다. 吴雪飛[35]는 8-141+8-668의 "不參不便"이 '獄訟을 审讯함에 마땅히 "雜治"를 실행해야 함'을 가리키는 것이라고 보았다. 李玥凝[36]은 里耶秦簡 9-178, 8-1198 및 岳麓秦簡에 보이는 "君子子"의 "君子"가 마땅히 基層吏員을 가리키는 것이라고 간주하였다. 姜慧[37]는 8-192과 8-462+8-685에 나오는 "守丞"의 앞 글자를 "枋"으로 改釋하였으며, 이 곳이 地名으로 사용되었을 것이라고 생각하는 한편 두 牘에 나오는 "右"는 人名으로 보았다. 王强[38]은 8-461에 나오는 "巫帝"이 가리키는 바가 "巫咸"일 것이라고 생각하였다. 鄔文玲[39]은 8-528+8-532+8-674의 "至其名" 뒤에 나오는 글자를 "吏"로 보충해 넣고 그것을 "事"로 읽었다. 李洪財[40]는 해당 문서에서 "從人" 등을 補釋하였다. 謝坤[41]은 8-681+8-1641의 "狐", 8-1156의 "月", 8-1659의 "劾" 등을 補釋하였다. 宫宅潔[42]은 8-1132에 보충된 "敬"라는 글자를 "甾"로 고쳐넣었다. 伊强[43]은 8-1563, 8-1564에 나오는 "展"이 마땅히 '연기한다', '늦춘다'라는 의미일 것이라고 지적하였다.

于洪濤[44]는 8-755부터 8-759, 8-1523까지에 기재된 "司空厭弗令田當坐" 문서에 대해 토론하였다. 黃浩波[45]는 "計" 문서의 2가지 형성 절차에 대해 중점적으로 분석하였다. 張馳[46]는 券書 내 刻齒의 위치가 券書의 성질과 관련이 있음을 지적하였는데, 右券(刻齒의 왼쪽)은 물자를 지급하는 쪽이 소지하며 "付", "出"에 대응하는 한편, 左券(刻齒의 오른쪽)은 물자를 수령하는 쪽이 소지하며 "受", "入"에 대응한다고

29) 謝坤, 「『里耶秦簡(壹)』校讀札記」, 『中國文字究』 23, 上海書店, 2016.
30) 何有祖, 「讀里耶秦簡札記(八)」, 簡帛網, 2016.6.2.
31) 何有祖, 「里耶秦簡牘釋讀札記(五則)」, 『出土文獻究』 15, 2016.
32) 何有祖, 「里耶秦簡15-259號簡補釋」, 簡帛網, 2016.8.20.
33) 何有祖, 「里耶秦簡14-469,14-638號簡補釋」, 簡帛網, 2016.8.21.
34) 何有祖, 「里耶秦簡9-14號簡補釋」, 簡帛網, 2016.8.24.
35) 吴雪飛, 「讀秦簡雜識七則」, 『簡帛』 12, 2016.
36) 李玥凝, 「秦簡"君子子"含義初探」, 『魯東大學學報(哲學社會科學版)』, 2016.
37) 姜慧, 「秦簡校讀札記二則肩」, 『中國文字究』 24, 上海書店, 2016.
38) 王强, 「秦簡所見"巫咸"兩考」, 『簡帛究』, 2016.
39) 鄔文玲, 「秦漢簡牘中兩則簡文的讀法」, 『出土文獻究』 15, 2016.
40) 李洪財, 「秦簡牘"從人"考」, 『文物』, 2016.12.
41) 謝坤, 「讀〈里耶秦簡〉札記六則」, 『出土文献综合究集刊』 4, 2016.
42) 宫宅潔, 「里耶秦簡"訊敬"簡冊識小」, 簡帛網, 2016.11.16.
43) 伊强, 「里耶秦簡"展……日"的釋讀」, 『簡帛究(秋冬卷)』, 2016.
44) 于洪濤, 「里耶簡"司空厭弗令田當坐"文書究」, 『古代文明』, 2016.6.
45) 黃浩波, 「里耶秦簡牘所見"計"文書及其相關問題究」, 『簡帛究(春夏卷)』, 2016.
46) 張馳, 「里耶秦簡所見券類文書的幾個問題」, 『簡帛究(秋冬卷)』, 2016.

하였다. 張今[47]은 里耶秦簡의 "楬"에 대해 자세하게 정리하였다. 楊智宇[48]는 9-728호 간독을 이용하여 守丞의 교대(輪值) 양상에 대해 진일보한 분석을 행하였는데, 遷陵에서서는 주로 司空이나 倉의 長官이 임시로 縣丞을 맡아 대리하였다는 점을 지적하였다. 范雲飛[49]는 岳麓秦簡에 보이는 "行廟"의 법률 규정을 이용하여 里耶秦簡의 상관 문서를 해독하였다.

5. 湖南岳麓書院藏秦簡

李洪財[50]는 두 組 중에서 "從人"에 관한 법률 조문을 공표하였는데, 여기에는 釋文 및 그중 7매 簡의 사진이 포함되어있다. 그는 또한 "從人"의 함의 및 그것과 연관된 제도를 분석하였다. 史達[51]은 0687 등 4개 簡이 "廿七年質日"에 포함되어야 한다고 간주하였으며, 三卷 "質日"의 소유자가 아마도 江陵縣의 丞을 맡고 있었을 것이라고 생각하였다. 또한 "爽"은 그 下屬이며, 岳麓秦簡도 모두 동일한 墓葬에서 나온 것이라고 보았다. 張馳[52]는 "爲吏治官及黔首"의 편련(編聯)에 대한 의견을 재보충하는 동시에 第4卷의 簡59가 마땅히 本篇에 포함되어야 한다고 생각하였다. 魯家亮[53]은 「亡律」簡7-9가 마땅히 簡33-36의 뒤편에 위치해야 한다고 간주하였다. 紀婷婷·張馳[54]는 「亡律」에 대한 편련 순서의 배열을 재차 진행하였다.

許道勝[55]은 해당 편의 簡文에 대해서 校讀을 진행하였으며, 총 20則이다. 方勇[56]은 해당 편 簡20의 "多草" 앞에 위치한 글자 두 개가 未釋되어 있는데, 이것이 "鬆下"일 것이라고 보았다. 高一致[57]는 該篇 簡2의 "里中"이 聚居하는 里를 가리킨다고 간주하였으며 簡23의 "椶"를 "蒐"로 읽어 '모으다'라는 뜻으로 해석하였다. 또한 「占夢書」 簡27의 貳를 一例의 夢占으로 보았다. 吴雪飛[58]는 『芮盜賣公列地案』에 나오는 "撓益價"와 『暨過誤失坐官案』에 나오는 "過誤失", "劾不傳, 戍令", "犯灋令", "相遝", "累論", "赴隧以成私" 등 문구에 대해서 注解하였다.

邢義田[59]은 「尉卒律」등의 "卒"을 "倅"로 읽을 수 있고 "副"로 이해할 수 있다고 보았다. 또한 그런 점에서 「尉副(附)律」이 한 초의 소위 『傍章』과도 유사하다고 간주하였다. 陳偉는 『岳麓秦簡"尉卒律"校讀

47) 張今, 「里耶秦簡中的"楬"」, 簡帛網, 2016.8.21.

48) 楊智宇, 「里耶秦簡牘所見"遷陵守丞"補正」, 『簡帛』 13, 2016.

49) 范雲飛, 『從新出秦簡看秦漢的地方廟制——關於"行廟"的再思考讀』, 簡帛網, 2016.5.3.

50) 李洪財, 「秦簡牘"從人"考」, 『文物』, 2016.12.

51) 史達, 「岳麓秦簡"廿七年質日"所附官吏履歷與三卷"質日"擁有者的身份」, 『湖南大學學報(社會科學版)』, 2016.4.

52) 張馳, 「"爲吏治官及黔首"編聯補證與關於〈岳麓肆〉059號簡歸屬問題的討論」, 簡帛網, 2016.4.7.

53) 魯家亮, 「岳麓書院藏秦簡「亡律」零拾之一」, 簡帛網, 2016.3.28.

54) 紀婷婷·張馳, 「〈岳麓肆·亡律〉編聯芻議(精簡版)」, 簡帛網, 2016.9.12.

55) 許道勝, 「讀岳麓秦簡"爲吏治官及黔首"札記」, 『古文字究』 31, 2016.

56) 方勇, 「讀岳麓秦簡札記一則」, 『中國生漆』, 2016.

57) 高一致, 「〈岳麓書院藏秦簡(壹)〉補釋(五則)」, 『江漢考古』2016.

58) 吴雪飛, 「讀秦簡雜識七則」, 『简帛』, 2016.1.

59) 邢義田, 「〈尉卒律〉臆解——讀岳麓書院藏秦簡札記之一」, 簡帛網, 2016.3.23.

(一)』[60], 『岳麓秦簡"尉卒律"校讀(二)』[61]에서 「尉卒律」簡135-138, 142-146 두 組의 律文에 대해서 校讀을 진행하였다. 그는 「岳麓秦簡肆校商(壹)」[62], 「岳麓秦簡肆校商(貳)」[63], 「岳麓秦簡肆校商(三)」[64], 「岳麓秦簡肆校商(四)」[65] 4개의 글에서도 岳麓秦簡 第4卷의 석문, 구두, 이해에 관한 校讀의 의견 17條를 제시하였다. 그리고 『岳麓秦簡肆附錄肆校讀』[66]에서는 해당 書의 附錄에 있는 4가지 오류를 교정하였으며, 이와 더불어 정식으로 刊布되지 않은 4매의 簡에 대한 釋文을 제시하였다. 魯家亮[67]은 「亡律」 簡21의 "捕" 글자를 改釋하였다. 邢義田[68]은 簡111-112, 121-123에 보이는 "三辨券"와 관계된 정보를 분석하였다. 高一致[69]는 「金布律」 簡127-131에 대해 通解하였다. 邢義田[70]은 簡127, 130에 보이는 馬匹의 管理와 관련한 "當乘", "丈齒"에 대해 상세한 토론을 진행하였다. 何有祖는 『岳麓秦簡肆札記(一)』[71], 『岳麓秦簡肆札記(二)』[72]에서 簡13의 "投(殳)殺"가 "牧殺"이어야 하며 簡140-141에 나오는 "穀"는 黔首가 '유아가 젖을 먹기를 기다리고 있는' 상태에 놓였음을 가리키는 말이라고 보았다. 또한 簡188의 "鄣"은 마땅히 "郭"가 되어야 한다고 생각하였다. 邢義田[73]은 「尉卒律」 簡140-141의 "縠" 글자의 석독이 부정확하다고 보았다. 또한 "結其計"는 計簿에서 도망한 지 1년이 되었는데도 돌아오지 않은 사람들의 이름을 특별히 뽑아낸 후 하나의 名籍 혹은 簿冊으로 별도로 모아 그들이 처음 도망한 年와 月을 명기해놓도록 요구한 것이라고 간주하였다. 方勇은 「讀〈岳麓書院藏秦簡(肆)〉 札記一則」[74], 「讀〈岳麓書院藏秦簡(肆)〉札記二則」[75]에서 簡130-131의 "久"를 응당 "灸"로, 簡109의 "梗"은 "綆"로 읽어야 한다고 보았으며, 簡361의 "餕"과 簡232에 나오는 두 번째 "傅"를 改釋하였다. 李力[76]은 簡121-123에 보이는 律條의 句讀와 理解에 대해 체계적으로 정리하였으며, 이와 더불어 그것과 睡虎地秦簡의 「關市律」, 張家山漢簡의 「金布律」에 보이는 상관 律文 사이의 관계를 토론하였다. 朱錦程은 「讀「岳麓書院藏秦簡」(肆)札記(一)」[77], 「讀「岳麓書院藏秦簡」(肆)札記

---

60) 陳偉, 「岳麓秦簡"尉卒律"校讀(一)」, 簡帛網, 2016.3.21.
61) 陳偉, 「岳麓秦簡"尉卒律"校讀(二)」, 簡帛網, 2016.3.21.
62) 陳偉, 「岳麓秦簡肆校商(壹)」, 簡帛網, 2016.3.27.
63) 陳偉, 「岳麓秦簡肆校商(貳)」, 簡帛網, 2016.3.28.
64) 陳偉, 「岳麓秦簡肆校商(三)」, 簡帛網, 2016.3.29.
65) 陳偉, 「岳麓秦簡肆校商(四)」, 簡帛網, 2016.11.30.
66) 陳偉, 「岳麓秦簡肆附錄肆校讀」, 簡帛網, 2016.5.29.
67) 魯家亮, 「岳麓書院藏秦簡〈亡律〉零拾之二」, 簡帛網, 2016.3.31.
68) 邢義田, 「再論三辨券——讀岳麓書院藏秦簡札記之四」, 簡帛網, 2016.6.15.
69) 高一致, 「讀〈岳麓書院藏秦簡(肆)〉雜說一則」, 簡帛網, 2016.3.27.
70) 邢義田, 「"當乘"與"丈齒"——讀岳麓書院藏秦簡札記之三」, 簡帛網, 2016.4.8.
71) 何有祖, 「岳麓秦簡肆札記(一)」, 簡帛網, 2016.3.24.
72) 何有祖, 「岳麓秦簡肆札記(二)」, 簡帛網, 2016.3.25.
73) 邢義田, 「"結其計"臆解——讀岳麓書院藏秦簡札記之二」, 簡帛網, 2016.3.29.
74) 方勇, 「讀〈岳麓書院藏秦簡(肆)〉札記一則」, 簡帛網, 2016.3.25.
75) 方勇, 「讀〈岳麓書院藏秦簡(肆)〉札記二則」, 簡帛網, 2016.3.25.
76) 李力, 「秦漢簡〈關市律〉, 〈金布律〉解讀之若干問題辨析」, 『出土文獻究』 15, 2016.
77) 朱錦程, 「讀〈岳麓書院藏秦簡〉(肆)札記(一)」, 簡帛網, 2016.3.25.

(二)」[78]에서 簡183의 “取”, 簡242의 “梧”, 簡297의 “非”를 改釋하였으며, 簡4의 “罪人”, 簡290의 “亡眥官”, 簡326의 “不從令者貲二甲□有不□□” 등을 補釋하였다.

歐揚[79]은 本條 令文의 해석에 대해 재차 수정과 보충을 가했으며, 이는 “故徼”와 “新地” 사이의 諸郡, “材官” 簡文의 사례 보충 등을 포함한다. 陳松長[80]은 岳麓秦簡에 보이는 “共令”, “四××令”, “卜祝酌及它祠令”, “尉郡卒令” 등 令名에 대해 고증하였다.

6. 北京大學藏秦簡牘

田煒[81]는 해당 篇은 戰國後期의 秦人이 楚 문자로 초사한 저본에 근거하여 옮겨 적은 것이라고 간주하였다. 程少軒[82]은 放馬灘秦簡을 결합하고, 「魯久次問數于陳起」에 보이는 “隸首”가 “九九乘法表”를 가리키는 것에 대하여 진일보한 논증을 가했다. 馬孟龍[83]은 해당 簡冊에 보이는 陽新鄕, 櫟陵, 饱渠, 輪氏, 女(汝)陽 등의 地名에 대해 논증을 가했다. 高一致[84]는 해당 篇의 字詞理解와 文字釋讀에 대해 6條의 보충의견을 제시하였다. 陳偉[85]는 「雜祝方」M-011, M-008에 나오는 “容”을 破讀할 필요는 없으며, “容” 혹은 “容請”(즉 “請容”이라는 의미)이 章題일 수 있다고 보았다. 彭浩·張玲[86]은 「製衣」의 簡文에 근거하여 “裙”와 “袴”의 剪裁技法과 結構에 대해 분석하였다.

7. 湖南益陽兔子山遺址簡牘

湖南省文物考古研究所·益陽市文物處는 『湖南益陽兔子山遺址九號井發掘簡報』[87], 『湖南益陽兔子山遺址九號井發掘報告』[88]에서 益陽兔子山 9號井에서 출토된 간독의 기본적인 정황을 소개하는 한편, 釋文, 部分簡牘의 도판 등을 수록하였다. 鄔文玲[89]은 秦二世 元年 文告에 나오는 “今宗廟吏及箸以明至治大功德者具矣”의 “吏”를 마땅히 “事”로 읽어야 하며 “箸”는 마땅히 “著”로 읽어야 한다고 지적하였다.

---

78) 朱錦程, 「讀『岳麓書院藏秦簡』(肆)札記(二)」, 簡帛網, 2016.5.8.

79) 歐揚, 「岳麓秦簡“毋奪田時令”再探」, 『出土文献综合究集刊』 4, 2016.

80) 陳松長, 「岳麓秦簡中的幾個令名小識」, 『文物』, 2016.12.

81) 田煒, 「談談北京大學藏秦簡“魯久次問數于陳起”的一些抄寫特點」, 『中山大學學報(社會科學版)』 2016.5.

82) 程少軒, 「也談“隸首”爲“九九乘法表”專名」, 『出土文獻究』 15, 2016.

83) 馬孟龍, 「北京大學藏秦水陸里程簡冊釋地五則」, 『簡帛究(秋冬卷)』, 2016.

84) 高一致, 「北大藏秦簡“教女”獻疑六則」, 『簡帛』 12, 2016.

85) 陳偉, 「北大藏秦簡〈雜祝方〉中的“容”字」, 簡帛網, 2016.3.19

86) 彭浩·張玲, 「北京大學藏秦代簡牘〈製衣〉的“裙”與“袴”」, 『文物』, 2016.9.

87) 湖南省文物考古究所·益陽市文物處, 「湖南益陽兔子山遺址九號井發掘簡報」, 『文物』, 2016.5.

88) 湖南省文物考古究所·益陽市文物處, 「湖南益陽兔子山遺址九號井發掘報告」, 『湖南考古輯刊』 12, 2016.

89) 鄔文玲, 「秦漢簡牘中兩則簡文的讀法」, 『出土文献究』 15, 2016.

III. 漢簡牘

1. 敦煌漢簡帛

汪濤·胡平生·吴芳思[90]는 〈英國國家圖書館藏斯坦因所獲未刊漢文簡牘〉에 결루된 간독의 사진과 석문 총 122매를 발표하였다. 張存良·巨虹[91] "國際敦煌項目" 웹사이트의 도판을 이용하여 간행되지 않은 부분의 간문을 석독하였다. 李亦安[92]은 새로 간행된 자료에 근거하여 1814+1809와 1879+3016를 서로 연결하였다. 王寧[93]은 北大簡에 근거하여 簡3064, 3660 등 "葸" 위에 있는 글자가 마땅히 "寬"이어야 한다고 주장하였다.

2. 居延漢簡

『居延漢簡(叁)』[94]이 출판되었다. 이 책은 包號 211부터 310까지의 간독 및 함께 출토된 문물 3481건을 수록하고 있다. 林宏明[95]은 188·6+188·15을 서로 연결하였다. 魏德勝[96]은 24·8을「蒼頡篇」第一章의 習字簡으로 간주하였다. 李洪財[97]는 簡307·3A에 나오는 "勤" 바로 뒷 글자를 마땅히 "脊"로 석독해야 한다고 보았다.

3. 甘肅武威磨咀子18號漢墓木簡

秦濤[98]는 3차(三批)로 출토된 것 중 "王杖詔書"와 관련이 있는 簡文을 비교 검증하는 연구를 진행하였다.

4. 山東臨沂銀雀山1號漢墓簡牘

楊安[99]은 "天地八風圖"에 대한 새로운 복원 방안을 제기하였다. 劉信芳[100]은 御術의 세 경계를 실마리로 삼아,「唐勒」에 대하여 새롭게 章을 나누고 순서를 배열하였다. 龐壯城[101]은 "地"와 "爲" 두 글자에 대한 분석을 통해 해당 篇이 두 사람 이상이 抄寫하여 완성한 것이라고 주장하는 한편, 이와 더불어 30時와 4季에 의거하여 簡文의 편련과 귀속을 다시 작업하였다. 周忠兵[102]은〈守法守令等十三篇〉의 簡809-810

90) 汪濤·胡平生·吴芳思,「〈英國國家圖書館藏斯坦因所獲未刊漢文簡牘〉補遺釋文」,『出土文獻究』15, 2016.

91) 張存良·巨虹,「英國國家圖書館藏斯坦因所獲漢文簡牘未刊部分」,『文物』, 2016.6.

92) 李亦安,「英國國家圖書館藏〈蒼頡篇〉殘簡拼綴二則」, 復旦網, 2016.8.26.

93) 王寧,「英藏未刊〈蒼頡篇〉"寬葸"辨」, 簡帛網, 2016.1.31.

94) 『居延漢簡(叁)』, 中央究院歷史語言究所, 2016.

95) 林宏明,「漢簡試綴一則」, 先秦史網站, 2016.10.16.

96) 魏德勝,「〈居延漢簡(壹)〉24·8簡試解」, 簡帛網, 2016.4.26.

97) 李洪財,「釋居延漢簡中的"脊"和"罝"」,『出土文獻』8, 中西書局, 2016.

98) 秦濤,「漢簡"王杖詔書"比勘究」,『中國古代法律文獻究』10, 2016.

99) 楊安,「銀雀山漢簡"天地八風圖"的再復原及相關説明」,『中國國家博物館館刊』, 2016.1.

100) 劉信芳,「漢簡〈唐勒〉重編分章考釋」,『江漢考古』, 2016.6.

101) 龐壯城,「銀雀山漢簡"三十時"解題與編聯芻議」,『出土文獻綜合究集刊』5, 巴蜀書社, 2016.

에 나오는 "長耳目"이 명사의 성질을 지닌 어사라고 보았다. 또한 바로 앞부분의 "而爲"은 아랫부분에 속하여 "長耳目"와 함께 연독해야 한다고 간주하였다. 王挺斌[103]은 「將失」簡1001에 나오는 "準"를 "攜"으로 읽어야 한다고 생각하였다.

5. 湖南長沙馬王堆漢墓簡帛

名和敏光·廣瀨薰雄[104]은 「陰陽五行」 甲篇에 대한 새로운 복원 방안을 제기하였다. 名和敏光[105]은 또한 "衍", "雜占之四"의 拼綴에 대해서 다시 보충하였다.

陳斯鵬[106]은 『周易』 "委如, 終吉"의 "委"를 "威"로 破讀할 필요가 없다고 보았다. 또한 『二三子問』 "絞, 白也"의 "絞"를 "皎"로 직접 읽을 수 있다고 보았으며, 『昭力』의 "調愛"는 "周愛"로 읽어야 한다고 보았다. 『天文氣象雜占』 "大羕"은 "大祥"로 읽어야 한다고 보았다. 『五十二病方』 "凄傅之如前"의 "凄"는 "濟"로 읽어야 한다고 보았다. "苦唾"는 새벽에 일어나 아직 양치하지 않았을 때의 타액을 가리킨다고 보았다. 마지막으로 『十問』의 "溜刑"는 곧 "流形"이라고 보았다. 劉建民[107]은 馬王堆帛書 「五十二病方」 편의 "孰析", "敝褐", "凄" 등 자구의 함의와 독법에 대해 분석하였다. 劉樂賢[108]은 「十六經」에 나오는 "憲敖"을 "慢傲"으로 改釋하였다. 程少軒[109]은 「上朔」 중에 석독되지 않은 5개의 神靈名에 대한 고증을 진행하였다. 鄔可晶[110]은 「刑德」, 「天文氣象雜占」 등 篇의 釋文, 拼綴, 注釋에 대해 보충 의견을 제시하였다. 洪德榮[111]은 해당 篇의 "戰方者勝" 등 5곳의 圖像과 文字를 해독하였다. 田煒[112]는 馬王堆漢墓帛書 「天文氣象雜占」 篇이 전국 말기 秦 文獻의 특징을 보존하고 있으며, 그것은 주로 秦이 楚地를 점령한 이후와 전국을 통일하기 이전에 초사된 판본(本子)에서 유래했을 것이라고 보았다.

蘇建洲[113]는 「相馬經」의 문자에 대해 다수의 수정 의견을 제시하였다. 예컨대 "尚欲樸之"의 "之", "刻陽"의 "刻" 등에 관한 것이다. 陳偉武[114]는 "逢芳"의 이해, "赤黄如"의 句讀 등을 언급하였다. 張傳官[115]은 「相馬經」에 나오는 重文符號의 누락과 오기(誤抄) 현상을 분석하였다.

---

102) 周忠兵, 「漢簡字詞考釋兩則」, 『簡帛』 12, 2016.

103) 王挺斌, 「讀漢簡札記(二則)」, 『簡帛』 13, 2016.

104) 名和敏光·廣瀨薰雄, 「馬王堆漢墓帛書〈陰陽五行〉甲篇整體結構的復原」, 『出土文獻究』 15, 2016.

105) 名和敏光, 「馬王堆漢墓帛書〈陰陽五行〉甲篇"衍", "雜占之四"綴合校釋」, 『出土文獻』 8, 2016.

106) 陳斯鵬, 「讀『長沙馬王堆漢墓簡帛集成』雜記」, 『古文字論壇』 2, 中西書局, 2016.

107) 劉建民, 「馬王堆帛書〈五十二病方〉字詞考釋三則」, 『文史』, 2016.1.

108) 劉樂賢, 「釋馬王堆帛書〈十六經〉的"憲敖"」, 『古文字究』 31, 2016.

109) 程少軒, 「馬王堆帛書〈上朔〉神靈名小考」, 『古文字究』 31, 2016.

110) 鄔可晶, 「讀馬王堆帛書〈刑德〉, 〈陰陽五行〉, 〈天文氣象雜占〉瑣記」, 『出土文獻究』 15, 2016.

111) 洪德榮, 「馬王堆漢墓帛書〈天文氣象雜占〉零識」, 『簡帛究(秋冬卷)』, 2016.

112) 田煒, 「談談馬王堆漢墓帛書〈天文氣象雜占〉的文本年代」, 『古文字究』 31, 2016.

113) 蘇建洲, 「讀馬王堆帛書〈相馬經〉瑣記」, 『出土文獻』 8, 2016.

114) 陳偉武, 「馬王堆帛書〈相馬經〉釋讀小札」, 『古文字論壇』 2, 2016.

115) 張傳官, 「關於馬王堆漢墓帛書『相馬經』重文號的漏抄與誤抄」, 『古文字究』 31, 2016.

范常喜[116)]는 "遷蓋"은 마땅히 如字로 읽어야 하며, 이는 遷徙, 移動하는 蓋를 가리킨다고 보았다. 또한 "枈一笥"는 곧 "枇杷一笥"를 가리킨다고 보았다. 그리고 3호 묘 遣冊의 簡6, 7은 校讀者가 보충해서 적은 것이며, 簡22-25는 마땅히 兵器의 한 종류에 포함된다고 생각하였다. 伊强[117)]은 "遷蓋", "帚", "畫", "卑餘" 등의 名物에 대해 고증하였다. 張顯成·程文文[118)]은 부사(副詞)의 사용 양상을 통해 馬王堆 三號墓 醫書가 완성된 연대가 전국 말기 이후였음을 추론하였다.

6. 居延新簡

甘肅簡牘博物館 등이 엮은 『肩水金關漢簡(伍)』[119)]이 출판되었다. 今書는 F2 등에서 출토된 간독을 수록하고 있는데, 도합 1969개의 편호로 되어 있으며 그중 斷簡을 綴合한 것이 100매, 實際收簡이 1869매이다.

1-3권의 간독에 대해 綴合을 행한 것으로는 伊强의 「肩水金關漢簡綴合十五則」[120)], 「〈肩水金關漢簡(貳)〉綴合五則」[121)], 「〈肩水金關漢簡(貳)〉綴合二則」[122)], 「〈肩水金關漢簡(叁)〉 綴合一則」[123)]이 있으며, 姚磊의 「〈肩水金關漢簡(貳)〉綴合(一)至(七)」[124)], 「〈肩水金關漢簡(叁)〉綴合(一)至(七)」[125)]이 있고, 許名瑲의 「〈肩水金關漢簡(壹)〉綴合之一」[126)], 「〈肩水金關漢簡(貳)〉綴合一則」[127)]이 있다. 尉侯凱의 「〈肩水金關漢簡(壹)〉綴合九則」[128)], 何茂活의 「肩水金關23探方917, 919簡綴合及粗解」(簡帛網2016年4月17日), 「〈肩水金關漢簡(叁)〉釋文商訂(之一)」(『出土文獻研究』第十五輯), 「〈肩水金關漢簡(叁)〉 釋文商訂(之二)」(『簡帛』第十三輯), 胡永鵬의 「肩水金關漢簡校讀兩則」(『出土文獻綜合研究集刊』第四輯)도 있다. 또한 何有祖의 「讀〈肩水金關漢簡(叁)〉札記(一)」[129)], 「讀〈肩水金關漢簡(叁)〉札記(二)」[130)], 雷海龙의 「〈肩水金關漢簡(貳)〉斷簡試綴(一)」[131)], 林宏明의 「漢簡試綴第12到14則」[132)], 「漢簡試綴第15則」[133)]도 있다.

---

116) 范常喜, 「〈長沙馬王堆漢墓簡帛集成〉遣冊校讀札記四則」, 『簡帛究(秋冬卷)』, 2016.

117) 伊强, 「馬王堆三號漢墓遣策補考」, 『出土文獻』 9, 中西書局, 2016年.

118) 張顯成·程文文, 「從副詞發展史角度考馬王堆醫書成書時代」, 『文獻』, 2016.2.

119) 甘肅簡牘博物館等編, 『肩水金關漢簡(伍)』, 中西書局, 2016.

120) 伊强, 「肩水金關漢簡綴合十五則」, 『簡帛』 12, 2016.

121) 伊强, 「〈肩水金關漢簡(貳)〉綴合五則」, 『出土文獻究』 15, 2016.

122) 伊强, 「〈肩水金關漢簡(貳)〉綴合二則」, 簡帛網, 2016.8.9.

123) 伊强, 「〈肩水金關漢簡(叁)〉 綴合一則」, 簡帛網, 2016.8.23.

124) 姚磊, 「〈肩水金關漢簡(貳)〉綴合(一)至(七)」, 簡帛網, 2016.10.17-2016.11.18.

125) 姚磊, 「〈肩水金關漢簡(叁)〉綴合(一)至(七)」, 簡帛網, 2016.11.22.-2016.12.21.

126) 許名瑲, 「〈肩水金關漢簡(壹)〉綴合之一」, 簡帛網, 2016.6.7.

127) 許名瑲, 「〈肩水金關漢簡(貳)〉綴合一則」, 簡帛網, 2016.7.15.

128) 尉侯凱, 「〈肩水金關漢簡(壹)〉 綴合九則」, 簡帛網, 2016.10.5.

129) 何有祖, 「讀〈肩水金關漢簡(叁)〉札記(一)」, 簡帛網, 2016.1.19.

130) 何有祖, 「讀〈肩水金關漢簡(叁)〉札記(二)」, 簡帛網, 2016.1.20.

131) 雷海龙, 「〈肩水金關漢簡(貳)〉斷簡試綴(一)」, 簡帛網, 2016.2.6.

132) 林宏明, 「漢簡試綴第12到14則」, 先秦史網站, 2016.12.15.

133) 林宏明, 「漢簡試綴第15則」, 先秦史網站, 2016.12.29.

4권의 간독에 대해 綴合을 행한 것으로는 有姚磊의 「〈肩水金關漢簡(肆)〉綴合考釋研究(十二則)」[134], 「〈肩水金關漢簡(肆)〉綴合札記(十則)」[135], 「〈肩水金關漢簡(肆)〉綴合三則」[136], 「〈肩水金關漢簡(肆)〉綴合一則」[137], 「〈肩水金關漢簡(肆)〉綴合(三)至(三十七)」[138], 「〈肩水金關漢簡(肆)〉73EJT37:554+559補綴」[139]가 있다. 또한 謝坤의 「〈肩水金關漢簡(肆)〉綴合六則」[140], 「讀肩水金關漢簡札記(一)至(七)」[141], 「〈肩水金關漢簡(肆)〉中的兩條"貸錢"記錄」[142]도 있다. 또한 何有祖의 「讀肩水金關漢簡札記(一則)」[143], 「讀肩水金關漢簡札記(二則)」[144], 「讀肩水金關漢簡札記(三則)」[145], 「讀肩水金關漢簡札記(四則)」[146]가 있다. 그리고 伊强의 「〈肩水金關漢簡(肆)〉綴合二則」[147], 「〈肩水金關漢簡(肆)〉綴合一則」[148], 「〈肩水金關漢簡(肆)〉綴合(三)」[149], 「〈肩水金關漢簡(肆)〉綴合(四)」[150]가 있으며, 顔世鉉의 「〈肩水金關〉(肆)綴合1-13組」[151]도 있다. 許名瑲의 「〈肩水金關漢簡(肆)〉綴合七則」[152], 「〈肩水金關漢簡(肆)〉綴合第8組」[153], 雷海龙의 「〈肩水金關漢簡(肆)〉斷簡試綴(一)」[154], 「〈肩水金關漢簡(肆)〉斷簡試綴(一)」[155], 單印飛의 「〈肩水金關(肆)〉綴合一則」[156], 林宏明의 「漢簡試綴第六則」[157]도 있다.

5권 간독에 대해 綴合을 행한 것으로는 姚磊의 「〈肩水金關漢簡(伍)〉綴合一則」[158], 「〈肩水金關漢簡(伍)〉綴合(二)至(六)」[159], 尉侯凱의 「〈肩水金關漢簡(伍)〉綴合二則」[160], 「〈肩水金關漢簡(伍)〉 綴合三則」[161]이 있

134) 有姚磊, 「〈肩水金關漢簡(肆)〉綴合考釋究(十二則)」, 『出土文獻』 9, 2016.
135) 有姚磊, 「〈肩水金關漢簡(肆)〉綴合札記(十則)」, 『簡帛究(秋冬卷)』, 2016.
136) 有姚磊, 「〈肩水金關漢簡(肆)〉綴合三則」, 簡帛網, 2016.1.12.
137) 有姚磊, 「〈肩水金關漢簡(肆)〉綴合一則」, 簡帛網, 2016.1.12.
138) 有姚磊, 「〈肩水金關漢簡(肆)〉綴合(三)至(三十七)」, 簡帛網, 2016.1.22-2016.9.1.
139) 有姚磊, 「〈肩水金關漢簡(肆)〉73EJT37:554+559補綴」, 簡帛網, 2016.2.20.
140) 謝坤, 「〈肩水金關漢簡(肆)〉綴合六則」, 『出土文獻』 9, 2016.
141) 謝坤, 「讀肩水金關漢簡札記(一)至(七)」, 簡帛網, 2016.1.11-2016.3.14.
142) 謝坤, 「〈肩水金關漢簡(肆)〉中的兩條"貸錢"記錄」, 簡帛網, 2016.8.5.
143) 何有祖, 「讀肩水金關漢簡札記(一則)」, 簡帛網, 2016.1.9.
144) 何有祖, 「讀肩水金關漢簡札記(二則)」, 簡帛網, 2016.1.11.
145) 何有祖, 「讀肩水金關漢簡札記(三則)」, 簡帛網, 2016.1.12.
146) 何有祖, 「讀肩水金關漢簡札記(四則)」, 簡帛網, 2016.1.16.
147) 伊强, 「〈肩水金關漢簡(肆)〉綴合二則」, 簡帛網, 2016.1.11.
148) 伊强, 「〈肩水金關漢簡(肆)〉綴合一則」, 簡帛網, 2016.1.15.
149) 伊强, 「〈肩水金關漢簡(肆)〉綴合(三)」, 簡帛網, 2016.1.17.
150) 伊强, 「〈肩水金關漢簡(肆)〉綴合(四)」, 簡帛網, 2016.1.18.
151) 顔世鉉, 「〈肩水金關〉(肆)綴合1-13組」, 簡帛網, 2016.1.13.-2016.7.31.
152) 許名瑲, 「〈肩水金關漢簡(肆)〉綴合七則」, 簡帛網, 2016.1.12.
153) 許名瑲, 「〈肩水金關漢簡(肆)〉綴合第8組」, 簡帛網, 2016.1.15.
154) 雷海龙, 「〈肩水金關漢簡(肆)〉斷簡試綴(一)」, 簡帛網, 2016.2.8.
155) 雷海龙, 「〈肩水金關漢簡(肆)〉斷簡試綴(一)」, 簡帛網, 2016.2.8.
156) 單印飛, 「〈肩水金關(肆)〉綴合一則」, 簡帛網, 2016.1.13.
157) 林宏明, 「漢簡試綴第六則」, 先秦史網站, 2016.12.3.
158) 姚磊, 「〈肩水金關漢簡(伍)〉綴合一則」, 簡帛網, 2016.8.24.

다. 또한 林宏明의 「漢簡試綴第二則」[162], 「漢簡試綴第三則」[163], 「漢簡試綴第四則(代替)」[164], 「漢簡試綴第五則」[165]가 있다. 雷海龍[166]은 跨探方(혹은 遺址)의 綴合 하나를 완성하였다.

姚磊[167]는 73EJF1:1-16에 보이는 "永始三年詔書"에 대하여 새로운 배열 방법을 제시하였다. 程少軒[168]과 許名瑲[169]은 모두 "元始六年(居攝元年)曆日"에 대한 복원을 재차 시도하였다.

孫占宇·魏芳[170]은 적외선 도판에 근거하여 破城子2·3호 구역에서 출토된 16枚簡의 釋文을 수정하였다. 樂游[171]는 EPT59:9 중 "吉事"를 "告事"로, "皆姓"을 "百姓"으로 고쳐 읽었다. 肖從禮[172]는 EPT59:6 등의 자료에 보이는 "反笱"는 대나무로 만든 제품일 것이며, 아마도 일종의 군사방어 용도로 사용된 군수품일 것이라고 지적하였다. 李洪財[173]는 簡 EPF22·197 중의 "夜" 바로 뒤에 오는 글자를 "罝"로 석독해야 한다고 주장하였다.

何茂活[174]은 「〈肩水金關漢簡(壹)〉」의 釋文 및 도판에 관한 여러 문제에 걸쳐 補釋과 수정방안을 제시하였다. 魏振龍[175]은 73EJT10:89의 "九石四斗"를 "九石四升"로 고쳐 읽었고, 73EJT10:356의 "一石四升"를 "一斗四升"으로 고쳐 읽었다. 林獻忠[176]은 73EJT24: 392의 "茬平", 73EJT23:788의 "豐", 73EJT22:80의 "費" 등을 고쳐 읽었다. 周艷濤·張顯成[177]은 73EJT21:370의 "陵" 앞 글자를 "菀"이라고 석독하였고, 宛陵이 河南郡에 속할 것이라고 주장하였다. 劉樂賢[178]은 73EJT24:56에 기재된 서신의 석문에 대해 수정을 가하였다.

劉樂賢[179]은 T31에 보이는 8枚와 『孝經』에 관련된 문헌이 王莽의 "戒子孫" 8편으로부터 나왔을 가능성

159) 姚磊, 「〈肩水金關漢簡(伍)〉綴合(二)至(六)」, 簡帛網, 2016.8.29-2016.10.2.
160) 尉侯凱, 「〈肩水金關漢簡(伍)〉綴合二則」, 簡帛網, 2016.8.23.
161) 尉侯凱, 「〈肩水金關漢簡(伍)〉 綴合三則」, 簡帛網, 2016.8.29.
162) 林宏明, 「漢簡試綴第二則」, 先秦史網站, 2016.11.9.
163) 林宏明, 「漢簡試綴第三則」, 先秦史網站, 2016.11.13.
164) 林宏明, 「漢簡試綴第四則(代替)」, 先秦史網站, 2016.12.3.
165) 林宏明, 「漢簡試綴第五則」, 先秦史網站, 2016.11.22.
166) 雷海龍, 「肩水金關漢簡綴合一則」, 簡帛網, 2016.8.25.
167) 姚磊, 「肩水金關漢簡〈永始三年詔書〉校讀」, 『中國文字研究』 24, 2016.
168) 程少軒, 「肩水金關漢簡 "元始六年(居攝元年)曆日"的最終復原」, 復旦網, 2016.8.27.
169) 許名瑲, 「肩水金關漢簡〈元始六年(居攝元年)曆日〉簡冊再復原」, 簡帛網, 2016.8.29.
170) 孫占宇·魏芳, 「破城子2-3號探方出土居延新簡釋文校訂」, 『簡牘學研究』 6, 甘肅人民出版社, 2016.
171) 樂游, 「漢簡官文書研讀札記二則」, 『古文字研究』 31, 2016.
172) 肖從禮, 「居延新簡所見"反笱"略考」, 『出土文獻研究』 15, 2016.
173) 李洪財, 「釋居延漢簡中的"脊"和"罝"」, 『出土文献』 2016-1, 2016.
174) 何茂活, 「〈肩水金關漢簡(壹)〉釋文訂補」, 『簡帛語言文字研究』 8, 巴蜀書社, 2016.
175) 魏振龍, 「讀漢簡札記四則」, 『簡帛語言文字研究』 8, 2016.
176) 林獻忠, 「〈肩水金關漢簡(貳)〉考釋六則」, 『敦煌研究』 2016-5, 2016.
177) 周艷濤·張顯成, 「〈肩水金關漢簡(貳)〉"□陵丞印"考」, 『敦煌研究』 2016-6, 2016.
178) 劉樂賢, 「金關漢簡〈譚致丈人書〉校釋」, 『古文字論壇』 1, 2016.
179) 劉樂賢, 「王莽"戒子孫"書考索——也談金關漢簡中一種與〈孝經〉有關的文獻」, 『出土文獻』 9, 2016.

에 대해 의심하였다. 方勇[180]은 73EJT31:140에 나오는 내용이 실제로는 모두 "衰分"[181]의 산술문제를 다루는 것임을 지적하였다. 何茂活[182]은 『肩水金關漢簡』3권의 석문 중 여러 군데를 수정하였다.

姚磊[183]는 『肩水金關漢簡』4권의 여러 석문을 교정하였다. 何有祖[184]는 73EJT37:451簡 "寘"자를 고쳐 석독했다. 黃浩波[185]는 『肩水金關漢簡(肆)』의 73EJH1:58 簡文이 『說文解字』의 殘簡이 아님을 지적하고, 아마도 이미 일실된 전적의 일부일 것으로 추정하였다. 高一致[186]는 『肩水金關漢簡』4권의 석문 중 16개 부분을 교정하였다.

姚磊[187]는 『肩水金關漢簡』5권의 석문에 대해 교석하였다. 高一致[188]는 73EJD:214, 73EJC:27, 72EDAC, 72ECC:5 등의 석문과 도상에 대해 보충하여 고찰하였다. 程少軒[189]은 73EJF3:447의 내용에 추가적인 복원작업을 하였다. 張傳官[190]은 『肩水金關漢簡(伍)』 내의 『急就篇』의 흩어진 簡을 집록하였는데, 72ECC:3·5·6·17 등을 포함한다.

許名瑲[191]은 肩水金關漢簡의 月朔과 歷日 정보에 대해 고증하였다. 黃浩波[192]는 『肩水金關漢簡』의 제 4권 및 5권에 나오는 "郡國縣邑鄉里"와 관련한 내용과 정보를 정리하였다. 趙爾陽[193]은 73EJTT8:35와 73EJTT37:698에 보이는 지명관련 글자인 "鶉"을 마땅히 "鸇"으로 고쳐야 한다고 주장하였다. 黃艷萍[194]은 肩水金關漢簡 내의 燧名을 정리하고, 그 명명 원칙을 귀납적으로 설명하였다.

---

180) 方勇, 「談一道金關漢簡所載的數學"衰分"題」, 簡帛網, 2016.2.2.

181) [역자주] 衰分: 분배 비례에 관한 계산법으로 『九章算術』 중 제 3장의 편목에 해당한다.

182) 何茂活, 「〈肩水金關漢簡(叁)〉釋文商訂(之一)」, 『出土文獻研究』 15, 2016; 何茂活, 「〈肩水金關漢簡(叁)〉釋文商訂(之二)」, 『簡帛』 13, 2016.

183) 姚磊, 「讀〈肩水金關漢簡〉札記(二)~(七)」, 簡帛網, 2016.1.13.-6.26; 姚磊, 「讀〈肩水金關漢簡〉札記(十)」, 簡帛網, 2016.10.26.

184) 何有祖, 「讀肩水金關漢簡札記(四則)」, 簡帛網, 2016.1.14.

185) 黃浩波, 「〈肩水金關漢簡(肆)〉73EJH1:58簡試說」, 簡帛網, 2016.1.14.

186) 高一致, 「初讀〈肩水金關漢簡(肆)〉筆記」, 簡帛網, 2016.1.14.

187) 姚磊, 「讀〈肩水金關漢簡〉札記(八)」, 簡帛網, 2016.8.23; 姚磊, 「讀〈肩水金關漢簡〉札記(九)」, 簡帛網, 2016.10.8.

188) 高一致, 「讀〈肩水金關漢簡(伍)〉小札」, 簡帛網, 2016.8.26.

189) 程少軒, 「〈肩水金關漢簡(伍)〉"天干治十二月將"復原」, 復旦網, 2016.8.26.

190) 張傳官, 「〈肩水金關漢簡(伍)〉所見〈急就篇〉殘簡輯校——出土散見〈急就篇〉資料輯錄(續)」, 復旦網, 2016.8.26.

191) 許名瑲, 「〈肩水金關漢簡(貳)〉簡73EJT24:253考年」, 復旦網, 2016.10.12; 許名瑲, 「肩水金關漢簡73EJT25:156+174+122考年」, 簡帛網, 2016.12.26; 許名瑲, 「〈肩水金關漢簡(肆)〉曆日校補」, 簡帛網, 2016.1.18; 許名瑲, 「〈肩水金關漢簡(肆)〉月朔簡年代考釋十八則」, 簡帛網, 2016.2.11; 許名瑲, 「〈肩水金關漢簡(肆)〉曆日校注」, 簡帛網, 2016.3.7; 許名瑲, 「〈肩水金關漢簡(伍)〉簡月朔簡考年」, 復旦網, 2016.9.20; 許名瑲, 「〈肩水金關漢簡(伍)〉曆日校補」, 復旦網, 2016.10.3.

192) 黃浩波, 「〈肩水金關漢簡(肆)〉所見郡國縣邑鄉里表」, 簡帛網, 2016.3.9; 黃浩波, 「〈肩水金關漢簡(伍)〉所見郡國縣邑鄉里表」, 簡帛網, 2016.9.7.

193) 趙爾陽, 「〈肩水金關漢簡〉地名小議一則」, 簡帛網, 2016.6.7.

194) 黃艷萍, 「〈肩水金關漢簡〉所見"燧"及其命名探析」, 『敦煌研究』 2016-1, 2016.

7. 安徽阜陽雙古堆1號漢墓簡牘

張傳官[195]은 신출사료인 北京大學所藏漢簡을 이용하여 阜陽漢簡의 「倉頡篇」에 대한 철합과 배열작업을 진행하고, 여러 석문을 수정하였다.

8. 甘肅敦煌馬圈灣漢代烽燧遺址簡牘

劉樂賢[196]은 馬圈灣漢簡 중 최소 4매의 '藥方簡'이 있음을 지적하였다. 즉 簡505·563·564 및 簡1177+1060이 그것에 해당한다. 또한 簡563의 "蜀署"과 "厚付", 그리고 簡564의 "白元" 등에 나오는 藥名에 대해 고증하였다. 侯宗輝[197]는 『漢書』와 馬圈灣漢簡의 "卑爰疐"기록을 종합적으로 살펴 卑爰疐와 관련한 역사적 사실에 대해 고증하여 교정하였다.

9. 湖北江陵張家山247號漢墓竹簡

韓厚明[198]은 「具律」 簡100은 마땅히 「亡律」에, 「賜律」 簡282-285·286-290은 「金布律」에 속하는 것이며, 「興律」簡396-397은 아직 보이는 篇題는 아니지만 「囚律」에 해당할 것이라고 지적하였다. 李婧嶸[199]은 「二年律令」은 세 명의 抄寫者의 손에서 완성되었다고 여겼다. 墨子涵·林力娜[200]는 글자 흔적의 분석이라는 측면에서 고찰하여, 『筭數書』는 적어도 3-5명의 사람이 함께 만든 것이고, 만들어진 내용은 반드시 심사를 거쳤으며, 임의로 만들어진 것이 아님을 지적하였다. 또한 서사자 간에는 일정한 등급관계가 존재하였거나 教學과 관련이 있을 것이라고 하였다.

支强[201]은 "皆如耐罪然"은 "同罪"·"同法" 등 방식에 따라 형벌이 확정되었을 때, "耐罪"의 구체적인 실행방식을 참고하여 집행하는 것을 가리키고, 이는 "收"를 집행하지 않는 것도 포함하는데, 이와 같은 조치는 형벌효과를 완화시키기 위한 목적이 있었다고 여겼다. 周海鋒[202]은 「亡律」 簡157의 "軵"은 마땅히 "전부·합계"로 이해해야 하고, 「雜律」 簡193의 "宮隸臣"은 궁중의 隸臣을 가리키는 것이며, 「徭律」 簡411의 "葐"은 마땅히 "翳"의 가차인데 이는 곧 가리개 혹은 수래 덮개일 것이라고 지적하였다. 黃浩波[203]는 「傳食律」 簡233 중 두 군데에서 "車"와 "大夫"는 연독해서는 안 된다고 주장하였다. 羅小華[204]는 簡258-259 중 "絺緒"의 "緒"는 "紵"로 읽어야 한다고 주장하였다. 朱錦程[205]은 簡265 중 "戶勿減"의 "戶"는 마땅

---

195) 張傳官, 「據北大漢簡拼綴·編排·釋讀阜陽漢簡〈蒼頡篇〉」, 『出土文獻』 8, 2016.

196) 劉樂賢, 「敦煌馬圈灣出土藥方簡補釋——爲紀念謝桂華先生而作」, 『簡帛研究』 秋冬卷, 2016.

197) 侯宗輝, 「敦煌漢簡中的"卑爰疐"簡及其相關問題」, 『簡牘學研究』 6, 2016.

198) 韓厚明, 「張家山漢簡〈二年律令〉編聯小議」, 『簡帛研究』 秋冬卷, 2016.

199) 李婧嶸, 「張家山247號漢墓〈二年律令〉書手·書體試析」, 『湖南大學學報(社會科學版)』 2016-4, 2016.

200) 墨子涵·林力娜, 「也有輪着寫的:張家山漢簡〈筭數書〉寫手與篇序初探」, 『簡帛』 12, 2016.

201) 支强, 「〈二年律令·具律〉所見"皆如耐罪然"試解」, 『簡帛研究』 春夏卷, 2016.

202) 周海鋒, 「〈二年律令〉語詞考釋三則」, 『出土文獻綜合研究集刊』 4, 2016.

203) 黃浩波, 「張家山漢簡〈傳食律〉二三三號簡標點商兌」, 『簡牘學研究』 6, 2016.

204) 羅小華, 「漢代名物選釋七則」, 『出土文獻研究』 15, 2016.

히 위쪽으로 붙여 읽어야 한다고 주장하였다. 何有祖[206]는 簡408 "獨輿" 뒤의 "若"자를 "老"라고 고쳐 읽었다. 李力[207]은 「金布律」 簡429-430에 보이는 조문의 句讀과 그 내용을 어떻게 이해해야 하는지에 대해서 체계적으로 정리하였고, 睡虎地秦簡 「關市律」 및 岳麓秦簡 「金布律」과 관련한 율문 간의 관계에 대해 논의하였다. 王丹·高魏·張顯成[208]은 「津關令」 簡516-517의 "買"를 補釋하였다.

何有祖[209]는 「筭數書」 簡45 "禾麥荅爲實"을 "并禾麥荅實"로 고쳐 읽었다. 王挺斌[210]은 「蓋廬」 簡5-6에서 "地" 아래 글자를 黴와 糸로 구성되어 있는 글자임을 지적하고 "效"로 읽었다.

10. 江蘇儀征縣胥浦101號漢墓簡牘

周忠兵[211]은 「先令券書」 중 "甚"과 "其死"의 중간 글자를 마땅히 "病"으로 고쳐 읽어야 함을 지적했다.

11. 湖南張家界古人堤遺址簡牘

張春龍[212]은 湖南張家界市古人堤漢簡의 적외선 사진을 공포하고 이전에 발표한 석문 중 일부를 수정하였다.

12. 甘肅敦煌懸泉置遺址簡牘

張德芳[213]은 27枚의 烏孫관련 簡文의 도판과 釋文을 공개하였고, 이에 연관된 史實을 고증하였다. 初昉世賓[214]은 『敦煌懸泉漢簡釋粹』 중 188-218호 簡文에 대해 考釋하였다.

13. 江蘇連雲港東海縣尹灣6號漢墓簡牘

吕壯[215]은 "薰毒"은 응당 "薰陸"이 아닐 것이며, 마땅히 독성식물을 사용한 가공제조로 만들어진 독약일 것이라고 하였다. 화살촉 등 兵器 위에 薰蒸의 방식 혹은 독성분을 발랐을 가능성을 제시하였다.

---

205) 朱錦程, 「讀張家山漢簡〈二年律令·行書律〉札記」, 簡帛網, 2016.6.27.

206) 何有祖, 「利用岳麓秦簡校釋〈二年律令〉一則」, 簡帛網, 2016.3.26.

207) 李力, 「秦漢簡〈關市律〉·〈金布律〉解讀之若干問題辨析」, 『出土文獻研究』 15, 2016.

208) 王丹·高魏·張顯成, 「張家山漢簡〈二年律令〉釋文補正」, 『魯東大學學報(哲學社會科學版)』 2016-3, 2016.

209) 何有祖, 「讀秦漢簡札記二則」, 『中國文字研究』 24, 2016.

210)王挺斌, 「讀漢簡札記(二則)」, 『簡帛』 13, 2016.

211) 周忠兵, 「漢簡字詞考釋兩則」, 『簡帛』 12, 2016.

212) 張春龍, 「湖南張家界市古人堤漢簡釋文補正」, 『簡牘學研究』 6, 2016.

213) 張德芳, 「懸泉漢簡中的烏孫資料考證」, 『出土文獻研究』 15, 2016.

214) 初昉世賓, 「懸泉漢簡拾遺(七)」, 『出土文獻研究』 15, 2016.

215) 吕壯, 「尹灣漢簡〈永始四年兵車器集簿〉所見 "薰毒"試析」, 『簡帛研究』 秋冬卷, 2016.

14. 湖南長沙望城坡西漢漁陽墓簡牘

羅小華[216)]는 해당 묘장에서 출토된 木楬의 釋文에 대해 수정방안을 제시하였는데 C:34-1·C:4·B:8·B:575 중의 合(袷)·荃(絟)·要(腰)衣·沙(紗)穀·膝(漆) 등이 있다.

15. 内蒙古額濟納漢簡

樂游[217)]는 2000ES9SF4:23 중의 糸와 土로 구성되어 있는 글자를 "絀"로 고쳐 석독하고 "黜"이라고 읽었다. 또한 이것과 유관한 2000ES9SF4:24 중 "元元"에 대한 해석을 덧붙였다.

16. 湖北隨州孔家坡8號漢墓簡牘

劉國勝·凡國棟·蔡丹[218)]은 적외선사진을 이용하여 釋文의 많은 부분을 보충하였다. 예컨대 簡15 "囷", 簡49 "路", 簡103-104 "勿", 簡148 "之" 등이 있다. 鄔可晶[219)]은 簡377 "剛履"는 마땅히 "剛戾"로, 簡436 "叔"은 "叡"으로 고쳐 읽어야 한다고 주장하였다.

17. 湖南長沙走馬樓8號井西漢簡牘

鄔文玲[220)]은 "牒書傳舍" 문서 중 "佐它主它"의 두 개 "它" 및 "貰死"를 모두 人名으로 보았고, 이와 관련한 句讀을 수정하였다.

18. 湖南長沙東牌樓東漢簡牘

李世持·張顯成[221)]은 東牌樓漢簡 〈侈致督郵某書信〉의 "悳"·"諍" 두 글자를 고쳐 읽었다. 羅小華[222)]는 "光和六年諍田自相和從書" 중 "精張" 등 사람의 성씨인 "精"을 마땅히 "糴"으로 고쳐 읽어야 하며, 이것은 "籴"과 가차할 수 있다고 주장하였다.

19. 安徽六安雙龍機床廠M271漢墓木牘

安徽省文物考古研究所[223)]는 安徽六安雙龍機床廠M271 출토 木牘의 釋文과 도판을 공개하였다.

---

216) 羅小華, 「漢代名物選釋七則」, 『出土文獻研究』 15, 2016.
217) 樂游, 「漢簡官文書研讀札記二則」, 『古文字研究』 31, 2016.
218) 劉國勝·凡國棟·蔡丹, 「孔家坡漢簡日書釋文補正」, 『簡帛』 12, 2016.
219) 鄔可晶, 「孔家坡漢簡〈日書〉短札四則」, 2016.
220) 鄔文玲, 「秦漢簡牘中兩則簡文的讀法」, 2016.
221) 李世持·張顯成, 「東牌樓漢簡〈侈致督郵某書信〉考釋二則」, 『簡帛研究』 春夏卷, 2016.
222) 羅小華, 「長沙東牌樓簡牘中的姓氏"籴"」, 『中國典籍文化』 2016-1, 2016.
223) 安徽省文物考古研究所編著, 「安徽六安城東墓地:雙龍機床廠墓群發掘報告」, 上海古籍出版社, 2016.

20. 甘肅永昌水泉子5號漢墓木簡

抱小[224]는 北大漢簡을 근거로 "開灸疾偷廷嬰"를 斷讀하고, 또한 "偷廷"을 "愉挺"으로 읽을 수 있음을 지적하였다.

21. 北京大學藏西漢竹簡

龐壯城[225]은 「陰陽家言」을 6조로 나누고 새롭게 편련하였다. 楊元途[226]는 簡52-53·63-64를 포함하여 「妄稽」의 편련을 새롭게 분석하였다. 또한 「反淫」의 簡35·36을 철합하였다. 勞曉森[227]은 「妄稽」 簡71은 마땅히 簡69-73 중에서 빼버려야 한다고 하였다. 張傳官[228]은 簡85+86은 71+50과 묶여진다는 것, 簡42는 26+41과 27 사이에 편입되어야 한다는 것, 簡45·46은 바로 연결할 수 있다는 것, 簡61·62는 바로 연결할 수 없다는 것, 簡84+86은 87과 연결할 수 있다는 것을 지적하였다. 補白[229]은 「妄稽」 부분적인 簡의 순서에 대한 여러 연구자들의 의견을 종합하여 정리하였다.

胡平生[230]은 「蒼頡篇」을 정리 및 考釋하는 원칙을 재공표하고 총 23조목에 해당하는 부분을 교정하였다. 楊振紅·賈麗英[231]은 北大簡 「蒼頡篇」은 결코 단순한 글자책이 아니고 명확한 의식형태와 교화기능을 갖춘 교과서임을 지적하였다. 또한 "顓頊"장의 簡文에 校釋을 더하였다. 王寧[232]은 簡6 "戲"를 "撝"로 읽었다. 그는 또한 전체 편에 대한 通解와 校注를 진행하였다.[233] 白軍鵬[234]은 다섯 가지의 校讀 의견을 제시하였다.

張傳官[235]은 「蒼頡篇」의 "熾", "迣", "讀飾", "斷", "恙" 등과, 「節」의 "天氣始并" 중 "并", 「雨書」의 "是"자의 중문 등에 대해 정리하여 풀이하였다. 王挺斌[236]은 北大漢簡 「趙正書」의 "神零福", 「雨書」의 "環", 「揕輿」의 "慶李", 「陰陽家言」의 "反山求金鐵", 「蒼頡篇」의 "蠶繅展庫", "私醢救醒" 등을 補釋하였다. 그는 또한 簡32의 "夕"을 "豫"로 읽었다.[237] 王輝[238]는 「周馴」의 "不歺"·"銀順其風", 「趙正書」의 "察登高", 「陰陽家

---

224) 抱小, 「說水泉子漢簡〈蒼頡篇〉之 "疾偷廷"」, 復旦網, 2016.1.1.

225) 龐壯城, 「北大漢簡〈陰陽家言〉編聯問題」, 復旦網, 2016.2.9.

226) 楊元途, 「北大漢簡〈妄稽〉·〈反淫〉校讀筆記」, 復旦網, 2016.6.3.

227) 勞曉森, 「北大漢簡〈妄稽〉編聯一則」, 復旦網, 2016.6.7.

228) 張傳官, 「北大漢簡〈妄稽〉拼綴·編聯瑣記」, 復旦網, 2016.7.13.

229) 補白, 「北大簡〈妄稽〉中與簡61·62有關的簡序試調」, 復旦網, 2016.6.25.

230) 胡平生, 「讀北大漢簡〈蒼頡篇〉札記」, 『出土文獻研究』 15, 2016.

231) 楊振紅·賈麗英, 「北大藏漢簡〈蒼頡篇·顓頊〉校釋與解讀」, 『簡帛研究』 春夏卷, 2016.

232) 王寧, 「北大簡〈蒼頡篇〉 "戲叢"別釋——兼釋帛書〈十六經·正亂〉之 "自戲"」, 復旦網, 2016.1.4.

233) 王寧, 「北大漢簡〈蒼頡篇〉讀札(上)」, 復旦網, 2016.2.22; 王寧, 「北大漢簡〈蒼頡篇〉讀札(中)」, 復旦網, 2016.3.1; 王寧, 「北大漢簡〈蒼頡篇〉讀札(下)」, 復旦網, 2016.3.7.

234) 白軍鵬, 「讀北大簡〈蒼頡篇〉札記」, 『簡帛研究』 春夏卷, 2016.

235) 張傳官, 「讀北大漢簡〈蒼頡〉·〈節〉·〈雨書〉等篇叢札」, 『出土文獻研究』 15, 2016.

236) 王挺斌, 「讀北大簡零拾」, 『出土文獻』 8, 2016.

237) 王挺斌, 「讀北大漢簡〈荊決〉短札(一則)」, 清華網, 2016.5.23.

238) 王輝, 「北大藏漢簡(叁)·(伍)詞語釋讀」, 『古文字論壇』 2, 2016.

言」의 "萬物皆龍", 「節」의 "在室曰臧"·"灰瘳敢菅" 등을 포함시켰다.

陳劍[239]은 「周訓」의 "搓"를 "傾"으로 읽었다. 勞曉森[240]은 簡44-46의 "美"자의 석독은 정확하다고 여겼다. 田成浩[241]는 簡68-70에 기록된 "越人掘闔閭墓"는 賈誼의 「耳痹」 및 劉向의 「諫營昌陵疏」 등 문헌에서도 찾아볼 수 있음을 지적하였다.

姚磊[242]는 「趙正書」의 釋文·주석 및 句讀에 대한 28개조의 보정 의견을 제시하였다. 龐壯城[243]은 北大漢簡 「趙正書」의 "王之約"·"天下臣" 등을 補釋하였다. 王寧[244]은 「陰陽家言」에 대한 교정 및 보충 의견 15조목을 제시하였다. 楊元途[245]는 「妄稽」·「反淫」의 글자에 대한 改釋 혹은 補釋 의견을 제시하였는데, 「妄稽」의 簡6 "無", 簡38 "縶", 「反淫」의 簡13 "攣(鸞)" 등이 있다. 陳劍[246]은 「妄稽」·「反淫」에 대한 다음과 같은 여러 改釋 및 補釋의견을 제시하였다. 즉 「妄稽」에서는 簡6 "拼", 簡17 "羊(祥)", 簡27 등에 나오는 "艾", 簡56 "筥" 등이 있고, 「反淫」에서는 簡2 "挹", 簡5 등에 나오는 "槩", 簡50 "渙" 등이 있다. 黔之菜[247]는 「妄稽」 簡1 "茲(慈)悔"의 "悔"는 "敏"으로 읽을 수 있음을 지적하였다. 또한 그는 簡27의 "齒若"에서 "蛇臭" 단락까지에 대해 통석하였다.[248] 伊强[249]은 「妄稽」 중의 簡54 "拭"은 마땅히 "搣"로 읽어야 한다고 주장하였다. 何有祖[250]는 簡2·14-15·28·34·39·40·69 등 여러 글자를 교정하고 보충하였다. 黔之菜[251]는 「反淫」 簡35·36 중 "死生同宅" 앞의 한 글자는 마땅히 "隨"일 것이라고 주장하였다. 또한 簡22 "素"의 아래 글자는 "筓(枅)"라고 석독하였다.[252] 그리고 簡29-30 "紆"을 "閒"으로 읽었다.[253] 王挺斌[254]은 簡42 "願" 아래 한 글자는 아마도 "徼"의 오자일 것이고 "激"과 통한다고 주장하였다.

單育辰[255]은 「雨書」 簡14·17·22, 「堪輿」 簡64·72-73 등 간문의 석문과 주석에 대해 보충 증명하였다. 曹方向[256]은 『節』 중 "山·丘·陵", "城·虛·墓" 등 5組의 지형명사의 함의에 대해 정리하였다. 程少軒[257]은

---

239) 陳劍, 「〈周馴〉"爲下飧搓而餔之"解」, 復旦網, 2016.6.18.

240) 勞曉森, 「據〈妄稽〉文字補正〈周訓〉舊釋一則」, 復旦網, 2016.6.5.

241) 田成浩, 「漢簡〈周馴〉"越人掘闔閭墓"補釋——兼及對〈新書校注〉的一則商榷」, 『出土文獻綜合研究集刊』 5, 2016.

242) 姚磊, 「北大藏漢簡〈趙正書〉釋文補正」, 『古籍整理研究學刊』 2016-1, 2016.

243) 龐壯城, 「北大漢簡〈趙正書〉補釋三則」, 簡帛網, 2016.6.9.

244) 王寧, 「北大簡三〈陰陽家言〉零釋」, 簡帛網, 2016.1.2.

245) 楊元途, 「北大漢簡〈妄稽〉·〈反淫〉校讀筆記」, 2016.

246) 陳劍, 「〈妄稽〉·〈反淫〉校字拾遺」, 復旦網, 2016.7.4.

247) 黔之菜, 「說北大簡〈妄稽〉篇之"孝弟(悌)茲(慈)悔"」, 復旦網, 2016.7.15.

248) 黔之菜, 「讀北大漢簡〈妄稽〉小札一則」, 復旦網, 2016.6.22.

249) 伊强, 「試釋〈妄稽〉中的"搣"字」, 簡帛網, 2016.6.20.

250) 何有祖, 「讀北大簡〈妄稽〉條記(一)」, 簡帛網, 2016.6.5.

251) 黔之菜, 「北大漢簡〈反淫〉篇校字一則」, 復旦網, 2016.6.3.

252) 黔之菜, 「釋北大簡〈反淫〉篇之"素筓(枅)"」, 復旦網, 2016.6.5.

253) 黔之菜, 「讀北大漢簡〈反淫〉小札一則」, 復旦網, 2016.6.13.

254) 王挺斌, 「北大簡〈反淫〉篇第42號簡再考」, 簡帛網, 2016.7.1.

255) 單育辰, 「〈北京大學藏西漢竹書[伍]〉釋文訂補」, 『出土文獻綜合研究集刊』 5, 2016.

256) 曹方向, 「北大漢簡〈節〉篇"十二勝"初探」, 『簡帛』 12, 2016.

「節」편 簡31-34에 보이는 表格과 문자의 용법을 해독하였다. 謝坤[258]은 「六博」편 簡29 "疾日夜"는 연독해야 한다는 것, 簡39 "難與言"의 "言"은 아래로 붙여 읽어야 한다는 것, 簡24-26에 보이는 "入官"·"衣吉"·"衣忌" 등의 재제와 「六博」이 부합하지 않으므로 해당 편목에 속하지 않을 수 있는 가능성 등을 주장하였다.

22. 湖南長沙五一廣場東漢簡牘

程薇[259]는 五一廣場簡의 정리 상황과 차후 계획을 소개하였다. 莊小霞[260]는 CWJ1①:86簡의 "艾"는 豫章郡의 屬縣인 艾縣일 것이라고 주장하였다. 馬力[261]은 CWJ1③:71-26號牘에 보이는 擧劾文書의 形制·내용 등의 문제에 대해 논의하였다. 呂壯[262]은 CWJ1③:263-17號牘의 "薰"·"毒" 두 글자는 마땅히 연독해야 한다고 주장하였다. 孫兆華[263]는 J1③:281-5·J1③:201-30·CWJ1③:201-1 세 개 목독의 석문 및 구독에 대한 수정의견을 제시하였다. 羅小華[264]는 CWJ1③:100 "旲"를 고쳐 읽었다. 또한 간문에 보이는 "區"姓, "梅"姓, "黃牒", "鮮支"에 대해 주해하였다. 그는 또한 간문에 보이는 酒具인 "杅"와 "器"의 용량과 酒價 및 노비가격 등의 문제에 대해 논의하였다. 陳偉[265]는 簡141과 5는 연독해야 한다는 의견에 대해 동의하면서 해당 간문에 대해 疏解하였다. 伊强[266]은 簡9의 "丘"를 "止"로 고쳐 읽고, "解止"에는 '멈추다'의 의미가 있음을 지적하였고, 簡145의 "解止" 역시 이러한 의미라고 주장하였다. 莊小霞[267]는 五一廣場簡牘에 보이는 "正處言"·"不處"·"要證"·"詭責"·"財省"의 함의를 새롭게 분석하였다. 邢義田[268]은 畫諾과 簽署가 구별됨을 지적하면서 五一廣場簡에 보이는 簽署를 취하여 새로운 증거로 삼았다. 또한 吳牘 중 형식이 다른 畫諾에 대해 상세한 논의를 진행하였다. 李均明[269]은 「五一廣場簡의 실물에 보이는 것을 근거로 이러한 합의문서의 형식과 기본 요소 및 제도화 정도를 분석하였다.

---

257) 程少軒, 「北大漢簡〈節〉篇 "冬夏至干支速算表"解讀」, 復旦網, 2016.1.9.

258) 謝坤, 「北大漢簡〈六博〉補論(三則)」, 『簡帛研究』 秋冬卷, 2016.

259) 程薇, 「五一廣場出土東漢簡牘的整理與研究前景」, 『中國史研究動態』 2016-2, 2016.

260) 莊小霞, 「長沙五一廣場東漢簡牘CWJ1①:86簡所載 "艾"釋義獻疑」, 簡帛網, 2016.5.9.

261) 馬力, 「長沙五一廣場東漢簡牘擧劾文書初讀」, 『出土文獻』 8, 2016.

262) 呂壯, 「尹灣漢簡〈永始四年兵車器集簿〉所見 "薰毒"試析」, 2016.

263) 孫兆華, 「五一廣場東漢簡牘直符戶曹史盛擧劾文書釋文訂正」, 簡帛網, 2016.10.19.

264) 羅小華, 「讀〈長沙五一廣場東漢簡牘選釋〉札記」, 簡帛網, 2016.1.11; 羅小華, 「〈長沙五一廣場東漢簡牘選釋〉所見酒價與酒具」, 簡帛網, 2016.1.12; 羅小華, 「〈長沙五一廣場東漢簡牘選釋〉所見奴婢價」, 簡帛網, 2016.1.14.

265) 陳偉, 「長沙五一廣場東漢簡牘141·5號試讀」, 簡帛網, 2016.2.8.

266) 伊强, 「小議長沙五一廣場東漢簡牘中的"解止"」, 簡帛網, 2016.12.21.

267) 莊小霞, 「長沙五一廣場出土東漢司法簡牘語詞匯釋五則」, 『簡牘學研究』 6, 2016.

268) 邢義田, 「漢晉公文書上的"君教諾"——讀〈長沙五一廣場東漢簡牘選釋〉札記之一」, 簡帛網, 2016.9.26.

269) 李均明, 「東漢簡牘所見合議批件」, 『簡帛研究』 春夏卷, 2016.

23. 湖南長沙尙德街東漢簡牘

長沙文物考古研究所[270)]는 尙德街東漢簡牘의 도판과 釋文 등을 포함한 전체 자료를 발표하였다.

24. 四川成都天回鎮老官山漢墓簡牘

索德浩[271)]는 老官山M1墓의 묘주를 초나라 왕족인 "景氏"의 후예로 비정하고, 그들은 전한초기에 관중으로 옮겨왔다가 나중에 다시 梓潼縣으로 옮겨가 해당 지역의 명문귀족이 되었을 것이라 하였다. 그리고 해당 묘주는 생전에 분명 임관경력이 있을 것이라고 주장하였다. 劉祥宇·謝濤[272)]는 老官山M3墓 묘주는 아마도 齊魯 지역에서 온 "ㄹ"姓의 扁鵲學派 인물일 것이라고 주장하였다. 李海峰·張如青[273)]은 「經脈書」는 經脈 이론이 전래되었을 초기 단계의 서적일 것이고, 아마도 기본적이고 초급인 의학 저작일 것이라고 하였다.

25. 江西南昌海昏侯墓出土簡牘

江西省文物考古研究所·南昌市博物館·南昌市新建區博物館[274)]는 南昌市西漢海昏侯墓에서 출토된 간독의 기본적인 정보를 소개하고 공표된 간독부분에 대한 소량의 도판을 소개하였다. 「五色炫曜——南昌漢代海昏侯國考古成果」에서는 일부의 간독 사진과 석문이 공표되었다.[275)] 楊軍·王楚寧·徐長青[276)]은 竹書『論語·知道』首章의 석문과 도판을 소개하였다. 王楚寧·楊軍[277)]은 竹書「五色食勝」은 분명 六博棋譜일 것이라고 주장하였다.

王子今[278)]은 "海昏"은 縣邑名이 아니며, "晦昏"으로 읽어야 한다고 하였다. 王澤文[279)]은 海昏 지명과 西周 청동기 柞伯鼎 명문에 나오는 지명인 "昏"은 유관할 것이라고 하였다.

---

270) 長沙文物考古研究所, 『長沙尙德街東漢簡牘』, 岳麓書社, 2016.

271) 索德浩, 「成都老官山漢墓M1墓主族屬考察」, 『考古』 2016-5, 2016.

272) 劉祥宇·謝濤, 「略論成都老官山三號墓及綿陽雙包山二號漢墓墓主」, 『江漢考古』 2016-4, 2016.

273) 李海峰·張如青, 「老官山漢簡〈經脈書〉初探」, 『中醫文獻雜志』 2016-6, 2016.

274) 江西省文物考古研究所·南昌市博物館·南昌市新建區博物館, 「南昌市西漢海昏侯墓」, 『考古』 2016-7, 2016.

275) 江西省文物考古研究所·南昌市博物館·南昌市新建區博物館, 「五色炫曜——南昌漢代海昏侯國考古成果」, 江西人民出版社, 2016.

276) 楊軍·王楚寧·徐長青, 「西漢海昏侯劉賀墓出土〈論語·知道〉簡初探」, 『文物』 2016-12, 2016.

277) 王楚寧·楊軍, 「海昏侯墓竹書〈五色食勝〉爲"六博棋譜"小考」, 復旦網, 2016.10.27.

278) 王子今, 「"海昏"名義考」, 『中國史研究動態』 2016-2; 王子今, 「"海昏"名義續考」, 『南都學壇(人文社會科學學報)』 2016-4, 2016.

279) 王澤文, 「試說"海昏"」, 『中國史研究』 2016-4, 2016.

Ⅳ. 魏晉簡牘

1. 江西南昌東湖區1號墓東晉簡牘

陸錫興[280]은 牘 중 "白絹帊"·"五絲同心"·"小女傖嫫"·"疏衣板"의 구체적인 성격에 대해 논하였다.

2. 長沙走馬樓三國吳簡

沈剛[281]은 吳簡 草刺類 문서를 고찰하였다. 草刺類와 封發類 문서의 격식과 기능, 부정기 문서의 처리 과정, 草刺類 문서의 보존정리 등과 관련된 내용을 포함한다. 凌文超[282]는 세 부분의 새로운 私學木牘의 석문에 대해 교정과 通解를 진행하였고, 이에 근거하여 私學을 審實하는 문서행정과정에 대해 논의하였다. 또한 吳簡의 上中下品戶數簿를 정리하고 이러한 제도의 연원과 孫吳 戶等制의 새로운 경향을 논의하였다.[283] 그리고 吳簡에 기록된 "三州掾"·"掾"·"倉吏"의 孫儀는 三州倉의 속리가 아니고 市의 佐吏이며, 본래는 "市吏"일 것이라고 지적하였다.[284] 陳榮傑[285]은 조세율, 佃戶신분, 田地의 성격, 吏員이라는 네 개 방면에서 嘉禾 4년·5년의 吏民田家莂에 대해 비교를 진행하였다. 孫東波·楊芬[286]은 揭剝圖 등의 정보를 이용하여, "朱表盜米案"卷에 대한 복원과 정리를 진행하고, 또한 吳簡의 "涓口倉"은 涓水와 漢水가 만나는 지점에 있을 것이며 江夏郡에 속할 것이라고 지적하였다. 해당 권에 언급된 "諸葛府君"은 어쩌면 당시 丹陽太守에 임명되었던 諸葛恪일 수도 있다고 하였다. 楊芬[287]은 吳簡 중의 "溙口"는 분명 문헌에 나오는 "陸口"와 같으며, 간독에서는 다만 陸口가 長沙郡에 속해있다는 것만을 설명한다고 하였다. 連先用[288]은 錯亂干支기록의 정리를 토대로 錯亂 출현의 원인 및 관련 문제에 대해 논의하였다.

3. 甘肅高臺駱駝城前秦衣物疏

李明曉[289]는 "高俟告地策"과 "高容男告地策"에 集注하였다.

4. 甘肅敦煌一棵樹漢晉烽燧新獲簡牘

樂游·譚若麗[290]는 符信의 문자에 대해 補證하였는데 "賊"·"靡速"·"封表" 등을 포함한다. 또한 여기서

---

280) 陸錫興, 「東晉吳應疏衣板考釋」, 『簡帛』 12, 2016.
281) 沈剛, 「吳簡所見孫吳縣級草刺類文書處置問題考論」, 『文史』 2016-1, 2016.
282) 凌文超, 「新見吳簡私學木牘文書考釋」, 『簡牘學研究』 6, 2016.
283) 凌文超, 「走馬樓吳簡上中下品戶數簿整理與研究——兼論孫吳的戶等制」, 『中國經濟史研究』 2016-3, 2016.
284) 凌文超, 「吳簡中所見孫儀之職事」, 『出土文獻研究』 15, 2016.
285) 陳榮傑, 「吳簡嘉禾四年·五年吏民田家莂比較研究」, 『出土文獻綜合研究集刊』 5, 2016.
286) 孫東波·楊芬, 「走馬樓三國吳簡吳長朱表盜米案初探」, 『簡帛研究』 秋冬卷, 2016.
287) 楊芬, 「說長沙走馬樓三國吳簡中的"溙口"」, 『簡帛』 13, 2016.
288) 連先用, 「走馬樓吳簡紀日干支錯亂問題試探」, 『簡帛研究』 春夏卷, 2016.
289) 李明曉, 「甘肅高臺駱駝城前秦墓出土兩件告地策校釋」, 『簡帛語言文字研究』 8, 2016.

출토된 封泥문자·漢簡의 符·傳 형태 변화 등에 대해 고증하였다.

투고일: 2018. 10. 29.　　심사개시일: 2018. 11. 5.　　심사완료일: 2018. 11. 28.

290) 樂游·譚若麗,「敦煌一棵樹烽燧西晉符信補釋——兼説漢簡中"符"的形態演變」,『中國國家博物館館刊』2016-5, 2016.

참/고/문/헌

1. 文字와 文本

郭麗華, 「西北屯戍漢簡中"貧急"考辨」, 『簡帛語言文字研究』 8, 2016.

何茂活, 「"近衣"考論兼訂相關諸簡釋文」, 『簡牘學研究』 8, 2016.

何茂活, 「河西漢簡所見"墧"字釋讀商兑」, 『簡帛研究』 秋冬卷, 2016.

荒金治, 「西漢時期與"前"字同步變化的幾個字」, 『出土文獻研究』 15, 2016.

劉建民, 「讀馬王堆古醫書札記(五則)」, 『簡帛』 13, 2016.

吕志峰, 「讀〈關沮秦漢墓簡牘〉札記三則」, 『中國文字研究』 24, 2016.

夏利亞, 「睡虎地秦簡〈語書〉篇釋文商榷一則」, 『江漢考古』, 2016-3.

游順釗, 「竹簡文字偏旁配搭與秦漢書寫規範的差距」, 『古文字研究』 31, 2016.

周飛, 「出土〈蒼頡篇〉版本探討」, 『出土文獻』 8, 2016.

周祖亮, 「簡帛醫藥文獻詞語二題」, 『簡帛語言文字研究』 8, 2016.

2. 經濟와 社會

陳榮傑, 「走馬樓吴簡"還民", "新還民"及"步侯還民"的涵義試釋」, 『簡帛語言文字研究』 8, 2016.

陳松長, 「秦代"户賦"新證」, 『湖南大學學報(社會科學版)』 2016-4.

關尾史郎, 「從簿籍的製作與管理看臨湘侯國——以名籍類爲中心」, 『簡帛研究』 春夏卷, 2016.

郭麗華, 張顯成, 「西北屯戍漢簡中的"就人"及其相關詞語考論」, 『中國社會經濟史研究』 2016-2.

韓樹峰, 「里耶秦户籍簡三題」, 『簡帛研究』 春夏卷, 2016.

韓樹峰, 「論秦漢時期的"老"」, 『簡帛』 13.

黎石生, 「走馬樓吴簡所見幣種, 斛制補論」, 『故宫博物院院刊』 2016-5.

屈波, 乜小紅, 「對絲綢之路上居延, 敦煌漢簡中的僱傭券之探討」, 『江漢考古』 2016-5.

沈剛, 「長沙走馬樓三國吴簡所見"生口"買賣問題補論」, 『煙台大學學報(哲學社會科學版)』 2016-2.

沈剛, 「秦簡中的"吏僕"與"吏養"」, 『人文雜志』 2016-1.

沈剛, 「新出秦簡所見秦代市場與商人探討」, 『中國社會經濟史研究』 2016-1.

蘇俊林, 「吴簡所見復民身份考辨」, 『簡帛研究』 春夏卷, 2016.

蘇俊林, 「吴簡所見孫吴家庭結構的影響因素試析」, 『簡牘學研究』 6, 2016.

王勇, 「税田與取程:秦代田租征收方式蠡測」, 『簡帛研究』 秋冬卷, 2016.

王勇, 「也釋吴簡〈嘉禾吏民田家莂〉中的"旱田"與"熟田"」, 『簡牘學研究』 6, 2016.

王子今, 「里耶秦簡"捕羽"的消費主題」, 『湖南大學學報(社會科學版)』 2016-4.

熊曲, 宋少華, 「走馬樓吴簡中的種糧給貸簿研究」, 『簡帛』 12, 2016.

袁延勝, 「〈奏讞書〉所見西漢初年的户籍問題」, 『古代文明』 2016-3.

袁延勝, 「尹灣漢墓木牘〈集簿〉户口統計資料真實性探討」, 『史學月刊』 2016-11.
臧知非, 「簡牘所見秦和漢初田畝制度的幾個問題——以阡陌封埒的演變爲核心」, 『人文雜志』 2016-12.
趙寵亮, 「走馬樓吴簡所見"女户"」, 『石家莊學院學報』 2016-5.
趙岩, 「里耶秦簡所見秦遷陵縣糧食收支初探」, 『史學月刊』 2016-8.
朱德貴, 莊小霞, 「岳麓秦簡所見"訾稅"問題新證」, 『中國經濟史研究』 2016-4.
朱德貴, 「長沙五一廣場東漢簡牘所見商業問題探討」, 『中國社會經濟史研究』 2016-4.
朱德貴, 「岳麓秦簡所見"傜"制問題分析——兼論"奴傜"和"吏傜"」, 『江西師範大學學報(哲學社會科學版)』 2016-4.

3. 法律과 行政

陳松長, 温俊萍, 「論秦律的罪數處罰——以"岳麓書院藏秦簡"爲中心」, 『簡帛研究』 秋冬卷, 2016.
陳偉, 「秦平行文書中的"令史"與"卒人"」, 『古文字研究』 31, 2016.
陳中龍, 「論秦與漢初時刑罪中的"完"與"刑盡"」, 『簡帛』 12, 2016.
崔建華, 「西漢"復作"的生成機制及身份歸屬探討」, 『中國史研究』 2016-2.
范雲飛, 「秦漢祠祀律令拾遺」, 『出土文獻綜合研究集刊』 5, 2016.
何有祖, 「里耶秦簡"(牢)司寇守囚"及相關問題研究」, 『簡牘學研究』 6, 2016.
蔣魯敬, 「岳麓秦簡〈猩, 敞知盜分贓案〉與楚早期盜掘」, 『簡帛研究』 秋冬卷, 2016.
李均明, 「漢簡所見時限與延期」, 『中國古代法律文獻研究』 10, 2016.
李均明, 「簡牘所見簽名, 畫押及其書寫特征」, 『書法研究』 2016-4.
李均明, 「秦簡貲罰再探」, 『出土文獻研究』 15, 2016.
劉慶, 「秦漢告, 劾制度辨析」, 『中國史研究』 201-4.
沈剛, 「簡牘所見秦代對南方新佔領地區特殊統治政策探析」, 『簡牘學研究』 6, 2016.
沈剛, 「秦代縣級檔案文書的處理周期——以遷陵縣爲中心」, 『出土文獻研究』 15, 2016.
萬榮, 「秦漢簡牘所見"隱官"探析」, 『楚學論叢』 5, 湖北人民出版社, 2016.
王勇, 「岳麓秦簡〈金布律〉關於奴婢, 馬牛買賣的法律規定」, 『中國社會經濟史研究』 2016-3.
吴方基, 「從出土文書論秦代縣政令的下達與執行機制」, 『簡帛研究』 春夏卷, 2016.
吴方基, 「簡牘所見秦代地方性法規與行政管理」, 『魯東大學學報(哲學社會科學版)』 2016-5.
謝坤, 「岳麓秦簡涉倉諸律所見秦倉制考述」, 『中國農史』 2016-6.
楊琳, 于振波, 「從勞力需求看秦代赦免制度」, 『簡帛研究』 春夏卷, 2016.
姚遠, 「東漢內郡縣法官法吏復原研究——以長沙五一廣場東漢簡牘爲核心」, 『華東政法大學學報』 2016-4; 『出土文獻與法律史研究』 5, 法律出版社, 2016.
張韶光, 「〈岳麓書院秦簡(肆)〉中有關"僱傭"的法律規定研究」, 『中國古代法律文獻研究』 10, 2016.
張瑛, 「河西漢簡所見〈漢律〉散簡輯證」, 『西北師大學報(社會科學版)』 2016-4.

周海鋒, 「秦律令之流布及隨葬律令性質問題」, 『華東政法大學學報』 2016-4; 『出土文獻與法律史研究』 5, 2016.

周海鋒, 「岳麓書院藏秦簡〈亡律〉研究」, 『簡帛研究』 春夏卷, 2016.

朱德貴, 劉威威, 「秦漢簡牘中〈田律〉及其立法宗旨」, 『出土文獻研究』 15, 2016.

朱德貴, 「岳麓秦簡所見"隸臣妾"問題新證」, 『社會科學』 2016-1.

4. 職官과 爵位

陳偉, 「關於秦遷陵縣"庫"的初步考察」, 『簡帛』 12, 2016.

黄可佳, 「秦代基層小吏的升遷模式——讀里耶閥閱簡札記一則」, 『南都學壇(人文社會科學學報)』 2016-2.

黎明釗, 唐俊峰, 「里耶秦簡所見秦代縣官, 曹組織的職能分野與行政互動——以計, 課爲中心」, 『簡帛』 13, 2016.

李勉, 晉文, 「里耶秦簡中的"田官"與"公田"」, 『簡帛研究』 春夏卷, 2016.

李迎春, 「論卒史一職的性質, 來源與級別」, 『簡牘學研究』 6, 2016.

水間大輔, 「里耶秦簡〈遷陵吏志〉初探——通過與尹灣漢簡〈東海郡吏員簿〉的比較」, 『簡帛』 12, 2016.

孫聞博, 「二十等爵確立與秦漢爵制分層的發展」, 『中國人民大學學報』 2016-1.

王偉, 「秦守官, 假官制度綜考——以秦漢簡牘資料爲中心」, 『簡帛研究』 秋冬卷, 2016.

鄔文玲, 「漢代"使主客"略考」, 『中國史研究』 2016-3.

徐暢, 「走馬樓簡所見孫吳"鄉勸農掾"的再研究——對漢晉之際鄉級政權的再思考」, 『文史』 2016-1.

鄒水杰, 「簡牘所見秦代縣廷令史與諸曹關係考」, 『簡帛研究』 春夏卷, 2016.

5. 地理와 交通

戴衛紅, 「出土資料所見孫吳對建業的經營」, 『出土文獻研究』 15, 2016.

郭偉濤, 「"地方某里"疏證」, 『出土文獻』 8, 2016.

侯旭東, 「西漢張掖郡肩水候官騂北亭位置考」, 『湖南大學學報(社會科學版)』 2016-4.

李蘭芳, 「酉陽縣小考」, 『魯東大學學報(哲學社會科學版)』 2016-2.

李碩, 「漢長城西端新發現城址與敦煌漢簡中的大煎都候障」, 『敦煌研究』 2016-5.

張英梅, 「張家山漢簡〈秩律〉所見淮陽國地名及相關問題探究」, 『簡牘學研究』 6, 2016.

趙志强, 「關於秦漢内史的幾個問題」, 『出土文獻』 8, 2016.

鄭威, 「出土文獻所見秦洞庭郡新識」, 『考古』 2016-11.

周群, 「秦代置郡考述」, 『中國史研究』 2016-4.

莊小霞, 「走馬樓吴簡所見"漢昌", "吴昌"小考」, 『出土文獻研究』 15, 2016.

6. 軍事와 軍制

馬智全, 「姑臧庫與漢代河西兵物管理」, 『魯東大學學報(哲學社會科學版)』 2016-1.

孫聞博, 「秦漢"內史-諸郡"武官演變考——以軍國體制向日常行政體制的轉變爲背景」, 『文史』 2016-1.

孫聞博, 「秦漢邊地胡騎的使用——基於新獲史料與傳世文獻的再考察」, 『簡牘學硏究』 6, 2016.

孫聞博, 「音聲與軍政:論秦漢軍鼓及相關問題」, 『簡帛硏究』 春夏卷, 2016.

熊曲, 「"白衣衛士"試釋」, 『簡帛硏究』 春夏卷, 2016.

姚磊, 「〈肩水金關漢簡〉所見田卒史料探析」, 『中國農史』 2016-4.

張文瀚, 「漢代甲渠候官的後勤管理」, 『河南師範大學學報(哲學社會科學版)』 2016-4.

7. 曆法과 數術

陳侃理, 「出土秦漢曆書綜論」, 『簡帛硏究』 秋冬卷, 2016.

陳侃理, 「序數紀日的產生與通行」, 『文史』 2016-3.

金秉俊, 「漢代伏日及臘日:節日與地方統治」, 『簡帛硏究』 春夏卷, 2016.

李洪財, 「讀〈先秦秦漢曆法和殷周年代〉——略談秦漢簡牘中的曆法問題」, 『簡帛』 12, 2016.

李洪財, 「釋簡牘中的"莫食"」, 『敦煌硏究』 2016-6.

梁超, 「放馬灘秦簡〈日書〉所見"土忌"神煞考釋」, 『簡帛硏究』 春夏卷, 2016.

呂亞虎, 「秦簡中的夢幻占禳信仰初探」, 『寶雞文理學院學報(社會科學版)』 2016-6.

王彬, 「試論北大漢簡〈荊决〉與敦煌〈周公卜法〉, 〈管公明卜法〉的關係」, 『出土文獻』 9, 2016.

8. 名物과 文化

李斯, 李筆戎, 「里耶"取鮫魚"簡與秦統一初期的文化建構」, 『簡帛硏究』 秋冬卷, 2016.

孫兆華, 「從岳麓簡"秦更名令"看秦統一對人名的影響」, 『魯東大學學報(哲學社會科學版)』 2016-2.

王子今, 「說敦煌馬圈灣簡文"驅驢士""之蜀"」, 『簡帛』 12, 2016.

肖從禮, 「秦漢簡牘所見"清酒"的祭祀功能考」, 『簡牘學硏究』 6, 2016.

9. 綜述과 目錄

蔡萬進, 李若飛, 「〈里耶秦簡(壹)〉硏究綜述」, 『魯東大學學報(哲學社會科學版)』 2016-5.

楯身智志, 「2014年日本的戰國秦漢史硏究」, 『中國史硏究動態』 2016-4.

韓華, 「肩水金關漢簡硏究綜述」, 『魯東大學學報(哲學社會科學版)』 2016-3.

黃艷萍, 「西北漢簡文字硏究綜述」, 『簡牘學硏究』 6, 2016.

紀歡歡, 「孔家坡漢簡〈日書〉硏究綜述」, 『楚學論叢』 5, 2016.

魯家亮, 李靜, 「2015年秦漢魏晉簡牘硏究概述」, 『簡帛』 13, 2016.

馬智全, 「近年來肩水金關漢簡硏究綜述」, 『簡牘學硏究』 6, 2016.

單育辰,「1900年以來出土簡帛一覽(續)」,『簡帛研究』春夏卷, 2016.
魏振龍,「近年來肩水金關漢簡研究論著目錄」,『簡牘學研究』6, 2016.
徐瑩,「2015年秦漢史研究述評」,『中國史研究動態』2016-5.
薛夢瀟,「先秦, 秦漢月令研究綜述」,『中國史研究動態』2016-3.
顏世鉉,「2015年台灣簡帛研究概況」,『簡帛』13, 2016.
鍾量,「2015年西文簡牘研究概要」,『簡帛』13, 2016.

10. 기타

金秉駿,「秦漢帝國的邊境:來自周邊的帝國觀——國際簡帛學視野下的邊境出土簡牘研究」,『河南師範大學學報(哲學社會科學版)』2016-5.
孫占鼇,「河西漢簡命名芻議」,『簡牘學研究』6, 2016.
王彬,「漢晉間名刺, 名謁的書寫及其交往功能」,『出土文獻』8, 2016.
王化平,「簡帛古書中的分欄抄寫」,『文獻』2016-4.
尹在碩,「東亞簡牘文化圈的形成與發展」,『河南師範大學學報(哲學社會科學版)』2016-5.

〈Abstracts〉

Summary of the study bamboo slips of Qin–han–wei–jin by 2016

Lu, Jia–liang

This paper is mainly about the brief introduction of the research on bamboo slips in the Qin, Han, Wei and jun Dynasties in the year of 2016. The style, classification and collecting principle are basically the same as those summarized in previous years, and a few important achievements of the past year have alsa been added. Wei and jin bamboo slips research scholars interested in providing a little convenience.

▶ Key words: Qin Dynasty, han Dynasty, Wei Dynasty, Jin Dynasty, Bamboo slips

휘/보

하계워크샵, 학술대회, 정기발표회, 한국고대문자자료 연구모임, 초빙 강연, 자료교환

하계워크샵, 학술대회, 정기발표회, 한국고대문자자료 연구모임, 초빙 강연, 자료교환

1. 하계워크샵

* 일시 : 2018년 7월 12일~13일
* 장소 : 국립가야문화재연구소
* 주최 : 한국목간학회

《첫째날(7월 12일)》

■ 주제발표

한지아(울산발전연구원), 부여 한옥마을부지 출토 백제목간

권인한(성균관대학교), 습서와 낙서 그리고 부호

윤선태(동국대학교), 신라운천동사적비

■ 함안 성산산성출토 목간 실견

《둘째날(7월 13일)》

■ 부산·김해 답사

부산 배산성지 목간출토지 현장답사

대성동고분군 출토 자료

2. 학술대회

1) 제10회 국제학술대회

* 일시 : 2018년 10월 25일~26일
* 장소 : 함안문화원
* 주최 : 한국목간학회·국립가야문화재연구소
* 후원 : 함안군청

《첫째날(10월 25일)》

■ 기조강연

강연자 : 주보돈(경북대학교), 함안 성산산성 출토 목간 연구의 진전을 위한 제언

■ 국내 주제 발표 / 사회 : 최연식 (동국대학교)

발표자 : 정인태(국립가야문화재연구소), 함안 성산산성 축조기법의 특징

발표자 : 박현정(국립가야문화재연구소), 함안 성산산성 목간의 개요

발표자 : 홍승우(명지대학교), 함안 성산산성 출토 하찰목간의 서식과 성격

토론자 : 이수훈(부산대학교)

발표자 : 이재환(홍익대학교), 함안 성산산성 출토 문서목간과 역역동원의 문서행정

토론자 : 김창석(강원대학교)

발표자 : 권인한(성균관대학교), 함안 목간의 국어사적 의의

토론자 : 이진호(서울대학교)

발표자 : 김재홍(국민대학교), 함안 성산산성과 출토목간의 연대

토론자 : 이주헌(국립문화재연구소)

발표자 : 홍기승(국사편찬위원회), 함안 성산산성 목간으로 본 6세기 신라 촌락사회와 지방지배

토론자 : 윤선태(동국대학교)

《둘째날(10월 26일)》

■ 국외 주제 발표 / 사회 : 김병준 (서울대학교)

발표자 : 戴卫紅(中國 社會科學院), 簡牘과 文書로 본 中國 中古 時期 지방 징세 체계

토론자 : 이주현(서울대학교)

발표자 : 畑中彩子(日本 東海大學), 목간群으로서의 城山山城木簡

토론자 : 이용현(국립경주박물관)

■ 개별 발표 논평 / 좌장 : 김병준 (서울대학교)

■ 종합토론 / 좌장 : 전덕재 (단국대학교)

3. 정기발표회

1) 제 29회 정기발표회

* 일시 : 2018년 11월 30일
* 장소 : 동국대학교 서울캠퍼스 법학관 162호
* 주최 : 한국목간학회

■ 연구발표 – 사회 : 윤선태 (동국대학교)
최인건(한국고고환경연구소), 아차산성 집수지 출토 목간 소개
심재용(대성동고분박물관), 양동산성 집수지 발굴조사 성과
구산우(창원대학교), 고려 성곽 건설에 동원된 지방군에 관한 새로운 기와 명문의 분석

4. 한국고대문자자료 연구모임

1) 월례발표회

* 주제 : 한국고대문자자료 역주
* 일시 : 매월 첫째주 토요일
* 장소 : 동국대학교 서울캠퍼스
* 주최 : 한국목간학회

■ 제35회 정기발표회(2018년 10월 6일)
발표자 : 기경량(가톨릭대학교)
주　제 : 광개토왕비(中)
발표자 : 이규호(동국대학교)
주　제 : 고질 묘지명

■ 제36회 정기발표회(2018년 11월 24일)
발표자 : 박초롱 (이화여자대학교)
주　제 : 고영숙 묘지명
발표자 : 나용재 (단국대학교)
주　제 : 왕무 묘지명
발표자 : 전상우 (단국대학교)

주　제 : 왕도민 묘지명

■ 제37회 정기발표회(2018년 12월 1일)

발표자 : 기경량 (가톨릭대학교)

주　제 : 광개토왕비(下)

발표자 : 나유정 (한국외국어대학교)

주　제 : 왕온 묘지명

발표자 : 이준성 (국사편찬위원회)

주　제 : 왕서 묘지명

5. 제3회 해외 전문가 초빙 강연

* 일시 : 2018년 10월 24일
* 장소 : 동국대학교 서울캠퍼스 법학관 255호
* 발표자 : 戴卫紅(中國 社會科學院)
* 발표주제 : 한국목간 연구에 대한 중국에서의 연구동향과 성과소개

6. 자료교환

日本木簡學會와의 資料交換

* 韓國木簡學會『木簡과 文字』20호 일본 발송 (2018년 7월)

부/록

학회 회칙, 간행예규, 연구윤리규정

학회 회칙

제 1 장 총칙

제 1 조 (명칭) 본회는 한국목간학회(韓國木簡學會, The Korean Society for the Study of Wooden Documents)라 한다.

제 2 조 (목적) 본회는 목간을 비롯한 금석문, 고문서 등 문자자료와 기타 문자유물을 중심으로 한 연구 및 학술조사를 통하여 한국의 목간학 발전에 이바지함을 목적으로 한다.

제 3 조 (사업) 본회는 목적에 부합하는 다음의 사업을 한다.

1. 연구발표회
2. 학보 및 기타 간행물 발간
3. 유적·유물의 답사 및 조사 연구
4. 국내외 여러 학회들과의 공동 학술연구 및 교류
5. 기타 위의 각 사항의 사업을 수행하기 위해 필요한 사업

제 4 조 (회원의 구분과 자격)

① 본회의 회원은 본회의 목적에 동의하여 회비를 납부하는 개인 또는 기관으로서 연구회원, 일반회원 및 학생회원으로 구분하며, 따로 명예회원, 특별회원을 둘 수 있다.

② 연구회원은 평의원 2인 이상의 추천을 받아 평의원회에서 심의, 인준한다.

③ 일반회원은 연구회원과 학생회원이 아닌 사람과 기관 및 단체로 한다.

④ 학생회원은 대학생과 대학원생으로 한다.

⑤ 명예회원은 본회의 발전에 크게 기여한 회원 또는 개인 중에서 운영위원회에서 추천하여 평의원회에서 인준을 받은 사람으로 한다.

⑥ 특별회원은 본회의 활동과 운영에 크게 기여한 개인 또는 기관 중에서 운영위원회에서 추천하여 평의원회에서 인준을 받은 사람으로 한다.

제 5 조 (회원징계)　회원으로서 본회의 명예를 손상시키거나 회칙을 준수하지 않았을 경우 평의원회의 심의와 총회의 의결에 따라 자격정지, 제명 등의 징계를 할 수 있다.

제 2 장 조직 및 기능

제 6 조 (조직)　본회는 총회·평의원회·운영위원회·편집위원회를 두며, 필요한 경우 별도의 위원회를 구성할 수 있다.

제 7 조 (총회)

① 총회는 정기총회와 임시총회로 나누며, 정기총회는 2년에 1회 정기적으로 개최하고 임시총회는 필요한 때에 소집할 수 있다.

② 총회는 회장이나 평의원회의 의결로 소집한다.

③ 총회는 평의원회에서 심의한 학회의 회칙, 운영예규의 개정 및 사업과 재정 등에 관한 보고를 받고 이를 의결한다.

④ 총회는 평의원회에서 추천한 회장, 평의원, 감사를 인준한다. 단 회장의 인준이 거부되었을 때는 평의원회에서 재추천하도록 결정하거나 총회에서 직접 선출한다.

제 8 조 (평의원회)

① 평의원은 연구회원 중 평의원회의 추천을 받아 총회에서 인준한 자로 한다.

② 평의원회는 회장을 포함한 평의원으로 구성한다.

③ 평의원회는 회장 또는 평의원 4분의 1 이상의 요구로써 소집한다.

④ 평의원회는 아래의 사항을 추천, 심의, 의결한다.

1. 회장, 평의원, 감사, 편집위원의 추천
2. 회칙개정안, 운영예규의 심의
3. 학회의 재정과 사업수행의 심의
4. 연구회원, 명예회원, 특별회원의 인준
5. 회원의 자격정지, 제명 등의 징계를 심의

제 9 조 (운영위원회)

① 운영위원회는 회장과 회장이 지명하는 부회장, 총무·연구·편집·섭외이사 등 20명 내외로 구성하고, 실무를 담당할 간사를 둔다.

② 운영위원회는 평의원회에서 심의·의결한 사항을 집행하며, 학회의 제반 운영업무를 담당한다.

③ 부회장은 회장을 도와 학회의 업무를 총괄 지원하며, 회장 유고시에는 회장의 권한을 대행한다.

④ 총무이사는 학회의 통상 업무를 담당, 집행한다.
⑤ 연구이사는 연구발표회 및 각종 학술대회의 기획을 전담한다.
⑥ 편집이사는 편집위원을 겸하며, 학보 및 기타 간행물의 출간을 전담한다.
⑦ 섭외이사는 학술조사를 위해 자료소장기관과의 섭외업무를 전담한다.

제 10 조 (편집위원회)　편집위원회는 학보 발간 및 기타 간행물의 출간에 관한 제반사항을 담당하며, 그 구성은 따로 본회의 운영예규에 정한다.

제 11 조 (기타 위원회)　기타 위원회의 구성과 활동은 회장이 결정하며, 그 내용을 평의원회에 보고한다.

제 12 조 (임원)
① 회장은 본회를 대표하고 총회와 각급회의를 주재하며, 임기는 2년으로 한다.
② 평의원은 제 8 조의 사항을 담임하며, 임기는 종신으로 한다.
③ 감사는 평의원회에 출석하고, 본회의 업무 및 재정을 감사하여 총회에 보고하며, 그 임기는 2년으로 한다.
④ 임원의 임기는 1월 1일부터 시작한다.
⑤ 임원이 유고로 업무를 수행할 수 없게 된 때에는 평의원회에서 보궐 임원을 선출하고 다음 총회에서 인준을 받으며, 그 임기는 전임자의 잔여임기가 1년 미만인 경우는 잔여임기에 규정임기 2년을 더한 기간으로 하고, 잔여임기가 1년 이상인 경우는 잔여기간으로 한다.

제 13 조 (의결)
① 총회에서의 인준과 의결은 출석 회원의 과반수로 한다.
② 평의원회는 평의원 4분의 1 이상의 출석으로 성립하며, 의결은 출석한 평의원 과반수의 찬성으로 한다.

제 3 장 출판물의 발간

제 14 조 (출판물)
① 본회는 매년 6월 30일과 12월 31일에 학보를 발간하고, 그 명칭은 "목간과 문자"(한문 "木簡과 文字", 영문 "Wooden documents and Inscriptions Studies")로 한다.
② 본회는 학보 이외에 본회의 목적에 부합하는 출판물을 발간할 수 있다.
③ 본회가 발간하는 학보를 포함한 모든 출판물의 저작권은 본 학회에 속한다.

제 15 조 (학보 게재 논문 등의 선정과 심사)

① 학보에는 회원의 논문 및 본회의 목적에 부합하는 주제의 글을 게재함을 원칙으로 한다.

② 논문 등 학보 게재물은 편집위원회에서 선정한다.

③ 논문 등 학보 게재물의 선정 기준과 절차는 따로 본회의 운영예규에 정한다.

제 4 장 재정

제 16 조 (재원) 본회의 재원은 회비 및 기타 수입으로 한다.

제 17 조 (회계연도) 본회의 회계연도 기준일은 1월 1일로 한다.

제 5 장 기타

제 18 조 (운영예규) 본 회칙에 명시하지 않은 운영에 필요한 사항은 따로 운영예규에 정한다.

제 19 조 (기타사항) 본 회칙에 규정되지 않은 사항은 일반관례에 따른다

부칙

1. 본 회칙은 2007년 1월 9일부터 시행한다.
2. 본 회칙은 2009년 1월 9일부터 시행한다.
3. 본 회칙은 2012년 1월 18일부터 시행한다.
4. 본 회칙은 2015년 10월 31일부터 시행한다.

편집위원회에 관한 규정

제 1 장 총칙

제 1 조 (명칭) 본 규정은 '편집위원회에 관한 규정'이라 한다.

제 2 조 (목적) 본 규정은 한국목간학회 편집위원회의 조직 및 편집 활동 전반에 관한 세부 사항을 규정하는 것을 목적으로 한다.

제 2 장 조직 및 권한

제 3 조 (구성) 편집위원회는 회칙에 따라 구성한다.

제 4 조 (편집위원의 임명) 편집위원은 세부 전공 분야 및 연구 업적을 감안하여 평의원회에서 추천하며, 회장이 임명한다.

제 5 조 (편집위원장의 선출) 편집위원장은 편집위원 전원의 무기명 비밀투표 방식으로 편집위원 중에서 선출한다.

제 6 조 (편집위원장의 권한) 편집위원장은 편집회의의 의장이 되며, 학회지의 편집 및 출판 활동 전반에 대하여 권한을 갖는다.

제 7 조 (편집위원의 자격) 편집위원은 다음과 같은 조건을 갖춘자로 한다.

1. 박사학위를 소지한 자.
2. 대학의 전임교수로서 5년 이상의 경력을 갖추었거나, 이와 동등한 연구 경력을 갖춘자.
3. 역사학·고고학·보존과학·국어학 또는 이와 관련된 분야에서 연구 업적이 뛰어나고 학계의 명망과 인격을 두루 갖춘자.

4. 다른 학회의 임원이나 편집위원으로 과다하게 중복되지 않은 자.

제 8 조 (편집위원의 임기) 편집위원의 임기는 2년으로 하되, 연임할 수 있다.

제 9 조 (편집자문위원) 학회지 및 기타 간행물의 편집 및 출판 활동과 관련하여 필요시 국내외의 편집자문위원을 둘 수 있다.

제 10 조 (편집간사) 학회지를 비롯한 제반 출판 활동 업무를 원활히 하기 위하여 편집간사 약간 명을 둘 수 있다.

제 3 장 임무와 활동

제 11 조 (편집위원회의 임무와 활동) 편집위원회의 임무와 활동 내용은 다음과 같다.

1. 학회지의 간행과 관련된 제반 업무.
2. 학술 단행본의 발행과 관련된 제반 업무.
3. 기타 편집 및 발행과 관련된 제반 활동.

제 12 조 (편집간사의 임무) 편집간사는 편집위원회의 업무와 활동을 보조하며, 편집과 관련된 회계의 실무를 담당한다.

제 13 조 (학회지의 발간일) 학회지는 1년에 2회 발행하며, 그 발행일자는 6월 30일과 12월 31일로 한다.

제 4 장 편집회의

제 14 조 (편집회의의 소집) 편집회의는 편집위원장이 수시로 소집하되, 필요한 경우에는 3인 이상의 편집위원이 발의하여 회장의 동의를 얻어 편집회의를 소집할 수 있다. 또한 심사위원의 추천 및 선정 등에 필요한 경우에는 전자우편을 통한 의견 수렴으로 편집회의를 대신할 수 있다.

제 15 조 (편집회의의 성립) 편집회의는 편집위원장을 포함한 편집위원 과반수의 출석으로 성립된다.

제 16 조 (편집회의의 의결) 편집회의의 제반 안건은 출석 위원 과반수의 찬성으로 의결하되, 찬반 동수인 경우에는 편집위원장이 결정한다.

제 17 조 (편집회의의 의장)　편집위원장은 편집회의의 의장이 된다. 편집위원장이 참석하지 아니한 경우에는 편집위원 중의 연장자가 의장이 된다.

제 18 조 (편집회의의 활동)　편집회의는 학회지의 발행, 논문의 심사 및 편집, 기타 제반 출판과 관련된 사항에 대하여 논의하고 결정한다.

부칙

제1조 이 규정은 운영위원회의 의결을 거쳐 2007년 11월 24일부터 시행한다.

제2조 이 규정은 운영위원회의 의결을 거쳐 2009년 1월 9일부터 시행한다.

제3조 이 규정은 운영위원회의 의결을 거쳐 2012년 1월 18일부터 시행한다.

학회지 논문의 투고와 심사에 관한 규정

제 1 장 총칙

제 1 조 (명칭) 본 규정은 '학회지 논문의 투고와 심사에 관한 규정'이라 한다.

제 2 조 (목적) 본 규정은 한국목간학회의 학회지인 『목간과 문자』에 수록할 논문의 투고와 심사에 관한 절차를 정하고 관련 업무를 명시함에 목적을 둔다.

제 2 장 원고의 투고

제 3 조 (투고 자격) 논문의 투고 자격은 회칙에 따르되, 당해 연도 회비를 납부한 자에 한한다.

제 4 조 (투고의 조건) 본 학회에서 발표한 논문에 한하여 투고하는 것을 원칙으로 한다.

제 5 조 (원고의 분량) 원고의 분량은 학회지에 인쇄된 것을 기준으로 각종의 자료를 포함하여 20면 내외로 하되, 자료의 영인을 붙이는 경우에는 면수 계산에서 제외한다.

제 6 조 (원고의 작성 방식) 원고의 작성 방식과 요령 등에 관하여는 별도의 내규를 정하여 시행한다.

제 7 조(원고의 언어) 원고는 한국어로 작성함을 원칙으로 하되, 외국어로 작성된 원고의 게재 여부는 편집회의에서 정한다.

제 8 조 (제목과 필자명) 논문 제목과 필자명은 영문으로 附記하여야 한다.

제 9 조 (국문초록과 핵심어) 논문을 투고할 때에는 국문과 외국어로 된 초록과 핵심어를 덧붙여야 한다. 요약문과 핵심어의 작성 요령은 다음과 같다.

1. 국문초록은 논문의 내용과 논지를 잘 간추려 작성하되, 외국어 요약문은 영어, 중국어, 일어 중의 하나로 작성한다.
2. 국문초록의 분량은 200자 원고지 5매 내외로 한다.
3. 핵심어는 논문의 주제 및 내용을 대표할 만한 단어를 뽑아서 요약문 뒤에 행을 바꾸어 제시한다.

제 10 조 (논문의 주제 및 내용 조건) 논문의 주제 및 내용은 다음에 부합하여야 한다.
1. 국내외의 출토 문자 자료에 대한 연구 논문
2. 국내외의 출토 문자 자료에 대한 소개 또는 보고 논문
3. 국내외의 출토 문자 자료에 대한 역주 또는 서평 논문

제 11 조 (논문의 제출처) 심사용 논문은 온라인투고시스템을 이용한다.

제 3 장 원고의 심사

제 1 절 : 심사자

제 12 조 (심사자의 자격) 심사자는 논문의 주제 및 내용과 관련된 분야에서 박사학위를 소지한 자를 원칙으로 하되, 본 학회의 회원 가입 여부에 구애받지 아니한다.

제 13 조 (심사자의 수) 심사자는 논문 한 편당 2인 이상 5인 이내로 한다.

제 14 조 (심사 의뢰) 편집위원장은 편집회의에서 추천·의결한 바에 따라 심사자를 선정하여 심사를 의뢰하도록 한다. 편집회의에서의 심사자 추천은 2배수로 하고, 편집회의의 의결을 거쳐 선정한다.

제 15 조 (심사자에 대한 이의) 편집위원장은 심사자 위촉 사항에 대하여 대외비로 회장에게 보고하며, 회장은 편집위원장에게 이의를 제기할 수 있다. 심사자 위촉에 대한 이의에 대하여는 편집회의를 거쳐 편집위원장이 심사자를 변경할 수 있다. 다만, 편집회의 결과 원래의 위촉자가 재선정되었을 경우 편집위원장은 회장에게 그 사실을 구두로 통지하며, 통지된 사항에 대하여 회장은 이의를 제기할 수 없다.

제 2 절 : 익명성과 비밀 유지

제 16 조 (익명성과 비밀 유지 조건) 심사용 원고는 반드시 익명으로 하며, 심사에 관한 제반 사항은 편집위원장 책임하에 반드시 대외비로 하여야 한다.

제 17 조 (익명성과 비밀 유지 조건의 위배에 대한 조치) 위 제16조의 조건을 위배함으로 인해 심사자에게 중대한 피해를 입혔을 경우에는 편집위원 3인 이상의 발의로써 편집위원장의 동의 없이도 편집회의를 소집할 수 있으며, 다음 각 호에 따라 위배한 자에 따라 사안별로 조치한다. 또한 해당 심사자에게는 편집위원장 명의로 지체없이 사과문을 심사자에게 등기 우송하여야 한다. 편집위원장 명의를 사용하지 못할 경우에는 편집위원 전원이 연명하여 사과문을 등기 우송하여야 한다. 익명성과 비밀 유지 조건에 대한 위배 사실이 학회의 명예를 손상한 경우에는 편집위원 3인의 발의만으로써도 해당 편집위원장 및 편집위원에 대한 징계를 회장에게 요청할 수 있으며, 이 경우 그 처리 결과를 학회지에 공지하여야 한다.

1. 편집위원장이 위배한 경우에는 편집위원장을 교체한다.
2. 편집위원이 위배한 경우에는 편집위원직을 박탈한다.
3. 임원을 겸한 편집위원의 경우에는 회장에게 교체하도록 요청한다.
4. 편집간사 또는 편집보조가 위배한 경우에는 편집위원장이 당사자를 해임한다.

제 18 조 (편집위원의 논문에 대한 심사) 편집위원이 투고한 논문을 심사할 때에는 해당 편집위원을 궐석시킨 후에 심사자를 선정하여야 하며, 회장에게도 심사자의 신원을 밝히지 않는 것을 원칙으로 한다.

제 3 절 : 심사 절차

제 19 조 (논문심사서의 구성 요건) 논문심사서에는 '심사 소견', 그리고 '수정 및 지적사항'을 적는 난이 포함되어야 한다.

제 20 조 (심사 소견과 영역별 평가) 심사자는 심사 논문에 대하여 영역별 평가를 감안하여 종합판정을 한다. 심사 소견에는 영역별 평가와 종합판정에 대한 근거 및 의견을 총괄적으로 기술함을 원칙으로 한다.

제 21 조 (수정 및 지적사항) '수정 및 지적사항'란에는 심사용 논문의 면수 및 수정 내용 등을 구체적으로 지시하여야 한다.

제 22 조 (심사 결과의 전달) 편집간사는 편집위원장의 지시를 받아 투고자에게 심사자의 논문심사서와 심사용 논문을 전자우편 또는 일반우편으로 전달하되, 심사자의 신원이 드러나지 않도록 각별히 유의하여야 한다. 논문 심사서 중 심사자의 인적 사항은 편집회의에서도 공개하지 않는다.

제 23 조 (수정된 원고의 접수) 투고자는 논문심사서를 수령한 후 소정 기일 내에 원고를 수정하여 편집위원장에게 송부하여야 한다. 기한을 넘겨 접수된 수정 원고는 학회지의 다음 호에 접수된 투고 논

문과 동일한 심사 절차를 밟되, 논문심사료는 부과하지 않는다.

제 4 절 : 심사의 기준과 게재 여부 결정

제 24 조 (심사 결과의 종류) 심사 결과는 '종합판정'과 '영역별 평가'로 나누어 시행한다.

제 25 조 (종합판정과 등급) 종합판정은 ①揭載 可, ②小幅 修正後 揭載, ③大幅 修正後 再依賴, ④揭載 不可 중의 하나로 한다.

제 26 조 (영역별 평가) 영역별 평가 기준은 다음과 같다.

1. 학계에의 기여도
2. 연구 내용 및 방법론의 참신성
3. 논지 전개의 타당성
4. 논문 구성의 완결성
5. 문장 표현의 정확성

제 27 조 (게재 여부의 결정 기준) 심사용 논문의 학회지 게재 여부는 심사자의 종합판정에 의거하여 이들을 합산하여 시행한다. 게재 여부의 결정은 최종 수정된 원고를 대상으로 한다.

제 28 조 (게재 여부 결정의 조건) 게재 여부 결정의 조건은 다음과 같다.

1. 심사자의 2분의 1 이상이 위 제25조의 '①게재 가'로 판정한 경우에는 게재한다.
2. 심사자의 2분의 1 이상이 위 제25조의 '③게재 불가'로 판정한 경우에는 게재를 불허한다.

제 29 조 (게재 여부에 대한 논의) 위 제28조의 경우가 아닌 논문에 대하여는 편집회의의 토의를 거친 후에 게재 여부를 확정하되, 이 때에는 영역별 평가를 참조한다.

제 30 조 (논문 게재 여부의 통보) 편집위원장은 논문 게재 여부에 대한 최종 확정 결과를 투고자에게 통보하여야 한다.

제 5 절 : 이의 신청

제 31 조 (이의 신청) 투고자는 심사와 논문 게재 여부에 대하여 이의를 신청할 수 있다. 이 때에는 200자 원고지 5매 내외의 이의신청서를 작성하여 심사 결과 통보일 15일 이내에 편집위원장에게 송부하

여야 하며, 편집위원장은 이의 신청 접수일로부터 15일 이내에 이에 대한 처리 절차를 완료하여야 한다.

제 32 조 (이의 신청의 처리) 이의 신청을 한 투고자의 논문에 대해서는 편집회의에서 토의를 거쳐 이의 신청의 수락 여부를 의결한다. 수락한 이의 신청에 대한 조치 방법은 편집회의에서 결정한다.

제 4 장 게재 논문의 사후 심사 및 조치

제 1 절 : 게재 논문의 사후 심사

제 33 조 (사후 심사) 학회지에 게재된 논문에 대하여는 사후 심사를 할 수 있다.

제 34 조 (사후 심사 요건) 사후 심사는 편집위원회의 자체 판단 또는 접수된 사후심사요청서의 검토 결과, 대상 논문이 그 논문이 수록된 본 학회지 발행일자 이전의 간행물 또는 타인의 저작권에 귀속시킬 만한 연구 내용을 현저한 정도로 표절 또는 중복 게재한 것으로 의심되는 경우에 한한다.

제 35 조 (사후심사요청서의 접수) 게재 논문의 표절 또는 중복 게재와 관련하여 사후 심사를 요청하는 사후심사요청서를 편집위원장 또는 편집위원회에 접수할 수 있다. 이 경우 사후심사요청서는 밀봉하고 겉봉에 '사후심사요청'임을 명기하되, 발신자의 신원을 겉봉에 노출시키지 않음을 원칙으로 한다.

제 36 조 (사후심사요청서의 개봉) 사후심사요청서는 편집위원장 또는 편집위원장이 위촉한 편집위원이 개봉한다.

제 37 조 (사후심사요청서의 요건) 사후심사요청서는 표절 또는 중복 게재로 의심되는 내용을 구체적으로 밝혀야 한다.

제 2 절 : 사후 심사의 절차와 방법

제 38 조 (사후 심사를 위한 편집위원회 소집) 게재 논문의 표절 또는 중복 게재에 관한 사실 여부를 심의하고 사후 심사자의 선정을 비롯한 제반 사항을 의결하기 위해 편집위원장은 편집위원회를 소집할 수 있다.

제 39 조 (질의서의 우송) 편집위원회의 심의 결과 표절이나 중복 게재의 개연성이 있다고 판단된 논문에 대해서는 그 진위 여부에 대해 편집위원장 명의로 해당 논문의 필자에게 질의서를 우송한다.

제 40 조 (답변서의 제출) 위 제39조의 질의서에 대해 해당 논문 필자는 질의서 수령 후 30일 이내 편집위원장 또는 편집위원회에 답변서를 제출하여야 한다. 이 기한 내에 답변서가 없을 경우엔 질의서의 내용을 인정한 것으로 판단한다.

제 3 절 : 사후 심사 결과의 조치

제 41 조 (사후 심사 확정을 위한 편집위원회 소집) 편집위원장은 답변서를 접수한 날 또는 마감 기한으로부터 15일 이내에 사후 심사 결과를 확정하기 위한 편집위원회를 소집한다.

제 42 조 (심사 결과의 통보) 편집위원장은 편집위원회에서 확정한 사후 심사 결과를 7일 이내에 사후 심사를 요청한 이 및 관련 당사자에게 통보하여야 한다.

제 43 조 (표절 및 중복 게재에 대한 조치) 편집위원회에서 표절 또는 중복 게재로 확정된 경우에는 회장에게 지체 없이 보고하고, 회장은 운영위원회를 소집하여 다음 각 호와 같은 조치를 집행할 수 있다.

1. 차호 학회지에 그 사실 관계 및 조치 사항들을 기록한다.
2. 학회지 전자판에서 해당 논문을 삭제하고, 학회논문임을 취소한다.
3. 해당 논문 필자에 대하여 제명 조치하고, 향후 5년간 재입회할 수 없도록 한다.
4. 관련 사실을 한국연구재단에 보고한다.

제 4 절 : 제보자의 보호

제 44 조 (제보자의 보호) 표절 및 중복 게재에 관한 이의 및 논의를 제기하거나 사후 심사를 요청한 사람에 대해서는 신원을 절대적으로 밝히지 않고 익명성을 보장하여야 한다.

제 45 조 (제보자 보호 규정의 위배에 대한 조치) 위 제44조의 규정을 위배한 이에 대한 조치는 위 제17조에 준하여 시행한다.

부칙

제1조(시행일자) 본 규정은 2007년 11월 24일부터 시행한다.

제2조(시행일자) 본 규정은 2009년 1월 9일부터 시행한다.

제3조(시행일자) 본 규정은 2015년 10월 31일부터 시행한다.

제4조(시행일자) 본 규정은 2018년 1월 12일부터 시행한다.

학회지 논문의 투고와 원고 작성 요령에 관한 내규

제 1 조 (목적) 이 내규는 본 한국목간학회의 회칙 및 관련 규정에 따라 학회지에 게재하는 논문의 투고와 원고 작성 요령에 대하여 명시하는 것을 목적으로 한다.

제 2 조 (논문의 종류) 학회지에 게재되는 논문은 심사 논문과 기획 논문으로 나뉜다. 심사 논문은 본 학회의 학회지 논문의 투고와 심사에 관한 규정에 따른 심사 절차를 거쳐 게재된 논문을 가리키며, 기획 논문은 편집위원회에서 기획하여 특정의 연구자에게 집필을 위촉한 논문을 가리킨다.

제 3 조 (기획 논문의 집필자) 기획 논문의 집필자는 본 학회의 회원 여부에 구애받지 아니한다.

제 4 조 (기획 논문의 심사) 기획 논문에 대하여도 심사 논문과 동일한 절차의 심사를 시행하는 것을 원칙으로 하되, 편집위원회의 의결을 거쳐 심사를 면제할 수 있다.

제 5 조 (투고 기한) 논문의 투고 기한은 매년 4월 말과 10월 말로 한다.

제 6 조 (수록호) 4월 말까지 투고된 논문은 심사 과정을 거쳐 같은 해의 6월 30일에 발행하는 학회지에 수록하며, 10월 말까지 투고된 논문은 같은 해의 12월 31일에 간행하는 학회지에 수록하는 것을 원칙으로 한다.

제 7 조 (수록 예정일자의 변경 통보) 위 제6조의 예정 기일을 넘겨 논문의 심사 및 게재가 이루어질 경우 편집위원장은 투고자에게 그 사실을 통보해 주어야 한다.

제 8 조 (게재료) 논문 게재의 확정시에는 일반 논문 10만원, 연구비 수혜 논문 30만원의 게재료를 납부하여야 한다.

제 9 조 (초과 게재료) 학회지에 게재하는 논문의 분량이 인쇄본을 기준으로 20면을 넘을 경우에는

1면 당 2만원의 초과 게재료를 부과할 수 있다.

제 10 조 (원고료) 학회지에 게재되는 논문에 대하여는 소정의 원고료를 필자에게 지불할 수 있다. 원고료에 관한 사항은 운영위원회에서 결정한다.

제 11 조 (익명성 유지 조건) 심사용 논문에서는 졸고 및 졸저 등 투고자의 신원을 드러내는 표현을 쓸 수 없다.

제 12 조 (컴퓨터 작성) 논문의 원고는 컴퓨터로 작성함을 원칙으로 하며, 문장편집기 프로그램은 「훈글」을 사용할 것을 권장한다.

제 13 조 (제출물) 원고 제출시에는 온라인투고시스템을 이용하며, 연구윤리규정과 저작권 이양동의서에 동의하여야 한다.

제 14 조 (투고자의 성명 삭제) 편집간사는 심사자에게 심사용 논문을 송부할 때 반드시 투고자의 성명과 기타 투고자의 신원을 알 수 있는 표현 등을 삭제하여야 한다.

제 15 조 (출토 문자 자료의 표기 범례 등 기타) 출토 문자 자료의 표기 범례를 비롯하여 위에서 정하지 않은 학회지 논문의 투고와 원고 작성 요령 및 용어 사용 등에 관한 사항들은 일반적인 관행에 따르거나 편집위원회에서 결정한다.

부칙

제1조(시행일자) 이 내규는 2007년 11월 24일부터 시행한다.
제2조(시행일자) 이 내규는 2009년 1월 9일부터 시행한다.
제3조(시행일자) 이 내규는 2012년 1월 18일부터 시행한다.
제4조(시행일자) 이 내규는 2015년 10월 31일부터 시행한다.
제5조(시행일자) 이 내규는 2018년 1월 12일부터 시행한다.

韓國木簡學會 研究倫理 規定

제 1 장 총칙

제 1 조 (명칭) 이 규정은 '한국목간학회 연구윤리 규정'이라 한다.

제 2 조 (목적) 이 규정은 한국목간학회 회칙 및 편집위원회 규정에 따른 연구윤리 등에 관한 세부사항을 규정하는 것을 목적으로 한다.

제 2 장 저자가 지켜야 할 연구윤리

제 3 조 (표절 금지) 저자는 자신이 행하지 않은 연구나 주장의 일부분을 자신의 연구 결과이거나 주장인 것처럼 논문이나 저술에 제시하지 않는다.

제 4 조 (업적 인정)

1. 저자는 자신이 실제로 행하거나 공헌한 연구에 대해서만 저자로서의 책임을 지며, 또한 업적으로 인정받는다.
2. 논문이나 기타 출판 업적의 저자나 역자가 여러 명일 때 그 순서는 상대적 지위에 관계없이 연구에 기여한 정도에 따라 정확하게 반영하여야 한다. 단순히 어떤 직책에 있다고 해서 저자가 되거나 제1저자로서의 업적을 인정받는 것은 정당화될 수 없다. 반면, 연구나 저술(번역)에 기여했음에도 공동저자(역자)나 공동연구자로 기록되지 않는 것 또한 정당화될 수 없다. 연구나 저술(번역)에 대한 작은 기여는 각주, 서문, 사의 등에서 적절하게 고마움을 표시한다.

제 5 조 (중복 게재 금지) 저자는 이전에 출판된 자신의 연구물(게재 예정이거나 심사 중인 연구물 포함)을 새로운 연구물인 것처럼 투고하지 말아야 한다.

제 6 조 (인용 및 참고 표시)

1. 공개된 학술 자료를 인용할 경우에는 정확하게 기술하도록 노력해야 하고, 상식에 속하는 자료

가 아닌 한 반드시 그 출처를 명확히 밝혀야 한다. 논문이나 연구계획서의 평가 시 또는 개인적인 접촉을 통해서 얻은 자료의 경우에는 그 정보를 제공한 연구자의 동의를 받은 후에만 인용할 수 있다.

2. 다른 사람의 글을 인용하거나 아이디어를 차용(참고)할 경우에는 반드시 註[각주(후주)]를 통해 인용 여부 및 참고 여부를 밝혀야 하며, 이러한 표기를 통해 어떤 부분이 선행연구의 결과이고 어떤 부분이 본인의 독창적인 생각·주장·해석인지를 독자가 알 수 있도록 해야 한다.

제 7 조 (논문의 수정)　저자는 논문의 평가 과정에서 제시된 편집위원과 심사위원의 의견을 가능한 한 수용하여 논문에 반영되도록 노력하여야 하고, 이들의 의견에 동의하지 않을 경우에는 그 근거와 이유를 상세하게 적어서 편집위원(회)에게 알려야 한다.

제 3 장 편집위원이 지켜야 할 연구윤리

제 8 조 (책임 범위)　편집위원은 투고된 논문의 게재 여부를 결정하는 모든 책임을 진다.

제 9 조 (논문에 대한 태도)　편집위원은 학술지 게재를 위해 투고된 논문을 저자의 성별, 나이, 소속 기관은 물론이고 어떤 선입견이나 사적인 친분과도 무관하게 오로지 논문의 질적 수준과 투고 규정에 근거하여 공평하게 취급하여야 한다.

제 10 조 (심사 의뢰)　편집위원은 투고된 논문의 평가를 해당 분야의 전문적 지식과 공정한 판단 능력을 지닌 심사위원에게 의뢰해야 한다. 심사 의뢰 시에는 저자와 지나치게 친분이 있거나 지나치게 적대적인 심사위원을 피함으로써 가능한 한 객관적인 평가가 이루어질 수 있도록 노력한다. 단, 같은 논문에 대한 평가가 심사위원 간에 현저하게 차이가 날 경우에는 해당 분야 제3의 전문가에게 자문을 받을 수 있다.

제 11 조 (비밀 유지)　편집위원은 투고된 논문의 게재가 결정될 때까지는 심사자 이외의 사람에게 저자에 대한 사항이나 논문의 내용을 공개하면 안 된다.

제 4 장 심사위원이 지켜야 할 연구윤리

제 12조 (성실 심사)　심사위원은 학술지의 편집위원(회)이 의뢰하는 논문을 심사규정이 정한 기간 내에 성실하게 평가하고 평가 결과를 편집위원(회)에게 통보해 주어야 한다. 만약 자신이 논문의 내용을 평가하기에 적임자가 아니라고 판단될 경우에는 편집위원(회)에게 지체 없이 그 사실을 통보한다.

제 13 조 (공정 심사) 심사위원은 논문을 개인적인 학술적 신념이나 저자와의 사적인 친분 관계를 떠나 객관적 기준에 의해 공정하게 평가하여야 한다. 충분한 근거를 명시하지 않은 채 논문을 탈락시키거나, 심사자 본인의 관점이나 해석과 상충된다는 이유로 논문을 탈락시켜서는 안 되며, 심사 대상 논문을 제대로 읽지 않은 채 평가해서도 안 된다.

제 14 조 (평가근거의 명시) 심사위원은 전문 지식인으로서의 저자의 인격과 독립성을 존중하여야 한다. 평가 의견서에는 논문에 대한 자신의 판단을 밝히되, 보완이 필요하다고 생각되는 부분에 대해서는 그 이유도 함께 상세하게 설명해야 한다.

제 15 조 (비밀 유지) 심사위원은 심사 대상 논문에 대한 비밀을 지켜야 한다. 논문 평가를 위해 특별히 조언을 구하는 경우가 아니라면 논문을 다른 사람에게 보여주거나 논문 내용을 놓고 다른 사람과 논의하는 것도 바람직하지 않다. 또한 논문이 게재된 학술지가 출판되기 전에 저자의 동의 없이 논문의 내용을 인용해서는 안 된다.

제 5 장 윤리규정 시행 지침

제 16 조 (윤리규정 서약) 한국목간학회의 신규 회원은 본 윤리규정을 준수하기로 서약해야 한다. 기존 회원은 윤리규정의 발효 시 윤리규정을 준수하기로 서약한 것으로 간주한다.

제 17 조 (윤리규정 위반 보고) 회원은 다른 회원이 윤리규정을 위반한 것을 인지할 경우 그 회원으로 하여금 윤리규정을 환기시킴으로써 문제를 바로잡도록 노력해야 한다. 그러나 문제가 바로잡히지 않거나 명백한 윤리규정 위반 사례가 드러날 경우에는 학회 윤리위원회에 보고할 수 있다. 윤리위원회는 윤리규정 위반 문제를 학회에 보고한 회원의 신원을 외부에 공개해서는 안 된다.

제 18 조 (윤리위원회 구성) 윤리위원회는 회원 5인 이상으로 구성되며, 위원은 평의원회의 추천을 받아 회장이 임명한다.

제 19 조 (윤리위원회의 권한) 윤리위원회는 윤리규정 위반으로 보고된 사안에 대하여 제보자, 피조사자, 증인, 참고인 및 증거자료 등을 통하여 폭넓게 조사를 실시한 후, 윤리규정 위반이 사실로 판정된 경우에는 회장에게 적절한 제재조치를 건의할 수 있다.

단, 사안이 학회지 게재 논문의 표절 또는 중복 게재와 관련된 경우에는 '학회지 논문의 투고와 심사에 관한 규정'에 따라 편집위원회에 조사를 의뢰하고 사후 조치를 취한다.

제 20 조 (윤리위원회의 조사 및 심의) 윤리규정 위반으로 보고된 회원은 윤리위원회에서 행하는 조사에 협조해야 한다. 이 조사에 협조하지 않는 것은 그 자체로 윤리규정 위반이 된다.

제 21 조 (소명 기회의 보장) 윤리규정 위반으로 보고된 회원에게는 충분한 소명 기회를 주어야 한다.

제 22 조 (조사 대상자에 대한 비밀 보호) 윤리규정 위반에 대해 학회의 최종적인 징계 결정이 내려질 때까지 윤리위원은 해당 회원의 신원을 외부에 공개해서는 안 된다.

제 23 조 (징계의 절차 및 내용) 윤리위원회의 징계 건의가 있을 경우, 회장은 이사회를 소집하여 징계 여부 및 징계 내용을 최종적으로 결정한다. 윤리규정을 위반했다고 판정된 회원에 대해서는 경고, 회원자격정지 내지 박탈 등의 징계를 할 수 있으며, 이 조처를 다른 기관이나 개인에게 알릴 수 있다.

제 6 장 보칙

제 24 조 (규정의 개정)

1. 편집위원장 또는 편집위원 3인 이상이 규정의 개정을 發議할 수 있다.
2. 재적 편집위원 3분의 2 이상의 찬성으로 개정하며, 총회의 인준을 얻어야 효력이 발생한다.

제 25 조 (보칙) 이 규정에 정해지지 않은 사항은 학회의 관례에 따른다.

부칙

제1조(시행일자) 이 규정은 2007년 11월 24일부터 시행한다.

Wooden Documents and Inscriptions Studies No. 21. December. 2018

[Contents]

The Korean Society for the Study of Wooden Documents

발 행 인 이성시

편 집 인 권인한

간 사 오택현

- 함안 성산산성 축조기법의 특징
- 함안 성산산성 목간의 개요
- 함안 성산산성 목간의 물품 기재방식과 성하목간의 서식
- 신출토 함안 목간에 대한 언어문화사적 연구
- 간독과 문서로 본 중국 中古 시기 지방 징세 체계
- 목간群으로서의 성산산성 목간
- 新羅의 宦官 官府에 대한 試論
- 최치원 지은 四山碑銘 서풍의 특징
- 『한국사』 교과서 속의 고대 목간 자료의 활용
- 고려 치소성 건설에 동원된 지방군에 관한 새로운 기와 명문
- 아차산성 발굴성과 및 목간 소개
- 부여 쌍북리 56번지 사비한옥마을 조성부지 유적 출토 목간
- 2016年 중국 대륙 秦漢魏晉 간독 연구 개설

木簡과 文字 연구 20

엮은이 | 한국목간학회
펴낸이 | 최병식
펴낸날 | 2019년 1월 28일
펴낸곳 | 주류성출판사
서울시 서초구 강남대로 435
전화 | 02-3481-1024 / 전송 | 02-3482-0656
www.juluesung.co.kr
e-mail | juluesung@daum.net

책 값 | 20,000원
ISBN 978-89-6246-386-6 94910
세트 978-89-6246-006-3 94910